湖州年鑑

譚建丞題

2020

湖州市人民政府　　主办
湖州年鉴编纂委员会　　编

方志出版社
Publishing House of Local Records

图书在版编目（CIP）数据

湖州年鉴．2020／湖州年鉴编纂委员会编．—北京：方志出版社，2020.9
ISBN 978－7－5144－4440－7

Ⅰ．①湖…　Ⅱ．①湖…　Ⅲ．①湖州—2020—年鉴
Ⅳ．①Z525.53

中国版本图书馆 CIP 数据核字（2020）第 207826 号

湖州年鉴（2020）

编　　者： 湖州年鉴编纂委员会
责任编辑： 顾　洁

出 版 者： 方志出版社
地址　北京市朝阳区潘家园东里 9 号（国家方志馆 4 层）
邮编　100021
网址：http：//www.fzph.org
发　　行： 方志出版社图书经销中心
电话（010）67110500
经　　销： 各地新华书店
印　　刷： 杭州余杭人民印刷有限公司

开　　本： 787×1092　1/16
印　　张： 26.25
字　　数： 1022 千字
版　　次： 2020 年 9 月第 1 版　2020 年 9 月第 1 次印刷
印　　数： 0001～1600 册

ISBN 978－7－5144－4440－7　　定价：150.00 元

4月3日，省委书记车俊(中)赴湖州调研基层治理现代化

10月10日至11日，省委副书记、省长袁家军（前排右二）在湖州检查指导“不忘初心，牢记使命”主题教育

3月19日，市委书记马晓晖(中)在安吉县开展“三服务”活动

8月6日，市委副书记、市长钱三雄(前排右二)率队赴吴兴区检查城乡人居环境大排摸、大提升、大督查“百日攻坚”行动进展情况

3月2日，由中国经济网、第一财经和价值线研究院主办的2019中国资本年会暨湖州资本峰会在湖州市召开

10月17日，农业农村部在德清县召开水产养殖业绿色发展现场会

6月2日，市委、市政府召开湖州南太湖新区成立大会

8月22日，湖州市召开推进长三角一体化发展大会

湖州市召开2019·“湖州人”大会

大会现场

9月12日，以“践行‘绿水青山就是金山银山’理论、共建清丽湖州”为主题的2019·“湖州人”大会主旨大会在湖州大剧院召开。十一届全国人大常委会副委员长、中国工程院院士桑国卫致贺信。省委常委、统战部部长熊建平致辞。市委书记马晓晖作题为《携手共创新时代湖州高质量发展的美好未来》的主旨演讲。市委副书记、市长钱三雄主持。湖州籍在外党政军领导、“两院”院士和胡菁菁、杨建新等市四套班子领导出席。在外湖州商人、来湖州投资企业家、海外及港澳台侨代表、在外商会等各行各业湖州乡贤代表以及关心支持湖州发展的各界代表等1000余名“湖州人”齐聚南太湖畔，共话桑梓、共叙乡情、共谋发展。

▼海内外乡贤、嘉宾在“湖州人”大会会场外合影留念

4 月 18 日，湖州市召开全市加快打造枢纽门户城市大会

5 月 10 日，湖州市召开全市加快打造生态样板城市大会

2月12日，湖州市召开全市加快打造美丽宜居城市暨“三服务”活动推进大会

3月7日，湖州市召开全市金融支持民营经济高质量发展暨绿色金融改革创新试验区建设推进会

庆祝新中国成立70周年

8月2日，省政府新闻办在杭州市召开庆祝新中国成立70周年湖州专场新闻发布会

9月25日，湖州市举办“礼赞新中国·奋斗新时代”——湖州市庆祝新中国成立70周年文艺晚会

10月1日，湖州市举行隆重而庄严的升国旗仪式，热烈庆祝新中国成立70周年

11 月 18 日，由国务院新闻办公室、新华通讯社和省政府主办的“中国治理的世界意义”国际论坛在湖州市开幕

4 月 12 日，国家卫生健康委员会在长兴县召开浙江省“全面推进县域医共体建设，构建整合型医疗卫生服务体系”新闻发布会

6 月 7 日，2019 北京世界园艺博览会“浙江湖州城市主题日”活动在京举行

9 月 23 日，“田园德清·博览中国” 庆祝农民丰收节活动暨首届美丽中国田园博览会在德清县开幕

6 月 28 日，申嘉湖高速公路湖州鹿山至安吉孝源段举行通车仪式

11 月 10 日，中国美妆小镇第五届化妆品行业领袖峰会暨国际高峰论坛在湖州市举行

4月28日，中国科技大学与湖州市人民政府战略合作签约仪式在湖州市举行

9月8日，浙江工业大学莫干山校区交接仪式在德清县举行

4月27日，湖州市举办第九届运动会暨首届全民健身节开幕式

11月20日，2019长三角乡村文旅创客大会在吴兴区召开。图为项目签约仪式现场

5月12日,欢庆全国首家南丁格尔教育馆落户湖州师范学院并开馆。图为准护士加冕仪式现场

11月20日,由湖州市组织创作的大型歌舞剧《永不退色的红军被》在湖州大剧院首演

第一景——太湖邀月

第二景——丘城怀古

第三景——涛声颂赋

第四景——影事猎奇

第五景——白雀妙音

第六景——和曲漾花

第七景——渔舟迟暮

第八景——苍弁流云

第九景——梅岭分茶

第十景——古木情深

2019年地区生产总值构成示意图

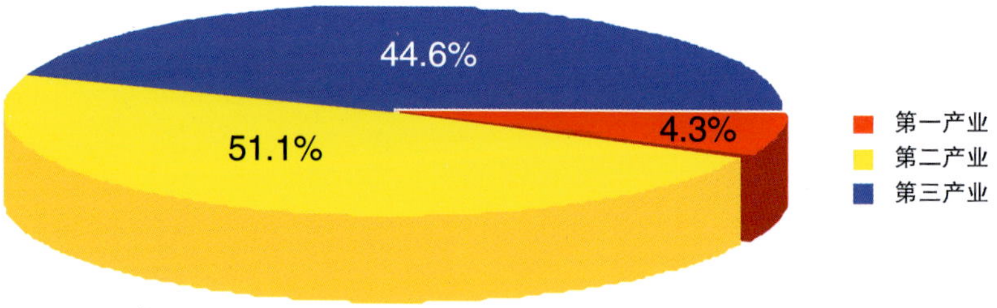

地区生产总值及增速示意图

单位：亿元、%

人均地区生产总值（按户籍人口）示意图

单位：元

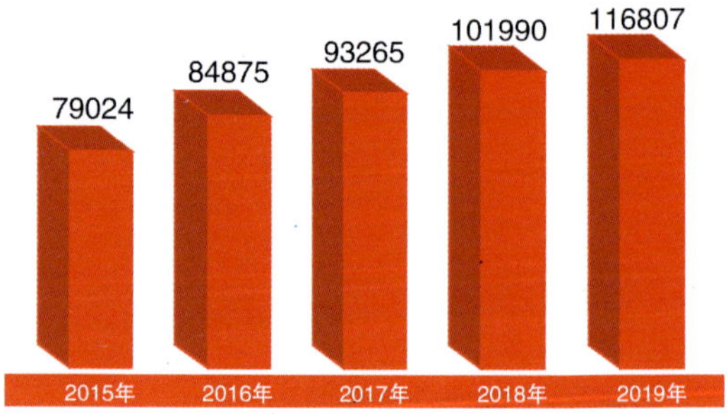

财政收入示意图

单位：亿元

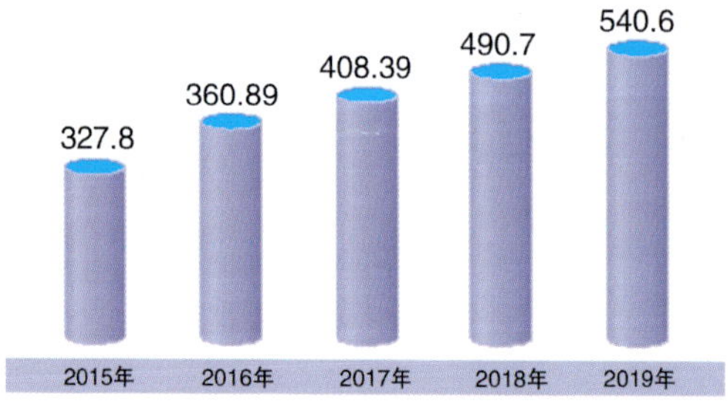

社会消费品零售总额示意图

单位：亿元

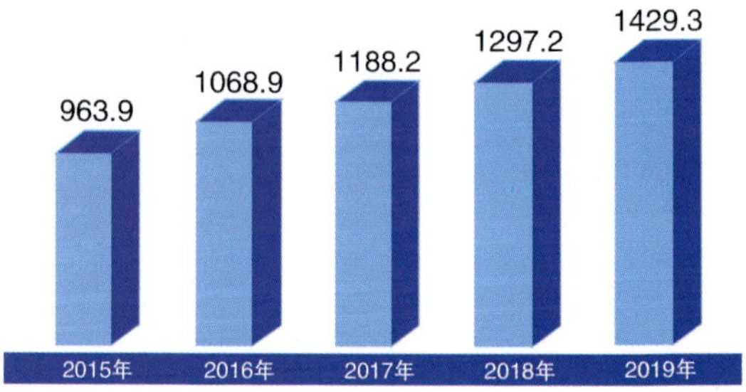

城镇居民与农村居民人均可支配收入示意图

单位:元

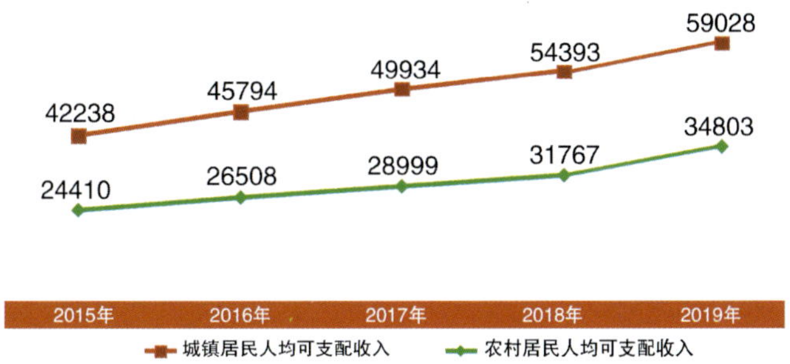

实际利用外资示意图

单位:亿美元

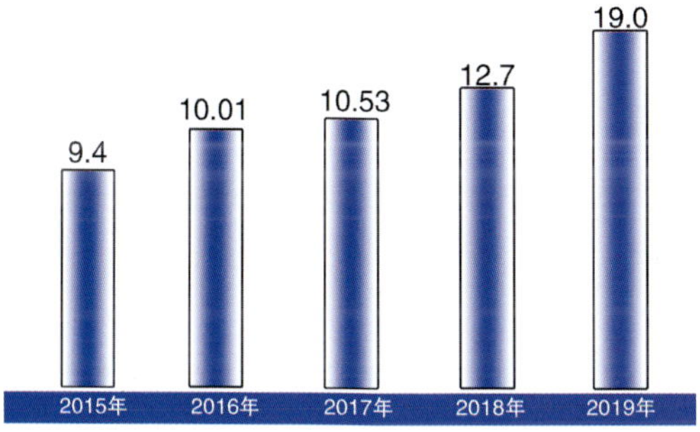

外贸出口额示意图

单位:亿美元

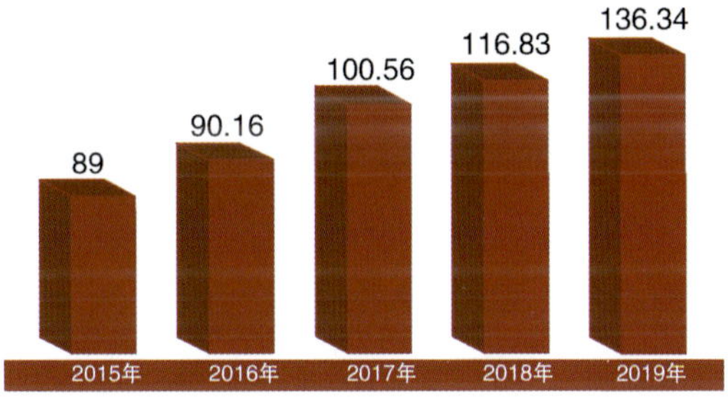

城乡居民人民币储蓄存款余额示意图

单位:亿元

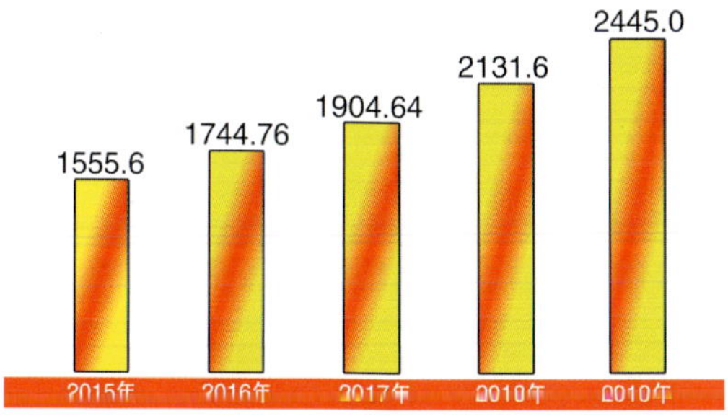

城镇单位在岗职工平均工资示意图

单位:元

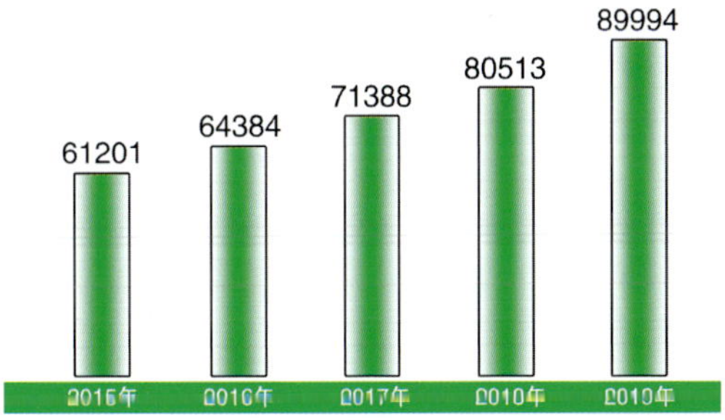

《湖州年鉴》编纂委员会

《湖州年鉴》主编　副主编

主　　　编： 梅梓华　肖体红

常务副主编： 倪跃田

副　主　编： 曹毅平　李红英　杜尉栋　田中伟

《湖州年鉴》编辑部

主　　任： 杨洪权

副 主 任： 冯新勤　吴振振　陆林宝

区县编辑室主任：

吴兴区： 杨凯华

南浔区： 章沈泳

德清县： 潘宗敏

长兴县： 王云婷

安吉县： 曹　颖

编辑说明

一、《湖州年鉴（2020）》以马克思列宁主义、毛泽东思想、邓小平理论、“三个代表”重要思想、科学发展观和习近平新时代中国特色社会主义思想为指导，坚持辩证唯物主义和历史唯物主义的立场、观点和方法。旨在逐年全面、系统地记述湖州市行政区域中自然、政治、经济、文化、社会和生态文明建设等方面的情况，记载湖州市改革开放和现代化建设的历史进程。为宣传湖州、认识湖州、研究湖州、建设湖州提供服务。

二、《湖州年鉴（2020）》贯彻落实习近平总书记系列重要讲话精神和治国理政新理念、新思想和新战略，翔实地反映2019年全市人民在市委、市政府的领导下，深入实施“一四六十”工作体系，奋力当好践行“两山”理念的样板地、模范生。争当市域治理现代化的先行地、排头兵，在推动高质量赶超发展中迈出了新步伐，取得了新的成绩，保持了经济社会持续健康发展。同时，还记载了湖州市在前进道路上遇到的新情况和新问题，使年鉴更好地为各级领导提供决策服务，为社会各界和海内外人士了解湖州提供信息资料。

三、《湖州年鉴（2020）》是《湖州年鉴》自1994年创刊以来连续出版的总第27卷，在编辑过程中，继续采用分类编辑法，保持卷首、百科、卷尾3个基本组成部分和类目、分目、条目3个层次的框架结构。卷首设特载、大事记和总述。百科部分设经济建设［包括农业、工业、服务业、信息业、金融·保险、对外与港澳台经济往来、开发（园）区、城乡建设与管理、交通运输·邮政、科学技术、财政·税务、经济管理与监督］，政治建设（包括党政群团、法治、军事、外事·侨务·台务·民族宗教），文化建设（包括文化、新闻出版·广播电视），社会建设（包括教育、社会保障·人力资源、民政、卫生·体育·生活），生态文明建设（包括综述、生态文明）以及区县6个大类目、22个小类目。卷尾设人物、统计资料、地方文件选编、名录。类目以下设分目，并以条目为记载资料的基本单位。类目和分目标题使用不同的字体、字号，条目标题一律以黑体字并加【　】号。

四、《湖州年鉴（2020）》内容按照年鉴编辑部的组稿意见和撰稿要求，由湖州市各有关部门、单位和各区县指定专人负责撰写并经主管领导审核，撰稿人姓名加括号列在条目后面。主要数据以湖州市统计局提供为准，保持了资料和数据的准确性和权威性。年鉴中凡使用“湖州市”“全市”，其范围包括德清县、长兴县、安吉县和吴兴区、南浔区，凡使用“湖州市区”“市本级”的，其范围包括吴兴区和南浔区。

目　录

特　载

大事记

湖州概览

经济建设

农　业

工　业

服 务 业

信息业

金融　保险

对外与港澳台经济往来

开发(园)区

城乡建设与管理

交通运输　邮政

科学技术

法　　治

军　　事

外事 侨务 台务 民族宗教

文化建设

文　化

新闻出版　广播电视

社会建设

教　育

社会保障　人力资源

民　　政

卫生　体育　生活

生态文明建设

生态文明

区　县

人　物

统计资料

地方文件选编

名　录

特　载

湖州市人民代表大会常务委员会工作报告

——在湖州市第八届人民代表大会第五次会议上

湖州市人民代表大会常务委员会主任　胡菁菁

（2020年4月28日）

一、2019年的主要工作

2019年是新中国成立70周年，是地方人大设立常委会40周年。在这个重要的历史节点，习近平总书记专门对地方人大及其常委会工作作出了重要指示，为人大工作指明了前进方向。一年来，在市委领导下，市人大常委会高举习近平新时代中国特色社会主义思想伟大旗帜，以习近平总书记关于坚持和完善人民代表大会制度的重要思想为指引，以“不忘初心、牢记使命”主题教育为动力，以市委召开人大工作会议为契机，主动担当、依法履职、务实作为，共召开常委会会议8次、主任会议17次，制定、修订地方性法规3部，听取和审议工作报告22个，作出决议决定和审议意见23项，开展重点执法检查3次，任免国家机关工作人员118人次，为落实“一四六十”工作体系，推动湖州高质量赶超发展做出了积极贡献。

（一）坚守初心使命，着力把主题教育成果转化为创新发展人大工作的强大动力。按照市委统一部署，扎实开展“不忘初心、牢记使命”主题教育，焕发新气象、激发新动能、砥砺新作为，自觉把初心变成恒心、把使命视作生命。

精心组织主题教育。深入贯彻习近平总书记关于“不忘初心、牢记使命”主题教育的重要论述，结合人大实际，开展“八个一”活动，着力在深学、细研、严查、真改上下功夫，组织学习调研92次，完成调研课题9项，征集意见建议49条，整改问题36个，建立健全制度5项，不断锤炼忠诚干净担当的政治品格，增强“四个意识”，坚定“四个自信”，坚决做到“两个维护”。

奋力创新人大工作。把守初心、担使命落实到创新发展人大事业上，积极协助市委召开人大工作会议，抓好《中共湖州市委关于高水平推进新时代人大工作和建设的意见》的贯彻落实，出台《关于加强新时代人大监督工作的意见》《湖州市人民代表大会代表履职服务管理办法》《市人大代表活动经费管理办法》3个配套文件。加强探索实践，实现“六个首次”，即首次在履职中引入第三方评估，首次实行代表建议“跨届跨年”督办，首次实施立法前评估，首次集中督查审计查明问题整改，首次开展规范性文件专项审查，首次进行员额法官、检察官工作述职测评，许多工作得到上级人大和市委的充分肯定。全国人大把我市作为“学习贯彻习近平生态文明思想、加强人大环境与资源保护工作”的联系点，专门推广我市加强“三个预算”监督的创新做法。同时，开展纪念地方人大设立常委会40周年“四个一”活动，让人民代表大会制度更加深入人心。

切实强化实干破难。坚持为民服务解难题，增强主题教育实效。树牢中华民族共同体意识，创设“浙江有个家、湖州有个妈”履职载体，建立10个“代表妈妈”团，与菱湖中学405名西藏班学生认亲结对，协调组建兴趣班和心理辅导团队，推动开通绿色诊疗通道、邮政速递爱心通道，让美丽的“格桑花”在绿水青山的湖州大地绽放得更加动人。针对南浔区企业用地难问题，加强专题调研、沟通协调和实地指导，推动相关部门妥善处理132家企业用地的历史遗留问题，产生了良好的社会反响。同时，把日常调研中发现的带有共性的难点问题，形成9篇专报，向市委报告、向市政府反馈，市委、市政府高度重视，主要领导作出批示，推动了相关问题的解决。

（二）紧贴中心大局，着力促进高质量赶超发展。自觉聚焦中心工作，突出效果导向，发挥职能作用，积极助力经济社会发展和改革攻坚任务。

认真开展“三服务”活动。紧密结合人大职能，开展“聚力三服务、履职助赶超”专题活动，建立

“责任分工、定期走访、联动破难、统筹推进”4项机制，组织各级代表参与深化“最多跑一次”改革主题监督，开展调研视察163次，走访基层单位和企业142家，推动解决问题135个，切实把“三服务”送到家、做到位、抓到底。

持续加强财经监督。密切关注经济运行，听取审议政情报告和计划报告，支持政府稳速保位、合力攻坚。聚焦民营经济，组织专门调研、专项审议和专题询问，推动民营经济向更高质量发展。监督政府债务特别是隐性债务化解工作，助力防范化解重大风险。出台《关于加强支出预算、政策和预算绩效监督的暂行办法》。深化部门预算审查，督促核减项目85个，核减资金3893万元。抓好151个审计查明问题的整改督查，列出28个重点问题的监督清单，一竿子到底抓落实，整改到位率超过92%。听取审议行政事业性国有资产管理情况的专项报告，审议国有资产管理情况的综合报告，让国有资产更好地服务发展。

全力促进重大战略融入。着眼推动长三角一体化发展，专题听取相关行动方案汇报，深入调研我市驻上海全球招商引才中心运行情况，形成报告报市委，马晓晖书记作了批示。加强G60科创走廊九城市人大工作协同，监督推动国家创新型城市建设，在服务全方位开放融入中展现人大作为。先后听取南太湖新区规划建设、加快新区高质量发展、新区财政管理体制改革等工作汇报，支持政府抓住历史机遇、提高建设水平。开展“三进两评”活动，对13个城市重大项目进行满意度测评，促进中心城市能级加快提升，更好带动区域协同发展。

有效助力生态文明建设。自觉践行“两山”理念，围绕打好污染防治攻坚战，以随机抽查、实地检查和委托自查相结合的方式，开展《水污染防治法》执法检查；实行“执法检查、代表问政、地方立法、普法宣传、跟踪问效”五措并举，促进大气污染防治；听取污水零直排区建设等专题汇报，依法守护蓝天白云、绿水青山。抓好《湖州市美丽乡村建设条例》《湖州市文明行为促进条例》的贯彻实施，强化对乡村振兴战略示范区、现代农业园区建设的跟踪监督，有力推动城乡面貌改善。

（三）坚持厉行法治，着力为发展提供坚实法治保障。注重发挥法治引领作用，深入推进法治湖州建设，为经济社会发展营造良好的法治环境。

抓实重点立法。坚持抓重点、可操作、得管用，制定的《湖州市乡村旅游促进条例》，在规划引导、要素保障、秩序管理等方面设计了具体条款，填补国内立法空白，国家文旅部要求在全国推广学习“湖州样本”。修订后的《湖州市市容和环境卫生管理条例》，主动回应广大群众对垃圾分类、“僵尸车”处置等问题的关切，更好适应了城市精细化管理的需要。制定《湖州市大气污染防治规定》，就工业废气、车船尾气等“四大一小”五个方面的防治重点进行规制，推动依法治气。为提高立法质量，出台了立法前评估工作办法和专职委员立法通报会规定，开展立法听证、立法协商60次，委托区县人大进行专题调研，使法规更加符合实际。

力促基层治理。作出《关于贯彻〈监察法〉推进清廉湖州建设的决定》，支持推动依法监察。综合听取公检法司开展扫黑除恶专项斗争的报告，改进审议意见，强化靶向监督，列出4个方面11条责任清单，促进了专项斗争向纵深拓展。听取坚持和发展新时代“枫桥经验”、推进矛盾纠纷多元化解情况的汇报，作出《关于推进行政争议实质性化解、进一步加强社会治理的决定》，推动新形势下社会治理体系建设。

深化备案审查。在做好规范性文件全面备、逐件审的基础上，重点对30件生态环境保护规范性文件进行合法性审查，对2015年以来地方立法授权政府配套出台的22件规章、文件进行专项备案审查，做到有件必备、有备必审、有错必纠，维护法制统一。

加强任后监督。探索开展员额法官、检察官工作述职测评，建立了测评范围“两全”、抽查案件“两必”、督促整改“一闭环”的工作机制，选择8位同志进行口头工作述职测评，其他“两官”作书面工作述职，把督法、督事和督人结合起来，有力推动公正司法。坚持宪法宣誓制度，促进任命干部更好依法履职。

（四）突出民生改善，着力把人大工作做到群众心坎上。坚持民有所呼、我有所应，把以人民为中心贯穿于履职全过程、落实到工作各方面。

全力推动生活垃圾精准分类。认真贯彻习近平总书记对垃圾分类工作的重要指示，抓住生活垃圾分类这一民生“关键小事”，打好履职组合拳。常委会领导带队调研视察乡镇街道48次、村（社区）122个、垃圾处理单位23个，组织座谈研讨65次，推动出台了“组织实施、宣传教育、监督推动”3个方案。作出《关于加快推进生活垃圾精准分类的决定》，构建代表“网格化”监督体系，两次审议政府专项报告，委托第三方进行评估，建立“单月看、双月听、季度评”机制，进行全方位、多层次的监督。开展8·15“湖州生态文明日”集中宣传，推出3期电视专访，举办知识竞赛，培训158名基层代表，凝聚了建设生活垃圾分类全国示范市的强大合力。到年底，全市702个居民小区、809个行政村推行垃圾分类。

积极促进解决群众操心事烦心事。强化上下联动，深入检查《浙江省学前教育条例》实施情况，督促政府办好人民满意教育。实地调研73个行政村，听取审议消除集体经济欠发达村情况的报告，促进农村发展、农民增收。听取和审议贯彻《消防法》情况的报告，开展《防洪法》执法检查，推动政府理顺应急管理机制，保障人民群众生命财产安全。同时，加强对县域医共体建设、禁毒、未成年人保护等工作的监督，增强人民群众的获得感、幸福感和安全感。

不断完善民生实事代表票决工作。深化实事办理“四督”机制，制定了开展代表满意度测评的办法，推动政府按时保质完成10个方面21项任务。坚持实事项目代表建议集中移交日制度，从9月开始，组织各级代表走进代表联络站，开展民生实事收集主题接待226次，接待群众4465人次，征集意见建议2006条，梳理后同步移交各级政府，为本次大会票决厚植了民意基础。

（五）强化服务保障，着力发挥代表主体作用。突出代表主体地位，创新工作机制，完善载体平台，在深化拓展代表工作上迈出坚实步伐。

全面建成“五星级”代表联络站。按照“学习之家、履职之所、活动之地、凝心之寓”的目标要求，经过三年努力，全市133家代表联络站全部达到“五星级”标准。着力打造“一站一品”，推广“周六连心桥”、“老娘舅”工作室、“代表说事室”等特色做法，代表联络站“点上突破、线上成片、面上出彩”的格局基本形成。制定实施意见，制度化推进五级人大代表进站活动，一年来，6230人次代表进站活动，收集意见建议4331条，推动解决问题2698个。

深入开展代表问政。继续发挥代表问政会传递民意、推动发展的平台作用，围绕推进大气污染防治、办好学前教育、消除集体经济欠发达村、促进安全生产等主题，举办4次问政会，做到会前调研全面深入，会中问答诚恳务实，会后督办有力有效，参与的各级代表378人次，33名代表提出的36个问题得到推进落实。

创新建议督办机制。建立“跨届跨年”代表建议督办制度，对近年来虽有答复但问题还没有解决的建议件，实行清单式督办，去年梳理出来的171件相关建议已办结销号155件。同时，完善主任会议成员牵头重点督办、办理结果“三方会商”等制度。市八届人大四次会议上代表提出的197件建议，均在法定期限内办理完毕，问题解决率达71.6%，同比提高15.2个百分点。

优化代表履职服务。举办3期专题培训，249名代表参加。邀请375人次基层代表参加常委会履职活动，指导16个代表小组开展65次集体活动。深化“双岗建功”，1万多人次代表参与“助力‘十大专项行动’，当好人民满意代表”主题活动。建立代表履职补助机制，增加代表活动经费。严格代表履职积分制度，深化代表述职评价，广大代表依法为民履职更加积极主动。

（六）注重抓好自身，着力建设坚强有力的“两个机关”。牢记打铁必须自身硬，围绕工作机关、代表机关的目标定位，不断加强和改进自身建设。

打造过硬队伍。强化政治引领，发扬斗争精神，勇于自我革命，发挥常委会党组把方向、管大局、保落实作用，切实抓好常委会组成人员、人大代表、机关干部、专委会兼职委员和智库专家等5支队伍，优化人员配置，充实工作力量，建设对党忠诚、敬业奉献、群众信任的坚强集体。

重抓能力建设。开展会前学法6次，坚持“每年每人共读三本书”活动，举行“人大论坛”4次，书香人大建设扎实推进。顺应大数据时代要求，全面实现人代会、常委会会议、主任会议无纸化，做到绿色办会、便捷高效。依托互联网，加强预算联网监督平台建设，完善查询、预警、分析等功能，提高了监督的能力和水平。

筑牢基层基础。推动南太湖新区设置人大工作办公室，在理顺新区人大工作机制上跨出突破性的一步。指导德清县深化街道人大工作和建设试点，形成可复制、可推广的32项制度。推动全市25个街道建立议政会制度。检查《浙江省乡镇人民代表大会工作条例》实施情况，举办乡镇街道人大负责人培训班，进一步规范加强基层人大工作和建设。

各位代表，常委会过去一年取得的成绩，是在市委坚强领导下，全体常委会组成人员和代表共同努力的结果。我们的各项工作，得到了市人民政府、市政协、市监察委员会、市中级人民法院、市人民检察院和各区县人大的积极配合，得到了全市人民的大力支持。在此，我谨代表市人大常委会，表示衷心的感谢！

在看到成绩的同时，我们也清醒地认识到存在的问题和不足，主要是：对立法工作的主导作用有待进一步发挥，监督的实效有待进一步提升，代表履职的服务保障机制有待进一步完善，常委会履职能力有待进一步强化，等等，需要在今后予以高度重视，认真加以解决。

二、2020年的主要任务

各位代表，今年是高水平全面建成小康社会、实现“十三五”规划的收官之年，是习近平总书记在湖州首次提出“两山”理念15周年。在统筹推进疫情防控和经济社会发展的关键时刻，习近平总书记亲临浙江和湖州考察并发表重要讲话，时间节点尤为重要，意义影响十分重大，为做好各方面工作提供了根本遵循。市委对深入学习贯彻习近平总书记重要讲话精神，乘势而为、乘胜前进，努力成为新时代全面展示中国特色社会主义制度优越性重要窗口的示范样本，作出了决策部署。我们要在市委的领导下，把习近平总书记的殷殷嘱托转化为强大动力，高举习近平新时代中国特色社会主义思想伟大旗帜，全面贯彻党的十九大和十九届二中、三中、四中全会精神，强化“重要窗口”意识，扛起“示范样本”担当，牢记初心使命，依法履职尽责，全力推动“一四六十”工作体系深入实施，在持续谱写高质量赶超发展崭新篇章，当好践行“两山”理念样板地模范生、争当市域治理现代化先行地排头兵的壮阔征程中，充分彰显人大作为。着重做好以下工作。

（一）紧扣为履职固本，牢牢把握正确政治方向。要始终坚持党的领导这一根本政治原则，保持坚如磐石的政治立场。巩固“不忘初心、牢记使命”主题教育成果，强化党的创新理论武装，增强“四个意识”，坚定“四个自信”，坚决做到“两个维护”。自觉坚持市委领导，积极参与深化“三服务”、奋战“五个年”活动，坚持重大事项向市委请示报告、常委会党组例会等制度。坚持党管干部和依法任免相统一，做到讲确保。突出党建引领，加强自身建设，提升履职能力，为做好人大工作奠定更加牢固的基础。

（二）紧扣为赶超聚力，积极助推决胜全面小康。要抓住事关赶超发展和群众关切的重点问题，依法行使职权，着力推动市委决策部署落实。围绕统筹推进疫情防控和经济社会发展，开展《浙江省民营企业发展促进条例》贯彻实施专项监督，听取和审议贯彻传染病防治法律法规、推进公共卫生服务体系建设情况的报告，组织《动物防疫法》《野生动物保护法》执法检查，更好助力“两手硬、两战赢”。深入调研“十四五”规划编制情况，专项审议推进数字经济“一号工程”、供销合作社综合改革等报告，听取中心城市能级提升、加快嘉湖一体化发展等专题汇报，促进经济高质量发展。听取审议《就业促进法》实施情况报告，加强对医疗保障等工作的监督，着力增进民生福祉。深化预算审查监督，推动提升依法理财水平。

（三）紧扣为“两山”增色，着力推动生态文明建设。要深入践行“两山”理念，充分发挥人大推动“两山”转化的独特优势。以纪念“两山”理念发表15周年为契机，积极推动设立国家生态文明日。综合运用上下联动督、代表“网格化”督、专项审议督等形式，加强生活垃圾精准分类监督。听取和审议《湖州市乡村旅游促进条例》实施情况的报告，推动美丽乡村加快由建设向经营转变。审查批准首个湖州市国土空间总体规划。加大对太湖蓝藻治理、臭氧治理的监督力度，促进打好污染防治攻坚战。组织8·15“湖州生态文明日”集中宣传，积极助力把绿水青山建得更美，把金山银山做得更大，让绿色成为湖州发展最动人的色彩。

（四）紧扣为治理提效，扎实推进依法治市。要努力干在法治一线，推动完善市域治理现代化的法治体系。贯彻“高质量立法、惠民立法、环保立法、弘德立法、协同立法”的新理念，制定《湖州市法治乡村建设条例》《湖州市物业管理条例》，修正《湖州市制定地方性法规条例》，开展对车辆停放管理等7个二类项目、智慧城市建设管理等7个前期项目的调研，出台地方立法议案成案标准，加强立法释义，做到抓重点、可操作、得管用。听取市监察委员会有关工作情况的报告。开展员额“两官”工作述职测评，听取检察机关法律监督工作专题汇报。开展矛盾纠纷调处“最多跑一地”监督，促进基层社会治理创新。

（五）紧扣为代表赋能，充分支持代表履职。要全方位协同推进代表工作，更好服务保障代表提高能力、有效履职、发挥作用。按照“在联系服务群众上多用情，在宣传教育群众上多用心，在组织凝聚群众上多用力”的要求，更加密切常委会同代表、代表同人民群众的联系，坚持常委会组成人员联系代表、邀请基层代表列席常委会会议等制度，健全代表联络机制，特别是要管好用好“五星级”代表联络站，推进五级人大代表进站活动常态化。开展助力长三角一体化等7期代表选学培训。深化“浙江有个家、湖州有个妈”代表妈妈结对西藏生工作。围绕促进就业、推进公共卫生服务体系建设、推动矛盾纠纷化解“最多跑一地”、提高民生实事办理质量等4个主题，开展代表问政。组织“助力市域治理现代化、当好人民满意代表”双岗建功活动。加强“跨届跨年”代表建议督办，提高问题解决率和代表满意率。

名 词 解 释

“三服务” 指服务企业、服务群众、服务基层。

市委“一四六十”工作体系 指市委八届四次全会提出的聚焦“一个目标”，即聚焦市第八次党代会提出的加快赶超、实现“两高”的奋斗目标；突出“四个定位”，即成为大湾区的绿色智慧走廊、大花园的全域美丽标杆、大通道的现代综合枢纽、大都市区的城际重要板块；打造“六个城市”，即打造生态样板之城、绿色智造之城、滨湖旅游之城、现代智慧之城、枢纽门户之城、美丽宜居之城；开展“十大专项行动”，即开展城市能级提升、产业质效突破、环境治理攻坚、重大战略融入、科技创新加速、营商环境优化、乡村振兴示范、平安夺鼎冲刺、民生福祉改善、干部绩效比拼等行动。

“不忘初心、牢记使命”主题教育“八个一”活动 指一次主题教育工作会议、一次专题学习会、一堂专题党课、一次集中调研、一次代表主题接待、一轮专项监督、一批制度落实、一次高质量专题民主生活会。

增强“四个意识”，坚定“四个自信”，坚决做到“两个维护” 指增强政治意识、大局意识、核心意识和看齐意识；坚定中国特色社会主义道路自信、理论自信、制度自信和文化自信；坚决维护习近平总书记党中央的核心、全党的核心地位，坚决维护以习近平同志为核心的党中央权威和集中统一领导。

“三个预算”监督体系 指民主预算、透明预算、绩效预算。

纪念地方人大设立常委会40周年“四个一”活动指一场专题辅导讲座、一次“生态立法引领垃圾分类新时尚”生态文明日集中宣传活动、一本《奋进新时代的湖州人大》特刊、一次主题演讲。

推动城市能级提升“三进两评”活动 指进项目现场、督建设进度；进太湖新城、看新区变化；进基层社区、听建议意见；评时序进度，评服务效率。

《湖州市大气污染防治规定》“四大一小”五个方面的规制重点 指工业废气、挥发性有机物、车船尾气、扬尘和餐饮油烟。

员额法官、检察官工作述职测评“两全”“两必”“一闭环” 指测评范围“两全”：一是对员额“两官”工作同时开展述职测评，实现“两院”全覆盖；二是除省管干部外的全部员额“两官”所办案件均列入案件评查范围，实现案件全覆盖。抽查案件“两必”：一是市人大常委会年度监督计划中列入重点监督内容的相关案件必查，如扫黑除恶、公益诉讼类案件；二是发生变更类案件必抽，如发回重审、改判、检察抗诉、引发上访的案件（法院系统），判决无罪、变更罪名、撤回起诉、驳回起诉、不起诉、引发上访的案件（检察系统）。督促整改“一闭环”：案件评查中发现的问题经核实后以书面形式反馈“两院”，明确整改反馈期限，形成监督闭环。

民生实事项目办理“四督”机制 指市人大常委会领导带队重点督、专委会定期巡查常态督、代表联系项目定向督、专项审议效果评价量化督。

“五星级”代表联络站标准 指以“五个有”提升硬件配套，即有固定场所，有统一标牌，有必要设施，有学习资料，有代表信箱；以“五公开”接受群众监督，即公开代表信息，公开工作制度，公开年度计划，公开结对名单，公开履职成果；以“五到位”强化组织管理，即代表注册到位，人员配备到位，服务保障到位，台账管理到位，经费支持到位；以“五定期”常态开展活动，即定期学习交流，定期组织活动，定期接待选民，定期处理意见，定期述职评议。

“五星级”代表联络站建设“一站一品” 指推动各地代表联络站在做好规定动作的同时，因地制宜，注重创新，做精自选动作，打造特色品牌。

代表建议办理结果“三方会商” 指对代表建议的办理结果，由市人大常委会代表与选任工委、市政府督查室、承办单位协商确定。

代表“双岗建功” 指组织代表既立足代表岗位积极议政督政、献计出力，又立足本职岗位带头建功立业、为民利民。

“两个机关” 指党的十九大提出的要使人大及其常委会成为全面担负起宪法法律赋予伪各项职责的工作机关，成为同人民群众保持密切联系的代表机关。

深化“三服务”、奋战“五个年”活动 指市委部署的以常态化、精准化、系统化“三服务”，扎实开展“两山”转化提升年、重大项目攻坚年、开放合作突破年、基层治理深化年、全面小康决胜年“五个年”活动。

政府工作报告

——在湖州市第八届人民代表大会第五次会议上

湖州市代市长　王　纲

（2020 年 4 月 27 日）

一、过去一年的主要工作

过去一年，面对国内外风险挑战明显上升的复杂局面，我们深入贯彻习近平新时代中国特色社会主义思想，在省委、省政府和市委的坚强领导下，在市人大、市政协等各方面的监督和支持下，坚持稳中求进工作总基调，以“两山”理念为引领，围绕市委“一四六十”工作体系，紧盯重大改革、重大事项，着力稳企业、增动能、保平安，统筹推进经济社会高质量赶超发展，较好地完成了市八届人大四次会议确定的主要目标任务。2019 年，全市生产总值突破 3000 亿元，达到 3122.4 亿元，增长 7.9%，人均生产总值突破 10 万元；财政总收入达到 540.6 亿元，其中地方财政收入 316.1 亿元，分别增长 10.2% 和 10.1%；城镇、农村居民人均可支配收入分别达到 59028 元和 34803 元，增长 8.5% 和 9.6%；十方面民生实事项目全面完成。

过去一年，我们扎实开展“不忘初心、牢记使命”主题教育，深入开展“服务企业、服务群众、服务基层”活动，在大抓落实、大干实事中践行初心和使命。这一年，我们主动融入长三角一体化发展和全省“四大”建设，正式设立南太湖新区，奋力推进“保五争三拼第一”，21 项重要指标增幅居全省前三位。这一年，我们全力开展民生痛点整治攻坚行动，全面小康指数跻身全国地级市前二十名，高水平全面建成小康社会取得了新的重大进展。这一年，我们实现平安湖州建设“十三连冠”，“中国治理的世界意义”国际论坛在我市成功举办，向世界展示了“中国之治”的“湖州样板”。这一年，我们隆重庆祝中华人民共和国成立 70 周年，两位湖州代表人物被授予国家荣誉称号，“湖州人”大会成功举办，极大激发了湖州儿女奋斗新时代的磅礴力量。

（一）经济发展稳中有进

民营企业健康发展。全力以赴稳企业，全面落实减税降费措施，走访服务企业 2.1 万多家次，排摸解决实际问题 2.7 万余个，为企业减负 152.3 亿元。强化要素保障，新供工业用地 1.95 万亩，居全省第一位，金融机构贷款余额增长 24.5%，1.3 万家企业通过绿色金融综合服务平台获得贷款授信 1404 亿元。推进市场主体优化升级，4 家企业入选省“雄鹰”培育企业，“金象金牛”企业达到 20 家，培育“瞪羚”企业 148 家，新增挂牌上市及过会企业 3 家，完成“个转企”2051 家、“小升规”389 家。推进质量标准品牌建设，新增“品字标”企业 29 家、“浙江制造”标准 54 个，38 个产品获得全国绿色产品认证。

产业质效加速提升。推进绿色智造城市建设，规上工业增加值增长 8.4%，其中战略性新兴产业、高新技术产业、装备制造业分别增长 10.7%、10.4% 和 12.6%，数字经济核心产业增加值增长 13.6%。成功创建为国家工业资源综合利用基地，新增国家级绿色工厂 11 家、省级数字化车间和智能工厂 13 家，吴兴、德清、长兴被列为省制造业高质量发展示范区县创建单位。改造提升传统制造业，淘汰整治“低散乱”企业及作坊 4217 家。推动服务业创新融合发展，增加值增长 8.7%。加快滨湖旅游城市建设，安吉成为国家全域旅游示范县，全市过夜游客达到 4803.8 万人次。网络零售额完成 719.4 亿元，内河集装箱吞吐量突破 50 万标箱，金融业增加值达到 231.6 亿元。加快农业绿色高效发展，农业现代化发展水平连续六年居全省首位，获评国家农产品质量安全市，农业增加值增长 3%，居全省第一位，生猪增产保供工作稳步推进。

有效投资持续扩大。狠抓项目引进推进、投产达产，建立亿元以上重点项目库，固定资产投资增长 11.4%，其中工业投资增长 24.3%，增幅居全省第一位。整合招商资源，设立上海、北京、深圳招商引才中心，新引进亿元以上项目 531 个，其中 50 亿元以上项目 13 个。亿元以上项目开工建设 537 个、竣工投产 369 个，分别增长 59.8% 和 75.7%。列入省重大产业项目 40 个、重点建设项目 110 个，均居全省第一位，省市县长项目达到 36 个，落地率居全省第三位，合丰泰显示面板等项目成功落户。11 个万亩千亿大平台拓展提升空间 1.9 万亩，新建成小微企业园 16 家，德清工业园区升格为省级开发区，长兴新能源小镇通过省级验收命名。

创新驱动更加强劲。深入实施人才强市新政和科技新政，人才发展综合指数居全省第三位，创新潜力跃居全国第二十六位。组建长三角首个人才发展集团，新引进大学生及其他各类人才 11.3 万名，遴选资助“南太湖精英计划”人才项目 279 个，引进顶尖人才 44 名、领军人才 196 名，入选国家特聘专家 11 名。实施职业技能提升行动，新增高技能人才 2.3 万名，我市选手获得世界技能大赛银牌。新建成众创空间91家，新增高新技术企业179家、省科技型企业657家、省级产业创新服务综合体4家。德清成为国家新一代人工智能创新发展试验区，南浔智能机电高新技术产业园升格为省级高新区。厅市会商、政产学研合作等机制进一步完善。

（二）改革开放加快步伐

“最多跑一次”引领改革不断深化。持续打好利民、惠企、提速改革组合拳，我市在全省营商环境快速调查中综合排名保持在前三位。深化简政放权，取消97.8%的证明事项，“无证明城市”基本建成。政务服务事项掌上可办比例达到99.1%，跑零次可办事项比例达到95.3%，“一证通办”民生事项比例达到100%。企业开办实现一日办结，一般企业投资项目实现竣工验收前审批“最多90天”。省法治化营商环境试点、工程建设项目审批制度改革扎实推进。深化“亩均论英雄”改革，实现规上工业企业及占地3亩以上规下工业企业全覆盖，消化处置“五未”土地3.04万亩，亩均效益水平显著提高。新批工业用地实现“标准地”出让全覆盖。现代智慧城市建设和政府数字化转型扎实推进，湖州城市数字大脑运营中心建成使用，我市荣获全球智慧城市大会中国区信息惠民和城市服务奖。开展国有企业资产资源排查处置，市旅游集团和市产业集团实现整合重组。安吉县域践行“两山”理念综合改革创新试验区建设全面启动。

对内对外开放进一步扩大。制定实施推进长三角一体化发展行动方案，深度接轨沪杭，推动湖州嘉兴一体化发展，牵头组建G60科创走廊智能装备产业联盟。高质量外资集聚先行区加快建设，全市实到外资19亿美元，在中法两国元首的共同见证下，天能集团与法国帅福得集团签署合作协议。开展稳外贸攻坚行动，对1960家重点企业实施“订单+清单”监测预警。支持企业巩固传统市场，开拓新兴市场，积极参加第二届中国国际进口博览会，全年完成进出口总额940.2亿元，其中出口838.6亿元，分别增长6.3%和8.8%。B型保税物流中心通过验收。反走私工作扎实推进。跨境电商交易额达到71亿元，增长70.2%；服务贸易总额达到103.5亿元，增长19.9%。国际滨湖度假大会、外商直接投资峰会等成功举办。新增国际友城2个。

（三）三大攻坚战取得关键进展

污染防治扎实有效。推进生态样板城市建设，绿色发展指数居全省第二位。市区PM2.5平均浓度降至每立方米32微克，达到国家二级标准。建成污水零直排区580个，基本完成渔业养殖尾水全域治理任务，国家“水十条”考核断面全部达标，县控以上断面水质100%达到Ⅲ类以上。完成废弃矿山生态修复治理1.7万亩，完成绿化造林1.8万亩，建设珍贵彩色森林8.2万亩。德清、南浔分别创建为国家和省生态文明建设示范县区。“生态+电力”示范城市建设经验在全国推广。

重大风险防控坚决有力。组建绿色金融纠纷调解中心，坚决打击恶意逃废债行为，银行不良贷款率进一步降低至0.51%，信贷资产质量居全省第一位。密切关注企业资金链、担保链问题，妥善化解重点企业流动性风险、上市公司股权质押风险。进一步加强政府性债务管理，政府隐性债务化解完成年度任务，市本级和各区县政府债务率均保持在95%以下的绿色安全区。

精准脱贫积极有为。落实村级集体经济三年强村计划，年经营性收入30万元以下的欠发达村全部“摘帽”，低收入农户人均可支配收入增长12.9%。高标准做好东西部扶贫协作、对口支援工作，吸纳建档立卡贫困人口来我市就业1.7万人，实施援建项目83个，2200万株扶贫茶苗完成移植栽种，南浔·广安东西部扶贫协作产业园开工建设。

（四）城乡发展协调共进

城市品质持续提升。开展国土空间规划编制试点，做好第三次全国国土调查工作。加快美丽宜居城市建设，推动中心城市与三县联动发展，实施城市建设“十个一”基本配置工作。全面推进南太湖新区建设，长东片区整体开发前期工作基本完成，湖长二通道、湖山大道北段建成通车。浙北医学中心全面竣工，市美术馆建成开放。强化城市精细化管理，基本无违建区县实现全覆盖。集中整治“准物业”小区和拆迁安置小区169个。完成市区公交体制改革，全市公交实现纯电动化、一票制和移动支付。申苏浙皖、申嘉湖高速公路市区段实施湖州牌照小客车免费通行政策。115个小城镇环境综合整治全面完成，首批美丽城镇启动建设。南浔頔塘社区入选省级未来社区建设试点。

乡村振兴保持领先。获批成为国家城乡融合发展试验区、部省共建乡村振兴示范省先行创建市和省数字乡村试点示范市。创新推出农业经营性项目“标准地”，开工千万元以上乡村产业项目104个。市级美丽乡村创建实现全覆盖，南浔区创建为省美丽乡村示范区。实施全域土地综合整治及生态修复项目21个，整治土地42万亩。城乡人居环境通过百日攻坚实现大提升，创建A级以上景区村庄224个，农村饮用水达标提标行动新惠及群众25.1万人。推进农村集体产权制度改革试点，村集体经济组织登记赋码工作全面完成，村集体资金、资产、资源盘活利用全面加强。

基础设施不断完善。枢纽门户城市建设步伐加快，沪苏湖高铁通过环评审批，湖杭高铁开工建设，商合杭高铁、杭州绕城高速公路西复线、杭宁高速公路改扩建等项目加快实施，申嘉湖高速公路鹿山至孝源段、京杭运河三级航道整治工程等项目建成使用。太嘉河及杭嘉湖地区环湖河道整治后续工程开工建设，苕溪清水入湖河道整治后续工程、安吉两库引水项目等有序推进，太湖水厂二期、东苕溪绿道全面建成。完成污水处理厂提标改造19座、配套管网建设164公里。

（五）民生获得感稳步增强

就业和社会保障水平持续提升。全力以赴稳就业，新增城镇就业15.6万人，登记失业率1.86%，帮扶城镇失业人员、就业困难人员再就业4.7万人。推进社会保险精准扩面，在落实好社保费减征政策的同时，实现保障水平稳步提升。开展国家医保基金监管方式创新试点，医疗救助、大病保险和慢性病保障进一步加强，与上海、苏州等城市实现门诊就医医保异地直接结算。发行第三代社会保障卡。成为全国居家和社区养老服务改革试点城市，新增养老床位2856张。新建城镇保障性住房1.1万套，完成农村危房治理462户，新增住房公积金缴存职工14.4万人。

社会事业加快发展。全市新建、改扩建幼儿园14所，普惠性幼儿园覆盖率达到90.7%，新增省义务教育标准化学校7所，实现小学和幼儿园放学后校内托管服务全覆盖。滨湖高中、华东师范大学湖州实验中学开工建设。浙江工业大学莫干山校区建成启用。取缔关停非法校外培训机构135家。深化公立医院综合改革，全面推进医共体建设，成为全国首个“无胶片”城市，国家卫生城市和全国基层中医药工作先进市通过复审。新建城市书房13家、农村文化礼堂108个，组建成立湖州传媒集团。成功举办市第九届运动会，实施“周三全民健身免费开放日”等体育惠民措施。退役军人服务保障体系更加完善，实现省双拥模范城“八连冠”。民族宗教工作进一步加强，妇女儿童、红十字、慈善、残疾人等事业提质发展，档案信息化工作在全国领先。

社会治理扎实推进。圆满完成新中国成立70周年维稳安保任务，社会大局保持和谐稳定，获评全国社会治理创新典范城市。推广乡村治理“余村经验”，夯实“基层治理四平台”，推动14个规模较小的社区撤并整合，为老旧小区解决办公用房3.3万平方米，建成幸福邻里中心56家。创新推出全国首条24小时防诈骗热线“2250000”，有效制止电信网络诈骗案件3900余起。扎实开展扫黑除恶攻坚年活动，摧毁黑恶势力犯罪团伙55个。加强社会信用体系建设，在全国地级市信用监测中，我市排名第二十二位。“厨房革命”全域推进，1.1万家餐饮单位纳入智慧监管，保健品市场乱象得到专项整治。开展安全生产大排查大整治，生产安全、火灾、道路交通事故起数下降19.6%、死亡人数下降16.3%。完成地质灾害隐患综合治理“除险安居”三年行动，成功抗击超强台风“利奇马”。

（六）政府自身建设切实加强

全面从严要求进一步落实。增强“四个意识”，坚定“四个自信”，做到“两个维护”，推动习近平总书记对湖州工作重要指示精神落地生根。强化审计监督和审计结果运用，开展政府投资项目概算审查，全面落实预算绩效管理，政府性资金收支监管进一步加强。完善工程建设招投标制度，严厉打击围标串标等违法行为，公共资源交易监管更加有力。

内部提效机制进一步完善。完成政府机构改革，部门间“最多跑一次”成为常态。成功打响“湖州365，天天在服务”品牌，“12345政府阳光热线”服务质量位居全国第二十五位。完善主要指标“保五争三拼第一”定期通报、重大改革重大事项进展情况打分评价等制度，政府系统大抓落实、争先进位的氛围更加浓厚。

法治政府建设进一步加快。入围全国法治政府建设示范市候选名单，获得法治浙江（法治政府）建设考评第一名。推动美丽乡村建设条例、乡村旅游促进条例完成立法，实施新一轮规范性文件全面清理工作。市、区县行政复议局全部设立，行政机关负责人出庭应诉率达到93%。创新“互联网+执法”机制，实施重点领域综合执法体制改革。注重听取咨询委员、法律顾问等各方面意见，建立重大行政决策全过程记录制度，开展政务公开标准化、规范化建设。办结市人大代表建议187件、政协提案313件。

各位代表！今年1月，新冠肺炎疫情暴发，面对来势汹汹的疫情，广大医务工作者不畏艰险、冲锋在前，各级干部职工迎难而上、坚守阵地，广大企业和群众迅速响应、自觉投入，全市上下万众一心、众志成城，全力以赴打好防控阻击战、发展总体战。疫情发生以来，我们始终坚持外防输入、内防扩散，率先启动外来人员管控措施，独创“洗楼”等排摸方式，做到了“部署早、控得牢、病例少”，确诊的12例境内外输入病例已全部治愈出院，无症状感染者得到有效管控；我们始终坚持“全国一盘棋”，在抓好本地疫情防控的同时，先后派出92名医务人员赴湖北、温州等地支援；我们始终坚持“两手抓、两手硬”，率先出台“湖八条”“湖九条”等政策，开展“深化‘三服务’、助企开复工”专项行动，经济社会发展秩序全面恢复。这场战役是改革开放以来我市最大的社会动员之一，在与病毒抗争、与时间赛跑的过程中，湖州人民以自己的大智、大勇、大爱书写了和平年代保家护国的壮丽篇章！

过去一年的成绩来之不易，这是省委、省政府和市委正确领导的结果，是市人大、市政协认真监督的结果，是全市上下齐心协力、共同拼搏的结果。在此，我代表市人民政府，向包括全体人大代表、政协委员、离退休老同志在内的全市人民，向各民主党派、工商联、人民团体和社会各界人士，向驻湖人民解放军和武警部队官兵，向在疫情防控一线奋战过的工作人员和志愿者们，向所有关心和支持湖州发展的海内外朋友，表示衷心的感谢，致以崇高的敬意！

同时，我们也清醒地认识到，我市经济社会发展和政府工作还存在不少问题和短板。主要是：稳增长压力较大，企业发展困难增多，外贸进出口面临较大挑战；新旧动能转换不够快，城市经济活力不足，重大产业项目开工率、投产率、达产率不够高；生态环境质量与当好践行“两山”理念样板地模范生的要求还有差距，空气优良率、能耗控制指标没有达到预期目标，水环境质量还不能稳定达标；民生领域存在不少短板，教育、医疗、养老等公共服务与群众期盼还有差距，部分食品价格涨幅过大；安全风险隐患较多，火灾、交通事故仍然多发；财政收支平衡压力持续加大，政府隐性债务化解任务较重；政府系统一些干部担当作为、创新突破的意识不强，腐败现象仍有发生。我们一定高度重视这些问题，采取有力措施，认真加以解决。

二、2020年重点任务

2020年是高水平全面建成小康社会决胜之年，是“十三五”规划收官和“十四五”规划编制之年。前不久，习近平总书记亲临我省、我市考察，在“两山”理念提出15周年之际，对湖州工作作出了新的重要指示。他说，这里的发展后劲潜力很大，希望再接再厉，乘势而为、乘胜前进。我们要把学习贯彻习近平总书记重要讲话精神作为当前及今后一个时期的首要政治任务，坚定不移沿着总书记指引的路子走下去，全力推进“八八战略”再深化、改革开放再出发，努力成为新时代全面展示中国特色社会主义制度优越性重要窗口的示范样本。学习贯彻好习近平总书记重要讲话精神，就是要顺应县域经济向城市经济、都市区经济转型的大趋势，整合优势资源，优化经济布局，加强统筹联动，握指成拳、抱团发展，全面提升城市发展能级和全市域整体竞争力；就是要抢抓长三角一体化加速推进的大机遇，以主角的姿态、主力的担当，厚植竞争优势、实现错位发展，用撒手锏级的举措推动湖州从长三角地理中心向发展高地转变；就是要拥抱新一轮科技革命和产业变革蓄势待发的大时代，顺应潮流、锐意创新，全力以赴抢项目、抢人才、抢要素，让“小个子”迸发出大能量。

做好2020年政府工作，总的是要高举习近平新时代中国特色社会主义思想伟大旗帜，全面贯彻党的十九大和十九届二中、三中、四中全会和省委十四届六次全会精神，按照市委八届八次全会作出的部署要求，坚决扛起当好践行“两山”理念样板地模范生、争当市域治理现代化先行地排头兵的重大使命，坚持稳中求进工作总基调，坚持新发展理念，坚持以供给侧结构性改革为主线，深入实施市委“一四六十”工作体系，扎实开展深化“三服务”、奋战“五个年”活动，统筹抓好稳增长、促改革、调结构、惠民生、防风险、保稳定各项工作，乘势而为、乘胜前进，确保高水平全面建成小康社会和“十三五”规划圆满收官，在新起点奋力开启基本实现现代化新征程，不断开创高质量赶超发展新局面，努力为全省“两个高水平”建设做出更大贡献。

综合考虑各方面因素，建议今年全市经济社会发展的主要预期目标为：地区生产总值增长7%左右；财政总收入和地方财政收入均增长8%左右；城镇、农村居民人均可支配收入分别增长7.5%和8%左右；研究与试验发展经费支出相当于地区生产总值的比例达到2.9%以上；固定资产投资增长10%；社会消费品零售总额增长8%左右；城镇登记失业率控制在3%以内；节能减排降碳完成省定任务。

当前，随着境外疫情的加剧蔓延，境内外疫情防控和经济形势正在发生新的重大变化，我市发展的外部环境更加严峻，但也要看到危和机总是同生并存的，克服了危即是机，我们要准确识变、科学应变、主动求变，狠抓“六稳”工作、守牢“六保”底线，下好先手棋、打好主动仗，统筹推进疫情防控和经济社会发展工作，努力高质量实现上述目标任务。为此，在具体工作中，我们要强化“四个心”：一是“两山”再出发的决心。以翻篇归零的心态推动“两山”理念再深化、“两山”实践再出发，让绿色成为湖州最动人的色彩，进一步擦亮“在湖州看见美丽中国”金名片。二是发展再提质的恒心。坚持高质量赶超发展不动摇，坚持“保五争三拼第一”不松劲，努力推动湖州经济在质量提升中实现总量跃升。三是浙北再崛起的雄心。主动融入国家和省重大战略，积极应对区域竞争白热化，努力谋大招、出实招，打造美丽繁华的新江南。四是为民再担当的初心。始终牢记发展为了人民，以百姓之心为心，全力补齐民生短板、治理短板，努力以小康的成色、治理的成效取信于民，让人民群众的生活“芝麻开花节节高”。

重点抓好八个方面的工作：

（一）突出稳企业、增动能，提升产业现代化水平

坚定不移支持企业发展。认真落实关于营造更好发展环境、推动民营企业改革发展的各项政策措施，出台新一轮制造业高质量发展政策。全面落实疫情发生以来出台的各类稳企业、稳经济、稳发展政策意见，大力实施减税、减费、减租、减息措施，力争减轻企业各类负担200亿元，全力支持企业复产达产、健康发展。加强企业和企业家队伍培育，力争新增“金象金牛”企业2家、上市公司5家、股份制公司100家、规上工业企业200家，完成“个转企”800家，深入实施新一轮新生代企业家“311”领航计划。深化国家绿色金融改革创新试验区建设，实施融资畅通工程，新增社会融资1200亿元以上，小微企业贷款、民营企业贷款、绿色贷款各新增100亿元以上。启动深化国企改革三年行动，做强做优做大国有经济。

开展项目“双进双产”攻坚。聚焦项目引进推进、投产达产的关键环节，严格落实“345+1.5”准入标准，加强项目全生命周期服务管理，做准做实项目，确保新引进亿元以上项目580个，独立选址的亿元以上工业项目开工建设300个、竣工投产200个。用好招商引才新政“湖九条”，深化上海、北京、深圳等重点区域驻点招商，强化对照产业链和规划图招商，力争当年新签约项目开工率达到40%，每个区县都有50亿元以上项目开工建设。深入实施省市县长项目工程，确保落地率达到70%。聚焦省“2+6”项目清单，用好政策窗口期，全力争取各类资源要

素。花大力气整合提升各类产业平台，力争省级万亩千亿新产业平台创建实现突破。

汇聚产业发展新动能。突出绿色智造特色，推进制造业高质量发展，力争规上工业增加值增长8%。加速先进制造业集群化发展，实施产业链协同创新项目15个。坚定不移实施数字经济“一号工程”，加快培育集成电路及高端元器件、地理信息、软件等产业，加强云计算、大数据、区块链、人工智能等高新技术研发应用，力争数字经济核心产业增加值增长11%。大力发展新能源汽车及关键零部件、高端装备、生物医药等产业，力争战略性新兴产业增加值增长10%。加速5G网络等新型基础设施建设。坚持以数字化引领传统产业高新化，加快建设工业互联网，推动规上工业企业上云全覆盖，建成市级以上数字化车间、智能工厂100个。加快纺织、家具、电梯、金属制品等传统制造业改造提升，实施千企智能化改造示范项目，带动全市工业技改投资增长15%以上。打好质量、标准、品牌、商标、知识产权强市等组合拳，新增“品字标”企业32家、“浙江制造”标准40项，每万人有效发明专利拥有量达到36件。

提升科技和人才竞争力。以创建国家可持续发展议程创新示范区为抓手，深入开展科技创新加速行动，着力打造国家创新型城市。组织开展关键核心技术攻关40项。完善“高技术、高成长”企业等创新主体培育机制，新认定高新技术企业200家、省级科技型中小企业600家。打造多层次创新平台，提升湖州科技城和省级以上高新区能级，加强产业创新服务综合体建设，力争新增众创空间50家、市级院士专家工作站8家。实施“名校名院名所”引进计划，共建创新载体15家以上。实施人才新政4.0版，优化南太湖系列人才工程，力争新引进大学生及其他各类人才12万名左右、顶尖人才和领军人才100名以上；加强新时代产业工人队伍建设，新增高技能人才1.5万名。推动军民融合、产教融合深度发展。

（二）聚力补短板、强弱项，坚决打赢三大攻坚战

决胜污染防治攻坚战。推进PM2.5与臭氧协同治理，突出抓好涉挥发性有机物企业深化治理，全面实施工业炉窑整治，确保完成35蒸吨以下燃煤锅炉淘汰任务，确保全市PM2.5平均浓度稳定达标，力争空气优良率达到80%以上。加大蓝藻防控力度，完成太湖沿线2公里范围内入河排污口整治，建成污水零直排区279个，实施水生态修复项目81个，确保国家“水十条”考核断面水质100%达标，“五水共治”再夺“大禹鼎”。深化土壤污染防治，完成827家重点行业企业用地土壤污染状况调查。推进国土绿化美化，完成绿化造林1.5万亩、茶园生态修复4万亩。加强矿地综合利用，完成废弃矿山复绿2000亩。高标准完成第二轮中央生态环境保护督察整改任务。

决胜防范化解重大风险攻坚战。加强对企业债务违约、恶意逃废债、非法集资、互联网金融等风险管控，有序处置银行不良贷款，确保银行信贷资产质量居全省前列。坚持房子是用来住的、不是用来炒的定位，促进房地产市场平稳健康发展。从严管控政府性债务总规模，完成政府隐性债务年度化债任务，确保政府债务率始终保持在绿色安全区内。

决胜精准脱贫攻坚战。实施就业优先政策，加强困难群体就业援助，新增城镇就业10万人，确保零就业家庭动态清零。落实城乡低保、临时救助、特困帮扶、抚恤优待等托底政策，做好贫困人员城乡居民基本养老保险应保尽保工作，有效保障困难群众基本生活。健全社会救助体系，建立主动发现救助新模式。启动实施促进低收入农户全面发展行动和新一轮强村计划，确保低收入农户人均可支配收入增长10%以上，最低收入水平达到年人均1万元以上，力争消除30%经营性收入50万元以下的村。高质量推进东西部扶贫协作、对口支援、山海协作等工作，与对口地区携手奔小康。

各位代表，打好三大攻坚战是中央部署的一项重大政治任务。我们将在坚决打赢三大攻坚战的基础上，坚持目标导向、问题导向、效果导向，集中力量、集聚资源、集成政策，加快补齐短板，确保如期高水平全面建成小康社会。

（三）着眼系统集成、协同高效，依靠改革打造营商环境最优市

纵深推进“最多跑一次”改革。推进一般企业投资项目审批竣工验收前“最多80天”改革，力争审批时间全省最短。全面推进个人和企业全生命周期“一件事”全流程“最多跑一次”。深化“无证明城市”建设，推动审批服务告知承诺制向全领域拓展，实施“区块链+审批服务+公共资源交易”改革。深化商事登记制度改革，推进证照分离改革全覆盖。加强事中事后监管，大力推动“双随机、一公开”覆盖更多监管领域。推进企业注销便利化改革，简易注销实现一日办结。全面落实优化营商环境条例，深化省法治化营商环境试点，构建“清”上加“亲”的政商关系。

继续深化“亩均论英雄”改革。加强工业企业亩均效益综合评价，改造提升800家亩均税收5万元以下的低效企业，力争规上工业亩均税收、亩均增加值分别增长15%和12%以上。启动服务业亩产效益综合评价。用好“标准地”地图，推行“标准地”信用监管模式，推广小微企业园“标准房”改革。消化处置“五未”土地1.8万亩，盘活存量建设用地6000亩，城镇低效用地再开发3500亩。加快全域土地综合整治，推进37个在建项目，启动8个新项目。

加快打造“信用湖州”。深入实施信用体系“531X”工程，创建国家社会信用体系建设示范城市，力争我市在全国地级市信用评价排名中进入前十位。推动信用与基层社会治理、政府采购、金融监管服务、公共资源交易等平台对接联通，强化守信联合激励和失信联合惩戒，完善信用修复机制。

（四）紧扣高质量、一体化，构筑高水平开放新格局

全方位融入区域一体化战略。全面落实长三角一体化发展规划纲要和省、市行动方案，抢抓长三角地区主要领导座谈会在我市召开的机遇，深入谋划实施一批重大载体和项目，致力于建设长三角中心花园和绿色发展引领区。坚持以最强政策供给营造最优营商环境，积极打造低成本创业之城、高品质生活之城。全力推动南太湖新区高质量发展，打造深度融入长三角一体化和全省“四大”建设的主平台。主动对接上海大都市圈、杭州都市圈、G60科创走廊、宁杭生态经济带建设，推动共建沪苏浙皖产业合作区，谋划建设杭州城西科创大走廊北部板块，打造南浔青浦合作园。实施湖州嘉兴一体化发展“五个一”标志性工程。进一步深化与吉林省白山市等地的合作。

发展更高水平开放型经济。努力克服境外疫情蔓延带来的影响，主动融入“一带一路”建设，全力以赴稳外贸，实施活水增流、模式创新、市场开拓、服务支撑“四大计划”，培育外贸新增长点，确保出口占全省的份额继续提升。打造国家级外贸转型升级基地，争创国家跨境电商综合试验区试点城市，做深做实“订单＋清单”监测预警系统。做强外贸综合服务平台，推动B型保税物流中心高质量运营，打造一批跨境电商产业园和公共海外仓。聚焦高质量外资集聚先行区建设，建好国际产业合作园，加大海外招商力度，力争实到外资15亿美元。鼓励重点企业开展海外并购和境外承包工程，推进海外园区建设。

完善综合交通体系。全力推进沪苏湖高铁、湖杭高铁建设，开通运营商合杭高铁，开工建设杭德城际铁路，同步推进相关场站建设。全面建成杭州绕城高速公路西复线、杭宁高速公路改扩建等工程，加速推进申嘉湖高速公路孝源至唐舍段、104国道李家巷至施家桥段改建等工程，力争开工建设湖杭高速公路，奋力突破苏台、德安等高速公路项目前期工作。围绕打造“轨道上的湖州”，做好宁杭高铁二通道、环太湖轨道交通、湖嘉城际、水乡旅游线、市域和中心城市轨道交通等铁路项目谋划工作。深入打造全国内河水运转型发展示范区，开工建设浙北高等级航道网集装箱运输通道工程，加快推进长湖申航道西延项目。

（五）锚定样板地、模范生，推动新时代生态文明建设走在前列

推进生态文明制度创新。举办“两山”理念提出15周年系列活动，进一步扩大湖州生态文明建设影响力。推动南太湖新区打造全国“两山”理念转化实践示范区，深化安吉县域践行“两山”理念综合改革创新试验区建设。健全生态环境保护长效机制，强化“三线一单”成果应用，推进自然资源资产管理和自然生态监管体制改革，建立自然资源确权登记体系。构建“两山”转化评价体系，完善绿色发展财政奖补机制，探索生态产品价值实现机制，为把绿水青山建得更美、把金山银山做得更大提供强有力的制度保障。

加快生产方式绿色化。强化“生态本身就是经济”的意识，坚定走可持续发展之路，在保护好生态的前提下，积极发展多种经营，把生态效益更好转化为经济效益、社会效益。统筹推进绿色工厂、绿色产品、绿色供应链、绿色标准等领域探索实践，力争实现规上工业企业星级绿色工厂全覆盖，推动绿色产品认证扩面提质，新增绿色智造和绿色金融国家标准5项以上。实施绿色制造技术改造重点示范项目100项以上，淘汰整治“低散乱”企业2000家以上，淘汰100家企业的落后产能，腾出用能空间10万吨标煤。推广农业生态循环种养殖模式；开展绿色建筑和绿色金融协同发展试点，发展装配式建筑，促进建筑业绿色化发展。

建设“无废城市”。深入开展“垃圾革命”，推进生活垃圾源头减量、精准分类和资源化利用，开展道路减少垃圾桶试点，创建300个农村生活垃圾分类标杆村，确保在全省率先实现生活垃圾零填埋、总量零增长。限制一次性消费用品，推动快递包装绿色化、轻量化、循环化。打响工业垃圾歼灭战，建成并投运湖州危险废物综合处置中心，推动工业危废和一般工业固废收贮运一体化。开展生活方式绿色化行动，推行绿色细胞创建，倡导勤俭节约、绿色低碳、文明健康的生活方式和消费模式。

（六）聚焦提能级、添活力，拓展城市发展新空间

提升城市规划建设水平。完成第三次国土调查和国土空间规划编制，优化全域生产、生活、生态空间布局。全速推进南太湖新区长东片区开发建设，加快城市内环快速化改造，推动湖山大道全线通车。加快推进安吉两库引水等项目，新增城市绿道50公里、公共停车位3000个。启动中心城市中运量快速公交建设和三县城际公交快速化改造，公交分担率提升2个百分点。加快智慧交通建设，促进城区中小道路交通微循环，有效治理城市拥堵。抓好未来社区建设试点，创建美丽城镇5个以上。

强化城市精细化管理。全域推进全国文明城市创建，确保中心城市和长兴通过复评，德清、安吉通过创建验收。聚焦停车难、违法搭建、噪音扰民、餐饮油烟、犬类管理等重点领域，开展专项整治，打造精细化管理示范乡镇（街道）20个。推动物业管理健康规范发展，培育“红色物业”示范点100个。改造老旧小区25个，实施既有住宅加装电梯50部，开展房屋渗漏专项整治。推进街巷美化提升，深化“厕所革命”，加强农贸市场星级管理。

壮大城市经济和消费经济。大力发展楼宇经济、创意经济、共享经济、流量经济、网红经济，培育税收千万元楼宇60幢以上，其中“亿元楼”10幢以上。大力实施消费新政，推进“放心消费在湖州”和数字生活新服务行动，加快传统零售企业数字化转型，推动“老字号”“新国货”品牌发展，培育时尚消费、

定制消费、智能消费等热点，启动国家信息消费示范城市建设。大力发展夜间经济，完善城市商圈布局，创建2条省级高品质步行街区。

（七）立足全域美、全面兴，打造乡村振兴示范区

推动农业增效和农民增收。深化农业供给侧结构性改革，做强水产、茶叶、湖羊、果蔬等特色主导产业，引进推进千万元以上乡村产业项目150个。抓好粮食、生猪等农产品生产保供工作，确保粮食播种面积稳定在118万亩，年底生猪存栏达到26万头。培育一批省级以上农业品牌和区域公用品牌，打造省级以上特色农产品优势区30个。拓宽农民增收渠道，力争农村电商交易额、休闲农业与乡村旅游营业收入均增长10%以上。

打造乡村全域美丽标杆。深入实施“千万工程”，巩固提升城乡人居环境整治成果，建设新时代美丽乡村250个、美丽乡村精品村100个，启动建设“两山”样板村10个。加强历史文化村落保护和利用，力争A级景区村庄实现全覆盖，打造3A级景区村庄120个，办好世界乡村旅游大会。全面完成农村饮用水达标提标行动，基本实现城乡居民同质饮水。创新发展乡村治理“余村经验”，建成市级示范村70个。完善农田水利设施，加快建设“百项千亿防洪排涝工程”，实施中小流域系统治理，开展全国水系连通及农村水系综合整治试点，深化美丽河湖建设，实现病险水库山塘存量清零。创建全国“四好农村路”示范市，新改建和改造提升农村公路400公里。

持续深化农村改革。加快国家城乡融合发展试验区建设，推进科技进乡村、资金进乡村、青年回农村、乡贤回农村。抓好农村集体经营性建设用地入市工作，稳步推进农村宅基地“三权分置”改革，探索多种形式的宅基地有偿退出机制，强化农村集体经济资金、资产、资源盘活利用，全市域开展农业水价综合改革。深化“三位一体”农合联改革，推动供销集团加快发展。推进全省数字乡村试点示范市建设。落实第二轮土地承包到期后再延长30年政策。

（八）坚持惠民生、保平安，推进民生改善和社会治理创新

坚决打赢疫情防控阻击战。牢牢坚持外防输入、内防反弹，继续抓紧抓实抓细各项防控工作，推动疫情防控常态化。落实联防联控、精密智控和分区分级精准防控举措，深化“洗楼”式排摸，强化社区防控，筑牢应对境外疫情输入风险的坚固防线，加大对无症状感染者管理工作力度，确保不出现任何漏洞。坚持预防为主的卫生与健康工作方针，完善疾病预防控制、重大疫情防控救治和公共卫生服务体系，优化医疗卫生资源投入结构，提升公共卫生治理能力。

打造健康中国先行示范区。推进“三医联动”“六医统筹”改革试点，争创综合医改优秀市，打造长三角市域医学高地。深化市县医共体建设，争创国家医保基金监管方式创新试点示范，实现市域医保政策制度一体化。加快发展中医药事业。启用浙北医学中心，加快推进市第一人民医院改扩建、市中医院迁建等项目。构建“15分钟健身圈”，建设百姓健身房60个、社区多功能公共运动场30个。严格落实食品安全“四个最严”要求，深入打造“食安校园”，全面深化“厨房革命”，力争所有餐饮单位实现并联入网。

优先发展教育事业。统筹优化教育资源布局，新建和改扩建幼儿园10所，启动改扩建中小学23所，新建成义务教育学校8所，抓好4所高中建设。推进全国义务教育优质均衡发展区县创建。实施公办学校空调进教室、进寝室、进食堂工程。落实中小学生减负工作方案，加强儿童青少年近视综合防控。建立中考多元招生制度，落实新高考综合改革完善方案，提升高中办学质量和高考一段上线率。办好特殊教育，加快发展职业教育。支持湖州师范学院创建高水平湖州师范大学，开工建设浙江水利水电学院新校区项目。加强师德师风建设和教师关心关爱工作，深入实施名师名校长工程。

加大社会保障力度。开展全国居家和社区养老服务改革试点，实现示范型乡镇（街道）居家养老服务中心全覆盖，新建幸福邻里中心50个，启用市老年大学新校区，加快发展老龄事业。扩大住房公积金覆盖面和受益面，抓好危旧房治理改造，加快保障性住房建设，新增公租房保障家庭800户。加强妇女儿童权益保障，启动儿童福利院和残疾儿童康复中心建设，健全三岁以下婴幼儿照护服务体系。编制实施中长期青年发展规划。深化红十字会改革，大力发展残疾人、慈善等事业。

高品质建设文化湖州。深化新时代文明实践中心建设，擦亮“最美湖州人”品牌，健全志愿服务体系，抓好群众性精神文明创建活动。深化“城市文化系列”品牌建设，新建城市书房10家、农村文化礼堂115个。加快文艺精品创作，保护传承优秀传统文化。组织好第十届湖笔文化节。实施“千年古城”复兴计划，推动运河古镇集群联动发展，加快大运河（湖州）文化带建设。促进文化、旅游产业融合发展，抓好国家全域旅游示范区和全国旅游标准化示范城市创建，建设浙北诗画之路，打造现代版“吴兴清远图”。推动太湖龙之梦项目全面运营，促进相关业态协同发展，着力构建以太湖龙之梦为龙头的文旅发展新格局。

高水平建设平安湖州。完善社会矛盾纠纷多元预防调处化解综合机制，推进社会治理“最多跑一地”，推广安吉县社会矛盾纠纷调处化解中心建设做法，打造一批枫桥式派出所、司法所，让老百姓遇到问题能有地方“找个说法”，切实把矛盾解决在萌芽状态、化解在基层。构建和谐劳动关系，打造“无欠薪”湖州。争创社会治安防控体系标准化城市和全国禁毒示范城市，推进“雪亮工程”扩面提质，积极预防和严厉打击电信诈骗等各类违法犯罪活动。完善扫黑除恶

长效机制，坚决打赢扫黑除恶专项斗争攻坚战。深化应急管理体制改革，健全统一的应急物资保障体系，统筹抓好气象预警、防汛抗旱、地质灾害防控等工作。开展矛盾纠纷和安全隐患排查见底行动，强化平安稳定和安全生产责任制落实，确保民转刑案件、生产安全事故、火灾事故、交通事故起数持续下降。深化国防动员和国防教育工作，加强人民防空建设，完善退役军人服务体系，实现全国双拥模范城“八连冠”。扎实做好民族、宗教、侨务、对台等工作。做好第七次全国人口普查。

各位代表，民生是最大的政治，办好民生实事最能彰显初心使命。按照群众提、代表定、政府办的理念，前期我们通过广泛征集、深入论证、反复征求意见，梳理形成了十二方面民生实事候选项目，提请本次大会票决。民生实事项目确定后，我们将认真组织实施，确保如期高质量完成。

各位代表，今年还有一项重要工作，就是研究编制“十四五”规划。我们将坚持前瞻性、战略性、导向性、可操作性，突出对重大改革、重大项目、重大平台、重大政策的谋划，充分发扬民主，凝聚各方智慧，用改革创新的精神，努力编制一个体现新发展理念、引领高质量发展、符合市情实际、反映群众意愿的五年发展规划，激励全市人民积极投身新时代湖州高质量赶超发展的伟大实践。

三、全面提升政府治理效能

今年，我们将切实增强“四个意识”，始终坚定“四个自信”，坚决做到“两个维护”，把“不忘初心、牢记使命”作为自身建设的永恒课题，全面推进政府治理体系和治理能力现代化，打造“整体智治、唯实惟先”的现代政府，建设对党忠诚、一心为民、聚力发展、团结担当、清正廉洁的服务型政府。

（一）*加快政府职能转变*。树立务实开放的行政理念，勇于开风气之先，敢于啃最硬骨头，着力强谋划、强执行，提高行政质量、行政效率和政府公信力，确保说一件干一件成一件。完善“12345 政府阳光热线”运行机制，建立政务服务绩效由企业和群众评判的“好差评”制度，深化部门间“最多跑一次”改革。加快建立现代财政制度，基本建成全方位、全过程、全覆盖的预算绩效管理体系。全市政府系统原则上“没有新的政策，不开大会；没有新的举措，不开中会；没有新的问题，不开小会”，把更多的精力投入到抓落实、抓发展、抓改革、抓创新上。持续为基层减负，完善鼓励激励、容错纠错机制，进一步关心关爱干部。

（二）*加快政府数字化转型*。统筹推动数字技术应用和制度创新，以城市数字大脑为支撑，深入推进“互联网 + 政务服务”“互联网 + 监管”，建设 24 小时在线政府，全力打造“掌上办事之城”“掌上办公之城”。聚焦经济运行、城市管理、社会治理等领域，打造集数据动态采集、在线远程监管、可视化辅助决策等功能于一体的城市数字“驾驶舱”，推动德清全域数字治理试验区建设。基于“浙政钉”和“湖州政务通”平台，推动政府部门 80% 以上的决策、监管等事项实现在线协同办理。

（三）*深化法治政府建设*。全力创建全国法治政府建设示范市，培育一批县乡法治政府建设最佳实践典型，让法治成为湖州核心竞争力的重要标志。认真落实人大及其常委会决议决定，支持政协履行职能，高质量办好建议提案。严格落实重大行政决策法定程序，全面实施政府法律顾问和公职律师制度。推动重点领域立法，加大合法性审核和备案审查力度。加强行政复议规范化建设，健全完善行政调解与人民调解、司法调解的衔接机制。深化综合行政执法改革，推进“综合查一次”，提升跨部门跨领域综合执法效率。

（四）*深化阳光政府建设*。坚持把纪律和规矩挺在前面，切实履行好全面从严治党主体责任和“一岗双责”。完善行政权力运行监督机制，主动接受各方面监督。全领域推进政府决策、执行、管理、服务、结果“五公开”，将政府行为晒在阳光下。坚持政府过紧日子，勤俭节约办一切事情，非刚性、非重点项目支出压减 20%。高标准落实中央八项规定精神，驰而不息整治形式主义、官僚主义，坚决支持纪检监察机关监督执纪问责，深入推动清廉湖州建设，进一步营造风清气正的政治生态。

中国人民政治协商会议
第八届湖州市委员会常务委员会工作报告

——在政协第八届湖州市委员会第四次会议上

湖州市政协主席　杨建新

（2020年4月26日）

一、2019年工作回顾

一年来，市政协及其常委会在市委的坚强领导和省政协的悉心指导下，高举习近平新时代中国特色社会主义思想伟大旗帜，全面贯彻落实中央和省、市委决策部署，聚焦市委“一四六十”工作体系，着力发挥专门协商机构作用，不断推进政协工作提质增效，为全市高质量赶超发展和高水平全面建成小康社会做出了积极贡献。

（一）坚持党的全面领导，始终把牢正确政治方向。始终坚持中国共产党对政协工作的全面领导，切实增强“四个意识”、坚定“四个自信”、做到“两个维护”，确保政协事业方向正确、行稳致远。

着力强化思想理论武装。始终把理论学习摆在首位，运用党组理论学习中心组学习会、全市政协主席读书会等形式，认真学习习近平新时代中国特色社会主义思想和中共十九届四中全会精神，深入学习习近平总书记关于加强和改进人民政协工作的重要思想，并落实到政协履职的全过程和各方面。全年市政协党组专题学习研讨11次，各层面集中学习33次。精心组织“新时代人民政协的新样子”专题讨论，围绕如何把新时代人民政协的政治责任担当起来等问题，广泛发动省、市、县政协委员、机关干部开展全员式研讨、金点子征集、主题宣讲和撰写笔谈等，进一步把握新时代人民政协的新方位新使命，做到学思用贯通、知信行统一。

切实抓好中央和省、市委政协工作会议精神的学习贯彻。市委高度重视中央和省委政协工作会议精神的学习贯彻，3次研究我市政协工作，及时召开市委政协工作会议，全面部署我市政协工作的总体要求、目标任务、重点工作，研究制定新时代加强和改进人民政协工作二十条实施意见。我们坚持把深入学习贯彻中央和省、市委政协工作会议精神作为当前和今后一个时期的重大政治任务，分层次、多形式推动学习贯彻落地落实。各区县委均已召开政协工作会议，出台相关制度文件，推进政协工作创新发展。

扎实开展“不忘初心、牢记使命”主题教育。根据中央和省、市委的统一部署，结合政协工作实际，认真组织开展主题教育。全面把握“十二字”总要求，高标准抓实学习教育、抓细调查研究、抓深检视问题、抓紧整改落实，重点围绕党的政治建设、坚定理想信念等8个方面，认认真真读原著、学原文、悟原理，准确领会核心要义、本质内涵和实践要求。在对照党章党规找差距、广泛听取意见建议的基础上，认真组织召开专题民主生活会，深刻检视问题，列出整改举措26条，切实以主题教育成果推动政协各项工作取得实效。

不断加强政协系统党的建设。坚持以党的政治建设为统领，全面加强人民政协党的各项建设。坚决服从党委的集中统一领导，坚决维护党委的领导权威，切实做到党的组织对党员委员的全覆盖、党的工作对政协委员的全覆盖、市区县政协机关党组设立的全覆盖。充分发挥政协党组在把方向、管大局、保落实中的领导作用，做到重大事项及时向党委请示，重要活动及时向党委报告，重点意见建议及时向党委汇报，切实肩负起实现党对人民政协领导的政治责任。

（二）围绕中心大局，积极助力高质量赶超发展。自觉把服务市委“一四六十”工作体系作为工作主线，不断完善“1246＋X”协商议政新格局，制定实施年度协商计划，努力围绕中心大局和民生福祉发挥作用、彰显价值。

紧扣党政部署献计献策。精心选择“进一步优化营商环境，促进民营经济持续健康发展”和“大力推动湖州建设长三角物流中心”两个主题，分别开展市委书记、市长与政协委员“面对面”协商活动，提出完善“绿贷通”金融功能、畅通多式联运网络等14个方面35条意见建议，得到党委政府的高度重视，切实推动了有关工作。围绕“以改革为动力，推动湖州农业现代化发展水平继续走在全省前列”重点调研课题，深入开展市政协常委会会议专题协商，梳理汇总18条建议及时报送市政府及相关部门，为我市推进乡村振兴工作提供了决策参考。

紧贴民生期盼建议建言。持续开展双月座谈协商，围绕加强市政公用设施管护、推进“厨房革命”等6件民生“关键小事”，组织97名政协委员、市民代表，与市委、市政府分管领导和职能部门进行协商建言，提出63条对策建议，助力问题解决，取得了良好成效。围绕产业工人队伍建设、水产养殖尾水治理等热点问题，深入开展界别协商，协商的针对性、专业性、实效性持续增强。围绕防范打击新型通信网络诈骗、完善小学校内托管服务等群众关注的切身利益问题，深入调研、视察监督、为民建言。

紧盯发展需要聚智聚力。继续开展联系监督，紧紧围绕全市打造“六个城市”、项目“双进双产”等，由主席会议成员带领政协委员运用专题调研、提案办理、社情民意信息等多种形式，深入开展监督，为全市高质量赶超发展减阻力、增动力、聚合力。联动开展专项监督，按照省政协的统一部署，围绕“城乡生活垃圾分类处理”，联动省、市、县三级政协委员，综合运用调研建言、网络议政等方式进行明察暗访；围绕深化“最多跑一次”改革落实情况，开展专项集体民主监督，及时将监督中发现的问题向市委、市政府及有关部门反馈。

（三）广泛凝聚共识，着力画好最大同心圆。注重建言资政和凝聚共识双向发力，把加强思想政治引领摆到政协工作更加重要位置，在履行职能中寻求最大公约数、汇聚强大正能量。

推进合作共事筑同心。牢牢把握人民政协大团结大联合的独特优势，坚持市政协党组成员联系各民主党派、工商联制度，大力支持其运用政协平台开展履职活动。支持和保障党外人士积极参与政协履职活动，在政协各项会议和活动中优先安排发表意见和建议，切实做到真诚相待、真心相交、真情相融。一年来，各民主党派、工商联和无党派人士在全体会议上发言31位，占78.4%；提交集体提案65件，占集体提案总数的70.7%；反映社情民意信息708条，占77.9%。

深化服务活动暖民心。按照市委部署要求，扎实开展“三服务”活动，主席会议成员结合“十二联”工作，认真组织集中调研，实地走访企业、村（社区）186家次，收集有关问题70余条，领衔破难项目10个，形成专项调研报告9篇，助力解决绿茶异地分装认证、科技型企业融资、天然气门站价格调整等一批实际问题。积极开展“六送下乡”为民服务月活动，组织动员市、区县两级政协1500多名委员深入基层一线，服务群众6万多人次；组织专家委员深入田间地头开展一线指导，连续三年赴长兴煤山开展“医疗服务进老区”定点义诊，受到了当地群众的欢迎好评。

密切联络联谊聚人心。加强与港澳委员、异地商会的沟通联络，举办香港同乡会、台湾同乡会新春团拜活动，组织其考察湖州经济社会发展成果，为投资兴业做好牵线搭桥工作。精心组织33家侨资企业与职能部门、在湖银行机构开展“防风险、稳增长”恳谈会，汇聚助侨发展合力。定期走访慰问民族宗教界人士，听取并及时反映意见和呼声。积极参与长三角地区九地市政协共商G60科创走廊更高质量发展活动。切实发挥市政协之友社、书画联谊会、民营经济促进会作用。进一步加强与省内外政协的沟通交流。

强化文史宣传提信心。编辑出版湖州文史第38辑《纪念人民政协七十华诞》，生动记录50名委员“亲历、亲见、亲闻”的履职故事，展现了一届又一届政协委员忠诚履职、接续奋斗的精神风貌。加大对外宣传力度，全年在人民网、《人民政协报》等各级各类媒体刊发报道280余篇，有45篇短讯在全国政协公众号“早闻政协”栏目中刊登；《一项基层政协工作标准的诞生》《聚焦“舌尖上的安全”》入选浙江省首届“人民政协好新闻”优秀作品，助力提升湖州对外影响力和美誉度。

（四）注重探索创新，倾力打造工作特色品牌。坚持在传承创新中发展，推动政协工作更好体现时代性、把握规律性、富于创造性，我市政协履职品牌持续打响。

完善工作载体。按照省政协“请你来协商”平台建设要求，深化举办双月协商座谈会，协商对象由市政府领导拓展到市委领导，进一步形成了以专委会为依托、以座谈会为形式的对口协商工作机制。注重发挥政协界别优势，在全市27个界别实现“界别活动室”创建全覆盖；召开市政协“界别活动室”建设推进会，全面推行“六个一”工作规范，着力构建界别活动长效运行机制；这一做法在全国地方政协工作经验交流会上作交流探讨，被《人民政协报》在头版予以报道。市政协创设“界别活动室”和安吉县制定全国首个基层政协《协商工作规范》，双双入选2019年度全省政协工作8个“创新案例”。

串起工作链条。健全完善协商成果采纳、办理、落实和反馈机制，推动列入党政年度督查内容。创新推进委派民主监督小组工作，将2018年双月协商座谈会的协商议题转化为2019年委派民主监督小组的监督主题，分别组建9个监督小组赴相应市级部门，开展定题定点式的委派监督，串起了协商议政与民主监督的履职链条，助推了党政决策部署的压茬推进和民生实事的落地见效。及时报送《民主监督建议书》，加强居民小区物业管理、推进国家公交都市创建、加强普惠性幼儿园建设等监督建言，得到市党政主要领导的批示肯定和相关职能部门的吸收采纳。同时寓监督于服务之中，就加快湖州科技城建设等主题，监督小组连续两年组织“湖州科技城走进浙江大学”活动，积极推进地校合作。

推动工作争先。坚持理论指导实践，广泛动员全市政协系统开展理论研究，有20多篇理论文章在各级各类媒体上刊发，9篇在全省政协理论研讨征文中获奖，其中《以协商理性引领政协专门协商机构作用发挥》一文获评一等奖，并在全国政协理论研讨会上作交流；高质量完成省政协交付的“提高政协协商能力和水平”课题任务，1个理论研究课题入选《全国政协年度论文集》。认真做好反映社情民意信息工作，全年共编发《社情民意专报》等187期，《完善基层环保税征管标准》《调整外贸企业出口退税政策》等79期被全国政协和省政协录用，其中4期得到中央政治局常委批示，2名政协委员赴京参加国家部委工作座谈会。2019年市政协反映社情民意信息工作，在全省11个市政协考核中位居第一、全国政协24个地级市联系直报点中排名第二，在全国政协信息工作座谈会上作经验交流。

（五）加强自身建设，全面提升履职能力水平。持之以恒践行严实要求，不断夯实履职基础，着力打造政治过硬、能力过硬、作风过硬的政协委员和机关干部队伍。

充分发挥委员主体作用。强化委员责任担当，写好“委员作业”，切实做到“懂政协、会协商、善议政，守纪律、讲规矩、重品行”。全面实施委员学习培训五年规划和年度计划，组织优秀政协委员和界别活动组组长，赴中国人民大学等院校开展履职能力提升专题研修。坚持实施政协委员年度“履职菜单”工作机制，严格实行委员履职考评制度，使委员更好地在政协工作中履职尽责、在本职岗位上建功立业、在界别群众中示范引领。

重视加强机关队伍建设。大力推进学习型、服务型、智慧型政协机关建设，着力提高调查研究和服务保障能力。加强专委会工作力量配备，加大年轻干部培养使用力度。连续举办“湖州政协·崇学讲坛”9期，定期召开机关工作专题交流座谈会，首次举行“学习新思想、树立新样子”演讲比赛，乐业奉献、苦干实干的工作作风进一步弘扬。

扎实推进市、区县工作联动。强化系统联动的理念，完善联手调研、联合协商、联动监督机制，加强政协履职信息资源共享。鼓励区县政协探索创新，不断推动我市人民政协工作与时俱进。吴兴区政协深入开展界别委员“三比四看”履职竞赛活动，努力为写好“委员作业”搭建载体；南浔区政协着力打造区级委员活动中心、镇级委员活动站等阵地，切实推动政协工作向基层延伸；德清县政协与上海黄浦区政协合作建立跨区域主题会商机制，大力推动两地企业共兴老字号老品牌；长兴县政协创新设立乡镇委员活动小组，不断拓展基层协商新载体；安吉县政协着力破解“两个薄弱”问题，在省委政协工作会议上得到省委主要领导的点评肯定。这些都为推进我市人民政协事业发展作出了积极探索，提供了宝贵经验。

各位委员，同志们！本次会议，是在当前新冠肺炎疫情防控向好态势进一步巩固的形势下召开的。自疫情发生以来，我们坚决贯彻中央和省、市委的决策部署，把疫情防控作为头等大事，成立疫情防控工作领导小组，先后7次召开市政协党组会议进行传达学习和研究部署，切实做好各项防控工作。第一时间向全体政协委员发出倡议书，广大政协委员积极响应，各展其长、各尽所能，立足各自岗位，主动参与一线抗疫、志愿者活动，踊跃捐款捐物，积极建言献策；特别是医卫系统的政协委员白衣执甲、毫无畏惧投入防控救治最前线。同时，根据市委统一部署，主席会议成员和19名服务专员深入开展“三服务”活动，分赴各地指导督促疫情防控和复工复产工作，协调解决各类问题100多个。这些都为全市“两手都要硬、两战都要赢”贡献了政协智慧和力量。

各位委员、同志们！中共湖州市委对市政协工作高度重视、十分关心，始终把政协工作纳入全局统一谋划、部署和推进，为政协履行职能提供了坚强保证。市政府对市政协工作大力支持，为政协发挥作用创造了良好条件。去年市委、市政府领导多次参加市政协会议活动，多次对市政协工作作出批示，其中市委、市政府主要领导参加12人次，作出批示33件次。

回顾过去一年的工作，常委会较好地完成了各项目标任务。这是市委坚强领导的结果，是市人大常委会、市政府大力支持的结果，是市直各部门各单位和社会各界积极配合的结果，也是全市各级政协组织、政协各参加单位和广大政协委员共同奋斗的结果。在此，我代表市政协常委会，向大家表示衷心的感谢！

同时，我们也清醒地看到，工作中仍然存在着一些问题和不足。主要是：建言资政和凝聚共识双向发力实效有待进一步凸显，协商成果转化落实有待进一步加强，部分委员履职积极性、主动性和创造性有待进一步激发等等。这些都需要在今后工作中认真研究、切实改进。

二、2020年工作任务

2020年是高水平全面建成小康社会和“十三五”规划的收官之年，也是全面贯彻落实中央和省、市委政协工作会议精神之年。前不久，习近平总书记亲临浙江、湖州考察，对浙江赋予了“努力成为新时代全面展示中国特色社会主义制度优越性的重要窗口”的新使命，对湖州作出了“乘势而为、乘胜前进”的新指示。我们一定要提高政治站位，扛起使命担当，切实把总书记的亲切关怀、殷切嘱托转化为砥砺前行的不竭动力。今年市政协工作的总体要求是：以习近平新时代中国特色社会主义思想为指引，深入学习贯彻中共十九大和十九届二中、三中、四中全会和习近平总书记在浙江、湖州考察时的重要讲话精神，认真贯彻落实中央和省、市委政协工作会议部署要求，紧紧围绕市委“一四六十”工作体系和“深化‘三服务’、奋战‘五个年’”活动，把加强思想政治引领、广泛凝聚共识作为中心环节，牢牢把握团结和民主两大主题，认真履行政治协商、民主监督、参政议政职能，充分发挥专门协商机构作用，不断增强政协工作的创新力、凝聚力、影响力，为新时代我市高质量赶超发展、决胜高水平全面建成小康社会作出新的贡献。

根据这一总体要求，我们要提振精气神、激发新状态，奋力推动我市政协工作高质量发展，进一步树立新时代人民政协的新样子。

一要牢牢把握新时代人民政协专门协商机构的方位使命。深刻领会人民政协作为专门协商机构的重要使命，寓协商于民主监督、参政议政、凝聚共识之中，做足“专门”文章，提升“协商”成效，擦亮专门协商机构的牌子，彰显人民政协制度特色优势，推进政协协商民主更好地转化为治理效能。

二要牢牢把握新时代人民政协高质量发展的工作导向。更加注重履职数量背后的质量效益，更加注重协商活动背后的深入调研，更加注重形式创新背后的实际效果，切实把提质增效作为履职活动的重要准则、彰显优势的努力方向、评价工作的检验标准，推动政协工作从注重“做了什么”“做了多少”向“做出了什么效果”转变。

三要牢牢把握新时代人民政协传承创新的方式方法。坚持在传承中创新、在创新中发展，在完善已有履职载体的基础上，探索运用与新时代相契合的履职方式和平台载体。注重品牌打造，努力创造更多鲜活经验，推动我市政协工作不断走在全省前列。

四要牢牢把握新时代人民政协“坚持为国履职、为民尽责”的责任担当。把事业放在心上、把责任扛在肩上，以新时代奋斗者的姿态和干劲当好人民政协制度的参与者、实践者、推动者，强化“一线”意识、干出“一线”业绩，真正以新作为展现新风采、不负新时代。

具体要抓好以下五个方面的工作：

（一）始终坚持理论武装，务求学懂弄通做实有新进步。政治上的坚定，离不开理论上的坚定。我们要坚持常学常新，夯实思想根基。要持续深化理论学习。深入学习贯彻习近平新时代中国特色社会主义思想和习近平总书记在浙江、湖州考察时的重要讲话精神，努力在学懂弄通做实上下功夫，切实增强展示“重要窗口”的使命担当。认真贯彻中央和省、市委政协工作会议精神，注重学研结合，组织开展一批政协理论和实践问题专题研究。要坚决维护党委核心。始终将政协工作置于市委领导之下，坚决贯彻执行市委决策部署，切实做到党委工作推进到哪里、政协工作就跟进到哪里，确保同频共振、同向发力。巩固深化“不忘初心、牢记使命”主题教育成果，构建不忘初心、牢记使命的长效机制。要不断完善学习制度。扎实推进以党组理论学习中心组学习为引领，以主席会议集体学习、委员学习培训、“湖州政协·崇学讲坛”等为重点的学习制度建设，不断提高学习实效，筑牢共同奋斗的思想基础。

（二）始终坚持协商主业，务求服务赶超发展有新作为。有事好商量，众人的事情由众人商量，是人民民主的真谛。我们要全面推进“请你来协商”平台建设，不断完善“1246 + X”协商议政新格局。要突出协商重点。紧扣市委“一四六十”工作体系和党政中心大局，围绕“推进‘两山’转化，加快绿色发展”“以‘最多跑一次’改革为牵引建设现代政府，打造一流营商环境”等重大课题，开展市委书记、市长与政协委员“面对面”协商活动；围绕“关于我市‘十四五’规划编制中需要重点关注的若干问题”，开展常委会重点调研课题协商。紧扣群众关心关切，围绕“健康湖州”建设、持续推进水环境治理等6件民生“关键小事”，开展双月座谈协商。要延伸协商触角。用好“委员会客厅”“界别活动室”等载体，构建更加广泛多层的政协履职平台。创新“网上书房”“议政半月谈”“‘两山’农情故事会”等形式，推动界别协商更加活跃。组织委员主动“走出去”“沉下去”，实现“请群众到政协协商”向“走出去与群众商量”的转变，推动政协协商与基层协商相衔接、与社会治理相结合。要扩大协商影响。重视培育协商文化，积极营造既畅所欲言、各抒己见，又理性有度、合法依章的协商氛围。以“互联网 + 协商”思维，高标准建设“实体”“网上”履职双平台，通过网络议政、远程协商等新形式，进一步扩大群众有序政治参与。精心承办好长三角地区九地市政协共商G60科创走廊更高质量发展活动，为推动重大战略融入专项行动凝聚各方智慧、争取更多支持。

（三）始终坚持双向发力，务求广泛凝聚共识有新成效。人心是最大的政治，共识是奋进的动力。我们要发挥好政协的团结统战功能，把建言资政和凝聚共识贯通融合起来，真正让人民政协制度优势转化为治理效能。要在加强思想政治引领中凝聚共识。强化“全方位”“全过程”的思想政治引领，着眼党政中心大事、改革发展要事、民生改善实事、社会治理难事深入履职，广泛宣传政策、解疑释惑、增进团结。充分发挥政协一头连着党委政府、一头连着界别群众的作用，不断增进了解、加深理解、消除误解，为政策实施创造良好的社会舆论环境。要在加强合作共事中凝聚共识。支持和保障民主党派、无党派人士参与政协履职活动，对各党派以本党派名义在政协发表意见、提出建议等作出机制性安排，为其更好履行职责、发挥作用创造条件。密切同少数民族、宗教界人士的联系，加强与非公有制经济人士、新社会阶层人士的沟通，引导其积极投身经济社会发展。要在加强联络联谊中凝聚共识。组织港澳委员和海外友人围绕“小康社会新风貌”开展专项视察，提升其对祖国繁荣发展的自豪感、认同感、归属感。深入开展“助发展、共圆梦”侨台资企业服务活动，帮助解决困难和问题，不断增强政协的向心力和凝聚力。

（四）始终坚持履职为民，务求增进民生福祉有新贡献。实现人民对美好生活的向往，是我们始终不渝的奋斗目标。我们要认真倾听群众呼声，积极反映群众愿望，紧扣民生领域实际问题履职尽责。要助力改善民生。围绕“最多跑一地”、长三角区域污染防治协作机制落实、城乡生活垃圾分类处理等，开展省、市、县三级政协联动监督。把上年双月协商座谈的6件民生“关键小事”列入今年委派民主监督内容。高度关注重大民生提案办理质效，坚持实施市领导领办重点集体提案制度，继续开展政协常委会民主评议提案办理。要真情反映民意。发挥全国政协信息联系直报点优势，引导委员围绕人民群众普遍关心的热点难点问题反映社情民意，切实为民发声。探索建设“委员民情联络站”，进一步拓展信息工作的渠道和来源。要深入帮解民困。积极投身“深化‘三服务'、奋战'五个年'"和"六送下乡"活动，切实做好领导结对联系项目、联系企业，委员结对帮扶等工作，经常反映基层和企业呼声，努力为群众排忧解难，让群众感到政协跟自己很亲、委员离自己很近。

（五）始终坚持责任担当，务求推进自身建设有新提升。新时代的人民政协，要有新时代的新样子。我们要把加强自身建设作为重要的基础工作来抓，努力使政协工作符合发展要求、更具时代特色。要突出委员主体地位。不断改进委员学习培训方法，采取"请进来""送出去"等措施，丰富学习内容，提升培训实效。切实加强履职动态管理，着力完善委员履职考评机制，努力提高委员履职的积极性。要加强机关队伍建设。强化专委会在政协履职中的基础性作用，带领界别和委员有计划、有步骤开展履职活动。加强政协研究机构建设，配强工作力量。持续提升机关整体服务保障水平，建设服务型政协机关。加强对区县政协工作的联系指导。要完善政协工作机制。研究制定协商工作办法，建立健全协商议题、调查研究、组织协商、建议转化、跟踪问效等工作规范，努力打造制度化、程序化、规范化的协商闭环。加强制度融入，推动政协履职成果纳入党委决策机制、政府议事规则。协助市委开展中央和省、市委政协工作会议精神贯彻落实情况的专项督查。

名 词 解 释

1. 市委"一四六十"工作体系：2018 年 7 月 23 日，中共湖州市委八届四次全会提出推动高质量赶超发展"一四六十"工作体系。"一"是坚定"一个目标"，即以新发展理念引领赶超发展，高质量建设现代化生态型滨湖大城市、高水平全面建成小康社会；"四"是明确"四大定位"，即大湾区的绿色智慧走廊、大花园的全域美丽标杆、大通道的现代综合枢纽、大都市区的城际重要板块；"六"是打造"六个城市"，即生态样板、绿色智造、滨湖旅游、现代智慧、枢纽门户、美丽宜居城市；"十"是开展"十大专项行动"，即城市能级提升、产业质效突破、环境治理攻坚、重大战略融入、科技创新加速、营商环境优化、乡村振兴示范、平安示范先行、民生福祉改善、干部绩效比拼行动。

2. "十二字"总要求：守初心、担使命，找差距、抓落实。

3. 项目"双进双产"：项目的引进推进和投产达产。

4. "十二联"工作：市领导联系区县、乡镇（街道）、村（社区）、企业、重点建设项目、高层次人才、学校、党外代表人士、河道、道路、非公经济代表人士、商会。

5. "六个一"工作规范：组织 1 次界别委员集体学习、举办 1 次对口协商议政活动、进行 1 次专题性民主监督、开展 1 次为民服务活动、提交 1 件界别集体提案、报送 1 篇高质量社情民意信息。

6. "三比四看"：比学习、比活动、比实效，看调研报告、看提案、看社情民意信息、看大会发言。

7. "两个薄弱"：习近平总书记在庆祝中国人民政治协商会议成立 70 周年大会暨中央政协工作会议上提出，要重点解决市县政协基础工作薄弱、人员力量薄弱的问题。

8. "五个年"："两山"转化提升年、重大项目攻坚年、开放合作突破年、基层治理深化年、全面小康决胜年。

9. "最多跑一地"：省委车俊书记在 2019 年全省建设平安浙江工作会议上指出，县一级要按照"最多跑一次"改革理念，推行"一窗受理、一揽子调处、一条龙服务"，努力实现接访、矛盾纠纷化解"最多跑一地"。

大 事 记

·2019年湖州市大事记·

1月

2日，市委书记马晓晖赴吴兴区织里镇开展“服务企业、服务群众、服务基层”活动。

是日，市委副书记、市长钱三雄赴南浔区练市镇开展“服务企业、服务群众、服务基层”活动。

4日，市委召开工作务虚会议。市委书记马晓晖主持会议并讲话。

7日，市委副书记、市长钱三雄赴吴兴区埭溪镇调研美妆小镇建设。

8日，市委召开议军会议。市委书记、湖州军分区党委第一书记马晓晖主持会议并讲话。

10日，市委召开八届六次全体（扩大）会议暨经济工作会议。市委常委会主持会议，市委书记马晓晖代表市委常委会向全会报告工作，市委副书记、市长钱三雄部署2019年经济工作。

11日，市委召开老干部座谈会，就开好2018年度市委常委会民主生活会征求意见和建议。市委书记马晓晖主持座谈会并讲话。

12日，市委理论学习中心组召开扩大会议，开展“推动新时代文化湖州建设”专题学习。市委书记马晓晖参加会议。

14日，市委召开2018年度全市党委（党组）书记抓基层党建和人才工作述职评议会。市委书记马晓晖到会并讲话。

16日，湖州市首届农村文化礼堂“我们的村晚”精彩上演。市委书记马晓晖参加活动。

是日，市委书记马晓晖以一名普通党员身份，参加市委办机关党委第一支部组织生活会暨主题党日活动。

16日至17日，以省经信厅副巡视员丛培江为组长的省考核组到湖州，对湖州市2018年度美丽浙江建设和“五水共治”工作进行考核。市委副书记、市长钱三雄陪同。

17日，杭州市委副书记、市长徐立毅率代表团到湖州考察。市委书记马晓晖陪同。

18日，市委书记马晓晖赴吴兴区、长兴县和湖州开发区专题调研“大好高”项目推进情况。

是日，市委副书记、市长钱三雄带队赴湖州开发区和吴兴区检查指导安全生产工作。

21日，市委副书记、市长钱三雄主持召开2019年市规划委员会第1次会议。

是日，市委副书记、市长钱三雄会见以尼尔·麦克奈尔斯市长为团长的爱尔兰戈尔韦市友好代表团一行，两市签署建立友好交流关系意向书。

22日，市纪委召开八届三次全会。市委书记马晓晖到会并讲话。

是日，市委副书记、市长钱三雄带队赴湖州开发区检查城市精细化管理工作。

24日，湖州市召开“向党和人民报告”2018年度湖州公安工作汇报会。市委书记马晓晖参加会议。

25日，市慈善总会、湖州日报集团、湖州广电集团联合召开全市第二届慈善年会暨2018年度湖州市慈善排行榜发布会。市委书记马晓晖作批示。

26日，市委书记马晓晖率市拥军慰问团赴省军区走访慰问。

2月

1日，市委召开常委扩大会议，传达学习省十三届人大二次会议和省政协十二届二次会议精神，全面部署湖州市学习贯彻工作。市委书记马晓晖主持会议并讲话。

是日，市委、市政府召开2019年新春团拜会。市委书记马晓晖致辞，市委副书记、市长钱三雄主持团拜会。

2日，市委书记马晓晖带队开展食品安全、安全生产和市场供应等工作检查。

3日至4日，市委书记马晓晖，市委副书记、市长钱三雄深入基层一线，看望慰问坚守岗位的一线人员，代表市委、市政府向全市春节期间奋战在工作一线的干部职工致以新春祝福。

11日，春节假期后上班第一天，市委书记马晓晖，市委副书记、市长钱三雄分别带队赴部分市级部门和单位走访慰问，向广大干部职工送去新春祝福。

是日，市委书记马晓晖赴新闻单位走访，看望新闻一线工作者。

12日，湖州市召开全市加快打造美丽宜居城市暨“三服务”活动推进大会。市委书记马晓晖到会并讲话。

12日至15日，市委副书记、市长钱三雄赴长兴县、南浔区开展“服务企业、服务群众、服务基层”活动。

13日，市委理论学习中心组召开会议，深入学习习近平总书记在省部级主要领导干部坚持底线思维，着力防范化解重大风险专题研讨班上的重要讲话精神。市委书记马晓晖主持并讲话，市委副书记、市长钱三雄领学。

14日，省政协主席葛慧君赴安吉县调研“请你来协商”平台试点建设情况。市委副书记、市长钱三雄参加调研。

15日，市委书记马晓晖专题调研金融支持民营经济工作。

18日，市委书记马晓晖，市委副书记、市长钱三雄分别带队赴南浔区、吴兴区、太湖度假区、湖州开发区检查“大棚房”问题专项清理整治工作。

19日，湖州军分区召开2018年度总结表彰暨区县人武部党委第一书记党管武装工作述职大会。市委书记马晓晖到会并讲话。

是日，湖州市召开全市税务工作会议。市委副书记、市长钱三雄到会并讲话。

25日，市委审计委员会召开第一次会议。市委书记、市委审计委员会主任马晓晖到会并讲话，市委副书记、市长钱三雄等参加会议。

27日，市委召开政法工作会议。市委书记马晓晖到会并讲话，市委副书记、市长钱三雄主持会议。

是日，浙北大厦集团和轩和实业举行引进战略投资人签约仪式。市委书记马晓晖参加签约仪式，市委副书记、市长钱三雄讲话。

28日，省委、省政府以“省主会场+地市分会场”的形式，举行全省扩大有效投资重大项目集中开工仪式。湖州市分会场设在长兴经济技术开发区吉利（长兴新能源）乘用车项目现场。市委书记马晓晖，市委副书记、市长钱三雄参加开工仪式。集中开工仪式后，湖州市举行重大项目集中开工仪式暨吉利（长兴新能源）乘用车项目开工活动。市委书记马晓晖宣布项目集中开工，市委副书记、市长钱三雄讲话。

3月

2日，湖州市召开2019年全市对口工作领导小组扩大会议。市委书记马晓晖到会并讲话，市委副书记、市长钱三雄主持会议。

是日，市志愿者联合会召开成立大会。市委书记马晓晖致贺信。

是日，中国经济网、第一财经和价值线研究院主办的2019中国资本年会暨湖州资本峰会在湖州市召开。市委书记马晓晖致辞。

4日，市委书记马晓晖赴德清县走访企业，实地调研“三服务”活动开展情况。

是日，湖州市举行第三届道德模范暨2018“四大最美”颁奖典礼。市委书记马晓晖会见湖州市第三届道德模范和2018“最美窗口”“最美班组”“最美家庭”“最美湖州人”获奖典型，并为湖州市第三届道德模范获奖人员颁奖。

4日至6日，省人大常委会副主任赵光君率领省平安考核组来湖州，对湖州市2018年度平安建设工作进行检查考核。市委书记马晓晖参加平安建设考核工作汇报会。

7日，湖州市召开全市金融支持民营经济高质量发展暨绿色金融改革创新试验区建设推进会。市委书记马晓晖到会并讲话。

8日，市委理论学习中心组召开扩大会议，深入学习贯彻习近平总书记在中共十九届中央纪委三次全会上的重要讲话精神。市委书记马晓晖主持会议并讲话。

11日，市委书记马晓晖会见通力集团副董事长尤西赫林一行。

13日，市委召开全市党建工作会议。市委书记马晓晖到会并讲话。

14日，市委书记马晓晖赴吴兴区调研“三服务”工作。

14日至15日，省委副书记郑栅洁赴德清县、安吉县调研省委农村工作会议精神贯彻落实情况。市委书记马晓晖陪同。

18日，市委人才工作领导小组召开会议，研究部署2019年全市人才工作。市委书记马晓晖主持会议并讲话。

19日，市委书记马晓晖赴安吉县开展“三服务”，重点调研村级集体经济发展。

20日，长三角一体化课题调研座谈会在湖州市召开。市委副书记、市长钱三雄汇报推进长三角一体化有关情况。

21日，市委召开全市领导干部警示教育暨作风建设大会。市委书记马晓晖到会并讲话，市委副书记、市长钱三雄主持会议。

25日，湖州市召开2019年第一次乡镇（街道）党委书记工作交流会。市委书记马晓晖到会并讲话。

是日，浙江氢谷新能源汽车产业园项目开工仪式在德清县举行。市委书记马晓晖宣布开工。

是日，湖州市召开第七次人大代表问政会。市委副书记、市长钱三雄到会并讲话。

26日，市文联召开第七次代表大会。市委书记马晓晖参加开幕式并讲话。

27日，市委书记马晓晖赴长兴县专题调研扫黑除恶工作。

是日，市委书记马晓晖赴长兴县调研建设新时代文明实践中心试点工作。

是日，市委副书记、市长钱三雄赴吴兴区、南浔区检查危险化学品领域安全生产工作。

是日，市委副书记、市长钱三雄会见以阿尔伯特·雅各布市长为团长的澳大利亚郡德勒普市友好代表团一行。

28日，市委书记马晓晖赴杭州市与人民银行杭州中心支行行长、国家外汇管理局浙江省分局局长殷兴山举行座谈。

是日，市委副书记、市长钱三雄赴吴兴区、湖州开发区检查重点民生公益类项目建设情况。

29日，全省建设平安浙江工作会议在杭州市召开，市委书记马晓晖从省委书记车俊手中接过“平安金鼎”。

是日，市女企业家协会召开成立30周年庆祝大会。市委副书记、市长钱三雄到会并讲话。

30日，上海市松江区委书记程向民和区委副书记、区长陈宇剑率领党政代表团到湖州考察。市委书记马晓晖陪同考察。

4月

2日，司法部党组书记袁曙宏一行到湖州，实地调研“两山”转化、普法宣传、乡村治理创新及监狱管理等工作。市委书记马晓晖陪同调研。

是日，市委副书记、市长钱三雄召集会议，专题听取湖州市“三服务”活动推进情况。

是日，湖州市召开预防和化解行政争议工作联席会议暨法治政府建设推进会。市委副书记、市长钱三雄到会并讲话。

3日，省委书记车俊赴湖州市调研基层治理现代化。市委书记马晓晖陪同调研。

4日，市委书记马晓晖赴太湖度假区调研南太湖新区规划建设。

是日，市委副书记、市长钱三雄赴吴兴区调研扫黑除恶专项斗争工作。

是日，上海市副市长彭沉雷率代表团一行来湖州考察康养产业。市委书记马晓晖陪同考察。

8日，市委召开年轻干部座谈会。市委书记马晓晖到会并讲话。

是日，市委副书记、市长钱三雄赴市医疗保障局调研。

9日，市委财经委员会召开第一次会议。市委书记、市委财经委员会主任马晓晖主持会议并讲话。

10日，湖州市与青海省海西蒙古族藏族自治州举行对口支援工作座谈会。市委副书记、市长钱三雄到会并讲话。

10日至11日，市委书记马晓晖率湖州市代表团赴四川省广安市考察。

12日，市委书记马晓晖率湖州市代表团赴四川省广元市考察。

是日，全省小微企业园建设提升现场推进会在湖州市召开。市委副书记、市长钱三雄代表湖州作交流发言。

15日，马晓晖、钱三雄、胡菁菁、杨建新、陈浩等市四套班子领导集体参观由市委国家安全委员会办公室主办的图片展览。

16日，湖州市举行区县互看互学互比活动。马晓晖、钱三雄、胡菁菁、杨建新、陈浩等市四套班子领导等参加。

17日至18日，以省人大常委会副主任姒健敏带队的省委督查组一行到湖州，就湖州市贯彻落实中央和省委有关人大工作和建设文件精神情况开展专项督查。市委书记马晓晖陪同督查。

17日至18日，中央扫黑除恶第11督导组副组长石生龙一行到湖州开展下沉督导。市委书记马晓晖汇报湖州市扫黑除恶专项斗争开展情况。

18日，湖州市召开全市加快打造枢纽门户城市大会。市委书记马晓晖到会并讲话。

19日，全省新时代文明实践中心建设推进会在宁波市召开。市委书记马晓晖代表湖州市在会上作题为《高质量建设新时代文明实践中心，为模范践行“两山”理念提供丰润精神滋养》的交流发言。

是日，市政府咨询委召开三届四次全体会议。市委书记马晓晖作出批示，市委副书记、市长钱三雄到会并讲话。

22日，市委书记马晓晖以市级“河长”身份深入西苕溪沿线巡查并检查指导防汛工作。

23日，市委全面依法治市委员会召开第一次会议。市委书记、市委全面依法治市委员会主任马晓晖主持会议并讲话。

是日，市委国家安全委员会举行第一次全体会议。市委书记马晓晖主持会议并讲话。

27日，湖州市召开庆祝五一国际劳动节大会。市领导马晓晖、钱三雄、胡菁菁、杨建新分别为获得全国“五一”劳动奖状、全国“五一”劳动奖章、市“五一”劳动奖状、市“五一”劳动奖章、南太湖工匠称号的先进集体和个人颁奖。

是日，湖州市召开第九届运动会暨首届全民健身节开幕式。市委书记马晓晖宣布开幕，市委副书记、市长钱三雄和省体育局副局长张亚东分别致辞。

28日，市政府与中国科学技术大学举行战略合作签约仪式。市委书记马晓晖讲话，市委副书记、市长钱三雄主持签约仪式。

是日，湖州市举行“青春心向党·建功新时代”纪念五四运动100周年大会。市委书记马晓晖到会并讲话。

29日，市委副书记、市长钱三雄主持召开2019年市规划委员会第2次会议，研究华东师范大学湖州实验中学（暂名）、新建南浔高中（暂名）等10个项目的规划建筑设计方案。

30日，市政府与市总工会召开第十一次联席会议。市委副书记、市长钱三雄到会并讲话。

5月

4日，市委书记马晓晖专题调研弁山地形地貌及保护开发情况。

5日，市委副书记、市长钱三雄带队赴市区域合作办调研。

是日，市委副书记、市长钱三雄赴太湖度假区、长兴县、吴兴区等地检查防汛和蓝藻防治工作。

6日，市委书记马晓晖，市委副书记、市长钱三雄率队拜访省自然资源厅和省统计局。

是日，市委副书记、市长钱三雄赴市民政局调研。

7日，市委军民融合发展委员会召开第一次全体会议。市委书记、市委军民融合发展委员会主任马晓晖到会并讲话。

是日，市委网络安全和信息化委员会召开第一次全体会议。市委书记、市委网络安全和信息化委员会主任马晓晖主持会议并讲话。

8日，安徽省宣城市党政代表团到湖州考察，并召开座谈会。宣城市四套班子领导和马晓晖、钱三雄、胡菁菁、杨建新等湖州市四套班子领导参加座谈会。

是日，中共中央政治局委员、天津市委书记李鸿忠，市委副书记、市长张国清率领党政代表团到湖州，考察湖州市生态文明建设和乡村振兴等工作。市委书记马晓晖，市委副书记、市长钱三雄陪同考察。

9日，湖州市召开全市平安建设夺金鼎总结暨推进基层治理现代化动员大会。市委书记马晓晖到会并讲话，市委副书记、市长钱三雄主持大会。

10日，湖州市召开全市加快打造生态样板城市大会。市委书记马晓晖到会并讲话，市委副书记、市长钱三雄主持大会。

12日，市委副书记、市长钱三雄带队赴吴兴区、长兴县调研“三农”工作。

13日，全省高质量建设美丽浙江暨高水平推进“五水共治”大会在杭州市召开，湖州市和安吉县、吴兴区被授予2018年度美丽浙江建设工作考核优秀单位，湖州市及德清县夺得“五水共治”工作优秀市、优秀县“大禹鼎银鼎”，南浔区、长兴县获得“五水共治”工作优秀区县“大禹鼎”。市委书记马晓晖代表湖州市领奖。

15日，市委副书记、市长钱三雄调研众创空间建设工作。

16日，湖州市召开规范工程建设领域招投标工作会议。市委副书记、市长钱三雄到会并讲话。

17日，市委副书记、市长钱三雄带队赴市银保监局调研。

18日，市委副书记、市长钱三雄赴安吉县、德清县调研“三农”工作。

19日，湖州市举行天能“太湖科技城”项目签约仪式。市委副书记、市长钱三雄和天能集团董事局主席张天任见证签约并致辞。

21日，湖州市召开创建全省双拥模范城（县）情况汇报会。市委副书记、市长、市双拥工作领导小组组长钱三雄到会并作工作汇报。

23日，湖州市召开创建全省双拥模范城（县）情况反馈会。市委副书记、市长、市双拥工作领导小组组长钱三雄表态发言。

24日，湖州市德清县与中国电子科技集团在杭州签订战略合作协议。市委副书记、市长钱三雄参加签约仪式。

25日，市委副书记、市长钱三雄赴南浔区调研“三农”工作。

28日，市委副书记、市长钱三雄带队赴市文化广电旅游局，调研机构改革以来各项工作开展情况。

29日至30日，市委副书记、市长钱三雄等分别带队赴湖州中心城区部分学校、幼儿园看望慰问少年儿童和一线教育工作者，向大家致以节日的问候。

30日至31日，广东中山市委书记、市人大常委会主任陈旭东率党政代表团来湖州市考察生态文明建设。市委副书记、市长钱三雄陪同考察。

6月

1日，市地方立法工作领导小组召开会议，听取《湖州市市容和环境卫生管理条例（修订草案）》有关情况汇报。市委书记马晓晖主持会议。

2日，市委、市政府召开湖州南太湖新区成立大会。市委书记马晓晖讲话，市委副书记、市长钱三雄主持会议。

5日至6日，市少先队召开第六次代表大会。5日，召开开幕式，市委书记马晓晖寄语全市少年儿童，市委副书记、市长钱三雄到会并讲话。

是日，市委副书记、市长钱三雄带队赴市司法局调研指导司法行政工作。

7日，2019北京世界园艺博览会“浙江湖州城市主题日”活动在京举行。市委书记马晓晖致欢迎辞。

8日至12日，首届中国——中东欧国家博览会暨国际消费品博览会、第二十一届中国浙江投资贸易洽谈会在宁波市召开。市委副书记、市长钱三雄参加主论坛、浙江省推进“一带一路”建设大会暨重大项目签约仪式等活动。

10日，市委副书记、市长钱三雄带队赴南浔区走访重点外贸企业，听取“稳外贸”工作意见和建议。

11日，市委副书记、市长钱三雄主持召开2019年市规划委员会第3次会议，研究湖州北街商务楼等6个项目的规划建筑设计方案。

13日，市委副书记、市长钱三雄赴“12345”政府阳光热线接听群众来电。

是日，市委副书记、市长钱三雄带队赴南太湖新区、吴兴区调研人才工作。

14日，市委副书记、市长钱三雄带队赴市自然资源和规划局调研。

15日，湖州市召开全市政府系统领导干部庭审现场学法会。市委副书记、市长钱三雄到会并讲话。

17日，南太湖新区与建行浙江省分行签订全面战略合作协议。市委副书记、市长钱三雄，建行浙江省分行行长高强出席签约仪式并致辞。

17日至18日，省人大常委会副主任李学忠以苕溪流域省级河长、太湖省级河长身份率领调研组到湖州，调研苕溪流域和太湖水环境治理工作。市委副书记、市长钱三雄参加调研。

18日，市委副书记、市长钱三雄带队赴吴兴区调研防汛及地质灾害防治工作，并主持召开全市梅雨防汛电视电话会议，研究部署当前防汛工作。

19日，市委书记马晓晖以普通党员的身份，参加市委办“红色年轮见初心”主题党日活动。

19日至28日，市委书记马晓晖率队，慰问老党员和困难党员，并向全市广大党员致以节日的祝福。

20日，湖州市举行市机关“红色年轮见初心、担当报国我先行”主题党日活动。市委书记马晓晖向党龄超过70年的老党员赠送政治生日礼物。

22日，湖州市举行德清天安云谷项目开工仪式。市委书记马晓晖参加并见证首批项目签约。

24日，全省公安机关“践行新使命、忠诚保大庆”实战演练在湖州市举行。省委书记车俊观摩演练并讲话，市委书记马晓晖参加活动。

是日，湖州市召开庆祝中国共产党成立98周年暨建设全国城市基层党建示范市推进大会。市委书记马晓晖到会并讲话。

25日至26日，省自然资源厅总规划师顾浩带队来湖州调研国土空间规划编制工作，并召开专题座谈会。市委副书记、市长钱三雄参加座谈并讲话。

26日，市委书记马晓晖赴联系项目太湖龙之梦开展“三服务”，实地调研项目建设运营相关情况，现场协调解决项目推进中遇到的困难和问题。

是日，市委副书记、市长钱三雄率队赴南太湖新区调研。

27日，湖州市举行美妆小镇2019年重点项目集中开工仪式及吴兴区重大科技项目签约仪式。市委副书记、市长钱三雄宣布项目开工。

是日，湖州市举行第八次市人大代表问政会。市委副书记、市长钱三雄到会并讲话。

28日，申嘉湖高速公路湖州鹿山至安吉孝源段举行通车仪式。市委副书记、市长钱三雄宣布项目开通。

7月

1日，湖州融入长三角一体化发展专题研讨班开班仪式在上海市举行。市委副书记、市长钱三雄到会并讲话。

3日，省政协副主席马光明率调研组到湖州调研湖州市政协委员会客厅创建工作，并参加湖州新生代企业家政协委员会客厅首次活动。市委副书记、市长钱三雄陪同调研。

4日至5日，吉林省白山市委书记张志军率领党政代表团到湖州考察。市领导马晓晖、钱三雄等分别参加有关活动。

6日至7日，湖州市举行全市办公室系统队伍建设培训班。市委书记马晓晖作出指示。

9日，市委书记马晓晖专题调研生活垃圾分类工作。

是日，市委副书记、市长钱三雄主持召开政府数字化转型工作专题推进会。

9日至10日，四川省广元市党政代表团到湖州考察，两市召开东西部扶贫协作联席会议。市委书记马晓晖会见广元市党政代表团一行，市委副书记、市长钱三雄到会并讲话。

10日，湖州市举行2019年第二次区县“互看互学互比”活动。马晓晖、钱三雄等市四套班子领导参加。

11日，市委全面深化改革委员会召开第一次会议暨改革推进会。市委书记、市委全面深化改革委员会主任马晓晖到会并讲话。

是日，市委审计委员会召开第二次会议。市委书记、市委审计委员会主任马晓晖主持会议并讲话。

是日，市委机构编制委员会召开第一次会议。市委书记、市委机构编制委员会主任马晓晖主持会议并讲话。

是日，广东省东莞市政府代表团到湖州考察交流，并召开两市政府工作交流座谈会。市委副书记、市长钱三雄到会并讲话。

12日，市委理论学习中心组召开深化媒体融合发展专题学习会。市委书记马晓晖到会并讲话。

13日，市委书记马晓晖赴安吉县实地检查指导防汛工作。

是日，广州市委书记张硕辅，市委副书记、市长温国辉率党政代表团到湖州，考察湖州市生态文明建设、基层党建和乡村振兴等工作。市委书记马晓晖陪同考察。

15日，市委召开专题会议，听取“六个城市”建设和“十大专项行动”推进情况，市委书记马晓晖到会并讲话。

是日，湖州市举行2019年首期电视问政活动《百姓考场——区县长面对面》。市领导马晓晖、钱三雄等参加活动，并现场为各区县打分。

16日，湖州市召开全市公安工作会议。市委书记马晓晖到会并讲话。

16日至17日，天津市宁河区区委书记王洪海率党政代表团到湖州，考察湖州市绿色金融、“标准地”改革、休闲旅游产业、数字经济、乡村振兴等工作。市委书记马晓晖陪同考察。

17日，市党政代表团赴嘉兴市学习考察，并举行工作座谈会，签订战略合作框架协议。市委书记马晓晖讲话。

18日，市委书记马晓晖调研现代智慧城市建设工作。

19日，市委书记马晓晖赴南太湖新区调研。

22日，省委常委、杭州市委书记周江勇率杭州市党政代表团到湖州考察，并召开工作交流座谈会。市委书记马晓晖主持会议。

23日，市地方立法工作领导小组召开会议，听取《湖州市乡村旅游促进条例（草案）》立法有关情况汇报。市委书记马晓晖主持会议。

是日，湖州市召开全市乡镇（街道）党委书记工作交流会。市委书记马晓晖到会并讲话。

24日至25日，全国人大常委会副委员长、全国妇联主席沈跃跃率调研组到湖州考察。市委书记马晓晖陪同考察。

26日，市委召开八届七次全体（扩大）会议。全会研究部署湖州市防范化解重大风险工作，讨论《中共湖州市委关于坚决打赢防范化解重大风险攻坚战的实施意见》。市委常委会主持会议，市委书记马晓晖作工作报告。

27日，市委举办全市防范化解重大风险专题培训班。市委书记马晓晖作开班动员，市委副书记、市长钱三雄作小结。

28日，广东省梅州市委书记、市人大常委会主任陈敏率党政代表团到湖州，实地考察乡村振兴工作。市委副书记、市长钱三雄陪同考察。

29日，市委副书记、市长钱三雄主持召开2019年市规划委员会第4次会议，研究吴兴一中改扩建、湖州智能中心等8个项目的规划建筑设计方案。

30日，市委书记马晓晖检查环保督察整改工作。

30日至31日，市委书记马晓晖，市委副书记、市长钱三雄分别带队深入湖城街区、公交车站、邮政快递场所、企业车间等地，看望慰问坚守岗位的干部职工。

22日至31日，市委书记马晓晖，市委副书记、市长钱三雄分别带队走访慰问驻湖部队。

8月

1日，湖州市召开庆祝建军92周年大会。市委书记马晓晖到会并讲话。

是日，市委统战工作领导小组召开会议，深入学习贯彻习近平总书记关于加强和改进统一战线工作的重要论述精神，研究部署湖州市统战工作。市委书记马晓晖到会并讲话。

2日，省政府新闻办在杭州市召开庆祝新中国成立70周年湖州专场新闻发布会。市委书记马晓晖作主题发布并回答记者提问，市委副书记、市长钱三雄回答有关提问。

4日至7日，市委书记马晓晖率市党政代表团赴吉林省，对接深化与白山市对口合作相关工作。吉林省委书记巴音朝鲁在长春会见湖州市代表团一行。

6日，湖州市召开金融支持民营经济高质量发展推进会。市委副书记、市长钱三雄到会并讲话。

是日，市委副书记、市长钱三雄率队赴南太湖新区、吴兴区，实地检查城乡人居环境大排摸大提升大督查“百日攻坚行动”进展情况。

8日，市委书记马晓晖，市委副书记、市长钱三雄分别就防台工作作出指示，强调要切实做好台风“利奇马”防御工作，全力确保人民群众生命财产安全。

10日，市委书记马晓晖，市委副书记、市长钱三雄在市防指召开会议，视频连线各区县检查指导防汛防台工作。

11日，市委书记马晓晖赴安吉县、长兴县察看灾情，看望慰问奋战在一线的党员干部，检查指导抢险救灾工作。

12日，湖州市举行市人才发展集团成立仪式，组建长三角地区首家人才集团。市委书记马晓晖致辞。

12日至14日，市委副书记、市长钱三雄率市党政代表团赴新疆阿克苏地区柯坪县、新疆生产建设兵团第一师三团等地对接对口支援工作。

15日，湖州市召开全面推进生活垃圾精准分类动员大会。市委书记马晓晖到会并讲话。

15日至16日，市委副书记、市长钱三雄率市党政代表团赴青海省海西蒙古族藏族自治州乌兰县考察。

16日，市委书记马晓晖赴德清县调研基层治理工作，并接待群众来访。

18日，市委书记马晓晖赴安吉县吊唁吕挺烈士，看望慰问吕挺亲属和队友。

20日，江西省委副书记、赣州市委书记李炳军率赣州市党政代表团到湖州，考察湖州市生态文明建设和乡村振兴等工作。市委书记马晓晖陪同调研。

21日，市委副书记、市长钱三雄赴南太湖新区调研“厨房革命”工作。

22日，湖州市召开推进长三角一体化发展大会。市委书记马晓晖到会并讲话，市委副书记、市长钱三雄主持会议。

22至23日，安徽省黄山市委书记任泽锋率黄山市党政代表团到湖州考察。市委书记马晓晖陪同考察。

23日，湖州市召开市委书记与政协委员“面对面”活动暨非公有制经济企业家圆桌会议。市委书记马晓晖与政协委员、企业家们“面对面”座谈交流听取意见建议。

24日，市委副书记、市长钱三雄赴南太湖新区、吴兴区调研生活垃圾分类工作。

25日，市委副书记、市长钱三雄赴长兴县调研工业项目“双产”工作。

26日，湖州市召开全市新时代文明实践中心暨全国文明城市建设工作推进会。市委书记马晓晖到会并讲话，市委副书记、市长钱三雄主持会议。

27日，市委、市政府召开专题会议，研究南太湖新区长东片区CBD地块项目概念规划及城市设计方案等有关工作。市委书记马晓晖主持会议并讲话。

28日，市委书记马晓晖会见中铁十六局集团有限公司党委书记、董事长孔令键，光大集团有关负责人等一行。

29日，市委理论学习中心组召开扩大会议，听取省人大常委会副秘书长、研究室主任张国强作“坚持和完善人民代表大会制度、推进新时代人大工作”专题辅导报告。市委书记马晓晖等市委理论学习中心组成员参加。

是日，湖州市举行2019年“慈善一日捐”活动捐款仪式。市委书记马晓晖等市领导纷纷带头捐款、奉献爱心。

是日，市委副书记、市长钱三雄赴南浔区、吴兴区调研全域土地综合整治工作。

30日，市委召开市级部门局长（主任）工作交流会，对开展“三服务”活动进行再部署再推进。市委书记马晓晖到会并讲话，市委副书记、市长钱三雄主持会议。

9月

2日，市委理论学习中心组举行会议，专题学习《中国共产党宣传工作条例》。市委书记马晓晖主持会议并讲话。

3日，市委书记马晓晖调研教育工作。

是日，湖州市召开第九次市人大代表问政会。市委副书记、市长钱三雄到会并讲话。

3日至9日，市委书记马晓晖，市委副书记、市长钱三雄等市领导纷纷带队前往全市大中专院校和中小学校，走访慰问辛勤耕耘在教育一线的人民教师和教育工作者，向他们致以节日问候和崇高敬意。

4日，市委书记马晓晖专题听取全市“不忘初心、牢记使命”主题教育准备工作情况汇报。

5日，湖州市举行2019·“湖州人”大会“我为家乡办一事”捐赠表彰仪式。市委副书记、市长钱三雄为向家乡捐物捐款的15名企业家和湖州乡贤代表颁发奖杯和荣誉证书。

是日，湖州市召开全市教育大会。市委书记马晓晖到会并讲话，市委副书记、市长钱三雄主持会议。

5日至7日，河北省保定市政府代表团到湖州考察，并召开两市工作交流座谈会。市委副书记、市长钱三雄到会并讲话。

6日，市政协召开八届十一次常委会议。市委副书记、市长钱三雄参加会议并通报2019年以来的全市经济社会发展情况。

是日，湖州市融入长三角一体化重大项目签约仪式在南浔区举行。市委副书记、市长钱三雄到会并讲话。

10日，湖州市召开市委常委会暨“不忘初心、牢记使命”主题教育领导小组第一次会议。市委书记马晓晖主持会议。

11日，湖州市召开全市“不忘初心、牢记使命”主题教育工作会议。市委书记、市委主题教育领导小组组长马晓晖和省委主题教育第五巡回指导组组长陶时梅到会并讲话，市委副书记、市长钱三雄主持会议。

11日至12日，湖州市召开2019·“湖州人”大会。11日，举行会见会、家乡宴等系列活动，市委书记马晓晖参加并致辞，市委副书记、市长钱三雄主持活动。

12日，市委、市政府召开深入贯彻落实习近平总书记系列重要指示精神暨新时代浙江（安吉）县域践行“两山”理念综合改革创新试验区建设工作大会。市委书记马晓晖致辞，市委副书记、市长钱三雄主持会议。

16日，市委书记马晓晖，市委副书记、市长钱三雄等市领导赴市档案馆、长兴新四军苏浙军区纪念馆，参加“不忘初心、牢记使命”主题教育第一次专题学习会·初心之行。

是日，湖州市召开市委理论学习中心组（扩大）会议暨全市县处级干部主题教育专题读书班开班式和市委党校秋季班开学典礼。市委书记马晓晖到会并上专题党课。

16日至17日，市委理论学习中心组以初心之行、专题党课、集中自学、专题研讨等形式，开展主题教育第一次专题学习。17日，市委理论学习中心组成员集中自学《习近平关于“不忘初心、牢记使命”重要论述选编》《习近平新时代中国特色社会主义思想学习纲要》和《中国共产党党章》等规定书目，并进行专题研讨。市委书记马晓晖主持会议并讲话。

17日，市委副书记、市长钱三雄以“坚持生态优先、绿色发展，以高质量赶超发展践行好初心使命”为主题，为参加第一期全市县处级干部主题教育专题读书班的学员作辅导报告。

18日，市委书记马晓晖带队开展“三走进三服务”活动，专题调研生猪增产保供工作。

19日，湖州市召开全市平安建设推进会。市委书记马晓晖到会并讲话。

20日，湖州市举行2019年第二期电视问政活动《百姓考场——局长面对面》。市委书记马晓晖参加活动并作点评讲话。

23日，“田园德清·博览中国”庆祝农民丰收节活动暨首届美丽中国田园博览会在德清县开幕。市委书记马晓晖致辞。

是日，由民革中央、浙江省政协主办的“助力乡村振兴共建美好家园——第二届莫干山会议”在德清县开幕。市委书记马晓晖参加会议。

25日，湖州市举行“礼赞新中国·奋斗新时代”——湖州市庆祝新中国成立70周年文艺晚会。市委书记马晓晖到会并讲话。

是日，市委书记马晓晖带队开展“三走进三服务”活动，专题调研蓝藻防治工作。

是日，市委书记马晓晖看望第七届全国道德模范潘美儿、第七届全国道德模范提名奖获得者沈红霞、第六届浙江省道德模范潘平福三位道德模范代表。

是日，市委副书记、市长钱三雄一行赴超市、企业、油库、施工路段等检查国庆节前安全生产工作。

26日，市委书记马晓晖赴吴兴区调研。

27日，市委召开人大工作会议。市委书记马晓晖到会并讲话，市委副书记、市长钱三雄主持会议。

29日，湖州市召开全市统一战线读书会。市委书记马晓晖到会并讲话。

10月

1日，湖州市举行隆重而庄严的升国旗仪式，热烈庆祝中华人民共和国成立70周年。市委书记马晓晖，市委副书记、市长钱三雄等参加仪式。

是日，湖州市组织集中收看庆祝新中国成立70周年大会，市委书记马晓晖，市委副书记、市长钱三雄等市委理论学习中心组成员参加。

是日，市委书记马晓晖专程赴市防指检查指导防台工作。

8日，市委书记马晓晖赴吴兴区织里镇人大代表中心联络站开展主题接待活动。

是日，市委副书记、市长钱三雄主持召开2019年市规划委员会第5次会议，研究织里求是高级中学（暂名）等5个项目规划建筑设计方案。

9日，市委书记马晓晖专题调研"不忘初心、牢记使命"主题教育工作。

10日至11日，省委副书记、省长袁家军到湖州调研，检查指导第二批"不忘初心、牢记使命"主题教育。市委书记马晓晖等参加调研。

11日，由省文化和旅游厅、湖州市政府主办的2019年长三角一体化文旅峰会暨国际滨湖度假大会在湖州市开幕。市委书记马晓晖致贺信。

是日，全省稳外贸稳外资工作现场会在安吉县召开。市委书记马晓晖，市委副书记、市长钱三雄参加会议。

12日，湖州市召开稳外贸稳外资工作推进会。市委副书记、市长钱三雄到会并讲话。

14日，市委书记马晓晖专题调研湖州城市数字大脑运营中心建设工作。

14日至15日，市委书记马晓晖赴湖州市博物馆、长兴太湖博物馆实地调研湖州市文化事业发展。

14日至18日，由新疆维吾尔自治区阿克苏地委委员、行署常务副专员梁峰源带队的阿克苏党政代表团来湖州考察。市委副书记、市长钱三雄陪同考察。

15日，湖州市举行南太湖新区人民法院履职启动暨宪法宣誓仪式。省高级人民法院党组书记、院长李占国和市委书记马晓晖共同为南太湖新区人民法院揭牌。

16日，湖州市举行全市离退休干部"银领先锋"政治理论专题研讨班开班式。市委书记马晓晖以作形势报告的形式上"不忘初心、牢记使命"主题教育专题党课，并通报全市经济社会发展情况。

17日，市委副书记、市长钱三雄赴南浔区练市镇调研指导"不忘初心、牢记使命"主题教育工作。

是日，农业农村部在德清县召开水产养殖业绿色发展现场会。农业农村部副部长于康震到会并讲话，市委副书记、市长钱三雄代表湖州作典型发言。

18日，湖州市召开"不忘初心、牢记使命"主题教育先进典型报告会暨"人民满意的公务员"和"人民满意的公务员集体"表彰会议。会前，市委书记马晓晖，市委副书记、市长钱三雄看望全国、全省、全市"人民满意的公务员"和"人民满意的公务员集体"代表，向他们表示祝贺。

是日，浙江工业大学莫干山校区举行开园仪式。市委副书记、市长钱三雄参加仪式。

21日，湖州市召开全市乡镇（街道）党委书记工作交流会。市委书记马晓晖讲话。

是日，市委财经委员会召开第二次会议。市委书记、市委财经委员会主任马晓晖主持并讲话。

是日，市委副书记、市长钱三雄赴长兴县画溪街道人大代表联络站开展主题接待活动。

22日，湖州市举行市委常委会主题教育第二次专题学习暨全市区县"互看互学互比"活动。马晓晖、钱三雄、胡菁菁、杨建新等四套班子领导参加活动。

23日至24日，市委理论学习中心组围绕"不忘初心、牢记使命"主题教育进行第二次专题学习。市委书记马晓晖、省委主题教育第五巡回指导组组长陶时梅到会并讲话。

25日，市委副书记、市长钱三雄与政协委员们围绕"大力推动湖州建设长三角物流中心"主题，进行"面对面"协商交流。

是日，市委副书记、市长钱三雄调研2019年度市政府民生实事项目落实情况。

26日，湖州市举行2019中国·太湖明珠——长兴国际投资贸易洽谈会开幕式。市委书记马晓晖宣布开幕。

28日，湖州市召开创建首批"全国法治政府建设示范市"动员部署会暨市委依法治市委员会执法协调小组第一次会议。市委副书记、市长钱三雄到会并讲话。

28日至29日，四川省广安市党政代表团来湖州考察。29日，召开东西部扶贫协作联席会议。市委书记马晓晖、广安市委书记李建勤分别讲话。

29日，省商务厅和市政府共同主办的2019国际外商直接投资峰会在湖州市开幕。市委副书记、市长钱三雄到会并致辞。

30日至31日，市委书记马晓晖率市党政代表团赴安徽省合肥市学习考察。

11 月

1 日，湖州市召开全市领导干部会议，传达贯彻中共十九届四中全会和省委常委扩大会议精神。市委书记马晓晖主持会议。

4 日，湖州美术馆举行开馆仪式。市委书记马晓晖为湖州美术馆点墨开馆。

5 日，湖州市举行天能帅福得能源股份有限公司挂牌仪式。市委书记马晓晖参加仪式。

是日，市委副书记、市长钱三雄赴湖州银行调研。

6 日，市委书记马晓晖专题调研美丽城镇、美丽乡村建设工作。

6 日至 8 日，由科技部社会发展科技司副司长苏海红带队的调研组到湖州指导国家可持续发展议程创新示范区创建工作。市委书记马晓晖会见调研组一行。

10 日，中国美妆小镇第五届化妆品行业领袖峰会暨国际高峰论坛在湖州市举行。市委书记马晓晖宣布开幕。

11 日，湖州市召开市委常委会主题教育第三次专题学习会暨对照党章党规找差距专题会议。市委书记马晓晖主持会议并讲话。

是日，湖州市召开市委常委会“不忘初心、牢记使命”主题教育第三次专题学习会暨市委理论学习中心组会议。市委书记马晓晖讲话。

12 日，湖州市召开第十届政产学研合作大会。中科院原副院长施尔畏作题为《发展长三角区域创新网络构建现代化经济体系基础》的主旨报告，市委书记马晓晖致辞。

13 日，市委书记马晓晖率市党政代表团赴上海市学习考察。

是日，市委书记马晓晖赴湖州驻上海全球招商中心调研，并与驻沪苏招商干部座谈交流。

14 日，省委常委、省纪委书记许罗德率调研组来湖州调研纪检监察工作。市委书记马晓晖重点汇报市委落实全面从严治党主体责任情况。

15 日，市委理论学习中心组围绕学习贯彻中共十九届四中全会精神，开展“不忘初心、牢记使命”主题教育专题学习研讨。市委书记马晓晖主持会议并讲话。

16 日，湖州市举行 2019 新时代“两山”试验区·安吉县第十二届投资贸易人才洽谈会开幕式。市委书记马晓晖宣布开幕。

18 日，国务院新闻办公室、新华通讯社、省政府主办的“中国治理的世界意义”国际论坛在湖州市开幕。市委书记马晓晖致辞。

20 日至 21 日，市人大召开八届第二十三次会议。市委书记马晓晖到会并讲话。

22 日，市委常委会召开扩大会议，传达学习贯彻省委十四届六次全体（扩大）会议精神。市委书记马晓晖主持会议。

26 日，湖州市召开省委中共十九届四中全会精神宣讲团报告会暨市委理论学习中心组（扩大）会议。市委书记马晓晖主持报告会。

27 日，杭州都市圈第十次市长联席会议在安吉县召开。市委书记马晓晖致辞。

是日，市委书记马晓晖赴吴兴区织里镇宣讲党的十九届四中全会精神，并围绕基层治理主题与基层党员群众代表座谈交流。

29 日，市委召开政协工作会议。市委书记马晓晖到会并讲话，市委副书记、市长钱三雄主持会议。

12 月

3 日，市委全面深化改革委员会召开第二次会议。市委书记、市委全面深化改革委员会主任马晓晖主持会议并讲话。

3 日至 6 日，市委常委分别到各区县和部分单位指导开好“不忘初心、牢记使命”专题民主生活会。5 日，市委书记马晓晖赴德清县参加指导德清县委常委会“不忘初心、牢记使命”专题民主生活会。

4 日，市委常委会召开主题教育专题民主生活会。市委书记马晓晖主持会议并代表市委常委会班子作表态发言。

6 日，湖州市举行 2019 德清县第十届游子文化节。市委书记马晓晖宣布开幕。

是日，湖州市举行绿色新湖区世界南太湖”2019 湖州南太湖新区投资贸易与科技人才洽谈会开幕式。市委书记马晓晖宣布开幕。

是日，市委书记马晓晖赴德清县实地检查安全生产工作。

9 日，市新闻传媒中心、市传媒集团有限公司举行挂牌仪式，市委书记马晓晖为市新闻传媒中心和市传媒集团授牌。

是日，市委书记马晓晖以一名普通党员身份，参加市委办机关党委第一支部“不忘初心、牢记使命”专题组织生活会。

10 日，湖州市举行 2019 年第四次区县“互看互学互比”活动。马晓晖、钱三雄、杨建新等四套班子领导赴各区县和南太湖新区，实地督查年内主要经济指标完成情况，考察部分新建在建项目。

10 日至 11 日，嘉兴市委书记张兵率党政代表团来湖州考察，两市举行工作座谈会，并就携手推进嘉湖一体化发展签署相关合作协议。市委书记马晓晖主持座谈会。

12 日，市委召开区县委书记工作座谈会。市委书记马晓晖主持会议并讲话。

16 日，市红十字会召开第六次会员代表大会。市委书记马晓晖到会并讲话。

是日，市地方立法工作领导小组召开会议，听取

《湖州市大气污染防治规定（草案）》立法有关情况汇报。市委书记马晓晖主持会议。

17日，市委理论学习中心组举行网络意识形态工作专题学习会。省委宣传部副部长、省委网信办主任朱重烈作专题辅导报告，市委书记马晓晖等市委理论学习中心组成员参加学习。

是日，湖州市举行第十二届安洽会重点项目集中开竣工暨格力安吉智能制造产业园项目开工仪式。市委副书记、市长钱三雄参加并宣布项目集中开竣工。

18日，市委书记马晓晖赴南浔区调研古镇保护工作。

19日，市委书记马晓晖主持召开市级民主党派、工商联负责人及无党派人士代表座谈会。

是日，丽水市委副书记、市长吴晓东率领丽水市党政代表团来湖州考察。市委书记马晓晖陪同考察。

19日至20日，浙报集团在德清县举行2019年专题学习会。市委书记马晓晖到会并围绕“深入践行‘两山’理念加快推动绿色发展”主题介绍湖州市有关情况。

20日，湖州市召开高水平建设健康湖州推进会。市委书记马晓晖到会并讲话，市委副书记、市长钱三雄主持会议。

23日，湖州市召开全市乡镇（街道）党委书记工作交流会。市委书记马晓晖到会并讲话。

24日，湖州市召开新时代美丽城市、美丽城镇、美丽乡村建设工作推进会。市委书记马晓晖到会并讲话。

25日，市委召开市级领导干部会议，宣布省委关于市政府主要领导调整的决定。省委决定：王纲任中共湖州市委委员、常委、副书记，提名为湖州市市长候选人；免去钱三雄的中共湖州市委副书记、常委、委员职务，提议不再担任湖州市市长职务。省委组织部副部长温暖宣布省委决定并讲话，市委书记马晓晖主持会议并讲话，王纲讲话。

是日，市人大召开机关领导干部会议。市委书记马晓晖在会上宣布省委关于市人大常委会主要领导调整的决定，省委提名孙贤龙为湖州市人大常委会主任候选人，提议胡菁菁不再担任湖州市人大常委会主任职务。

27日，市委召开议军会议。市委书记、湖州军分区党委第一书记马晓晖主持会议并讲话。

是日，市委宣传部、市文化广电旅游局主办2020年新年音乐会。马晓晖、王纲等市四套班子领导观看演出。

28日至31日，市委副书记、代市长王纲赴各区县调研。

30日，市委召开八届八次全体（扩大）会议暨经济工作会议。市委常委会主持会议；市委书记马晓晖代表市委常委会作工作报告，并在会议结束时作总结讲话。

是日，市委副书记、代市长王纲主持召开2019年市规划委员会第7次会议，研究湖州人才创业港、核工业井巷科研基地等5个项目的规划建筑设计方案。

31日，湖州市举行“最美湖州大爱之城”—2019年度湖州市“四大最美”颁奖活动。市委书记马晓晖会见“最美湖州人”“最美家庭”“最美班组”“最美窗口”获奖代表。

是日，市委副书记、代市长王纲走访湖州市金融系统部分单位，向正忙于年终决算的干部职工表示慰问。

湖州概览

·地理·

【地理位置和面积】 湖州市位于浙江省北部，地处长江三角洲中心地带，东接嘉兴桐乡市及苏州吴江区，南连杭州余杭区，西依天目山脉与安徽省广德、宁国两县毗邻，北濒太湖，与苏州市、无锡市隔湖相望，下辖德清、长兴、安吉三县和吴兴、南浔两区。地理位置介于北纬30°22′—31°11′、东经119°14′—120°29′之间。地域东西长度126公里，南北宽度90公里。土地总面积5820平方公里，占全省土地面积的5.5%，中心城市建成区面积127.2平方公里。

【地形地貌】 境内地势自西南向东北倾斜。西南部为山地丘陵，属天目山余脉，最高峰为安吉县境内的龙王山，海拔1587.4米。西部垄岗蜿蜒，构成大小不等的河谷平原。东北部属长江三角洲冲积平原，河港密布，平均海拔2.5米左右。其中山地丘陵占49.3%，平原占41.5%，水面占9.2%，概称"五山一水四分田"。

【河流湖泊】 境内河流属长江下游太湖流域水系，主要河流有西苕溪、东苕溪中下游、荻塘、双林塘、泗安塘等；境边南接东苕溪上游，北濒太湖，东连大运河及黄浦江。西苕溪和东苕溪是湖州市主要河流，也是浙江省七大水系之一。东苕溪发源于天目山南麓临安区南市岭，由南向北，由德清县三合乡进入湖州市境内，汇湘溪、余英溪和阜溪等支流。东苕溪主流长165公里，在湖州市境内59公里，河面宽度90米左右。东苕溪流域面积2267平方公里，在湖州市境内840平方公里。西苕溪发源于天目山北麓安吉县狮子山，上游称西溪，与南溪会合后，始称西苕溪。流向东北，纳大溪、浒溪、浑泥港、晓墅溪、和平港、妙西港，抵湖州市区杭长桥会合东苕溪人太湖。西苕溪主流长150公里，干流河面宽90—100米。流域面积2274平方公里。

（姚国强）

·气象特征·

【主要气象要素评述】 2019年，湖州市天气气候复杂多变，出现冬季连阴雨、秋旱、暴雨、台风、强对流和寒潮等恶劣天气，给工农业生产和人民生活造成不利影响。2019年，市、县年平均气温17.0℃—17.5℃，与常年相比，湖州市和长兴县显著偏高1.1℃，德清县和安吉县偏高0.7℃和0.9℃；降水量1448.2毫米—1735.6毫米，降水日数133天—152天，日照1583.2小时—1648.2小时，均接近常年。

气温：市、县年平均气温17.0℃—17.5℃，与常年相比，湖州市和长兴县显著偏高1.1℃，德清县和安吉县偏高0.7℃和0.9℃，其中，湖州市为历史并列第3高值，安吉县为历史并列第4高值。

湖州市平均气温：3月、4月、11月和12月，依次分别为12.0℃、17.4℃、13.7℃和7.8℃，比常年同期异常偏高1.8℃—2.3℃；1月、8月和10月，依次分别为5.0℃、29.0℃和19.2℃，比常年同期显著偏高1.1℃—1.3℃；5月和9月，依次分别为21.7℃和24.5℃，比常年同期偏高0.7℃和0.9℃；2月、6月和7月，均正常。其中，1月、3月、4月、10月至12月平均气温接近历史同期极端最高值。

市、县极端最高气温为37.9℃—39.1℃。高温日数为17天—25天，其中，湖州市比常年多3.7天，德清县、长兴县、安吉县比常年少3.2天—4.1天。极端最低气温为-3.6℃—-1.8℃，均创历史新高。低温日数为6天—16天，比常年少17.5天—32.3天，均创历史新低。

降水：市、县全年降水量1448.2毫米—1735.6毫米，降水日数133天—152天，均接近常年，属正常范围。年内，市、县暴雨个数分别为：湖州市7个、德清县11个、长兴县8个、安吉县8个，其中日降水量最大为长兴县8月10日180.0毫米。

湖州市降水量：2月和12月，依次分别为166.1毫米、82.9毫米，比常年同期异常偏多89.5毫米和38.5毫米；9月，为177.4毫米，比常年同期显著偏多72.7毫米；8月，为212.1毫米，比常年同期偏多56.6毫米；10月，为17.1毫米，比常年同期显著偏少59.2毫米；3月和11月，依次分别为72.8毫米和45.4毫米，比常年同期偏少47.1毫米和18.4毫米；1月、4月至7月，均正常。其中，2月接近历史同期极端最高值。

湖州市降水日数：1月和2月，依次分别为18天和17天，比常年同期显著偏多6.5天和6天；12月，为12天，比常年同期偏多3.9天；5月和9月，依次分别为7天和8天，比常年同期偏少5.6天和3天；3月、4月、6月至8月、10月、11月，均正常。其中，1月接近历史同期极端最高值，5月接近历史同期极端最低值。

日照：市、县全年日照为1583.2小时—1648.2小时，均正常。

湖州市日照：2月，为26.6小时，比常年同期显著偏少80.1小时；1月，为73.1小时，比常年同期偏少42.7小时；3月至12月，均正常。其中，2月创历史同期新低，1月接近历史同期极端最低值。

【气候事件及影响】 1. 持续偏暖，平均气温居高位。2019年，湖州市年平均气温为17.5℃，比常年显著偏高1.1℃，与2016年持平，为历史并列第3高值（2017年和2018年，均为17.6℃，为1956年有气象记录以来平均气温最高的年份）。德清县、长兴县和安吉县为17.0℃—17.3℃，比常年高0.7℃—1.1℃。市、县年极端最低气温为-3.6℃—-1.8℃，均创历史新高。市、县高温日数为17天—25天，极端最高气温37.9℃—39.1℃，其中7月22日至8月2日湖州市连续高温。2. 冬季持续阴雨寡照，日照创新低。2018年12月至2019年3月初，出现历史罕见的冬季长期持续阴雨寡照天气，其间，日照之少、降水量之大，均打破历史同期纪录，并伴随阶段性气温异常偏低现象，对农业生产、交通运输、人体健康等不利。2018年12月1日至2019年3月6日期间，市、县日照时数为历史同期最少（湖州市日照154.9小时），无日照天数和降水量为历史同期最多（湖州市无日照天数65天、降水量439.8毫米）。3. “利奇马”中心穿湖州城，“玲玲”外围影响大。受台风“利奇马”影响，普降大暴雨，局部特大暴雨，8月9日08时至11日08时，湖州市雨量178.9毫米，最大为安吉县天荒坪614.8毫米；平原阵风7级—9级，太湖及高山区10级—12级。狂风暴雨导致江河湖库水位迅猛上涨，造成塌方、漫堤、积涝和封航等影响。“利奇马”为20世纪70年代以来全市面雨量仅次于“菲特”“海葵”的台风。受台风“玲玲”外围环流影响，安吉县局部地区出现大暴雨至特大暴雨，9月5日12时至6日12时，安吉县雨量112.4毫米，最大为天荒坪镇余村村271.6毫米；个别自动站小时雨量超70毫米。安吉县天荒坪镇、递铺镇街道受灾严重。4. 春夏季节强对流、暴雨多发。年内，强对流天气多发，主要出现在4月到9月。4月9日，出现短时强降雨和8级—10级雷雨大风，太湖小雷山阵风12级，造成广告牌损毁、树木倒伏、路段积水等影响，湖州市气象台冷空气消息、大风黄色、雷电黄色、暴雨蓝色预警信号齐发。5月25日至26日，普降暴雨，局部大暴雨，湖州市雨量91.0毫米。6月10日，安吉县局部出现短时强降雨、强雷暴和大风，其中上墅乡罗村村雨量116.5毫米，极大风速11级。9月1日，普降暴雨，局部大暴雨，湖州市雨量70.8毫米，最大为安吉县七管村136.4毫米。5. “冷黄梅”特征明显，梅期偏长雨量多。6月17日入梅，7月17日出梅，入梅、出梅时间偏迟，梅期偏长。湖州市梅雨量407.4毫米，比常年偏多七成，最大出现在安吉县姚村村561.8毫米；梅雨期内气温异常偏低，湖州市平均气温24.8℃，比常年低1.9℃；并出现暴雨、雷雨大风、短时强降雨等。受其影响，全市河网水库水位全面上涨，造成小规模滑坡、塌方、内涝等灾害。6. 秋季少雨干旱，雨日雨量创新低。9月上旬后期至11月下旬前期，持续少雨干旱，全市河网水库水位下降、局部地区用水受影响、森林火险等级居高不下。9月7日至11月23日，市、县雨量雨日均创历史同期新低，气温异常偏高。湖州市雨量23.7毫米，仅占常年同期的一成左右；雨日11天，不到常年同期的一半；平均气温19.7℃，创历史同期新高。其间，土壤墒情总体呈下降态势，达轻旱状态。市、县气象部门多次开展人工增雨作业，缓解旱情。7. 入夏早入秋晚，夏季偏长秋季短。湖州市5月17日入夏，比常年偏早7天；10月12日入秋，比常年偏晚18天，为有气象记录以来入秋最晚的年份；11月25日入冬，接近常年略偏早。2019年，湖州市夏季持续时间长达148天，仅次于2009年，为有气象记录以来第2长的夏季；秋季44天，仅次于2003年、2009年，为有气象记录以来第3短的秋季。8. 11月寒潮影响，气温变幅大。11月前半月多晴暖天气，16日至17日，市、县最高气温攀升至25℃—28℃，17日夜里寒潮来袭，17日至19日，平均气温降幅11℃左右；19日至20日，最低气温降至1℃—3℃，高山区0℃以下。寒潮过后，23日，市、县最高气温又迅速回升至24℃—28℃，24日至25日，受强冷空气影响，平均气温降幅10℃左右；26日至27日，最高气温仅8℃—10℃。

（盛　琼、陈中赟）

·行政区划·

【概况】 至2019年年末，在湖州市行政区域范围内，有市辖区2个、县3个，建制镇39个、乡6个、街道25个，社区居民委员会248个（其中村改居委会47个），村民委员会962个。其中，吴兴区辖织里、八里店、妙西、埭溪、东林5个镇，道场1个乡，月河、朝阳、爱山、飞英、龙泉、环渚、龙溪、杨家埠、凤凰、康山、仁皇山、滨湖、湖东13街道；南浔区辖南浔、练市、双林、菱湖、和孚、善琏、旧馆、千金、石淙9个镇；德清县辖乾元、新市、钟管、洛舍、雷甸、禹越、新安、莫干山8个镇和武康、舞阳、阜溪、下渚湖4个街道；长兴县辖洪桥、李家巷、夹浦、林城、泗安、虹星桥、和平、小浦、煤山9个镇，水口、吕山2个乡，雉城、龙山、画溪、太湖4个街道；安吉县辖梅溪、天子湖、鄣吴、杭垓、孝丰、报福、章村、天荒坪8个镇，上墅、溪龙、山川3个乡，昌硕、递铺、灵峰、孝源4个街道。

【界线管理】 按照第四轮行政区域界线联检工作要求，完成市级界线“杭湖线”、县级界线“长安线”的界线联检工作，形成联检报告，整理成档。做好行政区域界线领域风险防范化解工作，完成省、市、县三级行政区域界线11条共784公里的界线纠纷隐患排查，落实界线毗邻区（县）和毗邻乡镇（街道）联席会议制度和定期走访制度，平安边界共建协议签订率和走访完成率均达100%，进一步提高了界线管理和平安边界创建水平。

（郑　昊）

·人口·

2019年年末，湖州市户籍人口总数达到267.6万人，同比增长0.2%。分区县，吴兴区人口63.3万人，增长0.5%；南浔区人口49.0万人，下降0.2%；德清县人口44.3万人，增长0.2%；长兴县人口63.7万人，增长0.1%；安吉县人口47.2万人，增长0.3%。分性别，男性人口132.0万人，增长0.1%；女性人口135.6万人，增长0.3%。

2019年，全市出生人口23066人，出生率为8.63‰；死亡人口18528人，死亡率为6.93‰；自然增长人口4538人，自然增长率为1.70‰。分区县，吴兴区出生人口5517人，出生率为8.74‰，死亡人口4330人，死亡率为6.86‰，自然增长人口1187人，自然增长率为1.88‰；南浔区出生人口3743人，出生率为7.63‰，死亡人口4200人，死亡率为8.56‰，自然减少人口457人，自然增长率为－0.93‰；德清县出生人口3784人，出生率为8.55‰，死亡人口2804人，死亡率为6.33‰，自然增长人口980人，自然增长率为2.21‰；长兴县出生人口5649人，出生率为8.87‰，死亡人口4093人，死亡率为6.43‰，自然增长人口1556人，自然增长率为2.44‰；安吉县出生人口4373人，出生率为9.28‰，死亡人口3101人，死亡率为6.58‰，自然增长人口1272人，自然增长率为2.7‰。

（沈乐媛）

·经济和社会发展概况·

【概况】　2019年，全市深入贯彻落实习近平新时代中国特色社会主义思想，按照中央和省委、省政府各项决策部署，坚持稳中求进工作总基调，坚持新发展理念，坚持以供给侧结构性改革为主线，深入实施市委“一四六十”工作体系，聚焦聚力高质量赶超发展，统筹做好各项工作，全市经济运行呈现“稳中有进、进中向好”良好态势。全年实现地区生产总值（GDP）3122.4亿元，比上年增长7.9%。分产业看，第一产业增加值133.8亿元，增长2.8%；第二产业增加值1595.4亿元，增长7.6%，其中工业增加值1422.1亿元，增长8.5%；第三产业增加值1393.2亿元，增长8.7%。三次产业结构比例为4.3:51.1:44.6。按户籍人口计算的人均GDP为116807元，增长7.6%，折合16932美元；按常住人口计算的人均GDP为102593元，增长6.7%，折合14872美元。全年实现财政总收入540.6亿元，其中地方财政收入316.1亿元，分别比上年增长10.2%和10.1%。财政总收入占GDP的比重为17.3%。地方财政收入中，税收收入270.7亿元，增长12.4%，占比为85.7%；从主要税种看，增值税、企业所得税、个人所得税分别为108.9亿元、70.9亿元和33.4亿元，分别增长3.1%、33.3%和4.9%。全年财政支出466.9亿元，增长17.4%，其中民生改善支出343.3亿元，增长19.0%。全年城市居民消费价格总水平比上年上涨3.0%，其中服务项目价格上涨2.1%，消费品价格上涨3.7%。从八大类商品和服务价格看，食品烟酒上涨5.7%，医疗保健上涨4.9%，教育文化和娱乐上涨4.1%，其他用品和服务上涨2.3%，衣着上涨2.2%，生活用品及服务上涨2.1%，居住上涨0.9%，交通与通信下降0.1%。

【第一产业】　农业平稳增长。全年实现农林牧渔业总产值226.6亿元，比上年增长2.7%。其中，农业产值102.1亿元，增长1.8%；林业产值22.5亿元，下降0.2%；牧业产值20.3亿元，下降7.1%；渔业产值69.1亿元，增长7%。经济作物播种面积120.5万亩，其中蔬菜面积57.7万亩，花卉苗木面积35.4万亩。油菜籽产量2.4万吨；生猪出栏32.4万头，下降9.2%；肉类产量6.7万吨，下降6.7%；蚕茧产量0.5万吨，下降7.5%；家禽出栏2511.5万羽，增长0.1%；禽蛋产量2.6万吨，下降11.4%；水产品产量52.5万吨，增长12.8%。年末，全市拥有现代农业示范园372个，其中省级111个；全年新建现代农业示范园34个，其中省级1个。年末，拥有农业龙头企业271家；拥有绿色食品基地18.8万亩，绿色食品233只。

【第二产业】　工业稳中有进。全年规模以上工业实现增加值888.7亿元，比上年增长8.4%，其中轻、重工业分别增长8.0%和8.7%。33个大类行业中，有26个行业增加值实现增长，其中，非金属矿物制品业增长12.6%；纺织业增长5.6%；通用设备制造业增长12.7%，电气机械和器材制造业增长18.6%；家具制造业增长10.5%；化学纤维制造业增长16.6%；化学原料和化学制品制造业增长8.2%。在重点产

2019年湖州市行政区划一览表

表1

地区	土地面积（平方公里）	户籍人口（万人）	镇（个）	乡（个）	街道（个）	社区居民委员会（个）	村改居委会（个）	村民委员会（个）
全市	5820	267.57	39	6	25	201	47	962
市区	1565	112.31	14	1	13	122	–	445
吴兴区	863	63.27	5	1	13	92	–	224
南浔区	702	49.04	9	0	0	30	–	221
德清县	938	44.31	8	0	4	28	–	141
长兴县	1431	63.73	9	2	4	30	28	207
安吉县	1886	47.22	8	3	4	21	19	169

业中，高新技术产业增长10.4%，战略性新兴产业增长10.7%，装备制造业增长12.6%。全年规模以上工业实现营业收入4916.9亿元，比上年增长5.3%；利税、利润分别增长7.7%和13.6%。年末，全市拥有建筑企业362家，其中特级资质企业5家，一级资质企业33家。全年建筑企业完成建筑业增加值173.9亿元，占GDP比重5.6%；房屋建筑施工面积4325.3万平方米，增长4.5%；竣工面积1692.3万平方米，增长4.7%。

【第三产业】 服务业稳步提升。全年服务业增加值1393.2亿元，同比增长8.7%，快于GDP 0.8个百分点。全年社会消费品零售总额1429.3亿元，比上年增长10.2%。其中，批发零售业增长9.1%；住宿餐饮业增长17.6%。限额以上批发零售贸易企业零售额增长12.8%。其中，石油及制品类增长3.5%；服装类增长123.8%；粮油、食品类增长16.3%；汽车类增长4.1%；家用电器和音像器材类增长0.5%；金银珠宝类增长6.2%。全年旅游总收入1529.1亿元，比上年增长12.7%；接待国内外旅游者人数13223.5万人次，增长11.7%。年末，全市公路通车里程达8065公里，其中高速公路368公里、一级公路564公里、二级公路652公里。全年完成客运量5645万人，比上年增长5.7%；客运周转量19.3亿人公里，增长4.5%。完成货运量21002万吨，增长11.8%，其中公路13183万吨，增长14.6%，水路7819万吨，增长7.4%；货运周转量199.5亿吨公里，增长6.9%，其中公路89.6亿吨公里，增长6.6%，水路109.9亿吨公里，增长7.3%。全年内河港口货物吞吐量11621万吨，增长10.8%，内河集装箱吞吐量52.7万标准箱，增长10.1%。年末，全市汽车保有量达88.7万辆，比上年末增加7.5万辆，增长9.2%；私人汽车保有量80.4万辆，增加6.6万辆，增长8.9%，其中轿车76.3万辆，增加6.0万辆，增长8.5%。全年小型汽车上牌量10.4万辆，增长1.0%。全年邮政业务收入31.5亿元，其中快递业务收入25.0亿元，比上年增长21.9%。全年电信业务收入38.3亿元，增长5.0%；全市年末固定电话用户73.0万户，比上年减少4.3万户；移动电话用户463.3万户，其中4G用户315.4万户；年末，宽带用户204.2万户，增加11.1万户。全市金融机构年末本外币存款余额5229.4亿元，比上年增长13.9%，其中住户存款2454.9亿元，增长15.2%；本外币贷款余额4840.2亿元，增长24.5%；年末，金融机构不良贷款余额为14.45亿元，比年初减少3.15亿元；不良贷款率为0.51%，比年初下降0.21个百分点。全年证券营业机构股票成交额5938.8亿元，比上年增长32.8%，其中代理A股成交5902.1亿元，增长33.4%。纳尼亚在香港创业板上市，实现首发融资0.8亿港元；长城科技、三星新材等4家上市公司通过资本市场平台实现再融资21.8亿元。全市年末已拥有上市公司33家，其中境外9家，境内24家。全年保险公司保费收入114.4亿元，增长9.5%。其中，财产险44.5亿元，增长7.2%；人身险69.9亿元，增长11.0%。各项保险赔款和给付支出39.1亿元，增长3.4%。其中，财险赔款27.3亿元，增长7.2%；人身险赔款和给付支出11.8亿元，下降4.5%。

【固定资产投资】 全年固定资产投资额比上年增长11.4%。其中民间项目投资增长14.4%；交通投资增长20%；高新技术产业投资增长48.1%；生态环保与公共设施投资增长14.9%。全年完成房地产开发投资586.3亿元，比上年增长12%。全年房屋施工面积3680万平方米，增长34.2%，其中新开工面积1113.2万平方米，增长4.0%；全年商品房销售面积823.8万平方米，增长1.8%，其中住宅760.6万平方米，增长5.2%；商品房销售额984.1亿元，增长15.6%，其中住宅921.6亿元，增长19.8%。

【对外经济】 全年实现外贸进出口总额940.2亿元，比上年增长6.3%。其中，出口838.6亿元，增长8.8%；进口101.6亿元，下降10.7%。按贸易方式分，一般贸易出口796.8亿元，增长8.8%；加工贸易出口35.3亿元，下降8.1%。按企业性质分，生产企业出口561.8亿元，增长5.6%；流通企业出口135.1亿元，增长36.3%；外资及港澳台资企业出口141.7亿元，增长1.2%。按主要产品分，机电产品出口291.4亿元，增长12.5%，纺织原料及纺织制品出口242.1亿元，增长8.5%。按主要市场分，非洲出口增长较快，增长25.3%；亚洲、欧洲、拉丁美洲、大洋洲分别增长20.8%、11.0%、9.1%和3.0%，北美洲下降6.5%。“一带一路”出口额248.4亿元，增长18.2%。全年新批准及增减资利用外资及港澳台资项目295个。其中，外商及港澳台商投资企业191家，增资项目67个；总投资1000万美元以上项目134个。全年合同外资及港澳台资48.3亿美元，比上年增长42.1%。全年实到外资及港澳台资19亿美元。其中，第一产业0.1亿美元，增长112.3%；第二产业7.7亿美元，增长12.1%；第三产业11.2亿美元，增长92.8%。

【社会事业】 年末，全市拥有各级各类学校499所，全年招收学生12.40万人，在校学生45.19万人，毕业生11.34万人。高等教育毛入学率62.31%，比上年提高1.19个百分点；初中毕业升高中段比例99.24%，提高0.04个百分点；初中、小学入学率均为100%；十五年教育毛入学率99.62%，提高0.03个百分点。全市各类学校拥有专任教师3.08万人，其中中小学专任教师2.15万人；每百名中小学生拥有专任教师6.8人。全年专利申请量23359项；专利授权量16419项，其中发明专利1256项。全年经认定登记的技术成交项目810项；技术成交金额74.0亿元，增长12.1%。全市年末拥有省级高新技术研究开发中心419家，比上年增加67家；拥有国家级高新技术企业938家，增加180家。年末，全市拥有剧场2个、影剧院38个，文化馆、艺术馆6个，全年举办展览318个，组织文艺活动1565次；公共图书馆6个，总藏量339万册件；乡镇（街道）文化站70个；博物馆（纪念馆）31个；文物保护单位411个，其中国家级29个，省级54个。全年新建城市书房13家、农村文化礼堂108个，组建成立湖州传媒集团。全年出版各类报纸13.8万份，其中《湖州日报》4.5万份，《湖州晚报》6.2万份，《湖州广播电视报》3.1万份。成功举办市九运会暨首届全民健身节。公共大型体育场馆免费和低收费开放15600余场次，其中免费开放2800场次，受益市民52万人次。打造“极限之都 户外天堂”品牌，成功举办第二十届全国极限运动大赛、环太湖国际公路自行车赛、浙江省首届户外运动大会等7场系列赛事。全年完成体育彩票销售10.75亿元，地方纳税首次突破1000万元。年末，全市拥有医疗卫生机构1506个，其中医院70家、卫生院（社区服务中心）87家、妇幼保健院3家、社区卫生服务站（村卫生室）708个；等级医院24家，其中三级医院8家；拥有医疗床位16925张，其中医院（含妇保院、卫生院）床位16519张；卫生技术人员25830人，其中执业医师8147人、执业助理医师1275人、注册护士10989人。全年婴儿死亡率、5岁以下儿童死亡率分别为1.65‰和2.40‰，分别比上年下降0.08个千分点和0.47个千分点。

【人民生活环境和质量】 全市融入长三角一体化发展和全省“四大”建设，正式设立南太湖新区。全力开展民生痛点整治攻坚行动，全面小康指数跻身全国地级市前二十名，高水平全面建成小康社会取得新的重大进展。实现平安湖州建设“十二连冠”夺金鼎，“中国治理的世界意义”国际论坛在湖州成功举办，向世界展示“中国之治”的“湖州样板”。市区PM2.5平均浓度每立方米32微克，同比下降8.6%，空气优良率达76.7%。全市13个国家“水十条”考核断面全部达标，县控及以上断面水质全部达到或优于Ⅲ类。全市年末户籍人口267.57万人，其中男性131.95万人、女性135.62万人；城镇人口121.53万人；60岁以上人口69.38万人，占总人口的25.9%，占比提高0.4个百分点。全年出生人口2.31万人，出生率为8.63‰；死亡人口1.85万人，死亡率为6.93‰；人口自然增长率为1.7‰。全年新增城镇就业15.58万人，帮扶下岗失业人员再就业4.03万人；年末城镇登记失业率为1.86%。据670户城镇居民家庭抽样调查，全年城镇常住居民人均可支配收入达59028元，比上年名义增长8.5%。其中，工资性收入增长8.4%，经营净收入增长9.7%，财产净收入增长5.8%，转移净收入增长9.2%。人均生活消费支出34916元，增长9.7%。据580户农村居民家庭抽样调查，全年农村常住居民人均可支配收入达34803元，比上年名义增长9.6%。其中，工资性收入增长9.2%，经营净收入增长9.6%，财产净收入增长11.1%，转移净收入增长12.4%。人均生活消费支出22613元，增长9.1%。年末，全市参加城镇基本养老保险人数达161.71万人，比上年增加9.89万人；参加城镇职工基本医疗保险人数144.77万人，增加9.59万人；参加失业保险人数82.70万人，增加5.50万人；参加工伤保险人数112.73万人，增加17.54万人；参加生育保险人数80.06万人，增加4.38万人。全市年末住房公积金正常缴存人数达43.88万人，比上年增加6.09万人；全年归集住房公积金65.69亿元，增长18.6%；当年发放个人住房贷款34.71亿元，增长42.7%。全年最低生活保障家庭18250户、人数28222人，其中农村24601人、城镇3621人；全市城镇和农村低保标准均为每人每月810元。全年销售社会福利彩票10.4亿元，筹集社会福利资金2.8亿元。

（项顺利）

·体制改革·

【概况】 2019年，湖州市认真贯彻落实中央及省委全面深化改革工作各项决策部署，按照省委改革落实攻坚年工作要求，以深化“最多跑一次”改革为引领，以推进“两山”综合改革为特色，全力推动重点领域和关键环节改革落地见效，呈现“蹄疾步稳、你追我赶、百花争艳”的喜人局面。

【重大改革项目有效落地】 1. 加快南太湖新区建设。4月30日，新区获省政府批复同意设立，成为全省第二个正式挂牌成立的新区。制订《加快湖州南太湖新区高质量发展的意见》，为新区下一步高质量发展明确方向、提供了保障。自6月正式挂牌成立以来，开局良好，规模以上工业增加值、固定资产投资等指标增速均高于全市平均，长东片区建设有序推进。2. 加大区域合作力度。发布沪湖绿色智造廊道建设战略规划、加快融入上海同城化都市圈三年行动计划等。与杭州签订共建杭州都市区合作框架协议，湖杭铁路等重大项目进展顺利。聚焦嘉湖一体化发展，共同梳理确定《嘉湖一体化发展重点合作事项清单》，共涉及33个合作事项，划定“练市——乌镇”一体化发展先行区。3. 推进新时代安吉“两山”转化示范区建设。制定《“两山”试验区建设行动计划》，23个省厅局专项支持试验区建设，跨区域能源合作等重大改革事项有序推进。在全省率先全面推行干湿垃圾两级四分法，成功创建省级资源循环利用示范基地试点，安吉县报福、上墅等乡镇开展零垃圾村、无废村庄创建；大力实施“禁塑令”等一系列“微改革”，酒店住宿行业减少“六小件”使用近20万套。4. 持续深化绿色金融改革。出台绿色金融改革“25条政策”，每年投入10亿元财政资金支持绿色金融创新；研发首创“绿色园区贷”等绿色创新产品114款，构建“中国（湖州）绿色发展指数”等标准体系，搭建首个绿色金融综合服务平台，累计帮助1.2万家企业获得授信超过1300亿元。全市银行贷款余额增速、金融业增加值增速、银行信贷资产质量等主要指标均居全省前三。

【营商环境持续优化】 1. 加快涉企便利化步伐。逐步实现商事登记领域“无差别受理”，在全省市场主体准入环境满意度评估中连续获得第一，相关经验获全省推广。在全省率先上线“企业开办全程网上办平台”，为全市企业开办提供常态化便捷服务。加快一般企业投资项目审批“最多90天”工作，实现率为100%。在全省率先推动“两免两减两加”施工图审查试点改革，52.8%的项目豁免施工图审查，豁免项目开工前时间平均提前30天以上。制订实施优化营商环境涉企注册、用水、用气报装等便利化行动方案，用水、用气报装办理时间压缩至1个工作日内，申请材料压减至1份内。实现纳税网上办理100%全覆盖，95%事项实现零上门。探索企业注销便利化改革举措，企业注销“一网服务”平台正式上线运行，简易注销实现1个工作日办结。积极推进企业办理破产便利化。在全省率先实现全市网上中介超市运行、交易、监管制度化和规范化。2. 加速“标准地”+“五未”土地处置+“亩均论英雄”改革。探索建立项目准入“标准地”制度、土地利用全周期“五未”处置监管惩戒、“亩均论英雄”资源要素差别化供给倒逼转型的高质量发展体系。全市范围内负面清单外新增工业用地项目100%实施“标准地”出让，累计出让“标准地”691宗、2.97万亩，居全省第一；全市规模以上企业及占地3亩以上规模以下企业实现“亩均论英雄”评价全覆盖，2019年，全市规模以上亩均税收、亩均增加值（快报）增速分列全省第1、2位。在全省率先探索农业“标准地”模式，率先启动商业服务业“标准地”改革试点，成为全省唯一实现“标准地”模式三次产业全覆盖的市。推进德清县“标准地”企业投资项目信用监管试点。吴兴区首创“标准房”助推小微园区建设提升经验在全省范围推广。3. 推进法治化营商环境试点。在全省率先建立涉企政策“全领域”公开、涉企决策“全流程”参与、涉企审批“全过程”透明的政策制度环境。整合全市法律资源，推出民营企业法治体检等十大专项行动，全面提升民营经济法律服务环境。启动编制全国首个法治化营商环境评价指标体系。4. 加快数字化政府转型。排定并推进加快政府数字化转型首批12个重大项目，“两山指数”暨美丽湖州综合监测智慧分析数字化平台等三个省试点示范应用项目初显成效。市县同步在全省率先100%实现民生事项在窗口、网办、掌上办三端“一证通办”，政务服务事项“掌上办”“跑零次”“网上办”等指标均位居全省前列。

【“最多跑一次”改革提速扩面】 1. 全力创建“无证明城市”。推进国家证明事项告知承诺制试点，深化“一证通办”减证便民行动，全面取消各种无谓证明、精减各类证明事项，共梳理证明材料2583项，累计清理取消2526项，占比97.79%。在全省率先推出遗失声明网络公示，建立“补办申请+书面承诺+网络公示+一站办结”机制，截至2019年年底，为群众和企业节约成本106万元。2. 积极推动公民个人全生命周期“一件事”改革。卫生领域实现市、县两级助产机构出生“一件事”多证联办全覆盖，比省要求提前4个月。教育领域实现各项区县中心城镇小学入学报名无纸化，中小学各项学籍业务办理全面“最多跑一次”，“安吉游戏”模式形成具有国际影响力的学前教育品牌。在全省率先实现殡葬手续办理“一次都不跑”，全市全部实现逝者身后“一件事”部门联办，累计办理8023件，并出台相应地方标准。3. 着力推动“最多跑一次”改革向公共场所延伸。确定铁路湖州站等8个试点单位示范带动、全面推进。铁路湖州站停车无感支付项目已实施完成。发布全国首个中国移动“5G+智慧文旅”大数据平台，启用“一键智游湖州”系统，湖州市被授予全国首个“文旅行业信息化标杆示范基地”。创新开发应用“健康湖州”智能服务平台，在全省率先建成市级区域“影像云”，在全国率先探索开展看病就医“医后付”改革，门诊智慧结算率居全省第一；打造城市医共体建设“湖州样板”；全国医共体建设现场会在长兴县召开。4. 大力推动机关内部“最多跑一次”改革。在市政务协同平台和浙政钉嵌入机关内部“最多跑一次”工作模块，建立非涉密事项网络办理平台，市人社局、市机关事务管理中心、吴兴区等先行开展第一批网上办理试点。全市部门间94.99%办事事项实现“最多跑一次”；99.71%高频事项实现“最多跑一次”。5. 注重改革向基层延伸。推动服务网点向社会和基层延伸，基本实现“市民服务之窗”乡镇（街道）全覆盖；推进民生事项向乡镇（街道）便民服务中心和银行、邮政网点延伸。全市各区县民生事项乡镇（街道）便民服务中心可办比例均达80%已以上，可办理社保事项的银行网点已实现乡镇（街道）全覆盖，公积金事项已向43个银行网点完成延伸服务。6. 不断加强基层社会治理。深入实施“双创双全”组织力提升工程，全市1210个村和社区实现“第一书记”全覆盖。出台全国首个《党群服务中心设置和运行规范》地方标准，推行街道“大工委”和社区“大党委”机制，建成党群服务中心532个。全域推进新时代文明实践中心建设，成立全国首家新时代文明实践学院。全面修订完善村规民约，积极推广“两山议事会”等特色做法，受惠群众90余万人次。建立健全专群结合、群防群治工作网络，打造“德清嫂”“平安大姐”等平安品牌。德清县、吴兴区均被列入全省“三社联动”示范观察点。出台文明行为促进等地方性法规，以“良法”推动善治。制定发布全国首部乡村治理地方标准、全国首个民主法治村创建地方标准，县级以上民主法治村（社区）覆盖率达97.3%。全面推进区县社会矛盾纠纷调处化解中心建设，着力做到社会矛盾“一站式受理、一条龙服务、一揽子解决”和“最多跑一地”。南浔区推动“最多跑一次”改革向司法领域延伸，不断优化诉讼服务。长兴县创新推行“智慧门锁”，积极创新“互联网+”出租房管理新模式，有效提升社会服务水平。

【多项改革齐头并进】 1. 全面抓好机构改革。把机构改革作为极其重要、极其严肃的重大政治责任，高效率做好部门领导班子调整配备、人员转隶和“三定”工作。截至3月底，顺利完成市、区县和乡镇（街道）机构改革，市级正县级行政事业机构减少2个，副县级行政事业机构减少1个，合署办公和挂牌机构减少4个。2. 持续深化农业农村改革。大力推进农村改革扩面提速集成，高质量培育城乡融合新动能，全力打造部省共建乡村振兴示范市。大力推进全国农村产权制度改革试点，积极探索完善农村集体资产的占有、收益、有偿退出、抵押、担保和继承等权能流转制度。全域推进村级非生产性开支村务卡结算制度，成为省内首个市、县全面推行“村务卡”的设区市。3. 深入推进生态文明建设。扎实推进生态文明重点领域改革，自然资源产权制度改革等工作取得重要进展，立法、标准、体制“三位一体”制度体系进一步完善。开展“1+N”生态文明地方法规体系建设，推动制定实施《湖州市垃圾分类管理条例》等列入地方性生态环保法律法规。创新推进“生态+电力”城市建设，发布全国首个“生态+电力”发展评价指数和湖州宣言。顺利完善全省自然资源统一确权登记，试点经验在全省推广。4. 有力推进党建体制改革。探索“1+X”容错纠错制度体系，明确容错纠错“六看”标准，提出6个方面、23种适用情形。深化纪检监察体制改革，调整市委巡察机构设置，纪委派驻机构改革，将原有36个派驻机构调整为20个，对73家市级部门开展精准监督；在全省率先研究制订派驻（出）机构查处党纪案件工作流程和文书规范，为派驻机构查办案件提供操作指引。深化工青妇和科协改革，启动市残联、市关工委等群团部门改革，统筹推进18个基层群团试点改革工作，创新群团工作机制，着力构建大群团工作格局。

【改革落实机制不断健全】 1. 完善改革谋划推进机制。召开市委全面深化改革委员会会议暨改革推进会，审议通过全市《2019年改革工作要点和重点突破改革项目》等文件，排定年度重点突破改革项目，全力抓好落实。在省委改革委统一设置的八个专项小组的基础上，根据湖州实际，增设农业和农村体制改革专项小组，进一步加强农业和农村领域的改革推进力度。2. 完善重大项目定期交流机制。市委改革办、市跑改办发挥牵头协调作用，突出“最多跑一次”改革重点，建立各专项小组工作例会和联络员会议等制度，推动部门、区县同步推进改革。完善重点改革项目专项督察机制，统筹牵头部门、专项小组、人大和政协等各方力量开展各类专题督察，确保各项改革任务落地见效。3. 完善宣传引导机制。策划推出“新时代新作为新篇章”“让改革落地生根”“最多跑一次”等专栏，大力宣传湖州市改革新举措、新亮点、新成效。组织改革先锋称号获得者安吉县余村村党支部原书记鲍新民开展系列宣讲活动，激励全市人民坚定不移推进改革开放。4. 落实“红黑榜”制度。制定出台《“最多跑一次”改革重点指标完成情况量化问责暂行规定》，每周对重点指标进行排名和通报，明确责任，问效问责，有效推进重点改革扎实开展、取得实效。

（徐思远）

市、县（局）级机构及负责人名单

2019年内担任以下所列职务的领导人全部开列在内。姓名后有*注号者，表明在2019年内已因退休、调职、免职、辞职等原因而去职；没有注号者，表明2019年年底仍在职。

中国共产党湖州市第八届委员会

书　记　马晓晖

副书记　钱三雄*　陈　浩*　王　纲

常　委　夏文星　梁雪冬　范庆瑜（女）　李上葵　江宏勋　杨六顺　徐仲仪　沈铭权

委　员（按姓氏笔画为序，书记、副书记、常委均为委员，从略）

干永福　王　树（女）
王志芳　王琴英（女）
朱荣章　刘宏伟
刘剑虹　孙　颖（女）
李全明　李建平
李章军　杨卫东
杨中校　杨建新
吴　伟　吴智勇
陈　江　陈永华
罗安生　周卫兵
周建明　周家健
房石磊　项乐民
胡菁菁（女）
柳国强　钟　鸣
饶如峰　施会龙
施根宝　姚广民
莫汝强　夏坚定
钱仲良　徐晏平
梅梓华　董立新
臧学萍（女）
熊全龙　潘　音（女）

候补委员（以得票多少为序）

孙国文　王剑峰
陈发瑶　许　宏
周建新　邱见春
沈振建　张伟林
章新泉　褚连荣

秘书长　钱仲良

副秘书长　钱仲良*　吴焱国　杨伟民*　陆卫良　陈　伟　闵旭锋　章新泉　唐　华（女）

何晓红（女）
凌　冬

市委工作部门及直属单位、派出机构

市委办公室
主　任　钱仲良
副主任　黄丹华（兼）
陈　伟* 　张银江
沈康康　魏继东
袁晓亮　沈伟兵
胡国忠　闵旭锋*
洪　流*
室务会议成员　翁明皓（女）
杨伟民　沈伟兵*
纪检监察组
组　长　翁明皓（女）
副组长　孙小雄
市委组织部
部　长　徐仲仪
常务副部长　邱见春
副部长　王　树（女，兼）
姚广民（兼）
夏　冰（女，兼）
贺雪荣　沈　秋
臧雷鸣
饶如锋*
部务会议成员　鲁有铭　晏宁波
范海鸣*
纪检监察组
组　长　赵　晖
副组长　沈建良
市委新经济与社会组织工作委员会
书　记　饶如锋*
副书记　邹冬辉　王　枫（兼）
沈建军（兼）
刘克毅（兼）
市委宣传部
部　长　范庆瑜（女）
常务副部长　吴　伟
副部长　沈振建（兼）
陈建良　龚贵庭
王有娣（女）*
部务会议成员　徐林财*
张国英（女）
谢占强　曹佩中
张西廷*
纪检监察组
组　长　徐林财*　张国英（女）
副组长　钱艳萍　曹颖青
市精神文明建设指导中心
主　任　李晓伟
市社会科学院
院　长　吴晓斌
市委统战部
部　长　李上葵
常务副部长　李晓良
副部长　鲍　鸿　王　枫（兼）
徐　新（兼）
杨洪亮　沈火江*
任玉林*
部务会议成员　王红明　沈　列
缪　盛*
纪检监察组
组　长　王红明
副组长　顾仿勤　朱　毓（女）
钱艳萍（女）*
市委政法委员会
书　记　陈　浩*
常务副书记　章新泉
副书记　杨六顺（兼）
夏文星（兼）
马依群　陈鑫堂
沈孔鸿
委　员　李章军　孙　颖（女）
李泽福　裘明珠（女）
孔月明　陈晓杰*
委务会议成员　章新泉　马依群
沈孔鸿　陈晓杰*
沈永余　沈建春
王宝龙　沈利益*
姚建荣*
纪检监察组
组　长　沈欢良
副组长　王为民　费　越
市委、市政府政策研究室
主　任　吴焱国
副主任　沈国忠　杨雪伟
王新勇
台湾工作办公室（市政府台湾事务办公室）
主　任　徐　新
副主任　余文祥　陆佩佩（女）
王国平
室务会议成员　沈美萍　高　辉
市委直属机关工作委员会
书　记　唐　华（女）
副书记　叶兵华　臧　丹（女）
王建祥*
委　员　唐　华（女）
叶兵华　臧　丹（女）
沈建民　王建祥*
丁　勋*　刘慧敏*
纪工委
书　记　丁　勋*　沈建民
市委老干部局
局　长　夏　冰
副局长　陈慧敏（女）　陈宜明
局务会议成员　熊永春　王为民
市委机构编制委员会办公室
主　任　姚广民
副主任　沈　莉（女）
范学良　吴国平*
室务会议成员　邵正九
政府信访局
局　长　何晓红（女）*　凌　冬
副局长　徐学军　沈建忠
郑建维　朱宏达（兼）
汪　伟*
督查专员　朱美玲
市委党史研究室
主　任　杨伟民
副主任　梅锦连　马炼鸿
王智勇*
市委党校
校　长　徐仲仪
常务副校长　刘宏伟*　朱荣伟
副校长　王　磊　胡继姝（女）
郜世通　施　经（女）
教育长　胡继姝（女）*
沈佳文（女）
校务会议成员　沈佳文（女）
陈贤平*　汪洪生
市社会主义学院
院　长　李上葵
常务副院长　刘宏伟*　朱荣伟
副院长　王　磊　胡继姝（女）
郜世通　施　经（女）
李晓良（兼）
市行政学院
院　长　钱三雄（兼）*
常务副院长　刘宏伟*　朱荣伟
副院长　王　磊　胡继姝（女）
郜世通　施　经（女）
浙江生态文明干部学院
院　长　徐仲仪
常务副院长　刘宏伟*　朱荣伟
副院长　王　磊　胡继姝（女）
郜世通　施　经（女）
教育长　胡继姝（女）*
沈佳文（女）
湖州日报报业集团
社务委员会社长　沈振建*

王伟锋*
社务委员会副社长　王伟锋*
社务委员会委员　朱建飞*
黄建东*
谢占强*
徐　敏*
李晓俊*
叶福明*
编辑出版委员会总编辑　王伟锋*
编辑出版委员会副总编辑
朱建飞*
谢占强*
徐　敏*
马卫忠*
李晓俊*
党　委
书　记　沈振建*　王伟锋*
副书记　王伟锋*
委　员　沈振建*　王伟锋*
朱建飞*　黄建东*
谢占强*　徐　敏*
马卫忠*　李晓俊*
纪　委
书　记　黄建东*

湖州广播电视传媒集团

总裁（台长）　陈发瑶*
副总裁（副台长）　秦　敏（女）*
陈　东*
吴继任*
金加宝*
赵　星*
费兴海*
张国良*
缪　盛*
总编辑　秦　敏（女）*
副总编辑　吴继任*　金加宝*
党　委
书　记　陈发瑶*
副书记　秦　敏（女）*
委　员　陈发瑶*　秦　敏（女）*
陈　东*　汪东海*
吴继任*　金加宝*
赵　星*　费兴海*
张国良*　缪　盛*
纪　委
书　记　汪东海*

湖州市新闻传媒中心（市传媒集团有限公司）

主　任　吴　伟
副主任　王伟峰　秦　敏（女）
马卫忠　赵　星
张国良　缪　盛
总编辑　秦　敏（女）
副总编辑　吴继任　徐　敏
李晓俊
党　委
书　记　吴　伟
副书记　王伟峰　秦　敏（女）
委　员　吴　伟　王伟峰
秦　敏（女）
马卫忠　赵　星
张国良　缪　盛
吴继任　徐　敏
李晓俊　黄建东
纪　委
书　记　黄建东

中共湖州市
第六届纪律检查委员会

书　记　梁雪冬
常务副书记　莫汝强
副书记　徐昌军
常　委　顾国琴（女）
张　斌　胡　坚
钟新春
市委巡察办
主　任　顾国琴（女）
副主任　周宏峰　朱　慧

湖州市第七、八届
人民代表大会常务委员会

主　任　胡菁菁（女）
副主任　董立新　曹德平
喻运鑫　胡国荣
沈志华　张兰新
熊全龙
秘书长　许学锋*
常　委　王武良　王剑峰*
方建平　朱　鸣
朱建民　乔明军*
孙长志　杨兴龙*
吴继平　吴康丽（女）*
邱见春　汪友余*
沈　斌*　沈晓蓉（女）
张亚华（女）
张国强　张建平*
陈　洁（女）
邵水荣　郁晓红（女）
周明明　周美凤（女）
侯军呈　秦　芹（女）
徐晓军　高兴江
黄俊慧　董太群
蒋育琴（女）
柳国强　虞伟瑛（女）

市人大常委会党组

书　记　胡菁菁（女）*
孙贤龙
副书记　董立新
成　员　喻运鑫　胡国荣
沈志华　张兰新
熊全龙　许学锋*

市人大常委会机关党组

书　记　许学锋*　施会龙
副书记　张国强
成　员　钱树春　徐晓军
孙长志　陆琪琪
倪　琨
副秘书长　张国强　杨兴龙*
张显东　陈　洁（女）
吴培林
纪检监察组
组　长　钱树春
副组长　魏　良　钱艳萍（女）*
陈阿四*

市人大常委会办公室

主　任　张国强
副主任　陆琪琪　倪　琨

市人大常委会研究室

主　任　黄俊慧
副主任　姚　健（女）

市人大法制委员会

主任委员　王武良
副主任委员　蒋育琴（女）

市人大常委会法制工作委员会

主　任　王武良
副主任　汪　昊*　沙季超

市人大内务司法委员会

主任委员　张建平*
副主任委员　孙长志*

市人大常委会内务司法工作委员会

主　任　张建平*
副主任　章国华*

市人大常委会监察和司法工作委员会

主　任　张建平*　汪　昊
副主任　章国华

市人大监察与司法委员会

主任委员　张建平*
副主任委员　孙长志

市人大财政经济委员会

主任委员　虞伟瑛（女）

副主任委员　张亚华（女）
市人大常委会财政经济预算工作委员会
主　任　虞伟瑛（女）
副主任　周爱民
市人大教育科学文化卫生委员会
主任委员　吴康丽（女）*
副主任委员　胡月静（女）
　　　　潘月山（兼）*
　　　　费文晟*
市人大社会建设委员会
主任委员　邵水荣
副主任委员　张显东*
　　　　郑　峻（女）
市人大常委会社会建设工作委员会
主　任　邵水荣
副主任　郑　峻（女）*　张振光
市人大常委会教育科学文化卫生工作委员会
主　任　吴康丽（女）*　陈发瑶
副主任委员　胡月静（女）*
市人大民族宗教华侨外事委员会
主任委员　沈晓蓉
副主任委员　汪有余*　胡文乔
市人大常委会民族宗教华侨外事工作委员会
主　任　沈晓蓉（女）
副主任　胡文乔*
市人大农业与农村委员会
主任委员　沈　斌*　丁泉观
副主任委员　张　曦（女）
　　　　梁为民（兼）*
　　　　乔明军*
市人大常委会农业与农村工作委员会
主　任　沈　斌*
副主任　张　曦（女）*
市人大城乡建设与环境资源保护委员会
主任委员　柳国强
副主任委员　费文晟
　　　　华新民（兼）*
市人大常委会城乡建设与环境资源保护工作委员会
主　任　柳国强
副主任　陈婷婷（女）
市人大常委会代表与选举任免工作委员会
主　任　徐晓军
副主任　杨旭东　陆　炜
　　　　曹燕鸣（女）*

湖州市人民政府

市　长　钱三雄*
代市长　王　纲
副市长　杨六顺　闵　云（女）
　　　　施根宝　蒋伟峰
　　　　朱留沙　项乐民
　　　　夏坚定
　　　　许继清（女，挂职）
党　组
书　记　钱三雄*　王　纲
副书记　杨六顺
成　员　施根宝　蒋伟峰
　　　　朱留沙　项乐民
　　　　夏坚定　陈亚明
　　　　徐晏平　吴智勇
　　　　熊全龙*
秘书长　徐晏平
副秘书长　何元庆　沈斌章
　　　　汪蚕清　龚　丁
　　　　陆利明　夏　威
　　　　金淦英（女，兼）
　　　　曹军民　顾云飞
　　　　顾国良
　　　　饶亮明（挂职）
　　　　林福呈（挂职）
　　　　金江澜（女）*
　　　　丁泉观*
　　　　倪跃田（兼）*
　　　　朱荣伟*　忻忠华*

市人民政府工作部门及直属事业、驻外机构

市政府办公室
主　任　何元庆
副主任　肖体红　李　晟
　　　　姚　宏　吴巨波（兼）
　　　　顾云飞*　顾国良*
　　　　钟建林*
党　组
书　记　徐晏平
副书记　何元庆
成　员　孙国强　肖体红
　　　　李　晟　姚　宏
　　　　顾云飞*　顾国良*
　　　　沈春晓*
纪检监察组
组　长　孙国强
副组长　徐　超　曹根荣
市政府法制办公室
副主任　李　才*　肖体红*
市政府研究室
副主任　沈春晓*
市政府突发公共事件应急管理办公室
主　任　何元庆*
副主任　黄骆意*　张铁成*
市政府驻北京联络处
主　任　钱　杰
副主任　潘　帆*
市发展和改革委员会
主　任　梅梓华
副主任　倪跃田　曹毅平（女）
　　　　张云峰*　李红英（女）
　　　　杜尉栋　潘　帆
　　　　田中伟　费新章*
　　　　徐育雄*
市物价局
副局长　倪跃田*
　　　　曹毅平（女）*
　　　　张云峰*
　　　　李红英（女）*
　　　　杜尉栋*　费新章*
党　组
书　记　梅梓华
副书记　倪跃田
成　员　胡明山*　曹毅平（女）
　　　　濮智辉　李红英（女）
　　　　杜尉栋　潘　帆
　　　　周建荣　陈　晓
　　　　张云峰*
纪检监察组
组　长　胡明山*　濮智辉
湖州省际承接产业转移示范区管理委员会
主　任　梅梓华
副主任　倪跃田（兼）
市经合办、市对口办
主　任　梅梓华*
副主任　徐育雄*
市经济和信息化局
局　长　丁芳芳
副局长　金卫亮　周　勇
　　　　沈雪芬（女）
　　　　蔡　丰　姚建忆
　　　　金　敏（女）*
党　组
书　记　丁芳芳
副书记　金卫亮
成　员　周　勇　沈雪芬（女）
　　　　蔡　丰　周剑平
　　　　陈阿四*　金　敏（女）*

王宏娟（女）*
纪监组
组　长　陈阿四*

市教育局

局　长　潘　音（女）
副局长　许方明　王淦勤
　　　　朱建伟　黄桂众
党　委
书　记　潘　音（女）
副书记　许方明
委　员　王淦勤　丁　勋
　　　　朱建伟　黄桂众
　　　　肖家青　周国平
纪检监察组
组　长　王淦勤*　丁　勋

市科学技术局

局　长　王志芳
副局长　朱德清　金顺明
　　　　徐建学　沈欢良*
党　组
书　记　王志芳
副书记　沈欢良*　朱德清
成　员　徐建学　张利剑
　　　　姚　勇*　朱　慧*
纪检监察组
组　长　姚　勇*

市民族宗教事务局

局　长　沈火江*　鲍　鸿

市公安局

局　长　夏文星
常务副局长　李泽福
副局长　徐伟明　沈连江
　　　　陈雄伟　梅旗华
　　　　朱建祥
党　妾
书　记　夏文星
副书记　李泽福
专职副书记　徐志宏
委　员　张建乐（女）
　　　　徐伟明　沈连江
　　　　陈雄伟　梅旗华
　　　　朱建祥　梅根华
　　　　姚金泉　朱有江*
　　　　凌　冬*
纪检监察组
组　长　张建乐（女）
副组长　朱有江*　吴宇昕
　　　　卞学升

市政府区域合作交流办公室

主　任　忻忠华
副主任　许行峰　徐育雄
　　　　何锋峰
党　组
书　记　忻忠华
副书记　许行峰　徐育雄
成　员　何锋峰　韦　静（女）

市政府驻上海联络处

主　任　计欣华（女）
副主任　汤月良*　朱　慧

市安全生产监督管理局

副局长　曹伟龙*　沈金山*
　　　　蒋赪兵*

市应急管理局

局　长　张伟林
副局长　毛建平　曹伟龙
　　　　沈金山　汪　伟
　　　　张铁成　黄骆意*
总工程师　吴　斌
党　委
书　记　张伟林
副书记　毛建平
委　员　曹伟龙　沈金山
　　　　汪　伟　黄骆意*
　　　　张铁成　沈玉龙
　　　　吴　斌　孙小雄*
纪检监察组
组　长　孙小雄*

市监察委员会

主　任　梁雪冬
副主任　莫汝强　徐昌军
委　员　顾国琴（女）
　　　　钟新春　刘晓峰
　　　　慎　巍

市民政局

局　长　朱荣章
副局长　沈建军　罗广平
　　　　周建荣　耿　斌
　　　　张振光*
　　　　吴　巍（女，挂职）*
党　委
书　记　朱荣章
副书记　沈建军
委　员　罗广平　周建荣
　　　　耿　斌　谢　冰（女）*
　　　　莫建新　张振光*
纪检监察组
组　长　谢　冰（女）*

市退役军人事务局

局　长　田立新
副局长　陈立新　黄登嵩
　　　　刘亚利（女）
党　组
书　记　田立新
副书记　陈立新
成　员　黄登嵩　刘亚利（女）

市司法局

局　长　裘明珠（女）
副局长　金晓星　俞　栋
　　　　李　才　何成华
　　　　张佰元　何振进
党　委
书　记　裘明珠（女）
副书记　金晓星
委　员　俞　栋　何成华
　　　　李　才　何振进
　　　　盛新莲（女）
　　　　张佰元　易明安

市财政局

局　长　李全明
副局长　黄长泉　林　明
　　　　徐　慧（女）
　　　　许　哲
　　　　屠培红（女）*
　　　　张向阳*
总会计师　孙倩如（女）
党　组
书　记　李全明
副书记　黄长泉　屠培红（女）*
成　员　林　明　徐　慧（女）
　　　　许　哲　唐卓文
　　　　王红明*　张向阳*
纪检监察组
组　长　王红明*

国家税务总局湖州市税务局

局　长　黄德超
副局长　姚　温　钱汇丰
　　　　沈振斌　陈利民（女）*
　　　　陈　军*
总经济师　袁学平　陆志华
总会计师　杨根荣
党　委
书　记　黄德超
委　员　姚　温　钱汇丰
　　　　沈振斌　曾月霞（女）
　　　　袁学平　陆志华
　　　　杨根荣　陈利民（女）*
　　　　陈　军*
纪检监察组
组　长　曾月霞（女）

市人力资源和社会保障局

局　长　王　树（女）
副局长　丁会强　池丽萍（女）*
　　　　汪　竑（女）

史淦宝
党　组
书　记　王　树（女）
成　员　丁会强　史淦宝
池丽萍（女）*
汪　竑（女）
施建永　梁公一
沈建良*
纪检监察组
组　长　沈建良*
市社保中心
主　任　施建永
市自然资源和规划局
局　长　王晓军
副局长　黄文鑫　龚西征
傅自强　叶建新
韩新伟　陈嗣栋
徐建洪　唐建平
王俊杰　郑永敢
总规划师　任　立
党　委
书　记　王晓军
副书记　黄文鑫
委　员　王晓军　黄文鑫
龚西征　傅自强
叶建新　韩新伟
陈嗣栋　徐建洪
唐建平　张光评
任　立　王俊杰
王炜郎　郑永敢*
纪　委
书　记　张光评
市住房和城乡建设局
局　长　戴　健
副局长　郭旭华　金　宁
杨　治　陈明法
曹军民*　沈应华*
总工程师　杨　治*　颜　亮
党　委
书　记　戴　健
副书记　郭旭华
委　员　金　宁　杨　治
陈明法　颜　亮
龚辛陶　邵光明*
曹军民*
纪检监察组
组　长　邵光明*
市交通运输局
局　长　房石磊
副局长　周　军　章宇强
倪建国　孟立忠
陈振华（兼）
李向东　赵列克
陈元青*
总工程师　沈建荣
党　委
书　记　房石磊
副书记　章宇强
委　员　周　军　倪建国
孟立忠　沈建荣
陈振华（兼）
李向东　赵列克
谢　冰（女）
芮振华　王武元*
陈元青*
纪检监察组
组　长　王武元*　谢　冰（女）
水利局
局　长　罗安生
副局长　周　燕（女）
吴继国　陈旭华（女）
张树明*　章瑛婴（女）*
党　组
书　记　罗安生
副书记　张树明*
成　员　吴继国　江　涛
陈旭华（女）
宋伟忠　黄永庆*
章瑛婴（女）*
马建华*
总工程师　江　涛
纪检监察组
组　长　黄永庆*
市农业局
副局长　陶忠华*　沈红星*
张云威*　凌跃锋*
总农艺师　许建红*
市农业农村局
局　长　杨中校
副局长　吴云妹（女）
陶忠华　沈红星*
凌跃锋　许建红
毛荐先　陆　杰
张云威*
总农艺师　许建红
党　委
书　记　杨中校
副书记　吴云妹（女）
委　员　陶忠华　沈红星*
凌跃锋　许建红
毛荐先　陆　杰
戴泽斌　贺丽娜（女）
濮智辉*
纪检监察组
组　长　濮智辉*
市商务局
局　长　褚连荣
副局长　潘耕峰　王　坚
伍　毅　戚斌斌
钱树春*　施群英（女）*
周　军*
潘国帅（挂职）*
党　委
书　记　褚连荣
副书记　钱树春*　潘耕峰
委　员　王　坚　伍　毅
戚斌斌　潘　虹
钱树春*
施群英（女）*
周　军*　顾仿勤*
朱国强
纪检监察组
组　长　顾仿勤*
市文化广电旅游局
局　长　楼　婷（女）
副局长　许建跃　沈康民
何继红　王　栋
胡培强　孙　军
钱红梅（女）
党　委
书　记　干永福
副书记　楼　婷（女）　许建跃
委　员　沈康民　何继红
王　栋　胡培强
金加宝　孙　军
钱红梅（女）
钱振宇　邱丽华（女）
李　甿（女）
费　越*　肖家青*
纪检监察组
组　长　费　越*
市卫生健康委
主　任　施会龙*　饶如锋
副主任　潘人伟　沈霞萍（女）
姜宝荣　朱丽华（女）
余金丹（女，挂职）
曾云峰　胡小军
党　委
书　记　施会龙*　饶如锋
副书记　潘人伟*　姜宝荣
委　员　施梅轩*　沈霞萍（女）
王　俊　曾云峰
钱建莉（女）

钮富荣　胡小军
纪检监察组
组　长　施梅轩*　王　俊
市计划生育协会
会　长　徐嘉华（女）
常务副会长　饶如峰
专职副会长　钱建莉（女）
田立新（兼）
邱见春（兼）
吴康丽（女，兼）
市红十字会
会　长　闵　云
常务副会长　徐旭萍
专职副会长　朱冶方
党　组
书　记　徐旭萍
成　员　朱冶方　郭建根
市审计局
局　长　费林海
副局长　丁颂辉　汤晓龙
汤政强　何　斌
总审计师　施　瑜（女）*
朱金龙
党　组
书　记　费林海
副书记　丁颂辉
成　员　汤晓龙　汤政强
何　斌　朱金龙
金翠萍（女）*
市环境保护局
副局长　姚玉鑫*　周　峻*
徐兆辉*　戴建国*
市生态环境局
局　长　宋　波*　何晓红（女）
副局长　姚玉鑫　周　峻
徐兆辉　钟建林
戴建国*　张　莉（女）
总工程师　郑云华
党　委
书　记　宋　波*　何晓红（女）
委　员　姚玉鑫　周　峻
徐兆辉　钟建林
戴建国*　张　莉（女）
郑云华　李　涛
潘　月（女）
施　捷（女）*
纪检监察组
组　长　施　捷（女）*
市委生态文明建设办公室
主　任　宋　波*　何晓红（女）
副主任　钟建林

市统计局
局　长　费新章
副局长　闵新华*　臧新昌
吴旭红（女）
总统计师　钱中勇
党　组
书　记　费新章
副书记　闵新华*
成　员　臧新昌　钱中勇
费百田　胡　勤
吴旭红（女）
市安全生产监督管理局
副局长　曹伟龙*　沈金山*
蒋赪兵*
总工程师　傅文虎*
市应急管理局
局　长　张伟林
副局长　毛建平　曹伟龙
沈金山　汪　伟
张铁成　黄骆意*
总工程师　吴　斌
党　委
书　记　张伟林
副书记　毛建平
委　员　曹伟龙　沈金山
汪　伟　黄骆意*
张铁成　沈玉龙
吴　斌　孙小雄*
市综合行政执法局
局　长　闵山明
副局长　劳敏敏　沈国民
李忠奎　王桂林
党　组
书　记　闵山明
副书记　劳敏敏
成　员　沈国民　李忠奎
王桂林　张红英（女）
臧晓艳（女）
市侨务办公室
主　任　王　青（女）
市外事办公室
主　任　臧学萍
副主任　徐汝忠　孙建平
党　组
书　记　臧学萍
副书记　徐汝忠
成　员　孙建平　蒋晓霞（女）
市国有资产监督管理委员会
主　任　鲍　鸿*　娄显杰
副主任　张向阳　朱　辉
潘　良　姜　捷*

施顺林*　杨　倬*
党　委
书　记　鲍　鸿*　娄显杰
专职副书记　覃　泓（女）
副书记　姜　捷*
委　员　张向阳　朱　辉
潘　良　肖争妍（女）
施梅轩　施顺林*
杨　倬*　沈建民*
纪检监察组
组　长　沈建民*　施梅轩
市金融工作办公室
主　任　钱洪文
副主任　方安明　周昳文
潘春晖　刘一闻*
党　组
书　记　钱洪文
成　员　方安明　周昳文
潘春晖　刘一闻*
市场监督管理局（市工商行政管理局、市食品药品监督管理局）
副局长　陈丽霞（女）*
顾吉生*　蒋国强*
慎金星*　刘克毅*
党　委
副书记　陈丽霞（女）*
委　员　顾吉生*　蒋国强*
慎金星*　刘克毅*
市质量技术监督局
副局长　金　伟*　汪建标*
总工程师　杨　伟*
市市场监督管理局
局　长　许　宏
副局长　陈丽霞（女）
顾吉生　袁菊林
蒋国强　慎金星
刘克毅　汪建标
总工程师　杨　伟
党　委
书　记　许　宏
副书记　陈丽霞（女）
委　员　顾吉生　袁菊林
蒋国强　慎金星
刘克毅　汪建标
杨　伟　王红英（女）
曹颖青*　钱莲香（女）*
纪检监察组
组　长　曹颖青*
市食品安全委员会办公室
主　任　许　宏*
市国家安全局

局　长　孔月明
党　委
书　记　孔月明
中国国际贸易促进委员会湖州市委员会
会　长　金　凯
副会长　吴　静（女）　杨　颖*
党　组
书　记　凌建荣*　吕　立
副书记　杨　颖*
成　员　吴　静（女）　张海明
市体育局
局　长　宋　捷
副局长　钟培方　姚明星
　　　　蔡　缨（女）*
党　组
书　记　宋　捷
成　员　钟培方　姚明星
　　　　邱建国　周　斌
　　　　蔡　缨（女）*
市机关事务管理局
局　长　吴巨波*
副局长　刘伦辉*　黄定红*
党　组
书　记　吴巨波*
成　员　刘伦辉*　黄定红*
市机关事务管理服务中心
主　任　吴巨波
副主任　刘伦辉　黄定红
　　　　曹燕鸣（女）
党　组
书　记　吴巨波
成　员　刘伦辉　黄定红
　　　　曹燕鸣（女）
　　　　周　茜（女）
市人民防空办公室
主任（局长）　凌伯勋*　张云威
副主任（副局长）　郑传刚
　　　　　　　　汪勇健
　　　　　　　　黄　猛（兼）
党　组
书　记　凌伯勋
成　员　郑传刚　汪勇健
　　　　黄　猛（兼）
　　　　程志明　周　斌
市矿山企业综合治理办公室
主　任　龚西征*
副主任　韩新伟*　张光评*
　　　　徐伟明（兼）*
　　　　傅文虎（兼）*
　　　　祝益民（兼）*
　　　　戴建国（兼）*
市政务服务管理办公室
主　任　夏　威*　金淦英
副主任　庞娟英（女）
　　　　施　捷（女）
　　　　林　刚　施建中*
　　　　蒋夕根*
党　组
书　记　夏　威*　金淦英
副书记　庞娟英（女）
成　员　施　捷（女）　林　刚
　　　　杨华林　施建中*
　　　　蒋夕根*
湖州经济技术开发区（南太湖产业集聚区）管委会
主　任　凌建荣*　吴智勇*
副主任　李　节*
　　　　金卫亮（援藏）*
　　　　李　强*　姚　星*
　　　　潘郁泉*　金永和*
　　　　黄建丰*　蔡胜权*
　　　　陆　杰*
党　委
书　记　熊全龙*　吴智勇*
副书记　徐晓惠（女）*
　　　　徐惠荣*
委　员　金卫亮*　李　强*
　　　　王　艰（女）*
　　　　姚　星*　潘郁泉*
　　　　金永和*　何卫军*
　　　　黄建丰*　蔡胜权*
　　　　夏　阳*　陆　杰*
　　　　傅文虎*
纪检监察组
组　长　王　艰（女）*
湖州南太湖产业集聚区管理委员会
主　任　熊全龙*　吴智勇*
副主任　凌建荣*　李　节*
　　　　金卫亮（援藏）*
　　　　李　强*　姚　星*
　　　　潘郁泉*　金永和*
　　　　黄建丰*　蔡胜权*
　　　　陆　杰*
湖州太湖旅游度假区（湖州农业对外综合开发区）
主　任　徐建兵*
副主任　佘国勤*　沈应华*
　　　　张征红*　周　燕（女）*
　　　　伍　毅*　陈明法*
　　　　茆　毅*　毕勤峰*
党　委
书　记　葛　伟*
副书记　徐建兵*　杨新初*
委　员　张征红*　王　俊*
　　　　伍　毅*　陈明法*
　　　　王阿平*　沈应华*
　　　　茆　毅*　毕勤峰*
　　　　陈雪松*
纪检监察组
组　长　王　俊*
湖州南太湖新区管委会
主　任　吴智勇
常务副主任　徐建兵*
副主任　姚　星*　沈应华
　　　　佘国勤　蔡惠江
　　　　金永和　黄建丰
　　　　傅文虎　刘一闻
　　　　毕勤峰　王国良
湖州南太湖新区党工委
书　记　杨六顺（兼）
副书记　吴智勇　徐建兵*
　　　　徐晓惠（女）
　　　　姚　星　杨新初*
委　员　沈应华　蔡惠江
　　　　金永和　姚　勇
　　　　黄建丰　傅文虎
　　　　刘一闻　毕勤峰
　　　　王国良　夏　阳
　　　　何卫军　朱玮希（女）
纪检监察工委
书　记　姚　勇
湖州南太湖科创中心
主　任　丁　罡
湖州海关
关　长　宋海龙*　吕　期
副关长　郑蔚涛　江小明
　　　　朱忠荣　许全华
　　　　王政远
党　委
书　记　宋海龙*　吕　期
委　员　吕　期　郑蔚涛
　　　　许全华　朱忠荣
　　　　江小明
市档案局
市档案馆
馆　长　黄丹华
副馆长　沈永明　胡川青（女）
　　　　马炼鸿*
党　组
书　记　黄丹华
成　员　沈永明　胡川青（女）
　　　　马炼鸿*

烟草专卖局
局　长　龚一正
副局长　丁日亮　陈　杰*
　　　　徐水春*
经　理　龚一正
副经理　王　卫*
党　组
书　记　龚一正
副书记　徐水春*
成　员　薛治国　王　卫*
　　　　陈　杰*
纪检组
组　长　薛治国
市委、市政府接待办公室
主　任　沈康康*
副主任　倪新强*
市大数据发展管理局
局　长　陆建卫
副局长　殷　杰　丁　鹍
总工程师　董　岚（女）
党　组
书　记　陆建卫
成　员　殷　杰　丁　鹍
　　　　董　岚（女）
　　　　马红斌
市太湖水利工程建设管理中心
主　任　沈亦琴
党　委
书　记　钱旭勇
市住房公积金管理中心
主　任　沈小龙
副主任　池丽萍（女）
　　　　潘郁泉　吴丽梅（女）
　　　　金培荣　刘　斌*
　　　　朱金龙*
党　组
书　记　沈小龙
副书记　池丽萍（女）
成　员　潘郁泉　吴丽梅（女）
　　　　金培荣　刘　斌*
　　　　朱金龙*　沈勤伟*
市中级人民法院
院　长　李章军
副院长　吴　云　胡新春
　　　　何　新　王　怡
党　组
书　记　李章军
副书记　吴　云
成　员　胡新春　莫国繁
　　　　何　新　王　怡
　　　　冯新林　周文霞（女）
　　　　许　颖（女）
　　　　徐　力*　方海明*
纪检监察组
组　长　徐　力*　许　颖（女）
政治部主任　莫国繁
执行局局长　冯新林
审判委员会
专职委员　方海明*
　　　　　周文霞（女）
市人民检察院
检察长　孙　颖（女）
副检察长　钟伟锋　费会平
　　　　　吴拥军　戴立新
　　　　　周晓杨*
　　　　　李　莉（女，挂职）*
党　组
书　记　孙　颖（女）
副书记　钟伟锋
成　员　费会平　徐　力
　　　　戴立新　吴拥军
　　　　尹湘农　周晓杨*
　　　　方世民*
纪检监察组
组　长　方世民*　徐　力
政治部主任　尹湘农
专职检察委员会
委　员　刘善军　屠晓景

政协湖州市委员会

主　席　杨建新
副主席　方新旗　魏　明
　　　　钟　鸣　高　东
　　　　叶理中　竺　鸰（女）
　　　　李　红（女）
　　　　李建平*　葛　伟*
秘书长　钮建新
副秘书长　杨兴荣　蒋小明
　　　　　林型怀　薛淦江*
　　　　　李　钰（女，兼）*
常　委（以姓氏笔画为序，主席、副主席均为常委，从略）
　　　　干梅林　叶晓虹（女）
　　　　冯文明　戎美勤（女）*
　　　　朱万里　朱建方
　　　　朱唤山　刘美凤（女）
　　　　刘姝姗（女）
　　　　孙虎林*　杜方林
　　　　李　莉（女）
　　　　李　钰（女）
　　　　李庆峰　杨兴荣
　　　　吴　巍（女）
　　　　吴传侠（女）
　　　　吴淑英（女）
　　　　吴媛华（女）*
　　　　邱小永　汪少华*
　　　　沈兴元　沈坚强
　　　　沈金才*　沈佳音
　　　　张　明　陈　湘
　　　　金　凯　周　伟
　　　　周少翌　周明强*
　　　　周桂珠（女）
　　　　周清泉　郑生华
　　　　单建明　施建军
　　　　姬海荣　黄　红（女）
　　　　黄立明　黄玲琳（女）
　　　　蒋晓勇*　释界隆
　　　　潘林荣　薛　锋
　　　　李晓良　陆凤江
　　　　陈绍华　傅　饶
　　　　童晓烨（女）
市政协党组
书　记　杨建新
副书记　李建平*
成　员　钟　鸣　叶理中
　　　　钮建新　葛　伟*
办公室
主　任　杨兴荣
副主任　陈华良　林型怀*
　　　　杨健康
研究室
主　任　杨兴荣
副主任　陈华良　黄　枫
　　　　杨健康*
提案委员会
主　任　姬海荣*　杜方林
副主任　沈红星
　　　　庞娟英（女，兼）
　　　　杨伟民（兼）
　　　　顾云飞（兼）
　　　　王惠荣*　王　财（兼）*
人口资源环境委员会
主　任　汪少华*　闵新华
副主任　梅会珠（女）
　　　　朱荣伟（兼）*
　　　　傅自强（兼）
　　　　郭旭华（兼）
　　　　姚玉鑫（兼）
　　　　钱建莉（兼）
文史资料委员会
主　任　戎美勤（女）*
副主任　吴建英（女）*
　　　　龚景兴（兼）*

张西廷（兼）*
袁　健（兼）*

文化文史和学习学习委员会

主　任　戎美勤（女）*
薛淦江
副主任　吴建英（女）
龚景兴（兼）
王有娣（女，兼）
许建跃（兼）
张西廷（兼）*
袁　健（兼）*

经济科技委员会

主　任　沈金才*
副主任　刘　丽（女）*
沈欢良（兼）*
方安明（兼）*
施顺林（兼）*
沈红星（兼）*
孙倩如（兼）*

经济委员会

主　任　沈金才*　姬海荣
副主任　刘　丽（女）
方安明（兼）
施顺林（兼）
孙倩如（女，兼）
倪跃田（兼）
姚建忆（兼）

农业和农村委员会

主　任　陆凤江
副主任　郑其良　郑永敢（兼）
沈红星（兼）*
张树明（兼）*

教文卫体委员会

主　任　李　莉（女）*
副主任　吴　瑶（女）*
蔡　缨（女，兼）*
许方明（兼）*
潘人伟（兼）*
许建跃（兼）*
王克林（兼）*

教科卫体委员会

主　任　李　莉（女）
副主任　吴　瑶（女）
蔡　缨（女，兼）
许方明（兼）
潘人伟（兼）
朱德清（兼）
王克林（兼）*
沈欢良（兼）*

社会法制委员会

主　任　杜方林*
副主任　张杰华*
陆凤江（兼）*
李泽福（兼）*
陈丽霞（女，兼）*
沈建军（兼）*

社会法制和民族宗教委员会

主　任　杜方林*　刘宏伟
副主任　张杰华　李泽福（兼）
陈丽霞（女，兼）
沈建军（兼）
沈永余（兼）

港澳台侨委员会

主　任　沈兴元
副主任　张晓春（女）
孙虎林（兼）
陆佩佩（女，兼）
潘耕峰（兼）
徐育雄（兼）
钱树春（兼）*

政协委员工作委员会

主　任　吴传侠（女）
副主任　杜跃东　蒋晓勇（兼）
王　枫（兼）
贺雪荣（兼）

市政协机关党组

书　记　钮建新
副书记　杨兴荣
成　员　林型怀　陈华良
杨健康　邵光明
黄　枫　沈金才*
戎美勤（女）*
陈明新*

纪检监察组
组　长　邵光明　陈明新*
副组长　王根强　黄永庆

湖州军分区

第一书记　马晓晖
书　记　傅　斌
副书记　江宏勋
常　委　洪志林　蒋立杰
黄　猛　谷炳方
曾文展
纪　委
书　记　洪志林
副书记　蒋立杰
政治委员　傅　斌
政治工作处主任　蒋立杰
司令员　江宏勋
副司令员　洪志林
战备建设处处长　黄　猛
动员处处长　周　忠*　谷炳方
保障处处长　吴士彬*　曾文展

武警湖州支队

支队长　陈　勇*　金信明
副支队长　潘利平　邹文君
党　委
书　记　徐良道*　杨秀元
副书记　陈　勇*　金信明
政　委　徐良道*　杨秀元
副政委　洪江涛
参谋长　包祖才*　王明方
政治工作处主任　余晓周
保障处处长　尹文杰

市公安局（武警）消防支队

支队长　刘海权
政　委　王雄雄
副支队长　赵　刚　马振波
参谋长　聂林华
政治处主任　马义泉
后勤处处长　吴　为
防火处处长　李　平
党　委
书　记　王雄雄
副书记　刘海权
委　员　马振波　赵　刚
劳　量　聂林华
马义泉　吴　为
李　平
纪　委
书　记　劳　量

群众团体组织

市总工会
主　席　钟　鸣
常务副主席　郁晓红（女）
副主席　张显东*　王列兵
王建祥　洪　流
冯海英（女）*
王　岑（女，兼）
姜根喜（兼）
岳卫平（挂职）
党　组
书　记　郁晓红（女）
成　员　张显东*　沈　宏
王列兵　王建祥
洪　流
冯海英（女）*

共青团湖州市委

书　记　沈春晓
副书记　汤佩佩（女）
金　祥
王笑笑（女，兼）
沈　杰（兼）

代　旻（兼）
沈春晓*　杨国志*
党　组
书　记　沈春晓
成　员　汤佩佩（女）
金　祥　杨国志*
市妇女联合会
主　席　金淦英（女）*
副主席　刘姝姗（女）
孙　晓（女）
冯海英（女，兼）
张敏敏（女，兼）
钱建美（女，挂职）
周柏清（女，挂职）*
党　组
书　记　金淦英（女）*
成　员　刘姝姗（女）
孙　晓（女）
市文学艺术界联合会
主　席　沈宝山
副主席　马卫忠*　卢　萍（女）
沈康民（兼）
范　斌（兼）
党　组
书　记　沈宝山
成　员　张　伟　马卫忠*
卢　萍（女）
市科学技术协会
主　席　董黎明
副主席　沈维勇　陆叙林
陈焕元（挂职）
叶金云（兼）
金毅伟（兼）
赵家义（兼）
沈红星（兼）
夏　阳（兼）
顾志敏（兼）
党　组
书　记　董黎明
成　员　沈维勇　陆叙林
徐　勇
市归国华侨联合会
主　席　孙虎林*　王　青（女）
副主席　沈　列　钱　凯（兼）
陆建新（兼）
徐　伟（兼）
温晓红（女，兼）
黄立明（兼）
吴淑英（女，兼）
张文华（女，兼）
胡立江（兼）
市社会科学界联合会
主　席　张西廷*　沈振建
副主席　管国平　马志和（兼）
吴海燕（兼）*
胡继妹（女，兼）
吴晓斌（兼）
市残疾人联合会
理事长　余加伟*　金江澜（女）
副理事长　陈　钢*　潘永如*
徐　杲　沈玉峰
费　健（挂职）
朱　豪（挂职）
傅　晶（兼）
党　组
书　记　余加伟*　金江澜（女）
成　员　陈　钢*　潘永如*
徐　杲　沈玉峰
市工商业联合会
主　席　方新旗（兼）
副主席　王　枫　李龙华
陈根三　施静龙
吴　静（女）*
党　组
书　记　王　枫
成　员　李龙华　陈根三
施静龙　吴　静（女）*
市邮政管理局
局　长　陈振华
副局长　姚峥嵘　古月兵*
党　组
书　记　陈振华
成　员　姚峥嵘　郑利平
古月兵*
纪检组
组　长　古月兵*　姚峥嵘
中国电信股份有限公司湖州分公司
副总经理　徐伟斌（主持工作）
副总经理　李　歆　吴洁慧
俞　迪　嵇宇成*
工会主席　李　歆
党　委
副书记　徐伟斌（主持工作）
委　员　李　歆　吴洁慧
俞　迪　嵇宇成*
纪　委
书　记　嵇宇成*
中国邮政集团公司湖州分公司
总经理　汪向涛
副总经理　冯贻鹏　蔡正喜
李象刚*
党　委
书　记　汪向涛
委　员　蔡正喜　李象刚*
纪　委
书　记　蔡正喜
国网湖州供电公司
总经理　王晓建
副总经理　裘华东　华国栋
邢建旭　沈建良
黄晓明*
总工程师　黄晓明*　沈建良
总会计师　吴要毛
工会主席　王　伟
二级职员　蒋仁林
党　委
书　记　裘华东
副书记　王晓建　王　伟
委　员　王　伟　华国栋
吴要毛　邢建旭
沈建良　石　军
纪　委
书　记　王　伟
市供销合作社联合社
主　任　黄培林
副主任　周建祥　赵家义
陆齐良　冯海英（女）
杨洪亮*
监事会
主　任　周建祥
党　委
书　记　黄培林
委　员　周建祥　赵家义
陆齐良　冯海英（女）
傅宇晨　杨洪亮*
谢鑫祥*
中国人民银行湖州市中心支行
行　长　郑锦国
副行长　孙忠喜　郑晓虹（女）
杨　曦　刘红庆*
喻晓岚（女）*
党　委
书　记　郑锦国
委　员　孙忠喜　郑晓虹（女）
杨　曦　陈华明
刘红庆*　喻晓岚（女）*
纪　委
书　记　陈华明
工会主席　郑晓虹（女）
外汇管理局
局　长　郑锦国
副局长　刘红庆*
中国银行业监督管理委员会湖州监

管分局筹备组
组　长　周林海*
成　员　蓝春锋*　申屠军舰*
　　　　施晓霞（女）*
中国银行业监督管理委员会湖州监管分局
局　长　周林海
副局长　蓝春锋　方　亮
　　　　申屠军舰*
　　　　施晓霞（女）*
党　委
书　记　周林海
委　员　蓝春锋　申屠军舰
　　　　方　亮　施晓霞（女）*
纪　委
书　记　施晓霞（女）*
　　　　申屠军舰
中国工商银行股份有限公司湖州分行
行　长　李幼平
副行长　傅红波　戴克英（女）
　　　　宋　波　张尤加
工会主席　戴克英（女）
党　委
书　记　李幼平
副书记　张晓勇
委　员　戴克英（女）
　　　　傅红波　宋　波
　　　　张尤加
纪　委
书　记　张尤加
中国农业银行股份有限公司湖州分行
行　长　胡　隽
副行长　胡　旦（女）
　　　　廖士宏　金　屏
　　　　彭志飞　唐　华*
行长助理　张家才*
党　委
书　记　胡　隽
委　员　胡　旦（女）
　　　　林妙华（女）
　　　　廖士宏　金　屏
　　　　彭志飞　唐　华*
　　　　陈荣林*　张家才*
纪　委
书　记　陈荣林*
　　　　林妙华（女）
中国农业发展银行湖州分行
行　长　周春锋*　钟水土
副行长　李汲芹　严　慧（女）
　　　　王　赟
党　委
书　记　周春锋*　钟水土
委　员　李汲芹　严　慧（女）
　　　　王　赟
纪　委
书　记　李汲芹
中国建设银行股份有限公司湖州分行
行　长　陈　硕
副行长　刘志伟　魏　平
　　　　张　翔　王卫成*
　　　　沈桂芳（女）*
　　　　合规官　凌旭康
高级专家　王剑雄
高级专员　沈桂芳（女）
党　委
书　记　陈　硕
副书记　王卫成　刘志伟
委　员　魏　平　张　翔
　　　　沈桂芳（女）*
纪　委
书　记　王卫成*
纪检组
组　长　王卫成
中国银行股份有限公司湖州分行
行　长　杨水平（女）*
　　　　胡宏征
副行长　姚备勇　阮　霄
　　　　牛雪松　刘晓东
　　　　何洁琴（女）
　　　　钱建英（女）*
党　委
书　记　杨水平（女）*
　　　　胡宏征
委　员　姚备勇　阮　霄
　　　　牛雪松　刘晓东
　　　　何洁琴（女）
　　　　钱建英（女）*
纪　委
书　记　牛雪松
交通银行湖州分行
行　长　徐　耀*　徐建平
副行长　林　宁　吴坤华
　　　　陈永赚　张　骁
党　委
书　记　徐　耀*　徐建平
委　员　林　宁　吴坤华
　　　　陈永赚
湖州银行股份有限公司
董事长　吴继平
行　长　应建国
正行长级　孙锦林　张恩林
监事长　张恩林
副行长　方锋杰　周建良
副行长级　俞吉人　郑国平*
副行级　郑国平　高煜民
党　委
书　记　吴继平
副书记　孙锦林　张恩林
委　员　应建国　谈　斌
　　　　方锋杰　俞吉人
　　　　周建良　吴荣林
　　　　郑国平*
纪　委
书　记　谈　斌*
纪检监察组
组　长　谈　斌
中国人民财产保险股份有限公司湖州分公司
总经理　吴生强
副总经理　朱　魏　沈　炜
　　　　　朱新明*
党　委
书　记　吴生强
委　员　朱　魏　沈　炜
　　　　宋　哲　朱新明*
纪　委
书　记　朱新明*　宋　哲
中国人寿保险股份有限公司湖州分公司
总经理　冯四明
副总经理　周　明　高于峰
　　　　　王洪铨　钮律佳（女）
　　　　　俞　锋
党　委
书　记　冯四明
委　员　周　明　高于峰
　　　　王洪铨　钮律佳（女）
　　　　俞　锋
中国太平洋财产保险股份有限公司湖州中心支公司
总经理　姚志伟
副总经理　李建华　陶祖民
党　委
书　记　姚志伟
委　员　李建华　陶祖民
纪　委
书　记　李建华
工　会
主　席　陶祖民
中国太平洋人寿保险股份有限公司

湖州中心支公司
总经理　方秀兰（女）*
　　　　陈　炎
副总经理　林　中　李雪琴
　　　　　陈　炎*　李力华*
党　委
书　记　方秀兰（女）*
　　　　陈　炎
委　员　林　中　李雪琴
　　　　李力华*
中国平安财产保险股份有限公司湖州中心支公司
总经理　吴　杰*　何宏健
副总经理　李延红　毛跃斌
　　　　　王永江　官德云*
中华联合财产保险公司湖州中心支公司
副总经理　汪　斌（主持工作）
　　　　　季禹睿
总经理助理　沈美华（女）
　　　　　　陈昌建*
党　委
副书记　汪　斌（主持工作）
委　员　沈美华（女）
　　　　季禹睿　陈昌建*
纪　委
书　记　沈美华（女）
市气象局
局　长　朱　红（女）*
　　　　杨咏钢
副局长　杨咏钢*　罗国军
　　　　顾　泽
党　组
书　记　朱　红（女）*
　　　　杨咏钢
成　员　罗国军　陆小勇
　　　　顾　泽　赵小兰（女）*
纪检组
组　长　赵小兰（女）*
　　　　陆小勇
湖州师范学院
院　长　张立钦
副院长　叶金云　马志和
　　　　陈亚明　舒志定
党　委
书　记　刘剑虹*　金佩华
副书记　张立钦　蒋云良
　　　　陈永华
委　员　叶金云　朱　鸿
　　　　马志和　何小青（女）
　　　　杜　宁（女）
　　　　陈亚明　舒志定
纪委书记　朱　鸿
监察专员　朱　鸿
工会主席　黄建平*　陈永华
湖州职业技术学院、湖州广播电视大学
院　长　沈建民
副院长　李起潮　陆勤丰
　　　　肖先波　叶　主*
党　委
书　记　周家健
副书记　沈建民　叶　主
　　　　丁根林*　金毅伟*
委　员　陆勤丰　查建华
　　　　肖先波　沈　楚
　　　　沈建红（女）
　　　　丁继安*　吴海燕*
　　　　曹金良*
纪　委
书　记　吴海燕*　查建华
浙江税务干部学校（国家税务局培训中心）
校　长　沈建良
副校长　王　平　周祖良
　　　　闵　俊
党　委
书　记　沈建良
副书记　王　平
委　员　周祖良　闵　俊
纪　委
书　记　闵　俊
浙江省淡水水产研究所
所　长　顾志敏
副所长　沈智华（女）
　　　　郑阿钦　贾永义
　　　　原居林
工会主席　原居林
党　委
书　记　张海琪
副书记　顾志敏
纪　委
书　记　沈智华（女）
中国石化销售有限公司浙江湖州石油分公司
总经理　徐海荣*　陆文耿
副总经理　沈礼文（女）
　　　　　周雄江　朱哲明*
党　委
书　记　徐海荣*　陆文耿
副书记　朱哲明*
纪　委
书　记　朱哲明*　周雄江
中国移动通信集团浙江有限公司湖州分公司
总经理　徐向东
副总经理　朱宏伟　周海松
　　　　　卢良忠　周利民*
党　委
书　记　徐向东
委　员　朱宏伟　周海松
　　　　卢良忠　程国安
　　　　周利民*
纪　委
书　记　朱宏伟
中国联合网络通信有限公司湖州分公司
总经理　潘海峰
副总经理　王建海　王立华
　　　　　沈巍峰
党　委
书　记　潘海峰
委　员　王建海　王立华
　　　　沈巍峰　蔡小军
　　　　方三乐（女）*
纪检组
组　长　方三乐（女）*
　　　　蔡小军
工　会
主　席　王立华
市无线电管理局
局　长　平　峰
市公路管理局
局　长　郑其良*
党　委
书　记　杨少章
纪　委
书　记　胡　益（女）
市道路运输管理局
局　长　俞　正*
党　委
书　记　杜李威
纪　委
书　记　马贵根
市港航管理局
局　长　赵列克
党　委
书　记　黄　勇
纪　委
书　记　毕春红
市交通建设管理局
局　长　周云龙
党　委

书　记　杨海平
纪　委
书　记　吴大鹏
市交通运输综合行政执法队
队　长　俞　正
湖州监狱
监狱长　金晓星*
副监狱长　何振进*　黄登嵩*
市强制隔离戒毒所
第一政委　俞　栋（兼）*
　　　　　裘明珠（女，兼）
政　委　易明安
所　长　戴泽斌*　费国民
党　委
书　记　易明安
副书记　戴泽斌*　费国民
湖州市交通投资集团有限公司
董事长　孙跃简*　楼秋红（女）
副董事长　杨　倬　楼秋红（女）*
总经理　杨　倬
副总经理　马建华　朱建富
　　　　　王　岑（女）
　　　　　费兴海　金　宁
　　　　　董训浩*　曾云峰*
一级资深经理　孙跃简
党　委
书　记　孙跃简*
　　　　楼秋红（女）
副书记　杨　倬　沈　亮
　　　　楼秋红（女）*
委　员　杨忠华　马建华
　　　　朱建富　王　岑（女）
　　　　费兴海　金　宁
　　　　罗　杰　曾云峰*
纪　委
书　记　杨忠华
湖州市城市投资发展集团有限公司
董事长　周建新
副董事长　王建民
总经理　王建民
副总经理　王　鹏　潘一品
　　　　　章　健　吴张欢（女）
　　　　　沈国强*
总工程师　全　缨（女）
党　委
书　记　周建新
副书记　王建民　沈小强
委　员　卢伟成　王　鹏
　　　　潘一品　全　缨（女）
　　　　章　健　沈国强*
纪　委
书　记　沈小强*　卢伟成
市产业投资发展集团有限公司
董事长　车少宏*
副董事长　陈百民*　潘自敏*
总经理　陈百民*
副总经理　潘自敏*　王建强*
　　　　　任　勇*　唐国平*
党　委
书　记　车少宏*
副书记　陈百民*　张　莉（女）*
委　员　车少宏*　陈百民*
　　　　张　莉（女）*
　　　　潘自敏*　王建强*
　　　　任　勇*　唐国平*
纪　委
书　记　张　莉（女）*
市旅游投资发展集团公司
董事长　李晓良*
副董事长　潘耕峰*　姚世民*
总经理　潘耕峰*
副总经理　姚世民*　王欣欣*
　　　　　吴媛华（女）*
党　委
副书记　潘耕峰*　项侃文*
委　员　潘耕峰*　项侃文*
　　　　姚世民*　王欣欣*
　　　　吴媛华（女）*
　　　　邵志强*
纪　委
书　记　邵志强*
市产业投资发展集团有限公司
董事长　赵怀君
副董事长　陈百民　姚世民
总经理　陈百民
副总经理　姚世民　王欣欣
　　　　　吴媛华（女）
　　　　　邵志强　潘自敏
　　　　　任　勇　王建强*
一级资深经理　车少宏
二级资深经理　王建强
党　委
书　记　赵怀君
副书记　陈百民　项侃文
委　员　姚世民　王欣欣
　　　　吴媛华（女）
　　　　邵志强　潘自敏
　　　　任　勇　唐国平
　　　　王建强*
纪　委
书　记　唐国平

吴兴区

区　委
书　记　吴智勇*　吴炳芳
副书记　陈　江　潘永锋
　　　　娄显杰*
常　委　芮振华（挂职）
　　　　宋建方　郑志亮
　　　　朱剑梁　马　骁
　　　　宁　云　朱宝东
　　　　董　平　张国英（女）*
区人大常委会
主　任　吴　旭（女）
副主任　茅利荣　韩新梅（女）
　　　　汤益培　杨华林
　　　　严安成　甘道民
区人大常委会党组
书　记　吴　旭（女）
副书记　茅利荣
成　员　汤益培　杨华林
　　　　严安成　甘道民
　　　　陈　杰
区人民政府
区　长　陈　江
副区长　潘永锋　芮振华（挂职）
　　　　傅远超　费屹巍
　　　　朱建忠　滕　辉
　　　　张文斌　金斌斌
　　　　李　娜（女，挂职）
　　　　王　青（女）*
　　　　王宏娟（女，挂职）*
区人民政府党组
书　记　陈　江
副书记　潘永锋
成　员　芮振华　傅远超
　　　　费屹巍　朱建忠
　　　　滕　辉　张文斌
　　　　李　娜（女，挂职）
　　　　杨元江　卢晓华
　　　　王宏娟（女，挂职）*
　　　　包永良*
政协吴兴区委员会
主　席　潘　华
副主席　朱建豪　钱　旻（女）
　　　　束明德　汪胜富
　　　　徐滟燕（女，兼）
政协吴兴区委员会党组
书　记　潘　华
副书记　朱建豪

成　员　束明德　汪胜富
　　　　姚志凌　王正泉
　　　　王开成

区纪律检查委员会

书　记　张国英（女）*
　　　　郑志亮

区监察委员会

主　任　张国英（女）*
代主任　郑志亮

南浔区

区　委

书　记　夏坚定*　杨卫东
副书记　杨卫东*　温建飞
　　　　王剑峰
常　委　方　科　徐　娟（女）
　　　　杨长海　金荷新
　　　　支德永　黄卫军
　　　　范海鸣　黄骆意
　　　　王剑峰*　陈纯志
　　　　朱德清*　朱　伟*

区人大常委会

主　任　梅爱祥
副主任　魏海松　李雪华
　　　　王建荣*　潘金宝
　　　　陆龙根　莫建华

区人大常委会党组

书　记　梅爱祥
副书记　魏海松
成　员　王建荣*　徐国华
　　　　潘金宝　陆龙根
　　　　莫建华　宋伟杰

区人民政府

区　长　杨卫东*
代区长　温建飞
副区长　方　科　陈纯志*
　　　　秦　胜　单永杰
　　　　沈培明　吴冠宇
　　　　费学梅（女）
　　　　钟　其（挂职）
　　　　郑　琦（女，挂职）
　　　　温建飞*　王剑峰*
　　　　朱　伟*　徐国华*
　　　　沈雪芬（女）*
　　　　钱红梅（女）*

区人民政府党组

书　记　杨卫东*　温建飞
副书记　王剑峰*　方　科
成　员　单永杰　沈培明
　　　　吴冠宇　费学梅（女）
　　　　郑　琦（女，挂职）
　　　　吴林元　朱　伟*
　　　　陈纯志*　徐国华*
　　　　沈雪芬（女）*
　　　　钱红梅（女）*

政协南浔区委员会

主　席　孙根祥
副主席　陈文龙　潘宇文（女）
　　　　王湘起　孙水根（兼）
　　　　万子牛（兼）*

政协南浔区委员会党组

书　记　孙根祥
副书记　陈文龙
成　员　王湘起　谢建伟
　　　　徐　俊　邵　枫*
　　　　石增中*

区纪律检查委员会

书　记　徐　娟（女）

区监察委员会

主　任　徐　娟（女）

德清县

县　委

书　记　王琴英（女）
副书记　敖煜新　王伟锋*
　　　　陈　健
常　委　王　勇　罗　芳（女）
　　　　陈亦平　王少华
　　　　周志方　施震海
　　　　沈志伟　卢安学
　　　　陆卫良*　蔡惠江*
　　　　宋明亮*
　　　　齐　宁（挂职）*
　　　　王学新（挂职）*

县人大常委会

主　任　罗国建
副主任　杨明连　方　芳（女）
　　　　陈佐平　孙政文
　　　　宋文金　杨文华*

县人大常委会党组

书　记　罗国建
副书记　杨明连
成　员　陈佐平　孙政文
　　　　宋文金　姚夏林
　　　　赵　震　杨文华*

县人民政府

县　长　敖煜新
代县长　敖煜新
副县长　陈亦平　洪延艳（女）
　　　　杨国志　陈永明
　　　　茆　毅　金明龙
　　　　齐　宁（挂职）*
　　　　王学新（挂职）*
　　　　周志方*　姚夏林*
　　　　黄　凤（女，挂职）*

县人民政府党组

书　记　敖煜新
副书记　陈亦平
成　员　杨国志　陈永明
　　　　茆　毅　齐　宁（挂职）*
　　　　金明龙　周志方*
　　　　姚夏林*
　　　　黄　凤（女，挂职）*
　　　　王学新（挂职）*
　　　　闻洪泉　成兴军

政协德清县委员会

主　席　张林华
副主席　杨永林　王秀琴（女）
　　　　嵇金星　姚　欣
　　　　沈　健

政协德清县委员会党组

书　记　张林华
副书记　杨永林　方　杰
成　员　嵇金星　姚　欣
　　　　傅友根

县纪律检查委员会

书　记　王　勇

县监察委员会

主　任　王　勇
代主任　王　勇*

长兴县

县　委

书　记　周卫兵
副书记　石　婷（女）
　　　　高胜华
常　委　何文全　何志强
　　　　沈洪峰　史会方
　　　　沈月强　王伟新
　　　　赵　峰　陈少鹏
　　　　王世海（挂职）
　　　　沈孔鸿（援疆）*
　　　　徐晓惠（女）*

县人大常委会

主　任　叶白云
副主任　王庆忠　钱慧明
　　　　章王坤　尚亿强
　　　　徐　骅　倪建忠

县人大常委会党组

书　记　叶白云
副书记　王庆忠
成　员　钱慧明　尚亿强

徐　骅　倪建忠
邵海龙

县人民政府

代县长　石一婷（女）*
县　长　石一婷（女）
副县长　何志强　盛洪卫
杨永章　陈　峰
钱卫华　成仁贵
王世海（挂职）
陈少鹏*　臧雷鸣*
黄江疆（挂职）*

县人民政府党组

书　记　石一婷（女）
副书记　何志强
成　员　盛洪卫　杨永章
钱卫华　成仁贵
王世海（挂职）
张　宇　傅伟强
金永良　臧雷鸣*
陈少鹏*　黄江疆*

政协长兴县委员会

主　席　潘华明
副主席　姚根泉　郑　勇
余双全　李彩琴（女）

政协长兴县委员会党组

书　记　潘华明
副书记　姚根泉
成　员　余双全　张鑫华

县纪律检查委员会

书　记　沈月强

县监察委员会

主　任　沈月强

安吉县

县　委

书　记　沈铭权
副书记　宋　波　赵德清
陈永华*
王海瑛（挂职）*
常　委　任　烽　柏建华
徐卫勇　潘　鸣
项侃文（挂职）
朱　伟　何承明
刘小翔　高发义
吕　立*　陈旭华（女）*
赵怀君*　谷炳方*
王海稳（挂职）*

县人大常委会

主　任　陆为民
副主任　吴佩勋
王爱民（女，兼）
孙　松　黄先国
俞立安　梁蕴伟

县人大常委会党组

书　记　陆为民
副书记　吴佩勋
成　员　孙　松　黄先国
俞立安　梁蕴伟
楼　军

县人民政府

县　长　陈永华*
代县长　宋　波
副县长　潘　鸣　任贵明
杨建新　王　捷（女）
项侃文（挂职）
杜尉栋（挂职）
陈小龙　管永丰
何承明*　杨绍军*
王海稳（挂职）*
陈　瑶（女，挂职）*

县人民政府党组

书　记　陈永华*　宋　波
副书记　潘　鸣
成　员　任贵明　何承明
杨建新　项侃文（挂职）
杜尉栋（挂职）
陈小龙　管永丰
黄根凤（女）
郑继农　杨绍军*

政协安吉县委员会

主　席　叶海珍（女）
副主席　侯献荣
梁　霜（女，兼）
伍水荣　杨绍军
陈卫卫（兼）
朱玉成*

政协安吉县委员会党组

书　记　叶海珍（女）
成　员　侯献荣　伍水荣
杨绍军　杨慧伟（女）
朱玉成*

县纪律检查委员会

书　记　柏建华

县监察委员会

主　任　杨新初*
代主任　柏建华

经济建设

农　业

·综　述·

【概况】　2019年，全市农业农村系统按照市委市政府“一四六十”工作体系和“保五争三拼第一”工作要求，以“三走进三服务”活动为抓手，全力实施“六大行动”和“八个全覆盖”，各项指标按序推进，农业农村经济实现稳步发展。农业现代化水平综合评价实现“六连冠”，被列入第一批部省共建乡村振兴示范省先行创建市。成功创建国家农产品质量安全市。根据中国社科院发布的湖州市2019年乡村振兴指数显示，湖州市乡村振兴发展总指数分值达93.39分，47个指标中有32个已提前实现目标，提前13年实现国家乡村振兴战略提出的目标任务。首届中国田园博览会、全国水产养殖业绿色发展现场会、“5G＋农业龙头示范”全国研讨会和全国首个设施农业机械化推进会等重要会议在湖州召开。全市农业增加值增长3%，排名全省第一位；农村居民人均可支配收入增长9.6%，排名全省第四位。

【绿色生态农业加快发展】　一是主导产业大发展。大力稳定粮食生产和推进生猪稳产保供，圆满完成省定粮食生产任务。市政府出台《关于促进生猪生产保障市场供应的意见》，计划三年内安排财政资金6950万元，至年底，已有3家新建的万头养殖场启动建设（共4家）；2家改扩场完成建设、6家启动建设（共9家），全年生猪出栏量达32.4万头。大力发展水产、茶叶、湖羊、果蔬等特色主导产业，“中国淡水渔都”“中国淡水渔文化第一镇”和“中国生态养鱼第一镇”落户湖州，渔业产值突破108亿元，同比增长8%。创建省级渔业转型发展先行区4个，位列全省第一；建成国家级渔业健康养殖示范县3个，占全省总数的50%，位列全省第一；新增国家级水产健康示范场4个，长兴县、安吉县被列入省级渔业健康养殖示范县创建名单，建成省级水产健康养殖示范场43个；新增市级现代渔业示范园区、美丽渔场、健康养殖示范户分别为6个、64个、511个。二是产业平台大突破。全面完成4.4万亩粮食生产功能区提标改造和8.8万亩高标准农田建设，新增1个国家农业产业强镇（长兴县吕山镇），4个省级特色农业强镇（南浔区石淙镇稻渔、德清县莫干山镇茶叶、长兴县泗安镇花木、德清县禹越镇桑渔），1个省级现代农业园区（南浔西部），新划定省级特色农产品优势区30个，省级以上农业产业平台累计达56个。三县均被列为首批省乡村振兴产业发展示范建设县区，长兴县和平镇长城村（芦笋）被认定为全国一村一品示范村。建立首期投资1000万元以上农业重点项目库，全市新增农业“大好高”项目26个；全市在库农业大好高项目累计总投资26.6亿元。三是绿色发展大推进。扎实推进农业绿色发展三年行动计划，基本完成60万亩水产养殖尾水全域治理任务，实现全覆盖；南浔区、德清县成功创建部省健康养殖示范县区、部省健康养殖示范场创建47家，全市全年农药减量455吨、化肥减量1724吨、回收农药废弃包装物350吨；畜禽粪污资源化利用率达99.26%、秸秆综合利用率保持在96%以上。四是三次产业大融合。持续开展农业“接二连三”“跨二进三”等工作，新增吴兴蔬菜产业链1条，全市13条省级示范性全产业链价值达468.4亿元。大力发展数字乡村，德清县成为全省唯一一个全国数字农业试点创建县，湖州市及德清县、安吉县列为省级数字乡村试点，成为全国唯一县域数字农业农村发展水平评价先进县全覆盖的地级市。出台《促进农村电子商务发展新八条政策意见》，成功举办首届湖州湖蟹文化节暨电商推介活动，全市乡镇级电商平台覆盖率达75%，村级平台覆盖率94%，新型农业经营主体实现电商应用达521家，新建农村电商创业创新点289个，全市累计农产品网络销售额65.6亿元。德清县、安吉笔架山、吴兴玲珑湾生态园被认定为国家农业农村创新典型。五是品牌质量大提升。农产品质量安全保持稳定，新申报认定绿色食品95个，新申报绿色食品面积3.5万亩。安吉白茶、胥仓雪藕获批农产品地理标志登记产品，湖州桑基塘鱼地理标志产品通过农业农村部专家评审。安吉白茶成功获批农产品地理标志保护工程项目，地产农产品检测合格率保持在98.5%以上。大力开展农业领域“机器换人”示范创建工程建设，安吉县成功创建省农业“机器换人”示范县、南浔区成功创建全省首个农业主导产业（水产）“机器换人”示范县。农业机械化水平持续提升，2019年全市水稻耕种收综合机械化率达88.97%。

【美丽乡村建设不断升级】　以美丽乡村一般村、扩面村、精品村创建为抓手，创建市级美丽乡村36个、精品村42个，实现市级美丽乡村建设全覆盖。出台全国首部地方性美丽乡村建设法规——《湖州市美丽乡村建设条例》，全市组织各类培训宣传696期、16万人次。大力推进农村生活垃圾分类处理工作，农村生活垃圾集中收集有效处理基本覆盖，农村生活垃圾减量化、资源化、无害化分类处理建制村809个，覆盖率达81.9%。着力推进“美丽乡村”向“美丽经济”转化，大力发展休闲农业，新增中国最美休闲乡村1个；获农业农村部精品线路推介3条；新增浙江省“最美田园”16个、累计达24个，数量全省第一。全市接待休闲农业与乡村旅游4378万人次，业务收入71.5亿元，同比均增长20%以上。深入挖掘农业文化遗产，实现农业文化遗产创建区县全覆盖，“浙江德清淡水珍珠传统养殖与利用系统”入选第二批中国全球重要农业文化遗产预备名单，安吉竹文化系统入选第五批中国重要农业文化遗产名单。全力打造新时代农村人居环境样板地，大力开展城乡人居环境大提升“百日攻坚行动”，通过网格化巡查、遥感影像排查手段，重点开展“十个再”行动；出台《关于湖州市农村人居环境长效管理机制的指导意见》，全市遥感排查1022个村社，清理垃圾20.45万吨，清理杂物17.79万吨，“拆违拆旧”116.3万平方米，成功实现“一个月有改观、两个月见成效、三个月大提升”的目标。

【农民幸福指数有效提升】 立足农民增收，全面落实各项惠农支农政策。着力推进低收入农户发展，制定出台《湖州市促进低收入农户全面发展财政扶持资金管理办法》和《关于实施低收入农户健康补充保险工作的意见》，建立低收入农户动态调整机制，进一步推动完善精准扶贫措施。完成人均年收入9000元以下低收入农户户数、人数核对。完成农村工作指导员帮扶项目审核、资金拨付。组织推进产业帮扶、健康补充保险、应享受政策对象排摸等工作。动态调整新一轮低收入农户数据库，至年底，全市认定低收入农户20184户、35996人，建立农业产业帮扶基地75个，帮扶1919户、4535人，第二、三产业创业帮扶405户、701人，促进就业扶贫1826户、2478人。着力壮大村集体经济发展，按照“三年任务两年完成”的目标，大力实施“强村十法”，提前全面消除村集体经营性收入30万元以下的欠发达村，2019年，村集体经营性收入达12.76亿元，村均125.37万元，同比增长37.95%。

【乡村治理体系加快完善】 积极开展乡村治理现代化探索创新，提炼“八个村”的乡村治理“余村经验”，以市委1号文件印发《关于全面推广“余村经验”大力提升乡村治理现代化水平的实施意见》，组织全市乡镇（街道）、村党组织书记1000余人赴安吉县余村村、高禹村等村现场学习乡村治理“余村经验”，开展市委1号文件落实情况的督查通报，着力推动“余村经验”全覆盖。重点抓好乡村治理示范村创建工作，出台《湖州市乡村治理示范村认定暂行办法（试行）》，全市新增省善治示范村80个、累计163个，新增市级乡村治理示范村145个，累计237个。成功申报农业农村部乡村治理示范县1个、示范镇1个、示范村5个，成为全省唯一县、乡、村试点示范全覆盖的设区市，乡村治理水平继续走在全省前列。大力提升农业农村领域执法监管，全市涉及完善建设用地手续类“大棚房”问题8个项目、10个问题，在规定时间内完成供地手续；加强农资经营管理，全市劝退淘汰经营许可农资店64家，提升改造621家；全市542家经营门店在规定时间内全部实行农药实名制购买，实现全覆盖；有序推进农业综合行政执法改革，强化农业执法监管，全年共立案查处生产经营假劣农资、非法电捕鱼、违反动物防疫规定等违法案件229起，结案223起，处罚金额91.74万元，没收假劣农资1755瓶（包）、电捕设备439套，移送市公安、市场监管部门案件线索8条；加快推进拖拉机提前报废淘汰，全市全年提前报废上道路行驶拖拉机1256台，强制报废解体外籍拖拉机318台，提前完成变型拖拉机“清零”目标任务，淘汰本市注册登记道路运输拖拉机，基本消除拖拉机从事道路运输活动；全力抓好非洲猪瘟和草地贪夜蛾防控，全市未出现重大动植物疫情。深入开展农业领域“平安护航大会战”“安全生产治理攻坚战”等专项整治行动和扫黑除恶专项斗争，全力确保农业农村平安稳定发展。

【农村综合改革持续深入】 基本完成全国农村集体产权制度改革试点工作，制定《村股份经济合作社社员身份确认指导意见》《村股份经济合作社选举办法（试行）》《农村集体资产股权流转办法（试行）》《关于进一步保障落实农村集体经济组织成员权益的若干意见》系列制度；完成6个区县级、61个乡镇级产权交易平台整合，全年新增产权交易569宗、1.44亿元，累计4517宗、13.19亿元，其中平台整合后实现交易52宗、0.17亿元；在全省率先实现非生产性开支村级公务卡发放使用全覆盖；基本完成村集体经济组织登记赋码工作。推进农村承包地“三权分置”，完成土地承包经营权确权登记颁证“回头看”工作，排查整改问题861件，涉及承包方10500个，涉及面积3.25万亩，整改率达94.5%；推进承包地集中连片流转，土地流转率达66.44%，155个村实现整村流转；累计发放流转土地经营权证2450本，当年发放土地经营权抵押贷款2.8亿元。出台《关于进一步加强农村集体“三资”盘活利用工作的行动方案》，组织推进村集体闲置或低效资产资源盘活利用、资金竞争性存放、低效合同清理等工作。排查经营性资产资源10451处，其中闲置或低效利用1143处，盘活利用1132处，年增收2869万元。排查合同11534份，完成不规范合同清理709份，年增收938万元。856个村完成资金竞争性存放，涉及资金127983.72万元，年增收1003万元。

【资源要素瓶颈逐步破解】 围绕“钱、地、人”等关键要素，着力攻坚破难。围绕“地”的问题，在全省率先推出农业经营性项目“标准地”做法，市政府出台《关于保障农业产业融合项目建设“标准地”促进乡村产业振兴的通知》，并落实200亩建设用地指标用于农业“标准地”项目，各区县政府按照1:1比例配套，助力产业高质量融合发展，全年认定的标准地项目82个、面积404.4亩。围绕“人”的问题，大力推进乡村人才振兴，制定出台《关于推进乡村人才振兴的实施意见》，新增1000万元的奖励资金，通过实施“557”行动计划，将乡村振兴领军人才纳入“南太湖特支计划”重点专项，首批乡村振兴领军人才遴选评选出16名。着力做好农民培育、大学生就业创业等工作，全年培育新型职业农民2355人、农村实用人才8026人，新招引从事现代农业大学生3060名，新培育省级乡创客260名。积极弘扬工匠精神，培养职业技能型人才，组织全市第二届农业职业技能比赛，选拔培养优秀选手和职业技能带头人，在2019年全省农业职业技能大赛中获得团体总分第一名。大力实施千家新型农业经营主体培育工程，新认定市级以上农业龙头企业24家、国家级1家；规范提升市级以上专业合作社75家；新增市级以上示范性家庭农场73家，监测合格193家。围绕“钱”的问题，积极推进“政银企”平台建设，全面推广“绿贷通”平台，全年全市金融机构服务三农主体540家，为企业的563笔融资需求提供授信67.79亿元。深入推进政策性农业保险提档扩面，创新开发地方特色险种。全市已开展各类政策性农险保险品种28个，其中地方特色品种9个，全市参保农户12.47万户，承保农业风险资产43.61亿元，同比增长23.35%，争取到中央财政补贴1685.75万元和省财政补贴资金2236.41万元，分别增长6.72%和12.1%。积极争取中央和省级资金，共争取中央及省级财政农业专项资金7.41亿元，其中市本级11380万元。用好用足强农产业基金，完成扶持性投资项目21个，投资金额5160万元，有效减少农业企业年度融资成本150万元。

（朱　捷）

·粮油·

【概况】　2019年，全市粮食作物播种面积117.91万亩，比上年增加0.09万亩，增长0.08%；粮食总产量51.90万吨，比上年增加0.08万吨，增长0.15%，完成省定考核目标任务。一是春粮生产略有下滑。全市春粮播种面积19.43万亩，比上年减少2.75万亩，下降12.40%；总产量5.2万吨，比上年减少0.95万吨，下降15.45%。其中，大小麦种植面积16.93万亩，占春粮总面积的87.13%，比上年种植面积减少2.75万亩，下降13.97%；总产量4.64万吨，比上年减少1.01万吨，下降17.88%。二是夏秋杂粮生产显著增长。全市夏秋杂粮播种面积22.35万亩，比上年增加3.89万亩，增长21.07%；总产量6.39万吨，比上年增加1.74万吨，增长37.42%。三是水稻生产稳中略降。全市水稻种植面积76.13万亩，比上年减少1.05万亩，下降1.36%；平均亩产538公斤，比上年增加6.4公斤，增长1.20%；总产量40.31万吨，比上年减少0.71万吨，下降1.73%。2019年，油菜生产继续下降，全市实收油菜面积13.88万亩、平均单产154公斤/亩、总产2.14万吨，同比分别减少3.27万亩、3.5公斤/亩、0.56万吨，分别下降19.08%、2.22%、20.74%。

【粮食生产】　一是探索“稳粮增收”新路子。结合全市现代渔业绿色发展行动，积极推广“稻渔综合种养”“菜稻轮作”“稻鸭共育”等新型农作制度，提高种粮综合效益，全市推广各类新型轮作制度面积40.53万亩。二是发展优质稻米生产。开展优质稻米新品种引进试验和展示示范，促进品种结构调整和优化，助推优质稻米生产稳步发展，全市建立优质粮食产加销一体示范基地16家，在全省好稻米十大金奖评选中，湖州市“钦糯”软香大米和“素凡悠香”稻鸭米双双获得金奖，湖州好稻米在省内的影响力进一步扩大。三是打造水稻绿色高产高效示范样板。继续开展粮食绿色高产高效创建与高产示范竞赛活动，全市建立31个省级水稻千亩示范方，示范面积3.53万亩，67个水稻百亩高产攻关方面积1.04万亩。经测产验收，示范方最高亩产达944.8公斤，攻关方杂交稻最高亩产达969.8公斤，常规稻最高亩产首次突破800公斤，亩产达803公斤，均创历史新高。四是挖掘旱粮生产潜力。扩大旱粮生产，加强旱粮高产示范基地建设，全市创建8个省级旱粮生产高产创建示范方，其中南浔区1个、德清县2个、长兴县2个、安吉县3个。

【耕地保护】　一是开展化肥减量提质增效行动。着力深化测土配方施肥技术应用，扎实有效控制肥料施用总量。全市推广测土配方施肥面积310.9万亩次，为1402个规模主体提供免费精准测土配方施肥服务，主要农作物测土配方施肥技术覆盖率达96.62%，肥料利用率达39.4%，推广配方肥3.56万吨，水肥一体化应用面积2.19万亩，商品有机肥应用面积35.31万亩次，创建特色作物有机肥替代化肥示范区3个，减少不合理化肥施用1724吨(实物量)，单位耕地面积化肥使用量进一步下降。二是着力推进耕地质量管理。进一步加强标准农田质量管理，强化责任、规范程序、加强检查，严把补建标准农田质量评审关和补划标准农田质量提升项目验收关，完成全市33个（2887亩）补建标准农田质量评审、除德清县外的35个（1498亩）标农占补（置换）项目的系统比对和现场核查工作。完成由长兴县、安吉县承担的10000亩标准农田提升项目集中评价工作，实际提升10237.8亩，提升率102.4%，通过地力培肥，项目区地力等级全部达到一等田标准。三是强化耕地质量监测。加强监测点的管护，全面完成新建耕地地力长期定位监测点的建设和应用，形成1个国家级长期定位监测点、1个综合监测点、23个省级长期定位监测点及573个动态变更调查监测点为基础的耕地地力监测体系，编制《2019年度湖州市耕地质量监测报告》。四是加强绿色施肥技术集成推广。开展肥料新品种、新技术和新器械引进及集成应用，促进农机农艺融合发展，加快绿色施肥技术的推广。全市落实化肥减量增效示范区面积2.27万亩，涉及水稻、茭白、芦笋、茶叶等主要农作物；积极开展缓释肥等新型肥料的引进、示范、推广工作，全市建立10个新型肥料示范点，推广高效新型肥料7500吨，推广面积15.2万亩。五是探索主要农作物化肥定额制。结合测土配方施肥、化肥减量增效、有机肥替代化肥等工作基础，从各区县特色产业着手，率先从水稻、茶叶、芦笋、茭白等产业生产中探索化肥定额制的新技术、新路径、新机制，建立化肥定额制试点，示范面积2.66万亩，实现化肥定额制区县试点全覆盖。

【种子管理】 一是组织开展农作物新品种展示示范。市级瓜菜新品种展示示范平台，连续6年被确定为中国·浙江瓜菜种业博览会瓜菜名特优新品种展示分中心，全年展示示范的瓜菜优势新品种达134个品种，其中，甜瓜品种33个，西瓜品种45个，番茄品种19个，樱桃番茄品种13个，黄瓜品种10个，茄子品种6个，观赏兼食用南瓜品种5个。组织开展全市晚稻新品种展示示范，建立试验展示示范点6个，展示新品种38个。二是加强种子市场监督管理。组织开展全市农作物种子企业监督检查，检查4家种子生产经营企业，主要检查生产经营档案、生产经营许可、品种审定和品种授权生产情况等经营行为是否合法规范，督促种子生产经营企业增强质量意识。组织开展全市春、秋两季种子市场大检查，主要检查种子销售门店的经营备案情况、销售档案记录和种子包装标签等，并对销售的种子进行抽样检测，检查种子企业及其分支机构、种子经营门店等种子经营单位21家，检查销售的农作物品种37个，扦取种子样品21个，扦取的种子样品委托浙江省种子质量检验站进行检测，样品检测结果合格率达100%。三是开展种子生产基地专项检查。采用查阅企业繁种资料和实地查看繁种基地相结合的方式，检查企业种子生产的合法性和繁种田品种纯度，强化种子质量源头监管，制止水稻制繁种无证生产、品种套牌侵权生产和假冒生产等违法行为的发生，全市全年出动检查人员50人次，检查水稻种子制繁基地4447亩。四是加强储备种子收储管理。全市2018—2019年度储备种子实际收储64万公斤（未折算数），以常规稻为基数折数后，全市实际收储64.7万公斤。其中，市本级实际收储26.3万公斤（折算后数量），安吉县实际储备11.4万公斤，德清县实际储备6.5万公斤，长兴县实际储备20.5万公斤。储备种子仓库干燥，种子堆放整齐，专用标识明显，做到专库保管、专账管理和专人负责，符合储备要求。8月10—11日，超强台风“利奇马”给全市农业生产造成重大损失，特别是蔬菜、瓜果等农作物生产受灾严重，为了减少损失，全市动用救灾储备果蔬种子2644公斤（省级1254公斤，市本级1390公斤），可播栽面积2400多亩。五是举办全市首届种子检验员操作竞赛。为推动农业高技能人才队伍建设，组织举办首届全市种子检验员操作技能竞赛，并组队参加全省种子检验技能大赛，获得3个一等奖中的2个一等奖，并取得团体总分第一的好成绩。

（李江涛）

·蚕桑·

【概况】 2019年，茧丝市场行情继续疲软，蚕茧收购价格下降，全年50公斤平均茧价1803元，蚕农养蚕积极性受到较大影响，蚕种饲养量继续减少。全市饲养蚕种91456张，比上年减少14547张，同比下降13.7%。其中南浔区饲养蚕种45219张，比上年减少3949张，下降8%；吴兴区饲养蚕种4783张，比上年减少1597张，下降25%；德清县饲养蚕种22036张，比上年减少6113张，下降21.7%；长兴县饲养蚕种14758张，比上年减少2238张，下降13.6%；安吉县饲养蚕种4660张，比上年减少550张，下降10.5%。全市蚕茧总产量5061吨，同比减少434吨，下降7.9%。全年平均张产达55.3公斤，同比张产增加3.5公斤，为近年来张产高产年份。全市50公斤平均茧价1803元，比上年同期减少86元，下降4.5%。蚕茧总收入18250万元，比上年减少2516万元。

全市春蚕饲养蚕种58826张，比上年减少7840张，下降11.7%。其中南浔区饲养蚕种29400张，比上年减少2716张，下降8.4%；吴兴区饲养蚕种3350张，比上年减少520张，下降13.4%；德清县饲养蚕种15333张，比上年减少2187张，下降12.4%；长兴县饲养蚕种8063张，比上年减少2137张，下降20.9%；安吉县饲养蚕种2860张，比上年减少100张，下降3.3%。春茧张产58.6公斤，比上年同期增加2.7公斤；总产蚕茧3450吨，比上年同期减少282吨，下降7.5%；50公斤平均茧价1678元，比上年同期减少144元，下降7.2%；春茧总收入11580万元，减少3326万元。

夏蚕饲养蚕种1768张，比上年减少888张，下降33.4%。其中南浔区饲养蚕种375张，比上年减少45张，下降10.7%；吴兴区饲养蚕种80张，比上年减少20张，下降20%；德清县饲养蚕种1096张，比上年减少824张，下降42.9%；长兴县饲养蚕种217张，与上年基本持平；安吉县无夏蚕饲养。夏茧张产51.5公斤，比上年增加7.6公斤；总产蚕茧91吨，比上年减少25吨，下降21.5%；50公斤平均茧价1598元，比上年减少144元，下降8.2%；夏茧总收入290万元，减少116万元。

秋蚕饲养蚕种30862张，比上年减少5819张，下降15.8%。其中南浔区饲养蚕种15444张，比上年减少1188张，下降7.1%；吴兴区饲养蚕种1353张，比上年减少1057

张，下降43.8%；德清县饲养蚕种5607张，比上年减少3102张，下降35.6%；长兴县饲养蚕种6478张，比上年减少202张，下降3%；安吉县饲养1980张，比上年减少270张，下降12%。秋茧张产49.3公斤，比上年增加4.5公斤；总产蚕茧1521吨，比上年减少125吨，下降7.5%；50公斤平均茧价2099元，比上年增加443元，增长26.7%；蚕茧收入6387万元，增加934万元。

【示范基地建设】 围绕蚕桑产业传承创新，规模化集约化示范基地建设初见成效。年内，已建立包括南浔区丝绸之路控股集团浙江农业科技有限公司、湖州盛禾农业发展有限公司、湖州顺荣蚕桑专业合作社、南浔云豪家庭农场和湖州宝宝蚕业有限公司5个种植杂交桑蚕桑规模化集约化示范基地、杂交桑生产基地，杂交桑草本化栽培机械化收获与省力化规模化养蚕基地建设在省内领先；示范基地小蚕共育1000张，开展全年多批次养蚕生产示范。

【技术培训与创新驿站】 浙江大学湖州市现代农业蚕桑产业联盟、湖州市经济作物技术推广站联合举办全市杂交桑草本化品种筛选与机械化集约化配套种养技术研究与集成推广技术专题报告，对全市重点乡（镇）蚕桑负责人、蚕桑合作社、相关企业和蚕桑科技大户进行技术培训，提振广大蚕农养蚕信心。全市开展“三服务”科技下乡、各级培训14期、1500人次，发放技术资料2000份。全省首个蚕桑创新驿站入户南浔区练市镇朱家兜蚕桑专业合作社。

【项目与成果】 由湖州市经济作物技术推广站主持，湖州市南浔区农业技术推广服务中心、湖州市农业科学研究院参加完成的“桑枝稻秆露地大球盖菇栽培技术的研究与应用”获2018年度浙江省农业农村厅技术进步二等奖；湖州市农科院主持育成的家蚕新品种“水星1号”（原名“秋芳×金玉”）、“紫池×绿湖”通过省农作物品种审定委员会审定；科技成果“家蚕作为生物反应器规模化共表达猪α和γ干扰素及应用研究”获2018年度省农业农村厅技术进步奖二等奖。

【优质优价】 蚕茧优质优价评价体系示范成效明显。继续在南浔区练市镇朱家兜蚕桑专业合作社进行春茧优质优价收购，50公斤平均茧价1935元，比南浔区面上平均茧价高出291元，深受蚕农欢迎。经湖州纤维检验所抽样质量检验，洁净93.6分，上车茧率85.2%，解舒率76.04，符合高品位生丝原料要求，蚕茧质量明显提高。

【蚕茧目标价格指数保险】 春蚕期在南浔区练市镇朱家兜蚕桑专业合作社、菱湖镇射中村股份经济合作社、顺荣蚕桑专业合作社、丝绸之路集团农业科技开发有限公司、云豪家庭农场5家蚕桑规模主体继续开展试点，投保蚕种892张，投保价格50公斤、1750元，蚕农得到每张蚕种赔付90.85元，赔付金额8.1万元。蚕茧价格指数保险，蚕农受益不小，对稳定全市养蚕业起到了积极作用。

【蚕桑“一带一路”】 培育壮大湖州市“宝宝”品牌，寻求扩大蚕桑产业发展新路子，支持蚕桑种子种苗企业积极参与国家“一带一路”战略，加强对外合作交流。助推湖州蚕桑“走出去”成绩喜人，出口蚕种13万张、桑苗720万株。

（杨永健）

·蔬菜·

【概况】 2019年，全市蔬菜播种面积3.84万公顷，总产量93.06万吨，总产值28.39亿元，比上年分别增加500公顷、1.61万吨和3.49亿元。其中播种面积居前10位的蔬菜品种为普通白菜5005.10公顷、辣椒1907.00公顷、茄子1766.08公顷、芹菜1716.08公顷、黄瓜1678.40公顷、大白菜1675.43公顷、茭白1661.30公顷、豇豆1389.15公顷、结球甘蓝1294.33公顷，南瓜1288.81公顷，合计播种面积1.94万公顷，占蔬菜总播种面积的50.4%；总产量50.50万吨，占蔬菜总产量的54.3%；总产值15.62亿元，占蔬菜总产值的55.0%。

【蔬菜产业发展】 一是设施蔬菜以大棚生产为主，产量高、效益好。2019年，全市设施蔬菜面积5720公顷，其中大中棚面积3773.33公顷；小棚1853.33公顷；连栋大棚75.93公顷；玻璃温室16.6公顷。玻璃温室、连栋大棚、大中棚、小棚之比分别为0.3:1.3:65.9:32.5。设施蔬菜播种面积1.04万公顷，产量29.63万吨，产值12.01亿元，设施蔬菜播种面积、产量、产值分别占蔬菜总量的27.1%、31.6%、43.5%。二是特色蔬菜稳中有升。2019年，全市特色蔬菜播种面积6873.33公顷，同比增加12.2公顷，与去年基本持平；产量16.36万吨，增加4200吨，增长2.6%；产值5.75亿元，增加1.02亿元，增长21.6%。其中，水生蔬菜面积3473.33公顷、产量8.26万吨、产值2.87亿元，分别增加73.33公顷、5600吨和7600万元；山地蔬菜（含高山蔬菜）2433.33公顷、产量6.31万吨，受干旱影响分别减少66.67公顷和2300吨，产值1.31亿元，增加1400万元；芦笋面积966.67公顷、产量1.85万吨、产值1.57亿元，分别增加5.53公顷、1500吨和1200万元。在水生蔬菜中，茭白、莲藕效益增加明显，2019年，全市茭白面积1600公顷，与上年持平，产量4.33万吨，增加1700吨，产值1.42亿元，增加4400万元；全市莲藕面积1213.57公顷、产量2.94万吨、产值1.02亿元，分别增加6.67公顷、5400吨和2800万元。

【蔬菜生产技术】 一是推广集约化育苗，促进新品种新技术的应用。2019年，全市集约化育苗主体65家，其中年育苗量100万株以上的19家，年育苗4710万株，其中嫁接苗237.5万株，有效地促进了新品种的推广和优质种苗的应用。如吴兴金农生态农业发展有限公司，利用自身先进的育苗设施条件，全年共育苗200多万株，其中樱桃番茄育苗量40多万株。该公司除了为吴兴、南浔两区及三县的部分规模生产主体提供新品种及优质种苗外，还开展了种苗定植管理生产技术指导和农资供应服务工作，促进了品种结构的调整、种苗质量的提升、新技术的落实以及蔬菜瓜果产量、品质和效益的提升。南浔康源蔬菜专业合作社开展人工春化蚕豆苗集约化育苗，年育苗量20万多株，为全省人工春化蚕豆早熟栽培生产主体提供优质种苗。二是推广绿色生产技术。2019年，全市示范推广绿色生产技术15.9万亩次，其中蔬菜病虫害绿色防控技术5.84万亩，微灌技术2.96万亩（其中水肥一体化技术1.76万亩），轻简化（机械化）省力化技术3.55万亩，废弃物资源化利用技术3.54万亩。如德清阿华茭白专业合作社在茭白生产中综合应用杀虫、性诱剂、赤眼蜂天敌、种植蜜源植物和害虫诱集植物防治茭白虫害，螟虫危害率明显下降。长兴许长蔬菜专业合作社引进芦笋秸秆粉碎还田机械以及芦笋秸秆粉碎、打捆、包膜机械，冬季秸秆粉碎还田，夏季秸秆粉碎包膜青贮后作湖羊饲料，部分直接粉碎喂养湖羊，通过几种方式芦笋秸秆基本能得到综合利用。三是示范推广瓜果蔬菜新型农作制度。2019年，全市共推广瓜果蔬菜新型农作制度11.49万亩，其中水旱轮作5.67万亩，旱地间作套种4.1万亩，生态种养面积1.72万亩。如南浔康源蔬菜专业合作社分年度分区块进行水旱轮作，改良土壤，稳粮增效，促进了大棚设施蔬菜生产的可持续性，轮作和连作地块甜瓜对比，甜瓜轮作地块产量比连作地块增加17.1%，农药减少30%、化肥减少40%，总效益每亩增加2742元。四是示范数字化信息化技术。2019年，全市示范应用数字化信息化技术3927亩，对提升规模主体的生产管理效率和科学性具有重要的引领作用。如吴兴金农生态农业发展有限公司、德清新田农业科技有限公司等主体不同程度地应用智能化大棚内环境检测、摇膜杆控制、水肥施用等设备，提高了管理科学性和效率。明康汇生态农业集团安吉种植有限公司应用蔬菜生产全产业链数字化管理系统，包括“种植规程管理”“种植计划管理”“田间生产”“物资管理”“采收计划”“产品管理”“生产统计”“溯源管理”“数据分析”等几大模块，极大地提高了生产管理能力、成本核算能力和追溯溯源管理的精准度和管理效率。

【自然灾害影响】 一是持续阴雨寡照影响。1月到3月初期间出现历史罕见的持续低温阴雨寡照天气，育苗难度大，难以及时移栽和栽后生长不良，病害多，导致适收期明显推迟、早期产量明显下降。露地蔬菜渍害、病害重，产量损失大。全市蔬菜瓜果受灾面积5060公顷（7.59万亩），成灾面积4980公顷（2.49万亩），绝收面积80公顷（0.12万亩），灾害损失3847万元。二是台风暴雨灾害。8月9—11日遭遇“利奇马”台风，全市设施大棚损毁面积115.67公顷（1735.1亩），损失1237.37万元，加上受淹的蔬菜损失，合计损失2000多万元。三是旱灾。9月中旬到11月上旬的干旱天气，60天降雨量仅为18.8毫米，比常年减少88.9%，严重影响安吉、德清等地的山地蔬菜生产。

【荣誉奖项】 5月10日，在“2019浙江精品番茄评选活动”中，湖州市获得8个奖项，其中，吴兴金农生态农业发展有限公司的“金农之星”牌‘黄妃’樱桃番茄、湖州南浔康源生态农业专业合作社的“品康源”牌‘浙樱粉1号’樱桃番茄、浙江绿腾生态农业有限公司的“绿腾万叶”牌‘浙樱粉1号’樱桃番茄、清清新田农业科技有限公司的“馨甜加”牌‘黄妃’樱桃番茄4个产品获得金奖，另有4个产品获得优质奖。6月13日，在2019浙江精品西瓜评选活动中，湖州市获得5个奖项，其中，长兴虹星桥香乡西瓜专业合作社的“虹香乡牌”‘小兰’小西瓜获得金奖，另有4个产品获得优质奖。7月26—28日，在2019浙江省知名品牌农产品展示展销会时令农产品推选中，长兴许长蔬菜专业合作社的“许长”牌芦笋、浙江愚公生态农业发展有限公司的“雨农”牌盆栽蔬菜2个产量获得金奖，长兴县吕山乡胥仓雪藕专业合作社的“圣莲”牌胥仓雪藕获得优质奖。

（叶飞华）

·茶叶·

【概况】 2019年，湖州市茶园总面积41.37万亩，产茶1.2万吨，产值47.82亿元，与上年相比，面积和产量基本持平，产值增加3.46亿元，产值增长7.79%。名优茶产量5340吨，产值42.16亿元，产量与上年持平，产值增加1.46亿元，增长3.60%。亩产值为1.16万元，比上年增加165元，增长1.45%。可出圃茶苗4.1亿株，比上年减少1.98亿株。初制茶厂340余家，茶产业从业人数30.18万人。

【开采时间】 3月15日，湖州市春茶第一采为德清县双丰茶业有限公司的乌牛早品种，开采时间比上年晚7天。“浙农117”品种，3月13日，长兴县金峰茶厂，零星开采，比上年晚4天。“龙井43”，3月15日，长兴玉山果农业开发中心开采，比上年晚3天。安吉县宣布安吉白茶开采日为3月27日，比上年晚1天。

【茶叶价格】 莫干黄芽绿茶售价普遍在1600—2400元/斤，特级黄茶销售价格2600—5800元/斤。长兴紫笋高端茶售价2800元/斤。安吉白茶售价最高的大山坞茶场，价格稳定在8000元/斤。鲜叶价格实现优质优价，质量明显优于往年。安吉县鲜叶采购最高价格达每700元/公斤，连续11天稳定在200元/

公斤。

【茶类丰富】 红茶、白茶、黄茶及花茶等多茶类的生产，春期名优茶生产后原料充分利用，不仅提高了资源的利用率，而且增加了茶农的收入，更是丰富了产品。桂花红茶、茉莉安吉白、安吉黄茶和紫笋红柑等新产品也越来越得到市场的认可。

【绿色发展】 2019年，湖州市农业农村局继续将生态茶园建设纳入区县考核，完成生态茶园建设示范5.2万亩。湖州市8家企业成为浙江省生态茶园创建示范基地。

【茶事活动】 4月20日，举行湖州市第十届全民饮茶日活动，宣传湖州名茶名企。10月，组织茶艺师参加国际外商直接投资峰会的茶艺展示活动，让湖州茶走得更远。11月29日，参加2019上海国际茶产业博览会，举行湖州市茶和茶文化推介会。3月18日，安吉县人民政府在北京人民日报社报告厅举行“坚持绿色发展 共享‘两山’成果”2019安吉白茶开采新闻发布会。3月22日，安吉县举办了2019中国安吉白茶博览会开幕式暨“安吉白茶·共享绿色生活”论坛活动。4月18和21日，举行长兴县、德清县的茶王赛，“莫干黄芽”茶王赛活动，现场采用网络直播形式，在线观看人数达8.7万人，媒体日阅读量2.5万人。莫干黄芽茶王赛全国茶友评选“最美黄芽奖”专场在北京、上海、成都、绍兴、昆山、苏州及日本京都7个城市、9个茶事空间同期举行，推广范围广，参与人数多，莫干黄芽向全国市场推广迈出了一大步。

【组织参展】 5月，第三届中国国际茶叶博览会组织吴兴区、德清县、长兴县和安吉县的36家茶企参加展示展销及名优活动，安吉白茶参加浙江省厅的展示。安吉白茶、长兴紫笋和莫干黄芽举行品牌推荐活动。12月，组织德清县、长兴县和安吉县的25家企业70余人参加2019浙江（深圳）绿茶博览会。德清莫干山黄芽茶业有限公司的莫干黄芽，安吉龙王山茶叶开发有限公司和安吉盈元家庭农场的安吉白茶被推送为品鉴用茶，3家企业的茶，与长兴玉山果生态农业开发中心的紫笋茶在展会的浙江省中心展示厅展示。

【技术培训】 依托浙江大学湖州市茶叶产业联盟，邀请省农业厅、中国供销总社茶叶研究院和浙江大学等专家，为湖州市科技人员、茶叶生产主体举办茶园生态建设、质量安全和加工标准化生产等内容的培训班30余期、2000余人次。

【科学技术】 2019年，浙江省产业技术团队第二轮项目，湖州市成为区域试验站，实施项目《浙北生态茶园模式与配套技术集成熟化》。湖州市科技项目《湖州市茶园生态建设的研究与应用》继续实施，《生态茶园建设中留草技术的研究与应用》项目完成。通过项目实施，提升茶产业发展。

【职业能技】 2019年，举办湖州市茶艺师、首届评茶员职业技能大赛，有22人取得高级茶艺师以上职业等级证书，20人取得高级评茶员以上职业等级证书，6人获得湖州技术能手称号。承办浙江省总工会举行的省茶艺师职业技能大赛，湖州市选手获二、三等奖。组织湖州市选手参加浙江省人社厅组织的茶艺师职业技能大赛，获一、二、三等奖；长兴选手潘影获省技术能手称号，并被推荐参加全国茶艺师职业技能大赛，获个人赛银奖。“湖州市经济作物技术推广站茶叶审评与茶艺技能工作室”被湖州市总工会和湖州市科学技术局共同命名。

【品牌成绩】 2019年，安吉县“安吉白茶”品牌价值达40.92亿元，连续10年跻身全国茶叶品牌价值十强（列第6），成为浙江省上榜次数最多、持续时间最长的茶叶品牌。

【茶苗助贫】 2019年，安吉县溪龙乡黄杜村党员提出向贫困地区捐助茶苗2200万株，基本完成种植和补植，安吉县和溪龙村的技术人员多次至湖南省古丈县、四川省青川县和贵州省普安县、沿河县等3省4县进行生产技术指导。

【茶叶保险】 2019年，德清县投保面积4985亩，支付保费66.48万元，赔付8.07万元。安吉县保险面积21816.5亩，保费268.2万元，赔付25.51万元。

【科技人才】 2019年，安吉县茶叶站赖建红获“浙江省有突出贡献中青年专家”称号、被农业农村部授予“全国农业农村系统先进个人”称号。湖州市经济作物技术推广站柳丽萍获“浙江省三八红旗手”称号、被湖州市总工会聘为湖州市第九批职业技能带头人。湖州市农科院陆文渊、长兴大唐贡茶院文化发展股份有限公司汪晴美分别取得高级农艺师资格。 （柳丽萍）

·水果·

【概况】 2019年，全市果园面积11694公顷，比上年减少2993公顷，主要在丁调减杨梅2617公顷、桃617公顷（主要由长兴县调减）。全年总产量16.92万吨，同比增加0.59万吨，增长4%；总产值15.84亿元，增加1.98亿元，增长14%。发布年度水果主导品种5个、主推技术7项；引进水果新品种19个，示范推广新品种4个，示范推广新技术4项；举办全市性知识讲座或技术培训14次；申请专利2项，发布标准3个。

【“红美人”柑橘示范基地】 截至2019年12月，全市柑橘累计种植面积391公顷，其中“红美人”柑橘面积385公顷、新增274公顷，超额完成全年新发展133公顷的目标任务，建立示范性种植基地5个。投产面积36公顷，产量635吨，产值1940万元。“红美人”柑橘引种栽培是2019年全市新产业培育的一项重要内容，难度大、挑战性强，业务部门从点到面主要开展4方面的工作：一是强化对5个示范基地建设的全程指导；二是组织召开重点技术环节的现场会；三是邀请权威专家到湖州现场指导并举办全市性的基础性栽培技术培训班；四是依托浙江省产业技术团队项目开展柑橘北缘地区适应性技术研究等工作。“红美人”柑橘的成功栽培，打破了湖州生产不出好橘子的技术难题，仅用一年时间，湖州从全省没有柑橘产业的设区市，变身为设施柑橘栽培大市，南浔区练市镇西堡村建成全省最大的集中连片柑橘设施栽培基地，年内，湖州市柑橘栽培面积位列全省设区市中的第四位。

【主推品种和技术】 发布市级主推品种5个，桃：圆梦、庚村阳桃、锦绣黄桃，葡萄：阳光玫瑰，柑橘：“红美人”（爱媛28）。其中圆梦桃2015年引进，南浔区双林镇向阳村是该品种选育的区试点之一，栽培后品质表现优异，2019年省农业农村厅发布该品种为省级主推品种，湖州各地开始推广种植。现在大面积种植的主推品种：锦绣黄桃、阳光玫瑰、红美人，2019年分别组织1次专题授课培训，参训人数达300余人次。发布主推技术7项，水果避雨设施栽培、水果套袋、葡萄控产提质、葡萄根域限制栽培、梨棚架栽培、柑橘完熟栽培、桃“Y”字形（两主枝）省力、优质整形技术。

【技术培训】 2019年，技术培训主要根据主推技术、精品果园打造而定，通过主题讲座、产业论坛和现场演示等方式开展，全年日常蹲点技术指导250余次，蹲点指导主体覆盖全市各区县，服务人数1000余人次；举办各类水果培训会、现场会15余场，参加人数2000余人次。一是重点培训指导大产业。全年指导培训主要围绕葡萄、桃、杨梅、柑橘等面积较大或增速较快的水果大产业开展，全年全市性的专题授课培训中，关于葡萄的有5场，桃5场，杨梅、柑橘、枇杷各1场，授课专家为国家桃产业体系首席科学家研究员姜全、中国园艺学会桃分会副理事长研究员王志强、国家柑橘产业体系岗位科学家研究员徐建国等国家级专家，以及浙江大学教授贾惠娟、浙江农林大学教授徐凯、浙江省农业科学院研究员陈俊伟等省级专家。二是重视水果深加工。依托浙江大学——湖州市水果产业联盟，分别进行了葡萄酒、黄桃酒、橘子酒、桑葚果酱、果干的深加工综合利用项目，水果品质保持优良。通过工艺、配方的改进，产品品质得到极大的提高，加工鲜果50吨左右。三是加强灾后培训与指导。针对梅雨季节，台风和2019年9、10、11月干旱等灾害天气较多的情况，灾前通过电话、农民信箱、微信等自媒体平台给水果大户发送台风实时信息以及预警，发布防灾措施，提出防台抗灾建议；灾中冒雨下地指导抗灾；灾后充分调研各区县果园生产恢复情况并发布恢复生产措施。灾害前后走访主体50余家。如8月10、11、12和17日，针对“利奇马”超级强台风对水果生产造成较大影响的情况，市经作站组织专家团队分别到吴兴锦丰家庭农场、湖州四锦果蔬专业合作社、浙江玲珑生态农业股份有限公司、吴兴归园田居家庭农场、龙升家庭农场，湖州金旭生态农业发展有限公司等水果基地，进行灾后自救措施的技术指导，以减少损失。台风“利奇马”来临，德清县第一时间成立应急小分队，台风来临前分组前往各镇（街道）水果基地进行实地指导，对于安全隐患及时提出建议；台风离境后，前往钟管镇昊昊家庭农场、德清升龙园农业开发有限公司等多个水果基地指导农户开展葡萄病害防控、黄桃灾后自救等工作。

【新品种选育】 围绕急需调整品种结构的水果种类，进行新品种选育和引进工作。一是葡萄新品种“南太湖特早”选育工作。浙江大学和市经作站合作开展，已经持续9年，2019年组织召开现场品鉴会2次。6月18日，由中国农学会葡萄分会名誉会长晁无疾、中国农学会葡萄分会会长刘俊，国家葡萄产业技术体系岗位科学家刘崇怀、徐海英、王世平及浙江省农业农村厅徐云焕、孙钧等七位国内知名专家组成的评鉴组对该品种进行实地考察、听取选育汇报、审阅品种登记资料等，经过质询和讨论，一致认为该品种是一个具有良好推广应用前景的优良鲜食早熟无核新品种；7月10日，在该品种南浔试验、示范基地召开现场品鉴会；2019年底已通过农业农村部非主要农作物品种登记。二是红肉桃地方品种“庚村阳桃”选育工作。“庚村阳桃”的选育工作已开展第6年，进入品种登记环节，相关材料已报至农业农村部。三是启动黄桃新品种的选育工作。在浙江大学教授贾惠娟的带领下进行黄桃新品种选育，浙江大学派驻硕士研究生10人次前往吴兴区妙西锦丰家庭农场开展《黄桃新品种选育》的各项调查研究，数据分析对比，此项工作继续进行。四是葡萄新品种杂交选育。继续在安吉县开展葡萄杂交选育工作，2019年杂交繁育上千余个品种，选出优株10余个。

【科学项目研究】 成立2个研究团队，“湖州市桃产业专家工作站”，聘任浙江大学教授贾惠娟为首席专家；“南浔中国红美人柑橘研究院”，聘任浙江大学副教授叶明儿为首席专家。新开展省级项目3项，《梨宽行密植优质高效栽培技术示范推广》《浙北地区优质鲜食桃筛选及老产区果园改造提升试验示范》《湖州市老果园改造栽培技术示范》，市级项目1项，《农业废弃物在葡萄保温促早栽培中的生态利用研究》。撰写发布标准3个，《火龙果设施栽培技术规程》《黄桃露地栽培技术规程》《葡萄根域限制设施栽培技术规程》。

【技术示范】 一是葡萄根域限制栽培技术。经过近10年的示范、推广、培训，年内湖州地区有根域限制葡萄栽培面积约53公顷，涉及生产主体20余个，2018年已第一年挂果，2019年第二年挂果，增收效益显著，其中长兴示范基地增收195万元。发布《葡萄根域限制设施栽培技术规程》市级标准。画溪沃丰家庭农场，葡萄限根栽培面积达5.4公顷，是全市面积最大的葡萄限根示范基地，葡萄长势好，相同条件下的‘甬优一号’葡萄能比不限根的提早10－15天上市，而且一致性好，糖度高；在引入限根栽培后，长兴四合园果蔬专业合作社，建成全市最具特色的葡萄休闲观光采摘园。二是桃Y字形整形修剪技术。这是湖州在全省率先引进的技术，认定为全省主推技术。2017年申报浙江省产业技术团队项目《桃“Y”字形整形技术试验示范》，年内，继续在妙西锦丰家庭农场开展桃树“Y”字形整形修剪示范。桃“Y”字形整形技术具有以下优点，宽行密植、成型快，利于机器化打药、施肥和除草；透光指数高，病虫害防治次数降低30%、优果率提高20%—30%、疏果套袋效率提高20%以上。省工省力，优势突出，于2019年被省农业农村厅、湖州市农业农村局列为省、市水果主推技术在全省、全市推广，年内，全市推广面积33公顷。三是枇杷设施栽培技术。2016年起，由浙江省农科院研究员陈俊伟在安吉县选点示范、推广枇杷设施栽培技术，并于2108年申报《枇杷设施栽培技术研究与示范》省产业技术团队项目。设施栽培对枇杷防冻、防日灼、防裂果效果显著，大幅提升了高寒地区枇杷的产量和质量。5月21日，浙江大学湖州市水果产业联盟、省农科院园艺所联合在安吉县富民生态农业园枇杷示范基地召开全省性的枇杷设施栽培现场会。四是杨梅矮化栽培技术。长兴县洪桥镇弁山村与龙山街道渚山村的杨梅栽培历史悠久，但品种、技术、设施等相对落后，因为树龄大、树高，采摘困难，易发生采摘事故。为促进产业健康发展、提升杨梅品质，在浙江农林大学教授徐凯联系协助下，引入杨梅矮化设施栽培技术；乡镇政府部门配套出台杨梅高冠矮化和避雨栽培补助政策，根据情况给予每株200元的补助。通过专家引领和政策推动，年内，渚山村已经建成0.67公顷连片矮化大棚杨梅种植基地；6月，杨梅采摘完成后，加紧开展露天高冠杨梅矮化工作。截至年底，已矮化修剪面积达54公顷。

【品牌培育】 一是省级水果精品园新增5个。年内，新创建水果精品园省级示范基地5个，分别是黄桃基地为吴兴妙西锦丰家庭农场、柑橘基地为湖州练溪生态农业有限公司、葡萄基地为长兴四合园果蔬专业合作社、枇杷基地为安吉富民生态农业开发有限公司、综合基地为浙江杨墩生态休闲农庄。二是省级以上果品奖项7个。安吉富民生态农业开发有限公司的‘翠玉’梨被评为2019年浙江省“十佳”梨并获2019年北京世园会优质果品大赛铜奖；在浙江省农商对接大会上，长兴城山沟的水蜜桃、南浔和孚蔡海华家庭农场的夏黑葡萄、吴兴妙西锦丰家庭农场的黄桃、安吉的冰露蓝莓获得金奖；南浔新欣现代农业发展有限公司在浙江农业之最“红美人”柑橘擂台赛上，以14.7%可溶性固形物含量获得三等奖，填补了湖州市在省柑橘大赛上无获奖的空白。三是市内评比活动。7月5日，举办湖州市第三届“城山沟”杯桃王争霸赛，长兴湖景水蜜桃专业合作社选送的白凤桃获得桃王奖；浙江远洲农业开发有限公司选送的赤月桃等4个产品获金奖；长兴曹氏家庭农场选送的白凤桃等5个产品获优质奖。7月31日，举办第五届十佳葡萄评比会，全市45家主体选送21个品种、52个样品参评，南浔和孚蔡海华家庭农场选送的“鸿湖缘升泰”牌夏黑葡萄等10个产品入选2019年湖州市十佳葡萄。7月，吴兴区举行第二届黄桃大会及第二届鲜桃大赛，全区有13桃家企业选送22个桃样品（其中黄桃类11个，水蜜桃类11个）参赛，评出水蜜桃类金奖1名，银奖2名；黄桃类金奖1名，银奖2名。9月2日，长兴举办“2019年精品阳光玫瑰葡萄评比”，有23个葡萄参赛样品，最终评比出金奖5个，优质奖5个。四是农事节庆活动。4月，长兴县城山沟举办“桃花节”；6月，长兴县渚山举办“杨梅采摘节”；7月，吴兴区举办“鲜桃大会”；长兴县举办“采桃节”；安吉县举办“蓝莓采摘节”；8月，长兴县举办“葡萄采摘节”；安吉县举办“猕猴桃采摘节”。各类水果农事节庆活动连续举办，水果产业效益得到提升，湖州精品水果深入人心。年内已形成长兴葡萄、吴兴妙西黄桃、长兴渚山杨梅、德清杨墩枇杷、南浔“红美人”柑橘和安吉蓝莓等一批知名品牌与特色优新基地，打造出306省道吴兴区妙西镇——长兴县和平镇桃产业风情带、新318国道沿线长兴县农园新景风景线、南浔区浔练公路精品水果产业带、安吉县杭长高速沿线特色果品采摘线、德清县桐德公路沿线观光带5条休闲观光果园精品线。（王　莉）

·畜牧·

【概况】 2019年，湖州市畜牧业发展以中央和省、市农业农村工作会议精神为指导，一手抓生产发展，一手抓安全供给，全力防控非洲猪瘟等重大动物疫病，持续推进畜牧业转型升级。全市畜牧业产值21.38亿元（含蚕茧产值1.22亿元），同比增长16.77%，占全市农业总产值的9.43%。全市肉类总产量6.81万吨，下降5.68%，其中猪肉2.41万吨，下降8.37%；禽肉3.52万吨，下降5.12%；牛肉180吨，下降12.62%；羊肉0.90万吨，上升9.76%；兔肉387吨，下降1.53%。禽蛋总产量2.39万吨，下降17.59%。牛奶产量6346吨，增长8.66%。兔毛产量53吨，下降1.85%。

【政策扶持】 贯彻落实国家和省支农惠农政策，落实各项支农惠农资金243.05万元。其中落实省级生猪引种补贴32.5万元、种猪场和规模猪场贴息和免担保费204.59万元、后备奶牛省级补贴金额5.93万元。

【项目建设】 2019年，组织申报省级畜牧类项目33个，其中湖羊产业振兴项目12个、蜜蜂产业振兴项目1个、绿色发展示范县项目1个、美丽生态牧场建设项目14个和畜禽定点屠宰企业改造提升项目5个，争取到省级以上项目补助资金1505万元。

【畜牧生产】 2019年，全市生猪饲养量49.14万头，同比下降10.21%，其中年末存栏16.63万头，下降12.61%，年内出栏32.51万头，下降8.94%。家禽年末存栏833.65万羽，增长13.75%，家禽年内出栏2515.86万羽，增长0.22%。羊年末存栏39.34万只，增长17.75%，年内出栏39.94万只，下降1.99%。牛年末存栏1947头，下降5.58%，年内出栏1157头，下降2.69%。兔年末存栏15.72万只，下降17.57%，年内出栏22.61万只，下降1.48%。

【规模化养殖】 至2019年年末，全市年出栏500头以上的生猪规模场（户）41户，出栏生猪25.32万头，占生猪总出栏数的94.72%；全市年出栏100只以上的规模羊场（户）352户，出栏羊31.25万只，占羊总出栏数的74.62%；全市存栏2000羽以上的规模蛋鸡场（户）36户，存栏74.75万羽，占蛋鸡总存栏数的95.65%；全市年出栏10000羽以上的规模肉鸡场（户）344户，出栏肉鸡198.01万羽，占肉鸡总出栏数的93.95%；全市存栏2000羽以上的规模蛋鸭（种鸭）场（户）43户，存栏48.96万羽，占蛋鸭总存栏数的83.16%；全市年出栏10000羽以上的规模肉鸭场（户）10户，出栏肉鸭27.39万羽，占肉鸭总出栏数的45.76%。

【畜牧价格】 7月以来，生猪价格一路看涨，10月底至最高点后回落。生猪（外三元）全年均价24元/公斤，增长65.71%；家禽市场行情恢复，温氏肉鸡平均售价15.66元/公斤，提高17.88%；放养土鸡平均售价32.08元/公斤，下降5.06%，苗鸡均价2.28元/羽，提高6.79%；草鸡13.01元/公斤，增长0.29%，苗鸡3.84元/羽，提高67.64%；白羽肉鸡10.93元/公斤，增长13.75%；商品鸡蛋平均批发价8.44元/公斤，提高3.50%；绍兴麻鸭平均售价15.26元/公斤，下降8.13%；商品鸭蛋10.28元/公斤，下降15.37%；太湖白鹅市场均价29.86元/公斤，增长39.63%。受猪肉价格上涨等因素影响，草食动物价格有所回暖，湖羊商品羊全年平均售价30.71元/公斤，增长10.66%；长毛兔兔毛139.42元/公斤，下降6.54%；商品獭兔50元/只，价格与上年持平。全年饲料价格波动不一，玉米价格平均进价1.95元/公斤，下降2.36%；豆粕价格平均进价3元/公斤，下降6.92%。

【畜牧业绿色发展】 2019年，全市关停生猪养殖场37家。建成省级畜牧业绿色发展示范县1个，累计3个；创建完成22家美丽牧场，累计建成101家；创建农牧对接绿色循环体18家，累计29家；创建数字化牧场1家，累计3家；畜禽养殖粪污综合利用率达95.46%。

【疫病防治】 规范科学防控，加强监测预警，健全应急机制，完善应急预案，特别是做好非洲猪瘟等重大动物疫病防控工作，严格按照相关文件要求落实各项防控措施，全力保障公共卫生安全。2019年，组织开展牲畜口蹄疫、高致病禽流感、高致病性猪蓝耳病、猪瘟和小反刍兽疫等疫病的强制免疫，全市免疫口蹄疫92.5万头，使用疫苗138.65万毫升；免疫禽流感3918.2万羽，使用疫苗1851.56万毫升，免疫猪高致病性猪蓝耳病24.22万头，使用疫苗26.98万毫升，免疫猪瘟30.45万头，使用疫苗49.66万头份，免疫小反刍兽疫54.84万头，使用疫苗65.32万头份。全市监测样品数5.82万份，其中禽流感免疫抗体合格率达96.24%，生猪口蹄疫合格率达85.71%，其他主要动物疫病免疫抗体合格率均达要求的70%以上。加强H7N9流感、布病等人畜共患病防控工作，检测H7N9流感感免疫抗体6153份，湖羊、奶牛布病16025份。

【动物卫生监督】 继续强化动物卫生监督体系建设，评审认定4个省级动物卫生监督示范窗口。全市通过国家执业兽医资格考试、获得执业兽医师资格证书30人，获得执业助理兽医师资格11人。年内登记在册的官方兽医148名。全年病死动物无害化跨区域处置累计转运养殖环节病死猪115614头，重量1670.37吨，其他病死动物1116.19吨。严把检疫关口，全市合计产地检疫生猪32.49万头、牛88头、湖羊10.78万余只、家禽1783.19万羽；定点屠宰检疫生猪50.72万头、牛羊9.76万头、家禽1541.25万羽，其中检出不合格生猪799头、牛羊31头（只）、家禽4.10万羽，并规范处置，有效地保障了群众“舌尖上的安全”。全市4个省际公路动物防疫监督检查站全年查验生猪14.62万头，下降89.32%；家禽1986.55万羽，增长4.45%；检查报验各类动物产品73.56万吨（其中猪肉产品34.5万吨），增长33.48%；牛4.25万头，羊3.35万只，检查、消毒各类动物及动物产品运载车辆12.69万余辆（次）。启用国家生猪运输车辆备案系统，严格审核把关，切实加强对于生猪运输车辆监管。在生猪养殖及定点屠宰环节检测“瘦肉精”样品23.3万份（次），检测合格率达100%。继续开展全市犬类规范管理专项整治行动，积极落实全市犬类狂犬免疫工作，全市设立免疫接种点136个，确保乡镇（街道）全覆盖，第二轮犬类规范管理专项整治行动合计免疫犬只8.72万只。强化动物卫生监督执法，全年依法查处违反动物防疫法律法规案件66起，比上年下降25%，结案66起，罚没款25.3万元。

【畜禽屠宰监管】 着力加强屠宰行业监管，切实保障畜禽产品质量安全。完善生猪定点屠宰企业官方兽医派驻和非洲猪瘟自检等“两项制度”建设，落实屠宰企业“瘦肉精”自检、非洲猪瘟检测等疫病防控措施；进一步提升屠宰主体生物安全水平，推进屠宰企业标准化建设；严格落实屠宰环节检疫检验制度，严把畜禽产品“出厂关”；组织开展生猪屠宰监管“扫雷”等专项行动，坚决打击生猪私屠滥宰违法行为，全力维护屠宰行业生产秩序。2019年，全市生猪定点屠宰企业屠宰加工生猪50.7万头，家禽定点屠宰企业屠宰量达1538.3万只。同时，组织开展畜禽定点屠宰企业精准核实工作，规范屠宰企业准入和退出机制，截至2019年12月底，全市生猪定点屠宰企业压减至5家，市级认定的家禽定点屠宰企业4家，区县认定的牛羊屠宰企业5家。（潘异哲）

·水产·

【概况】 2019年，湖州市水产品总产量、产值受有利气候和价格回升的拉动大幅增加，成为农业增效的主要产业。全市全年实现渔业总产值108.5亿元，同比增长8%，渔业总产量49.3万吨，增长6%，其中养殖产量46.9万吨、增长5.5%。养殖面积随着养殖水域滩涂规划和尾水治理政策的实施，稳定在59.2万亩。各类水产苗种生产总体平稳，苗种销售形势良好。全国渔业绿色发展现场会10月在湖州召开，标志渔业绿色发展取得良好效果。

【渔业平台】 一是竭力建设产业平台。吴兴区、南浔区、德清县三区县创建省级渔业转型发展先行区。市级现代渔业园区、美丽渔场、健康养殖示范户创建分别达9个、59个、501个。二是全力打造科创和服务平台。组建南太湖渔业科技创新研究院正式开始实质性运作；菱湖渔都渔业综合服务中心项目基本完成建设，并进入招商阶段。三是奋力打造种业平台。浙江省水产种业集团落户德清县，总投资5亿元，其中一期投资1.5亿元工程正在建设中；吴兴罗氏氏沼虾省级水产良种场通过挂牌验收。同时注重优良品种和新技术的引进推广，引进“太湖2号”青虾原种的三个繁育基地开始对外供苗种。

【提质增效】 一是狠抓稻渔综合种养。推广应用“稻小龙虾”“稻青虾”“稻鳖”等稻渔综合种养9.2万亩，分别确定万亩特色乡镇、千亩专业村、百亩示范主体创建培育对象4个、14个、121个。南浔区、长兴县2个区县列入省级稻渔综合种养示范县创建。二是巩固池塘内循环跑道养殖技术推广。推广养鱼跑道累计313条，数量全省排第二。南浔区探索“跑道鱼”保险联动和产业扶贫，打造万亩“跑道鱼”示范基地。三是推进配合饲料替代冰鲜鱼养殖技术。大力推广使用配合饲料替代冰鲜鱼养殖，减少冰鲜鱼的投入，保护生态环境，推广加州鲈鱼、黑鱼全程配合饲料养殖，全市加州鲈+黑鱼替代面积分别5.16万亩和1.82万亩，分别占养殖总面积的93.85%、86.59%，完成省厅下达任务的242%，推动渔业养殖环境的改善。数量占全省第一。

【品牌营销】 一是强化质量安全。配合做好2019年水产品药物残留与质量安全监控计划，抽检合格率98.5%以上。年内，国家产地水产品质量安全监督抽查500个批次。农业农村部、省级健康养殖示范场创建分别达4家和43个，数量全省第一。在吴兴区健康养殖示范县的基础上，南浔区、德清县考核验收。二是加强品牌建设。全面启动市级渔业区域公用品牌培育创建工作，其中“湖州湖蟹”“德清鱼”“跑道鱼”已完成注册申请。制定发布2项市级地方标准，1项省级地方标准提交省农业农村厅，等待审定。三是增强市场拓展。大力推动水产品销售，11月1日，成功举办湖州湖蟹文化节暨电商推介会。

【产业融合】 一是做大做强渔业加工业。重点培育南浔区浔味堂水产品“中央厨房”产销模式，全市水产品加工上一个新台阶。二是休闲渔业稳步发展。大力传承发展渔耕文化，全球重要农业文化遗产桑基鱼塘效应进一步显现，全市84个休闲渔业经营主体接待游客达180万人次，营业收入1.2亿元以上。获港渔庄成功举办第十届渔文化节。三是做深做实技术与保障服务。全市培训以大学生、渔二代、农创客为重点新型职业农民500人，累计开展各类技术培训、科技服务、交流观摩4000余人次，接待全国各地的参观考察团到湖州考察100余批次。全市积极推进水产养殖互助保险，实现三县二区全面覆盖，省农业农村厅组织的渔业互助保险和人保财险积极参与渔业保险，收取保费达近400万元。首次参加省农业农村厅组织的水产技术员职业技能比赛得一等奖、三等奖各一名的好成绩。

【尾水治理】 一是提前完成年度目标。养殖尾水治理涉及24个乡镇、1978个治理点、136171亩已经全部完工，全市池塘养殖尾水治理实现全覆盖。年内，正在委托第三方进行工程验收和水质检测中。根据第二轮环保督查的要求，形成水产养殖方面的相关材料。成为全国率先整建制完成养殖尾水治理市，得到农业农村部、全国水产总站和省领导的肯定。二是创新治理模式。依托省淡水所、浙江大学等科研院所和庆渔堂等社会力量的技术支持，大力推进尾水科学治理和智能化监管，德清县已经建成运行尾水治理信息化管理平台，其他区县智能化监管平台正在建设中。三是申报省农业农村厅水产创新团队项目，全市列入了6个项目的省农业农村厅立项。（胡大雁）

·农机·

【概况】 2019年，湖州市农业机械化工作积极贯彻落实《湖州市推进农业“机器换人”行动方案》和《关于深入开展“平安农机”示范市创建活动的通知》文件精神，上下联动开展示范创建，加大农机化技术推广示范，大力发展农机社会化服务、安全管理水平，深化农机、农艺融合，强化农机产学研推协同推进。全年新增农业“机器换人”示范县2个、示范乡镇6个和示范基地10个；新增省级农机合作社示范社6个、农机综合服务中心3个、智慧农机装备应用示范基地15个、农机农艺融合示范点8个。全年完成水稻机械化栽植面积51.91万亩，水稻耕种收综合机械化水平达88.6%，全市粮食烘干批次能力达8716吨，其中新增粮食烘干机46台、更新11台，新增793吨批次烘干能力，油菜机收面积2.51万亩。全市农业现代化发展指数已连续6年蝉联全省第一。

【补贴政策】　深入贯彻落实《浙江省农业厅浙江省财政厅关于浙江省2018—2020年农机购置补贴实施意见的通知》精神，及时完成上年度补贴资金结算拨付、绩效考核评价和建档归档工作，落实“谁签字谁负责”主体责任制、补贴系统管理制度和系统账号专人管用制度，确保政策规范实施。组织2019年补贴政策宣传，实施补贴政策阳光行动。严格执行“自主购机、定额补贴、先购后补、县级结算、直补到卡”操作流程，规范补贴政策操作各环节。制定农机购置补贴廉政风险防控项目化管理内容和核验工作要点，举办农机购置补贴工作暨廉政教育培训班，规范权力运行管理流程图，落实分级防控措施，组织补贴政策专项检查督查。全年实施农机补贴6385万元，列全省设区市第二，占全省总量的15%。其中购置补贴机具7349台，投入补贴资金4671万元，报废更新老旧农机2029台套、资金1244万元，办理拖拉机报废补偿936台。

【拖拉机专项治理】　围绕“平安农机”示范市创建，以实现拖拉机报废淘汰清零为目标，积极争取、周密筹划、多方协调、精心准备，实施拖拉机道路限行、行业禁入和提前报废淘汰专项治理行动。一是加强重视，尽早部署。通过前期多次专题研讨和实地调研，起草了拖拉机专项治理专题汇报材料，得到市领导高度重视。4月23日，拖拉机专项治理行动方案提交市政府第39次常务会议研究同意。5月5日，市农业农村局联合8部门下发拖拉机专项治理行动实施方案、出台提前报废补偿政策，联合市公安局发布拖拉机全市道路限行通告，联合市公安局、应急管理局下发推进拖拉机专项治理工作通知。5月16日，市政府召开拖拉机专项治理工作推进会议，分管副市长进行专题工作部署。启动全市拖拉机专项治理和提前报废淘汰行动。二是吸取教训，加大宣传。5月13日，召开全市农机安全生产工作会议，通报温岭“5·12”重大事故，部署农机安全宣传周“七个一”活动。各区县以“防风险、除隐患、遏事故”为主题，通过报纸、电视和广播等新闻媒体，利用网络、微信和短信等信息化手段，深入重点乡镇（街道）和村（社），通报温岭“5·12”重大事故，宣讲湖州市拖拉机专项治理政策措施。全市组织宣传活动99次，悬挂横幅标语866条，发放宣传资料8557份，发送短信19万余条，走访主体914家，机主见面劝导3089人次、签订提前报废承诺书2352份。同时，联合市交警开展道路运输拖拉机执法检查，严厉查处违法行为。三是上下联动，全面推进。全市拖拉机专项治理行动推进会后，各区县迅速行动，召开专题会议，制订方案，出台政策，全市范围内启动拖拉机专项治理行动和6月集中治理月活动。市农业农村局成立6个督查小组，联系区县开展工作督导，区县农业农村部门领导加强拖拉机专项治理工作督查。6月1日，组织全市拖拉机专项整治日活动，市农业农村局领导分赴安吉县和南浔区进行现场督查，研究解决问题，并提出下步整治重点，推进工作落实。定期开展巡回检查，如发现拖拉机违规上路，及时取证定位反馈区县，落实乡镇跟进宣教劝导，组织警力现场检查与执法查处。全市建立每月2次的报告制度，督促各地齐头并进，着力构建上下联动、齐抓共管、综合治理的专项治理工作格局。经过专项治理，2019年，全市1256台拖拉机全部完成提前报废，强制报废解体外籍拖拉机318台，实现提前淘汰道路运输拖拉机、基本消除拖拉机从事道路运输活动的目标任务。四是亮晒清单，夯实责任。建立每半月亮晒区县专项治理工作进度，9月前每月通报、10月起每半月通报的工作制度，营造比拼赶超争先进的工作氛围，督促齐头并进，以清单式逐个清零抓推进。各区县发挥地方党委、政府、村社组织和乡村“两站两员”和公安交警作用，压实责任，深入开展拖拉机专项治理宣传发动、教育劝导，管好镇口、守住村口、把住路口，凝聚合力推进拖拉机加快淘汰。长兴县建立“日报周晒”制，每周五亮晒进展，分管县领导即时点评，各乡镇狠抓落实，推进专项治理工作。五是警农协作，依法严惩。全市落实系统全面清零及“见一辆查一辆”要求，市农业农村局和公安交警部门密切协作，通过深入研究，设计本省籍和外省籍拖拉机、人、证不同违法违规情形下“一机一策”的处置方案。公安交警部门发挥路面主力军作用，建立治理月每周2次和每月逢十巡查工作制度，执行“五个一律”严管措施，施以公告注销、依法查扣、严厉惩处、提前报废、强制报废、同意解体、承诺驶离等对策措施，加强路面日常管控。各区县农机部门积极配合，开展警农联合执法行动，落实严查严管严治措施，交警部门查扣拖拉机后，农机部门及时进行拖拉机及驾驶人信息核查与反馈，形成“查扣—核实—反馈—处置”快速反应机制，配合交警对违法拖拉机进行查处，全面推进拖拉机专项治理。2019年，全市累计开展执法与联合执法2050次，出动9335人次，查处3916起。查扣外籍拖拉机554台，收缴牌证146副，强制报废解体318台，承诺驶离1587台，治安立案1起。

【农机安全】 强化农机安全生产，2019年，全市未发生农业机械死亡事故、无道路外一般及以上农业机械安全生产事故，未发生同等责任以上拖拉机道路交通死亡事故，农机安全生产形势稳定有序。全市被省农业农村厅、省应急管理厅认定省级“平安农机”示范乡镇（街道、开发区）6个，认定市级“平安农机”示范性农机专业合作社6家。一是强化组织领导，落实农机工作安全责任。市政府分管副市长专题听取农机安全生产与拖拉机整治工作汇报并给予批示。市、区县政府层层召开拖拉机专项治理工作推进会议。各级层层签订安全生产责任书、承诺书2475份，夯实安全生产“三落实五到位”主体责任。二是深入宣传教育，营造农机安全工作氛围。调整2019年“平安农机”细胞创建对象，制定细化考核评分标准，组织开展“平安农机”示范市创建。广泛开展安全宣传教育，结合“三服务”活动，组织农机质量月、安全生产月等活动，开展拖拉机专项治理专题宣传。举办农机监理业务和农机安全生产培训班，提升管理人员和作业人员技能水平。三是深刻吸取教训，组织农机安全生产周活动。召开全市农机监理部门负责人会议，通报温岭“5·12”重大事故，部署农机安全宣传周“七个一”活动。全市提前启动安全生产月活动和“安全生产万里行”活动，组织开展一系列安全生产专题学习，专题签订1804份拖拉机不违法载人承诺书。开展提醒警示教育88次。联合公安交警开展拖拉机执法检查行动14次，查处违法行为33起。组织农机事故应急处理培训班，举办全市农业机械事故应急处置演练，提升农业机械事故应急处置能力。四是依法源头管理，规范行政许可安全监理。认真执行农业农村部“两规定两规范”，严格依法行政。落实道路运输拖拉机社会化检验制度和“谁检验、谁签字、谁负责”责任机制，源头上防止问题拖拉机、驾驶人上路。严格执行《浙江省拖拉机报废更新管理办法》，对达到报废使用年限、4种强制报废条件和3个检验周期未取得检验合格标志的上道路行驶拖拉机，一律实施强制报废。认真执行《湖州市鼓励拖拉机提前报废淘汰补偿办法》和省高耗能农业机械报废补偿政策，落实拖拉机报废回收点5个，指导并规范解体工作，协商拖拉机报废回收指导价比上年提高82%，为拖拉机提前报废淘汰提供有利条件。五是强化过程监管，安全服务“机器换人”。围绕春耕备耕和夏收夏种，深入乡村、合作社与基地，开展农业机械免费实地安全检验和安全生产检查，督促主体落实签订一份承诺书、健全一套制度、制定一套规程、建立一套台账、开展一次检验、组织一次培训和进行一次自查活动的农机安全生产“七个一”工作机制，细化过程管理，夯实安全生产工作基础。组织农业机械作业巡检，维护农机服务、跨区作业市场秩序，指导农机安全生产，督促隐患整改。开展农机维修网点安全生产检查，加强事中、事后管理。2019年全市检查农机合作社120家，检查农机维修点35家，检验检查农机1680余台。

【技术推广】 一是重调研，筹谋划，围绕主线抓好农机化示范创建工作。紧紧围绕示范创建这一主线，通过创建农业“机器换人”示范县、示范乡镇、示范基地和省级农机合作社示范社来推动农机化工作的开展。2019年是全省开展示范创建工作的第三年，通过以“三走进三服务”活动为抓手，积极开展调研，掌握全市农机化经营服务主体发展情况，完成《湖州市农机化发展调研报告》。根据省农业农村厅要求，并结合调研情况，制定全年创建目标任务及今后创建规划，在此基础上下达全年农机化工作任务清单，召开全市农机化工作会议，部署示范创建工作。各区县根据创建任务，落实创建主体。三年来，全市已创建综合农业“机器换人”示范县2个、水产产业“机器换人”示范县1个、示范乡镇19个、示范基地40个、省级农机合作社示范社26个。二是重创新，破难点，科技引领农机化技术推广应用。为破解水稻全程机械化在栽植、施肥等环节存在的问题，组织申报《水稻全程机械化生产技术集成应用与推广》市级科技项目，并进行水稻不同栽植方式的对比试验，建立2个各150亩的水稻全程机械化示范方，引进不同水稻品种、不同机具进行对比性筛选，认真组织项目实施工作。为破解水稻与油菜茬口矛盾，突破油菜移栽机械化瓶颈，在全市率先引进油菜毯状苗移栽机械化技术，并在吴兴区尹家圩粮油植保农机专业合作社试验。为探讨稻渔综合种养机械化问题，组织联合调研，完成《强化水稻育供秧社会化服务能力主推稻渔综合种养健康发展》调研报告的撰写。三是重横联，抓活动，努力推进农机化高质量全面发展。当前，“机器换人”已成为农业各个产业发展的重要内容，为加强同各产业部门的联系与沟通，充分利用浙江大学湖州市产学研联盟平台，组织专业人员对接粮油、蔬菜、蚕桑、经济作物、水产、畜牧等产业联盟，积极参加产业联盟活动，及时掌握各产业对农机化发展的需求。为推进农机化高质量发展，以活动促工作，先后联合有关产业部门组织专业人员到安徽、江苏、山东等地进行农机化工作考察，组织并举办全市水稻草害防治与侧深施肥机械化现场培训会、全市油菜生产机械化现场培训会（同时承担了全省油菜机械化生产现场培训会筹备工作）、全市稻渔综合种养机械化现场推进会、全市水稻无人机播种现场演示会、全市农机化高质量发展调研座谈会、全市秋收冬种机械化生产现场培训会和全市农机化示范创建工作培训会、全国5G+农业龙头企业示范现场会等活动，通过一系列活动，为全面推进农机化高质量发展、助推乡村振兴做出贡献。

【宣传报道】 6月18日，《人民日报海外版》报道德清县无人机播种水稻的盛况；12月17日，《农民日报》报道全国“5G+农业龙头示范”现场会相关情况，介绍无人驾驶拖拉机旋耕作业、无人驾驶插秧机水稻机插作业、无人驾驶联合收割机水稻机作业等“5G＋智慧农机”的工作过程。

【教育培训】 为全面提升人才培养质量，努力构建一主多元的新型职业农民培育工作体系，加强资源整合，强化农民教育实训基地建设，为乡村振兴培育一批新型职业农民、农机化应用人才。截至年底，全市共建有浙江省农民田间学校25所，省级农业教育实训基地5个，全年培训新型职业农民2289人次。2019年，全市各区县农业广播电视学校面向各区县单独招生，中专生招生任务完成321名。完成浙江省农业农村厅下发的高素质农民高职院校扩招任务，招生217名。组织农业职业技能鉴定22批次、1126人次。联合市总工会、市人社局、湖州农民学院等部门组织全市农业职业技能大赛。比赛涵盖动物疫病防治员、农作物植保员、水产技术员、种子质量检验员、茶艺师、评茶员6个工种，参赛人员达100余人次，选拔6个工种、18名优秀人才参加浙江省农业职业技能大赛，创下历史佳绩，其中获省一等奖3项4人（种子2项，茶艺师1项，水产1项），二等奖2项（茶艺师1项，植保1项，动物疫病防治1项），三等奖6项（茶艺师1项，水产1项，农产品安全2项，植保1项，炒茶1项。） （王丰颖）

·林业·

【概况】 2019年，全市林业系统坚持“两山”理念不动摇，紧紧围绕生态文明建设推进工作，资源保护、植树造林、生态修复、产业发展等各方面均取得积极成效，完成或超额完成年度目标任务，获得2019年度全省林业工作综合考核优秀。

【国土绿化美化】 大力开展“一村万树”、森林系列创建、全民义务植树、茶园生态修复等行动，统筹推进国土绿化美化。全市全年完成平原植树造林6505亩、改造提升6391亩，实施茶园生态修复4.2万亩，完成中央财政森林抚育18433亩、木材战略储备林2600亩，新植珍贵树163.9万株，建设珍贵彩色森林7.4万亩。新开辟32处植树尽责场所，鼓励广大市民通过认种认养、绿化造林和抚育管理等形式参与植树护绿。全市34万人义务植树95万株。森林系列创建深入开展，建成省级“一村万树”示范村52个，安吉县获首批全国县级森林城市称号，10个省级森林城镇创建通过省级复检，继续全省领先。

【森林资源保护】 完成林地“一张图”数据更新工作，综合利用植树造林、森林采伐、占用征收林地、森林灾害和林权信息等林业经营管理资料，通过遥感判读分析和现场核实调查，将林地范围和林地利用现状（地类）更新到年底，完成2083余个林地突变小班的数据库更新工作。完成全市961个森林资源监测样地的野外数据采集工作和项目验收，完成年度各区县建设项目涉及公益林补划调整，涉及58个项目、面积1000亩，联合市财政局完成全 年生态公益林补偿资金发放工作，于11月底将本 年度公益林补偿资金全部发放到位。完成全省公益林建设突出贡献集体和个人推荐工作，安吉县吴村村被评为省公益林建设“十强村”，德清县政府、安吉县林业局以及11名个人获省政府“公益林建设突出贡献”集体和个人表彰。对全市自然保护地进行一次全面调查摸底，在全省首次开展湿地监测工作，对全市120亩以上湿地的岸线、面积、植被类型等内容开展遥感动态监测，编制《湖州市湿地资源遥感动态监测年度报告》，开展湿地水质监测工作。开展陆生野生动物保护科普宣教和野生动物救助工作，救助各类陆生野生动物100余只，包括斑头鸺鹠、领角鸮、红隼、凤头鹰等国家二级保护动物。出具陆生野生动物鉴定意见书4份，接收并放生在违法案件查处中罚没的陆生野生动物145只。

【林政监管执法】 全市全年审核占用林地项目456个，占用林地面积10087亩，收取植被恢复费1.17亿元。其中，长期占用征收林地项目367个、临时占用林地项目34个、为林业生产服务设施项目55个。通过市、县联动，靠前服务，在较短时间完成长龙山抽水蓄能电站、市危废处置中心、安吉“两库”引水工程项目、湖州至杭州西至杭黄高铁连接线工程等省市重点工程占用林地报批，保障工程顺利开工。严格控制天然林和生态公益林的采伐，实行采伐与造林相挂钩，全市发放采伐许可证1219份，林木采伐实际（蓄积）28984立方米。依法开展木材道路运输和林地巡查，创新执法监察手段，开展无人机巡查、推行执法纪录仪运用，全年组织巡查154组次；出动执法535人次，检查车辆249辆，受检木材9000立方米，苗木1000株，全市查处涉林行政案件212起，罚款629万元，补种林木5700株，救助野生动物370只。期间，无公路“三乱”事件和安全责任事故发生，全部案件均做到程序合法，事实清楚，证据确凿，手续完备，办结率达100%。切实做好森林防火工作，加强森林消防队伍标准化建设、森林消防宣传和野外用火管理，全市出动督察、巡查、检查人员11283人次，设置临时森林防火检查站点66处，启动视频控点800余个，全年无森林火灾发生。

【林业产业发展】 全面推进竹产业、森林康养等产业发展，全市新增林地流转2万亩，新增林权抵押贷款超3亿元。全市年度林业行业总产值达700余亿元，比上年增长7%。圆满完成义乌森博会、北京世界园艺博览会“湖州日”的参展活动，国家竹产业示范园区落户安吉县，成功争取省自然资源厅、省林业局出台意见支持安吉县新时代“两山”理念试验区建设。成立梁希森林公园自然课堂，全年举办活动212批，受训2万余人次；加大林业科技推广力度，加强与浙江农林大学，省林科院等合作，积极组织科技下乡活动，开展林业技术培训，推广“一亩山万元钱”林下经济模式，省内首个以林业机械服务为主体的专业合作社在吴兴埭溪镇茅坞村投入运行，为本村及周边五石坞村和道场乡、东林镇等60余个毛竹林经营大户提供机械服务。

（陈正宇）

·水利·

【防汛防台】 2019年，湖州市先后遭遇了冬季连阴雨、梅雨洪水以及“利奇马”“玲玲”“米娜”等多个台风袭击。市水利局严格按照省政府“宁可抓重、不可抓漏”、市政府“水利为主、应急配合”的工作原则，积极主动做好各项防汛防台工作，成功抵御了一次又一次洪涝、台风灾害，保障全市面上汛情总体平稳，水库山塘无一座垮坝、干流堤防无一处决口，全市无一例人员伤亡报告，洪涝、台风灾害的损失降至最低程度。一是汛前准备扎实充分。2月中旬下发通知，组织全市各级水利部门及水管单位开展水旱灾害防御汛前大检查。累计派出检查人员5275人次、检查防汛重点环节6653处，对检查发现的病险水库山塘、薄弱堤防、旧损闸站、河道设障、在建水工程（涉水工程）度汛安全等172处风险隐患逐项列表，实行清单销号式整改。结合世界水日、中国水周、防汛防台日、防灾减灾日等主题日活动，通过报纸、网页、微信公众号、公交车屏幕等多种途径，积极开展水旱灾害防御知识宣传，有效提升社会公众防灾减灾意识和自防自救能力。全市县级以上水利系统组织培训27班次，培训人员1316人次。市、县、乡、村四级累计开展演练226场次，参演及观摩人数达6948人次。主汛前，组织市、县两级水利防御部门对覆盖水利工程设计、施工、管理、调度等领域，具有一定防汛抢险经验的企事业单位专家进行梳理统计，建立抢险专家库，组成13支、161人。二是汛期调度科学有序。组织市、县两级水利部门科学调度水库、水闸、城防等水利工程，充分发挥防洪减灾作用。在入汛前，严格控制全市11座大中型水库全部位于梅汛水位以下，为迎战梅雨洪水腾出防洪库容。梅雨强降雨或台风来临前，根据气象和水文预报，对未超汛限但接近汛限的水库实施预泄，尽可能腾出更多防洪库容迎战强降雨。强降雨期间，调度水库尽可能全拦洪水，减少向下游泄洪，减轻下游河道防洪压力。强降雨过后，在确保下游行洪安全的前提下，及时调度大中型水库泄洪降低水位；调度水闸及时开启，保障航运和水环境需求。督促各区县水利部门组织协调乡村两级加强山洪灾害防御，确保基层各类山洪灾害防御责任人全部到岗到位，加强山洪灾害易发区域的巡查、监测，及时果断转移危险区域人员。三是做好水利工程安全管理。开展以“三个责任人”“三项重要措施”为主要抓手的全市水库安全度汛专项行动。全面落实156座水库的安全度汛责任、技术、物资队伍、制度规则等，进一步提升水库安全管理水平。整个汛期，结合水库安全度汛专项行动，水利工程隐患整治“回头看”、水利工程运行管理检查督查等，全市各级水部门累计派出392个检查组、9858人次不定期对水库、水闸、堤防、泵站等水利工程的值班值守、运行调度、安全管理等工作开展检查督查，及时发现问题、解决问题，有力地保障了全市水利工程安全度汛。

【水利建设】 2019年，市水利局克服资金、土地等要素制约，加快推进重大水利项目，全面启动新一轮“治太”重点水利工程建设。全市累计完成投资29亿元，投资完成率居全省第一。全年完成重点水利工程投资8.95亿。全力推动太嘉河及杭嘉湖地区环湖河道整治后续工程顺利开工。在时间紧、任务重的情况下，倒排时间、细化任务、压实责任、例会推进。紧盯省发改委，及时召开初设评审会并以最快速度获得批文；推动召开市政府工程建设专项动员部署会，桥梁实现委托代建，吴兴区和南浔区政策处理工作在不断对接中快速推进，已完成总量60%以上，10月31日，顺利举行工程开工仪式，拉开新一轮太湖流域水环境治理市直管工程建设序幕。全力服务安吉“两库”引水工程各项前期工作。牵头研究并提出工程政策处理标准编制建议方案，切实履行行业监管职责，多次服务指导和协调项目质量安全管理和备案报监等相关事宜。全力推动东苕溪绿道及太嘉河和环湖河道变更提升项目完成完工验收。成功举办2019年首届东苕溪绿道“毅行大赛”和全民健身日主会场等活动，辐射带动沿线乡村休闲旅游蓬勃发展，影响力、知名度不断提升。全力督导苕溪清水入湖后续（开发区段）项目，完成年度投资1.5亿元。加快重大项目前期工作。推进杭嘉湖北排通道后续工程（南浔段）各项前期工作，项目建议书获省发改委批复，可行性研究全面开展。继续加快推进环湖大堤（浙江段）后续工程、苕溪后续工程各项前期工作，完成“可研”报批稿。主动服务，谋划推动南太湖新区水利规划和水利项目，认真做好省水利厅与市政府共建南太湖新区战略合作协议的具体服务工作。面上水利项目同步落实，完成圩区整治8713.3公顷，水库除险加固14座，山塘整治完成32座，进度走在全省前列。主动融入市委、市政府中心工作，在落实市委“一四六十”工作体系、市政府50项重大事项上积极担当作用。大力推进水利基础设施网络建设，充分发挥水利投资“稳增长、调结构、惠民生”的作用。推动市政府与省水利厅签订共建南太湖新区战略合作备忘录，为新区高质量建设、水利现代化发展创造有利条件；谋划新区东西苕溪尾闾防洪排涝工程。统筹抓好防洪水、排涝水、保供水、抓节水各项工作，“五水共治”考核任务超额完成，有力助推全市争先夺鼎。围绕市委、市政府关心的太湖蓝藻和城区水浑问题开展调查研究，取得初步成果。

【民生水利】　坚持“以人民为中心”的发展思想，倾听民声、回应民意，年内办成一批重要民生实事。农村饮用水提标达标行动领跑全省，全力推进农村饮用水达标提标行动，全年改善农村饮用水安全人数达25.03万人，累计完成达标提标人数47.6万人，完成率居全省第一，受到省、市政府肯定，在省政府召开的全省农村饮用水达标提标行动工作现场会上，湖州市作为设区市代表作典型交流发言。水源地保护全面加强，全市所有大中型供水水库都建立生态补偿机制，全年落实生态补偿资金1.2亿元。全面关停老虎潭水库二级水源保护区内的餐饮项目，启动小流域生态修复，水库水质稳中向好，始终保持在国标二类以上。河湖“清四乱”行动深入开展，拆除涉水违章建筑恢复河湖水域7.8万平方米，创建无违建河道371公里，实现“县级以上河道无违建”。美丽河湖提档升级，精心组织实施“美丽河湖”建设，创建101条市级美丽河湖，高品质打造12条省级美丽河湖，1条入选全国示范河湖。全市完成河道综合治理104.1公里；完成河湖清淤333万立方米。东苕溪绿道全面建成，成为湖州最受欢迎的滨水绿道；太湖溇港继续提升，入选国家水情教育基地；环太湖“四大水闸”全面改造，成为南太湖标志性水利工程。这些民生实事让群众实实在在感受到水利带来的变化。

【水利管理】　认真落实“水利行业强监管”的工作总基调，推动各项管理取得明显进步。水资源管理更加严格，落实水资源消耗总量和强度“双控行动”，大力推进节水型社会建设，长兴、德清两县获评全国节水型社会达标县，吴兴区、南浔区、安吉县创建省级达标县。湖州成为全省首个节水型社会全覆盖的设区市。取水许可制度严格落实，实时监控实现全覆盖，全年征收水资源费2560万元，同比增长31%。根据国家、省水资源管理工作要求，研究部署全市水资源管理重点任务，督促各区县落实开展取水工程（设施）核查登记工作。积极指导长兴县开展区域水资源论证+水耗标准管理试点工作，重点关注区域用水总量红线控制、取水水资源潜力核定、水耗标准确定、负面清单及成果应用。督促指导德清县、长兴县开展县域水资源强监管综合改革试点工作。启动市水资源综合规划及相关专题编制。为进一步摸清湖州市水资源开发利用现状，科学合理开发利用配置保护水资源，确保水资源可持续利用，谋划实施《湖州市水资源综合规划》的编制，同时，按照省水利厅相关文件和考核要求，同步编制西苕溪流域水量分配方案、西苕溪流域生态流量（水量）保障实施方案、湖州市节水行动方案和“十四五”节水规划方案四个专题。该规划已于10月完成招投标工作，11月初组织中标单位（南京水利科学研究院）开展第一次大调研，现已完成《湖州市实施国家节水行动方案》初稿的编制，年底前完成征求意见并印发实施；西苕溪流域水量分配工作方案编制计划于12月底前完成，水资源综合规划及其他专题也在编制当中，编制进度满足省水利厅要求。水土保持监管明显加强，创新“天地一体化”监管，开展水保专项执法行动，全年治理水土流失25.18平方公里，完成率157%。开展河湖专项行动，查处涉水案件67件，整改恢复水域面积7.8万平方米，创建“无违建”河道371公里，实现县级以上河道基本无违建的目标。工程建设管理更加规范，“安全文明标化工地”创建、标后履约监管和信用体系建设取得良好成效，有效地规范了水利建设市场。“双随机一公开 ”检查、“互联网+监管”“互联网+政务”迈出较大步伐，各项指标在全省名列前茅。湖州是全省唯一一个在水利部强监管督查中没有被约谈问责的设区市。工程运行管理继续提升，创建“标化工程”67个，标准化管理从大中型工程进一步向小微型工程延伸。

【水利改革】　“最多跑一次”改革在全省水利系统领先，14个省级以上园区（平台）完成“区域水评”，深化“互联网+政务”服务，优化办理流程，压缩审批时间，取消证明材料9项，完成48件涉水审批，入库率、办结率、满意率均达100%；推进涉水承诺制改革，14个省级以上、12个省级以下平台完成区域洪评，“区域水资源论证+水耗标准管理”改革经验获得副省长彭佳学批示肯定。农业水价综合改革走在全省前列，充分发挥试点经验，以示范市、示范县和示范村创建为抓手，全面推进农业水价改革工作。通过积极争取，湖州市被列为全省农业水价综合改革示范市，南浔区、德清县、长兴县、安吉县被列为全省农业水价综合改革示范县，全市完成126960公顷农业水价综合改革，建立38个示范村、2个示范圩区、3个示范灌区，基本建立农业用水节水奖励和精准补贴，形成农田水利工程运行管护与资金补助挂钩的工作经验，提高农业用水效率。小型水库运行管理体制改革成为全省标杆，推行“以大带小”的集中化管理模式和“管养分离”物业化管理模式，有效地解决了水库管理职责不清、人员不足、经费不够、专业化水平不高等问题。长兴县、安吉县被评为全省深化小型水库管理体制改革示范县。年内，积极申报一批国家级和省级重要试点，为水利发展提供强大后劲。市本级被列入全省重要河流水量分配试点，市本级和吴兴区、德清县、长兴县、安吉县被列入全省水管理平台试点；德清县入选全国农村水系整治综合试点、全省水利高质量发展试点县、全省水利示范区；吴兴区被列入水利部水利遗产和保护试点；长兴县被列入全省水资源强监管改革试点，为水利事业发展提供强大动力。

（沈晓金）

工业

·综述·

【概况】 2019年，全市经信系统深入贯彻市委“一四六十”工作体系部署，以“中国制造2025”试点示范城市建设为牵引，以高质量赶超发展为主题，以“绿色智造”为主线，全力打好稳增长、抓投资、强改革、促转型、优服务组合拳，全年各项指标均实现“保五争三拼第一”目标，有力地推动了全市工业经济不断向高质量发展迈进。

【发展质效稳步提升】 2019年，全市工业增加值达1422.08亿元，同比增长8.5%，对地区生产总值增长的贡献率为51.2%，比上年同期提高0.4个百分点。全市规模以上工业增加值实现888.7亿元，增长8.4%，高于全省平均1.8个百分点，列全省第三位；规模以下工业增加值增长8.9%，列全省第三位；规模以上工业利税、利润分别增长7.7%和13.6%，分别高于全省平均7.1个百分点和8.2个百分点，分列全省第四和第三位。规模以上企业亏损面为12.6%，为全省第三低，比一季度下降7.1个百分点。制造业入库税收178.02亿元，同比增长3.1%，占财政总收入比重为32.9%。

【产业培育步伐加快】 全市“4+4”产业体系进一步壮大，已初步形成新能源汽车及关键零部件、绿色家居两大千亿元级产业和金属新材、现代纺织、高端装备、数字经济核心产业4个500亿元级产业集群，新能源汽车及关键零部件上升为湖州市首位产业。新兴产业发展迅猛，2019年，全市战略性新兴产业、高新技术产业、装备制造业增加值分别增长10.7%、10.4%和12.6%，分别高于全省平均0.9个百分点、2.4个百分点和4.8个百分点，分列全省第三、一、二位，涌现了地理信息等一批新的经济增长点。“沪湖绿色廊道”建设稳步推进，印发《2019年湖州市沪湖绿色智造廊道建设推进计划》，与上海市经信委对接，并与青浦区经委签订合作备忘录，湖州市牵头成立了长三角G60科创走廊智能装备产业联盟。全年从上海、苏南等地签约1亿元以上工业项目229个，其中5亿元以上项目88个。

【企业主体不断壮大】 深入推进大企业培育，实施“雄鹰企业”“金象金牛”和企业上市五年倍增行动。2019年，全市4家企业入围2019年中国民营企业500强，9家企业入围中国民营制造业500强。全市超千亿元企业2家、超百亿元企业11家、10亿元以上企业58家、“亿千”（产值1亿元、利税1000万）企业322家。4家企业入选省“雄鹰”培育企业，“金象金牛”企业达20家。深入推进小企业“专精特新”发展，形成“小升规”—“隐形冠军”—国家专精特新“小巨人”的梯度培育机制，2019年，全市实现“小升规”389家，5家企业入选省“隐形冠军”，诺力等3家企业入选国家第四批制造业单项冠军，浙江丰虹新材料股份有限公司入选国家第一批专精特新“小巨人”企业，永艺入选第四批国家级工业设计中心，德华、新凤鸣2家企业入选国家制造业“双创”平台。深入推进小微园区建设，严格落实1000平方米、30万元税收标准，高质量推进小微企业园建设，全力打造小微企业园升级版。全年新建成小微企业园16个、集聚小微企业1741家，全省小微企业园建设提升现场推进会在湖州市召开。吴兴区“标准房”改革的做法获得省长袁家军、常务副省长冯飞的批示肯定。吴兴科创园入围省五星级小微企业园（全省5个），中国织里童装产业示范园区、中节能（湖州）节能环保产业园、长兴国家大学科技园、长兴南太湖A区物流园4个园区入选省四星级小微企业园（全省14个）。吴兴区织里童装产业小微企业园获评国家小型微型企业创业创新示范基地。

【发展后劲不断增强】 严格按照“345+1.5”标准，以“见工地、见设备、见产品”为要求，加大项目引推力度，深入开展项目“双进双产”攻坚行动，全年累计完成工业投资398.8亿元，同比增长24.3%，增幅连续8个月居全省第一位。全市在建1亿元以上工业项目752个，比上年同期增长49.8%；新开1亿元以上项目379个，增长25.9%，吉利整车等47个1亿元以上项目建设顺利，正大青春宝等37个5亿元以上重大项目投入试生产；竣工1亿元以上项目241个，增长85.4%，新升为规模以上项目196个、增长45.2%。全市84个项目被列入省5亿元以上重大制造业项目，项目数占全省总数的21.54%，居全省第一位。全年新认定工业“大好高”项目275个。技术改造投资增长18.4%，增幅列全省第二位。湖州市推动项目“双进双产”的做法得到省委书记车俊的批示肯定，12月15日，《浙江日报》头版头条以“高标准招商、全要素保障、高水平服务 湖州工业投资量质齐升”为题，进行了报道。

【智造水平显著提升】 以技术改造、“两化”融合、智造项目、企业上云和产品创新为主要抓手，扎实开展“三百双千”工程。2019年，全市智能化技改完成率达119.2%，列全省第一位。新增工业机器人1867台，全市在役工业机器人密度达149台/万人。累计创建省级制造业与互联网融合试点示范企业51家、省级上云标杆企业44家、省级工业互联网平台19家、省级首批数字化车间和智能工厂13家。17个重点传统制造业增加值增长8.6%，列全省第四。“两化”融合指数由2016年的77.43上升至2019年的90.99，居全省第一梯队。全市重点ERP普及率98%、MES普及率79%、SCM普及率90%、数字化设计工具普及率98%、企业上云普及率77%、工业设备联网率42.79%，均位居全省前三。

【绿色发展成效明显】 强化示范引领，在全省率先形成“中国（湖州）绿色发展指数”、绿色智能制造区域评价办法、绿色工厂评价、绿色产品认证等系列绿色标准，初步构建具有湖州特色的“市、区县、园区、企业、产品”五位一体绿色智造标准体系。围绕蓄电池等重点细分行业，制定11项绿色产品标准以及绿色供应链、绿色工厂分行业标准3项。15项绿色设计产品团体标准被工信部采信，占全国近四分之一。推进星级绿色工厂全覆盖工作，全市累计评定二星级以上绿色工厂达2684家，累计创建国家级绿色工厂37家、绿色园区3家、绿色供应链示范企业10家，分别占全省总数的35%、50%和77%，国家级绿色工厂数量居全国地级市前列。加快绿色技改，以节能、节水、节材为重点，加快实施一批绿色化技术改造重点项目，加快绿色先进技术的产业化应用，提高企业绿色制造水平，全市全年实施100项重点绿色技改项目，截至12月底，超额完成121个项目。加快落后淘汰，2019年，淘汰222家企业的落后产能，腾出用能空间26.6万吨标准煤，整治“低散乱”企业（作坊）4217家，提升低效企业1904家，全市规模以上工业单位增加值能耗比2015年年底下降了16.7%，降幅快于全省1.2个百分点。

【向上争取创历史新高】 全年争取到国家、省各类专项189个，奖补资金14.75亿元。其中，省级资金14.03亿元，为上年的4.6倍。吴兴、德清、长兴3个区县被列入省制造业高质量发展试点区县，占全省总数的六分之一，三年获9亿元财政奖励资金。2019年度，再次入选工业稳增长和转型升级成效明显市（州）（全国共10个城市，全省唯一），成功创建国家特色型信息消费示范城市（全国共15个城市）、国家工业资源综合利用基地（全省唯一）。

【发展环境持续优化】 建机制，以“湖州365，天天在服务”为导向，狠抓“三服务”，完善工业领域“问难帮困稳增长”服务长效机制，全年累计走访企业5093家，实现规模以上企业、规模以下样本企业和1亿元以上项目走访“三个全覆盖”，推出企业“名单制”管理，排定亏损企业、重点外贸企业帮扶清单，构建问题收集、处置和反馈的工作闭环机制。坚持以点带面解难题，累计解决问题1218个，1个案例入选省首批“三服务”典型案例。搭平台，创建以“一库两端三联动六闭环”为主要内容的湖州经信“助企直通车”，实现全天候全方位受理企业诉求，构筑一站式服务平台，全年平台累计发布政策704项，访问量达7.2万余次，通过平台解决问题401个。抓兑现，牵头落实减税降费政策，全年减轻企业负担152.3亿元。优化工业发展资金申报模式，加密政策兑现频次，实行“随时申报、及时兑现”，全年累计兑现市级资金3.48亿元、省级工信资金3884万元。快清欠，开展全面清理拖欠民营企业中小企业账款工作，加强会商督导，狠抓向上对接，建立监测、销号、通报等机制，做到日结日清，在全省设区市中率先100%完成清欠任务，得到副省长高兴夫的批示肯定。

【数字经济蓬勃发展】 狠抓数字经济“一号工程”，制定《2019年湖州市数字经济发展推进计划与考核办法》，强化考核督查推动工作落实。深入实施传统产业数字化改造提升、集成电路、新能源网联汽车、地理信息、数字科技创新、智慧休闲先行区建设、数字农业、数字政府建设八大专项。2019年，数字经济核心产业营业收入980.4亿元，同比增长10.5%，列全省第四位。全年引进并开工数字经济超1亿元项目43个，创历史新高；100个数字经济核心产业重点项目已全部实施。18个数字化项目被列入省重点项目，项目数量居全省第三位。其中总投资290亿元的合丰泰G8.5超薄玻璃基板深加工项目落户南浔区，填补了浙江省在该领域的空白；由浪潮超越投资18亿元的浙江超越数控智慧产业基地项目落户南太湖新区。德清地理信息产业加速壮大，已集聚370余家企业，全年实现营业收入201.1亿元、财政收入16.04亿元，实现连续六年翻番增长。全市城域网出口带宽已突破3200G，IPv6规模部署全面启动；全市公共区域免费无线网络AP点达2.4万个。加快5G建设，已建成5G试点基站206个，长兴诺力智能工厂建成全省首个工业自动化应用5G通信系统，已在26家重点企业中开展5G应用。

【创新要素加快集聚】 持续深化国家、省、市企业技术中心梯度培育机制，全市新认定市级企业技术中心52家，久立特材被认定为2019年国家技术创新示范企业，累计培育市级企业技术中心263家、省级77家、国家级8家。长兴县绿色电池制造业创新中心被列入2019年省制造业创新中心创建培育名单。湖州市牵头成立长三角G60科创走廊智能装备产业联盟。全年全市企业备案开发新产品1820项、通过省级新产品鉴定466项。全市规模以上工业企业新产品产值率42.2%，高于全省平均4个百分点，比上年提升3.3个百分点，列全省第二位。星光农机6行采棉机入围工信部高质量协调创新专项，华立涂装等10个产品被列入省首台（套）产品。组织实施“南太湖精英计划”领军型创新人才及团队培养计划，围绕重点产业，推动校企、校地合作，加快技术创新人才培育。全年新引进创新领军人才项目89个。组织“金象金牛”企业、重点骨干企业、新生代企业家赴清华大学、深圳华为等高校和顶尖企业专题进修，培训经管人才1.64万人次。指导6名工艺美术人才获评“南太湖特支计划”传统工艺领军人才。1家企业成功获评“全国机械工业先进集体”，1人获评“全国机械工业劳动模范”称号。

【改革服务持续深化】 深化“亩均”改革。完善评价机制、规范统计口径，对全市规模以上企业及占地3亩以上规模以下企业实现亩均综合评价全覆盖。坚决落实差别化政策，通过正向引领、反向倒逼，加速低效企业出清。2019年，全市亩均税收同比增长38%，列全省第一位；亩均增加值增长33.5%，列全省第二位（均为快报数）。提升低效企业1904家，全市提高亩产效益的做法得到副省长高兴夫的批示肯定。大力推进工业后“三未”土地处置。运用地理信息系统等科技手段，核清“三未”土地类型、成因及现状，与“最多跑一次”改革结合，创新“标准地+承诺制”出让模式，有效地推进了后“三未”土地处置。全年累计处置224宗工业后“三未”低效用地，涉及面积10418.9亩。创新破解融资难题。制订《湖州市工业领域绿色企业（项目）系列贷试点实施方案》，设立亩均贡献提效贷、绿色项目提速贷、绿色工厂提升贷等金融产品，为优质企业（项目）在增加贷款规模、增加信用贷款额度、降低融资成本、加快办理速度等方面予以政策倾斜，全力助推发展。全年累计授信企业3603家，授信金额209亿元。推进“无证明城市”建设。结合涉企“最多跑一次”改革抓政策落地，对照涉企认定、评价、资金等内容，大力推动减材料、减时间、减环节，通过直接取消、信用共享、远程代办等方式实现18项涉企服务证明事项100%取消。“金象金牛”认定、市级“隐形冠军”“大好高”项目认定3项部门间联办事项列入市级机关“最多跑一次”改革和数据共享首批试点。

（杨鑫盛）

·高端装备产业·

【概况】 2019年，全市高端装备以“绿色智造”为主攻方向，以“中国制造2025”试点示范城市建设为牵引，突出规划引领、创新引擎、龙头带动和做强规模，按照市委、市政府“保五争三拼一”的工作目标，补齐短板、精准发力，夯实产业基础，狠抓企业培育、项目“双进”和创新能力建设，全力推进高端装备产业加快发展、高质量发展。全市装备产业同比增长12.6%，居全省第二，增幅快于面上4.8个百分点。

【突出项目带动】 深入开展项目“双进双产”工作，围绕新能源汽车、物流装备、通航装备和关键基础部件制造等领域，精准招引一批“大好高”项目。2019年，新引进高端装备“大好高”项目118个。全市在建1亿元以上高端装备项目242个，吉利汽车、中车、万邦德、鼎力等重大装备制造项目开工建设。

【突出创新引擎】 2019年，全市高端装备产业领域重点聚焦创新平台提升和新产品开发，牵头成立长三角“G60科创走廊”智能装备产业联盟。全市新认定高端装备市级企业技术中心15家，久立特材被认定为2019年国家技术创新示范企业，长兴县绿色电池制造业创新中心被列入2019年省制造业创新中心创建培育名单。全市新增企业备案开发新产品1820项、通过省级新产品鉴定466项。全市新引进创新领军人才项目89个，组织“金象金牛”企业、重点骨干企业、新生代企业家赴清华大学、深圳华为等高校和顶尖企业专题进修，全年培训经管人才1.64万人次。全市规模以上工业企业新产品产值率42.2%，高于全省平均4个百分点，比上年提升3.3个百分点，列全省第二。星光农机6行采棉机入围工信部高质量协调创新专项，争取到中央资金1200万元。

【突出龙头带动】 大力实施“省市县（区）长工程”，突出重点领域，以产业链招商为主攻方向，以国内外行业龙头企业和关键核心部件企业为主攻重点，充分发挥以企引商、以经引商作用。制订“2019年全市高端装备产业上市挂牌培育企业名单”，合力推进高端装备产业发展。诺力等3家企业入选国家第四批制造业单项冠军。

【强化政策引导】 根据《湖州市关于加快推进绿色智能装备首台（套）产品推广应用的六条政策意见（试行）》《湖州市绿色智能装备首台（套）产品认定管理办法》，进一步加大对有重要技术突破、拥有知识产权和有示范窗口作用的首台（套）产品的奖励力度。华立涂装等10个产品被列入省首台（套）产品，思达机械等5个产品参加2019年浙江省首台（套）重大技术装备保险。以林机械项目被列入国家2019年增强制造业核心竞争力专项中央预算内投资项目计划（全省5个），争取到中央资金3000万元，该项目生产的智能控制拖拉机同步器填补国内空白。

（周雅丽）

·新能源汽车·

【概况】 2019年，全市有新能源汽车领域规模以上企业109家，比上年同期增加5家，全年实现增加值34.84亿元，同比增长7.8%；实现营业收入157.9亿元，下降9.6%；实现利润6.3亿元，下降8.8%。

【重大项目有力引推】 依托“湖州市新能源汽车产业招商目录”开展精准招商，建立国内外龙头企业招商目录库，2019年，全市有新能源汽车及零部件领域重点项目45个，固定资产投资482亿元。全年新招引法国道达尔、龙芯驱动电机、玉柴变速器等一批项目落户，推进吉利整车、启航商用车、氢谷燃料电池、微宏三期等一批项目建设，加快吉利变速器、遨优电池等一批项目竣工。年内，吉利变速器项目主体厂房已竣工，正在进行设备安装调试。

【产业配套逐步完善】 湖州市不断完善新能源汽车产业链，依托微宏、天能、超威等动力电池龙头企业的基础，引进吉利、中车、中氢、凯金等重大项目填补空白、补齐短板，加快融合智能网联汽车技术，初步形成涵盖整车、电池、电机、轻量化材料及其他关键零部件领域的完善产业链。长兴县画溪新能源小镇被正式命名为省级特色小镇，进入省特色小镇建设“第一梯队”。南太湖新区智能电动汽车小镇仍在培育中，凯金新能源、金冠鸿图等项目正在抓紧建设中。

【顶层规划不断完善】 为进一步明确发展目标和工作重点，全力打造新能源汽车产业发展高地，委托中国汽车学会和中国氢能燃料协会为湖州市编制《湖州市新能源汽车及关键零部件产业发展行动方案（2019—2021年）》《湖州市氢能与燃料电池汽车产业发展行动方案（2019—2025年）》。制订《2019年湖州市新能源汽车及关键零部件产业培育推进计划》，明确主要发展目标和工作重点，加大产业培育力度。成立新能源汽车产业推进领导小组，定期召开区县联席会议。

【新能源汽车推广成效明显】 2019年，全市推广新能源汽车3943辆，保有量增长28.8%，折合标准车7648辆，新能源汽车占比居全省第三位，实现公交电动化全覆盖。出台《湖州市促进电动汽车充电基础设施建设运营办法（暂行）》，全市建成充电桩10525个。“2019全球未来出行大会”在德清莫干山国际会展中心顺利召开，省委常委、常务副省长冯飞出席大会并致辞，来自全球多个国家的知名企业和专家1300余人到会，会期持续三天，围绕“迎接出行革命”的主题举办多场分论坛和对接会。（丁　政）

·生物医药产业·

【概况】 2019年，湖州市生物医药产业发展平稳，部分行业发展较快，产业投资持续扩大，创新水平明显提升，大企业培育初现成效。截至2019年年末，全市有生物医药产业规模以上工业企业189家，全年实现规模以上工业增加值58.17亿元，同比增长5.6%；规模以上工业主营业务收入达到278.5亿元，增长3.2%；利税和利润总额分别达到40.9亿元和30.4亿元，分别增长14.2%和13.2%。

【区县产业发展较快】 各区县通过加大项目招引力度，加快企业创新步伐，优化发展环境等举措，生物医药产业呈现稳步发展态势。吴兴区生物医药产业发展迅猛，工业增加值和主营业务收入同比分别增长11%、11.6%，利税和利润总额分别增长23.2%、13.3%，位列全市前列；南浔区、长兴县生物医药发展缓慢，工业增加值、主营业务收入、利税及利润总额呈现负增长；南太湖新区生物医药产业加速集聚，工业增加值和主营业务收入分别增长9.3%、20.1%；德清县生物医药产业效益引领全市，利税和利润总额分别增长30.2%、41.6%；安吉县生物医药产业效益不断提升，利税和利润总额分别增长23%、22.7%。

【项目建设加快推进】 围绕产业链关键领域，瞄准国内外龙头企业，加大招商引资力度。2019年，新引进生物医药“大好高”项目21个，项目数量占全市新开工“大好高”项目的7.6%，项目首期固定资产投资69亿元，其中总投资20.6亿元湖州嘉亨实业有限公司化妆品集团总部已开工建设。加大在建项目推进力度，确保一批生物医药项目早开工、早投产、早见效，尽快形成新的经济增长点。全市投资1亿元以上生物医药产业项目58项，年内累计完成投资27.1亿元；其中新开工项目17个，固定资产总投资64.8亿元；新竣工项目13个，固定资产总投资44.22亿元。一批“大好高”项目推进平稳有序，浙江新市油脂股份有限公司投资11亿元年产60万吨油料综合利用项目，纳奇科化妆品有限公司投资10亿元年产医用护理系列产品5000万片、湿巾系列9700万包、保湿护肤面膜2500万片项目，长兴新望生物科技有限公司投资3.2亿元、年产288万支肿瘤坏死因子爱体融合蛋白注射液项目，衍宇化妆品包装材料（湖州）有限公司投资2.1亿元、年产1200万套化妆品容器及其配件生产项目，浙江北源昊邦生物医药有限公司投资1.8亿元的抗骨质疏松抗体创新药和首仿药司维拉姆等产品的研发及生产等项目陆续竣工投产，为产业进一步增长打好基础。

【技术创新成效明显】 加快推动企业实施智能化升级改造，建设一批数字化车间、智能工厂和无人车间、无人工厂。通过企业技术中心建设等创新载体建设，引导企业不断加大研发创新和新产品开发力度，企业创新能力不断提升。2019年，浙江圣博康药业有限公司松花散处方和工艺技术研究与开发等35项新技术、新产品备案通过省级鉴定；浙江硕华生命科学研究股份有限公司、浙江隆泰医疗科技股份有限公司、浙江杭化科技股份有限公司3家企业被认定为2019年市级企业技术中心；欧诗漫生物股份有限公司、浙江佐力百草中药饮片有限公司被列入浙江省2019年度省级工业互联网平台创建名单；欧诗漫生物股份有限公司、正大青春宝（德清）药业有限公司被列为省数字化车间/智能工厂；浙江奥奇食品股份有限公司、德清秋水果汁有限公司被列为浙江省第三批上云标杆企业；欧诗漫生物股份有限公司被列为浙江省第五批大数据应用示范企业。

【龙头企业培育初见成效】 培育一批实力较强的生物医药“金象金牛”企业，佐力控股集团有限公司、浙江欧诗漫集团有限公司被列为2019年湖州市“金牛”企业，湖州老恒和酿造有限公司等企业被列为2019年度湖州市“金象金牛”培育企业名单；佐力控股集团有限公司、香飘飘食品股份有限公司、珀莱雅化妆品股份有限公司湖州分公司被列为2019年湖州市纳税大户；浙江我武生物科技股份有限公司被列为2019年度省“隐形冠军”培育企业，欧诗漫生物股份有限公司、浙江中山化工集团股份有限公司被列为2019年度省“隐形冠军”培育企业，浙江浙北药业有限公司被列

为2019年度市工业行业“隐形冠军”。（黄伟祺）

·金属新材产业·

【概况】 湖州市金属新材产业是支撑全市工业持续较快发展的重要产业，主要包括不锈钢棒、线材制造、不锈钢及其他金属材质工业用管道、电磁线和其他新型合金材料产品。2019年，全市199家规模以上企业实现工业增加值56.99亿元，同比增长3.5%；主营业务收入、利税总额、利润总额分别增长0.7%、15.1%和19.1%，金属新材产业总体平稳。

【产业布局】 全市金属新材产业发展日益集聚（主要集中在市本级），“一中心二基地”即在南太湖新区建设不锈钢坯、材供应中心及高端钢材；吴兴区以建设碳素钢、不锈钢为主的石油、天然气行业管道和不锈钢板、型材深加工全国性基地；南浔区金属新材主要包括金属管道及不锈钢、电磁线两大产业。2019年，市本级金属新材规模以上工业增加值占全市的83.05%。

【龙头企业】 久立集团是专业生产工业用不锈钢管的大型企业，是国内不锈钢管行业中唯一一家上市公司，是浙江省行业龙头骨干企业、湖州市明星企业，是中石化、中石油、中海油等大型企业不锈钢管的主要供应商。连续多年被评为湖州“金象”企业，获得国家“制造业单项冠军”、国家“绿色制造示范”企业、浙江省“雄鹰行动”培育企业等荣誉称号。永兴特钢是专业从事不锈钢棒线材研发、生产和销售的特钢企业，是国内不锈钢长材行业龙头企业、国家高新技术企业、中国民营企业500强、浙江省工业行业龙头骨干企业、浙江省高新技术企业50强、浙江省制造业100强企业、上市公司、国家企业技术中心、省级“两化”融合试点企业、市“金象”企业。金洲管道是国家重点高新技术企业、国家创新型试点企业，是国内第一家以焊接钢管为主业的A股上市公司，生产的工业用管材达到国内领先水平，生产的燃气专用涂覆管获国家火炬计划产业化示范项目。万邦德作为国内首家上市的铝型材生产专业企业，是湖州市本级首家超100亿元企业，是华东地区最大的铝型材粉末喷涂和氟碳喷涂生产基地，年生产铝型材达16万吨。长城电子生产特种电缆，于2018年上市，连续多年被列入中国电子元件百强企业，“神州”品牌在同行界内享有较高的知名度，行业规模、经济效益及综合实力居全国同行业前三、市“金牛”企业。

【创新能力不断增强】 2019年，企业技术创新步伐不断加快。久立特材科技获得国家技术创新示范企业称号；浙江金洲管道科技股份有限公司SP－C－（PE）型钢塑复合管（PE衬塑）获评国家级绿色设计产品；浙江正导电缆有限公司获评国家级绿色工厂；久盛电气股份有限公司、先登高科电气有限公司获得省级企业技术中心；金洲管道高品质薄壁不锈钢管材管件数字化车间入选第一批浙江省数字化车间/智能工厂。久立特材核安全级不锈钢仪表管组件、正导电缆阻水型低损耗全屏蔽5G系统用电缆、金洲管道衬塑复合钢管等一批产品被列入2019年度浙江制造精品名单。浙江富钢金属制品有限公司、浙江鸿昌铝业有限公司获得市企业技术中心。

【重点项目扎实推进】 2019年，金属新材产业1亿元以上工业投资项目竣工18个，固定资产投资40.79亿元。其中，长城电工新能源汽车及高新电机用特种线材项目，固定资产投资2.8亿元，年内已竣工达产。久立特材科技年产5000吨核电用钛焊管、翅片管二期技术改造项目已竣工达产，3000米海底用脐带缆超级双相钢管技术改造项目完成土建和设备购置。金洲管道管道产品品质效能综合改造提升项目和年产3万吨超大口径SAMH螺旋钢管防防腐生产线增容技术改造项目、栋梁铝业穿条生产流水线及模板生产线的自动化扩建提升项目已竣工达产。

【行业发展重点和方向】 不锈钢棒、线材制造行业向“高端工艺、高端品质、高端产品”改造提升，着力开发耐热、耐蚀和高强度高性能不锈钢棒材、线材。不锈钢及其他金属管材、型材行业向“特色市场、特种行业、特种产品”改造提升，鼓励发展应用于电站（包括核电）、石化、页岩气和医药等领域的特种不锈钢管道，开发舰艇、飞机、潜艇等高科技核心构件和军工用特殊钢材，发展可替代进口的不锈钢特种合金钢无缝钢管和焊接钢管。电磁线和特种电缆行业向“特种产品、特种领域、特色品质”改造提升，重点开发无公害电磁线、变频电机与仪器仪表专用特种电磁线、特种漆包铝圆（扁）线和耐压耐腐蚀电磁线等，发展低烟无卤环保电线电缆、核电电缆、海底电缆、轨道交通电缆和石油平台电缆及新能源电缆等。其他新型合金材料行业向“高新企业、高新产品、高新技术、特殊功能”改造提升，围绕航空、交通、电力和建筑等领域，大力发展新型铝合金材料、钛合金材料、铜合金材料等特殊功能材料。（吴　艳）

·现代纺织产业·

【概况】 2019年，全市现代纺织产业规模以上企业615家，占规模以上纺织企业总数的77.3%；实现工业增加值122.6亿元，占规模以上纺织行业工业增加值的87.8%，占全市规模以上工业增加值的13.8%；实现主营业务收入794.6亿元，占规模以上纺织企业主营业务收入的90%；实现利税44.9亿元，占规模以上纺织企业的91%；其中利润26.7亿元，占规模以上纺织企业的91.3%。

【总体保持平稳增长】 2019年，湖州现代纺织产业规模以上企业完成工业增加值同比增长7.9%，略低于全市面上0.5个百分点。实现主营业务收入增长8.3%，高于全市面上3个百分点，实现利税、利润分别增长0.9%和7%，均低于全市面上增长率。细分行业来看，纺织业、化学纤维制造业产值效益总体平稳，分别实现规模以上工业增加值79.9亿元和48.8亿元，分别增长5.6%和16.6%，实现主营业务收入465.4亿元和356.7亿元，分别增长10.5%和2.9%；利税分别下降1.8%和4.6%，利润分别下降0.5%和4.5%。纺织服装、服饰业受中美贸易摩擦影响，产销均出现较大幅度下滑，118家规模以上企业实现工业增加值11亿元，下降9.9%，实现主营业务收入55.8亿元，下降11.9%。丝绢纺织及印染精加工（丝绸）行业降幅持续扩大，产销、效益增速均呈现下降态势，至11月，130家规模以上企业实现工业总产值67.1亿元，下降9.2%，主营业务收入64.3亿元，下降10.1%，实现利税3.9亿元，下降8.8%，其中利润2.1亿元，下降6.9%，出口交货值下降22.2%。

【重点骨干企业支撑作用明显】 2019年，重点现代纺织企业贡献明显，继续支撑行业发展。在现代纺织企业中，被列入市重点骨干企业的有58家，占规模以上纺织企业总数的7.3%；实现规模以上工业总产值451.2亿元，完成主营业务收入458.8亿元，占现代纺织规模以上企业主营业务收入近50%。重点骨干企业中，羊绒毛纺类企业产销增长平稳，如羊绒服装龙头企业湖州珍贝羊绒制品有限公司，实现主营业务收入同比增长14.9%，实现利润增长9.1%；非织造布等化学纺织行业企业迎来发展机遇，产销效益指标增长迅速，如浙江金三发集团有限公司，全年实现主营业务收入增长68.3%，实现利税增长32%，其中利润增长57.2%。

【产业转型升级步伐加快】 湖州市现代纺织企业不断加快绿色发展，加快技术改造，推进“机器换人”，通过信息化与工业化融合提升企业装备自动化水平，提高生产效率，降级劳动成本，逐步步入绿色、可持续发展道路。长兴县、吴兴区持续推进喷水织机、砂洗印染、非织造布等细分行业整治提升，倒逼传统纺织转型升级和落后产能淘汰，支持引导企业通过物联网、自动化控制等技术开展工厂智能化改造，产业转型升级、提质增效步伐明显加快。

【自主品牌建设取得新进展】 以服装、家纺等终端产品为重点，扶持企业加大产品设计投入，着力培育设计师队伍，提升纺织品服装创意设计水平。其中，珍贝、米皇等羊绒服装企业品牌培育成效明显，成为全国知名商标品牌；纺织服装、服饰业企业谱拉歌世服饰有限公司在全国范围内开设男装品牌专卖店70余家；丝绸之路、翔顺工贸、梅月等丝绸行业龙头企业坚持品牌生产，在行业内拥有一定的品牌影响力，产品档次提升明显。年内，全市生产的丝绸服装、家纺、服饰、蚕丝被、丝绸文化礼品等丝绸精品已成功对接入驻国内大型商场，品牌建设成果初步显现。

【向上争取项目资金成效明显】 2019年，推进丝绸之路控股集团浙江农业科技有限公司、新南海建设规模化集约化蚕桑基地示范项目（国家茧丝绸项目），获得中央外贸专项发展资金（国家茧丝绸项目）350万元。湖州市累计发展规模化集约化蚕桑示范基地1199亩，拉动茧丝绸项目投资2015.11万元，增加蚕茧产量254吨，带动辐射农户212户，推进“工业＋农业”“公司＋基地＋农户”新经营模式，为湖州丝绸产品提供优质原料供应，推动湖州地区蚕桑产业实现转型升级。同时，指导推进湖州织里童装设计中心成功创建国家级纺织服装创意设计试点园区。

【现代纺织产业中存在的问题】 湖州现代纺织产业虽然在产业链形式上较为完整，但多数产品仍处于价值链中低端，深加工能力相对较弱，产业用、最终产品比例不高，产品附加值普遍较低。同时，企业在技术创新、设计创新、产品创新、管理创新等方面投入依然不足，高级管理、研发创新、创意设计、品牌营销等高端人才的引进、技术型的产业工人的招聘仍然是制约企业发展的瓶颈问题。近年来，随着产学研用相结合的创新模式深入推进，创新型科技领军人才引进困难的问题有所缓解，但技术型工人迭代问题不断凸显，新生代力量十分短缺。据企业反映，技术型工人大多集中于20世纪60年代、70年代，90年代人数占比不足10%，95后工人招聘至今未有突破。2019年，全市现代纺织产业特别是纺织服装、服饰业，产销效益受中美贸易摩擦影响较为明显。湖州市纺织行业相对依赖出口且美国占出口国第一位，美国纺织品服装贸易伙伴相对多元且纺织服装产业发展成熟。随着中美贸易摩擦日渐加剧，采购商对远期订单持谨慎观望态度，原有订单向东南亚地区转移，部分企业主动下调产销量予以应对，产销效益指标受不同程度的影响，其中，丝绸行业受外贸出口影响较为明显，产销效益呈现负增长态势，部分丝绸行业龙头企业，主营业务收入、利税利润等指标均为负增长。（陈丹丹）

·绿色家居产业·

【概况】 2019年，全市绿色家居产业规模以上企业616家，工业增加值、营业收入、利税、利润分别为95.49亿元、447.53亿元、50.85亿元和30.95亿元，比上年同期分别增长7.7%、2.6%、11.8%和19.1%。绿色家居产业工业增加值占规模以上工业增加值比重为10.74%。2019年，全市绿色家居产业1亿元以上项目51个，总投资190.8亿元，其中新开工25个，新竣工16个。2019年，全市绿色家居产业在建“大好高”项目36个，项目首期固定资产投资163.16亿元，其中新引进19个，新竣工10个。绿色家居产业主要集中在南浔区木地板、德清县装饰建材以及安吉县椅业和竹业。德华集团、永艺股份、中源家具、恒林椅业、久盛地板、世友木业等一批龙头企业，在全国具有较高的知名度和较强的市场竞争力。产业内“金象”企业2家，上市企业4家，国家级绿色工厂6家。德华集团跻身2019中国民营企业500强；永艺家具和恒林椅业是全国转椅行业中唯一两家上市企业，是全球最大的办公椅生产基地。

【南浔木地板产业】 南浔区是全国生产规模最大的、品种数量最多、区域最集中、产业链最长、专业分工齐全的木地板生产基地、销售中心和产业集群，实木地板的产销量占全国的60%以上。南浔木地板产业集群主要集中在南浔区辖区内的南浔经济开发区、南浔镇、旧馆镇三大区域，行业覆盖地板、家居、板材、木门、线条等各细分领域，并配套建有南浔国际建材城。6月，南浔区出台《南浔区木业行业规范有序发展实施方案》，以“两个全出清、两个全覆盖”为目标，深化木业行业标准化建设，进一步促进木业行业规范有序发展，实现行业无规模以下企业的目标。木业行业“机器换人”智能化改造被列入省工业和信息化重点领域行业试点示范，久盛地板有限公司、浙江世友木业有限公司获评国家绿色工厂。

【安吉竹业】 截至2019年年底，安吉竹产业规模以上企业47家，完成工业总产值41.93亿元，同比下降14.1%；实现销售收入41.32亿元，下降13.8%；自营出口30.84亿元，下降12.1%；利税7.7亿元，下降6.3%。成功举办第三届国际“竹产业·竹建筑·竹文化”绿色发展高峰论坛暨2019全国高校竹设计建造大赛颁奖典礼，活动吸引了国内外相关领域专家、学者、设计师以及知竹爱竹的专业人士共同参与。活动以“两山”理念为引领，探讨促进竹产业创新驱动、转型升级，竹材料多元应用及高技术竹产品走向国际市场。论坛坚持创新、协调、绿色、开放和共享的发展理念，全力助推绿色中国发展，并为“一带一路”发展贡献智慧和力量。

【安吉椅业】 安吉县是全国最大的办公椅生产基地，椅业是安吉县利税贡献值排名第一的行业，产品已形成办公椅、按摩椅、休闲椅、餐椅、沙发、板式家具以及各类配件等七大系列、数千个品种。截至2019年年底，安吉椅业规模以上企业191家，完成工业总产值237.2亿元，同比增长3.1%，占全县规模以上工业总产值的38.3%；实现销售收入229.63亿元，增长2.1%；自营出口163.92亿元，增长4.0%。安吉椅业被评为国家新型工业化产业示范基地，大康、永艺、中源3家企业被评为国家级绿色工厂，永艺家具工业设计中心被评为国家级工业设计中心。龙威、艺维斯、富和、中源、大东方、五星、昊国、百之佳、恒林等10家企业荣获“浙江出口名牌”称号。浙江大东方椅业股份有限公司人体工学健康家具设计中心、浙江博泰家具有限公司健康智能座具设计中心、浙江昊国家具有限公司高端功能家具设计中心均被认定为2019年度浙江省省级工业设计中心。6月，中国安吉椅业博物馆（工业博物馆）揭牌仪式在大康控股集团有限公司举行，标志着全国首个椅业工业博物馆在安吉县启动建设。央视《焦点访谈》《经济半小时》等栏目分别围绕安吉外贸企业转型升级应对中美贸易摩擦、小转椅“转”出大生意等内容进行报道，为安吉县椅业行业点赞。

【德清装饰建材】 2019年，德清县54家规模以上绿色家居企业实现工业增加值11.77亿元，营业收入54.0亿元，利税4.8亿元，其中利润2.5亿元，工业增加值、利税和利润同比分别增长9.1%、24.9%、64.3%，营业收入下降0.9%。有上市企业2家，“金象”企业1家。行业拥有中国驰名商标5个、省级名牌21个和浙江省著名商标19个；有国家认定的高新技术企业27家，有25家企业参与制修订国家与省级标准，外观和实用新型等专利申请量在行业内位居前列。行业龙头企业德华集团企业品牌在全国具有广泛的影响力，技术研发能力、生产设备国内领先，并处于世界领先地位，入围2019年浙江省第一批“雄鹰行动”培育企业名单，德华兔宝宝装饰材料技术“双创”平台被认定工信部制造业“双创”平台试点示范项目。

（欧阳昆翔）

·电力·

【概况】 2019年，湖州市全社会用电量295.02亿千瓦时，同比增长7.36%，增幅居全省第三；其中工业用电215.51亿千瓦时，增长5.92%，增幅居全省第四；城乡居民生活用电33.5亿千瓦时，增长6.75%，增幅居全省第六。全社会最高用电负荷517.12万千瓦，增长11.05%。城网综合供电电压合格率达99.99%，城网供电可靠率达99.98%；农网综合供电电压合格率达99.97%，农网供电可靠率达99.94%。

【电网建设】 2019年，完成电网建设投资16.88亿元。新开工110千伏及以上线路213公里，变电容量35万千伏安；投产110千伏及以上线路171公里，变电容量20万千伏安。白鹤滩——浙江特高压工程湖州境内路径全线取得规划许可，长龙山抽水蓄能电站500千伏配套工程进入铁塔组立施工阶段，国家电网有限公司通航华东中心基地在德清县建成投运，500千伏长兴变工程完成选址和进出线规划，湖州北部220千伏网架补强工程、南浔220千伏输变电工程等项目有序建设。实施输电线路迁改项目13个，助推杭州绕城高速、湖杭铁路等重点工程建设。推进智能化配电网建设，完成配网项目296个，新建、改造10千伏及以下线路1677公里、配变1077台，配网自动化有效覆盖率达50%。截至2019年年底，全市有35千伏及以上公用变电站135座，变电容量2701万千伏安，35千伏及以上输电线路379条，线路总长5474千米。

【优化电力营商环境】 湖州市“最多跑一次”改革办公室联合电力部门印发《湖州市进一步优化电力接入营商环境实施办法》，进一步压缩办电时限、减少办电环节和简化审批流程，湖州市电力营商环境在全省测评中排名第二。落实惠企政策，完成企业发、用电直接交易电量56.25亿千瓦时，一般工商业电价再降10%，全年全市减少企业用电成本3.7亿元。国网湖州供电公司获评湖州市“最多跑一次”改革突出贡献集体。吴兴区供电营业厅被全国总工会、全国妇联分别授予“全国五一巾帼标兵岗”和“全国巾帼文明岗”称号。

【“生态+电力”示范城市建设】《浙江湖州“生态+电力”示范城市建设实施方案》通过浙江省发改委（能源局）评审。“生态+电力”示范城市建设工作在推动全社会绿色生产、生活及减少空气污染物排放上成效显著，成功入选在西班牙首都马德里举行的第二十五届联合国气候变化大会（COP25）中国企业气候行动优秀案例，并现场发布《中国湖州“生态+电力”示范城市建设应对气候变化行动》专题型白皮书。湖州市举办“生态+电力”示范城市建设国际论坛，发布全国首个“生态+电力”发展评价指数。国网湖州供电公司与湖州市经信局联合成立“湖州市绿色智造数据服务中心”，实现1000余家企业能源数据共享和深化应用。推进新时代乡村电气化建设，安吉县新时代乡村电气化被列入国家电网有限公司三个试点之一。完成市、县纯电公交场站建设，湖州市成为全国首个实现公交“纯电动化、一票制、移动支付”全市覆盖的地级市。落实政府民生实事，构建湖州综合供能服务网络，完成18座综合供能服务站充电设施建设。浙江省首个混合所有制增量配售电公司——湖州长广配售电有限公司在长兴县揭牌运营。（刘承飞、蔡雪丹）

服务业

·综述·

【概况】 2019年，湖州市服务业发展工作按照市委、市政府的决策部署，以开展“不忘初心 牢记使命”主题实践为契机，着力加强供给侧结构性改革，引项目、促产业，强载体、抓主体，积极推进全市服务业高质量发展，有效地推动了全市服务业增量提质。一是总体持续较快增长。全年全市服务业实现增加值1393.23亿元，同比增长8.7%，增速排名全省第二；分别高出全市GDP增速（7.9%）和第二产业增速（7.6%）0.8个百分点和1.1个百分点；对GDP增长的贡献率达47.7%，拉动GDP增长3.7个百分点。二是重点产业运行良好。社会消费品零售总额1429.3亿元，增长10.2%。其中，批发、零售业1234.2亿元，增长9.1%；住宿、餐饮业195.1亿元，增长17.6%。全年实现旅游总收入1529.1亿元，增长12.7%；接待国内外旅游者人数13223.5万人次，增长11.7%。人民币存、贷款余额增长18.6%、增速居全省第一。保险公司保费收入114.4亿元，增长9.5%。三是发展平台集聚提升。全市12家省级服务业集聚示范区完成投资125.98亿元，实现营业收入746.6亿元、增长19.7%，营业利润77.59亿元、增长57.3%，缴纳税收23.1亿元、增长26.2%；累计入驻企、事业单位7797家，从业人员达66546人。

2019年湖州市全社会用电量按行政区域构成情况一览表

表2　　单位：万千瓦时

地　区	全年用电量	构成（%）	比上年增长（%）
合计	2950203.52	100	7.36
吴兴区	680004.76	23	6.88
南浔区	501068.68	17	4.51
长兴县	875815.47	29.7	9.09
德清县	510020.43	17.3	8.73
安吉县	358585.78	12.2	6.85

2019年湖州市全社会用电量按行业构成情况一览表

表3　　单位：万千瓦时

用电分类	用电量	构成（%）	比上年增长（%）
全行业用电分类	2615177.25	100	7.44
（一）农、林、牧、渔业	51305.78	2	10.32
（二）工业	2155129.26	82.3	5.92
（三）建筑业	56834.68	2.2	27.51
（四）交通运输、仓储、邮政业	40714.72	1.6	39.94
（五）信息传输、计算机服务和软件业	30845.62	1.2	37.17
（六）批发和零售业	90801.88	3.5	7.59
（七）住宿和餐饮业	44026.13	1.7	6.62
（八）金融业	8030.92	0.3	-1.72
（九）房地产业	25333.74	0.9	14.30
（十）租赁和商务服务业	12581.59	0.5	13.88
（十一）公共服务及管理组织	99572.94	3.8	11.00

四是税收贡献更加突出。服务业税收入库282.66亿元，增长15.97%，高于第二产业税收增速10.87个百分点；全市服务业税收占总税收比重达55.1%，比上年提高2.5个百分点。其中，软件和信息技术服务业、公共管理和社会组织、租赁和商务服务业三大行业税收增幅最高。

【服务行业创新提升】 紧扣湖州市休闲旅游、内河水运和绿色金融等获得国家级"金字招牌"的重点领域，借势借力、狠抓推进，同时，在供应链物流、软件信息和电子商务等方面均发展较快，"互联网+""生态+"的模式在传统的商贸流通、市场交易等方面深入融合和提升。一是重点行业稳步发展。全市文旅系统以市场需求为导向，做大、做强数据库，文旅融合发展快速推进。国际滨湖度假大会永久会址落户湖州；《湖州市乡村旅游促进条例》地方立法正式公布，标志着湖州市乡村旅游发展进入法治化、规范化时代。全市商贸流通工作重点聚焦"促进形成强大国内市场",加快创新推动供给侧结构性改革，不断推进消费提质升级。商贸流通业保持健康发展，实现增加值459.5亿元，增长5.3%。研究起草《湖州市关于加快发展流通促进商业消费的实施方案》《湖州市关于加快推动供应链创新与应用的实施方案》等文件，深入开展金秋购物节系列活动，努力培育消费新增长点。加快打造新零售，浙北大厦超市等6家企业上榜"浙江省新零售示范企业"名单，入选数量仅次于杭州，列全省第2位。培育高品质品牌商业，利用老字号政协双月协商议政机制，组织参加"长三角老字号品牌路演汇"系列活动，加速融入长三角老字号产业协同；推进天猫"湖州老字号集合店"上线，加快湖州老字号品牌创新发展。支持浙北大厦实施"强科技、走出去"双标战略，不断加快转型创新发展；支持老娘舅启动上市步伐，进一步增强企业发展活力。长效谋划推进楼宇经济发展，加快提升城市商业能级。房地产市场健康平稳发展，房地产业实现增加值161.5亿元，增长9.5%。二是新业态产业蓬勃发展。物流业实现平稳发展，交通运输、仓储和邮政业完成增加值96.2亿元，增长4.3%。全面推进运输结构调整，深挖本地箱源，有效推动"公转水、铁公水"多式联运；全年内河集装箱吞吐量达52.67万标准箱，增长10.1%，吞吐量保持全国同类型内河港首位。全市电子商务发展良好，实现网络零售额719.4亿元，增长28.5%，高于全省平均10.1个百分点，增速列全省第三，比上年上升1位；实现居民网络消费额378.4亿元，增长17.6%，实现顺差260.3亿元。金融业运行稳中向好，实现增加值231.6亿元，增长13.8%；推动金融领域"最多跑一次"改革，打造包括"绿贷通""绿融通""绿信通"三大板块在内的绿色金融综合服务平台。大力实施金融稳企业防风险"五一三"工程（即突出互联网金融、非法集资、资金链担保链、上市公司抒困、地方金融组织监管5大领域，开展P2P强基排险扫雷专项行动，打造绿色金融纠纷调解中心、金融顾问进企服务、地方金融监管平台三大载体，坚决打赢金融风险防范化解攻坚战，维护良好金融生态环境），督导金融机构以产品服务创新承接多样化、个性化的企业需求。全市软件和信息服务业不断发展壮大，实现电信业务收入38.3亿元，增长5.0%。德清地理信息小镇连续6年实现双翻番增长，集地理信息获取、处理、应用和服务的完整产业生态链已形成。吴兴区织里镇成功创建国家智慧健康养老示范街道（乡镇）。

【区县服务业特色纷呈】 区县服务业保持较快增长，同时，创出各自的特色和亮点。吴兴区9个项目被列入2019年度省服务业重大项目计划，新认定市服务业"大好高"项目7个，项目数均居全市第一。32家服务业企业被评为2019年度市服务业优强企业，企业家数继续蝉联全市第一；《湖州市（吴兴区）东部新城商业服务业用地"标准地"改革试点试行方案》于5月正式印发，7月，完成区首宗服务业"标准地"出让；印发《吴兴区服务业企业亩产效益综合评价工作实施意见（试行）》，服务业"亩均论英雄"工作有序推进。世界乡村旅游小镇新增被列入省级特色小镇创建名单，为全市唯一。吴兴梦工场、湖州文创中心产业园和飞英电商（含跨境）多媒体产业园等平台已处于成熟运营期，获得市、区各级领导关注与肯定；《西塞山省级旅游度假区总体规划（2018—2035年)》通过省级联席评审，建设成效得到肯定；丝绸小镇、原乡小镇2个创建和培育类特色小镇平台建设有序推进。南浔区推进南浔古镇文化休闲旅游集聚区配套项目建设，全面完善旅游发展配套功能，狠抓重点项目建设；加快丝绸码头项目建设和洗粉兜旅游综合体、运河酒店等项目前期工作，积极推进基础设施、旅游配套和古建筑修缮项目建设。南浔区东大街入选省级高品质步行街培育名单。为更好地开展"亩产效益"评价工作，与市场监管、税务等部门对接，确定评价对象；制订《南浔区服务业"亩产效益"改革实施方案》，对接第三方机构，完成全区服务业企业普查工作、相关数据收集分析及初步试评价（住宿餐饮行业）工作。积极调整南浔建材市场业态布局；大力推进品牌化建设，开设"南浔一号"品牌家居馆、中国南浔楼梯配套展馆，引导高端家装品牌入驻金象建材广场；围绕玖象家居体验馆，完善周边配套设施。德清县服务业增加值增长9.8%，增速居全市第一；完善企业梯度培育机制，根据服务业"限下企业——限上企业——成长之星企业——明星企业——功勋企业"的企业培育梯度，充分发挥政策的杠杆作用，助力企业加快发展。鼓励德清临杭物流园区、木皮文化产业园发展，以"一企一策"为抓手，促进服务业重点平台充分发挥集聚效应，带动产业发展。浙江德清升华临杭物流有限公司入选省现代物流业规模以上服务业企业“亩产效益”综合评价领跑者名单。提升服务业队伍发展理念，组织业务骨干及重点企业相关负责人赴中国科学技术大学，参加现代服务业高级研修班，通过集中学习课程，为发展德清县服务业提供新思想、新方向，进一步提升工作人员的业务素养和服务能力。长兴县全速推进总投资251亿元的太湖龙之梦乐园项目。物流园区辐射和服务能力进一步提升，制造业配送中心、鑫达公铁集装箱联运中心相继投入使用，“铁公水”码头开港运营，传化公路港县级分拨中心投入使用，新增5个路港驿站收货网点，标准化体系基本形成。长兴跨境电子商务产业园和星网电子商务园两大园区入驻各类电商企业160余家，实现交易额6.2亿元；长兴跨境电商产业园引进大龙网、全球贸易通和向心力等一批优质跨境电商项目。长兴东鱼坊步行街入选省级高品质步行街试点名单。安吉县在新一轮各县（市、区）服务业发展综合评价中，蝉联全省Ⅲ类地区第一名。发挥安吉灵峰休闲旅游集聚区的国家级旅游度假区示范作用，推动服务业平台辐射能力进一步增强。成功创建首批国家全域旅游示范区（县）。培育高品质社区商业，安吉美颂广场社区商业项目成功入选浙江省首届社区商业创新大赛总决赛，获得“最佳运营奖”。6月，经省政府批复，南太湖新区正式挂牌成立。南太湖科研设计服务集聚区、太湖旅游休闲集聚区2家省级服务业集聚示范区发展成效显著，在新一轮省级现代服务业集聚示范区综合评价中跻身全省十强，其中南太湖科研设计服务集聚区排名全省第一。现代物流发展迅速，南太湖铁公水综合物流园区快速推进，“唯品会”一期、全胜物流一期和保税物流中心竣工；聚焦绿色金融新业态，全力推进太湖绿色金融小镇发展，积极引导绿色资本投资绿色产业。

【重点工作成效明显】 一是统筹推进服务业工作。对照全市服务业年度推进计划，通过“年初定目标、日常抓监测、月度强推进、季度重督促和年度抓考核”等举措，顺利实现“半年红”“秋季红”和“全年红”，服务业增加值增速居全省前列。充分发挥市发改委（市服务业发展工作领导小组办公室）对全市面上服务业的综合协调统筹作用，联动市级多部门及各区县，不断营造比学赶超、合力推进服务业整体加速发展的良好氛围。通过报纸、电台、网络和微信等各种媒体，多角度、全方位报道湖州市服务业的发展情况。二是实行专班工作制度。由市发改委和市统计局牵头成立各区县和行业主管部门组成的“补短板”工作专班。重点围绕行业统计监测中的落后指标，定期进行运行分析和指标监测预警，总结经验，根据问题导向，研究细化对策措施、补齐短板促发展。累计走访964家服务业企业，排摸问题175个，推进解决158个。做好德清县稳外贸攻坚的联系工作，召开企业座谈会、走访调研企业，督促县相关部门加大工作力度，促“三转”，稳出口。三是开展“亩产效益”综合评价。通过外出学习调研、召开乡镇、企业、区县和部门座谈会，在“多次征求意见的基础”上，印发《湖州市服务业亩产效益综合评价实施意见（试行）》，建立分类分档、公开排序和动态管理的企业综合评价机制，促进服务业企业扩量提质；南浔区率先在全市开展企业综合评价工作，获得省发改委肯定。同时，制订《关于遴选部分重点行业规上服务业企业“亩产效益”领跑者的工作方案》，做好全市现代物流业、科技服务业“亩产效益”领跑者遴选工作。四是加快推进项目建设。以服务业“大好高”项目单子为抓手，严格落实项目“345”准入标准，加速项目招引落地和达产运营。全市新引进服务业“大好高”项目32个，其中，首期固定资产投资达10亿元以上的项目7个。年内，114个服务业“大好高”项目（结转+新引进）完成投资额142.4亿元。德清下渚湖度假村、南浔智慧产业服务中心等项目竣工投运。长兴龙之梦乐园、唯品会华东运营总部等一大批服务业重大项目加快建设。41个省服务业重大项目（项目数居全省第二）完成投资79.5亿元。五是积极向上争取资源。市本级中心粮库迁建工程项目获中央预算内投资补助资金3500万元。获得省发改委专项资金820万元，其中，德清、安吉县两个服务业强县获得670万元，南太湖科研设计、德清临杭物流园区和安吉灵峰休闲旅游三个省级服务业集聚区获得150万元。现代物流装备产业集群融合试点、浙江欧诗漫集团有限公司基于工业互联网珍珠时尚产品服务化试点被列入省第一批现代服务业与先进制造业深度融合试点名单。（孙　瑗）

·商贸·

【概况】 2019年，湖州市商贸流通工作围绕高质量赶超发展目标，深入贯彻中央“六稳”工作要求，按照市委“一四六十”工作体系，重点聚焦“促进形成强大国内市场”，加快创新推动供给侧结构性改革，不断推进消费提质升级。2019年，全市实现社会消费品零售总额1429.3亿元，同比增长10.2%，增速居全省第一；其中限额以上消费品零售额435.2亿元，增长12.5%，增速居全省第一。全市批发业、零售业、住宿业和餐饮业分别增长13.3%、12.4%、11.4%和14.7%，增幅分别居全省第四、第二、第三和第四。全市实现商贸业增加值459.5亿元，增长5.3%，占GDP、服务业比重分别为14.7%和33%，对GDP的贡献率为10.1%，对服务业贡献率为21.2%。全年实现网络零售额719.4亿元，占全省比重3.6%，比上年上升0.2个百分点，增长28.5%，高于全省平均10.1个百分点，增速列全省第三；实现居民网络消费额427.3亿元，占全省比重4.3%，比上年上升0.1个百分点，增长18.7%，增幅列全省第五，实现顺差292.1亿元；全年实现跨境电商交易额（含B2B、B2C出口及跨境进口等）

71.03亿元，增长70.2%。

【培育消费新增量】 一是多措并举全力促进商业消费。出台《湖州市关于加快发展流通促进商业消费的实施方案》，以“湖州乐消费·品质好生活”为主题开展全年促消费活动。金秋购物节活动期间，湖州市举办各类主题展会28场，系列促销活动200余场，参与商家2450余家，累计销售额16.15亿元，同比增长12.7%。二是积极组展加快内外市场开拓。组织全市32家企业亮相2019（中国）宁波食品博览会，布展面积400平方米，设38个标准摊位，展出百余种湖州“名特优”美食产品，现场成交金额50万元。组织126家企业、170位采购商观展中东欧博览会，参与中东欧博览会专场和综合对接会，开展精准对接，累计达成意向成交900.3万美元，超额完成省定目标。三是搭建平台加快老字号传承创新。结合“着力促进湖州市老字号创新发展”政协双月协商工作，推进湖州市老字号加快文旅融合、创新发展，加速融入长三角老字号产业协同。实施湖州老字号品牌天猫唤醒计划，全国首家老字号天猫旗舰店——“湖州老字号集合店”正式上线运营，累计上线31家企业、120个产品。组织开展第二批“湖州老字号”认定，新增“湖州老字号”4家。四是创新发展商贸业态模式。大力发展新零售，探索创新以品牌建设、线上线下一体化等为特征的零售新模式，欧诗漫等6家企业上榜“浙江省新零售示范企业”，入选数量列全省第二。在2019年度省重点流通企业认定工作中，星火百货等3家企业获评新一批省重点流通企业。

【深化商贸新试点】 一是深化供应链创新与应用试点。出台《湖州市加快发展供应链创新与应用实施方案》，排定1个千亿元级和7个百亿元级供应链产业发展培育清单。在美欣达等3家国家级试点企业基础上，浙北大厦集团有限公司等18家单位入选首批省级供应链创新与应用试点企业，长兴县入选第一批省级供应链创新与应用试点城市，试点企业入选数量列全省第二，争取到省级供应链创新与应用试点专项激励资金600万元。组织推荐浙江天畅构建铅酸动力电池产业供应链生态圈，成功入选商务部《全国供应链创新与应用试点案例集》。二是推进批零改造提升试点。制定《湖州市批发零售业改造提升试点项目资金使用细则》，市本级九大领域、19个试点项目涉及年度投资28.47亿元。德清县排定九大领域、7个试点项目，涉及年度投资3.4亿元。三是争创高品质步行街试点。加快打造高品质街区商业，长兴县东鱼坊步行街入选省级高品质步行街建设试点，湖州爱山广场步行街和南浔区东大街入选省级培育名单。大力培育高品质社区商业，安吉县美颂广场社区商业项目成功入选省首届社区商业创新大赛总决赛，获得“最佳运营奖”。四是大力实施乡镇商贸振兴工程。推进乡镇商贸振兴发展，出台并实施全省首部地方标准《乡镇现代商贸建设和评价规范》。在前期安吉县昌硕街道、吴兴区织里镇、德清县新市镇已成功创建省级“现代商贸特色镇”试点镇基础上，再次组织4个商贸特色镇和10个示范村推选省级试点申报。

【加快电商新发展】 一是强化顶层设计。抢抓跨境电商综合试验区进一步扩面的机遇，积极争取湖州列入中国跨境电子商务综合试验区试点城市。出台《湖州市关于贯彻落实浙江省新型贸易中心建设行动的实施方案》《湖州市电子商务“双百”攻坚行动方案》，明确“一十百千亿”攻坚目标任务和“八个一批”的工作举措。积极发挥财政资金的扶持引导作用，修订出台《湖州市促进电子商务加快发展的新十条扶持政策》。建立健全“一月一例会一通报一考核”机制，全市上下合力推进电子商务高质量赶超发展。二是加快培大育强。建立电子商务重点企业培育库，全市电商交易额超1亿元的企业37家；全市跨境电商有出口实绩的企业706家，其中，跨境电商交易额超千万元企业158家。新增注册市外电商项目145个，新引进市外电商服务平台57个。出台《关于加快电子商务平台企业培育的指导意见》，加快培育一批本土“小阿里”。全市现有省级重点培育电商平台企业7家、市级20家。全市新开发上线平台79个；其中，线上交易额超10亿元的电商平台3个。在农产品电商方面，“德清黑里俏生态黑鱼馆”“二亩地芦笋馆”等B2B供应链平台，“吴上兴鲜”“长兴鲜”等区域品牌电商平台实现开发运营。全市电子商务产业基地32个，其中27个入选省级名录；建有乡镇街道电商孵化园37个，已实现街道电商园区全覆盖。全市现有开园运营的跨境电商园区10个。三是突出试点示范。安吉县入选2019年国家级电子商务进农村综合示范县，获补助资金1500万元；湖州市荣获2019年度全省电子商务考核优秀市，列全省第三；长兴县荣获省级电商创新发展试点县区考核优秀单位，获奖励资金400万元；南浔区、德清县、长兴县入选第二批省级跨境电商产业化集群发展试点，在全省率先实现区县全覆盖；培育4个市级跨境电商产业集群，发布2019年市级公共海外仓目录。湖州市有14个淘宝镇和53个淘宝村入选2019年淘宝村、淘宝镇名单，数量均列全国第22位，三县两区实现全覆盖。全市有18个镇入选省级电商镇、84个村入选省级电商专业村，其中，24个村入选2019年度浙江省电子商务示范村。四是优化公共服务。开展“聚力‘三服务’，培育打造电商千亿大产业”专题活动、跨境电商“送政策问需求解难题优服务”专项调研活动。全市各地分批组织赴深圳市、浙江金华市、杭州市及桐庐县、建德市等地学习考察电子商务（跨境电商）工作。组织参加“2019中国国际电子商务博览会暨数字贸易博览会”“首届中国——中东欧博览会暨国际消费品博览会”“2019浙江数字贸易交易会暨第十届浙交会”等专业展会；举办

“湖州市第三届电子商务创业创新大赛”，承办 2019 年“之江创客”电子商务创业创新大赛中东赛区赛事。举办 2019 湖州市跨境电商产业峰会、淘宝直播首届“519 亲子节”“抖音·创作进化论”线下训练营等活动，全年完成电子商务人才培训及资源对接活动 500 余场，服务 1000 余家企业 3 万余人次。加强电商金融服务支持，全市电子商务园区基地实现“绿贷通”注册全覆盖。

【打造流通新体系】 一是健全完善农产品流通网络。加快推进浙北大厦超市、鲜绿多和莼鲈生态 3 家中央服务业农产品农商互联供应链企业试点。2019 年，扶持“菜篮子”流通体系建设资金 329.75 万元，累计建成“菜篮子”平价商店 7 家，社区“菜篮子”微市场近 40 家。组织发动重点流通企业参加“2019 浙江省农商对接大会”“2019 长三角地区农产品产销对接洽谈会暨对口地区农产品推介会”“2019 浙江农业博览会”等各类农商互联和产销对接活动。二是开展公益性农产品市场建设。推动鲜绿多等 4 家首批浙江省公益性农产品市场（企业）、浙北大厦超市等 3 家企业入选第二批浙江省公益性农产品市场，总数量居全省第一。通过加快省级公益性农产品市场建设，有效地发挥了公益性功能和示范带头作用，提高农产品供给质量和效率，满足多层次消费需求。三是加快再生资源“两网融合”。牵头实施城镇生活垃圾回收利用专项行动，研究起草《湖州市中心城区“两网融合”实施方案》，加快推动“垃圾分类和资源回收”两网融合。2019 年，全市城镇生活垃圾回收利用率达 40.7%，高于省定目标 2.7 个百分点、市定目标 0.7 个百分点。已建成吴兴区织里、安吉县城西等分拣中心 8 个，已培育美欣达、虎哥等再生资源回收骨干企业 15 家。通过推进再生资源回收利用，真正实现了生活垃圾减量化和资源化目标，加快全市垃圾填埋量、焚烧量“0”拐点形成。

【提升城市新能级】 一是加快发展楼宇经济。以打造新型贸易中心为目标，不断壮大楼宇经济，出台《湖州市促进楼宇经济发展三年行动计划（2019—2021 年）》和《湖州市商务星级楼宇认定办法》，启用湖州市楼宇经济信息管理平台，提高楼宇经济运行管理和监测水平。全市纳统楼宇 119 幢，实现税收 37.62 亿元。完成 1000 万元税收楼宇 56 幢，其中，1 亿元楼 8 幢，5000 万元楼 15 幢。二是稳步推进商贸业重大项目建设。以商贸业重大项目建设为抓手，着力扩大商贸领域有效投资，完善商贸业态设施，促进消费转型升级，实现投资和消费“双轮”驱动。2019 年，全市 51 个商贸业重大项目建设推进顺利，累计完成投资 97.04 亿元，进度居全省第二。其中 32 个项目完成当年投资超 1 亿元，14 个项目已竣工或部分投产。龙之梦、唯品会、铁公水物流综合园等一批带动力、辐射力较强的商贸业项目推进顺利。三是谋划推进夜间经济发展。充分发挥夜间经济完善城市功能、拉动城市消费、推动文旅发展、促进社会就业的基础性作用，积极打造夜间消费场景和集聚区，培育湖州“夜光经济”产业、品牌和产品，打造城市经济发展新亮点、新动力、新引擎。

【规范行业新管理】 一是加强特种行业管理。深化“最多跑一次”改革，落实“双随机一公开”，指导服务成品油、二手车、拍卖等行业和预付卡领域规范管理，确保相关责任落实和行业规范发展。2019 年，全市回收报废汽车 8398 辆，依法拆解 7362 辆；办理各类成品油审核和转报手续 10 件，完成 400 余家加油站（点）的年检工作，配合相关部门开展 7 次非法流动加油点集中清查行动；协调处理单用途预付卡投诉 200 余件。二是加强安全生产管理。配合市安监、消防等部门加强商贸行业安全监管，形成主要领导全面抓、分管领导具体抓、处室成员单位按职责抓和区县企业主体抓的制度体系。开展安全生产月、危险化学品专项整治、部门联合执法检查和重点企业消防应急演练，重点抓好湖州市物资化建民爆有限公司等 13 家与市商务局签订安全生产目标责任书企业的安全生产管理。三是加强应急保供管理。建立健全在政府领导下的部门协同、市区县联动、企业响应的应急保障工作机制。落实好“1＋4”应急保供预案和方案，进一步完善全市 34 家重点企业、120 个投放网点的应急工作网络，进一步提升湖州市生活必需品应急保供能力。全面落实生猪活体 3.8 万头（市本级 2.8 万头）、冻猪肉 1315 吨应急储备任务。加强“八大商圈”和黄金周消费市场定点监测，密切关注市场动态，强化商务运行及市场走势的分析研判。（陶建国）

·供销·

【概况】 2019 年，市供销社系统坚持以习近平新时代中国特色社会主义思想为引领，深入学习贯彻中共十九大和十九届四中全会和省、市全委会精神，扎实开展“不忘初心、牢记使命”主题教育，持续聚焦市委“一四六十”工作体系，大力实施市政府年度重大改革和重大事项，以实施供销社“1461”工作计划为主抓手，创新为农思路、搭建为农平台、落实为农举措，社有经济发展质量持续向好，为农服务能力水平稳步提升，各项工作走在全省前列。

【供销社综合改革有了新成就】 通过健全供销合作社联合社组织体制和内部管理机制，完善代表大会、理事会、监事会“三会”制度，从顶层设计上推动供销社发展与“农合联”建设的深入融合、互促互进，更好地履行“农合联”执委会职责。把谋划多年的大事、要事变成现实。湖州供销集团有限公司正式挂牌成立，加快社企分开运行，强化社有企业资产管理。

【“农合联”建设有了新气象】 坚持把“求实效”贯穿于“农合联”

建设全过程，努力打造“三位一体”农合联改革“湖州样板”。集聚生产、供销、信用服务功能于一体，全年新增乡镇“农合联”基层服务示范窗口7个、现代农业服务中心8家，大力开展“飞防”、植保、测土配方施肥，不断推动农业技术现代化，累计建成产业“农合联”29个、其中新增11个；加快构建“2+N”供销农展品牌，全年组织参加新春大联展、金秋大联展等各类农产品展示展销和农事节庆活动39场次，扩大湖州市农产品在本地和长三角地区的影响力。全年累计为广大农户授信17.2亿元，提供涉农担保6.88亿元，“农合联”会员信用评定率达100%；协调推出葡萄价格指数、杨梅雨季价格指数等农业政策性保险品种，与省农信担保公司达成协议，在全市建立1家办事处、5个代办点，借助省财政资金扩大涉农贷款担保受益面，服务“农合联”2000个会员。“农合联”党建取得新突破，“党建带会建、会员带农户”模式得到推广，10家基层“农合联”新增党建功能。

【社有经济发展有了新业绩】 供销集团成立后，社有经济围绕商贸零售、医药、建筑、石油、农业五大板块，形成以集团公司为龙头，浙北大厦、美信佳、华圣药业三大集团为主力，“农合联”资产公司、东湖石化、供销石油、新恩实业等企业为有力补充的“1+3+N”的发展体系，全系统全年实现销售收入140余亿元，同比增长8%。2月27日，浙北大厦集团引进战略投资人签约仪式举行，市委书记马晓辉出席，市委副书记、市长钱三雄讲话，企业发展掀开新纪元、迈入快车道，并制订5年100亿元、10年200亿元销售目标。围绕“百年浙北、百亿销售”目标，浙北大厦加快实施“走出去、强科技”战略，年内安排12.8亿元用于项目建设，先后在省内的嘉兴市及桐乡市，省外的江西南昌市、安徽合肥市加快项目建设，全年实现销售收入42.5亿元，增长10%，利润总额达6126万元，增长39.2%，增长幅度是上年近6倍。此外，美信佳、华圣药业两大集团的营业额均实现两位数增长，社有经济发展呈现出勃勃生机。

【农产品外拓有了新提升】 通过加快“两山”理念转化，以打响“湖州两山”农产品区域公共品牌为目标，努力在长三角地区主要城市建设“两山农品汇”，促进农业持续增效、农民稳定增收。已在上海、江苏的南京市、苏州市、常州市和浙江的杭州市、嘉兴市、绍兴市等长三角地区城市开设运营了11家“两山农品汇”，“湖州两山”农产品入驻上海光明集团100家门店。在湖州人大会上成功发布湖州十大“名特优新”农产品，对“湖州两山”“两山湖品”“山山湖品”等商标进行注册保护，通过区域公共品牌的推广，旗下合作子品牌的产品数量已达1000多种，据统计，带动全市农产品销售提升10个百分点，部分农产品溢价提升达50%以上，服务覆盖全市6.3万农户、生产基地面积17.7万亩，受到广大农业经营主体的一致好评。

【基层供销培育了新亮点】 立足全局谋发展，制订年度责任目标，细化任务分解，帮助理清思路，建立联系制度，加强跟踪指导，“一社一方”“一企一策”，基层发展特色显明、亮点纷呈。多次得到省、市领导的批示肯定，部分经验在全市复制推广。一是“消薄”增收更显精准。长兴县“农合联”在全省首创“十百千万”帮扶模式，建立特色产业“农合联”及会员帮扶低收入农户稳步增收长效机制和服务共享平台，2019年，帮扶低收入农户1679户，户人均增收达1万元以上。二是共建共享更有实效。南浔区“农合联”在区政府的支持下，自2018年来，每年获得1亿元运作资金，重点打造红美人、跑道鱼、稻虾共生、精品蓝莓、精品蔬菜5大万亩产业示范基地，引领周边农户共建共享，实现“千斤粮万元钱”的增收目标。三是社会化服务更加丰富。德清县在全市率先创建农机服务平台，配备高性能插秧机、收割机等专业设备，水稻收割成本每亩节约50元，为社会“飞防”服务3.6万亩；吴兴区联合无人机制造厂商成立“飞防”科技服务公司平台，并依托钱山下、尹家圩两大省级社会化生产服务中心，每年服务代收、代种3万余亩，“飞防”植保面积达6万余亩。四是个性化服务更具创新。安吉县在开展原有再生资源利用基础上，成立全省首家土壤修护研究院，免费开展土壤检测400余份，全年为茶农减免检测费用40万余元，重点针对白茶园开展土壤修护工作，助力可持续发展。

【自身建设有了新强化】 牢固树立“一盘棋”思想，党委认真履行党建主体责任，做到“学习全过程、指导全覆盖”，通过领学、送学、互学形式和领导蹲点联系制度、“一企一策”分类指导、联动开展主题教育活动等途径，在开展“不忘初心、牢记使命”主题教育工作中“不落下一个党组织、不忘记一名党员”，确保主题教育步调一致、一体推进。围绕市委、市政府中心工作，切实转变工作作风，固化每月召开的工作督评会机制，评比结果上墙公示，倒逼工作推进，促进干部之间比学赶超、比拼业绩，营造敢打敢拼、担当有为的干事创业氛围。以开展“十、百、千”走访服务为抓手，全年走访服务28家联系企业、27个基层社、20个产业“农合联”、107个市级“农合联”会员经营主体、500余家农户，收集问题58个，其中现场解决30个，需研究解决15个，上报市协调解决13个，上述问题基本得到解决。

【从严推进清廉供销建设】 市供销社以建立健全廉政风险防控机制为着力点，盯紧重点领域、关键岗位和重要节点，多措并举，着力打造“清廉供销”名片。一是严格落实“中央八项规定”精神。坚持作风纪律常抓不懈，通过下发通知、廉政短信、会议等方式，对纪律要求进行再强调，推动广大党员干部切实绷紧弦、不碰红线底线。针对“会议文件过多过频”“督查检查过多过频”“层层签订责任书”问题，切实开展基层减负行动，2019年，会议同比减少23.1%，发文减少29.8%。二是强化党风廉政建设自律教育。利用理论中心组学习、机关学习日、“党纪教育一刻钟”、主题党日等形式，强化党风党纪教育，开展“警示教育月”活动，观看《湖州市党员干部和公职人员违纪违法典型案例剖析》警示教育片，参观湖州市警示教育基地、红色革命教育基地等，让守正清廉的意识在广大党员干部中牢牢扎根。三是构建党风廉政建设防范机制。以“清廉供销”为总抓手，扛起主体责任，坚定不移推进全面从严治党。制订出台《湖州市供销社党委关于推进清廉供销建设的实施方案》，严格落实廉政风险防控机制、重点领域重点岗位廉政风险点排查制度，排摸年度“清廉供销”建设项目5个，明确牵头领导和责任部室，落实推进措施。积极倡导清廉风尚，强化机关廉政文化走廊建设，《市供销社以解决历史遗留问题为突破口高质量推进清廉供销建设》被市纪委刊发。（周　宇）

·烟草·

【概况】 2019年，湖州市烟草专卖局认真贯彻落实国家烟草专卖局、省烟草专卖局和市委、市政府决策部署，坚持稳中求进工作总基调，围绕烟草行业“从经营卷烟向经营资源转变、从经营商业向经营平台转变”的战略定位，深入推进“互联网＋烟草专卖商业”浙江模式在湖州烟草的深化落地，高平台上高质量发展的动能更为充沛。

【商业模式转型更加成熟】 2019年，实现卷烟销量13.52万箱，同比增长0.8%；销售额68.57亿元，增长4.39%；单箱销售额5.1万元，增长3.57%，列全省第二；全年税利增长4.95%；卷烟市场价格坚挺，重点品牌发展平稳，卷烟价类布局优化，定制品牌表现良好，零售客户盈利增长、信心充足。聚焦构建商业生态圈目标，按照产品化、标准化、模板化思路，在全省率先完成经营管理平台落地运行，形成标准化推广模板，为全省试点推广提供湖州方案。依托全省商业系统新的经营管理平台“四个香溢”建设，即零售客户一站式电商网站“香溢购”、零售终端门店管理系统“香溢通”、移动服务平台“香溢坊”和消费者会员服务APP“香溢家”，全面深化营销模式转型，谱写着“客我”共同成长的新篇章。全年建成116家合作终端，“香溢零售”品牌效应逐步释放，建成现代终端4315户。“香溢购”推广19932户，基本完成全覆盖；“香溢通”推广完成5499户，占比27%；“香溢坊”线上自律互助小组1187个，覆盖面达74.5%；“香溢家”注册会员39.6万人，活跃会员数10.8万人，活跃消费者会员比值80.5%。加快“主业＋多元”融合，持续提升平台黏性，非卷烟销售收入突破6000万元，占全省交易金额的44%。

【数据化监管成效更加明显】 聚焦“火眼系统”建设，深化协同机制，运用“153”工作法，立体化、数据化监管格局稳步建立，全年查获各类涉烟违法案件1284起；案值2910.1万元，同比增长2.7%；上报国际网络案件7起，省标网络案件3起，网络案件侦破数量达历史最好水平。主动应对互联网打假、打私新动向，聚焦加热不燃烧等新型卷烟制品惩治，切实做好打假、打私精品案件，湖州市局本级两起加热不燃烧非法经营案，涉案金额500万余元；长兴县局“2019·5·12”加热不燃烧非法经营案，涉案金额5000万余元，被列为部督案件，网案侦破实现量质同步提升。深化“放管服”改革，窗口现场办结率和网上办证率同步提升，基本实现“让数据多跑路、让群众少跑腿”；稳步推进中小学校周边零售客户清理；加大执法监督力度，强化法律风险防控，营造良好的法治环境。

【内部管理基础更加牢固】 以新的综合管理平台流程打通管理链条，提升企业内部要素和资源的配置效率，通过对指标、事项、制度的集中梳理，理顺以事项为中心的管理架构，做好目标管理、三项工作、客服中心等模块的推进，开展分类别、分模块的针对性实操培训，提高全员实际运用平台改善工作的技能，确保管理新模式基本落地。完善“4＋1”对标一体化联动和预警分析反馈机制，对标倒逼管理改进的驱动作用更加明显。以定额标准体系为抓手，将预算管理融入投资、采购计划和重点费用控制全过程，两项费用率5.17%，重点费用保持稳中有降，货币资金运营持续优化。制定《湖州烟草投资项目管理实施细则》，扎实推进“应招尽招、真招实招”。发挥审计经济监督作用，强化重大风险防范，规范水平持续提升。以网络安全为重点，持续完善安全风险防控体系，依托实战演练提升应急处置能力，安全保障作用持续增强。依托“项目＋团队＋人才”机制，切实提升全员在“互联网＋”新模式下的实战能力。《基于“五维一体”数据构建“看得见的稍紧平衡”市场运行调控体系》创新项目获全省二等奖，两篇论文均获中国烟草学会专业委员会评审一等奖。（蔡　伟）

·旅游·

【概况】 2019年，围绕市委“一四六十”工作体系，按照《加快打造滨湖旅游城市三年行动方案(2019—2021年)》的总体部署，以“高品质打造湖州文化生态新样本，高水平建设国际生态滨湖旅游城市”为总目标，扎实抓好各项工作落实，全面推进滨湖旅游城市建设。全年全市旅游业增加值244.5亿元、占GDP比重9%、同比增长10.28%（按统计年份）。2019年，全市接待国内外游客1.32亿人次，实现旅游总收入1529.11亿元，分别增长 11.7%和 12.7%；其中，接待过夜游客 4803.8 万人次；全市限额以上住宿业实现营收 23 亿元，增长 10%；限额以上餐饮业实现营收 26.1 亿元，增长 13.3%。世界乡村旅游大会永久会址已开工建设，国际滨湖度假大会永久会址落户湖州。太湖龙之梦等一批超大型文旅项目有序推进。湖州市被评为 2019 年“中国文化休闲旅游城市”“长三角最具网红特质旅游城市”和“中国旅游业最发达城市排行榜”30 强。

【南太湖文旅融合发展带形象初显】

以文化发展为基础，以文旅融合为契机，积极实施文化基因解码工程，提炼“丝韵、笔韵、茶韵、水韵、古韵、红韵”等文化内涵，启动“山水清远画湖州”文旅融合示范市建设，打造滨湖旅游“金名片”。一是树立融合理念。以湖州美术馆、城市客厅、城市阳台等文化场馆建设为契机，提升文化旅游公共服务水平。南浔古镇至长兴水口“南太湖百里观光大道”建设基本完成，为全力打造“滨湖十景”和“月光十景”打下良好基础。二是创新融合路径。制订《2019 年加快推进文旅融合发展示范行动方案》，全力推进服务龙之梦乐园试运营，强化南浔古镇、菰城景区等国家 AAAA 级以上旅游景区文化元素的挖掘。持续放大名城、名镇、名街、名村优势，花漾年华小镇非遗展馆的建设，推动了湖州市非遗保护工作。安吉古城遗址公园等文旅综合体建设，给全市人民带来文化盛宴。推出“南太湖文博之旅”十大精品线路，推动非遗展示展演、年俗文化活动、群众性文艺演出等进入各大景区、景点。年底，全市举办 300 余项文化旅游节庆活动。三是加快融合速度。启动打造笔都善琏、鱼都菱湖、桥乡双林、羊乡练市和蚕乡新市为主的古镇集群，推出“前世今生”古镇文化游，与 19 个沿河城市共同推出《京杭大运河古镇地图》，“湖州三街”、荻港古村等集历史文化展示和观光休闲旅游为一体的街区、村落文旅融合效应显现。长兴新四军苏浙军区旧址群等正联合嘉兴南湖景区打造浙北红色之旅线路。

【乡村旅游产业转型提升明显加速】

以制定《湖州市乡村旅游促进条例》为契机，加快“乡村旅游第一市”建设。一是平台创建有新突破。举办全市乡村旅游产业集聚区暨乡村民宿发展现场推进会，指导长兴小浦镇成功创建省级乡村旅游产业集聚区（全市现有 3 个，居全省第一），同时，加快推动安吉浪漫山川、南浔荻港水乡产业集聚区的培育建设。长兴县水口乡、吴兴区妙西镇、南浔区和孚镇均获评省级旅游风情小镇。长兴县顾渚村、安吉县余村村均入选全国乡村旅游重点村名录。德清下渚湖湿地风景区、南浔荻港景区均被评为省级生态旅游区。全市新增省等级民宿 23 家（其中白金宿 2 家、金宿 2 家、银宿 19 家），总数达 69 家，居全省第一；长兴银杏故里民宿成功创建首批国家五星级民宿。安吉山水灵峰田园嘉乐比等 22 家成功创建省级采摘旅游体验基地，数量居全省第一；南浔善琏镇等 7 家为国家 AAAA 级景区镇。培育打造星级生态度假庄园 5 个（其中五星级 1 个、四星级 3 个）。二是“两山”转化有新成果。创建国家 A 级景区村庄 224 个，国家 AAA 级景区 42 个，景区村庄覆盖率达 80.2%。制定景区村庄“十有十无”认定标准，积极推进“村游·湖州”项目，举办全市景区村庄“两山”转化培训，编写完成《湖州市 AAA 级景区村庄典型案例集》《湖州市巧打“旅游 + ”牌加速景区村庄“全域化”》专报信息被《浙江政务信息（专报）》录用。全市新增省金、银宿级以上民宿 23 家，省首批采摘旅游体验基地 22 家，职工疗休养基地 253 家。举办“百县千碗·湖州味道”系列活动，新开发“水乡百鱼宴”等特色美食，品牌影响逐步扩大。新推行全域旅游卡 8500 张，三是法规保障有新突破。牵头制定《湖州市乡村旅游促进条例》，经省人大常委会正式批准，于 9 月 27 日成为全国首部乡村旅游领域地方性法规，受到文化和旅游部肯定。得到部长雒树刚、副部长李金早批示，以情况通报的形式向全国各省、市推广“湖州经验”。推荐报送的《国际乡村旅游小镇的湖州样本》典型案例经省、国家部委层层审核，入选文旅部和国家发改委编印的《全国乡村旅游发展典型案例汇编》。会同国网湖州供电公司联合出台《湖州市旅游民宿生态用能绿色发展的实施意见》。

【全域旅游示范区建设有序推进】

以全域旅游理念，打造滨湖旅游“大景区”。一是推进全域创建。全力创建国家全域旅游示范区，安吉县成为首批国家级全域旅游示范区，长兴县、德清县进入省文化和旅游厅第二批国家全域旅游示范区候选名单，全力推进吴兴区、南浔区争创省级全域旅游示范区。深化全国行业信息化标准示范基地建设，初步完成“湖州文旅大数据二期”“一键智游湖州”微信小程序、“全市一张手绘旅游导览图”等平台建设，发布全国首个“5G + 智慧文旅平台”，受到《人民日报》客户端、《中国旅游报》的专题报道。湖州市被列入浙江省文旅系统政府数字化转型试点单位，被中国移动通信集团公司授予首个“文旅行业信息化标杆示范基地”。二是推进全域成景。加快实施“中国南太湖巨龙腾飞计划”，深入推进全域旅游“个十百千万”工程，提升国家级太湖旅游度假区、安吉灵峰旅游度假区的建设水平，加快德清莫干山国际旅游度假区创建国家级旅游度假区，推进安吉余村——竹博园景区创建国家 AAAAA 级景区，培育太湖龙之梦景区创建国家 AAAAA 级景区。全市已有省级以上旅游度假区 7 家，数量居全省第 1，是全国唯一拥有 2 个国家级度假区的地级市。德清地理信息小镇、吴兴西山漾景区、安吉田园嘉乐比景区成功创建为国家 AAAA 级旅游景区，全市有国家 AAAAA 级旅游景区 1 个，国家 AAAA 级以上旅游景区 25 个，数量居全省第三。三是加快

"1+3"文旅综合执法体制创新行动。出台《关于开展全市文化和旅游企业"四大建设"示范企业创建工作的通知》，指导各区县创建最优法治文化和旅游营商环境。"1+3+N"文旅综合执法体制创新被列入各区县考核中，年内在全市AAAA级以上景区和省级以上度假区设立25家警务室、25家消费维权分中心、25家旅游巡回审判点。"四项制度"按月推进。9月16至9月25日，组织市公安局、市中级人民法院、市市场监督局、市消防支队、市交通运输局等单位开展全市范围内联合执法行动。

【旅游品牌打造亮点纷呈】 一是国际国内交流进一步加强。成功举办2019长三角一体化文旅峰会暨国际滨湖度假大会、2019第十六届中国旅游发展北京对话·南浔古镇论坛、中国未来景区发展论坛暨莫干山民宿研讨会、长三角乡村文旅创客大会、全国《旅游民宿基本要求与评价》行业标准（修订版）宣传贯彻培训班等重大会议活动，全面提升湖州城市的知名度和影响力。积极推进世界乡村旅游大会永久会址和世界乡村旅游小镇开工建设。主动融入"长三角一体化"战略，联合上海、江苏、安徽等省、市的城市发布《长三角一体化文旅联合行动湖州倡议》，成立"长三角国家级旅游度假区（推广）联盟"。主动开拓境内外文旅市场，组团赴英国、法国、俄罗斯、克罗地亚、中国台湾等地开展文化和旅游交流推介活动，赴苏州、深圳、北京等18个高铁沿线省会城市和重点客源城市举办"湖州文化旅游专题推介会"，参加各类文旅展会，邀请350余家重点旅行社到湖州踩线合作。开通新疆柯坪县、吉林白山市、四川广元市等对口交流地区5条职工疗休养线路。二是境内外旅游市场进一步拓展。先后组团赴英国、法国、中国台湾等地区开展文化交流、旅游推介和乡村民宿考察等活动，并在英国伦敦、法国巴黎和西安市、哈尔滨市、新疆等增设5个旅游推广与联络处，取得较好的反响。年内，全市有25个驻国内外推广与联络处，并在重点客源城市聘请了1710名湖州旅游"三大员"，专业营销队伍建设进一步完善。三是文旅融合品牌进一步打响。成功打造"南太湖月光之旅""长兴茶文化之旅""南浔古镇之旅""吴兴菰城之旅""村游湖州"等10大特色精品线路。发放（使用）各类消费券44158张。先后赴苏州、深圳、北京等15个城市举办"湖州文化旅游专题推介会"暨"万名游客乐湖州"活动；组团重点文旅企业、文创团队、文博场馆先后参加义乌文交会、深圳文博会、上海世界旅游展等文旅展会，邀请重点旅行社到湖州踩线合作。

【旅游项目推进保障有力】 全力推进以"龙之梦"为龙头的160个重点文旅项目建设，其中"大好高"项目54个，总投资1535.01亿元，年度计划投资144.7亿元。一是加快项目引建。成功引进长兴养生谷项目、安吉红石崖景区项目等1亿元以上文旅项目20个，计划投资超200亿元。其中，龙之梦项目累计完成投资180亿元，完成总工程量的85%，钻石酒店、演艺中心、快乐农场梅园、动物世界等子项目已对外营业，总投资108亿元的海游天地度假城项目已全面启动建设。二是做强四大产业。通过"百大千亿"项目助推"311"大产业体系的形成，做大、做强、做特乡村旅游、滨湖旅游、古镇旅游、购物旅游四大产业。以全力服务龙之梦项目为重点，联动月亮酒店、湖州影视城等项目，推出湖州滨湖旅游十条特色线路。完成《南浔古镇调研报告》和《湖州（运河）古镇集群调研报告》，提升南浔古镇国家AAAAA级旅游景区建设管理水平。

【旅游企业培育逐步壮大】 一是加强企业培育深化。重点培育龙之梦等十大文化和旅游集团以及100家重点文化和旅游企业。全市现有111家文旅融合示范企业，税收超100万企业28家，超1000万企业17家，超1亿元企业4家（天能税收超10亿元）。引进JW万豪、洲际、皇冠假日、悦榕庄、喜达屋、HelloKitty、温德姆、凯宾斯基、雷迪森、阿丽拉、Odalys国际旅游品牌11个，引进龙之梦、浙江开元、港中旅、君澜、首创奥特莱斯、欧诗漫、裸心谷、裸心堡，西坡29、康铂、隐居、大年初一、花间堂、山屿海国内知名旅游品牌14个，累计25家。积极对接金融办，按照"六大建设"标准，全力做好裸心谷集团、银润集团和乐翻天旅游发展公司等文旅企业上市前期准备工作。安吉山屿海旅游发展股份有限公司、长兴百叶龙文化发展股份有限公司、长兴大唐贡茶院景区已在新三板上市。二是产品开发更加多元。度假区、景区、饭店、民宿、旅游商品和线路的文化内涵提炼阐释以及文化元素植入加快，美景、美食、美宿、美购、美线体系逐步优化。举办"百县千碗·湖州味道"系列活动，新开发"水乡百鱼宴"等特色美食，品牌影响逐步扩大。"青花瓷"湖笔、discovery户外装备系列等16件商品入选首批省优秀非遗旅游商品和2019中国特色旅游商品，获金奖3个。

【文旅市场高效监管】 一是行业引导有力。全面摸清文旅企业底数，截至年终，全市有网吧、游戏厅、歌厅、旅行社、星级旅游饭店、特色文化主题饭店、绿色饭店等文旅企业1507家，其中"僵尸"企业128家。深入开展"守初心百日攻坚、担使命质量提升"全市文旅市场百日攻坚行动，突出国家AAAA级以上景区和四星级以上旅游饭店主体，重点整治7类、23方面问题。截至年终，全市出动执法人员5928人次，检查各类场所10274家次，监管演出129场次，其中涉外演出33场次，涉港澳台7场次，处理各类旅游投诉41起，办结率达100%。取缔"黑广播"7起，刊发广播电视评议简报40期。二是市场秩序井然。全面梳理5大类、23种文化和旅游新兴业态，探索构建文旅行业新业态安全监管体系。

持续完善月度随机抽查暗访报告、双月秩序专项整治报告、半年联合执法检查报告和年度全面综合环境报告的“四报告”制度，形成市、区县、乡镇和企业四级联动的文化旅游市场安全管理体系。健全广电监测联合机制，广电市场进一步清朗。围绕“新中国成立70周年”“两节”“两会”“两考”等关键时间节点，突出文化演出、网络文化市场和“不合理低价游”等重点领域监管，组织开展“春季行动”“暑期整顿”“保健品”乱象系列、IPTV专项治理等整治行动，文化、旅游、广电市场安全有序。三是营商环境优化。深化文化广电旅游（文物）领域“最多跑一次”改革，简化办事事项、减少办事材料、缩短办事期限、优化办事程序，及时调整权力事项，划出新闻出版事项23项，电影事项8项，下放南太湖新区权力事项4项；所有188个办事事项全部实现跑零次，网办、掌办、即办比率达100%，实现承诺期限在法定期限基础上平均压缩60%以上。推进“无证明城市”创建，梳理并取消14项证明事项，取消比率达100%；梳理上报12项机关内部办事目录、办事指南和流程图，并全部通过专班会审。实行“遗失声明”网络公示4项。健全“红黑名单制度”和“动态退出机制”，出台《湖州市导游从业人员诚信管理》等制度，推进失信专项治理，取消四星级旅行社1家，约谈4家。举办“文明旅游 为中国加分”浙江启动仪式等文明旅游系列活动，全力营造文明有礼的市场氛围。（高　霄）

信 息 业

·信息化建设·

【概况】 根据全市机构改革方案，市大数据发展管理局于2019年1月组建，编制11名。主要负责统筹推进全市政府数字化转型，打造现代智慧城市工作。市大数据发展管理局有局党组成员5人，内设职能处室4个，下属副县级事业单位1个（湖州市数据服务中心，编制15名）。现在岗工作人员23人，其中实际在编行政人员8人，事业单位在职人员15人，核定编外人员3人。托管国有企业1家（湖州信息技术服务公司），在岗15人，主要负责机房运维和四大办驻点服务。自全市加快打造现代智慧城市暨政府数字化转型动员大会后，紧紧围绕市委、市政府“四个一”目标要求和“12346”总体框架设计，加快推进“数字之城、智慧之城、移动之城”建设。2019年，建成全国首个具有应用组件功能的城市大脑和全省首个基于政府数字化转型“四横三纵”架构体系的城市大脑，有效赋能近40个应用、上百个场景；政府数字化转型综合考核评价位居全省第五；入选国家新型智慧城市建设典型优秀案例；入围全球智慧城市政府管理与金融奖前三名，并荣获大中华区信息惠民和城市服务奖。

【推进营商环境便利化】 从审批时间长、提供证明多、办事不方便等企业意见比较集中的三大问题入手，对涉企事项流程进行梳理、诊断、再造，切实增强企业获得感，持续优化营商环境。一是推进数字集成，推行“一事一日办”。在全省率先上线“企业开办全程网上办平台”，通过集成办理，大幅压减企业开办材料、时间、环节、费用，年内新设企业网报量同比增长159.1%；出台全省首个《企业开办全流程“一件事”一日办结行动方案》，推行企业生命周期“一件事”一日办模式。在全省率先开展涉企证照通办改革，并依托政务服务网和“一窗受理”平台，实现当场办结、当场发证，全年累计办理各类通办事项5.9万件。二是推进数字减证，助力“城市无证明”。在全省率先开展“无证明城市”创建，公布取消证明材料2300余项，基本实现“减证便民”向“无证利民”的转变；在全省率先开发“证明材料远程协查平台”，有效配置证明事项264项；在全省率先开发“遗失声明公示平台”，证明遗失补办环节从3个减少至1个，材料从5份精简至2份，时间从3个工作日压缩至1个工作日，全年累计节省办事费用100余万元。三是推进数字换跑，实现“办事跑零次”。加大力度推进“政务跑零次”，发挥政务服务网信息枢纽功能，实现政务服务事项100%“网上可办”；率先打造涉企政策“云平台”，汇聚减税降费、高效审批等七大类、593条政策，发布449条政策解答，平台使用超3万次。着力推进“融资跑零次”，基于省公共数据平台和湖州城市数字大脑，打造“三绿三通”金融服务平台，推进企业融资“一网办”“零次跑”，首创“抢单服务、上门服务、限时服务”机制，全年帮助12000余家企业与银行对接，获得授信1500余亿元，授信利率下降8.3%。

【推进公共服务均衡化】 公共服务供给优质均衡问题是影响群众幸福感的重要因素。湖州市依托大数据、人工智能等新兴技术，推广全域协同的掌上办、刷脸办，破解公共服务过度集中的难题，让民生服务成果更加普惠均衡、优质高效。一是加快掌上办事“全覆盖”。组建一体化在线政务服务平台建设专班，集中攻坚“掌上办”，年内，全市“浙里办”已上线政务服务事项14966项，其中在市级部门办事事项中个人可办1635项，法人可办2507项；以需求为导向，上架遗失声明、菜篮子、健康湖州、助企直通车等8个应用。城市级民生服务APP“湖州掌上通”已实现智慧医疗、智慧停车、公交扫码、高速实况、两山农品会等高频民生服务功能，全面支持掌上便利，切实提升群众体验感。二是加快刷脸服务“全流程”。基于城市数字大脑的身份认证模块，湖州市民“刷脸”就可享受从诊疗付费到医保报销的全流程便利服务。“医后付”每天服务4000余人次，全年达181.1万人次，“医后付”金额4.6亿元；医保“刷脸办”将人脸识别技术和数据共享技术相结合，减少人工认证核验环节，让群众报销变得更简单、更快捷。三是加快均衡服务全域化。建立全市统一的分级诊疗信息系统，打造国内首个“无胶片化”城市，全市所有乡镇卫生院的拍片、心电图和检验标本均可上传共享中心，由区县级医院专家进行诊断和检测，以信息化促进优质医疗资源下沉。全省首发第三代社保卡暨湖州市民卡，范围将涵盖常住人口数的97.85%；承载身份凭证、信息记录、自助查询、就医缴费结算、待遇领取和金融支付等功能的同时，进一步做到“技术标准更安全、服务功能更全面、应用空间更广泛、平台支撑更稳定”。

【推进协同治理高效化】 从信用评价不够透明、事中监管不够到位、监管约束不够有力等三大问题入手，通过打造“真相可还原、问题可倒查、责任可追究”的智慧监管系统，切实提高监管公信力。一是推进信用监管，让治理制度更透明。全市公共信用平台已归集各类信用信息8000余万条，接入权力运行等21个系统，涵盖50余个部门、4200余个办事事项，调用核验、应用反馈信用信息12.8万条，对1900余个主体实施联合惩戒。推行“信用+审批”模式，在全市1700余个办事事项中，创新实施“信易批”“容缺受理”等便利措施，率先在全国推出涉企证照“承诺准营制”，全年完成“信易批”办件6000余件。二是推进实时监管，推进治理流程更可控。全市大气污染防治系统已采集大气污染源近6000个，在全省率先推广企业挥发性有机物（VOCs）治理用电监管技术，联网企业266家，实时监控企业治污设施运行状况，确保企业达标排放。基于城市数字大脑公共视频组件，社会治理综合信息系统已完成市、县、乡三级基层治理信息平台升级改造，实现多通融合、信息采集、交办流转、视频组合应用、可视化指挥调度等功能，年内，市级平台正结合县域数据，开发重点人、重点事和重大矛盾纠纷分析预警预测模块。三是推进社会监管，推进治理主体更自觉。启用“厨房革命”数字监管系统，已接入餐饮厨房9200余家，开发应用“食安指数”，对餐饮单位进行自动风险识别和评定；消费者全年查看厨房直播次数超500万次，倒逼经营主体规范后厨行为。以德清县为样板，在全省率先探索“一图全面感知”乡村智慧治理新模式，聚焦乡村规划、乡村经营、乡村环境、乡村治理和便民服务五大板块，建设乡村治理数字化平台。自9月上线以来，已处理环境污染、邻里纠纷等问题200余个。（潘名杰）

·电信·

【概况】 2019年，中国电信湖州分公司全面深入学习贯彻习近平新时代中国特色社会主义思想和中共十九届二中、三中、四中全会精神，践行习近平总书记“绿水青山就是金山银山”重要思想，全面落实市委、市政府重大决策部署，坚持党建统领，深化转型发展，做“领先的综合智能信息服务运营商”，加快推进高质量发展，实现企业转型新突破。

【网络建设新突破】 持续做好光网质量“双提升”工作，围绕各项专业指标开展光网质量提升工作，指标项均完成上级公司下达指标。落实能耗精确化管理工作，进一步深入挖潜，扎实有序地开展节能减排工作。部署XGPON设备、大客户的客户端接入设备，优化改造网格数156个；新建德清县、长兴县、安吉县华为OTN省级专网，部署市区所辖六个核心汇聚点。启动5G移动网络建设，以“配套改造先行、建设进度提速”的原则，实现5G示范应用场景的网络有效覆盖。推进下一代互联网技术和产业生态的体系建设，形成IPv6商业应用网络。

【勇担社会责任】 顺利完成全省扩大有效投资重大项目集中开工仪式在长兴吉利新能源基地举行，湖州电信完成全程音视频传送应急通信保障；完成国防动员潜力数据填写报送；参加市反恐宣传周启动仪式暨反恐应急拉练；为武警特战部队专项演练提供应急基站车进行4G信号补强，保障演练全军范围视频直播；根据市委市政府“坚决打好防御台风主动仗”的要求，将各项防灾减灾具体措施落实在台风“利奇马”来临之前，防患于未然。按照市防汛防旱指挥部有关指示，电信湖州分公司紧急调度海事卫星电话至市防汛防旱指挥部和安吉县报福镇政府，组织突击队奔赴台风引起故障现场进行处理，湖州电信全体员工携手并肩、众志成城，共同抵御台风“利奇马”，秉承“客户至上，用心服务”的宗旨，坚持履行央企责任，提升应对汛情的综合管理水平和应急处置能力，完善应急保障机制，确保台风登陆期间通信网络安全稳定运行；参加市反恐办及市公安局组织的三次反恐应急处置演练，均在规定时限内到达指定地点，为新中国成立70周年大庆期间的应急通信保障锻炼队伍，提高队伍的响应能力；参加市人防办在安吉县举行的“金盾19”人防应急综合演练；与湖州联通开展5G资源共建共享，扩展移动网络保障范围，党政军通信安全保障得到进一步加强。

【服务水平不断提升】 紧密围绕“全方位、全过程、全员”三全服务体系要求，坚持问题为导向，标本兼治，有效保障服务稳中提升。持续开展“百分服务走一线”活动。组织客服人员采用走出去的方式，倾听客户声音，全年组织12场、500人次参加活动，共同商讨并制订整改提升举措，客服负责跟踪督促整改进度。聚焦骚扰电话、垃圾短信、新老用户不同权、携号转网等群众关心的热（难）点问题，落实责任、细化措施、有效整改，加强事前、事中、事后全过程管控，全年推进和解决源头问题，解决率达100%。

【业务转型迈上新台阶】 量收兼

顾稳健经营。全面完成全年收入指标任务，全省排名第一。移动、宽带和天翼高清ITV等重点业务实现同比和环比稳步提升，新兴业务迈入新阶段，互联网金融圈持续扩大，物联网生态圈、云业务持续上升。以互联网思维打造信息化美丽乡村，让幸福注入生活，聚焦智慧养老、智慧医疗，全年扶贫助残1500余户。

【切实做好安全管理工作】 积极组织并参加2019年湖州市军警民护线宣传活动，主要宣传保护通信光缆人人有责、确保国防通信线缆安全等内容，现场气氛热烈，广大市民通过宣传知识的学习，进一步认识到保护通信设施的重要性；切实做好保密安全管理工作。根据市保密局关于“五个规范”的创建工作布置，严格落实“四个最严”工作要求，不断深化“五个规范”的工作标准，细抓深抓；扎扎实实做好重大活动安全保卫工作。圆满完成建国70周年、各级“两会”、第六届互联网大会、第二届进口博览会等重大活动期间的通信安全保障工作。

【获得荣誉】 2019年，电信湖州分公司被湖州市人民政府授予平安湖州建设夺“金鼎”集体嘉奖荣誉，被浙江省通信管理局授予2019年全省战备应急通信工作表现突出单位，被市国资委授予“特色、示范”党支部，湖州市政府授予湖州市垃圾分类标杆企业。（郭　慎）

·移动·

【概况】 2019年，中国移动湖州分公司持续深入学习贯彻落实中共十九大和十九届二中、三中、四中全会精神，按照市委“一四六十”工作体系目标和上级公司工作部署，围绕“奋力争当高质量运营模范生”愿景，加快赶超发展，践行社会责任，服务地方经济发展。全年实现运营收入21.62亿元，用户数达276万户，物联网连接数达301万户。

【做优品质夯实网络基础】 加快5G网络部署，助力5G试点应用落地，开通德清县五四村、市第一人民医院等50余个5G站点，覆盖市政府、各区县政府、安吉县余村景区等重要场景；优化手段多措并举，网络时延降至15ms以下、下载速率提至1.3Gbps；提早谋划5G二期建设，完成规划1562个宏站、258个室分站点。持续打造4G优+网络，全年新增4G基站规模3934个，4G基站规模达13581个（含FDD），解决弱覆盖点256个，新增扩容小区3132个；网络接通率达99.81%，视频业务平均初缓时延2667毫秒，质量全省领先。完善驻地网覆盖，统筹城区、乡镇和新农村各类场景，清单式解决，新建和扩容端口11万个、扩容补强0.7万户。不断提升IDC机房网络规模，带宽扩容至324G，总装业务机柜达259个。加强节点机房和传输管线等基础资源储备，全年完成69个节点机房选址，管道建设1124管孔公里、杆路922杆程公里、光缆4895皮长公里、光交754个。

【5G创新助推智慧城市】 重大活动塑造先发优势。于5月16日正式开放全市首个5G体验厅，打通全市首个5G电话。通过承办“5G+智慧文旅”平台发布暨“一键智游湖州”上线仪式、“赋能行业·焕享未来”中国移动医疗行业信息化研讨会、“智5G惠农业”中国移动“5G+”农业龙头示范研讨会等全国级活动，“智慧湖州”品牌效应初显。示范应用遍地开花。智慧渔业、智慧出行、智慧旅游三个项目列入中国移动集团首批“5G百项龙头示范项目”，占全省的1/4。智慧渔业，实现5G技术在智慧养殖、水产金融保险的应用落地。智慧出行，创建全国首个县域城市级智能驾驶与智慧出行示范区。智慧旅游，打造一个旅游服务总入口，为未来智慧城市建设提供数据基础。医疗方面，与湖州市第一人民医院密切合作，创建5G联合实验基地，先后开展多个智慧医疗方面的5G应用，包括5G远程手术及示教、5G远程B超指导、5G云医护等应用。电力方面，与国网湖州供电公司开展电力线智慧运维的探索，在特高压“太湖廊道”青山段投运首个5G基站，实现廊道巡检的可视化管理。工业制造方面，与久立集团开展5G智慧工厂的合作，利用5G的切片技术，搭建湖州首个智能制造5G工业专网，满足业务数据不出厂的核心需求，开展设备数据采集、设备智慧检修、远程维修指导三方面的应用探索。产业合作合纵连横。牵头成立南太湖信息化合作联盟，集行业主管部门、通信运营商、设备制造商、终端供应商、系统集成商、内容服务商于一体，构建跨行业、跨领域的产业合作生态，融合“共舞”，实现“共赢”。先后与南太湖新区、湖州市大数据公司、湖州市气象局、湖州市邮政集团、国网湖州供电公司等签约战略合作协议，积极探索合作新模式。

【完善服务品质】 完善服务流程，做好携号转网工作。进一步优化各项系统流程，完成5家营业厅“服务关怀专区”建设，确保携号转网工作顺利开展。完善产品体系，落实提速降费。持续下调流量单价，单价同比下调46.4%，落实流量资费一体化要求，推广流量放心用服务，满足用户大流量需求。4G服务用户241.4万户，用户占比88.4%；用户月均上网流量达9.3GB，同比增长30%。持续推进宽带提速提质，宽带提速22.6%，200M宽带资费下降28.5%。完善服务体验，推进服务“跑零次”。认真执行市跑改办各项自查梳理要求，开展《浙江省保障“最多跑一次”改革规定》专题学习。全市有14家营业厅实现网上预约、12家营业厅实现自助办理服务；3家营业厅实现客流检测、人脸识别的智慧服务升级。改进服务短板，提升服务品质。减少资费数量、简化资费规则、提升资费办理便捷度，严格按照工信部要求大力整治不规范外呼营销、不知情定制等侵害用户利益行为，外呼投诉压降42.9%，不知情投诉压降55%。举办社会监督员会议、“3·15”宣传、“总经理接待日”等活动，加强与公众沟通，提升服务质量。

【履行社会责任】 认真履行路长制单位职责，开展交通文明劝导、“三小车”整治、《湖州市文明行为促进条例》宣传等工作。组织“慈善一日捐”、义务献血、困难群众结对帮扶等社会公益行动，发挥文明单位模范作用。开展“七一”三服务现场活动，向市民们普及防电信诈骗知识、提供“最多跑一次，服务零距离”移动业务咨询、手机瘦身、免费手机贴膜等服务。开展“学雷锋 践善行”活动、“情系边远山区 点亮微心愿”主题党日活动，积极开展爱心帮扶、义务植树、文明劝导等志愿服务活动。配合市委宣传部开展农村党员“学习强国”应用推广，深入农村“一对一”服务，并配置专属套餐，协助推动4.2万户农村党员使用学习平台。认真落实“三服务”“双联系双报到”等活动，党委结对吴兴区埭溪镇芳山村、南太湖新区康山街道巴黎春天社区党支部，全体在职党员到居住地社区党组织报到，开展服务486人次，力所能及助推民生事业改善。全力做好冰雪灾害天气、新中国成立70周年大庆、世界互联网大会、上海进博会等重大活动期间通信保障工作。认真落实实名制、行业端口治理、垃圾短信治理等要求；持续做好反欺诈中心驻地工作，全年配合市公安部门处理通信网络警情3174件，配合处理及时率、准确率均达100%，止损520余万元。

【获得荣誉】 2019年，移动湖州公司《研究面向5G业务发展的传送网组网新方法》《研究视频监控网络质量诊断的新方法》均荣获亚洲质量改进优秀项目二等奖，《研究基于NSA组网实现无人船精准打捞新方法》获全国通信行业优秀QC小组成果奖一等奖，移动湖州公司党委获浙江省2019年度“国企党建品牌创新奖”，移动湖州公司获“平安湖州建设夺金鼎工作”集体嘉奖。 （潘立波）

·联合网络通信·

【概况】 2019年，中国联合网络通信有限公司湖州市分公司（以下简称公司）以习近平新时代中国特色社会主义思想为指导，深入贯彻中共十九大和十九届二中、三中、四中全会精神，树牢“四个意识”，坚定“四个自信”，坚持新发展理念，按照高速度高质量发展的要求，深入落实聚焦创新合作战略和浙江联通五年战略规划，培育强健互联网新基因，着力增强创新发展新动能，积极构建外联内通新生态，全体干部员工以党建引领、创新赋能、开拓蓝海、对标执行，纵深推进湖州联通高质量发展迈上新台阶。公司全年实现主营业务收入5.18亿元。

【强化党建统领凝集干事创业合力】 在党建领域，公司以“联党心 通民生”总品牌为主线，丰富饱满“五度”党建各项内容，班子的“头雁效应”、各支部的战斗堡垒作用、党风廉政建设等方面得到进一步强化。一是全面加强党的建设，坚决贯彻党中央对国有企业的党建要求，认真落实上级单位党建工作部署，将党建融入中心工作；二是扎实开展“不忘初心、牢记使命”主题教育，持续践行“三个一切”，深入基层一线展开主题教育专题调研活动，听取意见与建议，组织举办“总经理在线”活动和“企务公开”发布会，听取员工心声，了解员工诉求；三是落实党风廉政主体责任，纵深推进全面从严治党；四是将“奋斗”“奉献”作为企业文化，大力倡导，全面推开。

【互联网化新运营实现高效益】 2019年，行业收入占市场份额的15.8%，手机出账用户全年净增3.5万户。一是聚焦消费互联网，实现移动用户规模持续提升。以产品互联网化为核心，建立“1+N+M”生态圈，搭建场景化管理系统，强化高价值场景挖掘和运营过程管理。建设数字化营销体系，创新探索基础业务破局新路子。二是聚焦家庭互联网，构建智慧家庭运营体系。聚焦增收提质，强化提速营销和融合运营，面向智慧家庭构建泛终端融合运营体系；探索宽带销售新模式，进一步提升宽带电商化、规模化发展能力。三是聚焦价值升级、价值填充、维系保有，强化存量经营。

【创新业务取得新突破】 新增百万级项目14个，其中千万级项目5个。在创新业务领域，围绕县域产业特色，实现医疗影像云、纺织云、地信云和轻工业云的突破，积极推动企业上云及商铺市场SaaS应用发展。物联网连接数达124万张，在全国13个“物超人”的地市中，湖州是其中之一。积极抢滩5G布局，与多家单位签订5G+战略合作协议。积极打造产业互联网核心能力，规范售前支撑体系，建立标准化运维体系，组建自研团队和协维团队提升项目自主研发能力和售后维护能力，通过平台搭建和服务引领，大项目获取能力和项目服务性占比显著提升。年内，大项目合同收入突破1亿元大关。

【匠心打造网络领先优势】 实现移网质量提高。公司充分运用互联网+大数据思维，精准施策，持续聚焦优化，引领规划落地，4G人口覆盖率超95%。抢占5G宣传高点。在吴兴区织里镇轧村村老兵驿站开通全市首个5G试点基站；实现全市各区县营业大厅等近30处的5G室内网络覆盖。

【服务运营再上台阶】 通过加大“10分满意”口碑宣传、实施投诉驱动网络建设机制、提升网络投诉解决率、落实业务感知体验等举措，提升移网NPS；通过持续开展提速降费政策、开展宽带延伸服务、实施自有宽带感知调查、落实二次感知修复闭环工作等举措，提升宽带NPS。通过“小燕子”公益落实客户日活动，打造差异化服务，承担央企社会责任。全年开展活动106场次，服务覆盖3640人次，完成湖州联通“小燕子”公益组织备案。

【获得荣誉】 2019年，公司在平安湖州建设夺金鼎工作中，成绩突出，被授予集体嘉奖；公司获湖州市国资系统颁发的2019年度湖州市国有企业党建工作优秀单位；公司团委荣获湖州市先进团委荣誉称号。 （郑淑佳）

金融 保险

·金融改革与发展·

【概况】 2019年，全市新增社会融资达1924.8亿元。其中，银行机构新增贷款926.6亿元，企业实现直接融资998.2亿元。多层次资本市场持续扩容，全年新增上市公司1家，新增股份制公司167家，新增“新三板”和浙江股权交易中心挂牌企业109家。绿色金融改革创新取得突破，湖州连续两年被《亚洲货币》评为中国最佳绿色金融创新地区，被新华社和复旦大学评为长三角“40+1”城市群绿色金融竞争力第一。金融生态环境持续向好，金融运行总体稳健，银行不良贷款率下降至0.51%，信贷资产质量跃居全省第一。

【绿色金融改革持续深化】 全面推进国家绿色金融改革创新试验区建设，在制度标准、产品供给、组织机构、政策激励、绩效评价等方面进行全方位的创新和实践，累计有28项工作取得全国率先或首次。一是组织机构建设加快破局。创新构建绿色金融机构专营模式，全市绿色金融事业部、绿色专营支行等专营机构达到38家。其中，9家金融机构总部将湖州分支机构作为本系统全国试点，20余家金融机构出台支持湖州的政策，湖州银行创建成为境内第三家赤道银行、联合国环境署可持续发展银行网络试点银行。二是标准体系建设走在前列。围绕绿色金融领域绿色认定难，在全国尚未有统一的绿色金融标准的情况下，积极探索地方性绿色金融制度建设，在全省率先发布绿色企业、绿色项目、绿色银行、环境风险体检等10项地方标准，其中绿色项目、绿色银行等4项标准计划申请升格为省级标准。通过绿色金融标准的建设和应用，精准识别“绿”与“非绿”，引导金融资源绿色化配置。三是体制机制创新不断深化。率先开展绿色信贷分类贴标试点和MPA绿色信贷绩效评估试点，开展对公贷款进行绿色贴标，推动银行机构建立差异化的信贷政策，累计争取到央行额外再贷款资金35亿元。构建全国首个地方性“绿色银行”监管评价体系，定期评估银行机构对重点绿色产业的支持力度、环境风险情况和绿色经营目标完成进度。在全省率先研制区域绿色金融指数，全面、动态地监测评估绿色金融对绿色发展的影响。四是绿色金融供给着力加强。立足绿色产业创新发展和传统产业转型提升，推动“金融+”与“生态+”深度融合，打造绿色信贷、保险、基金、债券等供给体系，加强绿色金融供给。绿色金融产品累计入库创新案例129个，设立绿色产业基金48只、总规模达360亿元，发行绿色贴标债券18单，创新开发7大绿色保险产品系列。累计为132家绿色企业提供贷款贴息补助3216.6万元，绿色信贷余额达1073.7亿元，同比增长29.4%，占全部贷款比重22.2%。

【资本市场建设有序推进】 全面落实省“凤凰行动”计划，全力推进以企业股改上市和并购重组为核心的“五年倍增行动”，资本市场“湖州板块”持续壮大。一是股改培育步伐加快。深入挖掘成长性良好的优质企业，建立清单式培育档案，和浙江股权交易中心创新共建太湖“科技板”和德清“高新板”，创新“政府搭台、企业点单、专家授课”的模式，组织金融顾问、乡镇“凤凰培训师”进企服务，将企业上市培育时点延伸至全生命周期。2019年，全市举办各类专场培训活动15场，涉及企业1000家次，新增股份制公司167家，新增挂牌企业109家，“新三板”和浙江股权交易中心挂牌企业累计达921家，居全省第二。二是企业上市稳步推进。抢抓科创板推出的政策机遇，与上交所共建绿色金融资本促进中心，瞄准重点培育企业，制定规划、优化服务，优化审批备案等重点环节，打造企业上市“绿色通道”。2019年，纳尼亚在港交所成功上市，东方生物、德马科技、天能电池等3家企业申报科创板，科创板申报数量居全省第二。三是并购再融势头良好。针对企业上市前后在人才、资金、资本运作等各方面需求，重点打造线上线下互动式投融资服务体系，为100余家科创企业对接资本，助推发展。配套打造企业并购平台，通过举办并购对接会，为上市公司嫁接资源，开展对接，助力发展壮大。2019年，全市上市公司共开展并购重组19起，涉及资金60.35亿元。

【企业融资渠道持续畅通】 深入实施“融资畅通”工程，有效畅通金融活水流向实体经济的“沟渠”，着力破解企业融资难、融资贵问题。一是强化产业支撑，保障重点领域融资需求。充分发挥货币政策、监管政策、考核政策引导作用，实施金融服务“九大专项行动”，开展“亩均论英雄”、招商引资项目、军民融合企业、重点外贸企业等重点领域的融资对接活动，精准支持实体经济高质量发展。2019年，全市银行机构贷款余额同比增长24.5%，增速连续48个月保持全省前三，保费收入同比增长9.6%，增速居全省第四。二是补强金融短板，加大民营企业金融支持。细化落实中央加强金融服务民企的18条意见和省31条意见，制订出台加快推进金融服务民营经济融资畅通工程的实施意见，在全省率先发布“续贷通”服务公约，构建“续贷通”产品体系，创新开展绿色小额贷款保证保险（“绿贷险”）和绿色信用保证基金（“绿贷保”）试点，有效疏通贷款周转、投贷联动、担保增信堵点。2019年，全市累计发放“续贷通”贷款金额79.3亿元，为8699家企业减轻周转成本1.2亿元。小微企业、民营企业贷款贷款余额分别同比增长19.9%和18.8%，增速分居全省第一和第二。三是搭建服务平台，精准对接企业融资需求。围绕企业融资的堵点痛点难点问题，创新打造涵盖“银企对接、资本相亲、担保增信”三大体系在内的绿色金融综合服务平台，为企业提供金融要素一站式供给。“绿贷通”通过“信贷超市”和“担保集市”两种模式、首创“抢单服务”“限时服务”“上门服务”三大机制，为企业与银行打造高效的对接平台，累计帮助13480家企业获得银行授信1404亿元。“绿融通”汇集湖州优秀科创型企业和省内外投资机构，通过“资本相亲”、互相发单、专人对接，有效缓解投融资双方信息不对称问题，帮助74个科创项目实现股权融资66.4亿元。相关做法获得省委、省政府主要领导表扬肯定，新华社、《人民日报》头版等相继报道，并入选钱塘江论坛2019浙江金融服务十大创新案例。

【金融生态环境持续优化】 在金融规模合理较快增长的同时，金融行业运行总体稳健，金融生态环境持续向好。互联网金融风险、企业债务风险和上市公司股权质押风险均得到有效稳控，湖州成为全省金融最稳定的地区之一。一是涉险重点企业有效帮扶。建立“政银企司”四位一体重大企业债务风险协调处置机制，“一企一策”合力帮扶。综合运用财政奖励、股债结合、金融支持、能动司法等手段纾困上市公司股权质押风险，组建湖州市绿色金融纠纷调解中心。先后妥善化解了50余家重点企业的担保债务风险。全市银行不良率0.51%，信贷资产质量保持全省第一。二是P2P网贷风险有效整治。建立“一企一策一案一专班”机制，健全类金融业态市场准入联审、现场联合检查、楼宇巡视、风险监测信息通报等制度，加大P2P网贷风险、非法集资风险防范、化解和整治力度，累计检查类金融企业3000余家次，发现金融违规违法线索258条，清退类金融组织企业157家。全市存量的9家法人网贷平台，全部提前出清。新发非法集资案件数、涉及人数、资金分别同比下降63.3%、69.2%和67.8%，总量均居全省最低。三是地方金融监管有效落实。落实对小贷公司、融资担保公司、典当行、融资租赁公司、民间融资服务机构和转贷机构等地方金融组织的属地管理责任，出台促进融资担保行业健康发展实施办法，制定转贷服务机构管理办法、政策性融资担保公司考核评价办法。2019年，全市政策性担保公司担保余额同比增长63.2%，在保户数同比增长47.3%，担保代偿率同比下降0.54个百分点。

（吕　凡）

·金融业·

【概况】 2019年，湖州市人民银行紧紧围绕全市“一四六十”工作体系和高质量赶超发展目标，深入推进供给侧结构性改革，持续深化绿色金融改革创新试验区建设，推动全市金融体系平稳运行，有力地支持了实体经济高质量发展。

【社会融资规模大幅增长】 2019年，全市社会融资规模新增1333.79亿元，同比多增633.8亿元。其中，间接融资（包括本外币贷款、委托贷款、未贴现的银行承兑汇票）新增953.99亿元，多增376.29亿元；直接融资（包括企业债券、地方政府专项债券、境内股票融资）新增330.25亿元，多增254.55亿元。从结构看，融资规模增长仍延续近年来呈现的以表内银行贷款为主的特征，并且直接融资规模增长良好，社会融资结构趋于优化。2019年，全市贷款新增量占融资规模比重达69.35%，比上年下降17.2个百分点；直接融资占融资规模比重提升至24.76%，比上年提高13.95个百分点，其中，受债券融资成本不断下降、民营企业债券违约负面影响缓解和债券市场流动性合理充裕等影响，债券融资回升明显。2019年，全市企业债券融资净增274.34亿元，多增248.64亿元。

【贷款增长创历史新高】 2019年年末，全市本外币贷款余额4840.18亿元，全年新增926.61亿元，创历史新高；余额同比增速达24.55%，高于全省平均9.45个百分点，自4月起，全市贷款增速保持全省第一位，并连续48个月居全省前三。全市贷款结构主要呈现以下特点：一是制造业贷款稳步增长向好。至12月末，全市制造业贷款余额732.55亿元，同比增长11.71%，当年新增76.81亿元，多增39.58亿元。二是民营小微企业贷款较快增长。全市民营经济贷款余额为1896.94亿元，增长18.64%，当年新增293.26亿元，多增89.6亿元；全市国标口径小微企业贷款余额1254.23亿元，增长17.47%，当年新增186.53亿元，多增97.39亿元。三是绿色贷款高速增长。全市绿色贷款（地方口径）余额1073.71亿元，增长29.44%，当年新增244.2亿元，多增87.4亿元。四是房地产贷款略有降温。全市房地产及相关行业贷款余额1324.9亿元，增长29.56%，当年新增302.26亿元，少增9.88亿元。五是个人贷款增长。全市企业及机关团体贷款余额2832.79亿元，增长21.94%；全市个人贷款余额2004.38亿元，增长28.35%，其中个人消费和经营贷款余额分别为1203.94亿元和800.43亿元，分别增长31.39%和24.03%。六是保证抵押贷款占据主流。全市企业信用贷款余额269.65亿元，增长10.88%；全市保证贷款和抵（质）押贷款余额分别为1006.83亿元和1399.47亿元，分别增长18.08%和25.5%。七是贷款期限结构保持合理区间。全市短期贷款余额1666.9亿元，增长19.37%；全市中长期贷款余额3059.55亿元，增长

26.16%。八是票据融资大幅增长。全市票据融资余额109.53亿元，增长78.86%，特别是四季度因票据融资价格下降、银行营销力度加大而大幅增长，仅11月新增量达16.2亿元。

【存款规模平稳增长】 2019年年末，全市本外币存款余额5229.45亿元，比年初新增638.59亿元，同比多增94.53亿元，余额增长13.95%，增速高于全省平均1.26个百分点，居全省第三。2019年，全市各项存款余额月度波动趋势明显，至9月末达全年次高点后，出现两个月的回落盘整，12月末又快速增长达到全年峰值。一是从全年存款的增量结构看，非金融企业存款和住户存款增长较好，全年分别新增279.9亿元和322亿元，分别占全部存款增量的43.83%和50.42%，占比分别提高18.52个百分点和10.58个百分点；广义政府存款全年新增11.14亿元，仅占全部存款增量的1.74%，占比下降30.72个百分点，下降幅度较大。二是从全年存款的存量结构看，非金融企业存款和住户存款占据大头，全年余额分别为1798.59亿元和2454.87亿元，增速分别为18.73%和15.16%，均高于全省平均增速；受灵活计息类产品取消和结构性产品规范等因素影响，个人结构性存款下降明显，年末余额119.83亿元，下降17.21%；广义政府存款余额911.51亿元，增长1.33%，拉低全市存款增速；受政府性融资对存款派生作用持续下降、平台企业主动归还借款以及土地出让大幅减少等原因，机关团体存款余额下降最多，年末余额为748.41亿元，下降2.29%。

【资金价格持续下降】 自8月份开始，人民银行每月20日公布LPR报价，并以此为标准指导市场贷款利率。截至12月20日，1年期LPR利率报价为4.15%，比8月20日第一次报价下降10个基点，有效带动贷款利率水平的进一步降低。12月，全市贷款加权平均利率为5.66%，同比下降40个基点，其中企业贷款平均利率为5.32%，下降38个基点，其中小微企业贷款利率为5.48%，低于全省平均15个基点，下降36个基点。

【信贷资产质量继续保持全省最优】 2019年，全市银行不良贷款继续实现"双降"，即不良贷款余额和不良率均比年初下降。截至12月末，全市不良贷款余额比年初减少3.07亿元，不良贷款率0.51%，低于全省平均0.4个百分点，比年初下降0.2个百分点，信贷资产质量保持全省最好。

【贯彻落实双支柱调控政策】 一是稳总量，大力实施"融资畅通工程"。以实体经济需求为锚，完善MPA考核体系，引入结构性调节因子，创建货币信贷数理调控模型，合理把握全年贷款融资节奏，加大信贷投放窗口指导力度，满足金融机构信贷投放需求。全年实施6次降准，累计释放资金57亿元；发行同业存单351.21亿元，是上年同期发行量的5.12倍，核准发行绿色金融债17亿元。二是调结构，精准滴灌民营小微。出台"优供给 强服务 防风险"活动方案，开展"百名行长进民企""万家民企评银行"专项活动，会同市工商联建立5项机制，打通银企对接"最后一公里"。创新再贷款项目化管理模式，定向支持消薄贷等项目。三是重协同，全力支持乡村振兴。制订《关于湖州市金融服务乡村振兴战略行动2019年推进计划》，以全市13条农业主导产业全产业链为重点，依托农村产权制度改革优势，系统推进农村综合产权抵质押融资模式创新，通过专项资金扶持、批量授信贫困村等定向帮扶举措，全力支持集体经济薄弱村"消薄摘帽"。四是稳外贸，全力优化涉外金融服务。正式上线"对外支付税汇通"系统，成功试点湖州地区税务备案电子化，实现"数据多跑路、企业少跑腿"。推进资本项目外汇收入支付便利化试点，推广外汇行政许可业务"网上办理"。开展"外汇服务惠千企"百日专项活动，走访企业1000余家，"一企一策"分类帮扶。省内先行先试，对接"订单+清单"监测预警系统，差异化帮扶清单企业。举办"优化外汇服务助推外贸高质量发展"主题宣讲会，解读外汇政策。实现外汇行政许可"网上办理"。

【深化绿色金融改革创新】 一是加强基础设施建设，破解绿色金融可持续发展难。开发绿色金融信息管理系统，实现金融机构绿色金融数据穿透式统计、全景化展示、实时化巡检，在线开展绿色信贷业绩考评，为各项激励约束政策落地提供支撑。推广应用绿色金融信用信息服务平台，归集33万余家企业信用信息，为金融机构提供查询近1万次。二是完善标准体系建设，破解绿色发展评估难。编制湖州区域绿色金融发展指数，实现全国试验区首发。制定发布《区域绿色金融发展指数评价规范》等10项绿金标准，提供可复制、可推广经验。三是建立综合服务平台，破解绿色产融对接难。联合相关部门构建涵盖"绿贷通""绿融通""绿信通"三大服务体系的绿色金融综合服务平台，首创"抢单、限时、上门"模式，为企业提供贷款"网购"、股权融资网上路演、担保一键申请等"一站式"金融服务，累计帮助1.4万余家企业获银行授信超1280亿元，授信利率下降11.86%。绿色金改27项创新举措居全国第一，湖州荣获《亚洲货币》最佳绿色金融实践地区。

【扩大金融惠民覆盖面】 一是持续改善城乡支付环境。落实"最多跑一次"，稳步推进取消企业银行账户开户许可工作。与上级行、社保部门密切沟通，指导商业银行全面落实第三代社保卡发卡标准，成功实现全省第三代社保卡在湖州首发。开展"移动支付助力美丽乡村"活动，全力贯彻全省首个市、县发行"村务卡"行动，有6成助农服务点可受理移动支付，数量居全省第一，补齐农村地区支付短板。二是持续加强信用体系建设。在省内率先建立征信异议联络专员工作机制，要求各金融机构设立专岗联络员，配套服务机制，确保群众征信维权“有门”，异议处理“有路”。探索制定《湖州市个人信用报告代理查询网点标准化建设标准》，推动代理网点标准化建设，截至2019年年末，湖州16个代理网点均已达到查询网点的建设标准。三是持续提升国库服务质效。制定批量电子退库业务处理流程，简化退库手续，开通绿色通道，以“网传”代替实物传递、第一时间优先办理，有效助力企业减负增效。年内，集中办理“六税两费”减免退税业务10万余笔，金额3000余万元。同时成功设立国家金库湖州南太湖新区支库。四是持续优化人民币流通服务。全力保障2019年第五套人民币发行。创建南浔绿色现金服务示范区，牵头制订全省示范区考评办法，强化制度执行，被评为省级优秀示范区。五是持续加强消费者权益保护。联合市银保监分局、市金融办、市网信办、市市场监管局开展为期一个月的联网违法金融广告线上专项整治，肃清线上非法金融广告乱象。改进金融辟谣平台工作机制，在湖州发布、南太湖等市内主要媒体增设平台链接入口，有效扩大平台受众面和影响力。进一步推进金融知识普及宣传工作，推广“2250000”反诈热线，妥善处理各类金融投诉，全年累计处置金融消费者投诉36起。

【打好金融风险防控攻坚战】 一是创新预警机制，筑起市场主体风险防范“一道墙”。在全省率先建立《银行业金融机构涉诉（仲裁）案件监测制度》，按照“第一时间掌握重点案件、按季掌握一般案件”原则，对全市金融机构司法案件实施全面监测，对涉案标的2000万元以上的23件重点案件进行监测分析，做到风险可控。在全省率先出台《地方法人投保机构末位及风险异动纠正制度》，帮助部分中小银行逐步化解风险。积极应对中美贸易摩擦，创新性开展外贸企业抗压监测，提前预估企业信用风险。主动对接商务部“订单+清单”监测预警系统，对清单企业提供差异化外汇服务和分类帮扶，提升服务精准度。二是恪守履职要点，亮出反洗钱风险整治“一把剑”。打好扫黑除恶攻坚战，制订《2019年扫黑除恶专项斗争工作要点》，层层落实分管责任，重点在套路贷、非法集资、电信诈骗等金融领域开展反黑斗争，全年报送公安机关涉黑线索8起。将毒品洗钱工作纳入全市禁毒工作任务，协助市公安部门深挖湖州市“711”特大跨省贩毒案洗钱线索，推动案件宣判。三是部门协作联动，拧成地方风险处置“一股绳”。与市中级人民法院签订《金融司法协作框架协议》，推动僵尸企业、高新技术企业、房地产企业等破产重整。联合市金融办、银保监分局建立民间借贷协同工作机制，进一步惩治非法民间借贷行为。以“护航70周年”为专题，与市金融办、市公安局和市场监督管理部门对互联网金融风险、P2P开展联合检查整治，排除非法金融活动隐患。联合市中级人民法院、市金融办、市银保监分局在“绿贷通”平台增设司法保障通道，高效、便捷、低成本化解矛盾纠纷。6月，与市公安部门紧密配合，指导中国银行成功堵截一起跨国电信诈骗案，追回损失34.34万美元。（周传辰）

·银行监管·

【概况】 2019年，针对中国经济从高速向高质量增长的转型过程和银行业发展中出现的新情况、新问题，湖州银保监分局坚持以习近平新时代中国特色社会主义思想为指导，深入践行“四个引领”，聚焦“三个高质量发展”总目标，切实强化责任担当，全力助推湖州经济转型升级和可持续发展。2019年，湖州银保监分局被湖州市政府授予防范化解金融风险工作优秀单位，在平安湖州建设夺“金鼎”工作中被授予集体嘉奖，多项工作得到中央、省、市各级领导的批示肯定。

【支持转型升级】 2019年，湖州银保监分局认真贯彻落实上级各项决策部署，以提升信用品质、服务实体经济为第一要务，指导辖区内银行机构进一步优化信贷结构、加大金融产品创新、提升金融服务水平。指导湖州银行坚持“小而美”定位，制定高质量发展三年行动计划，顺利完成全年战投引进、增资扩股、不良股东出清、股权结构调整等6项重点改革事项，稳步开启IPO进程，高质量发展路径更加明确。年内，湖州银行成为省内首家、全国第3家加入赤道原则的银行，被《银行家》杂志评为2019年1000亿元资产以下的城市商业银行竞争力第一名，被《亚洲货币》期刊评为“年度最佳绿色金融区域银行”。

【服务实体经济成效显著】 一是打造民企金融优强工程。畅通民企融资渠道，引领银行机构探索供应链金融、纯信用贷款等服务模式，降低民营企业融资门槛。针对全市104家重点民营企业建立融资动态监测机制，保障企业融资畅通。至12月末，全市民营企业信用贷款余额比年初增长30.8%；贷款利率比年初下降1.02个百分点；制造业贷款增速高于全省平均5.4个百分点，居全省各地市第三名。二是高标准推进“4+1”小微金融服务差异化细分工作。2019年，湖州银保监分局印发《进一步优化小微企业园金融服务指导意见》等4项普惠金融政策，创新推出小微绿色园区贷、数字园区贷、科创园区贷、园区综合贷，并探索“金融+科技+园区+政府+监管”服务新模式，完成全市38家小微园区、2265户入园企业的建档授信，建立“伙伴银行”和主办支行制度，不断深化小微企业园区金融服务。

【改革创新走在前列】 2019年，湖州银保监分局不断深化改革创新，特别是绿色金融改革创新成果突出。湖州银保监分局围绕全国绿色金融改革试验区的建设蓝图，在全国率先发布区域性金融机构环境信息披露三年规划，并在CFA中国绿色金融论坛等媒体平台发布全国首个“1+4”区域性环境信息披露报告；发布全国首个“绿色保险”市级标准，实现对企业环污险风险等级的科学认定。截至2019年年末，全市“环境污染责任保险”项目共承保客户319户，提供风险保障2.67亿元；联合启动绿色小贷保证保险试点，由政府、银行、保险公司三方共同参与，通过财政贴息、贴费和风险补偿方式引导银行保险机构扩大绿色小贷规模，截至12月末，累计为51户小微企业提供1.02亿元授信担保。

【风险防控持续提升】 2019年，湖州银保监分局不断提高监管有效性，严格守住了不发生系统性、区域性重大风险底线。一是加大不良贷款处置化解力度，推动地区信用环境进一步优化。至2019年年末，全市银行业不良贷款余额24.73亿元，比年初下降3.07亿元；不良贷款率0.51%，比年初下降0.2个百分点，资产质量居全省第一。二是运用新思维、新举措防范重点领域潜在风险。湖州银保监分局指导辖区内5家农商行交叉开展流动性压力测试及应急演练，主监管员现场研判机构的风险抗压和应急能力，切实巩固农商行流动性风险防控质效。至2019年年末，全市农商行流动性比例为62.86%，同比提高5.38个百分点。依托债务会、联合会商等工作机制，妥善化解重点企业流动性风险、上市公司股权质押风险。三是强力打击非法金融，稳妥出清P2P法人机构。全面履行网贷风险整治“双牵头”职责，部署银行机构依托信息科技手段，建立专项模型，动态做好网贷风险监测预警。通过发挥跨部门合力，有效摸清网贷机构风险底数，第一时间遏制P2P网贷风险苗头，逐步推进网贷风险的平稳出清。

【监管效能显著提升】 2019年，湖州银保监分局创新监管手段，加大监管力度，扎实推进监管工作有序开展，监管效能得到显著提升。一是推动监管履职高效化。创新“五个一”监管走访机制即每周开展一次基层支行走访、组织一次合规测试、开展一次履职谈话、进行一次员工行为管控评估、调研一户信贷企业，多维度交叉验证，确保监管政策在基层行落地实施。全年累计走访基层支行20家、小微企业50余户。二是提高监管震慑力。继续深入整顿市场秩序，打击银行违规收费；加大行政处罚力度，对辖区内6家银行机构行政处罚款405万元。

【加强监管文化建设】 2019年，湖州银保监分局在浙江银保监局督导组的指导下，制定党风廉政建设党委主体责任和纪委监督责任清单，明确54项责任，巩固廉政履职基础。紧抓效能监督，制定《重点工作推进监督问效实施办法》，明确问效对象、问效情形和问效方式，开展监督问效2次，形成了有力的监督机制。创新监督方式，将廉政监督嵌入现场检查全流程，实现从查前培训到检查离场廉政监督全覆盖；创新廉政飞行检查机制，对3个现场检查项目实施飞行检查，将执纪监督落细落小落到位。深化警示教育，出台建立廉政负面清单，建设清廉文化走廊，内网推送“清风问廉”小贴士，树立“清廉干部”“清廉科室”标杆，营造浸入式廉政文化氛围。 （曹云超）

·中国工商银行湖州分行·

【概况】 2019年，工商银行湖州分行积极贯彻落实市委、市政府战略部署和工作要求，不断深化对金融地位和作用的认识，深耕实体经济，在民企、普惠、绿色金融等领域综合发力，提升金融供给质效，在全力支持地方经济发展的同时，实现自身各项业务的全面高质量发展。根据市委、市政府“保五争三拼第一”的目标要求，2019年，湖州分行在全省经营绩效考核中排名第一名、综合排名第二名，分别比上年提升2个和3个位次；在工总行二级分行经营绩效和业务发展考评排名中，绩效得分排名第六名、综合排名第十名，连续18年入围总行30强。各项工作得到当地政府和监管部门的认可，2019年，在市金融办关于全市金融支持地方经济发展工作综合考核中获评优秀单位，在市人行关于全市银行业金融机构综合评价中获评A等行。

【加大融资力度】 湖州分行始终坚持把自身经营发展放到湖州经济金融大局中去谋划和推动，注重加大对地方经济的支持力度。年末，各项贷款余额（含卡透）519.46亿元，增加83.08亿元，同比多增49.26亿元，创下历史新高，贷款增幅排名全省第一。同时，积极拓宽融资渠道，通过表外融资、跨境融资、票据转贴现、信贷资产转让和牵头银团贷款引入资金等方式融资达108亿余元。2019年，湖州分行先后与长兴、安吉县政府签署绿色金融“工融业盛”系列贷战略合作协议，在未来三年将新增不少于100亿元的融资支持。

【支持优质民营企业】 湖州分行注重发挥好支持民营经济的引领作用，做实民营企业金融支持。年末，民营企业贷款余额103.8亿元，同比增加23.84亿元。一是注重推进转型升级。大力支持民营企业进行技术改造，累计投放民营企业贷款达135亿元，积极推动优质企业综合性财务重组服务，针对境内外并购需求投放并购项目贷款14.5亿元。二是注重信贷机制创新。作为全省试点，湖州分行在辖区内率先开展重点客户牵头经营，授信1亿元以上的优质客户由市分行进行牵头经营，形成业务需求快速响应机制；成为全省信用风险业务人格化授权5家二级分行之一，进一步扩大审批权限、提升了审批效率。三是注重创新业务推广。积极推进融资结构优化，为优质民营企业发放中长期流动资金贷款11.7亿余元；积极推广中长期网贷通业务、年审制等，为民营企业减轻转贷压力。

【发展普惠金融业务】 湖州分行

坚守“不做小微就没有未来”的战略定位，开展“工银普惠行”主题活动，深耕小微经济，普惠金融快速增长，年末，普惠贷款余额40.61亿元，增加13.88亿元，增长51.93%。一是注重加强机制建设。完善考核机制、尽职免责机制、资源保障机制等，对普惠客户贷款给予专项规模保障。二是注重加强专营体系。完善普惠金融经营机制，在分行层面设立普惠金融事业部，全行小微中心数量增加至5家，并给予小微分中心业务审批权限，进一步提升审批效率；配置普惠专职客户经理30名，在网点建立普惠金融专员制度，实现普惠金融服务人员网点、机构全覆盖。三是注重加强产品创新。初步形成以“e抵快贷”“网贷通”“网上小额贷”“经营快贷”等为龙头产品的多种线上金融产品，担保方式灵活多样，客户可全流程实现线上操作，打造湖州地区营商最优环境。

【推进绿色金融发展】 至2019年年末，全行绿色信贷余额61.04亿元，比2017年7月（湖州市获批绿色金改试验区时间）增加32.85亿元，同比增长116%，绿色信贷余额增速显著高于全部公司贷款余额增速。一是注重加强绿色信贷投入。2019年，成功支持33个企业完成绿色企业升级、水环境综合治理、技能环保产业基地建设等项目。二是注重加强专营机制建设。湖州分行在系统内率先搭建绿色金融专营机构，成立绿色专营支行，组建绿色金融服务团队，并成功申报成为工总行系统内绿色金融试点行；同时积极尝试绿色金融研究，发布《工行湖州分行2018年度环境表现信息报告书》。

【提升客户服务水平】 深入开展“三服务”活动。一是主动对接客户需求。持续深化“助力民营经济走访百户企业”活动，主动走访企业1000余户，与47家民营企业建立战略合作关系。二是切实抓好流程优化。深入贯彻“放管服”改革，助力创建“无证明城市”，大力推进业务线上办理，让客户“一次都不用跑”。积极推广智慧银行生态系统ECOS，对传统柜面业务实现客户通过手机银行等线上渠道下单，打造全新线上线下一体化的客户服务模式；通过创新“不动产登记+互联网+金融”服务模式，实现不动产抵押网络化和便捷化。三是提升绿色金融服务水平。加大“绿贷通”平台宣传和对接，建立“1+3+9”金融需求响应机制，即1个工作日内接单响应、3个工作日内主动服务、9个工作日完成评估的银企高效对接服务机制。2019年末，已成功与904家企业在“绿贷通”平台上实现对接，并为698家企业制定授信方案，累计授信108.59亿元

【持续提升风险防控水平】 认真贯彻落实“从严治党、从严治行”的总体要求，坚守风险防控底线，确保全行安全经营，全年无案件与案件风险事件发生，未受到外部监管部门处罚。注重信用风险防控，年末，不良贷款余额2.47亿元（含信用卡），比年初减少2816万元，不良率0.48%，下降0.08个百分点，法人、个人及信用卡不良贷款均实现双降，继续保持全省及当地同业资产质量较好水平。

【充分展现责任担当】 湖州分行注重发挥国有大行的责任担当。一是加强企业减费让利。2019年，通过贷款利率优惠为普惠客户减少利息支出达1000余万元，真正体现“大行担当”。通过结售汇汇率点差优惠或设计避险产品组合，对外贸企业优惠让利1600余万元。二是加强企业纾困扶持。对区域内存在债务困境的民营企业，积极开展纾困帮扶。以社会稳定和经济发展大局出发，积极参与企业重组或帮扶脱困。对部分企业短期偿债压力较大的情况，根据其经营周期将部分流动资金贷款期限调整至2年期，积极帮助企业缓解偿债资金压力。三是全面推进阶段性重点工作。抓好ETC发行工作。年末，OBU安装客户总量7.6万户，占市级四大商业银行总数的41%。抓好三代社保卡发行工作，通过线上申请、全网点办理、主动上门服务等，三代社保卡总体申报量达12.87万户。四是助力防范电信诈骗。与市公安、保险公司在湖州市城区首创一条可全国应用的2250000自带保险的24小时“防诈热线”。热线从3月启用以来，累计挽回群众损失3000余万元。（陈柱康）

·中国农业银行湖州分行·

【概况】 2019年，中国农业银行湖州分行坚持以习近平新时代中国特色社会主义思想为指导，认真贯彻落实市委、市政府决策部署，积极推动主题教育与服务实体经济的深度融合，持续为湖州高质量赶超发展注入金融活水，全年贷款总量达556.06亿元，比上年增加90.95亿元，比2016年增加281.19亿元，贷款规模实现了三年翻一番。贷款总量连续二年、增量连续三年列全市金融机构第一，连续三年获得湖州市金融支持地方经济发展优秀单位和国家绿色金融改革试点工作突出贡献先进集体。

【支持重大项目和民生工程】 围绕省市重大战略规划，积极介入重点领域重大项目和民生工程，特别是针对安吉践行“两山”理念综合改革创新试验区、南太湖新区高能级平台和织里美好生活试验区建设等发展新机遇，一区一策，因地制宜提供差异化的整体金融服务方案。为推进工作，抓好进度，全行理出目标事项、目标客户、工作短板、工作时间、对应责任人和储备目标等“六张清单”，进行“挂图作战”、销号管理。全年共新获批项目贷款49笔，金额107亿元。

【深入推进绿色金融改革】 坚持以绿色发展为主线，2019年立足对制造业“扶优、增强、提绿”，创新设立了“绿色项目提速贷”“亩均贡献提效贷”“绿色工厂提升贷”等“绿企贷”系列新产品。产品突破以往银行贷款测算的限制，以企

业亩均税收来确定授信额度，配比差异化的信用贷款额度和优惠利率。“绿色工厂提升贷”入选湖州绿色金融创新案例，作为唯一国有银行二级分行参加在北京召开的全国绿色金融年会。2019年，新增绿色贷款25.48亿元，绿色贷款总量达107.52亿元，占全部贷款增量和总量的28.01%、19.34%，绿色贷款总量、增量均列全市金融机构第一。

【助推乡村振兴和扶贫攻坚】 助力改善农村基础设施，聚焦全域土地综合整治、美丽城镇建设、水务整合等领域，共对19个项目发放贷款22.64亿元，重点支持了全国首个田园综合体安吉鲁家村“田园鲁家”项目、安吉县梅溪镇马村村全省农行首笔土地整治项目、全省首笔美丽城镇贷湖州西塞山旅游度假区“坡地村镇”配套生态停车场建设工程等。着力壮大村级经济，助力农民增收致富，全市创建金融自治村115个，三星级以上信用村419个，已创建村民信贷档案22.17万户，累计发放惠农e贷14379户，金额52.23亿元。全力做好对口扶贫工作，选派3名干部到四川凉山挂职，组织民营企业家赴凉山考察，开展了产业扶贫、消费扶贫、捐资助学、爱心捐赠等一系列帮扶活动，达成了当地太子参、茭白、核桃等扶贫采购协议，促成了1000亩土地葡萄种植项目落地。

【支持民营和小微企业发展】 出台制订《支持民营和小微企业的发展意见》《深化民营企业金融服务工作方案》《民企金融优强工程活动方案》等若干政策文件，为高质量全方位服务民营经济和小微企业健康发展提供基础和保障。2019年新增法人贷款中54%以上用于民营和小微企业，其中民营企业贷款新增27.39亿元，占法人贷款增量的42.10%，余额114.81亿元；制造业贷款新增25.48亿元，占法人贷款增量的39.16%，制造业贷款余额91.75亿元；普惠型小微企业贷款余额41.05亿元，比年初增加10.79亿元，人行口径普惠金融领域贷款余额70.03亿元，比年初增加13.3亿元。2019年支持民营企业发展考核专项评价排名全省农行第一，荣获浙江省“民营最满意银行”市级机构称号。

【维护地方金融生态】 切实加大对企帮扶纾困力度，针对企业转贷难、倒贷贵、融资成本高的问题，大力推广“连贷通”“智动贷”“企业年审贷”等产品，实现周转“零成本”。加大利率优惠，持续收费减免，对小微企业免收现金管理服务等12项费用。全力做好信用风险管控，不良贷款余额0.99亿元，不良率0.18%，分别比年初下降1.23亿元和0.3个百分点，不良实现低位双降。 （徐志成）

·中国农业发展银行湖州市分行·

【概况】 2019年，中国农业发展银行湖州市分行紧紧围绕上级行党委和市委、市政府各项决策部署，立足三农、深耕三农，以“强党建、促发展、防风险、建队伍”等为重点，为服务湖州地方“三农”发展提供强有力的金融支撑。全年累计投放各项贷款55亿元，截至2019年12月末，各项贷款余额186.57亿元，比年初增加36.77亿元，增长24.5%；日均贷款余额增量47.42亿元，列全省首位；经营绩效考核列全省第一。

【业务发展全面加速】 充分发挥好政策性金融“当先导、补短板、逆周期”职能作用，不断提升服务地方“三农”发展的能力和水平。一是全力保障粮食安全。全年累计投放各项粮油收储贷款3.68亿元，支持中央储备粮油轮换6.44万吨，地方储备粮油轮换11.7万吨。二是全力服务国家战略。认真落实中央及上级行关于长江流域大保护工作部署，大力支持农村人居环境建设，不断推动美丽乡村建设提档升级，2019年，获批改善农村人居环境类项目5个，投放资金10.39亿元，获批水利项目2个，投放资金3.6亿元；积极借鉴“保函增信模式”，有力支持民营小微企业发展。2019年，已营销对接民营小微企业5户，投放资金1500万元；有效助力脱贫攻坚，继续推进“旅游+扶贫”东西部协作模式，已成功营销获批2笔、6.9亿元，扶贫贷款余额达5.5亿元。长兴支行被省分行评为“2018—2019年度脱贫攻坚奉献奖先进集体”。三是全力支持“三农”短板。深度聚焦农业农村基础设施重点领域和薄弱环节，持续加大信贷投放力度。2019年，获批农业农村基础设施建设类项目8个，投放35.23亿元；积极营销对接农地类项目，全年获批农地类项目5个，审批金额30.2亿元，累计投放10.8亿元。四是全力推进绿色发展。不断完善绿色金融管理机制，将湖州国家绿色金融改革创新试验区优势和农发行绿色信贷指引要求有机结合，加大加快绿色信贷投放。截至2019年12月末，全行绿色信贷余额35.09亿元，比年初增加20.22亿元，增长135.98%。窗体顶端

【风险管理全面推进】 一是加快推进不良贷款清收。在加快抵押物处置，压实部门和岗位职责的同时，提请法院通过网络执行查控系统等方法和手段查询被执行人的所有银行账户并采取冻结措施，督促其履行代偿责任，并于4月19日全额收回不良贷款本息，实现无损退出。二是有序推进信贷全流程标准化管理。紧扣总行信贷政策制度体系、产品体系改革各项要求，严把关键关口，提高办贷、管贷规范化和精细化水平；强化信贷前、中、后台协调联动，推进放款监督审核关口前移至调查阶段，确保新批项目贷款尽早实现合规投放；持续推进非现场监测通报和办贷、管贷提示工作机制，加强对全辖区内新业务发展、新制度执行的指导，解决基层行办贷、管贷实际问题。三是扎实推进全面风险管理。认真组织开展信贷专项检查、客户风险排查工作，督促辖区内机构按月开展风

险排查，确保排查范围、检查要点全覆盖；严格按照监管部门和农发行分类管理要求规范开展信贷资产、非信贷资产和基金风险分类，确保分类结果真实准确反映全行资产质量水平，为资产管理决策提供可靠依据。

【内部管理全面提升】　一是稳步推进财会改革。在做好系统上线前准备工作的基础上，认真开展上线演练，积极配合做好网银业务、票据、网上预约银行开户、新核心等系统的上线工作。持续抓好财会规范化管理，通过现场与非现场等多种形式，开展财会检查辅导工作。认真落实内外部各项政策要求，对内外部检查和各级行自查发现的问题及时落实和督促整改。二是有效履行合规职能。在抓实合规基础管理的基础上，强化整改和检查。通过深入开展自评估工作，组织开展2018年整改问责“回头看”、重点领域重点风险自查，深入查找自身问题和不足；通过县支行自查和市分行“上查下”双线并行，深入挖掘管理短板和薄弱环节，不断提高合规经营水平；通过开展法规学习、扫黑除恶、反洗钱等宣传教育，积极组织员工参加“我与宪法”征文比赛和微视频比赛，推选的征文荣获省分行一等奖、二等奖，微视频入选总行优秀作品名单。三是强化服务保障能力。认真落实关于解决形式主义突出问题为基层减负的有关要求，着力抓好精简公文、严控会议数量、减少调研次数等工作。截至2019年年末，全行性会议同比减少33%，发文数量减少30%，各条线下县支行检查次数减少30%；围绕全行中心工作，认真做好信息管理、公文管理、印章管理、档案管理、保密管理、安全保卫等各项工作。　（沈　昕）

·中国建设银行湖州分行·

【概况】　2019年，中国建设银行湖州分行（以下简称“湖州分行”）以党建为统领，围绕“强基础、优结构、控风险、保平安、增收入”的工作目标，着力推进“三大战略”（住房租赁战略、金融科技战略、普惠金融战略），持续深化绿色发展和转型创新，不断加大对实体经济支持力度，为湖州市经济社会发展做出应有贡献。至年末，一般性存款余额450.8亿元，比年初新增14亿元。贷款余额422.7亿元，比年初新增56.3亿元、增幅居全省建行系统第三。贷款不良额、不良率持续保持“双降”。经营效益持续提升，主营业务收入同比增长6.7%。

【努力提升服务实体经济能力】湖州分行不断强化服务实体经济能力，以监管部门“转型升级提质年”活动方案为指导，积极开展支持地方实体经济发展的各项工作。一是持续扩大实体经济融资规模。19个项目，中长期项目投放27.30亿元，投向主要为棚户区改造、房地产、交通、能源、环保、物流、制造业等领域。二是有效对接民企金融需求，为民企腾出更多信贷资源。全年民企贷款余额53.46亿元，比上年增加8.45亿元；民营企业贷款余额占对公贷款比例达29.75%，比上年提升3.64个百分点。三是深入贯彻落实普惠金融发展战略，主动履行服务民生社会责任。年底，小微企业银监“两增两控”口径贷款余额33.76亿元，比上年底新增7.85亿元。普惠金融业务逐渐向线上发展，小微“快贷”2005户，授信14.62亿元，投放1672户，贷款金额10.41亿元，占普惠金融贷款的30.84%，其中信用贷款达6.64亿元，年利率仅5%。四是加大制造业领域信贷投入，着力改善制造业金融服务。围绕绿色制造、智能制造，聚焦新兴产业发展和传统产业改造升级，年底，制造业贷款33.11亿元，比年初增加2.23亿元，扭转了多年来负增长的局面，体现政策导向和对制造业支持力度的加强。五是积极推进产品创新和移植，持续提升服务实体经济能力。推出“建行惠懂你APP”，小微快贷申请从原来的PC端转向现在的移动端，实现在线测额、预约开户、身份认证及贷款申请、签约、支用和还款等一站式办理。针对农民工工资拖欠问题提出全面金融解决方案，为大东吴建设集团提供网络供应链“民工惠”产品5100万元。六是持续推进绿色金融改革创新。建立绿色项目储备库，对绿色信贷业务设立“绿色通道”，对绿色贷款实行利率浮动优惠。全年投放绿色项目12个，累计投放8.69亿。年底，行内口径绿色贷款余额43.12亿，同比新增5.14亿元，增长13.53%。不断探索绿色新型融资工具，重点推进“绿色债券”项目，与安吉县交运集团达成合作，成为主承销商为其发行绿色PPN。

【构建多元化社会治理融资模式】　一是深入推进总行“三大战略”。在住房租赁战略方面，从上房源向系统应用和服务输出转变。积极拓展职工宿舍等专属房源，累计专属房源1.7万套。在普惠金融战略方面，增量扩面，邀请省分行房金部来湖州调研，为全国文明村安吉县余村村建设治理工作提供项目融资。在金融科技战略方面，持续推进金融科技平台及系统搭建，市第三人民医院、市妇幼保健院“银医通”项目正在逐步上线应用拓展；智慧校园建设逐步实施；积极拓展金融科技社会化服务平台，安心养老平台已成功上线12户，电子功德箱上线3户，乐儿园平台上线12户，党群平台上线174户，宗教平台上线318户，公益教育平台上线6户，力求以金融的智慧回馈社会。二是全力抓好建行“裕农通”普及工作。在全省系统第2个完成当地全部行政村的“裕农通”覆盖工作。开展“三个一”（送一本业主手册、布一台智能POS、办一场现场活动）活动，在各县域打造标杆服务点，将建行服务渠道延伸至乡镇，以金融力量助力乡村振兴。三是全力推进市民卡更新换卡及ETC金融服务。各机构纷纷成立金融服务小组，前、后台协调合作，前往各大企业、机关单位、医院校园，为客户提供市民卡更换服务。积极推进ETC服务工作，发挥“龙易行”设备离柜办业务优势，主动走出去为客户提供上门服务。四是持续深化“劳动者港湾”暖心服务。湖州分行打造“劳动者港湾”特色网点5处，做实做优“劳动者港湾”相关服务，关注户外劳动者。携手医院为户外劳动者提供健康义诊；将金融知识小课堂搬进“劳动者港湾”，帮助户外劳动者提高金融风险防范意识；设立独具江南特色的“书香建行”和“笔墨书斋”专区。南浔支行联合当地工会和摄影协会举办“为城市美容师美容”的活动；湖州分行营业部携手生活垃圾精准分类领导小组办公室开展“垃圾分类创文明，港湾服务暖人心”活动。 （赵 宁）

·中国银行股份有限公司湖州市分行·

【概况】 2019年，中国银行湖州市分行坚决贯彻市委、市政府决策部署，积极履行国有大行责任担当，深入开展金融“三服务”，采取切实有效措施，支持实体经济发展，为湖州经济高质量发展做出积极贡献。至年末，本外币贷款时点余额257.84亿元，比年初新增41.90亿元；本外币存款时点余额226.65亿元，比年初新增18.97亿元，实现存、贷款市场份额双提升。

【服务长三角一体化发展国家战略】 立足湖州实际，成立“长三角一体化”金融服务小组，积极向上争取人、财、物等资源支持，发布“服务长三角一体化发展行动计划”，与湖州市政府、南浔区政府签订全面战略合作协议，商定分别提供1200亿元和300亿元授信支持，全力参与和支持地方重大基建项目、重点民生工程和新建产业园区等建设。全年清单化梳理项目302个，合计金额686.87亿元，其中获批复项目185个，合计金额213.69亿元，实现投放112.55亿元。支持天能、诺力和先登高科等绿色智造领军企业，支持吉宁高速、海港集团等基础设施重大项目和太湖龙之梦乐园等湖州新地标，助推南浔古镇、云上草原等生态旅游项目。

【加强实体经济支持力度】 围绕“长三角一体化战略”、全省“大湾区大花园大通道大都市区”建设和“中国制造2025浙江行动计划”等，优选民企清单，主动开展“一对一”对接。开通民企贷款审批绿色通道，缩短民企融资链条，清理不必要“通道”环节，合理控制贷款利率水平，帮助民企最大限度降低融资成本，2019年，针对民企的信贷融资平均利率比2018年下降10%以上。陆续推出“白茶贷”“烟商贷” “聚财商户线上经营贷款”等新型个人普惠信贷产品，为众多私营企业主、个体工商户带来资金的“及时雨”；加强推广“中银循环贷”等特色产品，切实解决小微企业转贷难、转贷慢和转贷贵的问题。出台针对小微企业的优惠利率政策及费用减免政策，12月，新客户与存量续贷客户一律按照优惠利率4.01%执行，确保降息让利政策惠及更多企业主。2019年，全行累计投放普惠贷款近25亿元，年累放利率仅为4.21%，比年初下降0.97%，利率水平列市级四大行最低。

【深化绿色金融业务发展】 深入践行习近平总书记“两山理念”，成立系统内首家绿色金融业务中心，先后出台《绿色金融三年行动规划》《绿色金融工作清单》《绿色金融产品手册》，助推湖州经济绿色腾飞。贯彻落实湖州建设全国绿色金融改革试点城市的工作要求，优化信贷投向，重点支持现代农业、信息经济、高端装备、健康产业、休闲旅游、循环经济、清洁能源和特色文化（特色小镇）等“生态+”行业，大力支持“五水共治”“四边三化”“三改一拆”等环境治理项目。全年叙做绿色项目10个、国家绿色工厂客户5户、湖州市绿色工厂客户11户、国家绿色供应链示范企业4家，批复金额合计28.36亿元。在湖州地区推出“绿色园区贷”产品服务方案，先后为中节能绿色产业园、万马智能制造产业园和湖州中小微企业智能制造产业园等项目以及入驻绿色企业提供授信累计达1.8亿元。探索绿色金融支持绿色农业发展路径，成功打造安吉“白茶金溯卡”项目。通过推广一张“金溯卡”，从金融助农、产品溯源和市场管理等多个层面，满足安吉茶农、茶商对便捷金融服务的需求，进一步规范白茶市场。截至2019年年末，全行绿色信贷余额55.50亿元，比上年新增12.70亿元，无不良发生。绿色信贷考核全省排名第一，绿色信贷增幅在全市考核中列市级四大行第二。

【优化跨境金融服务水平】 充分发挥国际业务专业优势，实现国际结算业务、跨境人民币结算业务市场份额双提升，荣获本外币评估“双A”成绩。针对中美贸易摩擦升级、汇率双边波动加大的形势，与市工商联、湖州中信保签订战略合作协议，积极举办各类客户推介会、外汇产品宣讲会和汇率避险讲座，坚持开展送教上门服务，助力湖州外向型民企应对贸易摩擦。在“广交会”以及“进博会”等平台为客户提供撮合服务，在“进博会”上成功帮助湖州企业签下大单，金额合计4.3亿美元，占全市签约金额的83%。积极参与国际贸易“单一窗口”的推广，实现湖州地区首发，为7家企业便捷化办理跨境汇款业务，金额合计550万美元。充分发挥全球清算联系网络优势，在短短10个工作日内，帮助阿祥集团追回34万余美元跨境网络诈骗款项，创造湖州金融史上追回跨国诈骗金额最大、历时最短的纪录，得到湖州市委书记马晓晖批示表扬。

【坚持合规稳健运营发展】 深入开展金融“治乱象”和“敬畏监管、回归本源”合规治理专项行动等工作，全年实现零发案、零事故，确保安全运营，整体经营管理工作得到上级行和各监管部门肯定。开展全行授信风险大排查工作，不断健全风险管理机制围堵风险。千方百计帮助企业“资产瘦身”，降低企业负债包袱，改善融资结构、降低财务费用，尽早恢复企业造血功能，帮助企业渡过难关，轻装上阵。担当国有大行社会责任，与受困企业共进退，顾全大局，共渡难关，对大港、华翔高纤、尤夫和长兴第一化工等企业进行分类帮扶。至年末，全行表内不良化解本息合计1.42亿元，不良余额为3.36亿元，综合不良率1.30%，总体风险可控。（吴苇航）

·交通银行湖州分行·

【概况】　2019年年末，交通银行湖州分行人民币存款128.41亿元，人民币各项存款日均余额137.9亿元；全融资余额176.2亿元，其中人民币贷款131.33亿元；实现经营利润2.51亿元，不良贷款和不良贷款率实现“双降”，成功晋级交通银行省辖行“二类A等行”。

【贯彻落实国家发展战略】　认真开展“不忘初心 牢记使命”主题教育，深入学习贯彻习近平新时代中国特色社会主义思想，贯彻落实长三角一体化发展国家战略，交通银行湖州分行率先在全市银行中与市政府签署湖州支持长三角一体化“千亿银政战略”合作协议；安排总行领导与市政府主要领导会晤，加快项目对接。2019年，对接项目13个，授信总额37.8亿元，储备项目28户，申报授信敞口68.6亿元。

【大力发展绿色金融】　利用省交行内首个“绿色信贷”专项授权优势，落地市“十大重点项目”——新城吾悦广场，落实首笔绿色建筑业务。签约“绿色小额贷款保证保险（绿贷险）”协议，对接“绿贷通”“绿信通”等平台，成为唯一获“绿贷通”标兵单位的国有银行。至年末，绿色信贷考核排名居省交行首位。

【持续支持小微企业发展】　认真开展“三个提质年”“四项精品工程”“金融便民工程”，2019年，新增一般授信客户20户，小微客户141户。借湖州交行成立25周年之机，举办客户答谢会，提升行业口碑。推广“云闪付”APP，全年累计注册新客户数居同业首位。

【凸显转型发展亮点】　签约湖州市首笔烟草“主动付”和批扣业务，落地湖州市首笔“总对总”线上抵押登记业务，在交通银行2019年新模式下首单家族信托，浙江交行首单保险金信托，率先在浙江交行内上线商品房预售资金监管系统。大力推动厅堂一体化，实现分流率90%，比上年提升12.5%。

【有力推动资产质量提升】　2019年，清收存量风险资产4.52亿元，至年末，逾期贷款余额、逾期率、不良贷款余额、不良率均降至近年来最低值。困扰本行三年之久的商业化受托清收项目实现重大突破，超额年度完成任务。帮扶困难客户23户，其中丝绸之路信贷重组入选市政府典型帮扶案例。（潘颖谦）

·湖州银行·

【概况】　2019年，湖州银行深入贯彻落实中共十九大精神和习近平总书记关于金融工作的系列讲话精神，扎实开展“不忘初心、牢记使命”主题教育，紧紧围绕“金融+科技+绿色+合作+风控”的发展战略，坚守本源、专注主业，走出一条深耕本土、拥抱科技、开放合作的高质量发展的绿色路子，开创了发展业绩好、发展有特色、发展可持续的良好局面。

【各项经营指标再上新台阶】　截至2019年年末，全行总资产712.05亿元，比年初增长36.87%，资产规模跃居市内第一；总负债667.48亿元，比年初增长37.29%；所有者权益44.57亿元，比年初增长30.92%；广义信贷余额546亿元，比年初增长26.86%，其中各项贷款余额357.70亿元，比年初增长27.39%；各项存款余额515.44亿元，比年初增长19.12%，其中储蓄存款222.54亿元，比年初增长33.18%；全年实现利润总额9.87亿元，同比增长54.43%，税后利润7.57亿元，增长54.90%；全行不良率0.59%，拨备覆盖率629.42%，减值准备余额14.75亿元，处于法人银行最优水平。

【建设绿色金融迈向新高度】　抓住湖州国家绿色金融改革创新试验区建设的政策红利，加快绿色金融创新，用三年时间实现绿色金融的从无到有、由弱到强，绿色金融的品牌影响力不断提升。成为境内第三家“赤道银行”；作为首批中英环境信息披露试点行，与中国工商银行、兴业银行、江苏银行、汇丰银行同时发布首份环境信息报告；荣获《亚洲货币》“年度最佳绿色金融区域银行”奖项；2019年，连续两个季度绿色信贷业绩评价居全省178家法人金融机构第一位；被湖州市政府评为“湖州市国家绿色金融改革创新试验区建设优秀金融机构”。截至2019年年末，全行绿色贷款余额108.01亿元，比年初增加23.45亿元，增长27.73%，占全部贷款的30.19%，不良率为0。

【服务实体经济展现新作为】　主动扛起地方城商行的责任担当，在全省“万家民企评银行”评选活动中，获“民企最满意银行”称号；被湖州市政府评为“金融支持地方经济发展银行综合考核优秀单位”。截至2019年年末，全行小微贷款余额238.94亿元，占全部贷款的67.06%，其中“两增”口径小微贷款余额116.7亿元，增长27.99%，高于全部贷款增速；民营企业贷款余额148.76亿元，占全部贷款的41.58%。优化网点布局，建半小时服务圈，近三年累计新增网点17个，市内网点达56个；加强产品创新，建接地气产品库，年内全行特色信贷产品超30款，满足企业个性化融资需求；深化支持民营企业“十大举措”，做企业成长伙伴，特别是大力推广无还本续贷、投贷联动等产品，为企业提供长期限、低利率的资金支持。

【推进差异化服务开辟新模式】 在国际业务方面，以孟加拉国单证业务为切入点，与孟加拉国38家银行建立代理行关系，截至2019年年末，全年累计通知孟加拉信用证2.3万余个，并积极复制推广至其他“一带一路”国家，相关国家代理行数量已增加到89家；持续推出信保融资、假远期信用证代付等创新产品，解决出口企业账期长、回款慢、呆账多等问题；启动代理境外银行跨境人民币清算业务试点业务，助推人民币国际化。在供应链金融方面，聚焦“系统建设、产品建设、模型和数据建设”三大重点工作，有序推进“双一”（“线上一分钟响应、线下一小时服务”）工程建设；陆续开发以德华集团、升华集团、星光农机、香飘飘等本土龙头企业为核心企业的线上供应链产品，并将模式复制推广至物产中大等省属大型企业，深入挖掘供应链市场。

【推动改革发展呈现新亮点】 “上市IPO”全面提速，同时，以上市工作为契机，着力完善公司治理体系、提升治理能力；“引战投”顺利落地，物产中大集团战略入股湖州银行10%股份；“走出去”战略稳步推进，湖州银行杭州分行设立工作进展顺利；优化考核考评机制，出台职业经理人考核办法，修订完成年度分支行绩效考核办法、规模等级行制度、分支行人员定编办法，创新总行部室考核方式，建立“1+N”绩效考核体系，对金融市场部等6个前台部门试行KPI考核；有序推进基层支行织里支行改革试点工作，改革工作迈出坚实步伐。

【严守风险底线形成新路径】 完善派驻机构风险管理体制机制建设，将风险经理与分支行风险管理部经理进行整合，建立健全覆盖董事会、经营层、全员干部员工和涵盖信用风险、流动性风险、操作风险等在内的全面内控管理体系；积极探索技控风险手段，与各相关地区大数据部门合作引入相关数据开发风险监测模型，实现业务流程阶段的触发式预警及贷后风险监测的自动化、数据化和智能化；开展“严内控、重合规、促发展”等合规活动，从信贷管理、影子银行和交叉金融业务风险、重点风险处置等5个方面17个工作要点，开展自查和“上查下”工作，共计发现问题291个，整改问题223个，整改率76.63%。

【党建引领发展提升新形象】 以习近平新时代中国特色社会主义思想为指引，深入开展“不忘初心、牢记使命”主题教育、“好班子”建设年活动和“双十”评选活动，评出10位担当作为好干部，引导全行员工向榜样学习、向榜样致敬，进一步激发全体干部员工的凝聚力、战斗力和向心力。出台清廉银行建设实施意见，提出“六清工程”任务清单，全力打造风清气正的政治生态。年内开展总行中层正职公开选聘、校园招聘、社会招聘等16次人才招引工作，招引大学以上人才254名，其中，研究生以上学历42人；持续加大人才培育力度，提拔干部27名，干部交流16名，为高质量赶超发展提供强有力的人才队伍支撑。 （宋莹）

·浙江省农村信用社联合社湖州办事处·

【概况】 2019年，湖州农信系统坚持服务“三农”和民营小微企业的市场定位，围绕“做业务最实、与民企最亲、离百姓最近”的定位，坚持数字化和大零售转型方向，开展“以人为核心的全方位普惠金融”活动，业务规模不断壮大，资产质量保持稳定，创新能力稳步提升，竞争实力逐步增强，综合实力继续领跑全市银行业，为湖州市经济社会发展做出积极贡献。全年存、贷款总额分别达1401亿元、995亿元，同比分别增长14.16%和19.98%，存、贷款市场份额分别达26.78%、20.55%，稳居全市金融机构首位。实现财务收入81亿元、净利润17亿元，缴纳税收8.57亿元，地方入库税收居全市银行业首位。在全省农信系统考核中，湖州办事处被评为优秀办事处，德清农商银行被评为“综合实力十强银行”，吴兴农商银行被评为“业务成长十佳银行”。南浔农商银行被评为进取类考核一级（优胜）单位，吴兴农商银行被评为发展类考核一级（优胜）单位。在全省农信系统“开门红”劳动竞赛中，湖州办事处获二等奖；长兴、德清、吴兴、南浔四家农商银行分别获一等奖、二等奖、三等奖和优胜奖。

【助推乡村振兴战略实施】 一是担起“主办银行职责”。为各级党委、政府实施乡村振兴战略提供全方位金融服务，湖州办事处与市农业农村局签订《金融支持乡村振兴战略合作协议》，计划累计提供1500亿元乡村振兴信贷资金。全市五家农商银行全部被区县政府授予“乡村振兴主办银行”称号。二是壮大农村集体经济。推出“兴村贷”“消薄贷”等专项产品，已支持村集体经济472个、金额24亿元，其中，扶持经济欠发达村124个、金额5.49亿元。三是加大涉农信贷投放。将信贷投放重点放在农业、农村领域，至2019年年末，涉农贷款总额793亿元，全年新增129亿元，其中，农户贷款487亿元、农村企业贷款245亿元。支持农业龙头企业、农民合作社、专业大户、家庭农场等新型农业经营主体4375户、金额19.13亿元。支持农村“双创”7801户、金额26.74亿元。四是助推农村社会治理。深入实施“整村授信 整村批发”信用工程建设，让“好信用”成为农民获得贷款的“通行证”。评定信用乡镇41个、信用村622个、信用农户46.46万户。发放信用贷款18.59万户、金额311亿元，分别占贷款总数的66%和31%。协助规范农村“三资”管理，发行“村级公务卡”

2931张。

【缓解民营小微企业融资难题】 一是开展“三服务”活动。开展“情暖民企小微年”、小微企业“伴飞行动”等活动，建立“三张清单”，“一户一策”解决融资难题，全年累计走访民营小微企业42870家。二是推进融资畅通工程。持续加大对实体经济的支持力度，创新推出“红色动力信用贷”等48项特色产品，为民营小微企业发展提供融资保障，全年新增贷款13382户、金额124亿元。三是降低企业融资成本。持续加大减负让利力度，年末贷款加权平均利率比年初下降0.31个百分点，为企业减少利息支出1.47亿元。同时，办理无还本续贷业务5387笔、金额22.96亿元，有效降低企业转贷成本。

【践行“最多跑一次”改革】 一是提供柜面代办服务实现“就近跑一次”。推广“社银联通”“工商注册通”“不动产抵押登记就近办”等服务，代办社保、工商、税务、不动产、公积金、公安六大类、55项政务代办项目，全年办理上述代理业务62.9万笔。二是优化系统流程实现“最多跑一次”。积极参与“县域医共体统一支付平台”建设，推广“信用医疗”模式，实现“先就诊、后付款”。加快“智慧校园”“智慧公交”“智慧税务”等“智慧+”项目建设，为客户提供全功能移动支付服务。三是完善线上渠道实现“一次都不跑”。以“丰收互联”为载体，将电费、学费、党费、物业费等便民服务加载至“缴费通”平台。推广“浙里贷”，有效利用公积金、社保、法院、公安等信息，为客户提供纯线上小额信用贷款。

【探索绿色金融改革】 一是加大绿色信贷投放。结合地方产业结构，相继推出“绿色工厂贷”“绿币公益贷”等71项绿色信贷产品。至2019年年末，绿色信贷余额276亿元（湖州市人民银行口径），比年初新增76亿元，同比增长38%。德清、安吉、长兴三家农商银行成功发行绿色金融债10亿元。长兴农商银行联合煤山镇创建的绿色制造产业园已被工信部授予“国家级绿色制造产业园”和“国家级绿色金融支持绿色产业示范区”牌匾。二是推广全市标准化产品。积极引导客户使用“绿贷通”进行融资申请和绿色认定，至2019年年末，已放贷8701户、金额298亿元，比年初新增5270户、172亿元。吴兴、南浔两家农商银行积极参与“绿贷险”试点，已推荐小微企业300户，成功办理51户、金额8785万元。三是探索绿色金融地方标准。湖州办事处与中国标准化研究院合作创建《绿色普惠信贷实施要求》《绿色农业贷款实施规范》《银行业金融机构支持绿色园区建设实施规范》三项绿色金融地方标准，已完成发布。

【助推民生工程】 一是积极做好ETC发行。依托点多面广的机构优势、快捷高效的服务优势、让利于民的收费优势等因素，在收费站、车管所、加油站等派驻现场服务点，对机关、学校、医院等车辆集中的单位提供上门服务，对行政村、社区利用晚上、周末等“错峰时间”走访办理。至2019年年末，湖州农信ETC发行总量36万辆，占全市总量的55%；比年初新增23万辆，占全市新增总量的57%。二是积极做好第三代社保卡换发。把服务挺在最前面，通过增加服务窗口、上门移动办理等方式为广大群众办理第三代社保卡换发手续，已办理申领151万张，占全市申领数的67%。 （陈　云）

·中国邮政储蓄银行湖州市分行·

【概况】 2019年，中国邮政储蓄银行湖州市分行（以下简称“湖州市分行”）认真践行“创新、协调、绿色、开放、共享”的发展理念，坚守大型零售商业银行定位，坚持服务“三农”、城乡居民和中小企业，加快“特色化”“综合化”“轻型化”“智能化”“集约化”转型，努力提升金融服务质效，推动辖区内实体经济发展。截至2019年年末，全行资产总额240亿元，各项存款余额220亿元，同比增长9.21%，各项贷款余额132亿元，增长18.53%。贷款不良率0.37%，资产质量优于湖州同业平均水平0.14个百分点。

【支持地方经济】 2019年，湖州市分行增强银企合作，全力支持地方经济和社会发展，投放各类资金120亿元。围绕市委、市政府的重要决策部署，积极投身湖州市绿色金融改革创新试验区建设，突出对重大项目、支农支小和实体经济领域的支持，获2019年度全国“银团合作先进派出机构”、湖州市“绿贷通”推广积极单位荣誉称号。截至2019年年末，绿色信贷余额10.9亿元，制造业贷款余额26.4亿元。

【推动支农支小】 2019年，湖州市分行通过多种渠道，重点在支持县域经济、小微企业和“三农”等方面扩大信贷投放。一是深入推进绿色银行建设。制订《湖州市分行2019年绿色银行“点绿成金”活动方案》。积极支持浙能天然气热电、长龙山、超威、天能等绿色项目和绿色企业，投资绿色债券1亿元。湖州市分行成为南太湖绿色金融与发展研究院理事单位，辖区内的吴兴绿色支行创建成为全国邮储系统内首家绿色专营支行。二是全面服务实体经济发展。践行“三服务”（服务企业、服务群众、服务基层）承诺，开展金融服务“入园进企”邮储阳光行动和“百名行长进民企”活动。截至2019年年末，小微贷款余额57.2亿元，同比增长23%。主动搭建银企服务平台。湖州市分行与湖州团市委、湖州市就业局、湖州市银保监分局连续第六年举办“5·28”青年创业贷款咨询对接会，吸引全市1015名创业青年参加，“5·28”活动期间，共落地贷款1.5亿元。为民营企业降本减费，普惠型小微企业新发放利率5.04%，比上年下降40个百分点。

帮扶困难企业，推广免转贷手续的“无还本续贷”，贷款到期后可直接申请延长贷款期限，最多可续贷5次，有效地缓解了“过桥资金”问题，全年投放“无还本续贷”5.3亿元，比上年净增2.52亿元。三是积极探索服务乡村振兴。支持产业振兴，2019年年末，涉农贷款余额83.66亿元，比上年净增9.82亿元，同比增长13.3%。新型农业经营主体贷款增长47.5%，高于全行各项贷款30个百分点。开展金融扶贫，2019年年末，扶贫贷款结余7202万元，比上年净增1841万元，增长34.3%，高于全部贷款20个百分点。融入乡村治理，创建信用村85个，其中三星信用村15个，有贷村60个。湖州市分行与湖州市邮政分公司、湖州市供销社联合社、湖州市农民合作经济组织联合会达成四方惠农合作。

【强化风险管控】 2019年，湖州市分行运用多种风险管控手段，全年案件零发生。强化风险排查，印发《湖州市分行2019年信贷资产质量控制方案》。规范评估中介机构管理，持续按“轮番制”管理。逐级签订案防责任书117份，以案防领导小组会议、邮银案防会和风险排查会为平台，传导压力、明确要求和落实责任。开展案件警示教育、合规文化走基层等活动，通报典型案例、参观警示教育基地，组织全员合规“一学一考”。在全省系统内率先试点电子印章管理系统，并在全省系统内首个试点反洗钱数据“集中做”、“专家做”的集约管理模式。开展保险（理财）销售、贷后管理、网点合规风险等级评价“回头看”、代理营业机构案件、“排风险、除隐患”资金完整性、“防危纠偏”操作风险、监管罚点专项治理等9个方面的专项检查，减少风险隐患。打造“平安邮储”，实现第六轮安全评估100%达标。

【履行社会责任】 湖州市分行主动参与市民工程建设，被纳入到湖州第三代社保卡的发卡行之一。组织开展“3·15”金融消费者权益日宣传、“金融知识进万家”宣传服务月、“金融知识普及月”和“普及金融标准，提升服务质量”“打击治理电信网络新型违法犯罪集中宣传”等形式多样的活动，宣传普及金融知识。全年组织“进学校、进企业、进乡村、进社区、进商场”宣传560余次，建立长期宣教联系点7个，开展消费者权益对外授课78次，受众9万人次。全年投诉问题办结率和解决满意度均达100%，成功堵截诈骗事件3起。邮储银行南浔区支行荣获省银协颁发的“三星级”网点称号，邮储银行湖州市分行营业部和邮储银行安吉县支行营业部获市银协颁发的“最美窗口”荣誉称号。 （管史璇）

·浦发银行湖州分行·

【概况】 2019年，浦发银行湖州分行（以下简称湖州分行）深入贯彻落实杭州分行“三年振兴计划”，积极围绕“调结构、稳增长、提质量、优管理、提地位”的经营主线，重点聚焦客户经营、业务经营、风险控制、乱象整治、“四责协同”和“一岗双责”，扎实推进“五个浦发”（稳健浦发、专业浦发、数字浦发、实力浦发、幸福浦发）建设，各项经营指标、经营管理继续保持稳中有升的态势。至年末，本外币一般存款余额63.47亿元，比年初增加6.13亿元，增长10.69%；总资产规模达151.2亿元，比年初增加23.6亿元，增长18.5%；全年实现营业净收入4.37亿元，拨备后账面利润3.72亿元，同比增加0.56亿元。

【助推湖州经济绿色转型】 2019年，湖州分行主动调整客户结构，优先将信贷资源投向绿色发展领域。截至12月末，湖州分行绿色信贷余额11.74亿元，比年初新增2.35亿元，实现自身效益和社会效益的同步增长。一是推动绿色金融信息管理系统建设。绿色金融信息管理系统是为实现银行业绿色信贷数据逐笔自动采集、节能减排测算、拉平绿色信贷统计方法、监管查询和信息共享等功能创建。湖州分行作为首批试点银行，积极推进系统开发建设，联合总分行科技部、风险管理部、投资银行部，在全辖内率先开发绿色金融信息管理数据报送系统并正式上线投入运行。二是创新绿色金融产品。2019年，湖州分行在银行间债券市场发行杭州分行首单绿色债务融资工具业务——“19湖州城投GN003”。债券发行募集资金主要用于湖州市城乡供水一体化乡镇配水管网改造工程、湖州市新建太湖水厂工程和湖州市危险固体废物综合利用项目的建设，该期绿色中期票据项目的环境效益评价结果为3.24分，绿色程度为“较绿”，是浙江省内绿色金融改革创新实验区首单绿色债务融资工具。三是树立绿色金融品牌形象。2019年，湖州分行及时跟进绿色金融发展与政策前沿，通过当地金融办、发改委等部门，拓展客户及绿色项目，同时，由湖州分行供稿的绿色金融案例——“南浔盛林新能源有限公司渔光互补光伏发电项目”获得由市人行举办的金融“三服务”（服务企业服务群众服务基层）支持实体经济和绿色发展论文大赛优秀奖，并入选市银保监局湖州市绿色金融典型案例与市金融办2019年度湖州市绿色金融产品服务创新案例。

【助推湖州实体经济发展】 2019年，湖州分行响应政府号召，加大倾斜力度，充分保障对民营实体企业的融资支持。一是加大制造业支持力度。杭州分行对民营企业的业务投放提供充分的规模保障，明确对于“五类重点业务”优先给予新增资源配置。利率加大优惠，湖州分行制造业授信总额56.84亿元，比年初新增13.78亿元，贷款加权平均利率为4.79%，比上年同期下降0.5%，实现了对制造业企业金融服务的“量、效”提升、“价格”下降。针对符合条件的客户和产品推出了阶段性的资本成本减免政策。支持制造业实体企业通过兼并重组实现行业整合，截至12月末，湖州分行落地并购贷业务2笔，支持企业并购融资金额1.16亿元。二是助推小微企业金融服务。2019年年末，湖州分行小微企业贷款余额7.37亿元，同比新增1亿元，上级行小微企业贷款新增目标0.43亿元，完成率达230.69%。小微户数521户，比年初增加74户，超额完成全年“两增”指标。对符合条件的首次年敞口1000万元（含）以下的小微企业授信业务，实行小企业风险派驻团队一审单批模式。对“房抵快贷”“易捷贷”“科技信用贷”等创新授信业务品种，开通审批效率较高的绿色通道。同时，建立民营企业授信尽职免责机制，年内，湖州分行相继出台了《上海浦东发展银行普惠金融小微企业信贷业务尽职免责实施细则（试行）(B/0)》和《上海浦东发展银行杭州分行民营企业信贷业务尽职免责管理办法》，进一步完善尽职免责相关制度体系。2019年，湖州分行已完成责任认定1户，其中2位人员免予问责。

【提升风险合规水平】 2019年，湖州分行在杭州分行合规风险案防工作考核中，位于29家机构并列第一。一是完善内控合规机制建设。年内，根据湖州分行实际情况，新制订和完善征信、员工内部问责、合规案防和反洗钱等方面的规章制度、考核办法等13项。印发合规风险提示期刊六期。二是签订内控合规责任书。年内，湖州分行全面完成各层级“2019年案件防控目标责任书”“员工行为守则承诺书”“反洗钱信息保密承诺书”的签订和传达工作，各责任书、承诺书应签121份，实签121份。三是加强内控合规学习。年内，湖州分行组织内控合规学习、会议29次，参与员工约1686人次。四是积极组织检查。年内，湖州分行组织人员开展飞行检查2次，检查网点覆盖率达100%，并开展4次员工异常行为季度排查，踏踏实实推进合规工作。

【提升金融服务水平】 一是优化企业开户服务。为深入贯彻落实《中国人民银行关于取消企业银行账户许可的通知》《浙江省取消企业银行账户许可工作实施方案》的工作要求，湖州分行聚焦“快”“实”“严”，扎实有序推进取消企业银行账户许可工作，切实提高企业开立基本户效率，实现“两个不减，两个加强”（企业开户便利度不减、风险防控力不减，企业账户服务加强、账户管理加强），针对公基本存款账户、一般存款账户、专用存款账户和临时存款账户在开立之日即可办理收付款业务。二是推进网点轻型化建设。自6月起，湖州分行全面推广启动远程见证核保和远程集中授权，杭州分行辖内的异地机构仅两家达到总行标杆值95%以上，湖州分行为其中之一。三是落实数字生态银行建设。为进一步解放柜面人员业务压力，提升客户体验，享受“智慧运营”带来的便利，对新开户全部通过“一键签约”发放单位结算卡，通过配置结算卡介质，实现回单及对账单自助打印、自助对账、对公非重要信息变更等，提高自助设备使用率，减轻柜面公司业务临柜压力。

（张　珍）

·招商银行湖州分行·

【概况】 2019年，面对复杂的经济金融形势，招商银行湖州分行（以下简称分行）以加速赶超的勇气，积极进取，不断优化客户结构，夯实客群基础，各项业务健康快速发展，基础管理工作持续提升。在实现自身业务的持续健康发展的同时，进一步提升分行的综合竞争力和社会影响力。至2019年年末，分行时点存款余额72.93亿元，市场占有率为1.45%、比年初上升0.19%，其中公司存款51.32亿元，储蓄存款21.61亿元；贷款125.89亿元、市场占有率为2.61%、比年初下降0.02%，其中公司贷款71亿元，零售贷款54.89亿元；完成营业收入8.39亿元，比上年同期新增2.18亿元，增长35.10%，实现账面利润2.37亿元。分行现有5家经营机构，分别为本级营业部、长兴支行、德清小微专营支行、南浔小微专营支行和吴兴支行。现有正式员工154人，编外员工63人；分行班子成员4人，中层干部20名；员工平均年龄33.35岁，全日制本科学历80人，研究生学历14人，2年以上从业人员122人。全年无案件和责任事故发生。在系统内，2019年，湖州分行在杭州分行二级分行综合考评排名第一，平衡计分卡考核公司条线、零售条线、风险及基础管理4个条线均列二级分行第一。获得杭州分行“2019年度优秀二级分行”“2019年度杭州分行先进基层工会组织”等荣誉称号。

【支持地方经济发展】 一是完善服务支持实体经济。通过建立战略客户、小企业客户等分层分类、专业专注的对公客户服务体系，满足小企业多样化综合金融服务需求，加大对战略新兴行业客户的支持力度。至2019年年末，民营企业贷款余额为30.27亿元，占对公贷款的38.03%；普惠型小微企业贷款余额为8.98亿元。二是创新产品助力中小企业。不断加大对中小企业票据支持力度，通过票据大管家，全年票据贴现37.77亿元，在线贴现量13.51亿元。通过合理用好再贴现，有效解决中小企业融资难，融资成本高的问题，办理再贴现业务3.12亿元。聚焦产业链上下游小微企业，做长做深产业链，推出供应链融资综合服务，供应链融资累计发放2.42亿元，为小微企业减少融资成本152万元。

【科技赋能走在前列】 2019年，分行继续以金融科技为核动力，加快数字化转型，致力于打造“最佳客户体验银行”，相继完成公积金、智慧停车及党费收缴等金融科技项目，实现场景批量获客以及MAU的快速增长。特别是与湖州市公积金中心联合开发的公积金智能语音客服系统正式上线，被全国公积金管理中心创新办作为样本进行推广。

【资产质量不断提升】 2019年，

分行通过多维度、多方式调整结构，腾笼换鸟，夯实信贷基础；通过定期开展信用风险排查，加强存量风险管控；通过完善铁三角及贷前协同作业效率与质量，加强新客户风险识别和控制；通过加快不良贷款处置，有效控制资产质量，全年处置存量不良资产4170.96万元。截至年末，不良贷款余额7158.87万元，比年初减少1317.80万元；不良贷款率0.57%，比年初降低0.26个百分点，不良贷款实现“双降”。

【抓好合规促进发展】 分行认真开展合规教育培训工作，努力提升员工合规意识。2019年，分行开展内控合规教育培训与宣传指导148个批次、2436人次，强化干部员工的法制观念、合规观念。继续做好乱象整治工作，抓好员工异常行为的排查，警示作用明显。针对检查中被发现问题认真整改，严肃执纪问责，2019年，对检查中被发现问题相关责任人，根据《招商银行员工违规行为处理规定（第二版）》进行了问责，共问责46人，罚款2.24万元。 （吴中华）

·中信银行湖州分行·

【概况】 2019年，中信银行湖州分行认真贯彻湖州市委、市人民政府的决策部署，着力转型、加快创新、强化风险管控，实现高质量可持续发展的工作目标。至年末，全行各项存款余额127.87亿元，比年初增加20.92亿元；各项贷款余额184.48亿元，比年初增加24.86亿元。不良贷款余额701.53万元，比年初下降169.63万元；不良率0.04%，比年初下降0.02%。实现全年无案件、无重大责任事故、无重大违规事件的管理目标。

【支持地方经济发展】 一是优化信贷投向。聚焦制造行业、实体经济和民营企业，为80余家实体企业累计授信总额94亿元，投向实体经济领域贷款23亿元，占全部贷款投放的31.9%。二是支持优质民营实体企业。紧抓湖州市“凤凰计划”机遇，积极营销当地龙头企业和行业领军者，落实“一户一策”，为客户量身定制综合融资服务方案，帮助客户做强产业链、做深价值链，支持已上市企业实施横向或纵向并购，做大做强。三是大力推进绿色金融发展。按照湖州市积极培育七大绿色低碳产业体系以及全力打造绿色制造、智能制造“湖州模式”的工作部署，重点围绕生态旅游、“五水共治”、新能源、节能环保等领域，优先支持绿色产业、绿色项目和绿色经营企业。四是积极推进普惠金融。积极向上级行争取资源，全力推进票据贷、房抵贷等普惠金融产品，并围绕核心企业上下游开展供应链金融业务，有效地支持了普惠型实体企业的生产经营。

【严把信贷资产质量关】 对全辖区内所有授信客户建立台账，分行业结构、评级、四分类等维度进行全方位监控分析，开展信用风险真实性排查，设立风险贷款一览表，分析当前状况及风险趋势、制订后续处置办法，制定落实清收化解“一户一策”，推进风险贷款的快速处置。至年末，全行不良贷款余额701.53万元，比年初减少169.63万元，不良率0.04%，比年初下降0.02%。全年全行累计清收不良贷款18085.74万元，其中核销9555.02万元，现金清收240.51万元，级次上调8290.21万元。

【强化合规内控管理】 一是深入开展“强内控、保平安”主题活动。认真落实进一步深化整治银行业乱象的监管工作要求，扎实开展自查自纠，立行立改。二是抓好合规文化建设。通过主要领导讲合规课、制度宣讲、业务竞赛、警示教育、合规文化宣传贯彻、严查违规行为等多种形式，强化员工依法合规意识。三是强化员工行为管理。各级管理人员认真履行“一岗双责”，加强对机构和部门内员工的日常管理，防患于未然。采取账户排查、岗位检查、到属地公安部门走访了解等形式，加强对员工异常行为和不法行为的排查。四是严格问责。对自查和各类检查中发现的问题，根据责任大小、情节轻重，对有关人员严肃问责处罚。

（钱 峰）

·中国人民财产保险股份有限公司湖州市分公司·

【概况】 2019年，中国人民财产保险股份有限公司湖州市分公司（以下简称“湖州市分公司”）紧紧围绕监管部门的各项工作要求，发挥国有保险企业的政治优势和行业引领作用，坚持合规经营，加强内控管理，积极创新探索，在实现自身高质量发展的同时，有力地保障了全市经济发展、社会治理和民生改善。2019年，全市系统累计为6万余家企事业单位、114万户（次）居民提供了17699.49亿元的风险保障。公司全年保费收入17.26亿元，同比增长15.02%。占市场份额的40.88%，提升1.22个百分点。全年累计直接赔款10.18亿元，增长21.52%。累计缴纳各类税金（含代征车船税）1.55亿元。连续三年获评“湖州市国家级绿色金融改革创新试验区建设优秀单位”和“湖州市金融支持地方经济发展政保合作先进单位”。

【服务政府治理】 湖州市分公司聚焦政府难点、群众痛点，创新“警保合作”长兴模式，交通劝导员实体化运作有效地提升了交通治理能力，事故率明显降低，首次实现长兴县域20年来死伤人数同比下降，得到省政法委书记王昌荣、市政法委书记陈浩、副市长项乐民等领导的批示肯定，赢得了群众的一致好评。被各级媒体广泛报道后，“警保合作”长兴模式正在全国有序推广。交通劝导员实体化运作是“两站两员”建设的有益探索，成为提升农村交通治理服务水平的先行样板。为进一步巩固“警保合作”长兴做法一系列工作成果，湖州长兴支公司加快推进“两站两员”快速落地县域，年内，已建成10个“警保合作”劝导站，其中一级交通安全劝导站，将通过安装交通违法处理机、代办车驾管业务、轻微事故快处、路口交通劝导、备案登记上牌等服务，发挥综合利用，一站多能的作用，筑牢农村道路交通安全网。

【服务乡村振兴】　在全部实现生猪、能繁母猪、湖羊保险理赔与无害化处理联动机制后，2019年，湖州市分公司积极响应市人大、市农业农村局的要求，对湖州市温氏畜牧养殖有限公司年出栏1950万羽的肉鸡养殖保险纳入政策性农业保险，参与病死鸡与无害化处理联动机制。截至12月底，支付赔款505万元，有力地支持了禽类产业的发展，特别是在今年生猪存栏下降的情况下，保障了禽类作为猪肉替代产品的“菜篮子”工程。积极对接乡村振兴战略，深入开发地方特色农险，实现大熊猫养殖保险、葡萄价格指数保险、杨梅采摘期降雨指数保险等地方特色险种的成功落地。副市长施根宝对杨梅采摘期降雨气象指数保险快速理赔作出批示予以充分肯定。试点开办湖羊价格指数保险及稻虾共作红螯螯虾养殖保险，有效服务全市农业转型发展。2019年，湖州市分公司落地18个政策性农险和9个地方特色险种，为全市12.47万农户提供了39.58亿元的风险保障。

【服务实体经济】　为破解小微企业融资难题，主动配合市金融办筹划发展绿贷险项目，开办半年来累计为72户客户提供1.3亿元的增信服务。一年来，公司创新“保险+服务+科技”安责险模式，构建绿色金融安全生产风险防范体系；有序推进工程综合保证保险项目，为施工企业减轻负担，营造良好的营商环境；服务国家战略，大力推进出口信用险，护航湖州企业“走出去”。此外，在司法救助保险、农民工工资支付保证保险、见义勇为意外伤害保险等众多社会治理领域进行创新探索。全市开展的64个政保合作项目中，由湖州市分公司独家或主导的项目达63个。

【优化金融“三服务”】　湖州市分公司广大干部职工积极主动深入基层，着力解决实际困难。全年累计走访企业488家，解决实际问题303个，提供风险保障226亿元。支付湖州市分公司建立以来最大的单笔企财险火灾赔款4998.5万元。“利奇马”台风期间，成立73个工作组，出动182辆查勘车，300余名理赔员奔赴抗台抢险第一线，进企业社区，跑田间地头，连续奋战近一个月。三次台风累计支付各类赔款5648万元。落实“最多跑一次”改革，提升服务效率，1万元以下理赔周期同比下降13.11%。打通服务群众“最后一公里”，推动农村“两站两员”建设，高质量提升农村交通安全宣传和服务能力，增强人民群众获得感、幸福感。推行“理赔夜市”常态化，通过延长柜台的营业时间，让有理赔需求的上班族客户利用下班时间来办理业务。此外，公司利用独有的优势，调用人保直升机将意外坠楼的3岁儿童转院去上海进行治疗，践行了“人民保险 服务人民”的企业使命，进一步强化了品牌宣传。（吴　雁）

·中国人寿湖州分公司·

【概况】　2019年，中国人寿湖州分公司（以下简称“分公司”）按照“稳中求进、转型发展、提高效益、防范风险”的工作思路，分公司把强化对标作为重要经营策略，密切关注市场动态，看预算更看市场，重竞争更重增长，设立年度挑战目标，放大格局，积极竞争，进一步巩固市场领先地位，全年分公司实现总保费收入21.95亿元，同比增长8.92%，市场份额占31.42%。

【各项业务稳步发展】　2019年，全市国寿系统实现长期险首年标准保费收入2.28亿元，同比增长34.69%；首年期交保费收入4.16亿元，增长11.57%；保障型业务保费收入1.55亿元，增长44.26%；10年期业务保费收入2.29亿元，增长37.58%；短期险保费1.45亿元，增长14.69%。

【销售队伍更加完善】　2019年，以“三金工程”为抓手，加快推进职场和队伍建设，引领队伍快速扩张。年内，实现持证人力4804人；季均有效人力目标2390人，季均有效人力达2655人，目标达成率111%；月均星级人力目标500人，月均星级人力达506人，目标达成率101%；月均主举人力目标1470人，月均主举人力达1629人，目标达成率111%，实现月均主举率43.14%；月均增员率目标8%，月均增员率实现13.06%，目标达成率163%。

【主题教育持续推进】　2019年，分公司周密部署，结合实际，牢牢把握“守初心、担使命、找差距、抓落实”的总要求，紧扣“理论学习有收获，思想政治受洗礼，干事创业敢担当，为民服务解难题，清正廉洁作表率”的目标任务，认真从学习教育、调查研究、检视问题、整改落实等方面实施主题教育的方案，推动主题教育扎实、有序开展，第二批主题教育发现的49项问题基本得到整改。

【规范化管理持续推进】　分公司本着“精简高效、效能优化”的原则，分别开展中层干部、主管层面管理岗位的竞聘上岗和员工的双向选择工作，人均产能和工作效能得到实质性的提升。优化薪酬福利结构，改善员工总体福利水平，人均薪酬明显提高，努力让员工共享公司改革发展成果。2019年，湖州国寿围绕构建敏捷、精简、高效、活力的经营型、战斗型组织体系开展系列人事改革工作，构建了“一体多元”发展布局，形成“大个险”组织阵型，突出价值创造，巩固市场领先地位。

【经营管理水平不断提升】　以严抓各项考核指标为中心，紧紧围绕重点考核项目进行层层分解，落实到岗位人员。结合绩效考核办法和日常技能培训，激励员工在完成好本职工的基础上，不断提升工作质量与服务水平。后援部门为销售渠道提供运营服务支持和风险防范工作的指导；运用“最多跑一次”信息反馈平台、微信快捷信息平台，搭建销售一线和运营二线的信息反馈渠道。（俞宙）

对外与港澳台经济往来

·外资及港澳台资·

【概况】 2019年，全市共批外资及港澳台资项目295个，完成合同外资及港澳台资48.32亿美元，增长42.1%；省口径实到外资及港澳台资18.99亿美元，增长49.3%，部口径实到外资及港澳台资10.7亿美元，完成进度居全省第一。

【扎实推进招强引优】 市政府主要领导坚持每月召开招商引资例会，全力加快外资及港澳台资项目招引和项目推进攻坚，将“推进招商选资和项目攻坚，加快建设高质量外资及港澳台资集聚先行区”列入市政府50项重大事项和30项重大改革，全力推进。出台《关于进一步改革创新强化沪苏驻点招商引资引才引技工作的实施方案》，启动沪苏、北京、深圳三地驻点招商中心，选优配强，派出500余名精干力量驻点招商。新引进总投资3000万美元以上项目62个，同比增加17个。其中，超1亿美元项目15个：桐昆集团浙江恒腾差别化纤维有限公司总投资5.1亿美元；湖州南浔高新园区开发建设有限公司总投资4.2亿美元；湖州德亿新能源汽车科技合伙企业总投资3.7亿美元；浙江泰嘉光电科技有限公司总投资2.1亿美元；浙江易源股权投资有限公司总投资2亿美元；安吉易昇企业管理有限公司总投资2亿美元；湖州中加产业发展有限公司总投资2亿美元；浙江钱王航空科技有限公司总投资2亿美元；湖州市华湖实业有限公司总投资1.65亿美元；浙江天能企业管理有限公司总投资1.6亿美元；湖州宝湾供应链管理有限公司总投资1.5亿美元；湖州德地健康管理有限公司总投资1.3亿美元；湖州悦谷实业投资有限公司总投资1亿美元；盘石软件（浙江湖州）有限公司总投资1亿美元；津甜科技（浙江）有限公司总投资1亿美元。新引进世界500强投资项目3个：威立雅华菲高分子科技（浙江）有限公司总投资2827万美元；天能帅福得能源股份有限公司总投资5356万美元；普锐特冶金技术（中国）有限公司长兴分公司。全面实施外资及港澳台资“大好高”项目引进、推进工作。全年累计引进外资及港澳台资“大好高”项目54个，开工39个，竣工34个。“大好高”项目累计实到外资及港澳台资占全市实到外资及港澳台资的62.1%。

【持续优化引资结构】 2019年，全市利用外资及港澳台资结构得到进一步优化。从产业分布看，引进的第一、第二、第三产业项目个数占比分别为2.0%、45.4%和52.6%，其中第二产业项目134个，同比增长15.5%，其合同外资和实到外资及港澳台资分别增长49.6%和36.7%。从产业导向上看，高技术产业利用外资及港澳台资增长较快。2019年，全市高技术产业实际利用外资及港澳台资6.54亿美元，增长132.7%，占全市实际利用外资及港澳台资的比重为34.4%，提高13.8个百分点。高技术制造业实际利用外资及港澳台资3.12亿美元，增长288.9%，其中电子及通信设备制造业、医疗仪器设备制造业、医药制造业实际使用外资及港澳台资分别增长227.9%、802.5%和264.5%。高技术服务业实际利用外资及港澳台资3.42亿美元，增长70.3%，其中信息服务、科研成果转化服务、专业技术服务实际使用外资及港澳台资分别增长742.8%、207.5%和80.1%。从资金来源看，香港地区仍然是湖州市外商投资的第一大来源地，贡献70.6%的合同外资及港澳台资和65.9%的实到外资及港澳台资。来自欧、美、日、韩、新加坡等发达国家合同外资及港澳台资42.19亿美元，占全市合同外资及港澳台资的87.3%。

【精心组织推介活动】 联合康威成功举办首届国际外商直接投资峰会，国外相关驻华办事机构以及美孚、3M、杜邦、吉利等知名企业400余名嘉宾参会，会议举行城市及产业考察活动、外商直接投资培训研讨会、外资及港澳台资项目集中签约等活动，共签约6个外资及港澳台资项目，总投资2.3亿美元。举办第二届全球高层次人才创新创业大赛总决赛、2019全球电子商务创业创新大赛中东赛区决赛、2019湖笔文化旅游节、大学生招引直通车杭州系列招才活动等。积极筹备上海进博会期间各项活动，做好项目签约和集中开工有关工作，24个外资及港澳台资项目集中签约，总投资达17.4亿美元；12个外资及港澳台资项目集中开工，总投资达4.5亿美元。

【不断提升平台承载力】 按照《湖州市加快开发区转型升级创新发展的实施意见》，全市招商引资平台建设进一步深化。把全市5个国家级产业平台和4个省级开发区作为承接高质量外资及港澳台资的主战场，通过向上争取，德清工业园升级成为省级开发区，吴兴、南浔区等经济开发区加速整合提升，湖州开发区集聚高端外资及港澳台资的品牌效应不断显现。全市各级开发区（园区）合同外资及港澳台资、实到外资及港澳台资分别占全市的82.9%和79.2%，新批的134个、1000万美元以上项目中，有70个落户在各级开发区（园区）。加快长兴中德、湖州开发区中美、吴兴中韩、安吉浙澳四个省级国际产业合作园建设，围绕新能源汽车及关键零部件、生物医药、时尚美妆和高端装备等重点产业发展，加强与合作国及地区的合作，年内，已成功引进浙江泰嘉光电科技有限公

司、浙江易源股权投资有限公司、安吉易昇企业管理有限公司、湖州悦谷实业投资有限公司等一批优质企业。（洪　辰）

·外贸及港澳台贸易·

【概况】 2019年，在中美经贸摩擦升级、英国脱欧、非关税措施激增、大宗商品依赖度加重、地缘政治局势紧张和世界贸易组织陷入改革纷争等复杂多变的国际形势下，湖州市外贸及港澳台贸易工作坚持"稳中有进"总基调，贯彻落实促进外贸稳定增长政策举措，积极应对困难挑战，全市对外贸易及港澳台贸易发展稳中有升，占全国份额进一步提高。

【对外贸易稳中有升】 湖州市外贸工作坚持迎难而上、克难而进，围绕全市"一四六十"工作方针，紧盯高质量实现外贸千亿元规模目标，全力稳增长、优结构和强主体，全市外贸总体稳中有升。全年实现外贸及港澳台贸易进出口总额940.2亿元，同比增长6.3%；其中，出口838.6亿元，增长8.8%，出口增幅高于全国面上3.8个百分点，增幅排名全省第六；进口101.6亿元，下降10.7%。外贸及港澳台贸易依存度为30.1%。出口占全省比重3.7%，与上年末持平；占全国比重4.9‰，比上年末提高0.2个千分点，占全国出口总额比重进一步提高。

【贸易摩擦有效应对】 2019年，湖州市认真贯彻落实省委、省政府决策部署，全面动员、精准施策，坚决防止"六个被"发生，全力以赴应对中美经贸摩擦，打好稳外贸攻坚战。湖州市被中宣部列为全国应对中美经贸摩擦主题宣传六个城市之一，稳外贸工作受到省委书记车俊批示肯定并在全省推广，全省稳外贸稳外资工作现场会在湖州召开。第一时间组建市稳外贸专班，对全市1100余家外贸及港澳台企业进行全覆盖走访，共收集企业反映问题798个，化解736个，解决率达92.2%。建立健全监测预警体系。做好"订单＋清单"监测预警响应工作，全市上线企业1960家，在全省范围内率先完成100%上线。形成"一键响应、上下联动"的工作机制，加强企业应对指导。加大加征关税申请排除工作指导力度，全市40余家企业近30亿元输美商品加征关税获豁免。做好16个涉及1.4亿美元的"两反一保"贸易救济案件应对指导工作。推动企业降本减负，制定出台外贸及港澳台贸易稳定增长若干扶持政策，全市外贸及港澳台贸易专项资金扩大46%，达1.9亿元。信保保费补助率由40%—50%提高至50%—60%，信保范围扩至500万美元以下小微企业出口风险全覆盖。落实中央和省、市各级外贸及港澳台贸易扶持资金1.7亿元、受惠外贸及港澳台贸易企业2800余家次。

【市场布局更趋合理】 加大新兴市场开拓力度，发动、引导、组织企业开拓多元化国际市场。以2019年湖州展会目录为核心，推动企业加快开拓"一带一路"等新兴市场，强化重点市场布局和培育。2019年，全市有1000余家次企业参加境内外展会132场，累计展位数3062个，增长25.1%。第125、126届广交会，第29届华交会，全市获展位资源1100个，创历史新高。积极参与第二届中国国际进口博览会，组织524家企业、1916名采购商赴会采购，意向采购额5.2亿美元，比首届增长两倍多，积极有效承接进博会溢出效应。开展产业推介活动，围绕全市优势出口产业，策划日本东京国际家具展、俄罗斯电梯展、吴兴织里童装中东欧（匈牙利）展等组团展示活动，提升全市特色优势产业国际影响力。2019年，全市对欧、美、日、港四大传统市场出口432.5亿元，增长3.3%；其中对欧美、日本、销往中国香港分别出口188.7亿元、30.5亿元和10.6亿元，分别增长10.2%、22.2%和177.9%；对美国出口202.8亿元，下降7.3%，占比24.2%。对新兴市场出口406.1亿元，增长15.3%；对"一带一路"沿线国家和地区出口248.4亿元，增长18.2%，占比29.6%，其中12月单月出口36亿元，创历史新高。

【外贸队伍更加壮大】 深入实施外贸"转引"计划，制定外贸及港澳台贸易潜力"转引"项目清单，加大外贸及港澳台贸易新企业培育力度。全年累计培育外贸及港澳台贸易进出口实绩新企业727家，合计达3398家，同比增加449家，其中出口实绩企业3077家，增加436家；排摸外贸及港澳台贸易潜力项目20个、"转引"培育企业104家。紧盯龙头扩存量，对全市172家重点培育企业实行分级联动，专人联系、每月跟踪、实时服务。制订2019年外贸及港澳台贸易主体培育计划，以全市1600余家中小微外贸及港澳台贸易企业为重点，开展政策解读、市场分析、风险预警、法律服务等系列培训活动22次，覆盖企业2000余家次。2019年，全市民营企业合计出口685.8亿元，增长10.7%，占比81.8%，拉动全市出口增长8.6个百分点；国有企业出口6亿元，增长33.4%；外贸及港澳台贸易企业出口141.8亿元，增长1.3%。生产型企业出口561.8亿元，增长5.6%；流通企业出口135.1亿元，增长36.3%。小微企业出口111亿元，增长22.2%。

【外贸结构更加优化】 结合全市外贸及港澳台贸易产业特色优势，做好6个国家级外贸及港澳台贸易转型升级基地建设工作。引导全市机电高新、绿色家居、纺织服装等企业提高出口产品质量、档次和技术含量，进一步巩固提升传统产业出口份额。2019年，全市机电和高新技术产品出口299亿元，增长13.5%，增幅排名全省第四。全市绿色家居、纺织服装产业分别出口282.2亿元和242.1亿元，分别增长5%和8.5%。大力支持企业聚焦主业、做强实体，实施科技创新，打造自主品牌，推动产品向产业价值链高端攀升，提高产品议价权。全市分别有省、市级出口名牌59项和

129项。积极帮扶进口特色产业，主动向上反映对接，成功将原木列入浙江省鼓励进口技术和产品目录（2019年版），为进一步扩大全市进口，推动全市木地板产业健康发展打下良好的基础。积极争取试点项目。安吉县、德清县境外外经贸综合服务体系试点建设顺利推进，全年争取到省级专项支持资金1600万元。湖州保税物流中心（B型）于10月底通过验收，实现封关运营。

（范利华）

·外经及港澳台经济合作·

【概况】 2019年，全市经备案的境外投资项目51个，完成中方协议投资额4.2亿美元，同比增长11.11%，高于全省平均增幅46.31个百分点，增速列全省第五。截至12月底，全市经核准或备案的境外企业和机构354家，累计中方投资备案额30.72亿美元。2019年，新增对外承包工程企业（非工程类）1家，完成境外承包工程营业额8588万美元，增长15.35%，高于全省平均增幅11.89个百分点，增速列全省第二。

【构建对外经济合作平台】 利用境外各类重大投资推介和经贸促进活动，帮助企业对接信息、拓展市场。积极组织全市外经及港澳台经济合作企业参加东盟博览会、“厦洽会”、省第二届联盟拓市对接会、2019浙江本土跨国公司成长论坛等对外经贸对接合作活动。全年先后组织正导电缆等5家企业赴墨西哥、古巴境外经贸合作区对接交流；组织大东吴杭萧绿建等3家企业赴南非、博茨瓦纳开展境外承包工程业务洽谈等，活动直接推动大东吴杭萧绿建与南非ESBOB CC承建项目达成合作意向。

【培大育强民营跨国企业】 围绕恒林、永艺、森赫等重点外贸企业、行业领军企业及纳税大户，跟踪推进一批重点项目，建立湖州市跨国经营重点培育企业库，指导企业开展跨国经营业务。组织举办“三服务”座谈会暨境外投资企业服务联盟（湖州）圆桌会，邀请法律、投资、金融等行业的专家就境外税务筹划、投资风险、法律环境，融资渠道，投资架构搭建，以及境外投资备案政策和流程等问题进行详细解答，着力提升全市企业跨国投资与经营的能力水平。指导浙江恒林椅业股份有限公司投资6700万美元并购瑞士FFL股份有限公司，实现湖州市对中欧地区投资新突破。全年培育跨国经营计划优势企业10家，其中诺力机械新增为全省本土民营企业跨国经营30强。

【强化政策引导保障】 根据《湖州市支持和鼓励开放型经济发展十条政策》，对上年度市本级“走出去”战略项目进行奖励或资助，兑现财政补助资金118.02万元。扎实推进外经及港澳台经济合作领域的“最多跑一次”改革，对外投资备案项目全面承诺即到即办，全年即办58件。制订出台《湖州市处置境外经贸类纠纷和突发事件应急预案》，从制度上保障全市境外投资企业和境外工程企业的合法权益。

【优化“一带一路”合作布局】 通过政策引导，以及组织企业参加长三角跨境投资服务与精准合作峰会、印度马哈拉施特拉邦和卡纳塔克邦投资对接会等活动，引导企业聚焦“一带一路”沿线国家，以全产业链思维，向原料、技术、渠道优势集聚的国家和地区进行投资。2019年，湖州市企业在“一带一路”沿线投资项目38个，投资额2.11亿美元，“一带一路”投资额占比49.78%。投资辐射罗马尼亚、越南、柬埔寨、缅甸、泰国、印度、印尼、马来西亚、白俄罗斯、乌克兰、土库曼斯坦、埃及等13个“一带一路”国家。（马　慧）

·区域合作·

【东西部扶贫协作】 2019年，全市落实财政帮扶资金1.32亿元，社会捐赠帮扶资金4736万元，实施扶贫项目50个；选派挂职干部8名，专技人员170名；吸纳中西部贫困人口到湖州市稳定就业1.68万人；消费扶贫1.16亿元；帮助结对地区培训党政干部和专业技术人才5595人次，致富带头人培训975人次。累计向三省五县（贵州省普安县、沿河县、雷山县，四川省青川县，湖南省古丈县）捐赠“白叶一号”茶苗（含补种）2200万株、种植面积6217亩。实施“湖羊入川”工程，帮助四川广安、青川建成湖羊养殖基地6个，引入繁育湖羊1700余头。“跑道鱼”“红美人”柑橘、雷竹种植等湖州市特色农业项目相继落户对口地区。“南浔·广安”“吴兴·青川”2个东西部扶贫协作产业园相继开工建设，沃克斯电梯、世友地板、才府玻璃等9家企业入驻。旅游扶贫项目“浔栖江南旅游度假区”竣工投运。南浔区与四川广安区合作探索的“三产联动”“国企引领”产业协作扶贫模式，成功入选国务院扶贫办东西部扶贫协作典型案例。在2019年度省对市东西部扶贫协作工作综合考核中，湖州市获得最高等次“好”。

【对口支援工作】 一是突出资金项目援建。连续投入援疆资金5763万元，建成新疆柯坪湖州国庆中学，对柯坪县29所幼儿园改造提升实现全覆盖。安排援疆资金1066万元，完成993户安居工程建设。投入援青资金350万元用于青海省乌兰县基层政权建设。二是深化产业合作帮扶。打造“湖羊富民”工程升级版，建成县级良种繁育场1个、乡镇规模化养殖小区5个，新疆柯坪县湖羊存栏达2.5万头，累计带动当地2000余户村民增收脱贫。安排援疆资金20万元，发动119户贫困户种植黑木耳23.8万棒，带动贫困种植户939户，户均增收2000余元。安排300万元援疆资金，用于建设微型厂房、引进设备设施和群众稳岗补贴，帮助培训贫困劳动力838名，吸纳就业人员1500余人。三是持续深化育才扶智。援疆、援藏、援青教师团队全年顶岗上课1.2万余节次，医疗团队全年门诊诊疗2600余人次，主刀及指导手术150余台次。打响“红沙子工作室”“南太湖杏林工作室”等智力援疆工作品牌。文教卫、工青妇等单位先后组织业务骨干专家20批次、150余人次，赴新疆柯坪县、青海乌兰县开展结对共建、技术指导和交流研讨等。

【深化与白山市对口合作】 一是加强产业平台项目合作。稳步推进“白山·湖州”现代农业合作示范园建设，援建的农产品质量检验检测中心顺利竣工。在吴兴区科创园帮助协调落实1700平方米场地，推动吉林白山企业入驻湖州“飞地”空间。安吉县与吉林省抚松县开展林下参示范种植合作项目，在全国率先开创“北参南种”新模式。二是开展经贸交流旅游合作。举办“长白山特产进湖州”等展销活动，吸引50余家白山农产品企业，300余种农特产品亮相湖州。积极推介职工疗休养，湖州市赴白山旅游人数全年达8600余人次。三是成立湖州市对外合作高端智库。由市内相对熟悉经济和对外交流工作的退休领导、对外投资合作广泛的企业负责人及业内专家等担任智库成员，并被聘为白山市政府经济顾问。搭建两地企业家“面对面”交流平台，召开湖州——白山企业家座谈会。

【推进长三角一体化发展】 一是建立协同的推进机制。高规格建立市推进长三角一体化发展工作领导小组，下设11个专题合作组，以专题会议形式召开市推进长三角一体化发展大会，全面部署落实工作任务。先后与长三角有关市、区（县）及高校、科研院所、金融机构签订合作协议22个，构建区域一体化发展格局。二是形成体系化的规划方案。积极争取沪湖绿色智造廊道、宁杭生态经济带等一批湖州元素纳入长三角一体化发展规划纲要和省行动方案、上海大都市圈空间协同规划、杭州都市区建设方案和嘉湖一体化发展实施方案等区域一体化发展规划。编制印发市级行动方案，提出打造“长三角绿色发展引领区”的总体定位，明确10大标志性工程和年度20项重大事项并扎实推进。三是搭建高能级的合作平台。夯实沪苏浙皖产业合作区建设基础，加快推进湖州省际产业转移示范区建设。对接长三角生态绿色一体化发展示范区，启动长三角绿色智造联动发展南浔·青浦合作园建设。破题推进湖嘉一体化，启动建设练市·乌镇一体化合作先行区。聚力打造南太湖新区，核心区（长东片区）建设全面铺开。四是深化多领域的区域合作。加快交通互联，沪苏湖高铁通过环评审批，商合（湖）杭高铁土建基本完成，杭宁高速改扩建（湖州段）、杭州绕城高速西复线（湖州段）加快推进，京杭运河三级航道整治工程全面完成。加快资源聚引，引进沪苏等地1亿元以上项目227个，建立长三角首个人才发展集团，新引进长三角高校、科研院所合作共建创新载体21家，顶尖和领军人才240名。加快民生互惠，浙工大莫干山校区正式启用，引进浙江水利水电学院合作办学项目；区县已全部开通长三角医疗卫生机构异地门诊直接结算；市场监管、政务服务领域的30项涉企服务事项、23项个人服务事项，实现长三角14个城市“一体受理、一体发证”。在2019年度省对市推进长三角一体化发展工作综合考评中，湖州列第二位。

【加快融入上海大都市圈】 一是全面对接“上海2035”规划，加快实施《湖州市加快融入上海同城化都市圈三年行动计划》，加强组织领导、政策支持、推进机制、考核激励等制度建设。二是市委、市政府主要领导率党政代表团赴上海浦东新区、虹桥商务区等地考察交流，市政府先后与虹桥商务区、青浦区、长宁区等签订战略合作协议。三是举办2019年湖州——上海文化产业招商暨南太湖优秀文化人才引进推介洽谈会、“长三角之心”2019经贸科技人才洽谈会，融沪接苏协同发展（上海）推进会等一系列接轨上海活动。四是着力打造产业合作平台，新增与上海合作产业园区6个，依托湖州驻上海全球招商引才中心，从沪苏等地引进亿元以上项目227个。五是加快推进要素融合，从沪苏等地签约引进高层次人才项目232个，合作建立离湖孵化器4个，已入驻高端人才项目20个。与上海证券交易所签订战略协议和合作备忘录。六是加速民生领域合作，推进华东师大湖州实验中学项目落地，5家市级医院与上海8家名院建立深度合作关系，区县均已实现与上海参保地和就医地异地联网门诊直接结算双向开通，实现与上海凭电子健康卡“一码就医”。

【深度参与G60科创走廊建设】 一是加快科创资源共享。引进中国科学技术大学等九城市高校、科研院所合作共建中科大材料与工程学院湖州工程创新中心等科技创新载体12家。引进九城市高校、科研院所科技成果并实施转化和产业化项目32项，合同金额3800万元。二是加快战略性新兴产业集聚。积极推进产业联盟建设，牵头成立“G60科创走廊”智能装备产业联盟，组织湖州市企业参加新能源等产业联盟。湖州南太湖新区、长兴经济技术开发区、吴兴现代物流高新区和湖州莫干山高新区等4个园区纳入“G60科创走廊”产业园区联盟。三是加大金融支持力度。联合“G60科创走廊”共建城市与上海证券交易所签订战略合作协议，联合发布“上证G60科创走廊综合指数”和“上证G60战略新兴产业成分指数”。组织企业参加金融支持长三角“G60科创走廊”先进制造业高质量发展政策发布会，共同发布金融支持制造业高质量发展政策。四是加强人才合作交流。举办“G60科创走廊”九城市人力社保局局长联席会议第二次会议，签订九城市技能人才队伍建设合作倡议书。积极参加“G60科创走廊”人才峰会等活动，全面落实《共建共享G60科创走廊人才新高地行动方案》。五是助推营商环境优化。区县政务服务大厅G60科创走廊“一网通办”窗口全覆盖，涉企30个事项、个人23个事项可办。

【推进嘉湖一体化发展】 一是与嘉兴市签订《一体化发展战略合作框架协议》《嘉湖一体化“五个一”标志性工程（事项）合作备忘录》等协议，明确两市合作目标和内容；二是编制《嘉兴湖州一体化发展实施方案》，明确嘉湖一体化发展以深度参与长三角一体化为主题，全面打造浙江省参与长三角一体化的桥头堡；三是启动嘉湖一体化合作先行区建设，提出“一规、一联、一区、一园、一带”五大标志性工程，确定近期实施的34个一体化重大项目和重大事项。

【推进杭州都市区和都市圈建设】 一是与杭州市签订《长三角一体化战略背景下共建杭州都市区合作框架协议》，推动全方位区域合作；二是参与编制《杭州湖州嘉兴绍兴共建杭州都市区行动计划》，打造杭州都市区城际重要板块；三是承办杭州都市圈第十次市长会议，配合启动杭州都市圈新一轮规划修编。

【打造山海协作升级版】 一是积极推进产业合作，合作推进产业项目6个，实际到位资金5.37亿元；二是帮助结对地区实现培训就业（含转移）1500余人次，帮助结对地区拓宽优质农产品销售渠道，实现消费帮扶3000余万元；三是发挥湖州作为美丽乡村发源地的作用，落实共建乡村振兴示范点8个，实现所有区县结对共建乡村振兴示范点全覆盖。 （沈 端）

·海关·

【概况】 2019年，湖州海关深入学习贯彻习近平新时代中国特色社会主义思想，围绕“政治建关、改革强关、依法把关、科技兴关、从严治关”，推动各项工作提质增效。2019年，全年审核进出口报关单6.9万份，监管进出口货物135.5万吨，监管进出口集装箱17.5万标准箱，税收入库9.8亿元。

【推动深化业务改革】 持续深化通关改革，H2018新一代通关管理系统上线运行。落实“两步申报”，企业在进口货物申报时，不再需要向海关一次性提交105项申报项目以及相应单证，将申报过程分成两步，企业仅凭运输信息、货物属性等9项主要信息，即可完成第一步概要申报，并提离货物，在运输工具申报进境起14日内完成第二步完整申报，补充提交满足税收征管、海关统计等所需要的相关信息和单证，按规定完成税款缴纳等流程；全面推广原产地证书自助打印，原产地证书申请人或代理人可通过国际贸易“单一窗口”或“互联网+海关”一体化网上办事平台，自行打印海关审核通过的版式化原产地证书；推广加工贸易料件内销征税“自报自缴”，进出口企业、单位在办理加工贸易料件内销征税预录入时，选择“自报自缴”后，无须再录入“料件首次进口日期”，利用预录入系统的海关计税（费）服务工具计算应缴纳的相关税费，并对系统显示的税费计算结果进行确认，连同报关单预录入内容一并提交海关。

【严密维护国门安全】 落实海关总署对海关监管作业场所管理的新要求，对场所场地设置、视频监控运维、围网封闭等进行日常巡查检查，确保海关监管作业场所安全运行。H986设备联网智能审图工作有序推进，4月1日，首票进口货物通过杭州海关联网审像中心智能审图查验后，顺利通关放行。进一步深化综合治税、提升征管质量，防范税收“跑冒滴漏”，税收指导目标圆满完成。加强企业信用监控，指定专人应用监控与甄别业务系统，对企业信用等级管理进行动态化管理，及时调整企业信用管理等级。充分运用稽查手段，不断提升后续监管能力，大力开展行业性专项稽查，继续做好常规稽查。加强动植物检疫工作，积极开展有害生物监测工作，强化进境动物、粮食后续监管，进一步规范出境竹木制品检疫监管。加强出入境特殊物品卫生检疫监管，做好出入境人员健康咨询和传染病流行病学调查，严密口岸检疫防线。加强进出口危化品及包装企业安全管理，开展安全风险排查，杜绝安全事故发生。牢固树立“监管到位是有效服务的根本保障”的思想，推动出口食品、农产品质量安全示范区建设，深入购物中心、大型超市、出口生产企业以及外贸仓库对出口商品进行现场抽查，确保进出口食品安全。全力做好口岸非洲猪瘟防控工作，加强对非洲进口货物尤其是动物及动物制品的风险研判，强化与地方部门的联动配合，对广大进出口企业开展宣传，促进企业自律，配合做好源头防控工作。加强与公安、银行等部门的联系配合，保持打击走私高压态势，积极参与“国门利剑2019”联合专项行动和“蓝天2019”专项行动。

【持续优化营商环境】 全力压缩整体通关时间，通过全面推广进出口提前申报、完善7×24小时预约通关制度、关注协调货物通关全流程等举措，全力压缩进出口货物整体通关时间。预约通关工作2019年被湖州市人民政府评为“优秀志愿服务项目”。提升“单一窗口”应用，依托“单一窗口”打通企业注册到报关报检全流程，实现企业进出口监管证件全流程网上办理，确保主要业务应用率达100%。同时，继续积极推广关检融合统一申报和通关无纸化等改革事项，鼓励企业用好关税保证保险、提前申报、汇总征税、自报自缴等便利政策，切实减轻企业资金压力。

【深入开展“三服务”活动】 开展“聚焦三重 助力赶超”精准服务主题活动，分条线对影响湖州外向型经济发展的重大平台、重大产业、重大项目进行梳理，确定20个精准服务对象，组建相应工作组，确保每个服务对象有专门业务科室对接。助推重要项目发展，助力安吉港破解业务发展瓶颈，推进内河水运转型发展示范区建设，推动德清港建设为面向杭州的“杭州北港”，湖州保税物流中心（B型）顺利通过验收，为外向型经济发展增添新动能。坚持“主动上门、提前介入、全程跟踪和个性定制”四大服务机制，既支持重大项目又关怀小微企业，海关领导带队入企开展调研，倾听企业意见、响应企业需求，在依法依规的同时，对企业开展创造性帮扶工作。助力企业转型升级，用好减免税政策，对接地方机电、家具、装备制造等产业转型升级需求，结合区县有进口需求的重点项目，提前了解重点项目高新技术装备进口情况，在企业采购设备前，根据企业进口情况，主动提供政策解读。

【积极应对中美经贸摩擦】 充分调研，全面排查摸清情况，以应对中美经贸摩擦为重点，通过走访企业、电话调研、调查问卷、企业座谈会等形式开展调研，基本涵盖湖州重点出口企业及行业龙头企业，涉及家具、机电产品、塑料制品等受中美经贸摩擦影响较重行业。发挥统计职能精准分析问题，利用全国海关大数据通用分析平台，完成湖州市对美贸易监测分析大屏展示，整理风险信息，第一时间通知辖区企业并提供政策辅导。围绕市稳外贸攻坚行动部署，抽调业务骨干参加市稳外贸专班，结合海关职能就受美方加征关税和我方反制措施开展专项研究，为做好全市中美经贸摩擦应对工作提供决策支持。用足政策，助力企业拓展市场，强化对保税领域政策的研究，利用保税政策，帮助企业应对中美贸易摩擦，降低经营成本。（赵　静）

开发（园）区

·湖州南太湖新区·

【概况】 湖州南太湖新区是浙江省“大湾区”四大新区之一，2019年4月30日经省政府批准成立，6月2日正式挂牌运行。新区总面积225平方公里，保留国家级湖州经济技术开发区、国家级湖州太湖旅游度假区两块牌子，下辖6个街道，常住人口18万，流动人口近10万。2019年，南太湖新区以习近平新时代中国特色社会主义思想为指引，深入学习贯彻中共十九大和十九届二中、三中、四中全会精神和省、市委全会精神，特别是习近平总书记“两山”理念和“一定要把南太湖建设好”重要指示精神。全区上下始终以“起步就要奔跑、开局就是决战”紧迫感和责任感，克难攻坚、加压奋进，高质量发展迈出坚实步伐！全年完成地区生产总值200亿元，同比增长7.5%；财政总收入54.3亿元，增长10%，其中地方财政收入32.2亿元，增长10.5%；固定资产投资220亿元，增长15%；规模以上工业增加值52亿元，增长8.5%；实现外贸进出口总额66亿元，增长8.2%，其中出口50.7亿元，增长5%；实现合同外资及港澳台资7.21亿美元，实到外资及港澳台资2.65亿美元。

【两区融合】 按照“大部制、扁平化、高效率”原则，顺利完成机构整合、干部调配、人员转隶和办公场所落实，南太湖新区法院正式挂牌成立，新区职能进一步完善，机构运转总体顺畅，干部士气切实提振，实现了数量上“1+1<1”、效率上“1+1>2”的预期目标。始终坚持世界眼光、国际标准、湖州特色，高水平编制南太湖新区发展战略规划和“两山”实践转化示范区规划，长东片区各项规划编制基本完成。坚持制度先行，研究制定涉及项目管理、人事管理、财务管理、监督执纪等制度50余项，新区“一个平台、一个主体、一套班子”的管理体制基本形成，为开局起步奠定了良好基础。

【深化改革】 始终坚持发展出题目、改革做文章，大胆闯、大胆试。以“最多跑一次”改革为牵引，推动减环节、减时间、减成本。扎实推进“证照联办+承诺准营+同步备案”的涉企证照通办“湖州模式”，累计办理承诺准营434件。深化涉审中介市场化改革，实现与浙江省政务网互联互通。“一件事”全流程“最多跑一次”改革工作推进实施占比达100%。政务服务事项100%实现网上办理、“掌上办理”；机关内部“最多跑一次”改革工作稳步推进。全年出让“标准地”24宗、面积2344.8亩。“亩均论英雄”改革有序有力，2018年度参评规模以上企业亩均增加值87.3万元，比上年度增长24%。国有公司市场化转型工作有力推进。加快推进新区财税体制改革，完成独立金库设立工作。

【产业发展】 持续深化“三服务”活动，全年深入企业、项目现场开展“三服务”60余次，帮助企业解决各类问题433个，解决率达100%。全面落实减税降费政策，全年为区内企业减免、抵扣和退税5亿元。加快推进绿色发展，星级工厂覆盖率达87%，微宏动力成功获批国家级绿色工厂。大力实施“数字经济”一号工程，推进数字产业化、产业数字化。凯金新能源、威谷光电、新天丝生物等14个技改项目竣工，机床厂超塑成形液压机、鼎诚环保大型烟气换热装置两个项目获省级首台套，惠盛自动倾斜式圆网印花机获市级首台套。淘汰嘉骏热电、依然壁纸等落后机组47台。在全市率先完成小锅炉淘汰改造工作。稳出口工作有力有效，全年进出口总额增幅持续位列全市第一。

【科技创新】 湖州科技城顺利完成“三年成形”目标，即核心区15万平方米内工程项目布局全面完成，2017年启动建设的十大重点工程中，新能源创新综合体、药谷研发中心、千人计划园等6个工程投入运行，联想创新中心、海王健康小镇中心等4个工程正在加快建设。全年科技城核心区已累计完成投资73.55亿元，科创中心获评省级科技企业孵化器，成功申报生命健康省级产业创新服务综合体、新能源市级产业创新服务综合体。全年新增高新技术企业11家，新认定省级科技型中小企业36家。R&D经费支出占GDP比例2.94%。高新技术产业工业增加值同比增长8.3%；高新技术产业投资增长15.3%。累计认定各类研发中心、技术中心、实验室90家。

【人才引进】 新引进上海交大医学创新中心、中科大环境工程中心、浙大储能材料中心等7个知名高校创新平台。新培育智车空间、助创天使、星皓文创等众创空间14家，众创空间累计达27家。蓝箭航天获全国创业大赛一等奖，全年新引进院士4名，引进“国千”专家18名，“省千”专家21名，自主培育“省千”专家3名。高层次人才引进培育工作继续走在全市前列。超额完成年度大学生引进任务。

【招商引资】 坚持招商引资“一号工程”不动摇，深入实施项目“双进双产”百日攻坚行动，全年新引进长城蜂巢电池、浪潮集团超越数控智慧产业基地等产业化项目70个、总投资271.4亿元；累计新开工项目61个，总投资143.27亿元，竣工项目42个，总投资72.74亿元；成功签约总投资60亿元的长城蜂巢电池项目和总投资18亿元的浪潮集团超越数控智慧产业基地项目。完成“大好高”项目认定年度任务，入选省重大产业项目4个。成功举办新区首届投资贸易与科技人才洽谈会，新区吸引力和影响力明显提升。

【产业平台】 强势推进长东片区开发建设，完成拆迁户签约2088户、拆除1200户；土地全域综合整治稳步推进；总部园招商形势较好，已签约总部大楼19幢。科技城建设加速推进，全年累计完成投资62.5亿元，实质性启动中节能绿色智造生态科技城项目。铁公水综合物流基本建成，唯品会华东运营总部项目正式运营，湖州首个保税物流中心通过验收。成功举办长三角一体化文旅峰会，国际滨湖度假大会永久会址落户新区，国家级旅游度假区顺利通过复核验收。太湖绿色金融小镇引进金融类企业300家，注册资本106.3亿元，实现税收5.5亿元。

【综合治理】 深入开展扫黑除恶专项行动，全年排查各类线索92条，其中查实25条，破获涉黑涉恶案件41起，抓获犯罪嫌疑人100人，摧毁团伙10个。全面落实安全生产主体责任，特别注重建设工地、道路交通、出租房屋消防等领域安全生产工作，全年发现各类安全隐患3609处，整改3562处，整改率达98.7%。圆满完成新中国成立70周年大庆、全国“两会”等重大活动期间安保维稳工作。全年排查各类矛盾纠纷3667件，调处成功率100%，新区社会大局和谐稳定。

【环境整治】 以中心城市“十个一”基本配置为重点，高标准推进迎宾大道、高铁门户、城市CBD等标志性工程建设。以城乡人居环境提升“百日攻坚行动”为抓手，狠抓垃圾分类、大气污染治理、水污染防治和城市精细化管理等工作，累计清理垃圾1.75万吨、杂物1.01万吨，拆违、拆旧2.9万平方米，20个村、社区获评市级“百日攻坚行动”先进集体。实现城市居民小区生活垃圾精准分类全覆盖，创建省级高标准生活垃圾分类示范小区6个。完成10个省级农村生活垃圾处理项目建设。持续加大工地扬尘治理，高标准开展厨房革命工作，空气优良率、PM2.5平均浓度等指标持续优化。蓝藻防治、污水零直排创建工作深入推进，成功创建4条市级“美丽河湖”，5个国控断面达到国家考核要求。

【社会民生】 始终坚持以人民为中心的发展思想，坚持高水平完善教育、医疗、文体、养老等公共服务设施，新建居家养老服务中心4家，幸福邻里中心9家。浙北医学中心即将投运，南太湖医院、滨湖高中等项目加快建设。创新居民小区物业管理，统筹推进农民安置小区市场化物业管理改革。

【机构设置】 南太湖新区管委会设11个内设机构。分别是：办公室（挂人大工作办公室牌子）、党群工作部、政法委员会、经济发展局（挂科技局、统计局牌子）、财政局（挂审计局、金融工作办公室牌子）、建设发展局（挂市住房和城乡建设局湖州南太湖新区分局牌子）、社会发展局、投资促进局、旅游发展局、应急管理局（挂市应急管理局湖州南太湖新区分局牌子）、综合行政执法局（挂市综合行政执法局湖州南太湖新区分局牌子）。 （金　晖）

·湖州省际承接产业转移示范区·

【概况】 2019年，湖州省际承接产业转移示范区（以下简称示范区）贯彻落实国家和省各项决策部署，紧紧围绕市委“一四六十”工作体系，聚焦聚力项目招引、产业升级、平台建设等各项工作，较好地完成了全年各项目标任务，经济社会发展保持良好发展态势，全年实现财政总收入10.6亿元，规模以上工业总产值207亿元。

【招商引资势头良好】 示范区坚持瞄准“高精尖、专特新”领域，持续优化营商环境，进一步配强招商力量，优化人员布局。长兴分区以“项目引推攻坚年”为载体，千方百计盯引项目，全力以赴攻坚项目，持续优化营商环境，配强招商力量，创新招商方式，全年招引项目33个，签约1亿元以上工业项目20个，被认定市级“大好高”项目16个，数量创历年新高。安吉分区聚焦沪杭、苏南等地，加大“靶向招引”力度。全年累计新增签约1亿元以上项目24个，新认定“大好高”项目13个，新引进优质外资及港澳台资项目2个，实到外资及港澳台资5912万美元。

【项目建设扎实推进】 示范区持续优化项目招引和推进工作机制，不断实现招引与推进无缝链接、高效服务。长兴分区实行服务专员制，“一对一”“点对点”，全过程服务项目建设，以最强的保障、最快的速度实现项目“双产”，全年推进1亿元以上工业项目39个，其中新开工17个、竣工9个。安吉分区全年累计实现1亿元以上项目开工17个，竣工12个，工业性投入18.5亿元。强化土地集约、节约利用，大力开展“腾笼换鸟”，累计盘活“双停”项目8个，盘活用地面积320亩。

【平台拓展全力提速】 示范区建设力度持续加大，平台能级不断提升。长兴分区以“打造大平台，吸引大项目，推动大发展”为目标，紧盯主导产业集聚集约发展，逐步形成产业特色鲜明的台资“园中园”。以做优科创平台为目标，完善泗安西湖科创园基础配套，提高项目入园标准，新增县科技型中小微企业13家。安吉分区围绕“万亩千亿”大平台定位，持续拓展平台空间，全年完成征地1930余亩，拆迁121户，启动实施科创园、卫生院、高禹小学改造等重点工程，完成高禹中心幼儿园、福利院等民生工程。加快推进园区路网完善，天子湖南区完成长隆路、天子湖大道、兴建路（三段）、北湖路4条道路建设，北区启动实施高铁快速路、建设路、建安路、创业路等6条道路工程，临港园区完成3号路、4号路、纬五路3条道路建设。

【产业结构不断优化】 示范区全力打好企业培大育强组合拳，积极推进一、二、三产融合发展和产业转型升级，推动企业不断做大做强做优。长兴分区全年新增税收超千万企业4家、规模以上企业10家，实施重点企业技改（节能）项目8个，新创市级四星绿色工厂3家；新增市级“两化”融合示范企业1家，完成股改3家、挂牌2家。科技创新继续深化，引进省“千人计划”3人，入选“南太湖精英计划”4个，新建省级博士后科研工作站1个，新认定国家高新技术企业3家、省科技型中小企业13家，泗安西湖科创园获评省小微企业集聚发展“优秀平台”称号。安吉分区全年新增产值超5亿元企业2家，累计7家，新增产值超10亿元企业1家，累计2家。完成“小升规”企业13家，“新上规”企业4家，累计规模以上企业总数达109家。大力实施“凤凰涅槃”行动，加大对低效企业整治力度，全年完成低效企业出清30家，面积796亩。强化科技人才支撑，新引进硕士、副高及以上人才6人，引进乌克兰国家工程院院士1人，成功申报“南太湖精英计划”项目13个，新增国家高新技术企业8家、省级研发中心4家、省级研究院2家、“众创空间”1家。促成美能电气与北京大学、添吉轴承与吉林大学、华丰纸业与陕西科技大学等12个校企合作项目，人才企业惠嘉生物荣获国家科技进步二等奖。

【民生福祉持续增进】 示范区始终坚持把保障和改善民生作为各项工作立脚点，扎实推进各项社会事业发展。长兴分区不断丰富群众文化生活，新建文化礼堂2个、健身广场2个，全年举办文化走亲、文化进景区等各类文化惠民活动200场次；积极弘扬优秀传统文化，双联黄金龙、泗安麻糍分别申报市、县级非遗项目，文艺精品创作《红色山村长潮岕》完成作词；师姑岗南山仙鹤骨灰堂建设加紧推进，8家避灾安置点规范化建设全面完成；退役军人服务成效明显，泗安西湖科创园“戎创空间”通过市级认定；劳动力转移和就业培训精准发力，全年培训提升劳动力2500余人，帮助企业解决用工710人。安吉分区扎实开展“三服务”活动，主动沉到一线，倾听企业心声，回应企业关切，做到“有求必应、应之必复、无事不扰”，年内，共梳理解决各类问题270余件。结合文明城市创建，启动美丽园区建设，完成道路修复1000余平方米，绿化补种2200余平方米，新增停车位1100余个，非机动车停车区块20个。

（项顺利）

·长兴经济技术开发区·

【概况】 2019年，长兴经济技术开发区抓住项目双进“生命线”，深入开展“三服务”，扎实开展主题教育活动，大力振兴实体经济，全面推进高质量赶超发展。全年完成税收收入18.9亿元，同比增长16.6%；完成固定资产投资50.9亿元，增长18%；完成工业性投入31.8亿元，增长50%；规模以上工业增加值增长13.8%，高新技术产业增加值长15.5%；完成自营出口39亿元，增长12.1%；完成合同外资及港澳台资20047万美元、实到外资及港澳台资8166万美元；完成市“大好高”项目22个（工业21个、服务业1个）、县科技型小微项目28个；获得湖州市重点建设工作先进集体等荣誉，中德产业园在全省2018年度国际产业园综合考评（首次考评）中位列19个国际产业园第一。

【选商引资】 全年引进固定资产投资1亿元以上项目24个、固定资产投资5000万元至1亿元项目7个，总投资71亿元，其中10亿元以上项目1个，为新能源汽车车身车桥配件项目。依托中德产业园、美东工业园等国际合作产业平台，加大外资及港澳台资引进力度，全年引进欧盛腾、美尔森等优质外（合）资项目10个，总投资2.46亿美元。依托总部经济园和太湖资本广场，重点招引经营性总部项目，全年择优引进总部项目41个，消化存量空间28500平方米；引进金融新业态项目57个，注册资本及认缴出资额达83.1亿元。

【项目建设】 全年完成新开工项目31个，竣工投产项目21个。至年底，吉利自动变速器项目联合厂房封闭完成并进行内部装修施工，设备落位安装达90%，并逐步开始调试；吉利整车项目焊装车间、涂装车间、总装车间、综合站房、配送中心进行钢构吊装，发运中心完工并验收完成；集迈科芯片项目配套的电力系统、纯水系统、废水处理、气化系统等工程接近尾声，50台套生产设备进场安装调试；美东工业村项目二期的7号、8号完成桩基工程，9号厂房完成基础开挖。

【企业培育】 依托太湖资本广场成立长兴县产融服务联盟助力企业资产证券化，完成股改1家、太湖科技板挂牌1家、并购重组1宗、股权融资4宗，中晶科技完成材料上报，优全护理完成股改，德玛克注塑和橘子针织按计划有序推进，排摸中德自控、兴海能源、集迈科微电子等6家科创板后备企业。年内，完成技改投入16亿元，新增市级“众创空间”备案2家，实施产学研合作项目22个，完成专利申请751件，其中发明申请271件；建立省级院士专家工作站1家、省级博士后工作站1家；完成“南太湖精英计划”项目12.5个，完成外地引进领军人才专家11人。

【平台优化】 全年，实施基础设施及项目配套工程28项，完成基础设施投入2.3亿元。至年底，吉利配套项目中的北张浜路已完成基础层施工，钱家斗路进行水稳施工，发展大道（钱家斗路—高铁路）完成改造；华盛达项目配套的10千伏和35千伏电力线路完成搬迁，110千伏完成基础施工；三叶草生物医药平台、中德产业园二期和科技园2号厂房室外配套项目完工，开发区消防站建成并开展试运行。

【吉利整车项目开工】 2月28日上午，举行全省扩大有效投资重大项目集中开工仪式（湖州）暨吉利（长兴新能源）乘用车项目开工活动，第一阶段现场视频观看省主会场集中开工仪式；第二阶段举行湖州市重大项目集中开工仪式暨吉利（长兴新能源）乘用车项目开工活动。至年底，该项目已完成桩基工程，基础工程接近尾声，冲压、焊装、涂装、总装、综合站房四大工艺厂房及动力车间进行钢结构主体施工。

【低效企业达标提质取得新进展】 2019年，50家列入县工业低效企业中已有38家低效企业完成达标提质时序进度，用地面积1774.39亩，完成率86.8%。在此基础上自提标准扩展低效范围，纳入低效企业199家，面积3225.95亩。6月，联合相关部门开展规范企业经营行为专项整治行动，执行行政处罚44起。9月，开展王浜头工业园区整治提升，对400亩园区内的86家低小散企业进行全面排查并开展相关整治。

【人才培育获得两个“全县唯一”】 根据《中共中央组织部办公厅关于印发第四批国家“万人计划”入选人员名单的通知》，诺力智能装备股份有限公司董事长丁毅入选第四批国家万人计划科技创业领军人才，为全县唯一。浙江中德自控科技股份有限公司卞华康入选浙江省“千人计划”，为全县唯一。

【污水零直排区建设】 全面开展企业、住宅区和城中村污水零直排工作，全年疏通检测雨污水管道15公里，完成希望大道和中央大道污水管道改造工程；完成9个小区雨污水改造工程；完成7个城中村“污水零直排创建”，生活污水终端提标改造工程全面完成。（张艳嫣）

·湖州莫干山高新技术产业开发区·

【概况】 2019年，湖州莫干山高新技术产业开发区（以下简称高新区）聚焦“落户一个中心、引进两个重大项目、实现三个翻一番，争创四个国字号，提升五大平台”的具体目标，全力落实市委“一四六十”和县委“一五六”工作体系，国家高新区综合排名取得重大突破，年内上升10位至全国第73位。全年高新区实现规模以上工业总产值360亿元，其中工业增加值、高新技术产业增加值、战略性新兴产业增加值、装备制造业增加值和数字经济核心产业产值分别同比增长10%、13.5%、14.9%、15%和13%；财政总收入34.83亿元，增长15.22%；认定三次产业“大好高”项目20个、外资“大好高”项目9个，实到外资2.2亿美元；完成固定资产投资88亿元，增长37.8%，其中工业投资32.5亿元，增长68.4%，高新技术产业投资27.5亿元，增长83.3%。

【开放格局加速呈现】 “办好联合国世界地理信息大会”被列入国家《长江三角洲区域一体化发展规划纲要》，联合国全球地理信息知识和创新中心落户工作全速推进，第41届亚洲遥感大会申办成功；中意合作产业园项目正式落地，B保区加快建设；成功举办超千人规模的全球性大会10余场，获评中国国际化营商环境建设十佳产业园区，高新区对外影响力、创新力和竞争力充分展现。

【平台能级快速提升】 新拓平台面积2680亩，全国县域唯一的国家新一代人工智能创新发展试验区获科技部批复并成功落户，全省唯一的全域城市级自动驾驶与智慧出行示范区经省政府同意获省发改委批复并加速建设；地理信息小镇新增地理信息百强企业14家，成功创建国家AAAA级旅游景区，获评省级特色小镇“亩均效益”领跑者、省数字化示范园区，营业收入、财政收入连续6年翻一番增长；莫干山通航机场成为全国首个拥有机场三字代码的通用机场，开通省内首条低空通勤航线，获评中国民航科普教育基地；全省首个智能网联汽车封闭测试场建成投运，砂村万亩产业平台建设渐入佳境；高新集团获评AA+主体信用评级，国企平台加快做大做强。

【创新驱动成效突出】 新增高新技术企业38家，总数突破100家；新增省级科技型企业70家、各级研发中心20家，发明专利300余项；“千人计划”产业园获批国家级孵化器，生物医药产业创新服务综合体列入省培育名单，涡轮机械研究院无人机技术实验室入选省重点实验室；新增认定“国省千”16人，落户各类研究院20余家，R&D投入占GDP比重提升至3.3%。

【“双进双产”量质齐升】 全年新签约项目202个、100亿元项目引进3个、1亿元以上工业项目开工60个、1亿元以上工业项目竣工96个、重大100亿元项目开竣工25个等均超额完成年度任务。全年出让标准地2052亩，新增用地项目当年竣工17个、投产10个，项目土地摘牌后3个月内开工实现率达100%；固定资产投资保持高位增长，其中工业投资全县占比近40%，高新技术产业投资全县占比超50%；中国中车、氢谷新能源、深圳特康等100亿元项目开工建设并快速推进，全省首个“标准地”项目比原计划提前半年投产，“标准地”改革成效明显。

【经济运行稳中向好】 深入开展“三进三服务”活动，全力化解企业运行难题280余项，落实好减负降费政策，加快新旧动能转换，关停、整治、提升“散乱污”企业82家，“五未土地”处置超千亩，新增国家级绿色工厂2家、省级智能化工厂3家，规模以上工业亩均税收突破30万元，规模以上工业增加值、高新技术产业增加值、战略性新兴产业增加值、数字经济核心产业产值等均实现2位数增长，外贸出口超额完成全年目标任务。

【地理信息小镇】 地理信息小镇58幢产业大楼投入使用，370余家地理信息相关企业集聚于此，全年实现营业收入达201亿元，税收达16亿元，已成为国内地理信息企业聚集度最高的园区。地理信息小镇累计吸引各类创业团队85个、创业创新人才5000余人，形成涵盖数据获取、处理、应用和服务等完整产业链，地理信息产业生态链已日趋完善。连续3年荣获优秀小镇，荣获省级特色小镇亩均效益领跑者和省数字化示范园区。

【通航智造小镇】 通航智造小镇紧紧围绕“通用航空和高端装备制造”两大产业，成功签约1亿元以上产业项目16个，其中100亿元以上项目1个，总投资达236亿元。举办“浙江低空快线”首航仪式，长三角首批短途运输通勤航线实现开通；全面启动机场跑道扩建项目，加速推进湖州德清保税物流中心（B型）建设与申报，德清莫干山机场授牌成为全国第14家、华东地区第3家、全省第2家的中国民航科普教育基地；全面完成国家AAA级旅游景区创建工作，并获得批复；产业大楼、小镇客厅、人才公寓、标准厂房及标准机库等配套设施有序推进，通航智造小镇形象逐步提升。 （夏洁人）

·吴兴经济开发区·

【概况】 2019年，吴兴经济开发区立足市委“一四六十”工作体系，围绕区“十大专项行动”，开拓进取、扎实工作，对标新时代高能级开放平台需求，坚持开放发展，已形成了智能装备、美妆、童装等优势主导产业。全年完成规模以上工业总产值159.74亿元，增长16.5%；财政收入27.18亿元，增长18.4%；完成合同外资及港澳台资6.29亿美元，增长69.1%；出口总额42.44亿元，增长29.3%。

【平台建设】 坚持“项目承载”为“着力点”，平台拓展提速提效。开发区坚持以征地拆迁、基础设施、项目引建为主，加快新增空间水、电、道路等基础设施建设，以吴兴经济开发区万亩大平台为主阵地，以整合提升为契机，以“亩均论英雄”改革和“五未”土地处置等为抓手，切实打造工业发展大平台。园区道路网格化进一步完善，全力推进万亩大平台建设。2019年，吴兴经济开发区完成拓展提升8069亩，完成基础设施投入3.49亿元。织里分区大力推进织东平台拓展，加快东尼路、鹏飞路等8条道路建设，基本形成织东“两纵六横”路网格局；埭溪分区聚焦阳山坞、小羊山、临港三大区块，紧抓场平推进，启动环北路等道路建设，园区道路网格化进一步完善；未来生物、吉信、中电太阳能、大地环境和蔻丝恩等一大批“大好高”项目相继开工建设，完善平台功能配套，有效提升平台承载能力。

【项目双进】 坚持“招商引资”为助推力，项目“双进”成效明显。开发区始终坚持招商引资“一把手”工程不动摇，围绕产业，聚焦项目，项目“双产双进”不断迸发活力。以浙江中韩（吴兴）产业合作园作为拓展国际合作的抓手，充分利用浙洽会、化妆品行业领袖峰会等平台，围绕重点产业开展专项招商，根据开发区产业发展需求，开展产业链精准招商，重点引进美妆、智能装备等高端外资项目。吴兴经济开发区全年新引进1亿元以上签约项目31个，总投资335亿元。成功举办第二届中国国际进口博览会配套活动第五届化妆品行业领袖峰会，成功引进卡美啦直播、布诗等6个项目，总投资达75亿元。6月，埭溪分区举行重点项目集中开工仪式，全年阿祥新型数控、星火生态治理、娇兰佳人等37个项目开工入库。

【整合提升】 坚持“产业集群”为“核心力”，整合提升加快推进。对标新时代高能级开放平台需求，坚持开放发展，做好腾挪空间、盘活存量、扩大增量的文章。成立吴兴经济开发区整合提升工作领导小组，由区政府领导任组长，有关职能部门主要负责人、各乡镇（街道）负责人为成员。领导小组负责总体实施方案、总体规划、产业规划等发展方向与发展战略的审定，协调申报整合提升工作及开发建设过程中的各方面关系。开发区在原“一区两片”19.35平方公里的基础上就近整合，同时，吴兴经济开发区新增东林和道场工业园区，形成总面积42.78平方公里的整合提升后区域。整合后着重打造以珀莱雅、韩佛等龙头企业为主的美妆产业集群、以新凤鸣等龙头企业为主的现代纺织产业集群，以万邦德、东尼电子为代表的智能制造产业集群。以浙江中韩（吴兴）产业合作园为主要载体，集聚高端要素，强化精准招商，推进平台、产业、企业和人才国际化，打造高质量外资集聚先行区。通过对吴兴经济开发区深化整合提升，推动产业转型升级，做大工业经济总量，集聚高端要素。基础设施建设进一步完善，平台服务功能进一步提升，构建以智能装备、童装、美妆三大产业为主导、三次产业融合的现代产业体系。（黄丽萍）

·南浔经济开发区·

【概况】 2019年，南浔经济开发区深入贯彻高质量发展理念，全面落实区委、区政府“聚力大赶超、实现新跨越”决策部署，紧紧围绕“争创国家级经济开发区”奋斗目标，攻坚克难、开拓进取，各项工作取得明显成效。全年实现规模以上工业产值268.44亿元，同比增长14.88%；完成固定资产投资44.7亿元，增长35.9%，其中工业性投资12.32亿元，增长63%；完成财政收入20.4亿元，增长37.4%。

【招商引资】 一是招优引强。完善招商引资相关制度，制定出台《浙江南浔经济开发区商务接待管理办法》，签约1亿元以上工业项目42个，同比增长82.6%。引进首个投资超百亿元的合丰泰G8.5超薄玻璃基板深加工项目。二是真情服务。围绕项目集中开工、竣工、投产三个时间节点，建立“一个项目一个班子一个推进计划”制度，20个工业项目顺利开工入库；9个项目竣工投产。

【要素保障】 围绕创建“万亩千亿产业园”目标，强势推进万亩平台内拆迁行动，累计完成农户征迁718户，新拓展面积3000亩，全力推进北部园区转型升级，拆除违章企业128家、一户多宅600户，完成土地复垦400亩，腾出发展空间2310亩。加快推进平台内基础设施建设，投入资金3.7亿元，南浔大道、外环西路、富园路等8条道路的改造提升完成，并通车。

【生态治理】 一是以“污水零直排”创建为契机，全面实施企业截污纳管工程，新建市政管网8.09公里，雨污分流改造5.03公里，128家企业完成截污纳管。二是以城乡人居环境“百日攻坚行动”为抓手，完成旧厂区、旧住宅区改造13万平方米，城中村改造445户，拆除违法建筑101万平方米。三是全面深入推进城市精细化管理，占道经营、违法停车等同比下降70%以上。大力推进富强、英雄、东上林三个村的美丽乡村创建，完成投资7900万元。

【改革创新】 “最多跑一次”改革不断深化，“跑一次”和“零上门”事项占比分别达100%和60%，群众办事时间平均压缩20%。创新水平不断提升，新增高新技术企业8家、市级以上研发机构7家、发明专利50个。加快创新平台建设，南太湖精英产业园建设，开始招商。人才工作成效明显，入选海外工程师2人、南太湖精英计划创业团队9个、创新人才2人，培养高技能人才310人，聚引大学生就业创业2162人。

【队伍建设】 是创新管理体制。增设投资促进局、社区工作部、农业农村局，突出规划建设、经济发展、投资服务、招商引资等关键，确保干部在工作中即相互联系又让专业的人做专业的事。二是强化基层组织，新增区级先锋示范村1个，提升“两新”组织党建阵地2个，新建马腰片区党群服务中心，组建南浔开发区——吴江七都全市首个跨省党建联盟。三是加强队伍建设，全面实施以实绩论英雄、凭实绩用干部导向，制定出台《南浔经济开发区中层干部选拔任用和培养管理办法》，全年提拔任用中层以上干部14人，调整行政村主职干部3人。四是落实从严治党。明确党风廉政建设主体责任，通过细化任务、层层落实和强化督查，使党风廉政建设责任制的落实工作真正做到“纵到底、横到边”。完善《财务审批管理制度》、《建设项目审批管理办法》等一系列规章制度。（姚沈中）

·安吉经济开发区·

【概况】 2019年，安吉经济开发区以“两山”理念为指引，以“不忘初心、牢记使命”主题教育为动力，以深化改革发展为契机，聚焦全年各项目标任务，重抓项目“双进”、做强现代产业、优化平台建设、深化企业服务、加强工作保障，聚力赶超发展，努力实现加速跑。全年完成财政收入40亿元，同比增长14.4%，完成规模以上工业总产值385亿元，增长12.3%，完成实到外资及港澳台资1.4亿美元，各项经济指标完成“全年红”目标任务。

【项目引进有深度】 突出抓好工业“大好高”项目。全年新签项目27个，其中“大好高”项目16个，提前一个半月完成全年目标。成功签约总投资70亿元的扬子江医药项目、总投资100亿元的国动云数据项目和总投资100亿元的远洋大数据项目，一举突破招商项目50亿元、100亿元级大关。

【项目落地有实效】 突出谋划好工业城和工业综合体布局。永艺4.0、养生堂、敏实科技、安费诺等一批重大项目已开工建设，恒林椅业、热威电热、护童家居、中力机械等一批重点项目竣工投产，年内还有格力电器、知味观、宝业建筑等一批重大项目正在筹建中。实行牵头领导跟踪机制，围绕65个亿元以上签约或在建工业项目，现场攻坚、一线破难，全年完成工业项目入库开工22个、竣工投产16个。

【征迁清零有突破】 “百日攻坚”活动成效明显，递铺街道、孝源街道全年合力完成征地3600亩，拆迁签约140户、腾空拆除116户。高速互通、304省道、梅园路、万亩朗山房、鞍山大数据产业园拆迁顺利推进，城北核心区块旧房拆除难题攻坚清零，马家、鞍山宅基地安置问题妥善处置。拔钉行动成效显著，梅园路、未来城、康山区块等多年沉积历史遗留问题集中化解。

【平台建设有力度】　平台建设快速实施。完成灵峰北路、绕城北线、塘浦大道等城市主框架道路改造，贯通齐云路、环岛南路、阳光大道西延等工程，推进浦源大道、古鄣路、永福路综合改造，全年完成平台基础建设总投入12.1亿元。园区环境稳步改造。完成开发区入口形象标识，基本完成绕城北线、灵峰北路、齐云路、塘浦大道等城市主干道景观设计及建设工作。加大土地违法卫片查处力度，全年完成拆除违法建筑150宗、19万平方米、完成土地违法案件查处21宗、63亩，“散乱污”企业关停35家。

【企业服务有深度】　持续深化企业服务，发展效益有效提升。发展规模逐步壮大。全年新增规模以上企业35家、净增产值1亿元以上企业17家。天振地板进入市“金牛”，恒林椅业、永艺家具、洁美科技等10家企业进入县“双金”，天草生物、东方基因等6家企业进入县“双高”。全年完成创新板挂牌企业5家、股改企业10家，东方基因成为湖州市首家创新板上市企业。科技人才不断进取。全年新增18家高新技术企业，新增研发机构30个，申报认定省级企业研究院5家。新建博士后工作站2个，研究出台引进高层次人才10%比例配套奖励政策，全年完成国家、省级“千人计划”人才2个。亩均效益全面提升。出台“亩十条”政策申报细则，与工商、环保、安监、税务等部门联动，形成正向引导、反向倒逼工作态势，分类制定出清“一企一策”。深入开展“6+N亩均改革”专项行动，为促进经济发展，开发区干部全员深入一线走访，调研企业发展状况，“一企一策”落实改革任务。全年完成总出清面积1800亩，其中15亩以上面积950亩，国有出让亩均万元以下低效企业出清95家。收储工业土地220亩、标准厂房30万平方米。

【工作保障有水平】　重点加强体制机制保障。完善修订征地拆迁政策，制订已征苗木处置办法，加强工程建设流程管理，规范中介机构服务标准，规范项目引进合同管理，汇编内部运行工作制度，创新项目推进“三线”服务机制，优化财务运行体系，全力推动经济运行、预征土地、重要国资三大管理系统高效运作，填堵体制机制运行中的漏洞。坚持集中攻坚，进一步凝聚合力。坚持每半月召开一次项目“双进”例会，共同研究项目引进和项目推进中的难题，国土、规划、建设、财政等职能科室和街道全力服务保障。项目保障展现新水平。着力强化建设资金保障。全年完成各类融资98亿元。积极拓展平台发展空间，完成南北庄片区和鞍山大数据产业园、建材产业园规划编制，组织大数据产业园农转、林转报批及电力接入改造。精准落实土地供给保障，完成项目农转报批17个，落实项目供地指标841亩。加快推进土地“两化”融合，完成土地复垦1338亩。提升项目规划和审批效率，及时完成项目“两证”办理78件。

【体制机制有活力】　制订开发区“三定”方案，重新调整开发区机构设置和职能配置，厘清与递铺、孝源街道职责，回归开发主职、专注发展主业。全员开展干部“双聘”竞岗，设置干部“岗位系数”，优化编外干部薪酬体系，让干部走上新岗位、体验新成就。（夏　炎）

城乡建设与管理

·城乡建设·

【综述】　2019年，全市建设系统围绕“不忘初心、牢记使命”主题教育和市委“一四六十”工作体系部署，全力以赴开展中心城市“十个一”基本配置、垃圾分类、红色物业等工作，城市形象、环境、品质得到显著提升，城乡建设事业实现新跨越、新发展。

【共建共美】　一是城市能级显著提升。牵头推动了中心城市能级提升行动、中心城市“十个一”基本配置专项行动，在全省率先出台《湖州中心城市“十个一”基本配置实施方案（2019—2021年）》，17个重点项目加速推进，全年完成投资75.23亿元，湖长二通道、湖山大道北段、固体废物综合利用处置场黄沙山一期等项目顺利完工。二是“三改一拆”超额完成。全市全年完成“三改”总面积1948.96万平方米，拆除违法建筑1456.05万平方米，分别完成省定目标任务的389.79%和208.01%，拆后土地利用率达95%。全市114个省级问题点位和24个自查自纠问题点位均完成整治，在全省率先完成目标任务并通过路地双方确认销号。长兴县获评全省第四批“基本无违建县（市、区）”，实现全市基本无违建县（市、区）全覆盖。三是小城镇环境综合整治圆满收官。通过三年综合整治，全市115个小城镇完成投资127.78亿元、完成项目2183个，44个小城镇被评为省级样板，样板比例位列全省第三，连续2年被评为优秀设区市，优秀区县比例全省第一，市建设局获评省突出贡献集体。四是美丽宜居示范村提档升级。创建9个省级美丽宜居示范村（累计124个省级、6个国家级），安吉县大竹园村成功创建国家级美丽宜居示范村。全市全年接收农村污水运维终端6444座，提标改造568座，受益农户29万余户，“站长制”运维模式向全省推广，连续4年获评省农村生活污水处理设施运维管理优秀设区市。

【民生实事】　坚持以人民为中心的发展思想，不断改善居住环境，加快打造美丽宜居城市。一是“红色物业”引领有力。在全省率先开展“红色物业”建设，在中心城区的富丽家园、金色水岸、东郡红树湾等10个小区和衣裳街区铺开。并以“红色物业”为载体，推进准物业和老旧小区改造提升、渗漏水专项整治等工作。海锦花园6幢1单元等4个加装单元基本完成施工；新装楼道灯1万盏、维护1万盏；解决渗漏水4926户，受益群众达30万人，为全市高质量建设全国城市基层党建示范市提供生动范例。二是住房保障扩面惠民。出台住房保障实施细则和优秀人才、急需人才保障办法，全市棚户区改造开工4028套，基本建成保障性安居工程住房8472套、竣工11168套、交付6500套，发放城镇住房保障家庭租赁补贴3020户，均超额完成省定目标任务，住房保障受益覆盖率达26%以上。三是老旧小区征收改造全面推进。中心城区友谊西区、朝阳新村、环城南路、环城北路、友谊新村3—5幢5个项目、820户的签约工作均在30天内完成，二里桥征收项目在积极筹备推进，征收速度和效率不断提升。四是危旧房治理改造完成。按照“腾、拆、防、控”原则，全市1054幢城镇危房和农村462户危房改造任务全部完成。其中，农村困难家庭危房改造任务247户全部完工，有效推进全市农村住房领域“精准解危”工作。

【五水共治】 一是保供水。太湖水厂日供水能力20万立方米的二期扩建工程完工，全市新建供水管网175.55公里，改造供水管网108.9公里，新增城乡供水一体化覆盖14万人以上。二是排涝水。开展万座雨水井整治攻坚和“老小区外、人行道上建筑单体井预防性疏通”攻坚行动，完成中心城区9537座雨水井排查疏通，疏通窨井堵塞路段24段，保证汛期城区排水畅通。三是治污水。全年新改建污水管网164公里，创建190个居民生活小区“污水零直排区”，完成污水处理厂新扩建4座和提标改造19座，提标改造完成数位居全省第二。中心城市污水处理率达97.8%，位居全省前列。

【城市运行】 一是严扫黑。结合工程质量治理两年行动、质量安全提升行动和安全生产监督执法检查工作，重点加强对建设项目、建筑工地建材供应、渣土清运、清欠维稳等涉黑涉恶犯罪易发领域的排查。全年检查在建工地873家，移送线索2条；出动执法人员41059人次，行政立案查处行业乱象1821起，罚款494.9万元。二是抓工地。出台扬尘治理量化、细化办法，全市5000平方米以上在建工地颗粒物监测设备安装基本实现全覆盖，创建了仁皇山路、红旗路、南街等12条“样板路”。三是美环境。全市完成绿道建设54公里，在老城区打造了10个公园式街头景观，安装维护亮化灯具1.3万余套，真正让群众出行更便利、街景更美丽、夜景更靓丽。四是管燃气。进一步优化充值缴费方式，市本级2万余户天然气用户实现缴费圈存“零次跑”，解决了“购气远、购气难”问题。

【改革创新】 一是生活垃圾率先实现负增长。全市在全省率先实现生活垃圾分类“一负一〇一个全”，即实现垃圾负增长、零填埋，餐厨、焚烧资源化处置设施县域全覆盖。全年处置城乡生活垃圾132.78万吨，同比下降0.25%（城镇生活垃圾90.3万吨，下降0.44%），焚烧厂日焚烧量降低5%。在实现垃圾分类全覆盖的基础上，创新推进精准分类模式，已覆盖至710个居民小区和3.88万家单位，覆盖率分别达91.9%和93.8%，生活垃圾分类全国示范市建设工作全面铺开。二是“最多跑一次”改革领跑全省。在省内率先实现施工图审查豁免办理、公租房申请审核全流程7个工作日内办结、排水许可证零材料即时核发，工作均位列全省第一。办理建筑许可和用水报装均名列全省第二，用气报装名列全省第三，办理时间、办理环节、申请材料均达到全国领先水平。南浔区推出的“多证合一”新模式，成为全省工程审批制度改革领跑者。三是绿色建筑成功争创试点。成为全国唯一绿色金融支持绿色建筑发展的试点城市，新增建筑领域绿色信贷51.82亿元。全市二星级绿色建筑占比达22.5%，达到省定目标的两倍多（省定10%）。全市完成的既有公共建筑改造、再生能源建筑应用、高星级绿色建筑示范工程数量均居全省前列。

【行业管理】 一是房地产市场发展平稳健康。2019年，全市完成房地产开发投资586.3亿元，商品房销售备案面积823.78万平方米，同比分别增长12%和1.8%，增幅分列全省第三位、第四位，入库税收89.42亿元，占比达17.41%，为经济社会发展做出重要贡献。二是建筑产业加快转型升级。全年完成建筑业产值827.9亿元，增长0.6%，税收入库34.4亿元，占比达到6.7%。创新推出农民工工资应急支付保障金差异化管理，全年退还农民工保障金1.75亿元。推出建设工程综合保险试点工作，为企业释放资金3.86亿元，有力地减轻了企业负担。三是公共设施管理迎头赶超。全市公共设施管理业完成投资141.89亿元，增长12%，比上一年提升48个百分点，增幅并列全省第一。（陈　谊）

·区县城乡建设·

【吴兴区城乡建设】 2019年，吴兴区住房和城乡建设局紧紧围绕“不忘初心、牢记使命”主题教育和“生态吴兴、经济强区、科技新城、幸福家园”奋斗目标，扎实开展“三服务”主题实践和“靠前站、马上办、讲实效”主题活动，聚力生活垃圾分类、城乡环境治理、东部新城精细化管理、建筑业和房地产发展等中心任务，不断提高建设管理、服务水平，全力推进建设、民防事业。

一、垃圾精准分类。一是小区精准分类覆盖率全面提高。按照“三站三定二进楼”的标准，以物业公司负责、第三方运行等多种模式为载体，扎实推进小区生活垃圾分类。全区249个小区、15.84万户居民，已完成精准分类220个小区、

13.9万户居民，覆盖率达87.96%，其中中心城区已开展185个小区、10.3万户居民，覆盖率达100%。二是单位强制分类开展率稳步提升。按照“普宣、勤查、严管、重罚”要求，区垃圾分类办牵头督促高新区、各乡镇（街道）对辖区内所有应控单位推行强制分类，联合属地执法中队做好宣传、劝导和日常检查工作，完成受控单位8787家，开展率达100%。三是示范创建分类推进率不断加快。河畔居、东郡红树湾等5个省级垃圾分类高标准示范、月河小区“定点定时”试点和衣裳街“定点定时”商业街区试点的创建工作完成验收。龙泉街道37个居民小区全部开展精准分类，1109家单位均开展强制分类，完成“示范街道”创建工作。在设施建设、分类模式等方面进行全面提升，创建出“人人全知晓、户户全参与、分类全精准、宣教全覆盖、设施全配套”的“五全”示范点典型。

二、东部新城管理。一是日常管养做实做细。制订《公用中心精细化管理实施方案》，以区行政中心、吴兴大道及中兴大道为重点，打造最美“景观路区”，不断提升新城绿化、亮化、环卫一体化品质。已完成绿化养护项目市场化运作9个，补植绿化色块8.5万平方米，亮化景观8处、路灯2579杆，亮灯率达98%以上，全年机械化清扫车辆出动4545车次，清扫率达92%。受理“12345”政府阳光热线118件，精细化管理平台派单223件，完结率达100%。二是监督检查严查严改。落实每日巡查工作，建立“路长制”“公园园长制”，开展综合性摸排整治23次。落实项目考核制度，完成“一体化”保洁考核56次，纠正问题118处，路灯养护考核40次，绿化养护标段考核220次，体育公园考核37次，发现问题44处，4个公厕综合考核14次，纠正问题30处。三是应急响应从快从速。不断提升应急能力，有效抵御灾害天气，做好物资储备及人员安排，完善24小时应急能力。出动人员300人次、96车次，排查、消除各类隐患点235处，对东部新城5处积水点，安排专人、水泵24小时值守。四是物业管理抓深抓透。完成20个“准物业”和拆迁安置小区痛点、难点问题整治行动，出台《吴兴区拆迁安置小区提升管理十机制一方案》，开展拆迁安置小区物业管理提升行动，全年整治小区1478次，清理垃圾880车，出动4100余人次，新增汽车位4518个，硬化面积0.89万余平方米。同时，不断加强物业服务行业的监管，分发物业企业消防自查专项检查表80余份，检查商业及住宅小区30余个，成功调解纠纷634起。联合区消防大队组织培训4次，开展演练40次。组织完成物业交接验收项目15个、前期招投标项目25个和物业服务合同备案项目26个。指导17个小区业委会换届工作。

三、城乡环境整治。一是小城镇环境综合整治提质升级。全区16个小城镇全部通过省级考核验收。以织里镇、妙西镇、埭溪镇、东林镇4个建制镇为创建对象，开展美丽城镇建设，织里镇正在深化编制样板创建行动计划和“一镇一方案”，其余三个乡镇已开始启动规划编制工作。二是“三改一拆”超额完成。完成“三改”325.48万平方米，完成率达295.89%。其中旧住宅240.84万平方米，旧厂区13万平方米，城中村完成71.64万平方米、1989户，拆除违法建筑199.52万平方米。三是美丽宜居示范村建设扎实开展。高新区东桥村美丽宜居示范村建设任务已完成并通过省级验收。35个30吨以上农村生活污水处理设施标准化运维全面完成。20座农村公厕完成改造。四是绿化、市政建设稳步推进。完成绿道建设5.7公里，创建园林式居住区2个，优质综合公园1个，绿化美化示范路1条，街容示范街1条。织里镇城市发展有限公司、湖州尚成小区分别获评2018年度省级“园林示范单位”和省级“园林示范小区”。全年新增绿地15公顷，公园绿地4公顷；提质改造公园绿地5公顷，郊野公园0.5公顷，立体绿化1公顷。新建城市公厕2座、改造5座。五是污水扬尘治理常态管控。创建污水零直排小区37个，新建（改造）污水管网20.61公里、雨水管网13.31公里、供水管网36.3公里、管网清淤163公里。污水厂清洁技术改造5家，完成东林、妙西污水厂清洁技术改造工程，东部、埭溪、东郊污水厂有序推进中。严格按照“7个100%”（围挡设置100%，砂、土等易扬尘材料遮盖或绿化100%，主要道路硬化100%，运输车辆冲洗且密闭加盖100%，外架密目式安全网张挂100%，拆除施工过程洒水100%，暂不开发场地绿化100%）要求，抓好建筑工地扬尘治理，年内，组织高新区、各乡镇（街道）开展五次集中学习，组织建设、施工和监理等单位负责人开展五次集中培训。检查在建工程425项、提出整改352条、发放专项整改单85份、停工令25份。六是危旧房治理改造有序推动。城镇危旧房方面，对吉山南区7#、8#进行加固解危完成。农村危旧房方面，57户农村C、D级危房改造任务和12户农村困难群众危旧房均改造完成。

四、行业日常监管。一是抓好住房保障管理。不断加大保障性安居工程建设力度，全年新开工项目1个、住房924套，提前完工；分配项目2个、1873套，完成分配2172套。做好住房补贴常态申请，完成申报8户，审批单位1个，学校18所、27人。二是抓好房地产行业管理。在规范房地产行业方面，严格执行房产交易合同备案、变更、撤销程序，完成商品房合同变更265份、撤销393份。房地产开发资质核准61个、房地产经纪机构备案8家、白蚁防治登记备案90个、房改房查询证明87份、房屋建筑和市政基础设施工程竣工验收备案项目53个。对辖区内在建在售的53个房地产开发项目开展专项检查。在公积金扩面方面，下发《2019年度各乡镇住房公积金制度扩面工作目标任务的通知》，分解部署扩面任务。三是抓好建筑业管理。创新监管模式，深刻“吸取东林1.18事故”教训，扎实推进安全生产工作，组建105人专家库，对167个在建项目进行检查，出动执法3700余人次，发出整改单352份、停工令55份和联系单42份，处理投诉85起，不良行为企业公示2家、警告25家、约谈35家和行政处罚33家；开展重点工程专项检查，开展检查6次、检查项目60余个。四是抓好民防建设管理。坚持以“战时防空、平时服务、应急支援”为原则，民防工程建设竣工6个，在建民防结建项目42个，累计办理新建防空地下室战时功能和防护等级确定5个，应建防空地下室的民用建筑报建审批121个，发放民防同意备案意见书58个，收取民防易地建设费943.81万元。

五、中心重点工作。一是“最多跑一次”改革深入化。建立“一个窗口对外”“一站式服务”的审批机制，已梳理完成事项108项，“网上办”“掌上办”“材料电子化”“跑零次”“电子归档”实现率达100%，“即办”实现率达87%，“承诺时限压缩比”实现率达95.89%；完成消防验收25个，消防验收备案121个，消防设计备案168个，消防设计审核26个。推进承诺报备制，已办理承诺制施工许可证76个，办理建设工程项目施工许可证167项，办理节能审查4项，节能验收1项。进一步深化工程建设项目审批制度改革，全面启用工程审批系统（2.0版），实现全流程系统审批。吴兴区“一张蓝图”入库项目数308个，策划生成项目14个，在审批系统运行项目294个。二是“无欠薪区”创建成效明显。按照民工工资和工程款两条线支付原则，要求建设单位在开工前办理好民工工资银行支付专户，为施工单位办理农民工工资支付专户167家。推动民工实名制平台建设，实名登记1.2万人。开展检查6次，约谈建设、施工单位8家，处理民工讨薪39批次，涉及28个工地，讨回欠薪工资1970万元。三是扫黑除恶行动专项化。成立扫黑除恶专项斗争领导小组，以“打非治违”“平安吴兴”行动为抓手，严打建筑领域违法违规行为，联合相关部门，出动执法检查1500余人次，发出质量安全监督整改单300份，开展扫黑除恶专项联合检查50余次，发出监督联系单56份，上报疑似线索4条，查处违法分包案件3起。四是“三服务”活动常态化。深入贯彻落实省、市、区开展“三服务”活动的有关要求，成立专项活动领导小组，制订实施方案和工作清单。班子成员带队走访企业30余家、村社20余次，下属责任科室服务企业180余家、社区90余次、接访群众300余人。依照承办问题清单，与服务对象一一沟通对接，承办的80个问题全部化解并录入“三服务小管家”系统。（卢明佳）

【南浔区城乡建设】 2019年，南浔区住房和城乡建设局严格贯彻落实市委、市政府部署要求，紧紧围绕打造湖州“开放东大门、创业新高地”的发展定位，围绕“深化改革”“能级提升”“生态提质”等工作重点，以“最多跑一次”改革、城乡环境综合整治、重点项目建设、房地产市场稳控等一批中心工作为载体，乘势而上、赶超跨越，各项工作取得了良好进展。

一、行政审批。在全省率先按照“一次申请、一套材料、一次审批、一个批件”的模式，对以往涉及建设、消防和民防三部门的6个独立审批事项与核发施工许可证同步进行，实施“多合一审批”。改革后，办理项目施工许可证由原来27项资料、10个环节、24个工作日，分别缩短为8项资料、3个环节、即时办理。

二、房地产管理。围绕“保稳定、去库存、可持续、促转型”的发展思路，持续招引优质房企来南浔投资开发，房产开发理念不断更新，开发楼盘品质全面提升。全年全区房地产开发在建项目50个，总建筑面积240.88万平方米；涉及竣工交付项目6个，总交付面积75万平方米。全年商品房销售面积135.95万平方米，其中中心城区78.84万平方米，销售均价9281元/平方米。全区住宅销售面积102.04万平方米，其中中心城区销售面积66.93万平方米，销售均价9856元/平方米。强化小区物业管理，加强人力物力配备，为小区物业管理矛盾、住宅小区物业纠纷、商品房质量投诉等问题的解决提供保障，全力提升住房宜居水平。出台《南浔区引进大学生购房补贴实施办法》，2019年，支持人才购房72人，发放住房补贴546万元。根据《2019年度湖州市住房保障工作目标责任书》，全年棚户区改造开工564套，发放城镇住房保障家庭租赁补贴200户。公共租赁住房申请审核通过302户，拨付公租房补贴86.41万元，任务完成率达151%。

三、中心城区城市建设管理。完成《南浔中心城区建设管理三年行动计划（2019—2021年）》编制。全年实施92个项目，总投资127.67亿元，其中新开工72个，累计完成投资131.2亿元。完成新安路、直港路、南浔大道等新建改造道路9.1公里，打通中心街断头路，新建改造泰安路停车场等9个公共停车场，新增停车位8755个，其中公共停车位1716个；完成金象湖公园、文兴公园、古镇区域等50处直饮水点位安装；完成中心城区一期8公里绿道建设，成功创建石淙镇省级园林镇，浔溪中学创建省级园林式单位，东南华府和逸龙湾创建省级园林式居住小区。完成70个市级污水零直排小区创建任务，出台《零直排小区创建资金补助办法》，2019年，下拨各镇补助资金3058万元，全力助推污水零直排区创建。牵头完成旧馆污水厂、菱湖污水厂的新建扩容项目建设和善琏污水厂收购事宜，完成振浔、善琏、旧馆3家污水厂的清洁排放提标改造工作，完成进度排在全市前列。坚持新建、改造、排查、清淤同步推进，新建污水管网22.5公里，改造20.75公里，排查176.8公里，清淤323公里，均超额完成年度目标任务。

四、建筑业管理。针对建筑建材和施工设备、招标投标、施工建设等领域可能存在的违法违规乱象，持续挖掘有效信息，开展摸排工作，全年开展数次建筑质量安全专项检查行动，出动巡查1200余人次，发出整改通知书、巡检查意见书175份，工程暂停令26份，对涉及9家企业进行约谈，落实整改各类安全隐患1080处。对全区154个在建工地全面排查，发出扬尘污染防治整改单175份，《停工整改通知书》20份。组织对141个工地安装视频监控设备及颗粒物在线监测设备，45个建筑单体安装楼层喷淋喷雾设施，20个工地安装围墙喷淋。开展“南浔无欠薪”创建，开设农民工工资专户90个。扎实推进建筑业转型升级，完成装配式建筑101.9万平方米，完成率达135.8%，建筑业总产值38.79亿元，完成绿建比例、屋顶光伏审批总建筑面积146.7万平方米，绿色建筑审查实现100%。

五、村镇建设管理。持续推进省级美丽宜居示范村创建，竹墩村完成省级考核验收。全程跟进对漾东村、华桥村和石淙村3个示范村创建指导，对全区13个传统村落传统风貌的保护、修复工作开展专项“回头看”。按照全域规划、全域设计、全域整治的要求，持续开展对新建民居的指导，完成“水晶晶的南浔”江南民居建筑设计全国邀请赛，遴选出18个优秀设计方案，打造新时代浙派民居。在全省率先完成“县（区）域农村生活污水治理专项规划”编制及报批，修订《南浔区农村生活污水治理设施运行维护管理办法》。全区累计运维终端1969个，受益农户约5.5万户，设施运维率达100%。提前完成52个终端标准化运维，比上年增长420%，实现全区日处理能力30吨及以上的终端标准化运维全覆盖。

六、小城镇环境综合整治。马腰集镇、练市镇、镇西集镇、重兆集镇和菱湖镇均通过省级考核验收，4个整治对象成功创建省级样板镇，样板率分别居全市第一、全省第二。21个整治对象全部通过省级考核验收，省级样板率达52.38%，获评小城镇环境综合整治省级优秀区县。（张思婷）

【南太湖新区城乡建设】 2019年，南太湖新区建设发展局着力将南太湖新区打造成全国践行“两山”理念示范区、长三角区发展重要增长极、浙北高端产业集聚地、南太湖地区宜居新城区的定位要求，以“难题必破，大仗必胜”的担当精神，围绕新区各项工作目标，高质量高标准推进新区建设发展，各项工作取得新进展。

一、房地产管理。房地产市场平稳有序，不断加强预售资金监管。根据《湖州市商品房预售资金监管实施细则》要求，联动市房管处，对接各银行，定期会商，加大销售资金监管力度，全年监管资金总额101亿元，有效地维护了房地产市场健康平稳发展。积极推动房票安置，会同区拆迁办、康山街道等部门全力谋划康山分区缺口安置房源处置工作，完成与7家开发商签订房源安置协议，确定可用于房票安置的房源800套、8.76万平方米，用于康山分区征迁安置。与5家开发商签订安置房源合作协议，为东山棚改安置做好房源保障，确保棚改项目顺利推进。商品房成交8699套，销售面积131.5万平方米，同比增长28.1%。存量住宅可售面积146.83万平方米，去化周期约13个月。联合市场监督部门、人民银行、市建设局房管处，对辖区内22个在建在售楼盘开展房地产经营行为、预售资金监管进行专项检查，不断加强房地产市场管理。

二、物业管理。一是完善配套制度，探索管理模式。结合南太湖新区170个小区、66家物业公司、118832户居民的实际，及时出台《湖州南太湖新区管理委员会关于贯彻落实加强小区物业管理工作的实施意见》，对全面实施物业履约保证金制度、物业服务费交纳个人诚信机制以及构建体系推进“红色物业”党建工作作了具体规定。二是实施分类指导，推动行业规范。全年组织监督11家房地产公司通过公开招投标与物业企业签订前期物业服务合同；严格按照《湖州市物业项目承接验收管理实施细则》，参与小区物业承接查验，组织辖区内物业承接验收12次。

三、建筑业管理。贯彻实施《浙江省绿色建筑条例》和《湖州市绿色建筑专项规划》，完成市对区建筑节能任务。推进施工图联合审查电子化，实现“最多跑一次”。审查民用建筑节能项目8个，建筑面积44.99万平方米。多次召开扫黑除恶、文明施工及施工领域“三服务”会议，召集区内在建项目建设、施工和监理企业参加会议，参会1300余人次。会议分别安排相关施工、监理企业负责人就质量安全、扫黑除恶、文明施工的工作作交流发言。加强建筑工地扬尘防治，81个、5000平方米以上的建筑工地均安装颗粒物在线监测设备。每个工地落实1名“扬尘防治负责人”。辖区内按规定设置污水3级沉淀设施81个工地。40个民工生活区工地均已办理排放许可或签订定期清运协议。全区累计开展扬尘治理专项检查在建工程1200余次。

四、城市建设管理。统筹全区各单位，及时梳理出新区建设项目，排定项目实施计划。2019年，政府投资项目43个，总投资99亿元，其中续建项目26个，总投资85亿元，新建项目17个，总投资14亿元。对项目进行调整，核减2项，新增21个项目，其中长东片区项目6个。围绕确保完成年度全市公共设施管理业投资实现增长10%目标任务，南太湖新区全年完成投资13.79亿元，500万元以上入统项目累计完成投资10.1亿元。按照省、市统一部署，完成“三改一拆”总面积98万平方米，其中“三改”73万平方米，“一拆”25万平方米。“四边三化”省级重点问题点位13个、市级自查自纠点位47个，全部完成整改。在建设管理中，牢固树立“隐患就是事故”的理念，坚持关口前移、抓早抓小，构筑“管控源头风险、治理事故隐患”双重安全防线，严格监督管理，守住工程安全底线，严把工程质量，全年安全生产形势平稳。

五、交通管理。深入实施城市治堵工作，通过新改建道路、打通断头路及新增停车位等方法，缓解交通拥堵现象。年内，建设联网路1条、改善拥堵点2处、新增停车位2040个，其中公共停车位382个、新建公共停车场2个、新改建城市道路3.2公里、新增城市道路9.2公里、新建绿道2.5公里、续建公交首末站1处（奥特莱斯首末站）和港湾式停靠站改造40个。

（张　强）

【德清县城乡建设】　2019年，德清县住房和城乡建设局围绕“提升城市发展能级，打造美丽宜居德清”的总体目标，全力开创住房和城乡建设高质量发展新局面。连续两年获评全省小城镇环境综合整治优秀县，获省“五水共治”工作先进集体、省“最美建设集体”提名、市美丽宜居城市建设先进集体和市城乡人居环境大排查大提升大督查“百日攻坚行动”突出贡献集体等奖项。工程建设项目联合验收模式相关经验获省长袁家军批示肯定，在全市率先开展民防产权制度改革试点工作。

一、美丽城镇巩固提升。全力更新城乡面貌，打造更美宜居环境。小城镇环境综合整治工作在全市率先收官的基础上，对16个整治对象进行深入调研分析，重点围绕美丽城镇建设的“六美”（城乡协调形态美、功能便民环境美、共享乐民生活美、兴业富民产业美、魅力亲民人文美、善治为民治理美）核心目标，启动并完成美丽城镇三年行动方案暨“一镇一方案”规划初稿编制，乾元镇、新市镇、钟管镇被列入首批美丽城镇省级样板创建名单。

二、项目建设统筹有力。围绕“拓展城东、做精城南、完善城西、提升城北”的总体思路，全年统筹推进城市建设与基础民生项目78项，完成总投资52.8亿元，其中浙工大莫干山校区于10月顺利开园、田博园项目高效推进并成功举办盛会、困扰全县20余年的私营城违建问题全面整治完成。同时，牵头抓实全县公共设施管理类项目投资，2019年，完成投资31.9亿元，同比增长29.2%，完成投资总量居全市第一。

三、审批改革取得突破。持续深化工程建设项目审批制度改革，制定出台《德清县建设项目竣工联合验收实施办法（试行）》，验收时限从65个工作日缩减至5个工作日；企业投资项目用水用气报装“一件事”深入开展，“3个1”（一份申请材料、一个流程报装、一个自然日完成立户通水）报装流程全面推行；在全省14个试点城市率先制定出台3个人防工程产权制度改革政策文件，确保民防工程产权明晰、规范使用。

四、精准服务落实到位。在服务全县企业项目发展过程中，坚持“早介入、早对接”原则，持续完善动态跟踪、及时指导、精准服务的工作机制，做到从“审批监管服务”向“贴心跟踪服务”转变。2019年，上门服务走访企业642家，服务基层205次，服务群众404户，解决问题900余个。

五、建筑行业稳中有进。坚持创新创优、提质提效目标，推动全县建筑行业稳步做大、做强、做精。至年末，全县有建筑企业102家，同比新增21家，其中一级总承包企业9家、一级专业承包企业6家。全年办理施工许可243项，建筑面积526万平方米；建筑业产值首次突破百亿大关，达到115.4亿元，增长17.6%，上缴税收8亿元，增长48.5%，占全县总税收的7.8%。同步加快工业化转型进程，全年新开工装配式项目建筑面积达119.8万平方米，实施住宅全装修面积61.6万平方米，实施绿色建筑40项、面积136.47万平方米。

六、房地产市场平稳发展。围绕“稳地价、稳房价、稳预期”目标，在全市创新推出“一房一价”电子名片，深入开展商品房预售资金监管联合检查、房地产市场风险稳控行动和租赁中介机构整治等专项行动，促进房地产市场平稳健康发展。至年末，全县有房地产企业73家，全年完成房地产开发投资79亿元，同比增长35.15%；商品房销售面积117万平方米，增长63.23%；实现商品房销售额188.8亿元，增长74.6%；全县房地产业缴纳税收17.26亿元，占全县税收总收入的16.7%。

七、公用事业扩面覆盖。抓实“西部山区农村饮用水达标提标”民生实事项目，实现受益人数2.3万人，完成省、市下达2019年人口任务的264%、县民生实事工程任务的185%，保持省、市领先地位；新改建供水管网90.2公里，新建天然气管网50公里，德清旺能“炉排炉”技改项目投入试运行，全年处理生活垃圾20.84万吨。

八、老旧小区改造全面铺开。按照县民生实事工程部署，加压实施14个老旧小区的改造提升任务，全年投入1.1亿元，在切实改善老旧小区居民生活环境的同时，通过改造新增停车位1930个，为全县为民办实事项目“新增一万个停车位”做出重要贡献。　（陈昕晔）

【长兴县城乡建设】　2019年，长兴县住房和城乡建设局坚持高质量发展，统筹规划、建设、管理三大环节，全面推进小城镇环境综合整治、城镇生活垃圾分类、“三改一拆”和“治危拆违”等中心工作，加强行业管理，全县住房城乡建设事业取得新成效。

一、全域美丽建设更加深入。重点工程建设有序推进。着力完善城市基础配套设施功能，实施13个总投资3.67亿元政府投资重点工程建设。以全国文明城市常态化管理为抓手，大力推进城市精细化、网格化管理，城区市政基础设施完好率和主要道路亮灯率均保持在98%以上，结合城乡人居环境整治“百日攻坚”行动，集中清运垃圾435吨。小城镇整治全面收官。全县27个整治对象全部通过省考核验收，获评省级样板8个、市级样板13个，全省小城镇环境综合整治行动督导工作座谈会、全市小城镇环境综合整治现场推进会先后在长兴县召开，三年目标任务圆满完成，获评全省小城镇环境综合整治突出贡献集体。美丽示范宜居创建有序推进。完成1个美丽宜居示范村（龙山街道川步村）和1条美丽宜居示范带（长兴十里银杏长廊美丽宜居示范带）创建申报。落实农村生活污水“站长制”管理制度和运维常态化管理，抓好终端设施提标改造。连续四年获评全省农村生活污水治理长效运维工作先进县。

二、城乡生态环境治理成效更加明显。城镇生活垃圾分类不断深入，全年开展“垃圾分类就是新时尚”“垃圾分类挑战赛”等各类宣传活动3500余次，在全省率先实施沿街商铺“无桶化”定时收运，在全市率先试点小区定时定点投放，优化调整18条易腐垃圾收运线路，对全县17座垃圾中转站安装监控设施规范管理，积极打造分类样板，以示范创建为突破口推进全县面上整体水平提升。创成省级高标准示范小区7个、省级分类示范片区1个、定时定点清运试点街区2个、精准分类小区90个和市级分类标杆81个。7月，创建成“基本无违建县”，全年完成“三改一拆”总面积1467.46万平方米（“三改”852.46万平方米、“一拆”615万平方米），完成省、市下达任务的564%，拆后土地利用率达96.9%以上。69个城镇住宅小区“污水零直排”建设已全部完成。累计投入8875万元，新建（改造）城镇污水管网45.12公里。全面落实“7个100%”（围挡设置100%，砂、土等易扬尘材料遮盖或绿化100%，主要道路硬化100%，运输车辆冲洗且密闭加盖100%，外架密目式安全网张挂100%，拆除施工过程洒水100%，暂不开发场地绿化100%）治理措施和“工地长”制度，累计推进245个规模以上（建筑面积5000平方米以上）在建工地颗粒物在线监测设备安装。

三、民生保障事业更加提升。推进城乡危旧房治理改造工作，全面完成省定493幢城镇危旧房治理任务。95户农村困难群众危旧房改造和省、市下达的39户农村危房治理任务已全部完成。小浦棚户区改造项目顺利动工，新增各类住房保障（含货币补贴）833户，完成188户公租房实物配租，累计发放638户在保家庭住房保障货币补贴793.32万元，依法依规收缴614户公（廉）租房租金99.68万元。新建（改造）城镇供水管网34.08公里，燃气管道75.8公里，新增城乡燃气用户1.5万户。

四、行业管理更加强劲。开展建设系统行政执法深化年和扫黑除恶专项斗争攻坚年活动，不断规范提升行业市场秩序，优化行业营商和发展环境。对33家企业进行信用扣分，公示企业不良信息33家；行政处罚案件新增立案39起、结案38起，案件移交34起，上报涉黑涉恶线索2条。全年建筑业总产值达102.05亿元，已协调解决民工工资2230万元，未发生因欠薪导致的上访事件。加大物业纠纷化解力度，有效推动解决电梯维修、消防整改、停车改造等问题，全年物调委物业纠纷调解成功率达98%。“红色物业”进一步深化，3家物业企业成立党支部，41个小区业委会成立党支部。全年完成房地产投资85.9亿元，增长13%；商品房销售面积152.62万平方米，增长12.5%。出台《长兴县施工图审查优化（试行）实施方案》，在全省率先推行施工图审查改革，全年有352个项目实行联合审查，审批豁免审查项目39个，免于消防设计备案项目99个，单独办理桩基施工许可10个。（卓考斌）

【安吉县城乡建设】 2019年，安吉县住房和城乡建设局紧紧围绕“两聚一美”（聚焦两山实践、聚力赶超发展，建设中国最美县域）发展大局，全力推进城乡建设领域各项工作，为新时代浙江（安吉）“两山”理念试验区建设做出贡献。

一、城乡环境进一步优化。一是小城镇环境综合整治全面完成。全年7个整治点全部通过省级考核验收，其中，孝丰镇、孝源街道、杭垓集镇、天子湖集镇和递铺街道安城集镇5个整治点获评省级样板，共完成建设项目79个，完成投资30790万元。全县32个整治点全部通过验收，省级样板数量达12个，省级样板占比达37.5%。荣获省小城镇环境综合整治行动突出贡献集体。二是优雅竹城建设提档升级。全年计划60个项目，其中城市经营工程项目23个，民生保障工程项目15个，城市品质提升工程项目22个，总投资24.8亿元。年内，完成项目59个，投资13.84亿元。新增绿地24.5万平方米，综合管廊建设完成1.14公里。三是美丽宜居示范村创建亮点纷呈。完成各类村镇建设项目300余项，鹤鹿溪村顺利通过省级美丽宜居示范村验收，获得170万元专项奖补资金。梅溪镇三山、天子湖镇高庄、孝丰镇溪南3个村成功申报2020年度省级美丽宜居示范村，大竹园村创成国家级美丽宜居示范村。牵头推进余村“两山”示范区建设，完成“两山”示范区总体规划和7个专项设计，建成“年年有余”综合楼及绿道建设。高效率推进白茶飘香精品观光带（一期）建设，建成干部现场教学示范带，持续推进沿线绿化提升、浮玉桥改造、停车场新建、“两山”大道及村口改造提升等市政配套工程。

二、行业建设全面向好。一是建筑业管理不断升级。建筑业发展平稳向好。全年累计完成建筑业产值65亿元，全年新开工项目208个，建筑面积479.89万平方米，其中工业项目202.79万平方米、居住项目167.13万平方米、其他项目109.97万平方米。竣工验收备案134项，建筑面积328.28万平方米。积极推广装配式建筑，新开工装配式建筑30万平方米，完成民用建筑节能审查38个、138万平方米，创新组建“消防+住建”联合验收专班，确保消防设计、验收工作转隶平稳。积极开展优质工程奖评选工作。建立健全建设领域农民工工资专户和农民工实名制管理，出台首个建筑业支持政策《关于加快建筑业提升发展的实施意见》。全县150个在建工地，全面落实“人防+技防”措施。强化工程质量监督体系，累计检查在建工程280余个，出具整改通知340份，排查整改各类安全隐患2600余条。二是房地产市场稳中有进。在房地产产量方面，完成房地产投资78.4亿元，累计新建商品住宅销售面积125.34万平方米，商品住宅销售金额149.06亿元；其中外地人购房面积为47.23万平方米，占房产总销售的37.68%；全县商品房存量174.4万平方米，其中住宅存量为126.9万平方米，去化周期为14个月。在房产企业和中介监管方面，开展整顿房产企业和房产中介的检查工作，检查在售楼盘265家次，均整改到位。完成68家房产开发企业上线工作，出台《关于房产项目“标准房”交付的实施意见》，在全省率先推出“阳光售房”+“标准交付”模式，保障买卖双方的合法权益；采取“一份承诺两张清单+一个标准一次验收”方式，有效降低质量通病发生率。三是物业管理不断规范。持续深化物业项目经理“双报到”制，全县110个物业经理“双报到”全覆盖。对全县105个物业小区实行网格化管理，检查小区5000余次，新划泊车位9000余个，更换老旧破损垃圾桶8000余个，楼道粉刷面积60余万平方米，修补及硬化路面1200余处，协同执法部门拆除乱搭建2000余处。在全省首创引进社会公益组织（第三方）对物业管理小区按服务等级进行打分测评，并结合文明创建工作对县城区域102个物业小区进行“一对一”的对标检查。四是评优评先不断突破。安吉县中医院2号住院大楼等23项工程项目被评为“2019年度安吉县建筑安全文明施工标化工地”，比上年增加7个，同时，推进申报11个项目创建市优胜标化工地，比上年增加4个。

三、民生保障持续升级。一是雨污分流创新突破。完成20个老旧小区雨污分流改造工程，总建筑面积26.03万平方米，改造涉及253幢楼，2349户，总投资4000万元。二是住房保障踏实推进。深化落实货币化保障模式，创新推行社区受理、部门代跑申报模式，全年累计完成中低收入住房困难家庭保障323户，实现城乡一体统筹保障。将所有直管公房营业性用房推向市场，实行公开招租。对录入浙江省城镇住宅系统的29幢鉴定为D级的危险房屋进行解危工作。对递铺、晓墅、梅溪和孝丰片区内的直管公房进行全面排查，消除安全隐患。年内，已维修139间，面积2700平方米；拆除8间，面积267.27平方米；完成大修12处，确保直管公房安全使用。完成农村困难群众危房改造30户，63户农村危房全部腾空拆除。

四、绿色环保提标提档。一是污染防治担责实干。全年服务169个项目，组织开工项目各方责任主体实地考察标杆项目32次，组织全县开展“树标杆、学标杆”活动1次。132个、5000平方米以上工地完成颗粒物在线监测设备安装及接入，108个项目完成视频监控安装及接入。加大信息化监管力度，累计巡查在建工程1100余次，出具整改通知书523份，约谈相关负责人56次，各在建工程均确定1名“扬尘防治负责人”。二是推进绿色建筑不断发展。完成三官小城镇环境综合整治游客中心外立面改造工程、昌硕派出所办案大楼改造工程、人民法院干警活动中心装修改造等既有建筑节能改造项目，总建筑面积2.5万平方米。安装太阳能光伏项目14个，面积1.1万平方米，建成太阳能光伏625户，图纸审查通过1562户。完成民用建筑节能审查项目38个，总建筑面积138万平方米，其中一星级绿色建筑26个、面积67.3万平方米，二星级绿色建筑12个、面积70.7万平方米。完成民用建筑节能备案验收项目21个，总建筑面积56万平方米，太阳能、空气能等可再生能源应用建筑面积53万平方米。

五、“最多跑一次”改革深化创新。一是办事流程更精简。将政府投资类工程建设项目审批压减至90个工作日以内，年内政府投资类项目审批时限为89个工作日。将进驻县政务服务中心的质量监督由11项材料精简为5项材料，安全监督由25项材料精简为8项材料，民防工程由11项材料精简为5项材料。按照“无证明县”工作要求，积极对接市建设局，梳理出38个证明事项进行取消或保留，直接取消或依法取消22项，信息共享8项，其他材料替代1项，集中代办7项。二是全面推行网上办理。强化“互联网+政务服务”建设，依照“五个100%”（网上办事实现率达100%、掌上办事实现率达100%、民生事项一证通办实现率达100%、政务服务事项材料电子化比例达100%、政务服务事项跑零次实现率达100%）目标，实现掌办、网办、跑零次100%，即办件88%，压缩时限93%，实现浙江政务服务网电脑端、“浙里办”移动端和办事大厅窗口端等多端统一申报。

六、全国文明城市创建有实效。在全市率先制定《文明城市创建标化工地图文集》《住宅小区全国文明城市创建指导手册》。成立20个物业督查小组，对县城区30家物业企业、106个物业小区进行全方位督查。组成12支服务小分队，每天12小时驻工地指导创建整改。局团委联合建设系统工会、房地产协会等组织志愿者服务900余人次，累计在小区、建筑工地、责任路段，设置各类公益宣传牌3870余块，铲除牛皮癣3万余处，局团委获评市优秀团组织。

七、民防事业建设扎实推进。一是机构改革有条不紊。1月12日，安吉县住房和城乡建设局按照县委、县政府机构改革部署，举行揭牌仪式，将原规划以及测绘与地理信息的职责划转至自然资源和规划局，并将与县人民防空办公室（县民防局）合署办公的县人民防空办公室的职责交由县住房和城乡建设局承担，保留县人民防空办公室（县民防局）牌子。二是民防工作成果突出。完成湖州市“金盾—19”演习，“1403工程”省民防办竣工备案工作以及防空地下室维护管理创新工作机制。拟订《安吉县防空地下室维护管理规定》讨论稿，完成人民防空方案修订及重点镇防空袭方案修订，落实人民防空指挥部建设及相关工作。完成重要经济防护和民防专业队伍、民防应急救援队和民防志愿者队伍建设。编制完成4个按新标准的控制性详细规划。完成“5·12”“9·18”警报试鸣工作，对全县38台警报进行维护保养，鸣响率达100%。在重要时间节点和重点单位开展民防“五进”宣传教育，结合已建成的报福镇福地国防公园和杭垓镇西溪公园建设民防主题公园。三是民防工程建设全面推进。办理应建防空地下室民用项目报建审批60件，其中新审批民防工程22个，总建筑面积118907.9平方米。民防工程易地建设费征收22件，收取易建费1645.63万元；新建防空地下室战时功能和防护等级确定15件，拟建防空地下室面积59565.29平方米；民防工程质量监督手续办理16件，报监面积86566.55平方米；竣工验收备案78件，其中民防工程竣工5件，总建筑面积30598.79平方米。

（江习之）

·村镇建设·

【概况】 2019年，全市村镇建设工作紧紧围绕乡村振兴战略和农村人居环境提升行动，将环境整治提升、污水处理、基础设施完善等各项工作统筹推进。全市村镇建设管理得到大幅提升，多项工作在全省树标杆、创样板，取得显著成效。

【小城镇整治圆满收官】 全市小城镇整治全年实施项目303个，投资8.72亿元，20个小城镇均通过省级验收，圆满完成三年整治任务。三年来，115个小城镇完成投资127.78亿元、完成项目2183个，44个小城镇被评为省级样板，样板比例位列全省第三。德清县、南浔区、吴兴区、安吉县先后被评为省级优秀区县，优秀区县比例全省第一，湖州市连续2年被评为优秀设区市。

【美丽城镇建设全面启动】 召开全市美丽城镇建设推进大会，基本完成《湖州市新时代美丽城镇建设实施方案》、各区县建设行动计划、2020年创建对象的“一镇一方案”编制等前期准备工作。明确全市美丽城镇建设的主要方向，确定全市美丽城镇三年样板培育名单。

【农房改造建设全面完成】 全年完成改造D级和C级危房462户，提前完成全部危房治理改造任务，其中拆除重建329户、修缮加固114户，腾空防控19户，彻底解危（拆除、修缮）率达96%。完成247户困难群众危房治理任务。对低保户、低保边缘户、残疾人贫困户等家庭切实做好精准扶贫工作。《湖州市凝心聚力确保农村危房治理到位》被建设部推广。

【农村生活污水运维高效推进】 围绕“标准化、专业化、智能化、精细化”要求，推进农村生活污水长效运维管理建设，全市全年接收移交终端6444座，提标改造568座，覆盖879个行政村，受益农户29万余户，改造目标高标准完成。各区县污水治理专项规划均已完成批复，“站长制”运维模式在全市普及并向全省推广，市、区县各级运维监管平台基础数据复核入库和省定标准化运维任务全部完成，农村污水运维管理水平不断提升。已连续四年获评污水运维省级考核优秀设区市，“五水共治”相关评分获得满分。

【提质美丽宜居示范村建设】 创建9个省级美丽宜居示范村（累计124个省级、6个国家级），安吉县大竹园村成功创建国家级美丽宜居示范村，示范村覆盖率居全省前列。进一步整合现有资源，谋划区域统筹推进，完成吴兴区太湖溇港文化、南浔区水乡古村、长兴县十里古银杏长廊美丽宜居示范带的规划编制工作。

【推进传统村落保护利用】 对全市传统村落进行排查梳理，并进行深入分析和内涵挖掘。南浔区获港村等6个村庄入选国家级传统村落名录，吴兴区菰城村等35个村庄入选省级传统村落，吴兴区庄上村等4个村庄入选市级传统村落名录。对全市历史文化街区、历史文化名镇、历史文化名村和历史建筑进行摸底。年内，全市有国家级历史文化名城1个、国家级历史文化名镇4个、国家级历史文化名村2个，均已编制保护规划。441处历史建筑挂牌345处、修缮183处、活化利用141处。

【启动既有住宅加装电梯】 发布《湖州市区既有住宅加装电梯财政补助资金管理办法》，8月28日，全市首个多元产权加装电梯单元湖州市中心城区海锦花园6幢1单元破土动工，11月20日，领取电梯特种设备验收许可证，正式交付使用。海锦花园6幢1单元等4个加装单元基本完成施工。其他15个单元完成群众意见协调和2/3以上同意签字工作。

（周旭东）

·勘察设计与建筑节能·

【概况】 截至2019年底，全市有勘察设计单位48家，其中甲级资质单位11家、乙级资质单位13家、其他专项设计单位24家、设计施工一体化单位4家、施工图审查一类企业3家。节能评估机构4家，其中一类3家、三类1家。专业技术人员2021人，其中高级职称461人。

【勘察设计管理】 坚持把保障工程质量安全放在首位，严把审查关，深入贯彻《浙江省住房和城乡建设厅关于进一步加强工程勘察质量管理的意见》精神，开展清理挂靠勘察资质行为、实施勘察作业外业见证制度及土工试验就位制度，全年完成外业见证332项，组织外业见证人员培训换证192人。全年累计完成基坑方案专家论证98项，总基坑围护边长63382米。全面开展建筑工程施工图审查工作，全年审查1516项，建筑面积1954.7万平方米，纠正违反强制性条文、安全性条款和建筑节能条款等115条。组织全市范围内在建项目检查2次，检查项目46个，对个别项目节能措施、设计文件中存在的错漏和违规情况进行纠正，抽查保温材料4种，送样检测8组，发现隐患或问题152条，发出整改通知书14份，均已限期整改到位。

【评优评奖】 依照《湖州市优秀勘察设计评审细则》，为表彰优秀勘察设计，鼓励自主创新、技术进步，对全市“飞英杯”开展评优评选活动，年内，评选出一等奖6项、二等奖15项、三等奖10项和节能评估4项。通过协会组织开展2019年度湖州市建设科技与勘察设计优秀论文评选活动，评选出优秀奖19项、表扬奖27项。

【消防审查验收】 根据机构改革和新《中华人民共和国消防法》的要求，将由公安消防部门承担的建设工程消防设计审查验收职责划转至各级建设部门。及时提请召开市政府协调会议，理清市建设局和市消防支队的职责权限边界，保障消防设计审查验收职责顺利履行。全年完成消防设计备案528项、消防审核216项、消防验收145项、消防竣工备案708项。同时，制订《湖州市建设系统小微企业安全生产和消防安全综合整治行动方案》，成立专项行动领导小组。全年排查消防安全隐患367项，已诊治365项，整改率达99.5%，针对存在的隐患和问题，及时下发整改通知书56份，均已限期整改到位。

【建筑节能工作】 通过开展民用建筑节能设计评估审查，从源头上对项目建筑节能把关，全市施工图审查机构全年完成施工图审查项目1516项，面积1954.7万平方米。完成吴兴区实验小学、湖州中心农贸市场等用能监管示范项目14项。完成既有公共建筑改造15.2万平方米。实施采用太阳能光热、光伏等可再生能源应用面积约803.84万平方米，完成目标任务334.9%。

【绿色建筑】 以《浙江省绿色建筑条例》贯彻实施为契机，确保新建民用建筑全部按一星级及以上绿色建筑标准进行建设。依据《湖州中心城市绿色建筑专项规划》的目标任务要求，严格落实绿色建筑星级要求。全年全市通过审查绿色建筑312项、面积1550.8万平方米，其中，新申报一星级绿色建筑205项、面积875万平方米，新申报二星级绿色建筑106项、面积672万平方米，同比增长112%。按三星级绿色建筑设计1项，面积3.8万平方米。德清县保利武康项目、湖州市湖东分区HD-02-01-01C地块项目等9个项目均获得二星级及以上绿建设计标识。积极推进绿色建筑和绿色金融联动协同发展试点工作，建立绿色建筑预评价标准，制定绿色金融支持绿色建筑政策实施流程指导方案，引导金融机构创新推出绿色开发贷款、绿色按揭贷款、绿色建筑保险和绿色供应链金融等产品服务，完成新增建筑领域绿色信贷50亿元的任务目标。

（刘登高）

·市政公用事业·

【概况】 2019年，全市市政公用事业围绕“抓重点、补短板、保安全、强服务、促转型”工作目标，加快道路建设，强化市政设施维护，提升污水处理设施的管理水平，城市环境基础设施得到进一步完善。全市供水水质合格率达100%，城市污水处理率达97.51%，生活垃圾无害化处理率达100%。

【桥梁维护管理】 多措并举、规范管理，确保城市桥梁有效管控。一是开展桥梁检测，完善桥梁信息。按照城市桥梁养护规范要求，对全市所有桥梁进行常规检测，检测结果显示，全市70%的城市桥梁为A级（完好状态），其余城市桥梁基本均为B级（良好状态）。同时，专门落实城市桥梁“一桥一档”整理工作，对每座桥梁建立桥梁信息卡，并及时根据桥梁检测、检查情况，动态更新桥梁现状及档案信息。二是全面开展桥梁安全防护设施分类。根据《浙江省既有城市桥梁护栏升级改造专项工作技术导则》等文件要求，对全市所有城市桥梁的安全防护设施进行全面排查分类，在全市城市桥梁中达到Ⅰ类标准的有514座、Ⅱ类11座。三是完善日常养护考核制度。全市落实桥梁养护实施项目负责人制度，专门建立桥梁安全事故责任追究制度，对桥梁养护工作实行考核，考核结果与当月的养护款挂钩。同时，开展日常培训机制，对桥梁养护负责人和专业人员进行定期培训，提升专业知识和专业技能。

【道路及市政设施建设】 通过建、改、拓、延等方式，进一步完善城市道路设施，全面优化城市路网结构，提高城市道路承载力，缓解交通拥堵。一是推进道路新建改造。为进一步提升道路的通过性，推动城市道路的扩容提质，2019年，全市完成浔北路、吴越路等8条道路的改造提升，完成康泰路、气象路、秋丰路等道路建设，新增城市道路74.5公里。二是加快建设联网路。对城市内部的断头路进行打通，瓶颈路进行拓宽，连点成线，连线成面，提高道路内循环能力，着力畅通老城区内部微循环。全年完成建设晟舍新街东延、漾东路、大升路等5条联网路。

【环卫建设】 一是全面提高机械化作业率。以市场化改革推进环卫作业机械化，降低单位用工风险和环卫工人作业安全风险。市本级道路机械化作业率达90%以上，德清县、长兴县、安吉县机械化作业率均达85%以上。二是加强制度建设。完善《湖州市生活垃圾焚烧发电企业达标排放监管工作责任制规定》等一系列文件，加强对末端处置企业的绩效考核。同时，从清运处置企业市场准入、生活垃圾源头减量、运输处置全过程监管、末端企业驻点管理和隐患问题全面整改5个方面进行全面规范运行管控，并建立长效机制，确保环卫行业安全运行。

【城市供水】 一是严把出水检测关。以安全供水为第一要务，建立班组检测、水厂化验员检测和水质分公司检测的三级水质检测制度体系。严格要求各供水企业依据标准规范要求的检测指标和频率对原水、出厂水、管网水、管网末梢水进行检测，并将重要指标的检测结果通过媒体每天向市民公示，供水水质合格率达100%。二是完善供水管网。全市新建供水管网175.55公里，改造供水管网108.9公里，进一步保障城市供水稳定。三是持续开展节水工作。以湖州市获得“国家节水型城市”称号为契机，进一步加大节水工作力度，出台《湖州市区城镇非居民用水超定额累进加价制度》，新建湖州市城市节水管理信息系统，同时，加快推进节水设施建设，全年完成节水器具改造7551户，完成“一户一表”改造5731户。

【城市燃气】 一是严格落实瓶装燃气实名制。深化瓶装燃气实名制登记机制，逐步推进信息化监管措施，全市累计安装钢瓶二维码90万余个，实现实名制登记全覆盖。二是推广燃气报警装置。针对瓶装液化气事故频发的小餐饮用户，结合市场监管部门开展的厨房革命，要求安装燃气泄漏报警装置，全年安装4973个。同时，为1000余户餐饮企业更换连接软管，并普及燃气安全知识，有效地增强了餐饮从业人员的燃气安全意识。三是强化安全检查，全年开展燃气安全检查506次，联合执法5次，出动1127人次，发现各类隐患351处，建立清单，要求限时整改，并通过“回头看”、隐患清单销号，确保全面整改到位。（邵　立）

·园林绿化·

【概况】 2019年，全市新增绿化面积405万平方米，绿地率达42.62%，绿化覆盖率达46.37%。

【南林公园】 南林公园工程位于浔练公路与湖浔大道交叉口西北角，占地12万平方米，其中公园绿化占地5.7万平方米。公园以水乡特色为主题，以绿色健康为切入点，打造绿色生态湿地公园，提升周边地区的生态环境，内设3.5公里园路，串联水镜喷泉、弧形钢箱桥、景观亭及公共健身场地。

【优质创建】 为促进城乡园林绿化建设，改善人居生态环境，全市积极开展省级示范工程创建工作，通过区县申报、审查台账资料、现场踏勘等形式，对照省建设厅创建标准进行全面核查，2019年成功创建南浔区石淙镇民俗文化公园等4个优质综合公园、吴兴区戴山路（318国道—吴兴大道）等4条绿化美化示范路、德清县舞阳街（曲园路—兴康路）等4条街容示范街、安吉县美颂广场等10个园林式居住区（单位）、南浔区石淙镇和长兴县煤山镇2个省级园林城镇。

【绿化养护管理】 创新工作理念，着力提升人居环境。一是街景“微提升”，让城市更出彩。在园林企业参与下，完成中心城区白鱼潭路转角绿地、长兴路与仁皇山交叉口等10处“微街景”建设。利用城市边角地块，对原有植物合理移植、有机更新等方式打造出一处处“小而精”的街景，让市民能看得到、闻得着、走得进、坐得下，提升群众获得感和满意度。二是景观“微更新”，让生活更精致。为美化城市环境，提升彩化效果，定期更新街头草花，累计投放草花178万盆，营造了暖人心、接地气的景观氛围。针对密林下绿化裸露区域，采取耐荫地被种植与播撒草籽等方式，完善13万平方米绿地景观。完成中心城区莲花庄公园1.7万平方米水域的水生态治理，提升公园整体观赏环境。完成中心城区南街樱花补植97株，在重要路口节点精心调整布置，增补点缀，打造湖城最美樱花街。（邵　立）

·建筑业·

【概况】 2019年，湖州市住房和城乡建设局建筑业管理处以确保质量安全为前提，以建筑业提升发展为重点，注重行业管理，加强行业服务，规范市场行为，提升质量安全，不断推进全市建筑业转型升级。

【行业发展】 全年完成纯建筑业总产值827.9亿元，同比增长0.6%，实现建筑业税收入库34.4亿元，增长18.4%。实现增加值173.86亿元，占全市GDP的比重达5.5%。兑现财政奖励金额1819.76万元，有力地激发了全市建筑业企业创业创新热情。大力推行建筑工业化，严格执行绿色建筑专项规划要求，将装配式建造指标纳入土地出让条件。全年新开工装配式建筑面积692万余平方米，其中装配式住宅和公共建筑（不含场馆）面积388万平方米，超额完成省定工作目标。南浔区旧馆、和孚两个建筑工业化生产基地建设工作有序开展，有效地保障了建筑工业化项目的顺利推进。全市实行工程总承包建设项目36个，建筑面积236.06万平方米，工程造价81.38亿元。全市开展全过程咨询项目有10项，总造价28.2亿元，咨询费3839.66万元。

【资质资格】 全市具有资质的建筑施工企业640家，其中具有施工总承包资质企业434家，其中特级企业5家、一级企业33家、二级企业93家；具有专业承包资质企业518家，其中一级企业52家、二级企业364家。建筑施工资质专业门类、专业结构日趋合理，具备各类资质2063项，从业工程技术人员4.4万人。全市有工程监理企业21家，造价咨询企业11家。

【市场监管】 不断完善浙江省建筑市场监管和诚信信息平台建设及全国建筑工人管理服务信息平台，完成企业、人员入库信息化管理及建筑工人实名制管理，实名录入10万余人，有效加强对工程项目以及现场管理人员的动态监管。加强行业监管体系建设，出台《湖州市房屋建筑和市政基础设施工程施工招标投标评标办法》《关于印发湖州市严厉打击围标串标等违法行为进一步规范工程建设招标投标活动实施意见等3个文件的通知》和《湖州市建筑施工企业信用评价办法(试行)》等文件，对全市建筑施工企业开展信用评价工作，并将评价结果与招投标市场挂钩，加强全市建筑市场信用体系建设。根据《关于实行建筑施工企业农民工工资应急支付保障金差异化管理的通知》，对符合农民工工资保证金差异化管理条件的企业进行保证金的清退工作，全年退还符合条件企业316家，退还金额1.75亿元（含利息）。同时，根据《湖州市住房和城乡建设局等4部门关于开展建设工程综合保险试点工作的通知》，引入保证保险机制，用保险保单代替建设工程保证金，累计为企业释放资金3.86亿元，有力地减轻了企业负担。

【安全生产】 强化“双随机”与重点监督执法检查相结合的执法工作，集中开展隐患排查治理、“扫黑除恶”“打非治违”等系列检查，确保建国70周年大庆等重大活动期间安全生产平稳运行。以标杆工地、绿色施工工地、标化工地创建为抓手，推进安全生产设施设备标准化、管理精细化和施工规范化建设，提高整体安全生产水平。全市创建市建筑优胜标化工地73项，推荐申报省建筑安全文明施工标准化工地29项、市级绿色施工工地83项、市级标杆工地2项、全国3A级安全文明标准化诚信工地1项。整合行业人才资源，中心城区全年争取到财政资金40万元，采取购买服务方式，引进社会力量参与安全监督检查。全年全市建筑施工安全生产考核责任范围内发生亡人事故1起，死亡2人，安全生产形势总体保持平稳，市政府与省建设厅安全生产目标责任制考核均为优秀。

【质量监管】 以工程质量提升行动为抓手，集中开展工程质量通病防治、预拌混凝土企业专项监督执法检查、治理违规海砂专项行动和预拌混凝土质量“回头看”专项检查工作。2019年，荣获国家优质工程2项、全国装饰金奖2项、中国建设工程“鲁班奖”（国家优质工程）1项、“钱江杯”优质工程奖9项和“飞英杯”奖62项，优质工程创历史新高。修订《湖州市建筑工程质量通病防治暂行规定》，分10章、242条介绍质量通病防治措施，着力解决当前湖州市建筑工程中群众反映突出的渗漏水、装饰装修工程以及装配式建筑等质量问题。

【扬尘治理】 在出台《关于细化建筑施工扬尘治理措施要求的通知》、扬尘治理“7个100%”（围挡设置100%，砂、土等易扬尘材料遮盖或绿化100%，主要道路硬化100%，运输车辆冲洗且密闭加盖100%，外架密目式安全网张挂100%，拆除施工过程洒水100%，暂不开发场地绿化100%）的基础上，对治理措施要求进行细化、量化，提高治理措施有效性和针对性，确保主管部门在监管上更加精准和有据可依，进一步提升精细化管理水平。大力推进科技治尘，在智慧工地全覆盖的基础上，积极推广运用PM2.5和PM10在线颗粒物监测设备，5000平方米以上的在建工地安装率达100%。制订《关于规范颗粒物在线监测数据监管运用的通知》，规范监测数据的运用和监管，提升监管效能。（朱汉峰）

·房地产·

【概况】 2019年，按照中央和省委、省政府促进房地产市场持续平稳健康发展的精神，认真贯彻国家住房保障政策，因城施策做好房地产市场调控，加强物业行业监管，推进城镇危旧房治理改造，实现全市房地产市场的健康平稳发展。

【房地产行业管理】 充分发挥政府调控作用，重点在稳定房价、多元安置、管控市场、加大供应和对外推介等方面入手，全方位促进房地产市场持续平稳健康发展。年内，房地产市场运行总体平稳，有效地遏制了房价过快上涨的势头，化解了潜在风险。一是商品房销售面积保持稳定。全市全年备案商品房销售备案面积880.05万平方米，同比增长4.86%，其中商品住宅销售面积758.69万平方米，增长8.69%。中心城市商品房销售备案面积473.58万平方米，下降2.89%，其中商品住宅销售面积387.29万平方米，下降0.42%。二是商品房销售均价稳中有涨。全市全年商品房销售均价每平方米11498元，增长3.24%，其中住宅销售均价每平方米12067元，增长4.69%。中心城市商品房销售均价10810元/平方米，增长1.54%，其中住宅销售均价11555元/平方米，增长2.36%。三是商品房供应量有所下降。全市全年新批商品房预售面积993.14万平方米，下降16.06%，其中住宅833.33万平方米，下降14.25%。中心城市新批商品房预售面积544.70万平方米，下降27.44%，其中住宅413.07万平方米，下降28.59%。四是房地产开发投资保持回升。全市全年完成房地产投资586.3亿元，增长12%，其中完成住宅投资491.98亿元，增长22.43%，全年增幅排名全省第三。中心城市完成房地产投资356.82亿元，增长12.83%，其中完成住宅投资302.09亿元，增长20.14%。五是住宅去化周期持续回落。全市全年商品房累计可售面积1134.28万平方米，增长0.7%，去化周期15.5个月；中心城市商品房累计可售面积679.63万平方米，下降1.6%，去化周期17.2个月。全市住宅累计可售面积716.43万平方米，增长15.9%，去化周期11.3个月，中心城市住宅可售面积400.89万平方米，增长10.1%，去化周期12.4个月。全市非住宅累计可售面积417.86万平方米，中心城市非住宅累计可售面积278.74万平方米。在严控供应量以及销售稳定的情况下，住宅去化周期持续回落。

【规范市场经营】 开展打击侵害群众利益违法违规行为治理房地产市场乱象专项行动。通过部门联合执法，重点惩治投机炒房行为和房地产“黑中介”，治理房地产开发企业违法违规行为和虚假房地产广告，进一步整顿和规范房地产市场秩序，健全房地产市场监管机制。编制《湖州市促进房地产市场平稳健康发展长效机制实施方案》，并报送市政府常务会议审议。启用商品房预售资金监管系统，规范商品房预售资金监管，从技术和制度两个层面防范化解房地产风险。

【物业管理】 一是制定出台物业管理新政策。出台保修公示制度、房地产开发项目配套设施确认“一件事”工作方案和物业服务项目经理信用信息管理办法。二是开展红色物业探索与实践。成立市物业行业党委，研究重大决策事项12项，市区建立物业企业党支部19个，联系党员160余名。与市委组织部联合出台《关于全面推进物业党建提升城市基层治理现代化水平的实施意见》。开展红色物业示范点建设，长兴县水木花都、吴兴区东郡红树湾和南太湖新区金色水岸等小区发挥示范引领作用。三是完善物业服务监管机制。建立常态化培训机制。开展以消防安全、工程管理、业主委员会相关知识为主题的多场培训会，培训相关负责人500余人次。实施约谈整改机制。对精细化管理考核后10名的小区或被媒体负面报道的物业企业予以约谈通报，并跟踪督促整改。建立物业提升督查机制。成立物业提升工作专班，对中心城区169个准物业及拆迁安置小区持续开展物业管理整治提升督查工作，发督查通报30期，全年清理卫生死角28337处，清除乱推放23423处，道路修补19997米，疏通污水管道54907米，绿化补种76675平方米，规范和新增停车位5215个。建立企业信用评价及项目评优机制。配合省建设厅对湖州市首批申报的76家物业企业进行信用等级评定，AAA级3家、A家3家、B级70家；开展示范（优秀）物业管理服务项目评选，龙溪翡翠等6个项目被评为市物业服务示范住宅小区（大厦），天际花园等17个项目被评为市物业服务优秀住宅小区（大厦），美都花苑项目被评为市物业服务管理优秀奖小区。建立专项整治提升工作机制。开展老小区楼道灯安装专项工作，新装楼道灯1万盏、维护1万盏，照亮6万居民回家暖心路。开展渗漏专项整治工作。中心城区小区全年受理报修9073户，完成维修4926户。开展专项督导。针对精细化管理考核排名后10的小区物业进行督导整改，合计督导50个小区，有效提升了物业管理水平，改善了小区环境。 （赵建峰）

·城市规划（国土空间规划）·

【国土空间规划编制】 全面启动国土空间规划编制工作，以“两山”理念为指导思想，以构建“山水林田湖草”生命共同体为目标，编制创新型、高质量综合性、纲领性规划，引领全市落实高水平国土资源全要素保护，营造高品质的生活空间、高效益的生产空间和高价值的生态空间。6月，完成招标工作，在基础调研工作中同步开展近10项专题研究，加强与国土“三调”工作的衔接，形成全域一张蓝图的规划基数底图；充分协调生态、生产、生活三类空间，初步划定“三条红线”，做到新一轮国土空间规划全域统筹、全要素管控。市、县、乡镇三级规划同步推进，上下联动，市级规划和两区乡镇级规划统一编制团队，并与市级规划进行实时无缝对接，完成市级、市辖区及中心城市三个深度的市级规划方案成果，完成“一村一梳理、一镇一梳理”工作，同步形成乡镇国土空间总体规划方案。国土空间规划编制工作总体进度居全省前列。

【规划实施管理】 落实人民美好生活需要，抓好有关规划工作的细化量化，有力助推中心城市能级提升。项目工程规划审批提质提效，全年市本级拟定选址意见书50余项，拟定规划条件项目300余项，核发工程许可330余项，总建筑面积1440余万平方米；积极推进和探索工业标准地、商服标准地出让，积极落实社区用房，幼儿园、学校等公益配套设施；组织开展高质量、高效率项目审查，全年召开6次规委会，审查项目40个，总用地面积3959亩，总建筑面积471万平方米，其中地上建筑面积332万平方米，地下建筑面积139万平方米。坚持高标准，推进城市规划展览馆项目建设。

【南太湖新区规划】 南太湖新区及长东片区是湖州实现“两个一百年”宏伟蓝图的重点区域，按照“世界眼光、国际标准、中国特色、高点定位”的要求进行谋划，积极融入长三角一体化发展核心区和大湾区、大花园、大通道、大都市区建设。强化规划引领，完成中国工程院院士王建国领衔的南太湖新区长东片区总体城市设计，进一步理清主导产业、功能分区和空间布局，形成长东片区顶层设计文件，深化完善长兜港景观设计、各专项规划、控制性详细规划的编制工作。推进长东片“CBD”区块城市设计和项目建筑方案优化完善，推进上市公司博览中心等一系列项目的落地。 （陈正宇）

·测绘·

【基础测绘】 科学谋划，高质量完成全年基础测绘项目。以需求为导向，分析研判基础测绘成果的需求领域和热点，科学制定工作计划；以优质为标准，扎实推进项目实施。按照方案—评审—质检—验收的程序，确保年度基础测绘项目高质量按时完成；全年提供基础测绘成果14项，为28家市级部门单位提供天地图数据应用服务，为36家企事业单位提供卫星导航基准服务，为财政节省资金4000万元。

【综合测绘改革】 创新破难，全力推进工程建设项目综合测绘改革，变多头、多家测绘为一家综合测绘。出台《湖州市工程建设项目综合测绘服务实施细则（试行）》，统一规范标准；在全省率先制定测绘示范名录库的标准，扎实做好联合测绘基本名录库动态调整；建立项目负责人制度和服务时限承诺机制，提前跟踪服务，做到施工完成一项跟踪测绘一项，切实压缩测绘工期。全年有699个项目实施综合测绘，其中南浔区综合测绘实现率达100%。对比综合测绘实施前，服务效率提升50%以上，服务收费降低30%以上，企业获得感明显增强。

【地信行业监管】 严格按照省、市要求，多措并举，全面履行测绘市场监管责任。全年市本级办结测绘审批事项300件。初步梳理出51项测绘地理信息行政执法监管事项清单，实现测绘地理信息领域监管工作全覆盖。扎实开展“双随机”执法检查工作，狠抓地图市场专项整治。积极开展测绘宣传教育活动，结合《中华人民共和国测绘法》宣传日活动，加大国家版图意识宣传，从源头上治理“问题地图”，规范地图市场。开展了国家版图意识宣传教育“进学校”“进社区”“进媒体”活动。（陈正宇）

·住房公积金管理·

【概况】 2019年，湖州市住房公积金管理中心（以下简称中心）按照四届二次公积金管委会的工作部署，扎实开展“不忘初心、牢记使命”主题教育，深入学习习近平新时代中国特色社会主义思想，全面贯彻落实中央、省、市委重要会议精神，聚焦开拓创新一流、业务发展一流、风险防控一流和服务水平一流，不断提升服务、锐意进取，较好地完成了各项目标任务。中心获得省级“三八红旗集体”称号，在省建设厅工作目标责任制考核中被评为优秀单位，长兴县分中心荣获全国“青年文明号”，南浔区管理部获得市级“巾帼文明岗”，德清县分中心获得市级“青年文明号”，安吉县分中心获得市级“青年文明号”。中心所做的工作得到市长钱三雄及常务副市长杨六顺多次批示肯定。

【主要指标实现“满堂红”】 2019年，全市住房公积金业务保持快速发展势头，主要业务指标全部完成年度目标任务，实现“满堂红”。全市归集住房公积金65.69亿元，归集总额达465.05亿元，归集余额达170.62亿元。全年发放贷款34.71亿元，贷款总额334.95亿元，贷款余额179.58亿元。全市提取住房公积金43.48亿元，提取总额294.43亿元，存贷比105.25%，同比下降5.03%。全年住房公积金支持住房消费70.57亿元。全年实现公积金增值收益2.64亿元，累计实现增值收益22.49亿元；全年提取公积金支持廉租住房补充资金0.72亿元，累计提取5.17亿元。

【纵深推进“最多跑一次”改革】 深入践行“以人民为中心”的服务理念，积极推进公积金管理理念、业务理念和服务理念的转变，全市公积金业务实现网上办事率、“跑零次”实现率、掌上办实现率、民生事项“一证通办”实现率和材料电子化比例均达100%。一是“零证明”升级“零材料”。启动“归集、提取、贷款”三大流程重塑工作，突出单位开户“全流程网办”、“低门槛”受理审批、贷款流转资源优化三个“主攻方向”，通过证件联用、信息联通和服务联动，证明材料由21项减为零项，办理材料由“齐要件”减为零项，以流程优化的“减法”换群众满意的“加法”。二是“网上办”升级“掌上办”。持续推进服务“一口对外”，事项“一窗办理”，诉求“一号响应”，业务“一网通办”，进一步拓宽“互联网+公积金”服务能力，全省首家推出公积金“掌上办”，实现“柜办”“网办”“掌办”无缝对接。全市贷款业务掌上办理量月均占比58.79%，提取业务掌上办理量月均占比35.77%。三是“好办事”升级“快办事”。坚持用户需求理念、开放共享理念，牵头推动“贷款一件事”，协助推动“身后一件事”“退休一件事”“招聘一件事”，做到“一张表单、一套材料、一次提交、多方复用”。进一步提升审批时效，加强与银行沟通协调力度，优化组合贷款流转机制，贷款审批流转时效提升30%。四是“服务优”升级“品牌响”。持续深化公积金窗口服务品牌建设，树立“小窗口大服务”理念，争做服务理念转变的“先行者”。在全省率先开通智能语音系统，业务办理回访量达100%。结合“贯标服务”2.0升级版、服务环境整治和网点延伸服务等，打出服务品牌升级“组合拳”。全市43个银行延伸网点实现全业务通办，“一窗受理”平台延伸至全市52个乡镇（街道）便民服务中心。

【柔性推进扩面建制】 本着“既要为企业减负又要扩大受益面”的目标，实现扩面工作与企业发展“柔性共存”。2019年，扩面净增人数增幅创历史新高，同比增长45%，实缴职工48.58万人，累计缴存职工89.22万人，实缴单位18600余家，非公企业占比达73%。扎实做好公积金“降比减负”工作，全年为企业减负1.3亿元。一是紧盯目标抓重点。按照“分类实施、突出重点、稳步推进”的工作思路，重点推进规模以上企业、明星企业和效益较好企业扩面建制工作。开发扩面信息系统模块，与市市场监督管理局、人力与社会保障局等部门实现信息数据共享，动态掌握全市单位建制信息、建立对比模型，有的放矢做好扩面建制。截至年底，湖州市实缴职工为省内衢州市和丽水市的一倍，与金华市和台州市基本持平。二是多措并举抓推进。绘制“两张表”（公积金社保比重对比表、区县季度扩面推进情况表），及时通报到各相关乡镇（街道）及区县主要负责人，充分发挥各级政府主导作用。发挥银行辐射广的优势，助力公积金扩面建制工作。同时，推进部门联动，将公积金建缴作为企业评先评优依据，推动建立工会建立企业集体协商机制等。三是行政执法抓规范。编制完成《湖州市住房公积金行政执法管理办法》《湖州市住房公积金行政执法操作细则（试行）》两部行政执法规定。依法有效维护职工权益，年内，受理信访案件7起，办结6起，通过抓典型，推动行政执法工作有效开展。

【资金安全无风险】 为维护缴存职工权益、确保资金安全，中心在省内创新开展申请实现担保物权公积金执行的新模式，实现连续22年年末贷款无逾期，资产优良率达100%，保持全国最好水平。一是“全方位”健全风控体系。加强对期房楼盘配套住房公积金贷款、贷款三级审批、他项权证按时收押、贷款本息“月月清”、逾期贷款清理、防范骗提骗缴和资金存放等重要环节的风险把控，保障资金安全。推出期房楼盘风险防范新举措，印发《配套期房楼盘跟踪调查制度》；定期召开期房楼盘贷款风险案例分析会；开展期房楼盘季报工作，及时发现并妥善处置期房楼盘建设及交付风险。二是“全过程”健全监控体系。建立健全涵盖“排查、预防、预警、处置”各个环节的风险防控机制，实现日常审计和专项审计的全方位覆盖。全面启动电子化审计工作，充分发挥稽查审计的“利剑”作用，通过电子化审计工具，有效开展常规业务审计，发挥大数据作用，落实整改跟踪制度，提升审计工作时效性和有效性。三是“全透明”做好资金竞争性存放。全面推进阳光公积金建设，不断完善住房公积金资金择优存放机制。本着公开公平、确保安全、规范存放、提高效益的原则，全年对4.99亿元资金进行竞争性存放。

【切实加强内部建设】 不断推进内部建设，打造一支政治过硬、作风优良和精通业务的高素质干部队伍，让清廉公积金建设成为中心科学发展的新引擎。一是高标准起草《清廉公积金建设标准》。坚持实施以党建引领、文化烘托、创建带动、制度保障为重点的清廉公积金建设，积极引导干部职工以身作则，把清廉从政落实到行动上，把清廉元素融入公积金管理中，一体推进不敢腐、不能腐、不想腐，实现不敢腐、不能腐到不想腐的深度转变，为廉政机关建设树立标准、建立导向。二是着力提高队伍素养。切实加强领导班子建设，发挥好引导示范作用；全市公积金系统干部职工赴浙江大学进行封闭式培训，制订骨干人才培养方案，激发党员干部内生活力；按照“抓在日常、严在经常”的原则，扎实推进文明创建与城市精细化管理；坚持问题导向、群众满意导向和以实干论英雄导向，创新举措，提升品质，在求真务实中生动实践“三服务”。三是多举措打好扫黑除恶攻坚战。严格落实中央、省、市委及省住建厅关于扫黑除恶攻坚年的部署和要求，通过多方位宣传发动、多渠道排摸线索、多部门齐抓共管，形成扫黑除恶的强大合力。坚持每月专题分析、过程监管，摸排贷款业务8276笔，其中异地贷款416笔，核实提取业务37647笔，重点核查449笔异地购房提取，发现骗提3笔，将线索移交公安机关并立案调查，有效地维护了湖州市住房公积金缴存职工的合法权益，净化房地产市场环境。 （王晓燕）

·综合行政执法·

【完善综合执法体制机制】 一是综合行政执法改革不断深化。积极贯彻落实省“两办”《关于深化综合行政执法改革的实施意见》，进一步厘清权责清单，优化职能配置，明晰职责边界，理顺行业监管、业务主管与综合执法的关系，加快形成权责明晰、制度完善、程序规范的综合执法运行机制，不断完善统筹城乡跨部门跨领域的“1+5+X”综合执法体系，推进更广领域、更大力度的综合执法。二是顺利完成机构改革事宜。根据机构改革要求，进一步明确职能定位，加强对全市综合行政执法工作的统筹协调、政策制度制定、指导监督、业务培训、重大案件查处和跨区域执法组织协调等职能；理顺市、区县综合执法体制，特别是南太湖新区执法体制的完善和执法事项的下放；优化内设机构，增设执法指导一处和二处，逐步建构起职责明确、分工合理、运转高效的工作机制。三是基层综合行政执法改革试点稳步推进。南浔区练市镇作为全省首批5个改革试点单位之一，11月22日省政府批复，12月12日正式挂牌成立“练市镇综合行政执法队”，完成23个方面、378项执法事项下放，建立日常管理、案审委员会、内部监督等28项制度规则，积极探索“乡镇吹哨、部门报到”机制，创新城警联动、“湖嘉”一体化执法协作、数字执法、网格化监管、社会公益折抵罚款等执法方式，提升乡镇系统集成高效治理水平，示范效应逐步显现。四是执法力量和执法重心持续下移。在实现全市执法中队派驻全覆盖的基础上，继续加大人员、装备等软硬件配备力度，全市现有派驻在编人员366名，协管人员2567名。

【全力助推中心工作】 一是打好生态文明“保卫战”。工程车“三化”机制持续深化，落实专用停车场93个，实施全程在线监管，加大执法力度，查处各类违法违规行为1821起，严防外地非标准运输车进入湖州境内，严查外来工程运输车乱倾倒建筑渣土行为，实现全市乡镇（街道）“三化”机制全覆盖；强化餐饮油烟全过程治理，推动建立餐饮项目“负面清单”制度，全市新增1051家餐饮企业油烟净化设施，安装率达100%，并实现定期清洗。建立大型餐饮油烟在线监测472家，开展餐饮油烟专项“双随机”抽查工作，立案查处17起，同时，严格管控露天焚烧行为，取缔露天烧烤31家，制止露天焚烧行为553起；开展污水排放整治，完成全市81个商贸集中区“污水零直排区”建设，实施餐饮、洗车、美容美发等行业排水户整治提升行动，立案63起，办理排水许可证1028家；做好垃圾分类执法保障，立案查处2.01万起。二是打好“三改一拆”攻坚战。明确工作纪律，实行违法建设查处“八个一律”工作纪律，防止违法建筑处置工作的不作为、乱作为、慢作为现象的发生；关注重点领域，继续强化工程项目管理，针对工程项目存在的违建行为，坚决依法处理。强化小区违建的管控，对住宅小区违法装修、野蛮装修、违法搭建等行为开展专项集中治理；坚持长效管控，联动属地政府，建立日常巡查管理机制，发现一起拆除一起，管控坚持“零容忍”，确保新增违建行为坚决遏制，存量违建逐步清零，全市全年拆除各类违建 380 万平方米。三是打好扫黑除恶“出击战”。重点对近年来本系统内发生的妨碍公务、暴力抗法、信访、投诉举报、行政执法等案件进行梳理，共摸排涉黑涉恶线索 56 条，移交公安机关 39 条，配合查处 8 件。扎实开展重点领域专项整治、联合执法、督查督办等工作。

【全面提升精细化管理水平】 一是痛点、难点问题有效解决。加强巡查，发现问题 21.96 万个，处置率达 99.58%。加强“五乱”现象和重点业态治理，开展集中整治行动 163 次，市容秩序明显改善。强化“执法进小区”，人居环境不断优化。二是城市品质品位逐步提升。完成市容市貌、“美丽城镇”等标准体系建设，实施全市施工围挡标准化建设，车辆停放逐渐成为湖州街头一道靓丽的风景线，规范店招、空调外机设置，完成户外广告规划，不断完善“1 中心、5 平台”的智慧城管系统，逐步形成集感知、分析、服务、监察、指挥“五位一体”的智慧城市管理大平台。二是长效管理机制不断健全。路长制工作扎实有效，全年上街巡查达 4.3 万余人次，助推解决城市管理问题 7.9 万余个；全市 994 个网格责任进一步压实，初步形成边界清晰、职责明确的乡镇（街道）、社区分级网格，有力地保障了各项工作的落细落实；城管义工队伍不断扩大，现已招募 10996 人，开展 1579 次主题活动。四是“美丽城镇”长效管理全面实施。逐步形成市级统筹、部门协同、区县推进、镇街落实、社会参与的工作机制，组织暗访抽检乡镇（街道）225 个次，发现问题 3136 个，整改率达 99.17%，经过长效管理，城镇面貌明显改观，特别是主干道上基本没有越店经营情况，乱张贴、乱拉横幅现象得到有效管控，评选出 20 个“美丽城镇”长效管理示范单位。五是责任落实落细更加强化。实现中心城市精细化管理考核全覆盖，实行每周通报制度，对街道、路长单位及小区物业每月考核结果进行通报，在《湖州日报》上公布，对履职不力、问题整改不到位的，根据《湖州中心城市精细化管理工作问责办法》进行追责问责。

【严格规范公正文明执法】 一是不断提升执法办案水平。全年全系统办理案件 53.6 万件，其中，一般程序案件 19633 件，同比增长 163%，简易程序案件 51.6 万件，增长 84.2%。二是不断加强执法规范化建设。全面落实“三项制度”，建立基层法制员队伍，推行律师驻队，实行重大决定法制审核、执法全过程记录、信息公开，建立两个信息库，规范流程，强化考核，确保执法行为规范、公正、透明。文明规范公正基层队所建设力度不断加大，全市 67% 的中队达到省定标准，积极开展“最佳实践”创建活动，3 个基层队所成为首批省级创建对象。三是不断创新执法模式。大力推进“非现场”执法模式，成功列入住建部试点，首创全国“互联网 + 公证”执法智慧取证平台，办结一般程序案件 2379 件；数字执法有效运用，实现工程车在线监控、油烟在线监测、执法记录仪信息存储、违停收费、公安监控视频等多个系统的互联互通，积极推进“互联网 + 执法”，加大“浙政钉”掌上执法力度，依托行政执法监管平台，加强执法数据管理，做到一般程序案件 100% 网上办理、简易程序案件 100% 网上归档；信用制度体系不断健全，在行政许可事项中推行信用承诺制，违法案件录入诚信系统 2621 件，探索推行商品房违法搭建限制不动产交易登记的措施；实施社会服务折抵罚款新模式，累计 86 名违法行为人进行社会服务折抵罚款，引起多家省内外媒体关注和社会各界好评。四是普法宣贯有力有效。在微信公众号、《湖州日报》等媒体平台开设“以案释法”专栏，充分发挥典型案例的示范指导和警示教育作用。严格落实“谁执法、谁普法”责任，重点加强地方性法规宣传贯彻工作，累计发放《湖州市文明行为促进条例》《湖州市美丽乡村建设条例》《湖州市市容和环境卫生管理条例》单行本及宣传册 1.5 万余册，执法办案 2.6 万起。

【精准高效服务民生】 一是切实强化服务能力。扎实推进“三服务”活动，落实“721”工作法，开展辖区大走访，执法进社区、服务零距离、家园岗哨在身边、城市“啄木鸟”等行动。走访企业 268 家、基层单位 363 个、群众 2.8 万人，解决问题 683 个，解决市三服务办交办问题 9 个，解决率达 100%，群众满意率达 100%，认真承办市人大、政协的建议、提案 32 件。二是深入开展服务活动。牵头开展停车难专项整治，仅中心城市实现新增停车位 3.2 万个，错时开放 1.1 万个，消除痛点 59 个；强化停车秩序管理，加强“三小车”治理，处罚 2040 起，约谈共享单位经营主体 12 次，主动停入电子围栏率不断提高；加强人行道违停执法，全市录入违法停车信息 39.6 万起，实施行政处罚 27.4 万起；成功入选省、市担当破难典型案例，得到省委主要领导的批示肯定。全面完成第一轮犬类规范管理，犬只免疫 12.4 万只，查处各类“不文明养犬”行为 3684 件，犬类管理规范有序。三是扎实推进“最多跑一次”改革。积极推进“无证明城市”创建工作，取消证明事项 5 项，实施信用承诺制。积极做好交通违法处罚缴费“一件事”相关工作，真正满足群众“一次都不用跑”“一网通办”的办事需求。百分之百实现掌上办、网上办，办事事项从原先的“最多跑一次”实现“跑零次”，并且压缩办理期限，从 7 个工作日压缩至 100% 当天即办，极大地方便了群众。四是不断完善服务机制。积极打造“综合执法 + 人民调解”服务品牌，把人民调解作为执法手段的有效补充，在基层中队探索建立“人民调解室”，调解73起，成功率达100%。不断完善“城管服务箱”“阳光调解室”等便民举措，充分发挥“湖城管家”APP和“城管义工”作用，引导市民积极参与、监督城市管理和综合执法工作，努力构建共建共治共享的治理格局。“湖城管家”在线注册1309人次，受理解决群众反映的有效案卷1608件。（李立嘉）

交通运输　邮政

·综述·

【概况】 2019年，湖州市交通运输部门以市委“一四六十”工作体系为指导，以推进“交通强市”战略为引领，以攻坚“五年百项千亿”综合交通建设大会战为抓手，以打造枢纽门户城市为目标，不忘初心、牢记使命、创新破难、实干争先，推动行业发展打开新局面、再创新业绩。一是枢纽门户城市谋定实施。主动融入长三角一体化战略坐标，编制发布《湖州市枢纽门户城市建设白皮书》，提请召开全市打造枢纽门户城市大会，确立“长三角城市群综合枢纽、大上海都市圈西翼门户”总目标，推动全市综合交通发展迈入更高层次、更宽领域。全市全年完成项目投资175.73亿元（不含铁路），争取到补助资金29.45亿元，创历史新高；被列入建设计划的40个重大项目进度普遍超预期。二是重大项目建设加速推进。申嘉湖高速鹿山至孝源段建成通车，提前一年半实现市域“半小时交通圈”目标；京杭运河三级航道整治工程全面竣工，并成功入围全省“两美”立功竞赛重点项目。浙北高等级航道集装箱运输通道工程开工建设，杭宁高速改扩建、杭州绕城高速西复线、申嘉湖高速孝源至唐舍段、104国道李家巷至施家桥段改建、湖山大道、长湖申线航道西延等在建项目进度超年度计划目标。同时，重大项目前期工作均取得积极进展，苏台高速、湖杭高速“工可”已审查，中心城市轨道交通线网规划已获批复。三是水运转型经验全国推广。高质量推进全国内河水运转型发展示范区创建，编制发布5项创建标准（累计发布14项），标准化框架体系初步构建，各项近期指标提前完成。船舶证书“多证合一”改革已在长三角地区推广，交通运输部《改革与政策研究》专门刊发湖州市经验，并在全国内河航运高质量发展现场推进会上作交流发言。2019年，完成水路货运量7819万吨，同比增长7.4%；完成港口吞吐量1.15亿吨，连续3年保持全国1亿吨大港地位；内河集装箱吞吐量在全省率先突破50万标准箱，达到52.67万标准箱，居全国同类型内河港首位。四是农村公路建设持续领跑。获交通运输部批复开展全国“美丽公路建设先行先试”，为全国唯一。编制出台全国首个《四好农村路建设规范》地市级地方标准，全省首推基本无隐患美丽公路建设，全国“四好农村路示范城市”创建已上报交通运输部待批。提前一年完成高质量建设“四好农村路”三年行动，长兴县、南浔区分别获全国、全省“四好农村路”示范县（区）称号，国、省级示范县（区）创建比例居全省第一，并在全省率先消除准四级公路、断头路和四、五类桥梁，率先实现美丽经济交通走廊达标县全覆盖。五是公交服务能力显著提升。扎实推进国家“公交都市”创建，圆满完成市区公交体制改革，在全国率先实现公交“纯电动化、一票制、移动支付”全市域覆盖，全市1660辆公交车全部更新为纯电动运力，416条公交线路全部实行2元一票制，城市、城乡公交全部支持支付宝、微信扫码支付等功能，公交一卡通IC卡实现与全国275个城市互联互通。六是高速免通政策广受好评。全面实施申苏浙皖和申嘉湖高速差异化收费政策，湖州至南浔实现本市七座以下小客车高速ETC通行零收费，6月以来累计减免通行费2200万元，市区东西向地面交通拥挤状况同比下降17.1%。大力推进收费公路制度改革，全面完成ETC发行和3个省际收费站取消工作，并顺利实现收费系统并网切换，提升高速公路通行效率。七是运输结构调整成效初显。拟定《湖州市加快推进长三角物流中心发展建设实施意见》，印发《湖州市推进运输结构调整三年行动方案》，编制完成《湖州市铁路货运规划研究报告》，全面启用浙北首个铁公水多式联运中心。2019年，完成铁路货运量416.92万吨，增长33.2%；完成水运货运量7819万吨，增长7.41%。八是系统党建工作全面增强。坚持把政治建设摆在首位，精心组织“不忘初心、牢记使命”主题教育，谋划实施“十百千”专项调研，结合系统“三服务”活动，攻坚了一批问题短板，4个项目获评全市担当破难典型案例，6个案例入选《湖州市“不忘初心、牢记使命”主题教育赶超破难百例》。

【公路基础设施建设】 一、高速公路建设。全面建成申嘉湖高速湖州鹿山至安吉孝源段、申苏浙皖高速公路增设南太湖互通及连接线工程；加快推进杭宁高速改扩建、杭州绕城高速西复线、申嘉湖高速安吉孝源至唐舍段、杭长高速公路增设南北庄互通等工程，全年完成投资80.81亿元。

二、干线公路（大型桥梁）建设。全面建成S306省道安吉椅子塔至王家庄公路整治工程、安吉笔架山中环道路（垅坝至马村段）建设工程；加快推进104国道德清段改建、104国道长兴李家巷至湖州施家桥段改建、318国道湖州市区段改建（内环快速路北线）、S301长兴小浦至煤山段改建、南浔至杭州临安公路南浔至练市段公路（规划211省道）、嘉兴平湖至安吉公路南浔区练市至和孚段改建（规划S302省道）、宁波镇海至安吉公路德清对河口至安吉矮部里段（规划304省道）、镇海至安吉公路安吉矮部里至南北庄段（规划304省道）、南浔申苏浙皖至练杭高速连接线、湖州吴兴杨渎桥至南浔菱湖公路（湖山大道）、安吉高铁大道、南浔大桥改建、长兴县高铁站至洪桥公路、湖织公路（白龙桥至三新线段）新改建等工程建设，全年完成投资48.99亿元。

三、农村公路建设。年内，实施新改建农村公路410公里，改造病害桥梁70座，完成路面维修360公里，新建公路服务站35个、港湾式停靠站503个、村级农村物流服务点357个，全年完成投资21.33亿元。

【水运基础设施建设】 一、内河航道建设。全面建成京杭运河三级航道整治工程，加快推进长湖申线航道西延工程，开工建设浙北高等级航道网集装箱运输通道提升改造工程，实施完成航道养护工程，全年完成投资8.02亿元。

二、港口码头建设。建成德清临杭物流园Ⅱ区码头作业区二期工程；加快推进湖州铁公水综合物流园码头工程（一期）、长兴铁公水港口项目（一期）工程建设，全年完成投资4.5亿元。

【客运场站建设】 建成仁皇山公共交通枢纽场站建设工程，加快推进商合杭高铁安吉站配套、南浔综合客运枢纽等工程建设，全年完成投资2.43亿元。

【重点物流基地建设与物流业发展概况】 一、重点物流基地建设。建成长兴综合物流园B区工程；加快推进湖州铁公水综合物流园区（铁路货场、唯品会全面运营，保税物流中心通过验收，码头一期主体结构基本完工）、德清港国际物流园（一、二期）、中国物流（安吉）物流园等重大物流园区建设，全年完成投资9.65亿元。

二、物流业发展概况。以打造长三角物流中心为目标，启动编制《湖州市现代物流业“十四五”发展规划》，加快出台促进物流业发展扶持政策，大力推进湖州铁公水综合物流园等重大园区项目建设，全年减免企业物流成本4.12亿元。创新实施“最后一公里联合派送”“邮政村村通、快递普服化”等模式，实现农村物流网络县乡村全覆盖。2019年，吴兴蜂王物流，南浔鑫达物流，长兴天畅智运、天跃供应链获省级“无车承运试点企业”称号；全市具备多式联运基础设施及配套功能物流场站6个，2A级以上物流企业46家，其中5A级2家，多式联运场站占比达50%。

【工程质量安全监督与造价管理】 一、工程质量监管。召开全市路面品质工程建设现场会，组织全市检测机构及工地试验室水泥胶砂流动度技能比武活动，印发《全市公路水运品质工程施工标准化建设成果推广应用工作要点》，全面加强工程质量管理。2019年，监管公路、水运工程218项，完成竣（交）工质量评定备案134项，覆盖率、合格率均达100%；全年实施质量黄牌监管3次和行政处罚21起，处罚金额135.25万元，案件数量、处罚金额创历年之最，未发生行政复议、错案和诉讼案件，有力地促进了全市交通工程质量水平提升。

二、施工安全管理。以“标化工地”建设为抓手，落实施工安全风险评估管理办法，执行编制、论证和审批等环节的程序管理，提高施工过程安全风险预控能力。全面贯彻风险管控与隐患排查治理双重机制，引入第三方安全咨询机构协助监督检查，累计排查处置隐患980余处。深化“平安工地”示范建设，获省级示范工程1个、示范施工合同段7个和示范监理办2个。

三、造价与合同管理。落实项目招标控制价备案制，全年开展5条美丽乡村路施工图预算审查，审查金额16213.11万元，净核减144.1万元。已备案的项目工程招投标阶段的控制价造价文件（包含工程量清单预算和投标控制价）15项次，备案金额57229.56万元。落实《浙江省公路水运工程造价管理实施细则》，理顺造价文件的报备工作机制，分阶段逐步建立完善申嘉湖高速公路湖州鹿山至安吉孝源段等6个项目的全过程造价数据库，全面掌握项目各阶段造价情况。

【城市公共交通服务】 锚定全国领先、区域先行国家“公交都市”创建目标，全面提升公交服务水平。一是奋力攻坚公交都市创建，32项创建指标20项提前完成，站点300米覆盖率达90.6%，场站面积提升至15.86万平方米，车辆进场率达100%，线网密度增长10.5%，乘客满意度达91.6%。二是圆满完成公交体制改革，自5月1日起，市交通集团公交营运公司顺利实施委托经营管理；10月14日，正式完成收购协议签订，市区两家民营公交企业平稳收归国有，公交公益属性得以全面回归。三是全面完善基础设施配套，加大土地、资金、政策等要素保障，新改建公交充电场站18个、城市公交停靠站112个、中心城区候车亭29套，安装公交站点IC卡手机自助充值机53套，新增优化公交线路56条。四是聚力打造行业发展标杆，全国首创“公共自行车、共享单车、共享电单车”规范化融合监管模式，单车规范停放率达95%以上；全年创建绿色守时示范线、生态文明示范线、大站快运、旅游公交等特色公交线14条。

【全行业安全生产形势】 服务发展大局，狠抓安全生产工作落实，全年行业安全生产事故起数、死亡人数同比分别下降19%和18%。一是重大活动安保圆满完成。贯彻防为主、防为上工作方针，圆满完成新中国成立70周年大庆、第六届世界互联网大会、第二届上海进博会等重大活动期间维稳安保工作。二是安全防控机制稳步确立。修订完善《湖州市交通运输局安委会工作规则》，不断健全定期研判、督查暗访等机制，行业风险分级管控和隐患排查治理双重预防机制得到进一步强化。三是平安交通创建深入推进。扎实开展平安交通创建三年攻坚行动，公路生命安全防护工程省级示范项目建设、公交车驾驶区域安全防护设施和“两客一危”车辆智能视频监控安装等任务全面完成，交通工程建设隐患整治率达100%，港口码头长期脱管船舶整治、船舶载运危险货物安全综合治理等活动成效明显。四是应急保障能力不断加强。严格落实部门监管责任和企业主体责任，有效应对雨雪冰冻、强降雨等恶劣天气，成功防御“利奇马”“玲玲”“米娜”等台风，行业应急保障能力在实战中得到全面检验。

【生态交通建设】 2019年，对照《湖州市生态环保重点任务清单》，交通部门牵头推进的8项重点任务均超额完成年度计划目标。一是汽车维修企业整治，全年完成整治379家。二是清洁能源公交车推广，全年更新投放纯电动公交车501辆。三是船舶大气污染防治，新建船舶柴油机排放达标率达100%；新增岸电设施101套。四是国、省道公路保洁，全年清扫路面34.97万公里，洒水5.02万次，清理垃圾、路面堆积物3.3万立方米，清理边沟、绿化带2.1万公里。五是交通工程扬尘治理，对18个重点工程安装颗粒物浓度检测仪进行实时监测；同时，设置围挡围墙118处，实施场地硬化230处，加装入口冲洗设施75处。六是国三以下营运柴油货车淘汰，全年完成淘汰756辆。七是码头堆场整治，全年整治无证临河装卸点6个，清理码头堆场9座。八是绿色出行，全市公交客流同比增长14.9%，绿色出行指标达67.8万人次/万人，各区县均超额完成年度目标任务。

【交通科技】 2019年，开展科技项目14个。其中，省交通运输厅立项的3个科技项目中，《“弯桥直做”小半径曲线桥预制T梁装配式模板研究》和《高速公路路基沉降及高边坡无线远程自动监测系统研究与应用》已完成研究；《高速公路路基沉降及高边坡无线远程自动监测系统研究与应用》项目已通过中期评审。同时，启动实施2020年科技项目申报工作，《钢桁架桥高精度快速装配设计施工一体化技术研究》《钢结构桥梁批量化监测和定制化养护研究》《基于人工智能的船舶识别关键技术研究》《在建隧道围岩变形与应力智能监测预警关键技术研究》4个项目已通过初审并正式立项。

【交通行政执法】 以创建全国首批法治政府建设示范市为抓手，持续加强法治政府部门建设，推动行政执法规范落实。一是强化责任落实。落实主要领导负总责要求，每年召开法治交通工作会议，定期研究法治部门建设工作。全面加强《中华人民共和国宪法》《中华人民共和国监察法》等法律法规学习，把法治要求贯穿到交通建设、管理、执法、服务等各个领域。二是重视执法规范。大力推进交通综合行政执法改革，市及三县综合行政执法队已揭牌。认真做好《浙江省公路条例》《湖州市公共交通管理办法》等行业立法调研工作，制定出台《湖州市交通运输重大行政执法决定事项目录》，确保重大执法有据可依，有章可循。三是加快改革进程。全面完成“最多跑一次”改革指标任务，网上办、掌上办、跑零次等全部达100%，5个事项实现“一证通办”，所涉27项证明材料全部取消。积极推广应用“互联网+监管”行政执法平台，账号开通率、激活率和两次以上移动执法人员占比均达到100%。

【交通精神文明建设】 2019年，交通运输部门坚持以最美行业创建为统领，认真抓好精神文明建设及创建更高水平文明城市工作。一是以主题教育为契机，树牢宗旨意识。深入开展“不忘初心、牢记使命”主题教育，结合“两学一做”学习教育常态化制度化，依托“三会一课”、主题党日载体，通过集中学习和个人自学等形式，认认真真读原著、学原文、悟原理，全年组织理论学习17次，邀请专家授课6次。二是以正面发声为导向，传播交通声音。以推进枢纽门户城市建设为主线，推动各类宣传深度融合，积极构建综合交通大宣传格局，全年在各级各类媒体发表稿件2700余篇（条）。注重用好湖州交通作协平台，先后组织摄影家、作家赴重点交通建设工地采风，让新闻宣传和文学诗意、影像作品高度契合，使文化成为行业宣传的重要载体。三是以文明实践为载体，推进全域覆盖。开展“美丽公路+文明”行动，借助“5·26”爱路月、路政宣传月等活动，提升社会公众爱路护路意识。开展“绿色航道+文明”行动，打造现代航运走廊、新兴产业带、运河文化带和生态景观带“一廊三带”。开展“公交都市+文明”行动，启动实施“绿色出行加速度”“公交出行宣传周”等活动。开展“品质工程+文明”行动，推进工程建设领域诚信管理，常态实施设计、施工标准化和质量通病、管理问题治理等专项行动。

【交通技师学院建设】 自2014年开展湖州交通技师学院筹建以来，经过五年多的努力，9月，获浙江省人民政府批准，在湖州交通学校的基础上正式设立湖州交通技师学院，学院现有教职工201人，在校学生3300人，办学规格和规模得到全面提升。 （王世春）

·公路管理·

【公路里程和技术等级】 截至2019年年底，全市公路总里程达8065公里，其中国、省道干线公路841公里，占公路总里程的10%；农村公路7224公里，占公路总里程的90%。全市有高速公路5条、368公里，一级公路564公里、二级公路652公里。二级以上公路1584公里，占总里程的19.6%。公路密度达到138.58公里/百平方公里和30.24公里/万人。

【创建全国“四好农村路”示范市】 启动全国“四好农村路”（建好、管好、护好、运营好农村公路）示范市创建，编制出台全国首个《四好农村路建设规范》市级地方标准，全国“四好农村路示范城市”创建被纳入浙江省交通强国建设试点实施方案。完成农村公路建设投资23.51亿元，提前收官高质量建设“四好农村路”三年行动。长兴县、南浔区分别荣获全国、全省“四好农村路”示范县（区）称号，国家级、省级示范创建比例居全省第一。

【建设“美丽公路”】 经交通运输部同意，开展全国美丽公路建设先行先试，立足行业实际，健全工作体系，融入地方特色，安吉县在全省率先上线“智慧公路”综合信息平台，长兴县开展普通国、省道公路施工现场标准化试点行动，普通国、省道小修保养工作湖州市病害修补率位列全省第二。2019 年，完成美丽经济交通走廊建设 532 公里，长兴县入选全省万里美丽经济交通走廊示范县，吴兴区、南浔区和德清县入选全省万里美丽经济交通走廊达标县，在全省率先实现美丽经济交通走廊达标县全覆盖。

【干线公路养护管理】 科学分析养护形势，统筹考虑路况水平，严格规范工程质量，2019 年，实施路面大中修工程 146 公里（其中高速公路 72 公里，普通国、省道 74 公里），完成国、省道危病桥梁修复改造 3 座，全市公路路况总体保持良好。加大“四新技术”（新材料、新工艺、新技术和新设备）研究应用，2019 年，《高强纤维筋—高耐久高韧性混凝土复合结构加固混凝土桥梁技术》科研项目获省公路学会科技三等奖。履行高速公路行业管理职责，做好 G25 长深高速（杭宁）改扩建现场监管及各类涉路施工前期勘查和事中、事后监管，落实路政例行巡查服务区制度，开展高速公路桥下空间专项整治。3 个高速公路省界收费站（G50 浙皖收费站、G50 浙苏收费站和 G25 父子岭收费站）全部撤销，高速公路收费实现并网运行。

【农村公路养护管理】 强化农村公路行业管理，服务乡村振兴战略，2019 年，实施农村公路大中修 360 公里、危病桥梁改造 70 座，完成新改建 410 公里，创成“四好农村路”示范乡镇 8 个，建成农村公路服务站 35 个，在全省率先消除准四级公路、断头路和四五类桥梁。

【路域环境治理】 巩固公路路域环境整治成果，2019 年，拆除违章建筑 3753 平方米、清理堆积物 17241 立方米、拆除非公路标牌 1975 块、整治马路市场 859 个。加大标志标线监管力度，完成全市普通国道网命名编号调整工作。开展公路扬尘治理，完成第二轮中央生态环境保护督察迎检工作。

【安全应急保障】 推进“平安公路”建设，开展公路安全隐患动态治理，定期排查危病桥梁隧道，挂牌督办事故多发点（段），完成 7 处省级挂牌道路交通事故多发点段整治和 2 处省级公路安全生命防护工程示范项目建设，实施生命防护工程 99 公里。落实以“三防”为重点的应急管理工作，深化全市公路系统“1+5+13”应急处置体系布局，做好应对极端天气、抗击“利奇马”台风和节假日高速公路小型客车免费通行的应急保障工作，全年开展各类应急演练 6 次，联动处警 352 次，有效处置率达 100%。加强智慧公路建设，推进人工智能技术应用，改造提升公路数字视频专网，完成市、县两级 35 处重点路段的监控增设，市本级普通国、省道做到重点桥隧“全面覆盖”，主要路段“无缝衔接”，实现路网视频监测部、省、市三级联网。

【路政执法】 开展“百吨王”专项整治月和“百日治超专项行动”，加强多部门联合开展“治超”行动，推进“治超”非现场执法，编制出台《湖州市公路治超非现场执法系统建设规划（2018—2025 年）》。2019 年，查处超限运输车辆 6372 辆，新增非现场执法车道 8 条，启用 32 套高速公路入口称重检测设备，全市高速公路平均超限率下降至 0.97%、为历史最低，应卸载货物卸载率达 100%。

【“最多跑一次”改革】 深化“最多跑一次”改革，整合平台资源，推动数据共享，推进“一网通办”“一窗通办”，拓展“一证通办”“移动办”，实现“最多跑一次”改革向公共服务领域延伸。

【出行服务】 深化高速公路主题特色服务区创建，建成 G50 沪渝高速公路湖州湖笔文化主题服务区。加强“电子不停车收费系统”（“ETC”）建设，全年发展“ETC”用户 45.81 万户，新增“ETC”服务网点 119 个，新建“ETC”车道 158 条。完善出行信息服务。2019 年，发布各类路况信息 6 万余条，气象信息 2000 余条，宣传标语 6000 余条，“12328”公路服务热线接听电话 5200 余个。办理“12345”政府阳光热线工单 280 件、数字城管案件 233 件，即时响应率、及时反馈率、有效办结率和群众满意率四项指标均达 100%，全年无不满意件，连续 7 年在全市交通运输系统居第一。

【获得荣誉】 2019 年，湖州市公路管理局信息服务与应急指挥中心被评为“全国青年文明号”和湖州市“最美窗口”称号；湖州市公路管理局直属分局陈维新获得“全省小城镇环境综合整治行动突出贡献个人奖”、周永琴获得“湖州市五一劳动奖章”，湖州市公路管理局高速公路分局团支部被评为湖州市“先进团支部”。（唐秀文）

·道路运输管理·

【概况】 2019 年，全市完成公路客运量 5522 万人，周转量 19.24 亿人公里，同比分别上升 5.3 % 和 4.4%；完成公路货运量 1.32 亿吨，周转量 89.64 亿吨公里，分别增长 14.6 % 和 6.6%。全市道路运输行业全年发生行车事故 12 起，死亡 7 人、受伤 6 人，未发生较大及以上事故、危险品运输事故和火灾事故，安全形势总体平稳。

【市区公交体制改革】 在市改革领导小组的统一指导下，深入细致谋划改革方案，全力以赴推动改革进程。在各方努力下，通过夜以继日的评估、审计、核算和清点，以及近百次的会商、协调、讨论和谈判等工作，在6个月内完成市区民营公交国有化收购，改革全程，企业员工思想稳定、公交运行平稳有序；德清县相继顺利完成公交国有化收购。

【出租汽车融合发展】 修订《网络预约出租汽车经营服务管理实施细则》，出台网约车与巡游车融合发展方案，安吉县率先开展巡游出租车运价改革；加快网约车合规化进程，合规人员达6353人、车辆1387辆；牵头推动为巡游车驾驶员群体减负，全年减免承包费、税费和保险等各类费用达7200元/人车，持续保持出租车行业稳定。

【公共交通】 一是"公交都市"创出新成效。推动市政府召开全市"公交都市"创建工作会议，市人大将《湖州市公共汽车客运条例》列入二类立法计划，市政协委派专项民主监督推动创建，"公交都市"创建2/3的指标任务提前一年完成；更新投放纯电动公交车501辆，长兴、德清、安吉县先后实现公交"纯电动化、一票制、移动支付"全覆盖，湖州市在全国率先成为全域公交"三个全覆盖"的城市，公交客流同比提升18.4%，公交出行成本下降50%以上，公交满意率迅速提高。二是民生公交更接地气。主动对接偏远乡村、重点园区和重大项目，切实解决南浔区长超和吴兴区幻溇等地村民方便进城；为杨家埠工业园、埭溪美妆小镇等园区职工通勤和龙之梦乐园景区旅游观光、新中心医院就医看病等公交出行需求，新增优化公交线路21条，新改建公交站点107个，日均加密公交班次931班；安装公交IC卡自助充值机，实现手机移动快速充值。三是"共享单车"管出新模式。在全国率先实践"单车融合发展模式"，创新运用"公共电子围栏"技术，实现各品牌共享单车、电单车和公共自行车的统一借还；通过感应线圈、电子标签和平台监管等技术创新和收费模式、信用考核、总量控制等管理创新，全面规范企业、用户行为，单车规范停放率从33%上升至95%，使用量从0.6万次增加至1.6万次，"单车管理湖州模式"成为全国文明城市的一张新名片。

【现代物流】 完成"政协委员与市长面对面"物流主题活动，高质量办理政协重点提案，使物流发展提升到"全市中心工作"层面；完成"铁公水"综合物流园等重点物流项目投资12.18亿元，全年降低企业物流成本4.12亿元，新增4家省级无车承运企业；长兴县创新打造"最后一公里联合派送"农村物流品牌，年均节约成本500余万元，德清、安吉县相继探索农村物流新模式。

【客货运输】 新、改建乡镇运输服务站10个、农村物流点357个和港湾式停靠站523个，更新农村客运车辆318辆，较好完成"四好农村路"建设任务；加快建设安吉县、南浔区综合客运枢纽，完成投资6.9亿元；开通3条医疗、商务定制客运线路。

【学驾汽修】 汽车电子健康档案二类以上维修企业实现全覆盖，并拓展至8家三类企业；建立营运车辆尾气治理（I/M）制度，推动25家维修企业M站试点；开设"维修企业"和"驾校校长"系列访谈广播专题栏目，按季发布驾校排行榜，全面推广驾培监管服务平台；德清县率先实现驾校整合，推进集约发展。

【行业治理】 一是安全监管抓细抓小。"两客一危"车辆智能视频监控报警设备安装率达100%，公交车防护装置安装率达92%，全省领先；建立客运站"一图两机制三清单"制度，危货企业安全体检实现全覆盖，组织驾驶员安全文明教育培训8期、5000余人。二是市场整治持续高压。组织开展"打击无证经营、打击站外组客、源头治超"等专项整治行动，出动执法人员2.8万人次，检查车辆4.5万辆次，检查企业3000家次，查处各类违章案件3899起；完善与市公安联动整治模式，开展统一行动25次，查获"无证经营"案件512起，列全省第二；深入推进扫黑除恶专项斗争，转交市公安涉黑立案10人次，拔掉"高铁站至织里"等多个黑车据点。三是综合监管升级试点。制订《营运车辆联网联控管理工作方案》，明确四个标准，重载营运货车卫星定位入网率从60%提升至92.5%；作为全省唯一试点单位，全面应用综合监管3.0平台，办结率达100%，转处罚率89%，保持全省领先。四是简政放权力度不减。全年办理各类许可事项5.5万件，开展"最优颗粒度"梳理，19类事项实现"无证明办理"，实施巡游、网约出租车从业资格证"两证合一"，全面取消4.5吨及以下普货车辆营运证和从业资格证；在全省率先推出"流动服务车"审批上门服务，累计服务企业185家；全年办理各类来信、来电、来访5600余件，满意率达99.7%。

【获得荣誉】 湖州市道路运输管理局获全国"绿色出行宣传月和公交出行宣传周"活动成绩突出集体；德清临杭物流园被评为2019年度全国优秀物流园区并荣获2019年中国商品市场百强荣誉；湖州市道路运输管理局被评为2019年度省春运工作成绩突出单位和全省交通运输系统"示范数字档案室"；长兴综合物流园获得交通运输部"多式联运型园区"专项补助资金5000万元；吴兴祥瑞物流中心被评为省农村物流重点站场，湖州鲜绿多健康农产品产业发展有限公司被评为省农村物流品牌企业，安吉美丽乡村城乡物流配送等3个项目被评为省农村物流创新发展项目；湖州市运政稽查支队吴兴大队被评为湖州市"最美班组"；湖州市道路运输管理局行政审批窗口等3个部门被评为市级青年文明号；湖州市道路运输管理局信息指挥中心被评为市"巾帼文明岗"；德清县被评为"全国

人工智能应用县”，在全省首个颁发“智能网联汽车”道路运输经营许可证。 （赵 俊）

·港航管理·

【示范区创建成效显著】 交通运输部2019年《改革与政策研究》第7期（总第53期）中专题刊发湖州内河水运转型发展经验做法和成效，印发中央和国务院有关单位及全国各省、自治区、直辖市交通主管部门。刊物在7月29日全国内河航运高质量发展现场推进会上作为唯一改革经验材料印发与会代表参阅，向全国推广湖州水运转型发展经验和做法。

【水运标准化建设】 积极开展示范区标准化建设研究，年内发布《内河水运转型发展评价指标体系》《内河港口岸电系统运营和维护规范》《内河散货码头防污染设施建设和管理规范》《内河限制性航道电子航道图制作规范》和《内河船舶生活污水转移处置规范》5项湖州市地方标准，累计发布14项湖州市地方标准。

【航道建设】 京杭运河湖州段三级航道整治工程加快推进，年内，完成投资1.86亿元，累计完成投资17.9亿元；长湖申线西延工程年内完成投资5.11亿元，累计完成投资15.32亿元。浙北高等级航道网集装箱运输通道建设工程项目“工可”报告获省发改委批复。

【美丽航道创建】 加大航道管养力度，及时做好护岸修补、航道疏浚、绿化补植和航标改造等工作，标准化航道养护完成投资7715万元，长湖申线航道升山锚泊区完成改造提升，建成水上交通执法保障基地；长湖申线航道浙江段“美丽经济交通走廊”建设工程通过竣工验收，湖州段绿道建设工程设计方案上报。

【港口建设】 鼓励社会资本投资建设规模化、专业化内河码头，全社会港口建设投资达5.92亿元，其中长兴铁公水港口码头建成并开港营运；湖州铁公水综合物流园区码头工程完成水工主体结构；德清临杭物流园码头作业区二期工程完工并通过交工验收。

【水运经济研究】 在全省率先开展内河水运经济研究，《湖州市内河水运对经济的贡献度测算研究》和《湖州市临港经济占比测算研究》课题通过专家评审，内河水运对GDP的总贡献率和临港经济占全市GDP的比重是湖州创建全国内河水运转型发展示范区的两大核心经济指标，课题的研究为内河水运持续推动地方经济发展提供量化依据。

【财务管理】 积极盘活存量资金，动用历年结余资金4197万元用于湖州内河水运转型发展示范区创建项目，项目预算资金达23157万元，创历史最高水平。抓好预算执行，年内，项目预算执行率达93.4%，结转项目完成率达100%。强化资金资产监管，认真做好德清、长兴和安吉县港航管理局体制改革的资产财务清理与资产分配工作。

【主要货运指标】 狠抓运能发挥，鼓励拓展工业制成品运输业务，全市全年完成水路货运量7819.08万吨和货物周转量109.9亿吨公里，同比分别增长7.4%和7.3%，其中水路货物周转量从全省第10位上升至全省第5位；完成港口货物吞吐量1.16亿吨，同比增长10.8%，创近六年新高，稳居全国十大内河港口行列；港口生产结构保持稳定向好趋势，进港货物占比提高至44%。

【内河集装箱运输】 推进湖州港与沿海港口深度资本融合、业务合作和技术协作，浙江海港集团收购德清多功能港区码头；投资建成长兴铁公水港口码头，并开通至嘉兴乍浦集装箱航线。全航区集装箱吞吐量首次突破50万标准箱，达52.67万标准箱，同比增长10.1%，继续位居全省首位。

【运力结构优化】 重点发展600总吨以上标准化船舶，全市新增船舶94艘，其中特种船舶15艘，新建船舶平均吨位达1329.03载重吨，全航区运力规模达204.5万载重吨，单船平均吨位达533.7载重吨，稳居全省内河首位。

【水上客运发展】 通过优化服务，引导企业开展市内生态湿地游和南太湖沿岸观光游，完成水路客运量122.77万人和旅客周转量770.11万人公里，同比分别增长24.9%和36.5%，两项指标均创历年新高，成为水运经济新的增长点。

【船舶检验】 严把船舶检验质量关，完成审图147套，船用产品检验150批次，发放船用产品证书2500余份、船舶建造检验187艘、营运检验5178艘次，全年无重大检验质量事故。检验并颁发1552份船用生活污水贮存柜产品证书，确保湖州市及周边地市现有船舶生活污水柜安装工作的顺利完成。加强船型研究，积极参与编制《内河纯电动散货船建造指南》。

【船舶污染防治】 聚焦船舶生活污水上岸，通过发放绿色金融贷款、优化检验流程和现场集中办理等举措，完成100至400总吨本港货运船舶生活污水贮存柜加装1222艘，安装数位居全省首位；在全省率先制定出台建设和运行管理技术指南，鼓励引导企业码头加快船舶生活污水接收点建设和改造提升，新增生活污水公共接收点30个。推进服务区船舶生活污水接收处置先行示范，在全省率先探索APP智能扫码上岸、电子接收单证和积分奖励管理办法，提高水运从业人员规范收集、接收和处置生活污水的积极性，全年接收生活污水1180吨。副省长高兴夫批示要求全省各地市借鉴湖州船舶水污染防治经验。

【行政执法】 着眼浙江省行政执法平台应用推广，启用掌上执法模块，执法人员通过该平台开展“双随机”抽查和专项检查任务，账号激活率和使用率均达100%；加大对环境违法行为查处力度，全年环保类行政处罚案件数量同比增长75%，处罚额同比增长201%。全年各类行政处罚案件2742件，金额218.3万元，分别增长38.77%和8.08%。全年无申请行政复议、提起行政诉讼的情况。

【岸电建设运营】 加强与国网湖州供电公司的协调合作，年内，建成岸电设施101套，累计建成351套，其中智能共享岸电桩213套，公共服务区、锚泊区使用岸电8.1万千瓦时，全航区用电量达25.1万千瓦时。

【智慧安全监管】 加强航道港口感知设施建设，年内，完成60个危（客）货码头视频点改造、4个智能电子卡口建设和水上交通指挥中心改造提升，通过电子识别实施全航区统一指挥调度，在防汛抗台、应急搜救、交通管制、安全演练和船速监测等工作任务中发挥重要作用，湖州航区全年实施水上交通管制109次、4465小时，太湖航区封航43次、1726小时，发生列入统计范围的水上交通事故26起，死亡2人，直接经济损失83.6万元。建成浙江智慧海事平台，建设成果在国际海事论坛作经验交流，并获得德国专家团的认可，实现5大类、26项海事监管事项统一智能核查，基层执法人员通过“海事通APP”完成现场安全检查、违章船舶录入，船员通过“E航运APP”实现水文气象和违章信息等实时查询以及一键报警。

【行政审批办证】 持续优化审批办证服务，“多证联办”“多证合一”改革举措有效运行，水运企业开业申请和普通货船运力备案实现网上办理。全面探索建立电子档案，航区电子印章、在线支付缴纳罚款实现全覆盖，行政处罚许可信息自动上传，行政决定更加透明公开；加强一体化在线政务服务建设，加大数据共享力度，港航公共信息服务平台上线运行，港航政务服务事项“网上办”“掌上办”“跑零次”和“材料电子化”实现率达100%，“即办事项”超50%。

【“三服务”活动】 开展“不忘初心、牢记使命”主题教育，推动“三服务”活动落地见效，系统116名党员干部聚焦群众“关键小事”，借助“双十调研”“千人微访”“百站蹲点”等调研活动，走访企业54家、站所15家、基层114人次和群众151人次，倾听企业声音，帮助解决困难，在项目建设、集装箱运输、智慧海事和船舶污染治理等方面助推发力，促进行业管理难题破解、企业营商环境优化，站所行政效能提升。

【获得荣誉】 市港航管理局、直属分局、安吉县港航管理局3家单位保持“省级文明单位”荣誉称号；湖州市港航管理局行政审批窗口被湖州市总工会评为“湖州市工人先锋号”。市港航管理局1例案卷被省交通运输厅评为2019年优秀处罚案卷。（戚　慧）

·铁路建设·

【沪苏湖铁路项目前期推进工作】 1. 项目概况。沪苏湖铁路是国家长三角铁路网的重要组成部分，是长三角一体化国家战略基础设施互联互通最具代表性的铁路项目。线路起于上海虹桥站，终于湖州站，经过上海市、江苏省苏州市、浙江省湖州市。线路全线长163.71公里；其中，浙、苏、沪里程分别为46.69公里、52.16公里和64.85公里。设计最高速度350公里/小时，湖州境内新增南浔站，预留湖州东设站条件（已列入湖州至杭州西高铁项目）。项目投资总额382.05亿元（根据初步设计），项目法人沪杭客专公司，代建单位上海铁路枢纽工程建设指挥部。2. 前期工作进展。一是推动初步设计完成审查。全力以赴推动国铁集团对沪苏湖铁路项目先后组织三次初步设计审查，2019年，项目设计方案已确定。二是协调助推上海段难点问题妥善解决。协助上海市和铁四院，努力解决影响项目初步设计批复的难点问题之一——沪昆铁路大小改方案及地方资金承诺证明。三是联合江苏省，合力推动上海开展环评公示工作。由于上海市环评公示工作滞后，联合江苏省（苏州）提出“浙江江苏段先行开工”的建议，并函告铁总、国家发改委、江苏省，倒逼上海推动环评公示工作。并请市领导拜访上海市领导，书面致信上海市委、市政府主要领导，反映加快沪苏湖铁路的迫切愿望，通过上海市主要领导对信件的批示，助推上海市抓紧开展环评工作，促成全线8月5日完成环评公示。国铁集团于8月中旬出具环评上报函报生态环境部。四是促成环评报告加快审批进程。经多方联系与协调，促成生态环境部于10月中旬受理环评报告，生态环境部工程评估中心于10月22日—25日组织开展沪苏湖铁路环境影响技术评估现场踏勘，并形成专家评估意见，12月11日，沪苏湖铁路环评批复，打通了初步设计批复最后一关。

【商合杭铁路建设推进情况】 1. 项目概况。商合杭铁路起自河南省商丘，经安徽省亳州、阜阳、淮南、合肥、芜湖、宣城以及浙江省湖州至杭州，设计速度为350公里/小时，线路全长796.9公里，湖州段总长50.5公里（安吉县26.1公里，长兴县13.2公里，南太湖新区11.2公里），批复总投资78.94亿元，新增设安吉站。项目于2015年11月30日开工建设。2. 工作进展。组织沿线区县全力做好地方配合工作，突出重点、加强协调、狠抓落实。一是完成年度投资目标任务。湖州段路基、桥梁等土建工程，以及轨道板、无砟轨道铺设施工全部完成。二是会同项目公司组织沿线区县及施工单位，调查排摸各类工程遗留问题15个，除施工便道、制梁场复垦及临时工棚拆除3个问题需工程全部结束后处理外，其余问题全部处理完毕。三是围绕砍伐铁路安全保护区高大树木、拆除可能影响行车安全的彩钢板房、清除线路两侧推土和临时基坑、搬迁安全保护区内坟墓四项重点工作，组织沿线区县开展铁路外部环境整治，累计清除或搬迁82处影响物，为线路开通运营前通过环水保验收创造条件。四是针对铁路沿线群众反映高铁噪音影响的诉求，除跟踪施工单位落实好声屏障施工外，争取到项目公司为铁路沿线50米范围内的住房，安装隔声窗政策。据施工单位上报，安吉县、长兴县、南太湖新区商合杭铁路沿线1030户农户完成安装，安装隔声窗面积2.96万平方米。

【湖州至杭州西至杭黄铁路连接线项目推进情况】 1. 项目概况。该项目北起湖州市南太湖新区，途经湖州市吴兴区、德清县，杭州市余杭区、西湖区、富阳区，南至杭州市桐庐县。线路北接既有宁杭高铁、在建商合杭铁路和拟建沪苏湖铁路，南连杭黄铁路和拟建杭温铁路。线路全长137.84公里，其中湖州境内新建线路49.41公里（含与沪苏湖铁路联络线的长度）。项目“可研”批复总投资额为370.27亿元，其中湖州段投资额79.99亿元。全线分布6座车站，相关工程车站1座；其中新建车站3座，为杭州西站、富阳西站和桐庐东站；利用既有车站2座，为湖州站、桐庐站；改扩建车站1座，为德清站；相关工程车站为湖州东站。2. 工作进展。该项目是2022年杭州亚运会保障项目，通过各方共同努力，4个月内完成“可研”、初设、施工图审批，进展速度创同类铁路新高。一是助推湖杭高铁完成“可研”批复，湖州东设站方案获得批准。站房面积8000平方米，规模2台6线（并初步同意设计变更时扩大到1.5万平方米，3台7线）。采用湖州站和湖州东站均办理始发车方案，湖州站设综合维修工区，湖州东站设动车存车场。二是提前开展项目用地的土地勘测定界和权属调查确认工作，编制完成项目使用林地可行性研究报告、土地利用总体规划局部调整方案、粮食生产功能区调整方案，为下一步土地农转用报批及用地批复争取时间。三是及时协调解决湖杭铁路跨越德清东苕溪二级水源保护地、湖州东站占用西荡漾水域、吴兴区妙西采石场压覆审批手续、线路跨越航道分级审批等多个涉及湖州境内的难点问题，为省级相关厅局按时批复或审核（审查）防洪影响评价、环境影响评价等9项初步设计前置创造条件。四是助推湖杭高铁完成初步设计、施工图审查批复。在省、市各级领导的高度重视和大力推动下，该项目于12月实现全线开工建设，湖州段完成年度投资5.2亿元。

【铁路谋划工作情况】 抓住长三角一体化发展上升为国家战略的契机，谋划研究提出规划建设南通至苏州至湖州城际铁路浙江段〔《浙江省轨道交通中长期发展规划（2021—2050年）》称环太湖轨道交通〕、水乡古镇旅游线、盐泰锡宜湖铁路、宁杭高铁二通道、湖嘉城际铁路等项目设想，并加强汇报衔接，积极争取，年内，已纳入国家发改委编制的《长三角多层次轨道交通体系规划》征求意见稿中。该规划将在《长三角综合交通规划》批复之后，进一步征求省方意见。12月16日，省发改委召开会议研究《浙江省轨道交通中长期发展规划（2021—2050年）》的编制工作，经过积极争取，南通至苏州至湖州城际铁路浙江段、水乡古镇旅游线拟安排为近期（2035年）建设项目，湖嘉城际铁路近期采用在湖州市境内与环太湖轨道交通、水乡古镇旅游线共线运营的方案。该5个项目的规划建设，将和沪嘉、沪平城际共同构建起全省杭州湾北岸湖嘉一体化的轨道交通廊道，有利于加强杭州都市区与上海大都市圈间的合作互动，并将为全省开辟衔接苏北、苏南地区新的城际通道，对于加快推动长三角一体化发展具有十分重要的意义。（林世全）

·邮政·

【概况】 2019年，市邮政管理局贯彻落实浙江省邮政管理局和湖州市委、市政府各项决策部署，按照“党旗飘红、产业透绿、民生添彩”的工作思路，深入开展“不忘初心、牢记使命”主题教育，扎实推进“三服务三促进”活动，不断改革创新，始终干在实处，力争走在前列，先后获得平安湖州夺“金鼎”集体三等功、全省2019年度邮政安全监管与行政执法先进集体、全市建国70周年维稳安保先进集体、省级示范数字档案室、全市保密工作“五个规范”单位，政务信息先进集体等荣誉，完成省一级档案室目标认定。2019年，全市邮政行业实现持续健康快速发展，保持总体平稳、稳中有进的良好态势，全市邮政行业业务收入完成31.5亿元，同比增长21.3%；业务总量完成91.7亿元，增长24.3%。全市快递业务量完成3.6亿件，增长20.2%，业务收入完成25亿元，增长21.9%。邮政业在经济社会发展中的作用不断增强，为“六稳”做出积极贡献。

【切实关心关爱“快递小哥”】 认真落实习近平总书记关心关爱“快递小哥”的重要指示精神，开展“快递从业青年服务月”“巾帼文明岗快递女职工维权”等活动，深化“邮益”志愿服务联盟品牌，认真开展“路长制”工作，全年服务时长280小时。联合团市委开展“冬日递暖”关爱行动，联合市总工会、人社局、团市委举办全市第四届快递员职业技能竞赛。德清县邮管局创建“小蜜蜂服务社”机关服务品牌，长兴县邮管局组织开展夏日送清凉、义诊送健康、上门送培训活动，安吉县委宣传部、县文明办走访慰问快递员。会同市人社局出台《快递业初、中级专业技术职称评定办法》，102名快递员取得初级职称，1名快递员取得中级职称。年内，全行业积极推报全国邮政行业先进集体2个、国家级青年安全生产示范岗4个；省级青年安全生产示范岗6个、省级青年文明号5个；全市最美班组1个、市级巾帼文明岗1个。

【多渠道共推邮政业绿色治理】 印发《关于加快推进快递绿色包装和快递垃圾治理工作的通知》，实施运单电子化、包装减量化、用材绿色化、仓配一体化、回收体系化“五化”工作。推广使用可光解封箱胶带和瓦楞箱，主要品牌快递企业与环保包装企业达成合作意向，全年购置使用绿色胶带超过1.2万卷。实现电子运单使用率达99.2%，循环中转袋使用率达86.1%，超过50%的电商快件不再二次包装。设置包装废弃物回收装置534个，实现快递网点、行政机关、高校快递包装回收全覆盖，建立包装废弃物回收装置使用承诺制机制，确保回收工作落在实处。推动快递企业与垃圾智能回收平台达成“快递业+回收业”战略合作。与市发改委、经信局对接产业政策，引导研发氢能源快递三轮车。以“邮来已久、绿动未来”为主题，多形式开展绿色宣传，全年发放绿色环保袋1500个，赠送绿色寄递优惠券6000余张，张贴宣传标语5万张。

【全面释放行业发展新活力】 深化邮政行业“放管服”改革，深入推动“最多跑一次”改革，加强与市大数据局、“跑改办”和“信用办”等部门工作对接，定期更新共享数据。全面贯彻落实国办发〔2018〕1号文件精神，联合市经信局出台《关于做好快递业助推小微企业园高质量发展的指导意见》，吴兴区织里童装小微企业园入选国家级示范基地。加强同市商务局等部门对接，参与《湖州市加快电子商务发展的新十条扶持政策》《湖州市开展电子商务“双百”攻坚行动实施方案》等政策修订，快递电商协同发展取得实质性突破。印发《湖州市邮政业扩大消费工作要点》《湖州市邮政管理局关于促进民营快递高质量发展的指导意见》《关于推动全市邮政业高质量发展促进形成强大国内市场的实施意见》等文件，召开行业高质量发展、减税降费等工作部署推进座谈会5次，行业全年落实减税降费资金2000万余元。

【着力打造行业发展新引擎】 巩固提升建制村直接通邮成果，新增农村电商站点180个，全市实现行政村村邮站覆盖率达100%，建制村通邮率达100%。推动邮政综合服务平台建设，开展“政邮”“警邮”“医邮”合作，拓展服务功能；推出“税邮”上线。全市有“政邮”网点6个、“警医邮”网点41个，“税邮”网点4个，完成“警医邮”收入38.79万元；完成政务业务收入865.1万元，同比增长45.6%，增长率与完成率均居全省第一。推进“快递下乡”工程，试点快递电信网点合作，在吴兴区妙西镇推出首个合作末端网点。探索推动“最后一公里”末端投递工作，德清县率先构筑“县镇村”三级快递物流配送网络，建成镇级农村快递物流中心6个，村级农村快递物流中心136个，新开辟邮路32条、全程200余公里，形成覆盖县域所有农村的快递物流服务中心。深入推进快递“三进”工程，鼓励辖区内申通、中通、圆通、韵达等品牌深度合作，联合开展末端服务，备案末端网点115个。加强与湖州师院、湖州职技院等高校对接，实现在湖州高校智能柜、寄递网点和寄递服务全覆盖。加强与中心城区街道对接，协调落实一批住宅小区利用物业用房搭载快递末端服务，全市铺设1210组智能快件箱开展末端投递。

【全力创造行业监管新格局】 印发《进一步加强湖州市邮政快递企业履行安全生产主体责任的指导意见》，严格落实寄递渠道安全管理“三项制度”，落实“双向安检”，深入开展寄递渠道涉枪涉爆、消防安全百日攻坚、危化物品寄递清理整顿等专项整治行动。通过视频会议、培训动员、交叉检查、应急演练等举措，进一步清除安全隐患，圆满完成全国“两会”、北京三项重大活动、第二届上海进博会等安保任务。会同市公安、国安、应急管理、文广旅等部门开展联合行动，联合发文6份，建立专项工作协同机制14项，开展联合执法检查40余次。全面强化监管执法力度，全年执法检查799家次，出动执法人员1700余人次，下发整改74份，依法立案查处26家。

【邮政助销农产品助农增收】 深入实施“邮政在乡”“快递下乡”工程，提升改造邮乐购站点质量500个，有效畅通农村“电商配送”渠道。推广“农产品+大同城”寄递服务模式，助力电商销售安吉白茶23万件、200万公斤；德清枇杷8500余件、2万公斤；长兴杨梅2万余件、6万公斤，“快递+白茶”“快递+珍珠”获评2019年度全省快递服务农特产品“一地一品”铜牌项目。快递+织里童装项目年业务量超过2亿件。协调湖州邮政、湖州供销社签订品牌农产品拓展业务深度合作战略协议。建立“两山”农品汇，“线下体验+线上销售”，合作运营“邮乐小镇”项目，开通邮乐网湖州“两山”馆。加强与市农村林业局、商务局等部门沟通，推动全市7家寄递企业纳入服务示范单位，每家每年获奖励15万元。积极开展产业扶贫工作，2个项目被评为全省农村快递服务示范点。

【有效落实行业发展新要求】 全面贯彻实施《快递业信用管理暂行办法》，制订《湖州市邮政管理局2019年社会信用体系建设工作要点》，按照国家邮政局、省邮政管理局和市委、市政府部署，配合做好快递业信用信息系统建设，有效整合地区信用信息资源，对快递企业和从业人员开展信用管理，加快推动信息共享。组织开展“诚信快递、你我同行”“3·15”等主题宣传活动，通过丰富活动方式和内容，营造良好氛围。认真做好申诉处理工作，年内，通过“12305”平台、市阳光热线、局长信箱等平台受理消费者申诉2431件，全年申诉接通率达98.6%，处理满意度达98.4%。加强行业统计调研，开展统计检查，提升数据质量，不断提升运行分析的科学性和权威性。

（金晓林）

科学技术

·综述·

【概况】 2019年，全市科技创新工作按照市委、市政府决策部署，聚焦市委“一四六十”工作体系，以开展“不忘初心 牢记使命”主题教育为引领，大力实施科技创新加速行动，为高质量赶超发展提供强有力的科技支撑。科技部2019年度发布的国家创新型城市分类评价中，湖州市位列全国19个支撑绿色发展型城市的首位，创新潜力居全国第26位。

【优化创新创业生态】 一是全面深化科技创新加速行动。制订科技创新加速行动年度实施方案和重点任务安排，通过考核引导和督查推进，全面实施科技创新加速行动各项重点工作。全年全市高新技术产业增加值增长10.4%，居全省第一，高于规模以上工业增加值增幅2个百分点；全市高新技术产业投资增长48.1%，居全省第二。全社会研发支出占GDP比例达2.85%，居全省第三。全面实施产业技术创新机制改革工作，在全省率先启动开展创新券长三角跨区域通用通兑试点工作，全年全市发放创新券10036万元，确认使用5800万元，均居全省第四。长兴县、安吉县获批国家创新型县（全省共5个，全国52个）。德清县获批科技部全国县域首个国家新一代人工智能创新发展试验区。二是积极推进厅市会商工作机制构建。市政府与浙江省科技厅签订科技工作会商议定书，湖州市成为全省第3个与省科技厅开展会商的设区市，在推进科技创新改革试点、打造各类高能级创新平台、高质量建设南太湖新区等方面开展科技合作。全年争取到省级以上财政资金2.29亿元，同比增长60.08%，居全省第二。三是深入开展科技“三服务”活动。全年走访服务科技型企业、众创空间等1200余家次，发放科技政策汇编2000余本，面向企业开展专题培训6场，将科技创新政策送至基层一线，帮助企业解决实际问题，问题办结率、满意率均达100%，营造了浓厚的创新创业氛围。

【提升创新平台能级】 一是推进高新园区高质量发展。2019年，湖州莫干山国家级高新技术产业开发区全国综合排名由上一年度第83位上升至第73位。南浔智能机电高新技术产业园区创建为省级高新区，湖州市实现省级以上高新园区区县全覆盖。全市5家省级以上高新园区全年实现规模以上工业增加值326亿元，同比增长10.3%，高于省平均增幅3.8个百分点；实现高新技术产业增加值252亿元，增长13.1%，高于省平均增幅5.2个百分点；实现装备制造业增加值126亿元，增长14.0%，高于省平均增幅6.3个百分点。二是加快建设产业创新服务综合体。制订出台《湖州市产业创新服务综合体建设行动计划》和管理办法，完善工作机制、强化资金保障。新增省级产业创新服务综合体4家（创建类3家、培育类1家），累计达9家，实现省级综合体区县全覆盖。全年服务企业3.2万家次，引导研发投入67.5亿元，相关产业营业收入超过2600亿元。吴兴童装产业创新服务综合体得到省委书记车俊肯定。新增国家级科技企业孵化器1家，累计达8家；省级科技企业孵化器3家，累计达7家。三是全力推进众创空间提质增效。制订出台支持众创空间发展补充意见。建立季度评价机制、动态管理机制以及年度考核机制。召开全市众创空间建设运营专题研讨班。新建众创空间91家，累计达206家。省级众创空间备案26家，居全省第三。全市众创空间盘活闲置楼宇21.5万平方米，新增主营业务收入32.1亿元，上缴税金15097万元；新增入驻“双创团队”1775个，其中高层次人才创业项目77个；新增“双创”人数6612人，其中大学生3995人。

【加快创新主体培育】 一是梯度培育科技型企业。突出“抓早、抓小”、深入实施工业“高技术、高成长”企业倍增暨科技型企业培育三年行动计划。全年全市300家“双高”培育企业主营业务收入增幅达24.2%，高于全市规模以上工业企业19.1个百分点；利税增幅达33.8%，高于规模以上工业企业27个百分点。全年培育“瞪羚”企业148家。浙江东方基因成为全市首家科创板上市企业。大力培育国家高新技术企业，对首次认定的高新技术企业奖励30万元。新增高新技术企业179家，累计达938家。新认定省级科技型企业657家，累计达3153家。二是加快建设研发机构。引导企业加大创新投入，开展规模以上企业研发投入“清零”行动，逐步提高企业研发机构设置率。新认定爱诺生物医药研究院、隆泰新型医用敷料省级企业研究院和太平微特电机研究院等28家省级企业研究院，位列全省第五。新认定锐格智能物流装备、冠利新型医用包装材料、先锋软件信息系统集成和东成生物培养基等67家省级高新技术企业研究开发中心，位列全省第二。新认定市级研发中心136家。三是创新方法攻克“卡脖子”技术难题。探索建立“征集企业技术难题、精准梳理问题清单、创新方法应用辅导、专家分析问诊把脉、探寻解决方法路径、整合资源协同创新和集中力量联合攻关”七大招式，将原有“孤岛式”创新串联为“链条式”创新，层层递进解决企业“卡脖子”核心技术问题。举办“卡脖子”核心技术专家诊断会，邀请专家就各技术问题现场“问诊把脉”，为企业“一对一”诊断分析，形成7大技术领域、51家企业、60个“卡脖子”关键核心技术问题清单。召开创新方法应用推广培训班，培养本地企业技术研发人员创新思维，培育182名国家一级创新工程师。

【深化政产学研合作】　一是举办科技交流活动。举办第十届政产学研合作大会。与上海交通大学、同济大学等7所高校签订合作共建技术转移中心协议，签订各类科技成果转化项目110项，签约金额51.94亿元。组织举办与吉林大学、哈尔滨工业大学等高校专场对接交流会，组织参加第三届陕西“一带一路”科技创新创业博览会、G60科创走廊系列活动等科技交流活动。二是加快“地校”合作。新建成省级重点实验室2家。新引进清华大学、上海交通大学和德国杜伊斯堡——埃森大学等国内外大院名校，合作共建材料设计与产业创新联合研究中心、工程创新中心和联合实验室等各类科技创新载体32家，其中以政府为主体引进18家，企业为主体引进14家，涉及新能源汽车及关键零部件、高端装备、金属新材、绿色家居和现代纺织等领域。通过成果拍卖、技术转让、技术合作和委托开发等形式，实施科技成果转化项目139项，新增产值30.04亿元，新增利税9.23亿元。实施发明专利产业化项目244项，涉及授权发明专利273项，新增产值79.81亿元，新增利润9.74亿元。完成技术交易额73.98亿元。浙江惠嘉生物科技股份有限公司与浙江大学等单位联合实施的“猪健康养殖的饲用抗生素替代关键技术及应用”项目荣获国家科学技术进步二等奖。三是加快高层次人才引进培育。实施“南太湖精英计划”3.0版。外专类“国千”人才进入重点推荐18人，列全省第一；“省千”7人；省海外工程师38个，列全省第二；省领军型创新创业团队2个、“南太湖精英计划”创新团队18个。入选“国万”3人，“省万”科技创新创业人才5人。培养“南太湖特支计划”科技创新创业人才38名。

【推进科技惠民富民】　一是全力争创国家可持续发展议程创新示范区。省政府推荐湖州创建国家可持续发展议程创新示范区（全省唯一），完成科技部召开的两次推进会和实地考察，进入最终评审环节。南浔区可持续发展创新示范区被列入全省第二批浙江省可持续发展创新示范区建设名单，湖州市已有浙江省可持续发展创新示范区2个，占全省总数的四分之一，居全省设区市第一。二是建设农业科技平台。农业科技平台支撑能力不断加强，湖州国家农业科技园区在2019年度国家农业科技园区综合评估中获评优秀。长兴县生态循环农业科技园区被列入2020年度省级农业科技园区创建名单，截至年底，湖州市已创建省级农业科技园区6家。新增省级“星创天地”4家，累计达16家。新增市级“众创田园”（星创天地）20个。三是推进社会领域科技创新。农社领域新立市级重点研发计划项目12项、市级攻关和公益性项目220项，新立省级重点研发计划项目7项、省级公益技术应用研究项目23项。完成德清县住建局承担的省级科技惠民项目“县域农村生活污水管网系统长效运维信息化平台建设”和安吉县生态环境局承担的国家级科技惠民项目“农村生活污水处理技术集成示范”等项目验收。举办2019年湖州市科技活动周·第十六届科普节。

（王国洪　张　敏）

【科技项目实施情况】　2019年，全市科技计划工作按照围绕产业链部署创新链和围绕创新链完善资金链的总体部署，以提升企业自主创新能力为目标，贯彻落实中央、省科技计划管理改革精神，全面落实省“科技新政”重点目标任务，推进全市科技计划与资金管理更加聚焦全市战略目标，构建更加符合科技创新规律、创新资源高效配置的模式，探索赋予科研人员更大的人财物自主支配权，减轻科研人员负担，充分激发科研人员创新热情。一是省级以上科技项目实施情况。2019年，全市新实施省级以上科技计划121项，其中国家级和省级项目分别为13项和108项，主要包括国家、省重点研发计划项目20项，其中择优委托重大项目2项；自然科学基金及公益性基础项目62项，国家、省高端外国专家及智力计划项目14项。此外，积极强化科技与人才的结合，支持符合条件的承接国家、省重点人才与团队计划，全年入选省领军型创新创业团队2个；入选省“万人计划”创新、创业领军人才5人，居全省前列。新入选省海外工程师38人，居全省第二。全年争取到省级科技资金22937万元，居全省第二。项目实施聚焦市重点产业和高新技术产业，不断凸显科技支撑发展作用，促进科技成果的转化产业化，助力全市高质量赶超发展。二是市级科技项目组织实施情况。2019年，全市新设立市级科技计划项目315项，其中重点研发计划36项；安排科技发展专项预算资金1893万元，当年安排480万元。在项目组织上，围绕高端装备、新材料、新能源与节能和生物医药等重点产业，突出乡村振兴和生态文明等民生科技领域，强化项目主动设计，发挥专家组的咨询和指导作用，加快与市、区县科技和相关部门联动，形成“重点研发计划”等年度申报指南，规定除部分民生科技领域外，原则上要求企业作为项目承担主体，并对企业的研发支出强度提出明确要求，强化研发投入引导。在立项安排上，按照科技领域“放管服”改革部署，进一步精简验收资料、明确验收责任。整合优化项目申报及评审立项程序，实现申报过程无纸化、评审过程网络化和立项管理扁平化，精简申报材料三分之一、减少填报内容三分之一、压缩评审时间三分之一，实现立项时限同比减少45天。在经费管理上，向重大、重点项目倾斜，突出企业创新主体地位，适当提高市级重点研发计划项目支持额度，结合项目的技术创新、自主知识产权和社会经济效益等目标进行择优排序。对预期经济效益好、产业化程度高的高端装备、新材料等专项项目适当倾斜，对其中13个重点项目根据评审意见上浮支持，平均支持力度比上一年提高4.5万元。积极落实省择优委托重大研发计划项目等经费配套。在管理方式上，修订出台《湖州市科技计划项目验收管理办法》及解释意见，加强对项目的全过程管理，研究出台《2019年度全市科技系统信用建设工作要点》《湖州市科学技术局关于推行信用核查与联合奖惩的暂行办法》，加强制度配套衔接，将信用建设贯穿科技计划管理全流程。进一步强化企业创新主体作用，促进产学研用紧密结合，探索赋予科研人员更大自主权机制，简化预算调整流程。对2019年下拨资金企业承担的42个科技项目统计表明，市科技发展专项拨款575万元，带动实际到位资金9495万元。项目累计实现产值58980万元，利润7550万元，税收2879万元；开发省级新产品27件，发表论文8篇；申请专利141件，其中发明专利65件；授权专利86件，其中发明专利18件；参与制定团队标准1项，企业标准17项。

（曹雄飞）

·科技创新与成果·

【概况】 2019年，湖州市深入贯彻落实“一带一路”和长三角一体化发展国家战略，以提升区域创新能力、助推赶超发展为主线，通过抓合作交流、平台建设、市场推进、中介培育等举措，多层次推动湖州市与国内外高校、科研院所开展政产学研合作与交流，全力推进科技成果交易转化。

【合作交流助推供需双方对接】 一是“走出去”，组织举办企业院校行活动。为进一步拓展产学研合作领域，找准新技术、新产业、新业态的合作切入点和突破点，切实引导高校科技资源优势向湖州产业优势转移转化，注重精准对接，组织全市科技系统和高端装备制造、新能源、金属新材、化工等领域的近100家企业负责人赴上海交通大学、西安交通大学、吉林大学、哈尔滨工业大学和中科院系统相关院所等高校、科研院所开展技术交流对接，组织参加第二十一届深圳高交会、2019中国浙江网上技术市场活动周、第三届陕西“一带一路”科技创新创业博览会和G60科创走廊系列活动等科技成果展示和对接交流活动30余场次，达成合作意向15项。二是“请进来”，协助举办“2019湖州人·大会”。根据2019湖州人大会组委会统一部署，在嘉宾摸排、邀请、服务等环节上做好大会相关筹备和组织工作。在嘉宾摸排方面，精心摸排和汇总在外湖州籍高校、科研院所领导嘉宾115人和在湖州科研机构高层次人才164人，其中特邀领导和嘉宾5人。在嘉宾邀请方面，邀请科技部原部长朱丽兰、13名湖州籍在外科研院所领导和嘉宾、市内18家科技型企业负责人和8家科研机构负责人参会。在嘉宾服务方面，组织各区县科技局做好所有参会嘉宾“一对一”接待服务工作。三是“再深化”，组织举办湖州市第十届政产学研合作大会。为深入实施创新驱动发展战略，加快融入长三角、推动更高质量一体化发展，举办第十届政产学研合作大会，与上海交通大学、同济大学、东南大学、安徽大学等7所长三角区域高校签订技术转移中心共建协议，全市政府部门和78家企业与浙江大学、上海交通大学、华东理工大学、中科院上海有机所和中规院（北京）规划设计公司等高校、科研院所和企业签订科技成果转化项目110项，签约金额51.93亿元。

【平台建设集聚创新要素资源】 一是引进大院名校共建创新载体。全市引进清华大学、中国科学技术大学、上海交通大学和德国杜伊斯堡——埃森大学等国内外大院名校合作共建材料设计与产业创新联合研究中心、工程创新中心、联合实验室、技术转移中心和技术研究中心等各类科技创新载体32家，主要涉及新能源汽车及关键零部件、高端装备、金属新材、绿色家居和现代纺织等领域。截至年底，全市累计引进大院名校共建科技创新载体378家。二是推动省级科技创新平台建设。由湖州师范学院筹建的“浙江省现代农业资源智慧管理与应用研究重点实验室”和浙江大学德清涡轮机械与推进系统研究院筹建的“浙江省无人机重点实验室”被认定为省重点实验室。由浙江久立特材科技股份有限公司组建的久立特种合金材料腐蚀与防护国际科技合作基地和浙江数问生物技术有限公司组建的创新标志物医学诊断技术国际合作基地通过省科技厅认定批复。三是做大做强中科院湖州中心。自2006年湖州市与中科院签订全面战略合作协议以来，累计引进中科院系统相关院所合作共建并入驻湖州科技城的中科院产业化创新中心累计达13家，通过建设培育，年内，拥有专业技术平台33个。2019年，13家产业化创新中心为企业培训人员1830余人次，在生物医药领域服务全国企业193家，在新能源、新材料领域服务企业69家，在电子信息领域服务企业111家；与企业新建联合实验室8个（累计41个）；通过技术委托开发、技术转让和共同入股等形式向企业转移转化（包括委托研发）项目20项；各产业化创新中心技术入股形式培育的新孵化企业6家（累计41家），全年实现产值超1亿元。

【市场推动科技成果转化】 一是加快建设湖州市科技大市场。在数据库建设方面，全年发布可转让科技成果、专利592项，征集和发布企业技术需求175项，征集重点高校和中科院系统相关院所科技成果132项。截至年底，累计发布可转让技术成果、专利3337项。在技术服务方面，为全市112家企业、280余人次提供技术培训、技术咨询（服务）、专家支持、财务咨询、投融资和上市等科技中介服务，帮助全市340余家企业申请专利2800余件。在活动对接方面，组织举办6场科技成果路演活动，解决企业技术需求12项。组织参加2019浙江科技成果拍卖会（秋季），湖州市企业通过竞拍得到15项科技成果，成交金额635万元。组织参加第四届中国创新挑战赛（浙江）暨2019

年浙江省技术需求“张榜招贤”大赛，征集全市技术创新需求21项，其中浙江水墨江南新材料科技有限公司提出的“模块化实木复合地板及其柔性生产工艺研发”技术需求获得行业现场赛新材料组的二等奖和三等奖。在人才引育方面，组织7位海外博士申报浙江省“千人计划”和国家青年“千人计划”，陈钦和李博2人入围浙江省“千人计划”面试答辩。培育入选湖州市“南太湖精英计划”创新项目1项、创业团队项目7项。二是深入推进发明专利产业化。2019年，全市实施发明专利产业化项目244项，涉及授权发明专利273项，新增产值79.81亿元，新增利润9.74亿元，获得当地财政补助金额1061.8万元。三是全力推动科技成果转化。2019年，湖州市通过成果拍卖、技术转让、技术合作、委托开发等形式，引进中科院系统相关院所、德国杜伊斯堡——埃森大学、浙江大学、上海交通大学和利其器设计有限公司（台企）等51家国内外高校、院所和大型企业科技成果并实施转化和产业化项目139项，新增产值30.04亿元，新增利税9.23亿元。

【中介培育推动技术成果交易】一是精心培育专业化科技中介服务机构。2019年，湖州市重点培育湖州佳成文化创意园有限公司、佐尔环境科技（湖州）有限公司和浙江众联精工技术有限公司等43家科技中介服务机构，主营业务涵盖技术开发、技术集成与转化、技术转移与扩散、技术投融资、技术咨询与服务网络及信息服务、技术评估、企业孵化和培训等服务。2019年，完成科技中介服务项目签约514项，实际成交额4754.22万元，科技中介服务收入2347.8万元。二是提升高校技术转移能力。充分发挥《湖州技术转移中心年度工作绩效考核办法（试行）》绩效考核办法机制推动作用，推进浙江大学、浙江工业大学、杭州电子科技大学三所高校在湖州技术转移中心不断提高认识、加大投入、激发活力和创新方式，有效推动科技成果转化和产业化。2019年，三所高校在湖州技术转移中心促成科技成果转化项目55项，合同成交额3059.1万元。三是加快推进技术合同认定登记。通过对全市大型科技型企业、央企、国际以及高校、科研院所进行走访和摸排，增强技术合同登记工作的准确性和时效性。指导各区县积极宣传宣讲技术合同认定工作的法律法规以及相关的税收优惠政策，做到早登记、早认定。2019年，全市完成技术交易额73.98亿元。

（汪　平）

·农业与社会发展科技工作

【概况】　2019年，湖州市农业与社发科技工作以乡村振兴战略和可持续发展战略为指导，推进农业科技园区、“众创田园”（星创天地）等平台建设，开展科技特派员管理、科技项目实施等工作。湖州国家农业科技园区综合评估获得优秀；长兴县生态循环农业科技园区创建为省级农业科技园区；新增省级“星创天地”4个；新增市级“众创田园”（星创天地）20个；湖州市科技局和长兴县科技局均被评为第十三批省科技特派员工作先进单位，4名科技特派员被评为第十三批省优秀科技特派员；完成第八批市级科技特派员选派工作；南浔区以“江南水乡生态保护与产业转型”为主题，创建省级可持续发展创新示范区，截至年底，全市已有浙江省可持续发展创新示范区2个，占全省总数的四分之一，居全省设区市第一。

【农业科技园区建设】　完善提升国家农业科技园区。在科技部组织的国家农业科技园综合评估中，湖州国家农业科技园区评估结果为优秀。积极谋划全面提升湖州农业科技园区，开展新一轮的园区规划编制工作，进一步明确园区建设思路与目标定位、区域空间结构布局和高新技术产业发展等。布局建设省级农业科技园区。长兴县生态循环农业科技园区创建为省级农业科技园区，截至年底，全市累计建设省级农业科技园区6个、国家级农业科技园区2个。开展省级农业高新技术产业示范区试点摸底工作。召开农业科技创新载体建设推进会，推动各园区按照合同书，对标完成各项任务，规范合理使用经费，早日见形象、出成果。

【众创田园（星创天地）建设】完成两批市级“众创田园”（星创天地）认定工作，认定阳光生态园“星创天地”等22家单位为市级“众创田园”（星创天地）。阳光生态园“星创天地”、华盛绿能（长兴）“众创田园”、荻港渔庄“众创田园”和黄杜生态白茶“众创田园”等4个“星创天地”获得2020年度省级备案。完成国家级“星创天地”创新能力数据填报采集工作和所有“众创田园”（星创天地）季度数据统计。

【实施科技特派员制度】　湖州市科技局、长兴县科技局均被评为第十三批省科技特派员工作先进单位，4人被评为省优秀科技特派员。选派第十四批省级科技特派员，派驻湖州为水产、湖羊、花卉苗木、茶叶、竹木加工、畜牧养殖等10个省团队科技特派员和新能源、地理信息、椅业3个产业创新服务综合体团队科技特派员。省淡水所等8家单位获评科技特派员工作优胜单位，湖州市蚕桑研究团队科技特派员和湖州鱼虾蟹生态养殖团队科技特派员2个团队特派员获评先进团队特派员，孟华兵等13位个人获评第七批优胜科技特派员。按照“双向征集、精准选派”的原则，确定第八批62名科技特派员个人和3个科技特派员团队。其中个人科技特派员市派31名、区县派31名，连任33名、新派29名。新增选派工业和服务业领域科技特派员20名。

【组织管理农社领域科技项目】“农社”领域新设立市级重点研发计划项目12项、市级攻关和公益性项目220项，新立省级重点研发计划项目7项、省级公益技术应用研究项目23项（农业领域项目8项、社发领域项目10项、实验动物4项和分析测试1项）。完成德清县住建局承担的省级科技惠民项目“县域农村生活污水管网系统长效运维信息化平台建设”和安吉县生态环境局承担的国家级科技惠民项目“农村生活污水处理技术集成示范”等国家、省、市级科技项目验收。

【开展社会领域科技创新】 举办2019年湖州市科技活动周·第十六届科普节，围绕“科技强国 科普惠民”主题，组织广场科普宣传咨询、“玩转科学 创新无限”品牌科普等10余项活动。梳理全市生命健康领域科技创新及产业发展情况。做好健康湖州、生态文明等相关条线的科技支撑工作。（陈小瑛）

·科技信息·

【科技成果登记】 2019年，湖州市经国家科技成果登记系统登记的科技成果有478项。所有成果涉及知识产权790个，其中发明专利264个，已授权457个。所有成果包含软件著作权23个，制定各种标准16个。从科技成果的分类分析，应用技术类成果465项，基础理论类成果13项。从成果水平分析，原始性创新234项，国内领先187项。从科技成果产生的经济效益分析，自我转化效益达65.34亿元，净利润10.57亿元，实交税金4.72亿元。从所登记科技成果的应用范围分析，登记的科技成果主要应用于高新技术领域，集中在生物医药、新材料及先进制造、新能源和节能环保领域。

【科技宣传工作】 2019年，湖州市科技宣传工作以“不忘初心、牢记使命”主题教育为引领，深入实施创新驱动发展战略，以宣传国家创新型城市建设为重点，完善科技宣传工作机制、打造科技宣传平台、扩大科技宣传效应，为助推高质量赶超发展提供强有力的科技舆论支撑。一是积极打造科技宣传平台。利用传统媒体进行广泛宣传。精心策划《湖州科技》期刊主题、改进《湖州日报·科技专刊》宣传模式。全年出刊《科技专刊》27期，《科技期刊》4期，《湖州日报》头版报道科技类稿件443篇，其中头条28篇，湖州电视台播出科技新闻180条。做强新兴媒体开展特色宣传。不断提升微信、微博平台运营能力，将“湖州科技”微信公众平台作为科技宣传的主阵地，引导科技创新思维、强化科技政策解读、推进创新典型宣传，同时，配合重点工作大型活动开展专题报道、现场直播。全年推送信息135期、405条，其中原创187条。加大“湖州科技”“湖州科技宣传”两大政务微博的建设维护力度，截至年底，累计发布消息3897条。借力市外媒体扩大宣传效应。与省科技厅《创新浙江》微信平台、《科技金融时报》及《今日科技》杂志建立长期互动合作机制。由省科技信息研究院制作宣传的湖州科技创新券工作通过各大平台的推送取得显著宣传效应。二是着力扩大科技宣传实效。围绕市委“一四六十”工作体系、国家创新型城市建设、科技创新加速行动、众创空间建设和科技成果转化等重点内容，主动策划宣传方案，拟定宣传重点，发挥宣传效应。以湖州新闻联播视频宣传，《湖州日报》头版、科技专刊、科技期刊图文宣传及微信、微博、网站即时推送等方式进行全方位布局宣传，在全社会营造关注创新、尊重创新和参与创新的良好氛围。为进一步倡导大众创业万众创新，推进创新发展，组织开展科技创新券推广使用、科技特派员工作、科技“三服务”“不忘初心、牢记使命”主题教育等专题宣传报道，展现湖州科技人昂扬的工作热情和创新创业的蓬勃气象。围绕全市经济工作会议、“三服务”活动、科技活动周、厅市会商工作会议和第十届政产学研合作大会等重大活动，研究制订宣传方案，进行会前预热、会场直播及会后跟踪等宣传报道，为重大活动的开展营造浓厚的氛围。（朱雯 华云飞）

·科协·

【概况】 2019年，市科协以“不忘初心、牢记使命”主题教育和“三服务”活动为契机，团结一致、沉心静气，聚焦改革、聚力创新，以“四服务”为工作职责，坚定一个方向，突出一个主轴，强化三个轮子，工作有新亮点、新成果，圆满完成年初既定目标任务。2019年，市科协获评全国科普日活动优秀组织单位、市人才目标责任制考核优秀单位、市级地校合作优秀集体、“湖州人·大会”工作集体嘉奖，市科技馆获市级爱国主义教育基地；2人获市嘉奖立功。

【主题教育出成效】 牢牢把握主题教育总要求，制订《中共湖州市科学技术协会党组关于开展“不忘初心、牢记使命”主题教育的实施方案》；班子成员坚持走在前、做示范，以“关键少数”带动“绝大多数”，开设《从70年历史奇迹看中国共产党的领导，以历史的责任做好科协的工作》等专题党课；通过网站、微信、社区科普长廊等融媒体开展宣传教育，提升主题教育宣传覆盖面，其中市科协党组中心组理论学习文章《聚焦主题教育 推进深化改革 距离赶超发展》发表于中国科协微信公众号“科协改革进行时”。主题教育期间，将学习教育、调查研究、检视问题、整改落实贯穿始终，实现了主题教育、“三服务”活动、市科协重点工作三者的有机融合，开展《院士专家工作站建设情况调研》等4项专题调研活动，走访基层、企业20余场次，解决各类问题17个，为民办实事22件次，开展志愿服务150人次，将主题教育激发出的干事热情和进取精神，转化为推动发展的强大内生动力。

【思想政治引领】 充分利用科协系统网站、微信、杂志等平台进行广泛宣传，使习近平新时代中国特色社会主义思想更加深入人心。利用学会换届契机，指导学会章程修改，明确科技社团以“习近平新时代中国特色社会主义思想”为思想统领。弘扬科学家精神，加强作风和学风建设，动员全市科技工作者提高政治站位，不忘初心、牢记使命、扛起担当。支持中科院学部道德委员会会议和科技伦理研讨会在湖州召开，组织本市有关科技专家参与交流和旁听，推动湖州市科技界建设学术规范行为工作。制定评优“一票否决”制，将学术形象作为学会、科技工作者评优的标准，实行“一票否决”。

【科协系统改革】 完善群团组织体系，深化“三长”试点，解决基层科协组织干事身兼多岗，政治待遇无着落这一痛点。以安吉县为突破口，与安吉县委协调，发文明确全县15个乡镇（街道）科协秘书长均以中层正职配备，此做法为全省首例。

【院士专家工作站建设】 全年柔性引进院士26人，其中海外院士15人，特聘专家46人次，新建市级院士专家工作站15家，新增省级院士专家工作站3家，列全省第二。积极推动院士之家建设，“中国莫干山·浙江院士之家”被列入省首批院士之家试点，德清县出台《关于加快“浙江院士之家”建设工作的推进意见》，推动院士之家建设。开启“家家联合、清津联动”新模式，促成莫干山院士之家和天津市科技工作者之家全面战略合作，实现信息互通、资源共享、产业互融，为“浙江院士之家”建设探索新机制做出新贡献。协助制订南太湖专家工作站“融智”计划，提出科协的若干思考与建议。2019年，全市院士专家工作站开展项目合作307项，其中国家级项目22项，省部级项目66项，有效转化项目68项，获得专利授权1052项，其中发明专利239项，获得省部级以上成果奖励77项，制定技术标准362项，其中国家标准67项。

【创新驱动助力工程】 新增“海智计划”长兴国家大学科技园工作基地，成为今年全国获批的8个海智基地之一，是年内全省唯一获批的一家。新增省级学会企业联合体1个、省级创新驿站1个、市级学会服务站2个。组织实施“金桥工程”项目28项，年增产值1.76亿元，年增利税2038万元，节约资金932.7万元。

【服务企业自主创新能力】 深入开展服务企业技术创新活动，承接了中国科协科技信息服务产品应用推广项目的深入实施，培训“专利应用工程师”190余人次，形成“企业专利信息应用成果报告”10份，提高了企业自主创新能力。

【落实人才服务举措】 做好院士专家关爱基金，与市政府及有关部门协调沟通，加快有关人才政策修订进程，跟踪解决院士购房补助问题，及其直系亲属就学问题，确保人才“引得进、留得住、用得好”。

【本土人才成长】 各级科协联合各级学会开展高端学术交流，邀请石学敏、杨裕生等院士到湖州为科技工作者作专题学术讲座。各级科协围绕主导产业打造高层次学术交流平台、组织科技工作者参加高端学术交流及符合本地主要产业的技术培训，积极整合各级学会优质人才资源，进一步加强对企业一线科技创新人员的培养。51个学会能力提升行动重点项目，助力提升本地科技工作者的学术研究水平和科技成果转化应用能力。据不完全统计，各市级学会开展学术交流、继续教育、培训活动230余场次，参与的科技工作者近4万人次。

【优化人才环境】 精心组织“全国科技工作者日”系列活动，并以此为契机，大力开展科技志愿“三服务”活动，长兴县科协科技志愿服务队在全国科技工作者日参加了作为全国7个现场连线地之一的“科技志愿服务农村文化礼堂之科技讲堂”活动。加强对科技工作者的团结和凝聚，大力宣传一线科技人才，《光明日报》宣传报道了湖州市菱湖渔业协会会长沈学能，《湖州日报》对杨国梁、谢波等4位优秀科技工作者予以宣传。市医学会携手湖州电视台公共频道打造的“喜迎七十华诞，不忘医者初心——湖州市医学会主委风采录”，大力宣传医学会各主委高超的医技和高尚的医德，大大加强了会员的归属感，得到一致好评。联合市委组织部、市人社局设立湖州市青年科技英才支持计划，开展2019年市青年科技英才推荐工作，评选出10位青年科技英才。市科协副主席（兼）叶金云被聘为第六批全国首席科学传播专家，市针灸学会理事长傅瑞阳获得2019年省劳动模范荣誉称号。据不完全统计，市级学会会员中有近200人次获得市级及以上奖项和荣誉称号。

【全域科普新格局】 认真履行公民科学素质实施纲要办公室职责，推动形成党委政府齐重视、各级部门齐行动、人民群众齐参与的全域科普新格局。联合各成员单位开展“提高全民科学素质，我们在行动”系列活动、全国科技周和全国科普日活动，全年组织全国科普日活动115余项、发放各类科普书籍80余种7万余份、参与公众人数达100万余人。利用微信公众号、科普画廊等，开展知识竞答活动。

【优质科普资源供给】 2019年，市科技馆切实推进展厅“常展常新”，对“少儿科技乐园展区”进行整体更新改造，全年接待游客20万余人次，大篷车服务4.56万人次，比上年同期增长13.3%。围绕“共商、共建、共享”的理念，成立湖州市科普场馆联盟，使虚拟的场馆建筑面积拓宽至10.8万平方米，展厅面积近3万平方米。通过“流动科技馆、科普大篷车、科普剧、科普电影、志愿服务”等20余场次的科普教育活动的互动，实现专业人才共育共建、教育资源优化配置与共享，变“独唱”为“合唱”。发挥融媒体合作进一步提升科普信息化水平：开通全媒体科普e站30余个点，手机注册科普中国

APP信息管理员3008名，落地科普中国全媒体宣传教育大屏40个；《科普一点通》电视栏目、“科普加油站”广播栏目，每周三个话题；公众微信平台每天不间断推送科普热点、生活百科等；在100辆公交车载电视上插播45秒左右的科普宣传视频，传播范围覆盖中心城区及周边乡镇。

【提升科普服务能力】 针对安吉县茶农需要培训的需求，和省科技教育中心联合开展白茶培训；根据社区居民对电梯安全乘坐知识的缺乏，联合省科普教育基地市特种设备检测研究院开展“电梯安全乘坐进社区”活动；积极推进乡村振兴工作，加强农村实用人才培训，指导各区县农函大开展农民科技培训，农函大办学纳入农村素质提升培训工程，全市全年开办一年制以上教学班376个，培训学员22369人；举办各类实用技术短期培训759期，培训学员59663人次。

【科普志愿服务】 以“千名专家进千企”为契机，积极动员全市各级学会专家加入到科技志愿者队伍，大力开展科技志愿三服务活动，以志愿服务让企业受益、让基层群众受益，让科技工作者在服务发展中有更大成就感。截至年底，市科协所属市级学会对接各级学会71家、院士专家35名，服务企业、基层300余次，服务群众3.6万人次。市科协各科技志愿服务队以“四进四送”（进农村、进学校、进社区、进企业，送科技、文化、卫生、送资源）方式自主开展各类特色科技科普服务，开展活动566场次，其中市级学会开展科普、义诊活动达116次，发挥市级学会在科普宣传中的主力军作用。

【助推企业发展】 全年成功举办“2019院士专家德清行”“南非院士专家吴兴行”等一系列院士专家湖州（企业）行活动20余次。全年各建站单位依托进站院士专家，使创新要素在企业发生“聚变”，使企业发展方式发生“质变”。2019年，建站单位参与制定国家标准7项，浙江惠嘉生物科技股份有限公司参与完成的“猪健康养殖的饲用抗生素替代关键技术及应用”项目荣获“2019年度国家科技进步二等奖”。“浙江湖州桑基鱼塘系统”被联合国粮农组织授予全球重要农业文化遗产证书，省长袁家军在2019年所作政府工作报告中，将其列入“七大”浙江知名度影响力提升事件之一。欧诗漫集团院士专家工作站专家团队的助力“浙江德清淡水珍珠传统养殖与利用系统”成功入选第二批中国全球重要农业文化遗产预备名单，标志着“德清珍珠系统”全球申遗工作取得阶段性突破。

【服务党委政府科学决策】 坚持“小中心、大外围”，系统优化资源配置，集中科技界智慧、反应科技界情况，编印《科技工作者建言》4期，呈送科技工作者调研报告、建议3项。市科协及各个学会努力谋长远之道、建有用之言、献务实之策、走创新之路，积极参加建言资政双月协商和书记、市长“面对面”等政协年度重点活动。全年科协界别委员及学会内政协委员参与及编写的政协提案、建言达38个。

（钱玮彦）

财政　税务

·财政·

【概况】 2019年，全市财政总收入540.55亿元，同比增长10.2%；一般公共预算收入316.07亿元，增长10.1%。全市一般公共预算支出466.87亿元，增长17.4%。市本级财政总收入223.02亿元，增长7.6%；一般公共预算收入131.02亿元，增长7.7%。市本级一般公共预算支出214.55亿元，增长16.3%。全市各级预算执行良好，财政收支平衡。2019年，市财政局“红彩惠民”党建品牌被评为全市十佳机关党建品牌，取得机关党建质的提升；清廉机关建设获得市纪委表彰，并向全市作典型交流。连续两年被评为全省财政管理绩效考核优秀单位，并作为全省财政管理先进典型荣获省政府督查激励。

【组织财政收入】 完善市财税收入协调领导小组各项制度机制，实施市、区县、基层三级联动，持续加强收入组织全市“一盘棋”，在收入目标多元化的大背景下，统筹实现各区县收入组织的协调发展。进一步突出收入的质量和可持续性，一般公共预算收入占GDP的10.12%，占财政总收入的58.5%，税收收入占一般公共预算收入的85.7%。加强政府非税收入管理，健全完善征收和监管机制。全年全市非税收入完成512.45亿元，其中纳入一般公共预算管理的非税收入45.35亿元%。

【助推经济发展】 积极出台地方性减免政策，加大乱收费整治力度，切实减轻企业负担，全市累计实现企业税费减免110.8亿元。参与出台《关于进一步促进民营经济高质量发展的实施意见》等政策文件，持续优化公平竞争的营商环境。优化申报及审核流程，加快专项资金申拨进度，全市累计兑付各类资金26.55亿元。将市级外贸专项资金增加一倍，支持企业积极应对中美贸易摩擦。保障“绿色企业（项目）”支持政策，市级累计安排财政资金1亿元，助力集“信贷、资本、担保、保险”于一体的绿色金融服务体系建设。强化政府产业基金运用，全市累计完成项目投资28个，金额达17.87亿元，其中市级项目18个，金额达9.56亿元。有效提升服务水平。深入开展“三服务”活动，建立“1+1+N”财政服务机制，累计走访809户次，发放各类政策汇编3000余册，解答问题1121个，解决困难107项，帮助基层调度、垫付资金50亿元，节约各类成本5000万元。

【提升民生保障水平】 全年全市民生支出343.34亿元，占一般公共预算支出的73.5%。落实社会保障和就业支出46.3亿元，加强困难群体就业援助，持续完善社会保障、社会福利和社会救助体系，保障困难群众基本生活。加快发展老龄事业，完善养老服务补贴制度，推进居家养老和社区养老服务改革试点，支持智慧养老综合服务平台建设。落实卫生健康支出41.4亿元，推进公立医院改革和多元复合医保支付方式改革，实现市域医保政策制度一体化。加强医疗基础设施建设，保障浙北医学中心顺利启用，加快推进湖州市第一人民医院改扩建、湖州市妇幼儿童医院和湖州市中医院迁建等项目。统筹安排教育支出76.8亿元，保障好新一轮学前教育三年行动计划，普及高质量的学前教育。统筹优化教育资源布局，推进高水平均衡发展的义务教育，支持滨湖高中、南浔高级中学建设。发挥好职业教育专项资金的作用，继续助力全市职业教育发展走在全省前列。健全完善支持高校发展机制，为湖州市高等教育发展筹措更多资金，支持创建湖州师范大学。

【深入践行“两山”理念】 修订与“两山”转化指数挂钩的全新生态文明财政政策，制定《湖州市生态环境损害赔偿资金管理办法》，完善生态环保转移支付和生态补偿机制。持续加大生态环境保护投入，全市投入资金33.5亿元，其中市本级13.3亿元。加大公共财政对“三农”的投入力度，全市累计投入农林水支出31.2亿元，市本级投入农林水支出11.8亿元，有效推进农村基层治理和乡村振兴发展。参与制定《关于推进乡村人才振兴的实施意见》，为乡村招才引智提供政策和资金保障。运用强农产业基金扶持农业龙头企业发展，市财政出资5000万元，惠及涉农实体项目15个。推进国家级、省级田园综合体试点建设。

【集中财力办大事】 聚焦“三大攻坚战”和“一四六十”工作体系，科学测算规划期收支状况和可用财力，梳理整合现有政策，做好挖潜、盘活、优化等文章，建立对应“决策流——业务流——资金流”的“大事——政策——财力”三张清单，构建以绩效为核心的市级集中财力办大事的财政政策体系。湖州模式在全省财政预算工作会议上作经验介绍。提请出台《中共湖州市委 湖州市人民政府关于全面落实预算绩效管理的实施意见》，制定三年行动计划（2019—2021年），明确比省定目标（2022年）提前一年，建成全方位、全过程、全覆盖的预算绩效管理体系。将预算绩效管理纳入年度市级部门考核，建立市级绩效指标库并初步应用于2020年度预算编制工作。

【加强财政管理与监督】 坚持厉行节约，压减一般性支出。探索构建财政大监督体系，有效推进以督促改。规范市级行政事业单位公务卡使用，实现办卡率和激活率100%双覆盖。加快清理市级行政事业单位往来款及对外投资，完成清理1.5万笔、金额87亿元，盘活资金16.34亿元。抓好机构改革中涉改单位资产清理与分配处理，开展低效闲置资产资源排查，出台《市级行政事业单位国有资产出租出借管理办法》。

【推进财政数字化转型】 以大数据推进专项资金管理改革，将12个市级专项资金平台的149个项目纳入市级政府性专项资金平台管理系统，涉及资金5.7亿元，有效防止重复申报。在全国率先建立基于互联网的“医后付＋电子票据”系统，在全省率先实施窗口打印电子票据，全市累计开票突破430万张，金额达8.8亿元。深化应用统一公共支付平台，拓展支付宝、银联及网银等线上支付渠道，全市实现缴费318万笔，收缴资金220.5亿元。全面完成国库集中支付业务电子化，在全省率先实行收入退还书、更正通知书的电子化管理，大幅缩短资金支付周期。

【强化风险防控】 严控区县500万元以上政府投资项目，全年全市核减项目66个，核减计划总投资121.8亿元，其中核减当年投资8.8亿元；市本级核减项目23个，核减计划总投资47.1亿元，其中核减当年投资7.9亿元。严格按照年度化债计划和偿债责任来安排偿债资金，加快推进以“双覆盖”为核心的原国有融资平台市场化转型。全市完成隐性债务年度消化计划的129.5%，2019年，各主体政府债务率均保持在95%以下绿色安全区内，其中市本级控制在40%左右。

【加强队伍建设】 深入开展“不忘初心、牢记使命”主题教育，认真学习贯彻习近平新时代中国特色社会主义思想和中共十九届四中全会精神，巩固学习成果，建立长效机制。全面加强机关党的建设，严肃党内政治生活，加强支部标准化建设，创建的“红心汇聚促发展 公共财政惠民生”党建服务品牌，被评为全市十佳机关党建品牌。全面落实从严治党主体责任，大力推进“清廉财政”建设，2019年，市财政局被市纪委评为全市清廉机关示范单位。重视干部轮岗交流，加大年轻干部培养力度，优化干部队伍结构，持续加强干部队伍能力建设。2019年，有14位“80后”年轻干部走上中层岗位，52人次进行岗位交流，“80后”中层干部占比从15%上升至29%。（吴国梁）

·税务·

【概况】 2019年是国税、地税征管体制改革后新税务展现新风貌的首年。全市税务系统以习近平新时代中国特色社会主义思想为指导，以“不忘初心、牢记使命”主题教育为抓手，聚焦主题、主业、主线，大力实施“六大工程”，深入开展“三个年”建设，全年工作取得明显成效。2019年，全市共组织收入737.45亿元，同比增长10.91%；全面落实2018年以来新出台减税降费政策，累计减免税费90.1亿元，实现税费收入平稳增长，收入的可持续性不断增强。2019年，市税务局连续三年在省税务局绩效考核中获全省税务系统绩效考评优秀等次单位，全年获得国家税务总局、省委、省政府领导和省税务局及市四套班子主要领导肯定批示32次。

【积极发挥税收职能】 牢固树立全市“一盘棋”思想，把握收入的匹配性、均衡性和可持续性，统筹好“减与收”“稳与变”“管与养”的关系，严格依法依规组织税费收入，减税降费政策不折不扣落实到位，服务大局作用持续发挥。同时，进一步加强与市委、市政府、省税务局党委的沟通汇报，确保收入走势与经济发展相匹配，努力完成收入目标任务，为湖州经济赶超发展提供可靠的财力保障。一是突出主业，组织收入提质增量。持续抓好组织收入，进一步完善横向沟通、纵向协调的工作机制，强化全市收入“一盘棋”的工作链条。全年共组织收入737.45亿元，同比增长10.91%。其中税收收入513.45亿元，增长10.78%，增幅高于全省平均6.5个百分点，列全省第一位；其他收入224亿元，增长11.2%，税费收入实现平稳增长。二是聚焦主题，减税降费提速强效。全市税务系统迎难而上、锐意进取，强化组织领导，细化工作方案，优化工作举措，实行挂图作战，各项工作有序推进，取得个人所得税改革、小微企业普惠性税收减免政策、深化增值税改革、社保降费等主攻战的全面胜利，全市落实2018年以来新出台减税降费政策累计减免税费90.1亿元，其中税收减免73.5亿元、社保降费及非税收入减免16.6亿元，为减轻企业负担、助力经济发展提供支撑，为优化营商环境、打造和谐氛围提供保障。定期向市四套班子领导汇报进展情况，争取领导指导与支持；与市纪委成立联合检查组，对各单位减税降费政策落实情况进行专项检查，有力地推动了工作落地落实。三是服务发展，职能发挥提档升级。深入践行“两山”理念，推动全市智能制造与绿色发展，实行高新技术企业梯式培育，年内，新增高新技术企业357户，培育入池377户，助推企业转型升级。专报《湖州市税务部门发挥税收职能 服务绿色金融改革创新试验区建设》获副省长朱从玖肯定批示。主动服务国家战略实施，支持长三角一体化发展、“一带一路”建设，助推南太湖新区高质量发展，推动“亩均论英雄”改革深化，全年减免城镇土地使用税4.78亿元，积极争取成立湖州B型保税物流园区。强化经济税源联动分析，全年报送分析材料及信息要情97篇，以税资政作用切实发挥。

【扎实推进税费征管】 优化税务执法方式，健全税务监管体系，深入推进“放管服”改革，推动实现执法更加规范，基础不断夯实，风险有效防控，违法精准打击，纳税遵从度日益提高，打造公平、公正税收环境。一是有效提升执法水平。全面推行行政执法公示、执法全过程记录、重大执法决定法制审核“三项制度”，依法公开税务执法信息，完善执法音像记录设施配备，严格法制审核流程。梳理行政许可类、行政处罚类等权力事项清单10大类、212项。深化内控监督平台运用，规范督察审计，强化内部监督。完善法制队伍建设，新增公职律师2名、法律职业资格人员6名。二是不断夯实征管基础。持续深化税源专业化管理，落实《浙江省税务系统业务操作指引》，开展“夯实基础数据年”活动，提升业务标准化水平。积极深化增值税改革，落实增值税发票新政。完善所得税管理，稳妥落实个人所得税改革，在全省率先建立“经营所得”个人所得税精细化管理平台，积极做好个税汇缴准备。持续提升社会保险费和非税收入征管质效，推动城乡居民“两费”缴纳便利化改革。建立健全土地增值税清算集体审核工作机制，提升清算审核质量。有力推进反避税和非居民税收管理，连续6年反避税立案案件顺利结案。切实加强消费税、房产税、环保税等各税种管理，持续优化大企业和做好“走出去”企业税收服务与管理工作。三是切实加强风险防控。做好“智慧管理平台”的开发完善和集成运用工作，优化整合各类信息化资源，构建全市税务系统统一的工作门户，实现各类特色应用与“金三”系统的有机衔接，以信息化推动各项工作提质增效、提档升级。全力推进“实名办税+数字管税”管理模式，全市实名采集率达99%以上，其中新办企业达100%，建立“新办纳税人风险预警”机制。强化对涉税数据的监控、分析与应对，构建监控指标模型141个，下发各级风险任务2166户，入库税费及滞纳金1.7亿元，让涉税守法者一路畅通，涉税违法者寸步难行。四是依法打击涉税违法。稳妥开展“双随机”抽查，全面落实“一案双查”和稽查回访监督制度。持续推进“打虚打骗”，规范重点行业税收秩序，深化扫黑除恶专项斗争。强化稽查建议书制度，推进以案说法，加大成果转化利用。全年查补入库税款1.1亿元，有力地打击了各类涉税违法犯罪行为。

【持续优化营商环境】 认真贯彻《优化营商环境条例》，连续六年开展“便民办税春风行动”，不断完善税收营商环境预评估体系。德清县税务局在全国纳税人满意度专项调查中，列全国区县单位第1名，市税务局所辖县区局连续3次在该项目中夺冠。一是“最多跑一次”改革深入推进。自主建立科学合理的“综合网上办税率”指标体系，持续引导网上办税，实现“最多跑一次”事项、“网上办”“掌上办”“零上门”事项100%全覆盖。创新探索“对外支付税汇通”项目，实现企业付汇、备案、税款申报缴纳等税务端全流程“零次跑”，有效减轻纳税人办税负担，获全省税务系统优秀创新项目评比第1名。协调市社保、银行等部门共建“社保直通车”数据实时交换平台，实现“缴费人税务端零次跑”“新参保灵活就业人员在就近银行网点办理缴费扣款手续”等功能，大大方便了缴费人。二是“三服务”活动有效开展。以“三服务”活动为优化纳税服务的抓手，在全系统开展“百名局长进千企解难题”“万名党员进万企”主题活动，协调解决企业个性化难题或共性普遍问题。全年走访企业5747户，帮助解决涉税涉费问题1042个。用好纳税人需求快速响应机制和问题清单管理机制，实行“12345”政府阳光热线、“12366”纳税服务热线、稽查举报等统一办理，推动纳税人需求、诉求快速解决。全力服务稳外贸工作，全市出口企业正常退税平均办理时间压缩近70%，提高了企业资金利用率。三是纳税信用体系持续构建。在全省率先完成2018年度纳税信用评价工作，做好全市涉税专业服务机构首期信用评级。持续深化“银税互动”，全年为1261户次小微企业提供信用贷款11.32亿元。主动参与信用湖州建设，试点开展信用修复，拓展联合激励与惩戒措施。

【层层夯实党建责任】 深入推进新“纵合横通强党建”机制，扎实开展“不忘初心、牢记使命”主题教育，认真履行“一岗双责”，层层压实全面从严治党“两个责任”，切实加强党风廉政建设，严管厚爱锻造税务铁军。一是深化基层党的建设。及时下发《全面从严治党工作要点》，认真落实“下抓两级、抓深一层”工作机制，推动“三会一课”“双报到双联系”等各项制度落实到位。深入运用“智慧党建平台”，加强党支部标准化建设，建成标准化党员活动阵地21个，积极培育“阳光税务”党建服务品牌，市税务局机关党委“阳光税务”被评为2019年“全市机关优秀党建服务品牌”，涌现出“担当作为好干部”“铁军模范好支书”“湖州好人”等先进典型。二是加强新时代税务文化建设。在全市税务系统开展“湖州税务愿景”体系构建活动，形成人人关心、人人参与的良好局面。确定湖州税务“明法厚德 走在服务湖州发展前列；乐业笃行 携手共建和美税务家园”的共同愿景、“税和”文化品牌与品牌标识，为实现共同愿景提炼政治、工作、法治、服务、廉政、学习、激励、生活、团队9个价值理念，编写愿景主题曲《税乐湖州》，在局机关一楼建成税务文化展厅，文化凝心聚力的重要作用不断发挥。三是深化清廉税务建设。制定《清廉税务机关建设标准（试行）》，编撰《税务人员崇法守纪制度规定摘编》，坚持抓早抓小，全年运用“四种形态”处理67人次。深化督察巡察，制订巡察工作领导小组、领导小组办公室、巡察组3个工作规则，组建巡察人才库，全年开展日常巡察3轮。市税务局被列为湖州市清廉机关建设首批4家试点单位之一，在全市清廉机关建设推进会上作典型交流，全市税务系统干部队伍保持和谐平安。

【统筹培育干部队伍】 按照“基础年、规范年、融合年”的要求，发挥“绩效管理抓班子”“数字人事带队伍”作用，推动打造更高层次的“事合、人合、力合、心合”四合院。一是干部培养提质。持续优化“三阶循环”干部培养模式，强化数字人事运用，统筹做好干部培育、选拔、管理、使用，优化人力资源配置。科学合理规划干部职数使用，严格落实新时代党的组织路线，坚持好干部标准，坚持好中选优，结合职务与职级并行工作，优化各级领导班子结构，大力选拔优秀年轻干部，加强青年才俊、岗位能手培养和人才库建设。2019年，完成10名科级干部的选拔任用，4名县局行政班子成员进党委，完成对稽查局、第一稽查局派驻纪检员的选派。抓好职务、职级并行工作，反复论证、推演实施方案，为下一步全面推行做好充分准备。积极探索与地方党委、政府干部交流的新路径，全年有30余位干部参与地方中心工作，10位干部到地方交流任职。创新开展“三阶循环”干部培养模式，全系统举办各类培训409期，“岗位大练兵、业务大比武”练兵面达100%，在全省税务系统竞赛中获得总成绩第2名。二是行政管理求效。紧紧围绕全局“一盘棋、勇争先”的思想，切实提高认识，充分发挥绩效指挥棒作用，顺利完成对市局机关科室和基层单位的各项绩效考评，助力各项税收工作取得好成绩。牢固树立国家安全观，做好信访维稳、保密管理、舆情防控等工作，严格24小时值班值守，强化网络安全，不断提升税务专网支撑保障能力，全系统全年未有影响国家安全的事件发生。创新开展出入境电子化管理。机关后勤服务与管理水平持续提升，得到干部普遍好评。强化财务管理，用好财务内控信息化平台和资金监控平台，严肃财经纪律。三是基层建设固本。认真落实“基层减负年”要求，有序推进机关内部“最多跑一次”改革，全年列入精简范围的文件、会议同比压缩35%。探索推广“信息管事”工作机制，以信息化运转提升工作效率，为基层减负松绑。召开系统首次老干部工作会议，各区县局实现老干部活动中心全覆盖。四是队伍融合聚心。充分发挥工、青、妇等群团组织的作用，开展元宵喜乐会、义务植树、健步走等系列活动，举办以“阔步新征程、拼搏展风采”为主题的全市税务系统首届运动会，开展全系统首届“最美税务人”活动，队伍融合展现新风貌。积极推进文明创建，2019年全系统荣获国家级集体荣誉5个。

（林煜镓）

经济管理与监督

·国有资产管理·

【概况】 2019年，市国资委认真学习贯彻中共十九大和十九届二中、三中、四中全会精神，围绕市委“一四六十”工作体系，坚持稳中求进工作总基调，坚持新发展理念，统筹抓好国资国企稳增长、调结构、优治理、强监管和严党建各项工作，国资监管企业持续健康平稳发展，主要经济指标保持两位数以上增长。据统计，截至12月底，全市国资监管企业实现营收296.46亿元、利润总额16.41亿元，同比分别增长132.3%和1.7%，市级监管企业营收123.97亿元、利润总额14.94亿元，分别增长68.5%和55.6%，其中市属三大集团营收111.07亿元、利润总额11.73亿元，分别增长81.5%和101.3%。截至12月底，全市监管企业资产总额6972.37亿元、净资产2587.44亿元，分别增长69.1%和60.5%，市级监管企业资产总额2052.16亿元、净资产786.9亿元，分别增长18.5%和11.2%，市属三大集团资产总额1359.02亿元、净资产550.97亿元，分别增长19.9%和20.1%。

【全力服务保障大局】 持续扩大有效投资。聚焦高质量赶超发展大局，推动国有企业在基础设施建设、民生事业发展、战略性新兴产业等领域发挥主力军和排头兵作用。2019年，市级监管企业实施重点建设项目173个，完成投资290亿元，其中市属三大集团实施重点建设项目112个，完成投资265.76亿元，完成年度目标任务的106.9%。申嘉湖高速西延湖州鹿山至安吉孝源段、湖山大道北段、太湖水厂二期、湖州老年大学和污水零直排试行小区等项目顺利竣工，仁皇山公交枢纽、浙北医学中心等项目基本建成，安吉“两库”引水、湖州危固废综合利用等项目全面开工，长东片区CBD、外滩、步行街区等重点工程加快推进。全力打造专业平台。集聚资源要素，聚合功能叠加，打造产业发展服务平台。市城市集团在上海、北京、深圳等地投资建设湖州全球招商中心，为全市招引大项目发挥积极作用。市交通集团加快综合供能服务站建设，全年营收4.3亿元。市产业集团外贸综合服务平台入选全省第一批供应链创新与应用试点企业；开展低效工业用地盘活提效，为区县收购工业用地提供2.73亿元资金；所投华熙生物成为国内第一家科创板的美妆企业。主动担当社会责任。聚焦发展堵点、民生痛点和治理难点开展攻坚破难，补齐发展短板。市城市集团和区县国企出借纾困资金4亿元，帮扶民企纾困解难。开展国企拖欠民企账款和农民工工资清理，市级国企拖欠民营企业资金32937.59万元已全部清偿。市城市集团推行“一张图精准供、一盘棋有序统、一个网智慧管”，新建设停车场10个、新增加公共停车位1558个，将湖州中心城区47个停车场、1.8万个停车泊位纳入智慧停车管理平台，助力缓解城市交通拥堵及停车难问题。市交通集团加快ETC车道改造工作，收费站点平均通过时长由15秒降至3秒，方便群众出行。

【调整优化布局结构】 深化国企内外部资源整合重组，提升国企资源配置效率和运营服务能力，全市经营性国有资产集中统一监管覆盖面达92%，位居全省前列。开展国企集团层面整合重组，将原市旅游集团和市产业集团重组为新的市产业集团，开展大金融大文旅轻资产管理运作，资产总额超40亿元，国有资产保值增值率达130%，国内信用评级达AA。加大国有资本对公益性项目的控制权和管理权，收购市区两家公交公司，纳入市交通集团经营管理，服务质量显著提高，客流量同比增长18.4%，乘客满意度提升至91.6%。

【加快国资国企改革】 持续深化国企混改和上市培育。坚持把混合所有制改革作为国企改革的突破口，制定国企混改操作流程和规范，建立信息报送和督查制度，市本级完成混改企业7家，完成年度目标任务的116.7%，建立国企混改项目发布平台，推介混改项目30个。加快推进上市工作，提高资产证券化水平，湖州银行引入物产中大集团作为战略投资者，定向增发1.01亿股份，A股IPO辅导完成，已申报上交所主板上市，湖州新奥燃气公司深化股权重组，由市城市集团取得控股权主导上市，安吉县极白白茶有限公司通过混改实现扭亏为盈。加快推进转型发展。严格落实国有企业市场化转型要求，进一步厘清政府与国有企业的权责边界，全市70家国企市场化转型公开申明和取得债权人认可工作顺利完成，“双覆盖”（资产覆盖债务、收益覆盖利息）工作稳步推进，转型后的国有企业不承担政府融资职能，作为独立的市场主体依法自主经营、自负盈亏。加强对外合作发展。市城市集团与杭州城数集团主导发布城市大数据运营价值链各环节规划及布局，打造城市数字化转型“湖州样板”。市交通集团与浙江省医疗健康集团、青海省交投集团签订战略合作协议，加快产业链布局。市属三大集团与四川省广元市国企达成初步合作意向，落实对口帮扶措施。完善考核激励机制。强化市属国企考核激励约束机制，健全“重业绩、讲回报、强激励、硬约束”的考核薪酬体系，严格经济指标设定，并将资金竞争性存放、管理费用占营收比例和融资成本等纳入经营业绩考核，利用差异化考核办法从严、从紧评价各企业的经营实绩。深化国企分配制度改革，制定出台《关于改革市属国有企业工资决定机制实施办法（暂行）》，在国有企业部署开展工资总额管理，构建激励约束有效、公平效率统一和收入能增能减的分配格局。

【优化国资监督管理】 推进监管职能转变。坚持以管资本为主导向，落实“最多跑一次”改革要求，编制办事指南及流程图，“最多跑一次”改革重点指标排名处于领跑榜。加大授权放权力度，拟定服务企业履职清单和事中、事后监管事项清单，取消对企业新设权属公司审批和产权交易评估中介库，授权南太湖新区管理属地3家企业。推进企业分类监管，制订《关于明确市属企业功能定位实施分类监管意见》，因企施策推动企业做大做强。加强对市属国企和区县国资监管工作的指导培训，提升干部职工能力和水平。规范国有产权管理。坚持市、区县同步，按照“全覆盖清收、智能化归档、逐宗件分析、合理化处置、对冲好债务”工作要求，开展国有企业资产资源大排查、大处置，全年排查实物资产44527宗、建筑面积4753.13万平方米，排查参股企业254户，全面完成排查出的2588宗、建筑面积126.42万平方米低效闲置资产处置任务。加快资产管理信息平台建设，上架电脑端和手机端“浙政钉”，促进资产管理科学化、规范化和信息化，此项工作在全省获交流推广。规范国有企业大宗物资和服务类采购管理，制定《湖州市国有企业采购实施办法（试行）》，推动企业有效降低采购成本。强化投融资监督管理。建立企业投资项目负面清单，落实企业年度投资计划联审和投资统计分析定期报告制度，开展重大投资项目后评价试点和专家咨询评估论证制度落实情况专项检查，提升企业投资决策的能力和水平。严控融资成本，2019年，市属三大集团平均融资成本4.85%，同比下降4.34%。其中市城市集团发行的4亿元中期票据票面利率3.75%，创2017年以来AA+主体发行中期票据的历史最低发行利率。市交通集团新增融资成本4.72%，有息债务综合成本4.8%，处于市属国企最优水平。加强企业财务监督。督促企业完善内控制度、强化资金集团管控、规范操作流程。建立市属国企资金竞争性存放管理月报等制度，开展资金存放等财务事项自查自纠，市级国企清理账户62个，开展资金竞争性存放8次，合计金额65.14亿元。加强国有资本经营预算收益收缴，全面完成1.61亿元的目标任务。落实向市人大常委会报告国有资产管理情况制度，提交2018年企业国有资产管理情况专项报告。

【深化国资国企党建】 扎实开展主题教育和“三服务”活动。结合国资国企实际，制订主题教育工作方案和推进计划，以表格化和清单化形式细化30项具体任务，对标对表抓推进、抓落实。以党委中心组和领导干部学习为主，围绕8个专题举办4次中心组学习和3次集中学习研讨，举办主题教育党支部书记轮训暨党支部书记能力提升培训班，推动学习教育走深走实。以开展“三服务”活动为契机，深入区县、村（社区）、国企、民企及5大平台、19个重点项目开展调查研究，全面完成11项本部门解决事项。切实抓好国企党建。开展国企党建“深化发展年”系列活动，全力推进国企党组织“双创双强”。加强党对国有企业的领导，严格执行重大问题决策前置程序，落实党组织书记述职评议、领办项目等制度，提出党建任务清单236项、问题清单68项和领导领办项目68项。坚持党建与业务工作同频共振，打造党员先锋岗、党员突击队，创建217个党员示范岗。深入开展“党建+项目”“党建+信息”“党建+人才”等工作，党建归口管理企业经营数据主要指标居全省前列。推动国企基层党组织全面建强，开展第一批标准化“示范、特色”党支部候选单位现场“亮晒比拼”活动，探索建立党建指导员制度，创建国企基层党建品牌86个，点亮优秀国企党建品牌12个，建成国企党建文化阵地56家，整顿国企后进党组织8个。举办“党建引领国企发展——献礼新中国成立七十周年党建主题宣传”活动。加强干部队伍建设。紧扣人才第一战略资源，全面加强国企人才招引，打造国企人才新高地，招引大学生和其他各类人才537人。深化国有企业改革和人才体制机制改革，市城市集团组建市人才发展集团，构建引进人才、投资人才、服务人才和成就人才“全链条”式的人才工作新模式。开展国有企业监事会主席选拔任用工作，在市属三大集团中公开选拔配备监事会主席。完成南太湖新区2家国有企业领导班子调整和配备。落实关键岗位干部定期轮岗制度，努力造就一支素质过硬、本领高强的国资铁军。建设清廉国资国企。严格落实全面从严治党责任制度，完善党委主体责任、党委书记第一责任、班子成员“一岗双责”和纪委监督责任“四责协同”工作机制。制订市国资委2019年全面从严治党暨党风廉政建设和反腐败工作要点，召开党风廉政建设会议进行任务部署。贯彻落实全市警示教育月活动精神，开展市国资委警示教育“七个一”活动，筑牢不敢腐、不能腐和不想腐的思想防线。全力做好巡视巡察整改，配合市委巡察组开展巡察整改质效评估工作。强化责任落实，积极开展清廉公司、清廉班组和清廉车间等清廉国企建设，为企业发展保驾护航。紧盯国有企业重大工程、重点部门、重点岗位和重点决策环节，建立完善行权履职约束机制。

（王　伟）

·固定资产投资·

【概况】 2019年，全市上下紧紧围绕“一四六十”工作体系，聚焦聚集高质量发展、竞争力提升和现代化建设，深入实施省、市、县长项目工程，全力推动项目“双进双产”，着力扩大有效投资、补齐发展短板，全市固定资产投资保持较快增长，主要指标均优于计划目标，呈现“平开高走，好于预期，高于全省”的良好态势，实现“全年红”，为全市经济持续健康发展提供有力支撑。2019年，全市固定资产投资同比增长11.4%，增幅比年初和上半年分别提高3.4个百分点和0.8个百分点，高于全省平均1.3个百分点，从年初的全省第七位跃居至第三位。各主要结构指标齐头并进，生态保护与公共设施投资增长14.9%，扭转2018年以来持续20个月负增长的不利局面，增速高于全省10.8个百分点，从年初的全省末位提升到全省第二位；全市交通大项目多、推进快，持续保持两位数的快速增长，全年投资增长20%，高于全省平均3.7个百分点，居全省第四位，拉动全市投资增长1.3个百分点；民间投资依然保持较强活力，发展预期稳定，全年民间投资增长9.9%，高于全省平均2.7个百分点，其中，民间项目投资增长14.4%，高于全省0.7个百分点。民间投资占全市投资比重为72.7%，拉动投资增长7.3个百分点，是全市投资的主力军；高新技术产业投资持续快速增长，全年增长48.1%，快于全省26.3个百分点，其中，高新制造业增长39.4%，居全省第三位，高技术服务业增长129.3%，居全省第一位。全市投资运行呈现出以下特点：一是新入库大项目大幅增加。全市新入库1亿元以上项目522个，增加130个，增长33%，累计完成投资227.98亿元，拉动全市投资增长18个百分点。其中新入库工业项目382个，增加126个，增长49%，占1亿元以上新入库项目数的73%，其中50亿以上工业项目新增5个。二是国有投资扭转负增长局面。全市国有投资增长18.9%，扭转上半年持续负增长的局面，增速分别比上年同期和上半年提升41.2个百分点和32.5个百分点，占全部投资的比重为24.1%，占比提高1.5个百分点，拉动全市投资增长4.3个百分点。三是房地产市场发展平稳。全市房地产市场预期稳定，全年房地产投资增长12%，虽比上年明显放缓，但仍高于全省4.6个百分点，居全省第三位。

【重大建设项目稳步推进】 申嘉湖高速公路鹿山至孝源段、浙江工业大学德清校区、新凤鸣年产45万吨功能性共聚共混改性纤维等项目建成投入使用，湖杭铁路、吉利年产15万辆乘用车、熔城半导体等项目开工建设，杭宁高速改扩建、龙之梦乐园和頔塘南岸新建工程等项目加快推进。建立全市1亿元以上（含亿元）重大项目库，对固定资产投资1亿元及以上项目统一建库，按赋码动态管理，全年在库1亿元以上项目达到1243个，年内新开工517个，项目数远超上年同期。对1亿元以上项目实行月度通报、季度航拍和定期督查。依据亿元项目库，对口申报国家和省各类计划，有机整合各类项目计划，提高项目申报争取的针对性和实效性。通过争取，省发改委下达省、市、县长项目任务36个，比上年增加6个，增加数列全省第一；提前一个月达到落地率超70%，全年落地率达77.8%，列全省第三位。193个省重大产业项目开工174个，开工率达90%。66个省“4+1”项目完成投资476亿元，居全省第一位，155个省“五个千亿”项目完成投资569.7亿元。坚持领导联系制度，实施月通报、季航拍机制，75个参加全省重大项目集中开工的项目，全部提前开工并统计入库；110个省重点建设项目完成投资631.8亿元，无一项目被亮灯通报。促进“两山”转化建设“双重”项目完成投资290.2亿元。安排市直政府投资项目74项，总投资564.3亿元，年内，计划投资81.1亿元，其中，续建49项，总投资146亿元，年内，计划投资34.9亿元；新建19项，总投资165.3亿元，年内，计划投资8.5亿元；购买服务及征收6项，总投资253.1亿元，年内，计划投资37.7亿元；全年完成投资88.9亿元，完成年度计划的109.5%。

【资源要素争取有成效】 积极争取资金、土地要素资源，全市有40个项目列入省重大产业项目计划，项目数占全省的21.7%，居全省首位。75个项目参加全省第七批重大项目集中开工活动，项目数列全省第三；全年累计110个项目被列入省重点建设项目计划，项目数列全省第一。浙北医学中心、长兴山湖花园二期安置房工程和仁皇山公交枢纽等项目获得中央预算内资金和省级专项资金补助8.1亿元，获得省重点建设项目戴帽土地指标和省重大产业项目、省市县长项目奖励（预支）土地指标3537亩。成功发行长兴交投绿色债等4只企业债券，获批金额56.6亿元，发行数全省领先。南浔頔塘社区入选首批省级试点，创新开展“全过程咨询+工程总承包”管理服务方式。

【投融资体制改革有新进展】 持续深化投资项目“最多跑一次”改革，创新实施“串联+并联”工作方法，实现部门并联受理以及“倒计时式”办结制，做到区县数据定期监测、不定期抽查，全市一般企业投资项目从赋码备案到竣工验收审批“最多90天”、小型企业投资项目全流程审批“最多60天”，审批用时全省最短。持续深化“五未”土地处置+“标准地”改革，成交工业“标准地”388宗、1.5万亩，宗数、面积占比达100%，占全省比重分别达18%和19%，居全省第一；推进“标准地”向服务业、农业领域延伸，成为全省唯一实现“标准地”三次产业全覆盖的设区市。创新区域评估推进机制，省确定的10个区域评估事项中有8个完成率达100%，地震、文物保护超额完成省定目标任务。全面启用投资在线审批平台3.0，开展部门事项梳理、电子签章申领，完善各项数据和操作流程。纵深推进“一窗服务”代办机制，做到项目全流程无偿服务，全年为658个项目、1053个事项提供指导服务。深化“亩均论英雄”改革，实现规模以上工业企业及占地3亩以上规模以下工业企业全覆盖，消化处置“五未”土地3.04万亩，亩均效益水平显著提高。持续深化绿色金融改革创新，全面推行“绿贷通”“续贷通” “绿融通”、绿色企业（项目）系列贷等做法，1.3万家企业通过绿色金融综合服务平台获得贷款授信1404亿元，金融机构贷款余额增长24.5%。

【投资领域需要关注的问题】 一是部分项目投资效益不高。2019年竣工1亿元以上项目平均投资完成率仅63.8%，独立选址工业竣工项目平均投资强度267.6万元/亩，反映出部分项目备案投资存在虚高、项目不实的问题，土地资源节约集约利用和精准投放还有较大提升空间。二是对房地产投资的依赖仍然较大。2019年，全市房地产投资增长12%，占固定资产投资比重达41.5%，对投资增长的贡献率为43.7%。区县情况更加突出，多数区县房地产增速快于投资增速，全市有2个区县的占比在60%左右，对房地产投资的依赖不利于经济长期健康发展，需引起关注。

（张　伟）

·审计·

【概况】 2019年，全市审计机关完成审计项目231个，查出主要问题金额830909万元，其中违规金额74498万元、管理不规范金额756365万元；审计发现非金额计量问题762个；损益（收支）不实10168万元；审计处理处罚金额441287万元，其中应上缴财政67022万元、应减少财政拨款或补贴145642万元、应归还原渠道资金48260万元、应调账处理金额180363万元；审计期间整改金额33065万元，审计促进整改落实有关问题资金410131万元，其中增收节支241103万元、已调账处理金额169028万元，审计促进拨付资金到位124万元，审计后挽回（避免）损失155514万元。移送司法机关、纪检监察机关和有关部门处理事项50件，落实处理事项21件，处理人员40人，其中党纪政纪处分9人、有关部门处理31人。出具审计报告和专项审计调查报告294篇，被批示、采用89篇次。提出审计建议439条，提交审计信息711篇，被批示、采用541篇次。向社会公告审计结果138篇。湖州市社会救助政策落实情况审计等5个项目获得浙江省审计厅优秀（表彰）审计项目。

【加强党对审计工作的领导】 2019年，湖州市审计系统相继成立审计委员会，办公室设在市、区县审计局。2月，市委审计委员会第一次会议审议通过《市委审计委员会工作规则》《市委审计委员会办公室工作细则》和年度审计项目计划，7月，第二次会议审议通过《年度市级预算执行和其他财政支出情况的审计报告》，11月，书面审议通过审计查明问题整改情况报告，并首次由副市长向市人大常委会会议报告整改情况。市委审计委员会办公室联合市委巡察办印发《关于加强协作配合的实施办法》，进一步统筹工作计划、固化工作机制和规范工作流程。市委审计委员会主任、副主任全年对审计报告、专报和信息等批示48次，有力地推动了审计发现问题的整改。

【政策落实情况审计】 市审计局全年围绕民营经济高质量发展、数字经济发展、大通道建设行动计划、工业固体废物和危险废物处置监管等重大决策部署开展专项审计调查。如在促进民营经济高质量发展财政扶持政策落实专项审计调查项目中，揭示涉企保证金收取清退和管理不够规范、政府性基金执收和清退不够到位等大量问题，审计调查报告得到市委、市政府主要领导批示，关于“中介超市”、土地履约保证金方面审计信息得到2位副省长批示，审计后相关部门单位制订完善多项制度，清退减免相关涉企费用2.08亿元；在工业固体废物和危险废物处置监管情况专项审计调查中，揭示工业固废底数不清、处置能力不足和存储存在风险等问题，审计调查报告得到市委、市政府主要领导批示，促进相关区县出台《污泥集中处置管理暂行办法》等，审计提出整合各级固体废物动态管理系统的建议得到副省长批示。

【公共资金审计】 市审计局全年对市级预算执行、5个市级预算单位部门预算执行、南浔区财政决算、政府购买服务绩效和国有企业资产管理情况等开展审计。针对少数市级专项资金预算支出执行不够到位情况，市财政局全年收回未执行的3项专项资金1.48亿元，用于统筹安排；研究制订《湖州市人才发展专项资金管理办法》等制度，规范专项资金预算执行。针对市级部门往来款长期挂账未及时清理情况，市政府主要领导担任专项清理工作领导小组组长，截至2019年12月底，已调账处理16.34亿元，其中上缴市财政资金1200万元。针对公务卡使用率低、管理不规范等问题，推动市级各预算单位公务卡总办卡率和已发卡激活率均达100%。

【公共工程审计】 加大对政府投资项目的监督力度，全市完成投资审计项目134个，涉及投资额914183万元，核减工程款130354万元。市审计局对浙北医学中心项目、对口支援新疆阿克苏地区柯坪县建设资金和项目进行持续跟踪审计。创新开展政府投资项目概算审查工作，全年完成20个项目的概算审查工作，净核减概算投资6.02亿元，核减率达10.92%，在控制政府投资项目规模、节约政府投资项目资金等方面发挥积极作用。

【民生审计】 市审计局全年围绕保障性安居工程、残疾人全面小康政策落实、乡村振兴相关政策和资金等开展审计。如：在保障性安居工程资金投入和使用绩效审计中，揭示资金管理使用不规范、工程建设程序不规范和优惠政策落实不到位等问题，审计后促使相关单位退还保障性安居工程应减免的城市基础设施配套费、白蚁防治费和印花税等253.77万元，追回违规发放补贴275.14万元，未按规定公开招标行为受到行政处罚、相关责任人被诫勉谈话；在乡村振兴相关政策和资金审计中，推动森林生态效益补偿资金等五项惠农补贴资金采用“一卡通”方式直接发放至农户，审计提出的加强农村生活污水处理设施运行维护工作的建议得到副省长批示，推动177座农村污水处理终端纳入统一运维，并进行排查、改造。

【领导干部自然资源资产离任（任中）审计】 加强对领导干部自然资源资产离任（任中）审计，市委、市政府出台《湖州市领导干部自然资源资产离任审计实施办法（试行）》，全面规范全市领导干部自然资源资产审计工作。全市审计机关全年对3个职能部门、5个乡镇（街道）的13名党政主要领导实施自然资源资产离任审计，市委主要领导对全市领导干部自然资源资产离任审计总结报告作出批示予以肯定。建立纵向联动机制，由市审计局制订工作方案，统一审计内容和审计重点，充分运用地理信息技术、人工智能和无人机等高科技技术，实现全市审计一盘棋。

【经济责任审计】 市审计局全年安排对12个单位、13名领导干部开展任期经济责任审计，年中，向市级有关单位通报市本级2018年度领导干部经济责任审计情况，指出财务基础管理、公务支出、资产管理、业务管理和建设项目管理等9个方面问题。审计提出的规范国有企业大宗物资和服务类采购、督促采购招标代理公司履责到位的审计建议分别得到省领导批示，促进市政府和相关市级部门制订出台多项制度，有效地规范了全市行政事业单位和国有企业管理。编制领导干部履行经济责任风险防范清单，为领导干部更好履行经济责任、提升风险防范能力提供借鉴。

【审计业务管理】 市审计局认真贯彻上级审计机关关于审计项目审计组织方式“两统筹”的工作部署要求，在财政“同级审”、全市政府性债务风险防范化解情况和国有企业资产管理情况等项目中创新方式。扎实推进审计数字化转型和大数据审计工作，制订《审计信息化工作计划》《关于推进大数据审计争创优秀成果的若干意见》《审计信息化工作考核暂行办法》，全年7篇计算机审计案例入选省审计厅优秀案例。推进国家审计与内部审计协同，出台《内部审计工作指导员制度（试行）》，打造内部审计指导监督网格化管理模式，在重点领域和重点项目中实现与内部审计的资源整合、信息互通和成果共享，加快推进国家审计与内部审计业务融合。加强审计科研工作，成功申报省审计厅2019—2020年审计科研课题立项7篇（含重点课题1篇）；完成2018—2019年审计科研课题结题论文7篇（含重点课题2篇），其中获省审计厅优秀论文和调研文章二等奖2篇、三等奖2篇和优秀奖3篇，市审计学会被市社科联评为年度先进集体。继续深化推进“容错免责”机制落实，全年确定“容错免责”事项7个，同比增长133%，探索审计“容错免责”机制激发领导干部创新活力的经验做法得到上级肯定。创新开展信用审计，以项目实施为核心，加大对财政专项资金申补、招标投标、社会民生保障和会计信息等领域失信行为的披露，7个信用案例被省、市录用，为打造诚信社会发挥审计应有的作用。

【审计质量控制】 市审计局全年紧紧围绕省审计厅“质量提升”工程要求，坚持质量立审“九项标准”不动摇，以争创全省优秀审计项目、审计报告为抓手，狠抓审计质量管理，获奖数量分别列设区市局第二和第一。出台《坚持“质量立审”争创优秀审计项目的若干意见》，修订《审计项目审核复核审理工作规则》《审计业务会议制度》等，再造审计管理流程，进一步优化审计质量管理工作机制。实施重点项目二次审理制、“容错免责”事项纳入审计业务会议并内部公示制、项目“清单化”管理制、项目审计质量计分制和项目业绩公示制等13项管理举措，动态跟踪审计行为，强化审计质量控制。市审计局获“全市依法行政先进单位”称号。

【审计结果应用】 进一步加强审计整改工作，市委、市政府出台《关于加强审计整改工作机制建设的意见》，进一步强调和明确整改主体责任、管理责任和检查跟踪责任，健全工作机制，强化责任追究。市审计局健全审计整改检查跟踪机制，严格审计整改“挂销号制”和“清单制”管理，并单设整改督查责任处室，加强日常催办和定期督办，全年对16个部门、42个问题开展审计整改督查催办，确保整改到位。在年度市级审计工作报告反映的151个问题中，截至2019年12月底，已整改139个，整改到位率达92%，其中被列入市人大常委会重点监督清单的28个问题，已整改26个，整改到位率达93%，各区县、各单位建立健全制度、办法38项，完善管理漏洞和薄弱环节。市审计局陆续与市委巡察办、市公安局等建立协作机制，继续巩固与纪委监委的协作配合，进一步强化协同查处机制。在年度市级审计工作报告查明问题中，45名相关责任人被处理处分，其中追究刑事责任和给予党纪政务处分4人，给予诫勉、通报和组织调整处理15人，批评教育、提醒谈话等其他处理26人。

【机关党的建设】 市审计局全年扎实开展“不忘初心、牢记使命”主题教育，组织集中学习研讨等20余次，领导班子成员领衔调研课题5个，主动邀请派驻纪检组联合局内审工作领导小组对全局党务、业务和财务工作开展全面自查自纠，对照党章、党规找差距，多渠道征集各类意见45条，形成5个方面、19个问题，并逐项制定整改措施确保整改到位，市纪委书记梁雪冬参加局主题教育专题民主生活会。加强学习和能力提升，局党组理论学习中心组全年集体学习12次、专题研讨4次、集中时间16天，荣获年度全市“优秀县处级党委（党组）理论学习中心组”称号。坚持全面从严治党，推进“清廉审计”建设，市审计局在全省审计机关党建工作会议上作经验介绍，“清廉审计见初心”党建服务品牌被评为全市机关优秀党建服务品牌。持续强化作风建设，围绕“三服务”活动开展，市审计局领导班子成员走访镇（街道）25个、企业49家和行政村（社区）3个，走访慰问结对村困难党员（群众），进企业开展内部审计指导服务工作，协助结对社区开展财务审计等。（巫　强）

·国土资源管理·

【概况】 2019年，湖州市自然资源和规划系统紧紧围绕市委“一四六十”工作体系，大力推进本系统“1458”改革创新攻坚行动，着力在统一上下功夫、在融合上做文章、在工作上讲创新，做到资源保护有力、保障发展有为、维护民生有效，“五未”土地处置、森林城市、绿色矿山、综合测绘等工作在全省、全国形成影响，为湖州经济社会发展做出积极贡献，体现了“新担当”、展现了“新作为”、交出了“高分卷”，荣获2019年度全省系统综合考核优秀单位。国务院将湖州列入“土地节约集约利用成效好、闲置土地少且用地需求量较大的地方”，奖励用地指标5000亩。

【资源要素保障】 积极争取新增空间指标，获得年度规划新增空间指标9296亩，全年向上争取新增建设用地指标3万亩（含单独选址项目1.5万亩），全年供应土地38905亩，实现土地出让收益423.5亿元，其中工业用地19505亩，占全省的17.1%，位列全省第一，经营性用地10095亩，出让收益362.4亿元。持续深化“五未”土地处置。坚持精细管理，用激励手段倒逼企业，实行“一地一策”、销号管理，综合运用地理信息系统、无人机航拍等手段，累计排摸“五未”土地12.01万余亩，处置9.68万余亩，其中年内处置2.99万亩，“五未”土地处置、集约节约用地得到国务院奖励指标5000亩。高度重视南太湖新区的空间保障问题，重点争取新增和专项调剂相结合，安排建设用地指标近2000亩，保障长东片区总部园、博览中心、康山中学、城市CBD、滨湖中学等一批重点民生基础设施建设项目的用地需求。

【国土资源调查监测】 加快推进国土“三调”。截至2019年年底，各区县内业数据处理、外业调查举证、数据建库均100%完成，全市“三调”成果全部按时报自然资源部复核，为空间规划、耕地保护、开发利用等提供基础数据。在全省“三调”百日攻坚行动中，南浔区因调查进度快，抽检质量好，受到省“三调”办通报表扬；德清县被省“三调”办评为“全省‘三调’百日攻坚行动中组织得力、成效显著的县”。做好资源动态监测，按时保质完成全市土地变更调查，共涉及监测图斑6179个，涉及监测面积76539亩，按时完成并上报通过省自然资源厅和自然资源部的核查。积极配合推进太湖自然资源确权登记工作。

【加强耕地保护】 坚守耕地保护红线，落实耕地数量、质量、生态“三位一体”保护，严控严管永久基本农田占用与补划，严格重大项目对占用永久基本农田的论证审查。先后完成了杭州二绕德清段、湖杭铁路、沪苏湖铁路、104国道改建工程等项目占用永久基本农田论证工作，积极引导项目减少占永久基本农田，并对永久基本农田补划地块按照“数量不减少、质量不降低、布局有优化”的要求进行严格把关，在保障重点建设项目用地同时，积极落实耕地占补平衡。全面完成永久基本农田储备区划定工作，最终确定永久基本农田储备区图斑9209个，划定总面积8.19万亩。开展补充耕地核查整改工作，根据自然资源部要求对报部备案的补充耕地开展全面核查，及时将不合格项目分解落实到区县，区分情况，精准推进整改，确保最大限度补充耕地不减少。开展南浔区“村级耕地保护监督员”、长兴县扩大永久基本农田保护“田长制”和德清县、安吉县设施农用地管理制度创新等4个耕地保护监督制度改革创新试点。各区县根据试点方案，扩大试点效应，提高试点辐射和带动作用。安吉县设施农业用地管理创新试点从审批备案流程再造、规范统一以及强化后期监管等方面进行创新，其做法在全省试点成果交流会上作了典型介绍，得到一致好评。

【全域土地综合整治】 全面开展土地综合整治，为高质量发展提供土地资源保障。抢抓机遇，主动作为，全市在上年已获批15个项目基础上，年内再获批项目22个，累计达37个，涉及31镇、254村，总面积121.76万亩，工程数量和实施区域面积均在全省领先。市政府专门出台《关于深入推进全域土地综合整治与生态修复工程的实施意见》，定期召开工作例会进行推动落实，市相关部门积极配合，在水、电、燃气等基础设施建设中给予大力支持，全年全市累计完成安置农房建设518643平方米、拆迁签约5403户、建设用地复垦1850亩、垦造耕地2547亩、建成高标准农田16977亩、可补划永久基本农田后备资源1889亩、形成“四好农村路”66公里、美丽河湖1753亩、创建精品村8个、国家A级旅游景区村12个，全域综合整治取得的成效在全市开始显现。

【绿色矿山建设】 在全省率先完成矿山地质环境恢复与土地复垦备用金转基金工作。矿山复绿三年行动提前半年完成，全市47家生产矿山已全部建成绿色矿山；24家符合条件的绿色矿山全部通过自然资源部遴选进入国家绿色矿山名录库，全省占比43%，继续走在全省前列。在全国绿色矿山现场交流会上，湖州市得到自然资源部副部长凌月明表扬，矿山生态修复工作做法在全国推广。全市7个省级矿地综合利用试点顺利推进，产生可开发利用矿地5320亩，其中南太湖产业集聚区长兴分区已产生建设用地4400亩。

【执法督察】 认真开展卫片执法监督检查工作，抓好例行督察整改工作，积极做好“大棚房”、违建别墅专项清理整治工作，深入开展严厉打击盗采盗挖矿产资源行为专项行动。全市组织土地动态巡查54603人次，及时发现并制止各类违法用地83宗，面积309.79亩；立案查处违法用地39起，面积258.54亩；组织矿产动态巡查8233人次，发现并制止违法行为3起。全市系统排查涉黑涉恶违法线索13个，移送相关部门依法处置，积极配合政法机关做好对黑恶势力犯罪的查处工作。结合卫片执法、自然资源督察等工作，对自然资源和规划领域监管方面存在的薄弱环节开展重点整治。认真开展年度行政处罚案卷质量评查，选送的2个卷宗在全省评查中获得优秀。

【最多跑一次改革】 组织制订营商环境优化不动产登记"一件事"办理实施方案，加强统筹协调，及时解决问题，不动产登记效能进一步提升。实现了减事项、减材料、减环节、减时间、减费用的"五减"工作目标，不动产登记一窗云平台实现线上线下一体化办理，实现不动产登记事项网办率和掌办率100%；建立银行贷款与抵押登记协同办理信息平台，健全与银行业金融机构协同办理抵押登记机制，实行不动产转移登记与水电气等关联公共服务事项联动办理，保证"二手房转移登记和水电气办理""只跑一次"，进一步提升企业、群众获得感和满意度。推进不动产登记高频事项延伸至乡镇（街道）服务中心，方便基层群众办事。省委改革办、省跑改办公布的上半年全省营商环境主要指标检查结果，市不动产登记排名全省第三。全年市本级（含吴兴、南浔区）共办理不动产登记业务137799件。农房确权登记发证率先超额完成，完成省自然资源厅下达全年任务数的287%，登记发证比例全省领先。开展区域压覆矿产资源调查和地质灾害区域评估，助力"最多跑一次"改革。完成全市12个省级及以上平台（特色小镇）、17个省级以下平台（特色小镇）压覆矿调查，各区县"白名单"均已报省公示。为每个无压覆矿项目审批节省7个工作日，为每个有压覆矿项目审批节省60个工作日和10万元以上评估资金，全市29个平台（特色小镇）预计可减轻企业投入资金数亿元。长兴县在全省率先建立"白名单"制度，受到省政府常务副省长冯飞批示肯定。（陈正宇）

·物价管理·

【概况】 2019年，湖州市价格管理工作紧紧围绕市委、市政府中心工作，按照"稳物价、推改革、强服务"的总体要求，强化市场价格调控，服务民生改善，深化价格改革，充分运用价格杠杆调节优化资源配置，为全市高质量赶超发展创造良好价格环境。

【深化价格改革】 一是出台《关于完善湖州中心城区按污染程度分类分档及多因子计收工业污水处理费的通知》，"多因子"收费从5个增加至6个，增加总氮因子，化学需氧量分档值100毫克/升调整为50毫克/升。二是建立湖州市区城镇非居民用水超定额累进加价制度。运用价格杠杆提高用户的节水意识，促进水资源节约、集约利用效率。三是推进"管住中间放开两头"的天然气价格市场化改革，制定市区管道燃气配气价格，完善终端用户销售价格形成机制。

【深化清费减负工作】 一是落实降电价政策。为贯彻落实国务院《政府工作报告》提出的一般工商业平均电价再降低10%的要求，省发改委分别于4月1日、7月1日二次降低一般工商业目录销售电价标准平均每千瓦时2.19分和5.29分，全年全市减少一般工商业用户电费支出2.68亿元。继续开展电力直接交易试点工作，2875家电力用户参与，全年全市降低企业用电成本2.03亿元。二是降低企业用天然气价格。自4月1日起非居民用天然气价格调整为非供暖季价格，市区非居民天然气最高指导价下调0.28元/立方米；9月至10月，城市门站价格降低0.15元/立方米，全部让利于用气企业；制定配气价格缩小购销差价等政策措施，减轻用气企业负担2.38亿元。三是清理规范殡仪服务收费，完善收费政策，减轻丧户经济负担。

【推进价格调控监测】 一是开展民生价格监测预警。完成粮油、肉禽蛋、蔬菜和工、农业生产资料等22项、675个品种价格监测，上报价格监测872期，分析报告103篇。认真落实防非洲猪瘟价格监测制度，上报市场价格应急监测178期，信息150篇。加强台风"利奇马"期间猪肉、家禽、鸡蛋及蔬菜价格的监测预警。二是落实猪肉保供稳价工作。会同市商务局按省发改委要求完成冻猪肉储备任务，并在中秋、国庆节日期间投放适量储备活体猪和冻猪肉，增强节日猪肉市场有效供给，稳定猪肉价格。协同市民政等部门落实好社会救助和保障标准与物价上涨挂钩的联动机制，4月至12月，符合启动条件后，督促市民政、人社等部门及时按月足额发放困难群众补贴，保障困难群众不因物价上涨导致生活质量下降。

【夯实价格公共服务基础】 一是加强重点领域成本调查监审。全年完成天然气管道运输、天然气配气、自来水销售、污水处理、申嘉湖高速公路车辆通行等成本调查监审项目13个，审核上报成本11.30亿元，核减不应计入定价成本的费用1.24亿元。二是认真开展农本调查工作。完成5个农产品调查品种成本收益调查和3个专项调查任务，主动开展阴雨天气对春粮和油菜籽生产成本、稻谷市场价格下跌对晚稻生产影响等专项调查。三是全面履行涉纪、涉案和涉行政类价格认定工作职责。为纪检、司法和行政工作涉及价格认定事项做好服务，市本级受理完成各类价格认定案件522起，其中纪检监察案件15起，区县复核案件6起，涉案金额4000万余元。（韩　芳）

·市场监督管理

【概况】 2019年是新组建的市场监管局的开局之年。年内，全市市场监管系统秉持"政治建局、改革兴局、创新强局、作风砺局"工作理念，以系统中心工作为抓手，戮力同心、奋发有为，各项工作取得了新成效。全年累计获得国家和省、市各级领导批示达125件（次），创历史新高。至2019年年底，全市各类市场主体总数394597户，其中企业109584户（小微企业97819）、个体工商户283115户。全市商品交易市场200家，其中农贸市场122家。食品生产经营单位55451家，其中生产企业618家，小作坊360家，食品流通单位30259家，餐饮单位24214家（小餐饮20364家）。药品生产经营单位1114家，其中生产企业34家、流通单位1080家。医疗器械生产经营单位1813家，其中生产企业68家、经营单位1745家。保健食品生产企业15家，化妆品生产企业25家。特种设备生产单位248家、使用单位13786家，特种设备总量达78024台，特种设备持证作业人员16385名。

【市场活力进一步增强】 一是企业开办更加快捷。在全省率先试点上线运行“企业开办全程网上办平台”，实现企业开办全流程“一件事”一日办结，得到常务副省长冯飞的批示肯定，市场主体准入环境满意度评估连续蝉联全省首位。长兴县率先开展“G60科创走廊”长三角“一网通办”，得到省委书记车俊表扬。二是“双随机、一公开”监管不断深化。制订全市“双随机、一公开”监管实施意见，形成湖州特色的工作格局，全省市场监管系统研讨会在湖州召开，市市场监管局作为试点单位在会上作经验交流发言，“双随机、一公开”抽查任务完成率达100%。三是“互联网+监管”取得突破。智慧监管一期项目全面建成，省执法监管平台应用覆盖全市39个行政执法部门，系统账号开通率99.95%，列全省第一。

【主体动能进一步激发】 一是小微企业质效稳步提升。实施新一轮“小微企业三年成长计划”，全年新设小微企业18071家、新增个转企2051家，比上年分别提高16.1%和3.1%。德清县市场监管局在全省率先推行小微企业“质量管家”，得到副省长高兴夫的批示肯定。二是广告产业培育工作持续推进。17家企业被认定为省广告资质企业，5件广告作品荣获省大赛金奖，均居全省首位。三是标准化工作持续深化。制定“浙江制造”标准54项，发布地方标准45项，新增制定绿色智造标准14项、绿色金融标准6项，制定发布生态文明领域标准26项，新增“品字标”企业29家。吴兴区顺利通过省“品字标浙江制造”品牌培育试点区验收。四是绿色产品认证“湖州经验”在全省推广。在国家市场监管总局“中国绿色产品标识认证信息平台”上开设湖州专栏，全省市场监管现场会在湖州召开，国务委员王勇、省委书记车俊等领导批示肯定，国家市场监管总局副局长唐军专程来湖州调研试点工作。五是知识产权生态不断优化。在全省率先实现知识产权示范强区县全覆盖，全年PCT国际专利申请82件，万人有效发明专利拥有量35.48件，列全省第二，获得中国专利优秀奖6项、浙江省专利金奖1项。六是商标受理窗口服务能力进一步提升。实现不出市即可办理所有商标注册基本业务的目标；龙头企业培育和区域品牌建设齐头并进，新增驰名商标1件、地理标志证明商标2件、省商标品牌示范单位10家。

【民生福祉进一步改善】 一是全域实施“厨房革命”。以“标准引领、软硬并举、三安共治”为原则，大力推进“厨房革命”，全年完成建设10854家。开发“厨房革命”APP，打造“一图一表一库”（即消费者的美食图、经营者的体检表、监管者的数据库），推动社会共治。试点应用定时、定人、定位、定事、定景“五定”技术、AI智能抓拍等新技术，推进餐饮单位主体责任落实。该工作入选“数字浙江”典型案例，并在全市第二批担当破难典型案例中列首位。市长钱三雄多次作出批示并组织召开“开门听建议”座谈会，国家市场监管总局食品综合协调司司长丁逸方参加全市食品安全工作现场会并给予充分肯定。二是持续领跑“乡村放心消费”。发布全省首部《乡村放心消费建设与管理规范》市级地方标准，得到副省长王文序的批示肯定，全省市场监管现场会在安吉县召开。全年完成放心消费单位建设1947家，培育无理由退货承诺单位1305家，完成率居全省首位。深化农贸市场长效管理体系建设，创建省级放心农贸市场31家。三是大力推进“送药便民服务点”建设。率先出台市级《送药上山进岛便民服务点建设与验收标准》，31个便民服务点建成并投入使用，惠及山区、偏远地区群众近4万人，得到国家药品监管局副局长陈时飞的批示肯定。建成全省首家公益性食品药品科普宣教基地。四是全力推进平安建设再创佳绩。深入开展争当先锋行动，平安食品药品指数多次位列全省第一，群众对食品药品的安全感满意率创出97.11%的历史新高。在召开的全市平安建设工作会议上，市市场监管局获评先进单位（市级部门考核排名第一），荣立集体二等功。五是稳步推进各项隐患治理。率先试点运行浙江省特种设备风险预警系统，全年检查使用单位8552家，完成隐患治理3389起。南浔区市场监管局在全市首创特种设备监管“安全顾问”制度，得到市政府有关领导的批示肯定。开展区域块状产业质量安全风险排查工作，完成重点产品监督检查1331批次。

【执法力度进一步加大】 一是持续推进“扫黑除恶”工作。确定排查重点，加强重点行业、重点领域源头、综合治理，拓宽加深排查广度和深度，全年累计排摸各类线索30条。二是扎实开展价格检查和公平竞争审查执法。开展涉企收费清理规范专项行动，查实价格违法违规案件26件。在全省率先开展公平竞争审查第三方评估工作，审查市级政府及部门文件214件、区县政府及部门文件351件。三是全力出击严厉查办各类案件。开展亮剑系列和预付卡消费、“保健”市场乱象专项整治行动，全年查处各类案件3241件，其中大要案885件，罚没款4148.37万元，移送公安部门63件。（孙建新）

·安全生产管理（消防工作）·

【概况】 2019年是应急管理部门

组建后全面履职的开局之年，全市应急管理部门自觉提高政治站位，稳步推进机构改革，大力开展“不忘初心、牢记使命”主题教育，牢固树立“不出事、再出彩”的底线思维，全面构建“大安全、大应急、大减灾”工作体系，注重统筹协调，安全生产、自然灾害防范防治、应急救援、减灾救灾等各项工作取得良好成效，确保全市安全生产形势持续保持稳定向好。

【各类事故指标控制情况】 全年全市发生各类生产安全事故110起、死亡92人，同比分别下降35.7%和30.8%，事故起数和死亡人数连续13年下降，实现省政府提出的双下降20%的目标。全市火灾起数、死亡人数分别为365起和0人，实现连续5年下降，降幅位居全省第一。

【健全安全生产责任体系】 市委、市政府高度重视安全生产工作，将安全生产工作与各项中心工作共同谋划、统筹推进，推动安全生产领导、监管、主体“三大责任”全面落实 。一是全面落实党政领导责任。各级党委、政府听取安全生产和消防工作汇报，部署安全生产和消防工作，开展安全生产和消防检查已成为常态。市安委会出台并实施《湖州市地方党政领导干部安全生产责任制惩奖规定》和《湖州市安全生产巡查工作制度（暂行)》。落实安全生产领域改革发展具体实施办法，排定的100项工作任务，按时序进度完成90项。二是健全完善行业监管机制。市委编办在市安委会成员单位“三定”规定中增加“负责本行业领域安全生产监督管理”职责，深化“1+9”安全生产责任体系，制定《湖州市旅游新业态安全监管办法》，明确醇基燃料等新领域安全生产监督职责，使“党政同责、一岗双责、失职追责”和“三个必须”的责任体系更加完善。三是充分发挥人大法律监督功效。市人大围绕“全面贯彻《中华人民共和国消防法》、促进安全生产”主题召开人大代表问政会，市人大常委会专题听取和审议市政府关于贯彻《中华人民共和国消防法》、促进安全生产工作情况的报告，并在会前举办消防安全专题讲座。将老旧小区消防设施增配改造和新增智能充电点纳入市政府民生实事项目，73个列入整治计划的老旧小区已全部完成整治工作，老旧小区新增300个智能充电点项目已全部完成。

【开展安全隐患专项整治】 全市以“消除存量、控制增量”为原则，大力消除各类隐患，严防较大以上或较大社会影响事故，提升区域行业本质安全水平。一是坚决落实以危险化学品为重点的安全隐患“清零”行动。吸取“3·21”江苏响水爆炸事故教训，在全市开展为期一年的以危险化学品为重点的安全隐患“清零”行动。2019年，排查隐患72229项，关闭取缔企业2774家，停产整顿1001家，追究刑事责任2人，问责曝光工作不力的单位12个、人员12人。省级挂牌督办各类重大事故隐患16处，市级挂牌督办各类重大事故隐患162处。二是坚决落实危险化学品安全生产大检查行动。在全市组织开展危险化学品安全生产大检查。创新实施危险化学品企业清单式管理，印制《企业基本情况及风险管控手册》。大检查期间，全市危险化学品行业领域排查整治隐患4690项，关闭取缔企业98家、停产整顿110家、搬迁入园5家，省、市挂牌督办的各6家企业全部完成整改验收。三是坚决落实小微企业安全生产和消防安全综合整治行动。在开展规范小微企业（产业园）安全管理提质增效工作的基础上进行升级，对全市3万家小微企业、64个已建成运营的小微企业园或小微企业产业集中区域和危险化学品使用单位完成底数排摸，分级分类形成风险点清单，建立风险研判会商、企业风险报告和管控承诺、联合执法机制、信息化监测预警、组团式检查服务5项机制。四是坚决落实消防安全生产三年翻身仗行动。结合消防安全三年翻身仗，开展“防风险保平安迎大庆”执法检查专项行动，深入老旧小区、临街店铺、群租房等重点场所排查整治各类消防隐患1.1万余项。

【形成高效应急体系】 全市坚持边应急、边建设，形成统一指挥、专常兼备、反应灵敏、上下联动、平战结合的应急管理体制。一是完善应急指挥体系。建立完善监测预警机制、信息报告机制、应急决策和协调机制、分级负责应急救援响应机制。坚持“专群结合”原则，完善22支乡镇消防综合应急救援队，建立3支市级社会化应急救援队伍，统筹发挥综合救援力量、专业救援力量和社会化应急救援力量作用。二是提升应急救援能力。修订完善《湖州市防汛防台抗旱应急预案》等，市级层面组织开展公路、水路、防汛、森林防灭火等综合性应急演练5次。完成153个救援物资储备仓库和265个避灾安置场所建设，投入5400万余元充实完善救援储备物资。三是加快数字应急建设。依托市大数据平台，充分发挥应急救援指挥作用，实现与消防救援指挥、110接处警、防汛抗旱、森林防火、地质灾害、交通运输、气象预警等业务平台对接和数据共享，探索应急资源“一张图”展示，“一张网”覆盖。

【提升防灾减灾救灾能力】 全市着力优化工作手段，努力适应新常态、新形势下的新要求，提升“大减灾”能力。一是落实灾害防治责任。公布全市145座小型水库堤坝安全管理责任人、主要堤防防汛责任人、农村水电站防汛安全责任人和73个乡镇（街道)、1203个村（社区）基层防汛防台体系行政责任人，推动各部门切实担负起防治责任。二是加强会商分析研判。定期组织相关部门联合会商，分析研判灾害防御重点。在市防指办统筹协调下，各级水利部门累计推送强降雨预警单85份、山洪灾害预警信息11万条次，开展洪水预报34次、270站次；各级气象部门发布气象灾害和森林火灾预警信号53次；各级自然资源和规划部门联合气象部门累计发出地质灾害气象风险预警信息38次、4732条。三是全面监测整治隐患。加强各类灾害隐患监测排查，排查地质灾害隐患点161个，已核销160个；完成1054幢城镇危旧房治理改造；全面完成地震区域评估任务。汛期出动8.78万人次开展隐患排查，发现并整改隐患点2901个，组织对水库等各类水利工程、气象水文地质灾害监测设施、应急指挥系统等进行维护保养，确保正常运行。四是有组织地做好人员转移。在防范超强台风“利奇马”期间，8小时内撤离危险区域群众10.4万人，创湖州市历史上规模最大、速度最快的人员转移纪录；启动362个避灾安置场所集中安置受灾群众6.3万人，确保台风期间全市无1人伤亡。

【筑牢安全生产底线防线】 以“守住红线、压实底线”为目标，大力做好各项基础工作，确保“心中有底”。一是积极探索基层体制创新。积极探索推进包括安全生产在内的应急管理体制改革，有力地促进了安全生产和消防工作。德清县建立应急管理委员会；吴兴区织里镇单设应急管理分局；南浔区、德清县乡镇一级均成立应急管理委员会。二是智慧工程建设提质增效。全市“两客一危”车辆智能视频监控报警设备安装率达78.4%。太湖渔船防碰撞自动识别系统全部安装。全市累计安装智慧用电系统3.3万余套，智慧预警（智慧烟感）系统2.2万余套，电动车智慧充电桩接口2万余个，远程监控系统937套，市政消火栓完好率达99.2%，高层建筑和火灾高危单位远程监控系统联网率达99%。三是宣传教育载体多样。按照“一市一基地、一县一场馆、一镇一体验室、一村一宣传点”建设应急、消防体验场馆要求，在基层探索创建一个“安全文化阅览角”、一套“安全文化宣传册”、一个“安全文化放映厅”、一个“安全文化展示栏”、一个“安全文化大喇叭”和一个“安全文化宣传园”的“六个一”安全文化阵地；在南浔区试点开展企业“安全生产教育一刻钟”活动，有576家企业定期组织开展“安全生产教育一刻钟”活动，取得较好宣传教育效果。（丛明明）

·行政审批和监管·

【概况】 2019年，全市行政审批服务平台累计办理各类项目526.1万件，比上年增长9.3%，其中市级平台办理各类项目268.2万件，按时办结率达100%，群众满意率达99%以上；全市公共资源交易平台累计交易2810批次，比上年下降9.03%，交易额320亿元，比上年下降44.45%，节约（增值）资金30亿元；其中市级平台累计交易370批次，交易额61.56亿元，节约（增值）资金3.1亿元。

【“最多跑一次”改革成果逐步显现】 一是创建“无证明”城市，抓改革便民。全面清理各类无谓证明。全市公布三批取消证明材料清单，梳理证明材料2583项，累计取消2526项，占比达97.79%。成功争取列入证明事项告知承诺制国家试点，全市梳理告知承诺正面清单项1774项（含承诺替代330项），实施办理59188件，其中典型案例187件，并逐步向公共服务以及社会领域全面延伸。在全省率先推出遗失声明网络公示，建立“补办申请+书面承诺+网络公示+一站办结”机制，实现证照遗失补办“一件事”全流程“最多跑一次”，全年办理证照遗失声明网络公示6251件，纸质媒介公示减少5345件，为群众和企业节约成本106万元。在全省率先开发覆盖市、区县、乡镇（街道）、村（社区）四级的证明材料远程协查平台，证明需求单位经平台向证明开具单位快速进行“点对点”网上协查，办事人无须跑路，协查全程数据留痕。年内，全市远程协查系统配置证明事项282项、证明材料345项，发起协查业务742件。二是推进优化营商环境专项行动，抓改革利企。推进优化营商环境“10+N”便利化行动。进一步完善“标准地+承诺制+一窗代办”运行机制，全年全市新增工业用地100%实施“标准地”出让，成交工业“标准地”641宗、2.7万亩。优化涉企税收服务，税务事项网上办理实现100%全覆盖。全力推动企业降本减负，公积金缴存工资基数采用“低门槛”标准，全年减负金额1300万元。推开“信用+审批”模式，在全市1724个办事事项中，创新开展“信易批”“绿色通道”“容缺受理”等便利措施，在全国率先推出涉企证照“承诺准营制”，全年完成“信易批”办件6000余件。深入推进工程建设施工图设计文件审查改革，在全省率先探索建立施工图审查“豁免清单”。建设全市统一的网上“中介超市”，出台《湖州市网上中介超市交易管理暂行办法》，形成全市统一开放、竞争有序、便捷高效的中介服务大市场，全年入驻企业750家、上线事项80项、运作项目688个。三是打造一体化服务模式，抓改革提质。深化“一件事”联办，省定41项“一件事”改革联办事项全部完成，各区县应开展事项100%启动实施。出生、农房确权登记、社保关系转接、企业开办、中高考优待、军人退役、逝者身后等30项“一件事”已实现线上联办。其中，出生“一件事”在全市域20家助产机构全覆盖，长兴县民宿开办“一件事”两日办结，企业开办“一件事”作为试点，在全省率先上线，涉及的5个事项压缩至8小时内办结。在市本级政务服务事项中，“网上办”“掌上办”“跑零次”“即办”“承诺压缩比”分别实现99.32%、99.09%、95.32%、80.99%和91.18%。其中，“网上办”“掌上办”“跑零次”实现率保持全省前列。对量大常办的事项，推行“限时办理清单制”，实现15分钟内办结715项，占“最多跑一次”事项的75.1%。扎实推进长三角服务一体化，G60科创走廊九城市“一网通办”综合服务窗口于4月实现区县全覆盖，并于5月升级为长三角政务服务“一网通办”窗口。四是发挥引领撬动作用，抓改革扩面。推动办事事项向公共服务领域延伸，11个省定领域均取得阶段性成效。市文化旅游部门发布全国首个中国移动“5G+智慧文旅”大数据平台，启用“一键智游湖州”系统，湖州市被授予全国首个“文旅行业信息化标杆示范基地”；市卫健部门创新开发应用“健康湖州”智能服务平台，在全省率先建成市级区域“影像云”，在全国率先探索开展看病就医“医后付”改革，实现门诊智慧结算率达83.39%，位居全省第二，全国“医共体”建设现场会在长兴县召开。改革理念向乡村建设、社区治理、机关内部延伸，安吉县积极践行“两山”理念，逐步探索走出一条生态美、产业兴、百姓富的美丽乡村建设之路；长兴县创新推出流动人口居住出租房屋“智能门锁”，打造水木花都“智慧社区”，通过数字化赋能探索社区治理新模式；通过建立工作专班，集中推进部门间办事事项全面梳理审核、办事流程优化和多部门联办试点分批上线，全市部门间办事事项梳理2104项，96.44%实现“最多跑一次”，办事材料精简44.4%，办事时间压缩55.64%，办事环节压减35.32%。推进“市民服务之窗”建设与基层便民服务中心、党建服务中心建设有机融合，完成全市137项综合服务自助一体机招标采购和网点布局，基本实现“市民服务之窗”乡镇（街道）全覆盖，民生事项乡镇（街道）便民中心可办率达71%以上。

【公共资源交易监管效能持续提升】

一是规范制度，构建一体格局。会同市建设局制订《关于严厉打击围标串标等违法行为进一步规范工程建设招标投标活动实施意见》《限额以下工程建设项目发包办法》《房屋建筑和市政基础设施工程施工招标投标评标办法》《进一步加强和规范国有投资建设项目标后全过程监管工作的实施意见》4个文件，出台《关于印发进一步规范工程建设招标投标活动实施细则的通知》《关于明确限额以下工程建设项目电子交易有关问题的通知》等一批配套政策，完善招投标领域“标中+标后、线上+线下”的闭环规则体系。二是改革创新，提升监管水平。加快推进货物采购项目、水利综合服务项目、限额以下项目等电子交易系统的部署实施，建设工程项目自9月起均采用“网上不见面”开标方式，全市域全领域全流程系统贯通、信息共享的公共资源电子化交易体系初步形成，限上项目全流程电子交易率达85.7%。取消预算金额100万元以下政府采购项目的投标保证金，全年使用保证金联保8600次、电子保函2003次，可为企业减少资金占用32亿元；清退政府采购项目保证金3569万元，保证金余额从3947万元下降到378万元。将“信用湖州”平台接入电子交易系统，推进开评标现场实时监控、预警纠错、投标文件自动分析比对、交易大数据分析辅助决策和公共资源交易信用体系建设，推动现场监管与线上监管有机结合，全年查询投标企业信用49384家次，因未如实填报信用状况否决投标122家。三是惩治违法，形成有效震慑。结合扫黑除恶专项行动，深入开展全省招标投标领域违法行为专项治理。建立实施两项机制，一是案件线索排查移交与查办月度报送调度机制，各区县及相关部门排查线索145件，梳理移交线索9件，近5年来行政处罚案件80件、挂靠出借资质案件9起。年内，全市发现串通投标等违法案件24件，结案15件，移送公安机关1件，通报典型案例8起。二是完善重点工程建设项目标后履约常态化检查机制，各级公管办、行业主管部门、业务系统三方协同联动，对市本级开展4次专项检查，检查项目893个、发现问题1303个、整改落实1222个。

【政务服务队伍建设支撑有力】

一是扎实开展主题教育。突出“不忘初心、牢记使命”主题教育，以做强做优“服务为民，领跑有我”党建品牌为载体，全面启动党建引领攻坚“亮晒比拼”专项行动，广泛开展“一支部一品牌”创建和窗口党员干部“三亮三练”（亮身份练强党性、亮思想练实作风、亮实绩练精业务）活动。政务办直属机关党委被评为市级党建示范创建点，一支部被评为市级示范创建支部。二是切实提升队伍素质。强化改革理念，推行“大学习大调研大抓落实”工作机制，通过开展“改革思路大调研”“改革知识大讲堂”“改革成果大比拼”等活动，推动全体干部以改革的思维思考问题、以改革的眼光发现问题、以改革的办法解决问题。提升业务能力，加强中层干部分类专业培养，开展形式多样的干部职工岗位“大练兵”活动，推动全体干部不断提升岗位履职和尽职能力。树立实绩导向，制订实施年度工作绩效考核办法，通过每月计划报送、双月比拼亮晒、年终综合评比，推动全体干部强化担当、展现作为、争先创优。3．不断强化窗口管理。推行“三服务”窗口“七个一批”工作举措，政务服务大厅37个窗口全面亮晒“三服务”承诺156条。推进窗口标准化建设，修订完善窗口工作人员管理考核办法，加强窗口常态化考评。严格落实每月工作考核评定、“第三方”测评和开展市民监督团暗访、局长“窗口体验日”等活动，全方位规范窗口管理。据“第三方”每月对窗口服务监测显示，企业群众满意率全年保持在99%以上。

（汤　歆）

政治建设

党政群团

·中共湖州市委·

【市委全委会议】 1月10日，市委召开八届六次全体（扩大）会议暨经济工作会议。市委常委会主持会议，市委书记马晓晖代表市委常委会向全会报告工作，市委副书记、市长钱三雄部署经济工作，市委副书记陈浩等参加。

7月26日，市委召开八届七次全体（扩大）会议。市委常委会主持会议，市委书记马晓晖代表市委常委会向全会报告工作，市委副书记钱三雄、陈浩等参加。全会审议通过《中共湖州市委关于坚决打赢防范化解重大风险攻坚战的实施意见》。

12月30日，市委召开八届八次全体（扩大）会议暨经济工作会议。市委常委会主持会议，市委书记马晓晖代表市委常委会向全会报告工作，市委副书记、代市长王纲等参加。全会审议通过《中共湖州市委关于认真学习贯彻党的十九届四中全会精神，奋力争当市域治理现代化先行地排头兵的决定》。

【市委常委会议】 1月8日，市委书记马晓晖主持召开八届第68次常委会会议。会议开展党性党纪一刻钟教育，传达学习《中国共产党支部工作条例（试行）》有关精神；会议听取关于市委全会筹备工作情况的汇报，关于市“两会”筹备工作情况的汇报，关于党管武装工作情况的汇报；会议书面通报全省街道人大工作和建设试点动员部署视频会精神及湖州市贯彻建议、农村饮用水达标提标行动有关情况、深化机关事业单位房产清查和规范管理有关情况。

1月15日，市委书记马晓晖主持召开八届第69次常委会会议。会议开展党性党纪一刻钟教育，传达学习习近平总书记在纪念刘少奇诞辰120周年座谈会上的讲话精神；会议听取市人大常委会、市政府、市政协、市法院、市检察院党组工作汇报，关于中央纪委全会精神及市纪委全会安排的汇报，关于安吉县“两库”引水工程有关情况的汇报，关于机构改革有关事项的汇报；会议书面通报《市政府2018年度民生实事项目完成情况和2019年度民生实事候选项目情况的报告》《湖州市2018年国民经济和社会发展计划执行情况与2019年国民经济和社会发展计划草案的报告》《2018年全市和市本级预算执行情况及2019年全市和市本级预算草案的报告》《2018年度湖州市环境状况和环境保护目标完成情况的报告》（讨论稿）。

2月1日，市委书记马晓晖主持召开八届第70次常委会会议。会议开展党性党纪一刻钟教育，传达学习习近平总书记关于宗教工作的重要论述，传达学习省“两会”精神；会议听取关于“三服务”活动情况的汇报，关于2018年度区县和部门考核工作的汇报，关于“学习强国”学习平台建设运用情况的汇报，关于市级“美丽乡村建设优秀带头人”推选工作的汇报，关于建立市“两会”临时党委及其他干部任免事项的汇报；会议明确2月份市委、市人大、市政府、市政协的重点工作；会议书面通报区县党委落实意识形态工作责任制督查情况及下一步工作建议、市委党校2019年主体班次安排、2018年打造实施乡村振兴战略示范区建设考核及“三农”先进典型评选情况、《中共湖州市委常委会2019年工作要点》（讨论稿）；会议讨论了有关案件。

2月13日，市委书记马晓晖主持召开八届第71次常委会会议。会议开展党性党纪一刻钟教育，传达学习习近平总书记和省委书记车俊重要讲话精神；会议听取关于国家勋章和国家荣誉称号推荐提名工作的汇报，关于乡村治理工作的汇报，关于“大棚房”问题专项清理整治工作的汇报，关于沪苏驻点招商工作的汇报；会议传达省纪委监委关于给予吴水霖党纪处分决定执行工作有关事项的通知等有关文件精神；会议对落实2019年地方立法项目、建立1亿元以上（含1亿元）重大项目库等有关事项作了强调；会议书面通报市委党校（浙江生态文明干部学院）工作情况、2019年市级政府投资项目计划（预算）情况、调整中高端人才初创企业社保费结算办法有关情况、《湖州市贯彻〈2018—2022年浙江省干部教育培训规划〉实施意见（讨论稿）》。

2月25日，市委书记马晓晖主持召开八届第72次常委会会议。会议开展党性党纪一刻钟教育，传达学习《中国共产党政法工作条例》；会议听取关于政法、信访、公安工作的汇报，关于审计工作的汇报；会议书面通报2019年全省民族宗教工作会议精神及湖州市贯彻建议、深化“提标杆破难题助赶超”专项调研助推“三服务”活动安排建议、2019年度市政府重大改革和重大事项、2018年市直机关工委工作情况和2019年工作安排。

3月1日，市委书记马晓晖主持召开八届第73次常委会会议。会议听取关于组织、宣传、统战工作的汇报，关于促进民营经济高质量发展的汇报，关于深化市纪委监委派驻机构改革的汇报；会议明确3月市委、市人大、市政府、市政协的重点工作；会议书面通报湖州市庆祝中华人民共和国成立70周年系列活动安排、《2019年湖州市深化“最多跑一次”改革工作要点》《湖州市建设“无证明城市”工作方案（讨论稿）》；会议讨论了干部。

3月18日，市委书记马晓晖主持召开八届第74次常委会会议。会议开展党性党纪一刻钟教育，传达学习全国“两会”和全省领导干部会议精神，传达学习《中国共产党重大事项请示报告条例》，传达贯彻全省人大促进民营经济高质量发展专项监督视频会议精神；会议听取关于人才工作的汇报，关于工会、共青团、妇联、科协工作的汇报，关于设立和调整县处级事业单位及领导职数的汇报；会议书面通报全国、全省老干部局长会议精神及湖州市贯彻建议，自然资源部、省自然资源厅第三次全国国土调查工作推进会精神及湖州市贯彻建议。

3月22日，市委书记马晓晖主持召开八届第75次常委会会议。会议讨论了干部。

4月1日，市委书记马晓晖主持召开八届第76次常委会会议。会议开展党性党纪一刻钟教育，传达学习《党政领导干部选拔任用工作条例》；会议传达贯彻全国巡视工作会议和十四届省委第六轮巡视工作动员会精神，省委对台工作会议精神，中央扫黑除恶第11督导组督导浙江省工作动员会精神，全省党委秘书长、办公厅（室）主任会议精神，全省“两新”工委书记会议精神；会议听取关于推动降本减负稳增长工作的汇报，关于发布枢纽门户城市建设白皮书的汇报，关于规范招投标工作的汇报；会议明确4月份市委、市人大、市政府、市政协的重点工作；会议书面通报全省党建带群建工作座谈会精神及湖州市贯彻建议、促进就业工作有关情况、《开展“建设效能机关、建设模范机关”活动的实施方案》《中共湖州市委2019年度政党协商（会议协商）计划》《湖州市高质量打造实施乡村振兴战略示范区2019年行动计划（讨论稿）》。

4月4日，市委书记马晓晖主持召开八届第77次常委会会议。会议传达学习省委书记车俊在湖州调研考察时的重要讲话精神；会议讨论了干部。

4月15日，市委书记马晓晖主持召开八届第78次常委会会议。会议听取关于湖州南太湖新区规划建设整合提升的汇报，关于打造生态样板城市的汇报，关于在工业领域开展“农情绿意”系列贷试点的汇报，关于安全生产、森林防火工作的汇报，关于评选表彰省级、市级“担当作为好干部”的汇报，关于县局级领导班子和市管领导干部2018年度考核的汇报；会议书面通报省人大关于《中华人民共和国水污染防治法》贯彻实施情况汇报会精神及湖州市贯彻建议、2019年湖州市乡村振兴“八个全覆盖”重点任务清单和工作方案、《湖州中心城市“十个一”基本配置实施方案（2019—2021年）》《湖州市生态环境损害赔偿制度改革实施方案（讨论稿）》。

4月28日，市委书记马晓晖主持召开八届第79次常委会会议。会议传达学习省委十四届五次全体（扩大）会议和全省防范化解重大风险专题培训班精神，传达贯彻全省建设平安浙江工作会议精神；会议听取关于整治形式主义突出问题的汇报，关于市旅游集团和市产业集团整合重组的汇报；会议明确5月市委、市人大、市政府、市政协的重点工作；会议书面通报中央扫黑除恶第11督导组督导湖州市有关情况、省人大《浙江省学前教育条例》执法检查动员部署视频会议精神及湖州市贯彻建议、2019年全市生态文明建设和治水治气治土工作方案、湖州市2019年度招商引资工作考核办法和“大好高”项目引进推进工作实施方案、湖州市大湾区大花园大通道建设2019年重点工作任务清单编制情况。

5月4日，市委书记马晓晖主持召开八届第80次常委会会议。会议讨论了干部。

5月13日，市委书记马晓晖主持召开八届第81次常委会会议。会议听取关于2019年度区县和部门考核办法的汇报，关于“2019·湖州人大会”筹备工作的汇报，关于《湖州市高质量发展指标体系实施办法》的汇报，关于《2019年督查检查考核年度计划》的汇报，关于国土空间规划编制工作的汇报，关于设立湖州南太湖新区管理机构和核定部分县处级领导职数的汇报；会议书面通报全省推进高校、国企和金融企业深化纪检监察体制改革动员部署会精神及湖州市贯彻建议、开展绿色小额贷款保证保险试点有关情况；会议讨论了案件，讨论了干部。

6月1日，市委书记马晓晖主持召开八届第82次常委会会议。会议传达学习新修订的《党政领导干部选拔任用工作条例》和《中华人民共和国公务员法》；会议听取关于修订《湖州市市容和环境卫生管理条例》的汇报，关于湖州南太湖新区整合组建的汇报，关于应对中美经贸摩擦的汇报，关于城市医共体建设的汇报；会议明确6月份市委、市人大、市政府、市政协的重点工作；会议书面通报全省高质量建设美丽浙江暨高水平推进“五水共治”大会精神及湖州市贯彻建议、全省产业创新服务综合体建设现场推进会精神及湖州市贯彻建议、《市人大常委会关于贯彻〈中华人民共和国监察法〉推进清廉湖州建设的决定》和《市人大常委会听取和审议市监察委员会专项工作报告办法（试行）》有关情况、盘石项目政策扶持有关情况、《大力支持湖州师范学院加快建成高水平“湖州师范大学”若干意见（讨论稿）》。

6月20日，市委书记马晓晖主持召开八届第83次常委会会议。会议开展党性党纪一刻钟教育，传达学习习近平总书记在“不忘初心、牢记使命”主题教育工作会议上的重要讲话精神，传达贯彻中共中央政治局常委、中纪委书记赵乐际在全国市县巡察工作推进会上讲话精神和中纪委常委王鸿津在浙江调研时讲话精神；会议听取关于开展

“防风险消隐患保食安”专项整治行动的汇报，关于违建别墅问题清理整治专项行动的汇报，关于湖州南太湖新区推行权力清单制度的汇报；会议书面通报全国地方政协工作经验交流会主要精神及湖州市贯彻建议、省政府深化“最多跑一次”改革推进政府数字化转型第六次专题会议精神及湖州市贯彻建议、进一步加强能源保障管理有关情况。

7月8日，市委书记马晓晖主持召开八届第84次常委会会议。会议开展党性党纪一刻钟教育，传达学习习近平总书记在中央政治局第十五次集体学习时的重要讲话精神；传达贯彻有关省领导来湖州调研时的讲话精神，全国、全省公安工作会议精神；会议听取关于中央扫黑除恶第11督导组反馈意见整改工作的汇报，关于落实省委2018年度意识形态工作责任制检查反馈意见整改工作的汇报，关于生活垃圾精准分类工作的汇报；会议明确7月市委、市人大、市政府、市政协的重点工作；会议书面通报市“人民满意的公务员和公务员集体”评选推荐情况、开展全市城乡人居环境大排摸大提升大督查“百日攻坚行动”有关情况、湖州市乡村振兴战略规划编制情况、进一步深化深圳、北京驻点招商引才工作有关情况。

7月23日，市委书记马晓晖主持召开八届第85次常委会会议。会议传达贯彻全省“不忘初心、牢记使命”主题教育专项整治工作推进会精神；会议听取关于地方立法工作的汇报，关于市委全会筹备工作的汇报，关于上半年经济形势分析的汇报，关于防范化解政府性债务风险的汇报，关于省委对湖州市巡视整改情况回访检查反馈意见整改的汇报，关于融入长三角区域一体化发展的汇报；会议明确有关市委常委的分工调整；会议书面通报推进乡村人才振兴有关情况、2019年粮食安全责任制考核有关情况、《湖州市健全落实容错纠错机制进一步激励干部担当作为的实施办法（试行）（讨论稿）》。

7月29日，市委书记马晓晖主持召开八届第86次常委会会议。会议讨论了干部。

8月1日，市委书记马晓晖主持召开八届第87次常委会会议。会议开展党性党纪一刻钟教育，传达学习习近平总书记在深化党和国家机构改革总结会议上的讲话精神；会议听取关于统战工作的汇报，关于建设新时代浙江（安吉）县域践行“两山”理念综合改革创新试验区的汇报，关于争当推进基层治理现代化先行地排头兵的汇报，关于消防和安全生产工作的汇报，关于核定领导职数等有关事项的汇报；会议明确8月市委、市人大、市政府、市政协的重点工作；会议书面通报全市党务公开工作有关情况，市工商联、市残联、市红十字会、市计生协会和市关工委等群团部门《改革实施方案》起草情况，2019年调整退休人员基本养老金有关情况，湖州市促进电子商务加快发展新十条扶持政策以及“双百”攻坚行动有关情况，《中共湖州市委关于坚决打赢防范化解重大风险攻坚战的实施意见（讨论稿）》；会议讨论了干部。

8月19日，市委书记马晓晖主持召开八届第88次常委会会议。会议开展党性党纪一刻钟教育；会议传达贯彻机关党建有关会议精神，省委常委会、全省抢险救灾和灾后重建工作视频会议精神，全省教育大会精神，省委人大工作会议、全省各级人大常委会主任学习会精神，全省政协主席暑期读书会暨市、县（市、区）政协工作经验交流会精神；会议听取关于“2019·湖州人大会”筹备工作的汇报；会议书面通报《湖州市参与第二届中国国际进口博览会总体方案》《大运河（湖州）文化保护传承利用实施方案（讨论稿）》；会议讨论了干部。

8月26日，市委书记马晓晖主持召开八届第89次常委会会议。会议讨论了干部。

9月2日，市委书记马晓晖主持召开八届第90次常委会会议。会议开展党性党纪一刻钟教育，传达学习《中国共产党宣传工作条例》，传达贯彻全省统一战线暑期读书会精神；会议听取关于集中规范领导干部配偶、子女及其配偶经商办企业行为的汇报，关于争创首批“全国法治政府建设示范市”的汇报，关于检察工作的汇报，关于开展向吕挺烈士学习活动的汇报，关于稳外贸工作的汇报，关于低效工业用地盘活提效工作的汇报，关于阶段性市委常委分工调整的汇报；会议明确9月市委、市人大、市政府、市政协的重点工作；会议讨论了干部。

9月10日，市委书记马晓晖主持召开八届第91次常委会会议。会议开展党性党纪一刻钟教育，传达学习习近平总书记重要讲话精神，传达贯彻全省美丽城镇建设工作会议精神；会议听取关于湖州市开展“不忘初心、牢记使命”主题教育安排的汇报；会议讨论了干部。

9月24日，市委书记马晓晖主持召开八届第92次常委会会议。会议开展党性党纪一刻钟教育，传达学习《中国共产党问责条例》；会议听取关于高水平推进新时代人大工作和建设的汇报，关于市区公交运营体制改革的汇报，关于促进融资担保行业健康发展的汇报；会议明确10月市委、市人大、市政府、市政协的重点工作；会议书面通报2019年度南太湖新区综合考核指标设置有关情况。

10月12日，市委书记马晓晖主持召开八届第93次常委会会议。会议传达贯彻省委书记车俊在省委党校建校70周年暨2019年秋季开学典礼上的讲话精神，传达学习省长袁家军在湖州调研时的重要讲话精神；会议听取关于深化扫黑除恶专项斗争的汇报，关于公务员职务与职级并行制度等有关事项的汇报；会议书面通报市委议事协调机构精简工作有关情况、第十批市级爱国主义教育基地考评推荐及建议保留德清县图书馆市级爱国主义教育基地称号有关情况。

10月13日，市委书记马晓晖主持召开八届第94次常委会会议。会议讨论了干部。

10月28日，市委书记马晓晖主持召开八届第95次常委会会议。会议开展党性党纪一刻钟教育，传达学习《习近平关于“三农”工作论述摘编》《中国共产党农村工作条例》，传达贯彻中央和省委政协工作会议精神；会议听取关于前三季度经济形势分析的汇报，关于湖州市纪念“两山”理念发表十五周年筹备工作的汇报，关于迎接第二轮中央生态环境保护督察的汇报，关于湖州报业、广电集团整合迁建的汇报；会议讨论了机构编制事项；会议明确11月市委、市人大、市政府、市政协的重点工作；会议书面通报全国、全省深化拓展建设新时代文明实践中心建设试点工作电视电话会议精神及湖州市贯彻建议；会议讨论了干部。

11月1日，市委书记马晓晖主持召开八届第96次常委会会议。会议传达学习中共十九届四中全会和省委常委扩大会议精神。

11月15日，市委书记马晓晖主持召开八届第97次常委会会议。会议开展党性党纪一刻钟教育，传达学习习近平总书记在第二届中国国际进口博览会开幕式上的主旨演讲，传达学习习近平总书记关于食品安全工作重要指示精神及《地方党政领导干部食品安全责任制规定》；会议传达《中央统一战线工作领导小组关于宗教工作督查对呼和浩特市委、三亚市委、宝鸡市委问责情况的通报》，传达贯彻全省传统制造业改造提升现场推进会精神；会议开展中共十九届四中全会精神学习研讨；会议听取关于美丽城镇、美丽乡村建设的汇报，关于安全生产、应急管理工作的汇报；会议书面通报全省宗教工作督查整改“回头看”检查工作部署会精神及湖州市贯彻建议。

11月22日，市委书记马晓晖主持召开八届第98次常委会会议。会议传达学习贯彻省委十四届六次全体（扩大）会议精神。

11月25日，市委书记马晓晖主持召开八届第99次常委会会议。会议开展党性党纪一刻钟教育，传达学习习近平总书记关于党内法规制度建设重要指示精神及《中国共产党党内法规制定条例》等3部党内法规；会议传达贯彻省委书记车俊在“中国治理的世界意义”国际论坛上的讲话精神，近期中央和省委有关巡视巡察工作会议精神，中央主题教育第二巡回督导组来湖州调研指导及全省主题教育、组织工作、高校党建和思想政治工作有关会议精神；会议听取关于防范化解政府债务风险的汇报，关于新时代加强和改进人民政协工作的汇报，关于创建国家可持续发展议程创新示范区的汇报；会议明确12月市委、市人大、市政府、市政协的重点工作；会议书面通报省委常委、省纪委书记许罗德在湖州调研讲话精神及湖州市贯彻建议。

12月3日，市委书记马晓晖主持召开八届第100次常委会会议。会议听取市委编办关于核定市新闻传媒中心领导职数等有关事项的汇报；会议书面通报全市2019年未成年人思想道德建设工作推进情况及下一步建议、组建市供销集团有关情况；会议讨论了干部。

12月15日，市委书记马晓晖主持召开八届第101次常委会会议。会议讨论了干部。

12月16日，市委书记马晓晖主持召开八届第102次常委会会议。会议开展党性党纪一刻钟教育，传达学习中央经济工作会议精神；会议听取关于地方立法工作的汇报，关于市“两会”筹备工作的汇报，关于意识形态工作的汇报；会议传达贯彻全省县级社会矛盾纠纷调处化解中心建设现场推进会精神，全省机关党的建设工作座谈会精神；会议书面通报《中国共产党湖州历史》第二卷编写及出版工作情况、湖州市东西部扶贫协作工作有关情况、2019年全市反恐怖工作总结和2020年工作思路。

12月25日，市委书记马晓晖主持召开八届第103次常委会会议。会议讨论了干部。

12月27日，市委书记马晓晖主持召开八届第104次常委会会议。会议开展党性党纪一刻钟教育；会议听取关于市委八届八次全会暨经济工作会议筹备工作的汇报，关于2020年主要指标安排的汇报，关于2020年元旦春节期间困难群众生活安排、走访慰问和市场供应保障的汇报；会议明确2020年1月市委、市人大、市政府、市政协的重点工作。

【市委重要专题会议】 1月4日，市委召开工作务虚会议，研究2019年工作思路。市委书记马晓晖主持会议并讲话，市领导钱三雄、胡菁菁、陈浩等参加。

1月8日，市委召开议军会议。市委书记、军分区党委第一书记马晓晖主持会议并讲话，市领导钱三雄、胡菁菁、杨建新、陈浩、夏文星、梁雪冬、范庆瑜、李上葵、江宏勋、杨六顺、徐仲仪等参加。

1月11日，市委召开老干部座谈会，围绕开好市委常委会民主生活会征求意见和建议。市委书记马晓晖主持会议并讲话，市领导梁雪冬、徐仲仪参加。

1月12日，市委理论学习中心组召开扩大会议，开展“推动新时代文化湖州建设”专题学习。马晓晖、杨建新、陈浩等市委理论学习中心组成员参加。

1月14日，市委召开2018年度全市党委（党组）书记抓基层党建和人才工作述职评议会。市委书记马晓晖到会并讲话。市领导钱三雄、陈浩、夏文星、梁雪冬、范庆瑜、李上葵杨六顺、徐仲仪参加。

1月17日，召开2018年度市对区县乡村振兴个性化考核工作会议。市委副书记陈浩到会并讲话，市领导胡国荣、蒋伟峰等参加。

1月23日，市委常委会召开2018年度民主生活会。市委书记马晓晖主持会议并作总结讲话。

1月24日，召开“向党和人民报告”2018年度湖州公安工作汇报会。马晓晖、钱三雄、胡菁菁、杨建新、陈浩等市四套班子领导和省公安厅党委副书记、常务副厅长毛善恩等参加，市委常委、市公安局局长夏文星致辞。

1月25日，召开全市第二届慈善年会暨2018年度湖州市慈善排行榜发布会。会前，市委书记马晓晖作批示，市领导陈浩、喻运鑫、蒋伟峰、钟鸣等参加。

是日，召开扫黑除恶专项斗争工作会议。市委副书记、政法委书记、扫黑除恶专项斗争领导小组组长陈浩到会并讲话。市委常委、公安局局长夏文星部署工作。

2月1日，市委召开常委扩大会议，传达学习省十三届人大二次会议和省政协十二届二次会议精神。市委书记马晓晖主持会议并讲话。

是日，市委、市政府召开2019年新春团拜会。市委书记马晓晖致辞，市委副书记、市长钱三雄主持，第七十二集团军首长郑守东、方明和胡菁菁、杨建新、陈浩等市四套班子领导参加。

2月12日，召开全市加快打造美丽宜居城市暨“三服务”活动推进大会。市委书记马晓晖到会并讲话，钱三雄、胡菁菁、杨建新、陈浩等市四套班子领导参加。

2月13日，市委理论学习中心组召开会议，深入学习习近平总书记在省部级主要领导干部坚持底线思维着力防范化解重大风险专题研讨班上的讲话精神。市委书记马晓晖主持会议并讲话，市委副书记、市长钱三雄领学，市领导陈浩、杨六顺、徐仲仪、施根宝作研讨发言。

2月19日，湖州军分区召开2018年度总结表彰暨区县人武部党委第一书记党管武装工作述职大会。市委书记马晓晖到会并讲话，市领导陈浩、杨六顺等参加。

是日，召开全市税务工作会议。市委副书记、市长钱三雄到会并讲话。

2月25日，市委审计委员会召开第一次会议。市委书记、市委审计委员会主任马晓晖到会并讲话，市领导钱三雄等参加。

2月27日，市委召开政法工作会议。市委书记马晓晖到会并讲话，市委副书记、市长钱三雄主持，市委副书记、政法委书记陈浩作具体工作部署，市领导夏文星、杨六顺、熊全龙等参加。

3月1日，召开全市对口工作领导小组扩大会议。市委书记马晓晖到会并讲话，市委副书记、市长钱三雄主持，市领导杨六顺、徐仲仪、曹德平、许继清、李建平等参加。

是日，召开市志愿者联合会成立大会。市委书记马晓晖致贺信，市领导范庆瑜、蒋伟峰等参加。

3月4日，举行市第三届道德模范暨2018“四大最美”颁奖典礼。市委书记马晓晖会见市第三届道德模范和2018“四大最美”获奖典型，并为湖州市第三届道德模范获奖人员颁奖。市领导范庆瑜、沈志华、蒋伟峰、钟鸣等参加。

3月7日，召开全市金融支持民营经济高质量发展暨绿色金融改革创新试验区建设推进会。市委书记马晓晖到会并讲话，市委副书记陈浩主持，市领导董立新、项乐民、李建平等参加。

是日，召开全市农业和农村工作领导小组（扩大）会议。市委副书记陈浩主持会议并讲话，市领导蒋伟峰等参加。

3月8日，市委理论学习中心组召开扩大会议，深入学习贯彻习近平总书记在十九届中央纪委三次全会上的重要讲话精神。市委书记马晓晖主持会议并讲话，胡菁菁、杨建新、陈浩等市委理论学习中心组成员参加，省纪委副书记、省监委副主任罗悦明作专题辅导报告。

3月11日，召开全市党群政法“三农”部门班子会议。市委副书记、政法委书记陈浩到会并讲话。

3月13日，市委召开全市党建工作会议。市委书记马晓晖到会并讲话，市委副书记陈浩主持，市领导范庆瑜、李上葵、徐仲仪等参加。

3月18日，市委人才工作领导小组召开会议，研究部署2019年全市人才工作。市委书记马晓晖主持会议并讲话，市领导钱三雄、胡菁菁、杨建新、陈浩等参加。

3月21日，召开全市领导干部警示教育暨作风建设大会。市委书记马晓晖到会并讲话，市委副书记、市长钱三雄主持，胡菁菁、杨建新、陈浩等市四套班子领导参加。

3月25日，召开2019年第一次乡镇（街道）党委书记工作交流会。市委书记马晓晖到会并讲话，钱三雄、胡菁菁、杨建新、陈浩等市四套班子领导参加。

3月26日，召开市文联第七次代表大会。市委书记马晓晖参加开幕式并讲话，省文联党组书记、副主席、书记处常务书记陈瑶和市领导钱三雄、杨建新、范庆瑜、沈志华、闵云、钟鸣、竺鸰等参加。

4月2日，召开预防和化解行政争议工作联席会议暨法治政府建设推进会。市委副书记、市长钱三雄到会并讲话，市领导蒋伟峰等参加。

是日，召开全市党建带群建暨市委老干部工作领导小组（扩大）会议、市委直属机关工委“双建”动员会议。市委副书记、政法委书记陈浩到会并讲话，市领导徐仲仪、钟鸣参加。

4月8日，市委召开年轻干部座谈会。市委书记马晓晖到会并讲话，市委常委、组织部部长徐仲仪主持会议。

4月9日，市委财经委员会召开第一次会议。市委书记、市委财经委员会主任马晓晖主持会议并讲话，市领导钱三雄、陈浩、杨六顺、项乐民等参加。

是日，召开市“三服务”工作交流会，市委副书记、政法委书记陈浩到会并讲话。

4月10日，湖州市与青海省海西蒙古族藏族自治州召开对口支援工作座谈会。市委副书记、市长钱三雄和海西州委副书记、格尔木市委书记王勇到会并讲话。

4月11日，召开全市信访工作联席会议全体会议。市委副书记、政法委书记陈浩到会并讲话，市领导夏文星、蒋伟峰等参加。

4月18日，召开全市加快打造枢纽门户城市大会。市委书记马晓晖到会并讲话，市委副书记、市长钱三雄主持，胡菁菁、杨建新等市四套班子领导参加。

4月22日，市委教育工作领导

小组召开第一次全体会议。市委副书记、市委教育工作领导小组组长陈浩主持会议并讲话，市领导徐仲仪、闵云出席。

4月23日，市委全面依法治市委员会召开第一次会议。市委书记、市委全面依法治市委员会主任马晓晖主持会议并讲话，市领导钱三雄、胡菁菁、杨建新、陈浩、夏文星、杨六顺、徐仲仪、钟鸣等参加。

是日，市委国家安全委员会举行第一次全体会议。市委书记马晓晖主持会议并讲话，市领导陈浩、夏文星、江宏勋等参加。

4月27日，召开庆祝五一国际劳动节大会。市领导马晓晖、钱三雄、胡菁菁、杨建新分别为获奖的先进集体和个人颁奖，市委副书记陈浩致辞，市领导范庆瑜、徐仲仪、熊全龙、项乐民、钟鸣等参加。

4月28日，举行“青春心向党·建功新时代”纪念五四运动100周年大会。市委书记马晓晖到会并讲话，市领导钱三雄、胡菁菁、杨建新、陈浩、范庆瑜、徐仲仪、熊全龙、高东等参加。

5月7日，市委军民融合发展委员会召开第一次全体会议。市委书记、市委军民融合发展委员会主任马晓晖到会并讲话，市领导钱三雄、江宏勋、杨六顺、项乐民和湖州军分区政委傅斌等参加。

是日，市委网络安全和信息化委员会召开第一次全体会议。市委书记、市委网络安全和信息化委员会主任马晓晖主持会议并讲话。市领导钱三雄、陈浩、范庆瑜、江宏勋、项乐民参加。

5月9日，召开全市平安建设夺金鼎总结暨推进基层治理现代化动员大会。市委书记马晓晖到会并讲话，市委副书记、市长钱三雄主持，胡菁菁、杨建新等市四套班子领导参加，市委副书记、政法委书记陈浩宣读有关记功表扬文件。

5月10日，召开全市加快打造生态样板城市大会。市委书记马晓晖到会并讲话，市委副书记、市长钱三雄主持，胡菁菁、杨建新、陈浩等市四套班子领导参加。

5月16日，召开规范工程建设领域招投标工作会议。市委副书记、市长钱三雄到会并讲话，市委常委、常务副市长杨六顺主持。

5月19日，召开第七次律师代表大会。市委副书记、政法委书记陈浩到会并讲话，市领导喻运鑫、蒋伟峰、钟鸣等参加。

5月21日，召开创建全省双拥模范城（县）情况汇报会。市委副书记、市长、市双拥工作领导小组组长钱三雄到会并作工作汇报，市领导范庆瑜、蒋伟峰及湖州军分区政委傅斌等参加。

5月23日，召开创建全省“双拥”模范城（县）情况反馈会。省“双拥”工作考评组组长、省退役军人事务厅副厅长宋云峰反馈考评情况，市委副书记、市长、市双拥工作领导小组组长钱三雄作表态发言，市领导陈浩、范庆瑜、江宏勋、蒋伟峰等参加。

6月1日，市地方立法工作领导小组召开会议。市委书记马晓晖到会并主持，市领导钱三雄、胡菁菁、杨建新、陈浩等参加。

6月2日，市委、市政府召开南太湖新区成立大会。市委书记马晓晖到会并讲话，市委副书记、市长钱三雄主持，胡菁菁、杨建新、陈浩等市四套班子领导参加。

6月7日，2019北京世界园艺博览会“浙江湖州城市主题日”活动在京举行。市委书记马晓晖致欢迎辞；北京世园会中国政府副总代表、中国国际商会秘书长于健龙，保加利亚驻华大使格里戈尔·波罗瓦诺夫，省贸促会会长陈宗尧和市领导胡菁菁、范庆瑜、沈铭权、施根宝、许继清、李建平等参加。

6月11日，市委副书记、市长钱三雄主持召开2019年市规划委员会第3次会议。市领导杨六顺等参加。

6月15日，召开全市政府系统领导干部庭审现场学法会。市委副书记、市长钱三雄到会并讲话，市领导陈浩、杨六顺、闵云、施根宝、蒋伟峰、许继清等参加。

6月18日，市委副书记、市长钱三雄带队赴吴兴区调研防汛及地质灾害防治工作，并主持召开全市梅雨防汛电视电话会议，研究部署当前防汛工作。市领导江宏勋、杨六顺参加。

6月19日，市委书记马晓晖，市委副书记、政法委书记陈浩以普通党员的身份，参加市委办“红色年轮见初心”主题党日活动。

6月24日，召开庆祝中国共产党成立98周年暨建设全国城市基层党建示范市推进大会。市委书记马晓晖到会并讲话，市委副书记、政法委书记陈浩主持，市领导梁雪冬、范庆瑜、李上葵、杨六顺、徐仲仪、沈铭权等参加。

6月27日，召开“三服务”工作推进会。市委副书记、政法委书记、市“三服务”活动领导小组常务副组长陈浩到会并讲话。

7月1日，召开全市乡村振兴半年度工作例会暨“八个全覆盖”工作推进会。市委副书记、政法委书记陈浩到会并讲话，市领导胡国荣、蒋伟峰参加。

7月11日，市委全面深化改革委员会召开第一次会议暨改革推进会。市委书记、市委全面深化改革委员会主任马晓晖到会并讲话，市领导钱三雄、陈浩等参加。

是日，市委审计委员会召开第二次会议。市委书记、市委审计委员会主任马晓晖主持会议并讲话。市领导钱三雄参加。

是日，市委机构编制委员会召开第一次会议。市委书记、市委机构编制委员会主任马晓晖主持会议并讲话，市领导钱三雄参加。

7月12日，市委理论学习中心组召开深化媒体融合发展专题学习会。市委书记马晓晖到会并讲话。市领导钱三雄、胡菁菁、杨建新和市委理论学习中心组成员参加。

7月15日，市委召开专题会议，听取“六个城市”建设和“十大专项行动”推进情况。市委书记马晓晖到会并讲话。市领导钱三雄、胡菁菁、杨建新、陈浩等参加。

7月16日，召开全市公安工作会议。市委书记马晓晖到会并讲话，市领导钱三雄、夏文星、沈铭权参加，市委副书记、政法委书记陈浩主持。

7月23日，召开全市乡镇（街道）党委书记工作交流会。市委书记马晓晖到会并讲话，钱三雄、胡菁菁、陈浩等市四套班子领导参加，市委常委、组织部部长徐仲仪主持会议。

7月27日，市委举办全市防范化解重大风险专题培训班。市委书记马晓晖作开班动员，市委副书记、市长钱三雄作小结，市领导胡菁菁、杨建新等参加，市领导陈浩、梁雪冬、范庆瑜、杨六顺、徐仲仪、项乐民分别作辅导。

7月29日，市委副书记、市长钱三雄主持召开2019年市规划委员会第4次会议。市领导杨六顺参加。

8月1日，召开庆祝建军92周年大会。市委书记马晓晖到会并讲话，第72集团军政治工作部主任方明和市领导钱三雄、陈浩、夏文星、范庆瑜、江宏勋、项乐民及湖州军分区政委傅斌等参加。

是日，召开市委统战工作领导小组会议。市委书记马晓晖到会并讲话，市领导钱三雄、胡菁菁、杨建新、陈浩等参加。

8月6日，召开金融支持民营经济高质量发展推进会。市委副书记、市长钱三雄到会并讲话，副市长项乐民主持。

8月15日，召开全面推进生活垃圾精准分类动员大会。市委书记马晓晖到会并讲话，胡菁菁等市四套班子领导参加。

8月22日，召开推进长三角一体化发展大会。市委书记马晓晖到会并讲话，市委副书记、市长钱三雄主持，胡菁菁、杨建新等市四套班子领导参加。

8月23日，召开市委书记与政协委员“面对面”活动暨非公有制经济企业家圆桌会议。市政协主席杨建新主持会议，副市长、民革市委会主委闵云代表重点集体提案单位发言。

8月26日，召开全市新时代文明实践中心暨全国文明城市建设工作推进会。市委书记马晓晖到会并讲话，市委副书记、市长钱三雄主持，市委常委、宣传部部长范庆瑜通报全市文明城市建设半年度测评成绩，市领导沈铭权、曹德平、闵云、魏明、钟鸣等参加。

8月27日，市委、市政府召开专题会议，研究南太湖新区长东片区CBD地块项目概念规划及城市设计方案等有关工作。市委书记马晓晖主持并讲话，钱三雄、胡菁菁、杨建新、陈浩等市四套班子领导参加。

8月29日，市委理论学习中心组召开扩大会议，听取省人大常委会副秘书长、研究室主任张国强作“坚持和完善人民代表大会制度、推进新时代人大工作”专题辅导报告。马晓晖、钱三雄、胡菁菁、杨建新等市委理论学习中心组成员参加。

8月30日，市委召开市级部门局长（主任）工作交流会。市委书记马晓晖到会并讲话，市委副书记、市长钱三雄主持，胡菁菁、杨建新等市四套班子领导参加。

9月2日，市委理论学习中心组举行会议，专题学习《中国共产党宣传工作条例》。市委书记马晓晖主持会议并讲话，钱三雄、胡菁菁、杨建新等市委理论学习中心组成员参加。

9月4日，市委书记马晓晖专题听取全市“不忘初心、牢记使命”主题教育准备工作情况汇报。市领导徐仲仪参加。

9月5日，举行“2019·湖州人”大会“我为家乡办一事”捐赠表彰仪式。市领导钱三雄、李上葵、闵云向为家乡捐物捐款的15名企业家和湖州乡贤代表颁发奖杯和荣誉证书。

是日，召开全市教育大会。市委书记马晓晖到会并讲话，市委副书记、市长钱三雄主持，胡菁菁、杨建新等市四套班子领导参加，市委常委、宣传部部长范庆瑜宣读全市教育工作突出贡献集体和个人通报。

9月11日，召开全市“不忘初心、牢记使命”主题教育工作会议。市委书记、市委主题教育领导小组组长马晓晖和省委主题教育第五巡回指导组组长陶时梅到会并讲话，市委副书记、市长钱三雄主持，市领导胡菁菁、杨建新和省委主题教育第五巡回指导组副组长陈宁等参加。

9月12日，召开“2019·湖州人”大会。十一届全国人大常委会副委员长、中国工程院院士桑国卫致贺信，省委常委、统战部部长熊建平致辞，市委书记马晓晖作题为《携手共创新时代湖州高质量发展的美好未来》的主旨演讲，市委副书记、市长钱三雄主持。

是日，市委、市政府召开深入贯彻落实习近平总书记系列重要指示精神暨新时代浙江（安吉）县域践行“两山”理念综合改革创新试验区建设工作大会。省委常委、常务副省长冯飞到会并讲话，市委书记马晓晖致辞，市委副书记、市长钱三雄主持，市领导杨六顺、沈铭权等参加。

9月16日，召开市委理论学习中心组（扩大）会议暨全市县处级干部主题教育专题读书班开班式和市委党校秋季班开学典礼。市委书记马晓晖到会并上专题党课。省委主题教育第五巡回指导组组长陶时梅、副组长陈宁和钱三雄、胡菁菁、杨建新等市四套班子领导参加。

9月17日，市委理论学习中心组成员集中自学《习近平关于“不忘初心、牢记使命”重要论述选编》《习近平新时代中国特色社会主义思想学习纲要》和《中国共产党章程》等规定书目，并进行专题研讨。市委书记马晓晖主持会议并讲话，省委主题教育第五巡回指导组组长陶时梅、副组长陈宁和市委理论学习中心组成员钱三雄、胡菁菁、杨建新等参加。

是日，市委副书记、市长钱三雄以“坚持生态优先、绿色发展，以高质量赶超发展践行好初心使命”为主题，为参加第一期全市县处级干部主题教育专题读书班的学员作辅导报告。市领导徐仲仪主持，省委主题教育第五巡回指导组副组长陈宁等参加。

9月19日，召开全市平安建设推进会。市委书记马晓晖到会并讲话，市委常委、公安局局长夏文星主持，市领导杨六顺、熊全龙等参加。

9月23日，“田园德清博览中国”庆祝农民丰收节活动暨首届美丽中国田园博览会在德清县开幕。全国政协副主席、民革中央常务副主席郑建邦宣布开幕，副省长彭佳学、市委书记马晓晖分别致辞；全国政协常委、副秘书长、民革中央副主席兼秘书长李惠东，全国政协常委、中国侨联副主席、浙江省政协副主席、民革浙江省委会主委吴晶和市领导胡菁菁、杨建新、闵云、夏坚定参加。

9月25日，举行“礼赞新中国·奋斗新时代”——湖州市庆祝新中国成立70周年文艺晚会。市委书记马晓晖到会并讲话，驻湖州部队首长于启峰，省委主题教育第五巡回指导组组长陶时梅和胡菁菁、杨建新等市四套班子领导参加。

9月27日，市委召开人大工作会议。市委书记马晓晖到会并讲话，市委副书记、市长钱三雄主持，市人大常委会主任胡菁菁讲话，市领导杨建新、夏文星、梁雪冬、李上葵、江宏勋、徐仲仪、沈铭权、董立新、曹德平、喻运鑫、胡国荣、沈志华、张兰新、熊全龙等参加。

9月29日，召开全市统一战线读书会。市委书记马晓晖到会并讲话，市委常委、统战部部长李上葵主持，市领导施根宝参加。

10月12日，召开稳外贸稳外资工作推进会。市委副书记、市长钱三雄到会并讲话，副市长施根宝主持。

10月16日，举行全市离退休干部“银领先锋”政治理论专题研讨班开班式。市委书记马晓晖上“不忘初心、牢记使命”主题教育专题党课，并通报全市经济社会发展情况。省委主题教育第五巡回指导组组长陶时梅参加，市委常委、组织部部长徐仲仪主持。

10月18日，召开“不忘初心、牢记使命”主题教育先进典型报告会暨“人民满意的公务员”和“人民满意的公务员集体”表彰会议。会前，市委书记马晓晖，市委副书记、市长钱三雄看望全国、全省、全市“人民满意的公务员”和“人民满意的公务员集体”代表，向他们表示祝贺；市委常委、组织部部长徐仲仪一同看望并在表彰会议上讲话。

10月21日，召开全市乡镇（街道）党委书记工作交流会。市委书记马晓晖到会并讲话，钱三雄、胡菁菁、杨建新等市四套班子领导参加，市委常委、组织部部长徐仲仪主持。

是日，召开市委财经委员会第二次会议。市委书记、市委财经委员会主任马晓晖主持并讲话，市领导钱三雄、杨六顺、项乐民等参加。

10月23日，市委理论学习中心组围绕“不忘初心、牢记使命”主题教育进行第二次专题学习。市委书记马晓晖、省委主题教育第五巡回指导组组长陶时梅讲话，钱三雄、胡菁菁、杨建新等市四套班子领导和省委主题教育第五巡回指导组副组长陈宁参加。

10月25日，市委副书记、市长钱三雄与市政协委员们围绕“大力推动湖州建设长三角物流中心”主题，进行“面对面”协商交流。市政协主席杨建新主持。

10月28日，召开创建首批“全国法治政府建设示范市”动员部署会暨市委依法治市委员会执法协调小组第一次会议。市委副书记、市长钱三雄到会并讲话。

11月1日，召开全市领导干部会议，传达贯彻中共十九届四中全会和省委常委扩大会议精神。市委书记马晓晖主持，钱三雄、胡菁菁、杨建新等市四套班子领导参加。

11月11日，召开市委常委会主题教育第三次专题学习会暨对照党章党规找差距专题会议。市委书记马晓晖主持会议并讲话，省委主题教育第五巡回指导组组长陶时梅和市四套班子领导钱三雄、胡菁菁、杨建新等参加。

11月12日，召开第十届政产学研合作大会。市委书记马晓晖致辞，市委副书记、市长钱三雄主持。

11月15日，市委理论学习中心组围绕学习贯彻中共十九届四中全会精神，开展“不忘初心、牢记使命”主题教育专题学习研讨。市委书记马晓晖主持会议并讲话，钱三雄、胡菁菁等市委理论学习中心组成员参加。

11月20日，召开第十八次全市非公有制经济企业家圆桌会议。市委副书记、市长钱三雄到会并讲话，市委常委、统战部部长李上葵主持，市领导方新旗等参加。

11月26日，召开省委中共十九届四中全会精神宣讲团报告会暨市委理论学习中心组（扩大）会议。市委书记马晓晖主持，钱三雄、胡菁菁、杨建新等市委理论学习中心组成员参加。

11月29日，市委召开政协工作会议。市委书记马晓晖到会并讲话，市委副书记、市长钱三雄主持，市政协主席杨建新讲话，市领导夏文星、梁雪冬、李上葵、杨六顺、徐仲仪、沈铭权、李建平、方新旗、魏明、钟鸣、高东、叶理中、竺鸰、李红等参加。

12月3日，市委全面深化改革委员会召开第二次会议。市委书记、市委全面深化改革委员会主任马晓晖主持会议并讲话，市委副书记、市长、市委全面深化改革委员会副主任钱三雄参加。

12月4日，市委常委会召开主题教育专题民主生活会。副省长高兴夫到会指导并讲话，市委书记马晓晖主持会议并代表市委常委会班子作表态发言，省委第五巡回指导组组长陶时梅作点评讲话。

12月12日，市委召开区县委书记工作座谈会。市委书记马晓晖主持会议并讲话，市委副书记、市长钱三雄就新一年经济工作思路提出具体要求，市人大常委会主任胡菁菁、市政协主席杨建新分别围绕全年全市项目“双进双产”情况作点评讲话，市领导夏文星、梁雪冬、范庆瑜、江宏勋、杨六顺、徐仲仪、沈铭权、闵云、施根宝、朱留沙、项乐民、许继清等参加。

12月16日，市红十字会召开第六次会员代表大会。市委书记马晓晖到会并讲话，市领导钱三雄、胡菁菁、杨建新、徐仲仪和省红十字会党组书记、专职副会长陶竞等参加，副市长闵云主持。

是日，市地方立法工作领导小组召开会议。市委书记马晓晖主持，市领导钱三雄、胡菁菁、杨建新等参加。

12月17日，市委理论学习中心组举行网络意识形态工作专题学习会。省委宣传部副部长、省委网信办主任朱重烈作专题辅导报告，马晓晖、胡菁菁、杨建新等市委理论学习中心组成员参加。

12月20日，召开高水平建设健康湖州推进会。市委书记马晓晖到会并讲话，市委副书记、市长钱三雄主持，市领导范庆瑜、徐仲仪等参加。

12月23日，召开全市乡镇（街道）党委书记工作交流会。市委书记马晓晖到会并讲话，胡菁菁、杨建新等市四套班子领导参加，市委常委、组织部部长徐仲仪主持。

12月24日，召开新时代美丽城市、美丽城镇、美丽乡村建设工作推进会。市委书记马晓晖到会并讲话，市委常委、常务副市长杨六顺主持，市领导沈铭权、胡国荣、夏坚定、高东等参加。

12月25日，市委召开市级领导干部会议，宣布省委关于市政府主要领导调整的决定。省委决定：王纲同志任中共湖州市委委员、常委、副书记，提名为湖州市市长候选人；免去钱三雄同志的中共湖州市委副书记、常委、委员职务，提议不再担任湖州市市长职务。

12月27日，市委召开议军会议。市委书记、湖州军分区党委第一书记马晓晖主持会议并讲话。市领导王纲、胡菁菁、夏文星、梁雪冬、范庆瑜、李上葵、江宏勋、徐仲仪、沈铭权、李建平等参加。

（谢少泽）

·湖州市人民代表大会·

【市八届人大四次会议】 市第八届人民代表大会第四次会议于2月22日至25日举行。会议应到代表354名，实到代表345名，列席人员177名，并邀请19名公民旁听会议。

会议的指导思想是：高举习近平新时代中国特色社会主义思想伟大旗帜，以习近平总书记关于坚持和完善人民代表大会制度的重要思想为引领，深入贯彻落实中共十九大和十九届二中、三中全会及省、市委全会精神，紧扣“一四六十”工作体系，切实履行宪法和法律赋予的职责，认真审议会议各项报告，依法决定全市2019年各项主要工作，团结和动员全市人民振奋精神，开拓进取，真抓实干，攻坚克难，奋力当好践行“两山”理念样板地模范生，为推进新时代湖州高质量赶超发展做出积极贡献。

会议的主要议程是：1. 听取和审查湖州市人民政府工作报告；2. 审查市发展和改革委员会关于湖州市2018年国民经济和社会发展计划执行情况与2019年国民经济和社会发展计划草案的报告，审查、批准湖州市2018年国民经济和社会发展计划执行情况的报告与2019年国民经济和社会发展计划；3. 审查市财政局关于湖州市2018年全市和市本级预算执行情况及2019年全市和市本级预算草案的报告，审查、批准湖州市2018年市本级预算执行情况的报告及2019年市本级预算；4. 听取和审查湖州市人民代表大会常务委员会工作报告；5. 听取和审查湖州市中级人民法院工作报告；6. 听取和审查湖州市人民检察院工作报告；7. 审议湖州市人民政府关于2018年度民生实事项目完成情况和2019年度民生实事候选项目情况的报告，票决2019年度湖州市人民政府民生实事项目；8. 审议湖州市人民政府关于2018年度湖州市环境状况和环境保护目标完成情况的报告；9. 选举湖州市第八届人民代表大会常务委员会副主任1名、委员1名；10. 通过关于设立调整湖州市第八届人民代表大会有关专门委员会的决定；11. 通过湖州市第八届人民代表大会有关专门委员会组成人员名单。

2月21日，举行预备会议，选举56名成员组成大会主席团，选举董立新兼任大会秘书长，通过大会议程。

市八届人大四次会议共举行3次全体会议，4次主席团会议。大会采取按电子表决器的方式，通过了关于政府工作报告等6项决议，通过了设立市人大社会建设委员会，将市人大内务司法委员会调整为市人大监察和司法委员会的决定。大会采取无记名投票方式，选举熊全龙为湖州市第八届人民代表大会常务委员会副主任，选举柳国强为湖州市第八届人民代表大会常务委员会委员，决定将水环境改善、农村饮用水达标提标、保障性安居、城乡交通、消费环境、厨房革命、教育服务、居家养老服务、公共文体基础建设、便民惠民设施等作为2019年度湖州市人民政府民生实事项目。大会还收到代表10人以上联名提出的议案16件，大会主席团按照《中华人民共和国地方各级人民代表大会和地方各级人民政府组织法》和《中华人民共和国全国人民代表大会和地方各级人民代表大会代表法》有关规定，决定将16件议案全部转为建议件处理；大会收到代表对各方面工作的建议、批评和意见181件，至12月底，这些建议、批评和意见已由各承办部门办理完毕，并答复代表。

【市八届人大常委会第17次—24次会议】 2019年，市八届人大常委会举行8次会议，听取和审议22项工作报告，作出12项审议意见。

第17次会议于1月18日举行。会议的主要议程是：1. 审议《湖州市市容和环境卫生管理条例（修订案草案）》；2. 审议关于召开市八届人大四次会议的决定（草案），讨论提请市八届人大四次会议审议通过的有关事项，审议市八届人大四次会议列席人员名单（草案）；3. 审议市人大常委会在市八届人大四次会议上的工作报告稿及2018年工作总结；4. 审议市人大常委会2019年工作要点（草案）；5. 审议湖州市人大常委会代表资格审查委员会关于湖州市第八届人民代表大会代表变动情况和代表资格的审查报告；6. 人事事项；7. 市人大常委会任命的政府工作部门主要负责人述职测评。

第18次会议于3月28日举行。会议的主要议程是：1. 审议《湖州市市容和环境卫生管理条例（修订草案）》；2. 听取和审议市政府关于《湖州市文明行为促进条例》宣传贯彻情况的报告；3. 听取和审议市政府关于大气污染防治工作情况的报告；4. 审议《湖州市人大常委会关于设立社会建设工作委员会和内务司法工作委员会更名的决定（草案）》；5. 审议湖州市人大常委会代表资格审查委员会关于湖州市第八届人民代表大会代表变动情况和代表资格的审查报告；6. 人事事项。

第19次会议于5月31日举行。会议的主要议程是：1. 审议《湖州市乡村旅游促进条例（草案）》；2. 听取和审议市人大常委会执法检查组关于贯彻《中华人民共和国防洪法》推进水利工程建设情况的检查报告，市政府关于贯彻《中华人民共和国防洪法》推进水利工程建设情况的报告（书面）；3. 听取和审议市政府关于湖州市促进民营经济高质量发展情况的报告；4. 听取市政府关于市政府办公室等18个涉改部门2019年预算编制情况的说明；5. 审议《市人大常委会关于支出预算、政策和预算绩效管理监督暂行办法（草案）》；6. 人事任免事项；7. 审议《关于许可对湖州市第八届人民代表大会代表沈利新依法采取强制措施的决定（草案）》。

第20次会议于6月21日举行。会议的主要议程是：1. 审议《湖州市市容和环境卫生管理条例（修订草案）》；2. 审议《市人大常委会关于贯彻〈中华人民共和国监察法〉推进清廉湖州建设的决定（草案）》；3. 审议《市人大常委会听取和审议市监察委员会专项工作报告办法（试行）（草案）》；4. 人事事项。

第21次会议于7月30日—31日举行。会议的主要议程是：1. 听取和审议市政府关于上半年工作和下半年安排的政情报告；2. 审议市政府关于2019年半年度国民经济和社会发展计划执行情况的报告（书面）；3. 审议市政府关于2019年半年度全市和市级预算执行情况的报告（书面）；4. 听取和审议市政府关于2018年全市和市级财政决算草案的报告，审查和批准2018年财政决算；5. 听取和审议市政府关于2018年度市级预算执行和其他财政收支审计工作情况的报告；6. 审议《湖州市乡村旅游促进条例（草案）》；7. 听取和审议市人大常委会执法检查组关于《浙江省学前教育条例》执法检查情况的报告；8. 听取和审议市政府关于湖州市生活垃圾分类工作情况的报告，审议《湖州市人大常委会关于加快推进生活垃圾精准分类的决定（草案）》；9. 审议《湖州市人大常委会关于推进行政争议实质性化解进一步加强社会治理的决定（草案）》；10. 人事事项。

第22次会议于9月19日举行。会议的主要议程是：1. 审议《湖州市大气污染防治规定（草案）》；2. 听取和审议市政府关于中心城市能级提升有关情况的报告；3. 听取和审议市公安局关于开展扫黑除恶专项斗争工作情况的报告，审议市中级人民法院、市检察院、市司法局关于开展扫黑除恶专项斗争工作情况的报告（书面）；4. 听取和审议市政府关于消除集体经济欠发达村工作情况的报告；5. 人事事项。

第23次会议于11月20日—21日举行。会议的主要议程是：1. 二审《湖州市美丽乡村建设管理条例（草案）》；2. 听取和审议市政府关于"十三五"规划实施情况的中期评估报告；3. 听取和审议市政府关于2018年市本级预算调整方案（草案）的报告，审查和批准2018年市本级预算调整方案；4. 听取和审议市政府关于公立医院重点项目和重大改革推进情况的报告；5. 听取和审议市中级人民法院关于庭前会议规程、法庭调查规程、非法证据排除规程等以审判为中心的刑事诉讼制度改革情况的报告；6. 人事事项。

第24次会议于12月25日—26日举行。会议的主要议程是：1. 审议《湖州市大气污染防治规定（草案）》；2. 听取和审议市政府关于2019年度十大民生实事项目实施情况的报告；3. 听取和审议市政府关于市八届人大四次会议代表建议、批评和意见办理工作情况的报告；4. 开展员额制法官、检察官工作述职测评；5. 审议关于召开市八届人大五次会议的决定（草案）；6. 审议湖州市人大常委会代表资格审查委员会关于湖州市第八届人民代表大会代表变动和代表资格审查情况的报告；7. 补选省人大代表；8. 人事事项。

【立法工作】 制定《湖州市乡村旅游促进条例》《湖州市大气污染防治规定》两部地方性法规，修订《湖州市市容和环境卫生管理条例》，出台《关于市人大常委会专职委员立法通报会的规定（试行）》《湖州市人大常委会立法前评估工作办法》两项制度，开展《湖州市物业管理条例》《湖州市历史文化街区和传统村落保护条例》《湖州市河道管理条例》《湖州市公共汽车客运条例》四个二类项目的立法调研。

【讨论决定重大事项和任免工作】 市人大常委会立足全市工作大局，依法讨论决定重大事项，作出《湖州市人大常委会关于批准2019年市级预算调整和政府投资项目计划调整方案的决议》《湖州市人民代表大会常务委员会关于批准2018年市级财政决算的决议》《湖州市人大常委会关于加快推进生活垃圾精准分类的决定》《湖州市人民代表大会常务委员会关于推进行政争议实质性化解进一步加强社会治理的决定》等12项决议、决定。坚持党管干部和依法任免的有机统一，认真贯彻市委意图，切实规范任免程序，坚持任前法律知识考试、与常委会组成人员见面和供职报告等制度，组织被任命干部向宪法宣誓，任免国家机关工作人员118人(次)。

【监督工作】 市人大常委会紧紧抓住事关全市高质量赶超发展的大事、要事，从4个方面加强监督工作。聚焦经济持续健康发展，听取和审议政府政情报告和计划执行报告、预算执行和审计工作报告、民营经济高质量发展专项报告、18个涉改部门预算编制情况，完善政府向人大报告国有资产管理情况制度，听取市级政府性债务及债务化解情况、推动南太湖新区建设情况、国家创新型城市建设情况等工作汇报。聚焦强化法治保障，抓好已出台地方性法规的贯彻执行，开展《湖州市文明行为促进条例》《湖州市市容和环境卫生管理条例》宣传贯彻专项监督，支持清廉湖州建设、促进矛盾多元化纠纷化解体系建设，开展市中级人民法院员额法官、市人民检察院员额检察官述职和测评，完成30件生态环境保护规范性文件、22件2015年以来地方立法授权政府配套出台的文件、规章两项“专项审查”。聚焦生态文明建设，听取和审议政府加快推进生活垃圾精准分类专项工作报告，听取市政府关于“依法保护森林资源、制止毁林（竹）开垦和乱占林地的决定”落实和“污水零直排区”建设情况的汇报，开展《中华人民共和国水污染防治法》执法检查，“五措并举”监督推进大气污染防治，湖州市被全国人大确定为“学习贯彻习近平生态文明思想、加强人大环境与资源保护”的工作联系点。聚焦民生福祉改善，制定《关于市政府民生实事项目实施情况市人大代表满意度测评办法》，健全全程督办链，开展城市能级提升专项监督，对17个项目进行无记名满意度测评，开展《浙江省学前教育条例》《中华人民共和国防洪法》执法检查，听取审议扫黑除恶专项斗争工作、贯彻《中华人民共和国消防法》促进安全生产的报告。

【人大代表工作】 市人大常委会坚持把尊重代表主体地位、充分发挥代表作用作为开展人大工作的重要基础，丰富载体，创新方法，强化保障，有力地支持了代表充分履职。深化提升“五星级”代表联络站建设，制订《关于推进全市五级人大代表进联络站活动常态化的实施意见》，全市各级联络站全年开展活动1600次，收集意见和建议4331条，建成“五星级”代表联络站133家，实现“五星级”代表联络站全覆盖。完善代表问政会制度，紧扣市委、市政府重点工作，围绕推进大气污染、办好学前教育、消除集体经济欠发达村、促进安全生产，举办4次代表问政会，坚持直面问题、回应关切、跟踪问效。创新建议督办机制，探索建立跨年、跨届代表建议的跟踪督办机制，对171件跨届跨年建议件进行清单式督办。坚持完善主任会议成员牵头重点督办、办理结果“三方会商”制度，截至年底，197件建议件全部按时办结并答复代表，问题解决率同比提高15.2个百分点。加强代表履职服务，建立代表履职补助制度，组织249人次代表参加3期专题培训，组织182名基层代表列席市人大常委会会议及参加执法检查、视察调研等活动，组织1235人次代表参与市委十大专项行动“双岗建功”主题活动，组建10个“代表妈妈团”与菱湖中学西藏生结对认亲。 （杨　柳）

·湖州市人民政府·

【市政府常务会议】 2019年，市政府召开了八届第34次至八届第54次常务会议。

八届第34次常务会议于1月9日举行，会议听取了市政府副秘书长、办公室主任何元庆关于2018年第四季度评定“低效能”候选部门及排名前十位优秀部门、《政府工作报告》起草情况和主要内容、《市政府2018年度民生实事项目完成情况和2019年度候选项目情况的报告》起草情况的汇报；听取了市发改委主任梅梓华关于《湖州市2018年国民经济和社会发展计划执行情况与2019年国民经济和社会发展计划草案》起草情况的汇报；听取了市财政局副局长黄长泉关于《2018年全市和市本级预算执行情况及2019年全市和市本级预算草案》起草情况的汇报；听取了市生态环境局局长宋波关于《2018年度湖州市环境状况和环境保护目标完成情况报告》起草情况的汇报；听取了市水利局局长罗安生关于安吉“两库”引水工程推进情况的汇报。

八届第35次常务会议于2月2日举行，会议听取了市发改委主任梅梓华、市交通运输局局长房石磊、市建设局局长戴健、市经信局局长丁芳芳关于固定资产投资、水路运输周转量、建筑业总产值、战略性新兴产业、规模以上工业利润利税、规模以下工业增加值等指标全省排名落后原因说明及下一步对策措施的汇报；听取了市发改委主任梅梓华、市财政局局长李全明关于2019年市级政府投资项目计划（预算）情况的汇报；听取了市发改委主任梅梓华关于2019年区县政府投资项目立项计划联审情况、建立1亿元以上（含1亿元）重大项目库健全项目协调推进机制的情况汇报；听取了市商务局局长褚连荣关于进一步改革创新沪苏驻点招商工作有关情况的汇报；听取了市农业农村局局长杨中校、市自然资源和规划局局长王晓军关于湖州市“大棚房”问题专项清理整治工作有关情况的汇报；听取了市交通运输局局长房石磊关于调整申苏浙皖和申嘉湖高速公路市区路段客车通行费收费方式的汇报；听取了市财政局局长李全明关于2019年度市级财政预算安排建议的汇报。会议书面通报了全省财政工作会议主要精神及湖州市贯彻意见、2018年湖州市政府质量奖评审情况、调整湖州市区被征地农民基本生活保障（补助）金标准和中高端人才初创企业社保费结算办法、市政府2018年立法工作计划完成情况及2019年立法工作计划草案、调整市区禁止使用高污染燃料区域、大气环境质量限期达标规划和打赢蓝天保卫战三年行动计划编制情况等。

八届第36次常务会议于2月26日举行，会议听取了市安委办主任张伟林、市科技局局长王志芳关于安全生产考核、高新技术产业投资增幅等考核事项全省排名落后的原因说明及下一步对策措施的汇报；听取了市政府副秘书长、办公室主任何元庆关于2019年度市政府重大改革和重大事项有关情况的汇报；听取了市发展改革委主任梅梓华关于进一步促进民营经济高质量发展实施意见的汇报；听取了市政务办主任夏威关于制定出台《2019年湖州市深化“最多跑一次”改革工作要点》《湖州市创建“无证明城市”工作方案》有关情况的汇报；听取了市科技局局长王志芳关于做好湖州市产业创新服务综合体建设有关情况的汇报。会议书面通报了自然资源部、省自然资源厅第三次全国国土调查工作推进会精神及湖州市贯彻落实建议。

八届第37次常务会议于3月19日举行，会议传达学习了全国“两会”精神。会议听取了市经信局局长丁芳芳关于推动降本减负稳增长有关情况的汇报；听取了市建设局局长戴健关于建设工程施工招标投标评标和国有投资建设项目标后全过程监管有关文件起草情况的汇报；听取了市政务办主任夏威关于制定出台《关于严厉打击围标串标等违法行为进一步规范工程建设招标投标活动实施意见》《湖州市限额以下工程建设项目发包办法》有关情况的汇报；听取了市交通运输局局长房石磊关于发布湖州市枢纽门户城市建设白皮书有关情况的汇报；听取了市人力社保局局长王树关于促进就业工作有关情况的汇报；听取了市金融办主任钱洪文关于湖州市国家绿色金融改革创新试验区建设2019年推进计划有关情况的汇报。会议书面通报了全省政府秘书长和办公室（厅）主任会议精神及湖州市贯彻意见、2019年度市政府常务会议学法计划、高质量打造实施乡村振兴战略示范区2019年行动计划等。

八届第38次常务会议于4月9日举行，会议听取了市扫黑办主任陈鑫堂关于全市扫黑除恶专项斗争工作推进情况的汇报；听取了市应急管理局局长张伟林关于全市危险化学品领域安全生产检查情况及下一步工作安排的汇报；听取了市农业农村局副局长毛荐先关于制定出台2019年湖州市乡村振兴“八个全覆盖”重点任务清单和工作方案的情况汇报；听取了市生态环境局局长宋波关于湖州市践行“两山”理念打造生态样板城市有关情况的汇报；听取了市经信局局长丁芳芳关于在工业领域开展“农情绿意”系列贷试点有关情况的汇报；听取了市太湖度假区党委书记葛伟关于《南太湖新区长东片区三年行动计划（2019—2021年）》有关情况的汇报；听取了市建设局局长戴健关于《湖州中心城市“十个一”基本配置实施方案（2019—2021年）》有关情况的汇报。会议书面通报了省人大关于《中华人民共和国水污染防治法》贯彻实施情况汇报会精神及湖州市贯彻落实建议、加强市级政府性投资项目概算审查工作、生态环境损害赔偿制度改革实施方案、推进运输结构调整三年行动方案（2018—2020年）等。

八届第39次常务会议于4月23日举行，会议听取了市政府副秘书长、办公室主任何元庆关于2019年第一季度评定“低效能”候选部门及排名前十位优秀部门有关情况的汇报；听取了市交通运输局副局长孟立忠、市建设局局长戴健、市发展改革委主任梅梓华、市财政局副局长黄长泉、市经信局局长丁芳芳关于水路运输周转量、商品房销售面积、公共设施管理业投资、其他营利性服务业规上企业营业收入、财政八项支出、工业投资等指标增速全省排位落后的原因说明及下一步对策措施的汇报；听取了市发展改革委主任梅梓华关于一季度经济运行情况的汇报；听取了市统计局局长费新章关于制定出台《湖州市高质量发展指标体系实施办法》有关情况的汇报；听取了市商务局局长褚连荣关于湖州市2019年度招商引资工作考核办法和“大好高”项目引进推进工作实施方案有关情况的汇报；听取了市文化广电旅游局党组书记干永福关于《湖州市乡村旅游促进条例（草案）》起草情况的汇报；听取了市国资委主任鲍鸿关于对市旅游集团和市产业集团进行整合重组有关情况的汇报；听取了市农业农村局副局长陶忠华关于开展拖拉机限行禁入和提前报废淘汰专项治理行动有关情况的汇报。会议书面通报了2019年全市生态文明建设和治水治气治土工作方案、湖州市大湾区大花园大通道建设2019年重点工作任务清单、新型环保灭火器推广使用工作等。

八届第40次常务会议于5月7日举行，会议集中听取了长兴县“区域水资源论证+水耗标准管理”试点、沪苏驻点招商引资引才引技、学后校内托管服务、规范工程建设领域招投标、深化绿色金改打造绿色金融综合服务平台等5件重大改革事项推进情况的汇报，并进行现场打分评价和排名。听取了市自然资源和规划局局长王晓军关于湖州市国土空间规划编制工作有关情况的汇报；听取了市委统战部常务副部长李晓良关于“2019·湖州人人会”有关情况的汇报；听取了市生态环境局局长宋波关于湖州市蓝藻防治和入河排污口专项整治提升工作有关情况的汇报；听取了市金融办主任钱洪文关于开展绿色小额贷款保证保险试点有关情况的汇报；听取了市农业农村局局长杨中校关于保障农业产业融合项目建设“标准地”促进乡村产业振兴有关情况的汇报。会议书面通报了市区天然气销售价格调整方案、表彰平安湖州建设夺金鼎有功集体和个人等。

八届第41次常务会议于6月13日举行，会议集中听取了湖州市“厨房革命”建设、纵深推进“五未”土地处置专项行动、深化农村集体产权制度改革、深化“亩均论英雄”改革、德清县推进“标准地＋一窗服务＋承诺制＋信用监管”改革等5件重大改革事项推进情况的汇报，并进行现场打分评价和排名。听取了市商务局局长褚连荣关于湖州市中美经贸摩擦影响情况及下一步应对举措有关情况的汇报；听取了市发展改革委主任梅梓华关于“十四五”规划编制工作有关情况的汇报；听取了市卫生健康委主任施会龙关于湖州市城市医疗卫生服务共同体建设情况的汇报；听取了吴兴区区长陈江关于盘石项目政策扶持的情况汇报。会议书面通报了全省高质量建设美丽浙江暨高水平推进“五水共治”大会主要精神及湖州市贯彻落实情况、全省产业创新服务综合体建设现场推进会精神及湖州市贯彻落实情况、清理整治不规范地名工作、大力支持湖州师范学院加快建成高水平“湖州师范大学”若干意见等。

八届第42次常务会议于6月11日举行，会议集中听取了扫黑除恶专项斗争、“美丽城镇”长效管理、落实省市县长项目工程加快推进重大项目、大力发展数字经济、狠抓治气治水实现绿色发展指数全省保二争一、大力吸引社会资本办文化等6件重大事项推进情况的汇报，并进行现场打分评价和排名。听取了市委编办副主任沈莉关于湖州南太湖新区推行权力清单制度有关情况的汇报；听取了市大数据局局长陆建卫关于省政府深化“最多跑一次”改革推进政府数字化转型第六次专题会议精神及湖州市贯彻建议的汇报；听取了市发展改革委主任梅梓华关于进一步加强能源保障管理有关情况的汇报；听取了市市场监管局局长许宏关于开展“防风险消隐患保食安”专项整治行动有关情况的汇报；听取了市交通运输局局长房石磊关于加快推进老旧营运货车淘汰、组建湖杭高速公路吴兴至德清段工程项目公司有关情况的汇报。

八届第43次常务会议于6月28日举行，会议集中听取了“大棚房”问题专项清理整治、南太湖新区建设、涉企证照市场监管通办改革、深化绿色金改加强银行业对实体经济支持保障、全域土地综合整治与生态修复等5件重大事项推进情况的汇报，并进行现场打分评价和排名。听取了市发展改革委主任梅梓华关于上半年经济运行情况、乡村振兴战略规划编制有关情况的汇报；听取了市综合执法局局长闵山明关于开展吴兴区埭溪镇、南浔区练市镇综合行政执法改革试点工作有关情况的汇报；听取了市商务局局长褚连荣关于进一步深化深圳北京驻点招商引才工作有关情况的汇报；听取了市农业农村局局长杨中校关于开展全市城乡人居环境大排摸大提升大督查“百日攻坚行动”有关情况的汇报；听取了市城市集团董事长周建新关于上市公司博览中心项目有关情况的汇报。会议书面通报了市属四大国企集团2018年度及2016—2018年任期经营业绩考核与负责人薪酬有关情况、给予“五水共治”工作有功集体和个人行政奖励等。

八届第44次常务会议于7月12日举行，会议听取了市政府副秘书长、办公室主任何元庆关于2019年第二季度评定“低效能”候选部门及排名前十位优秀部门有关情况的汇报；集中听取了全面纵深推进综合改革切实提高群众满意度、国有企业市场化改革、谋划争取南太湖新区、实施产业技术创新机制改革、南浔区农村存量宅基地盘活利用改革试点等5件重大改革事项推进情况的汇报，并进行现场打分评价和排名。听取了市区域合作办主任忻忠华关于湖州市推进长三角区域一体化发展行动方案起草情况的汇报；听取了市审计局局长费林海关于2018年度湖州市级预算执行和其他财政收支情况审计的汇报；听取了市综合执法局局长闵山明关于“中心城区停车难”专项整治攻坚行动有关情况的汇报；听取了市委副秘书长、政法委常务副书记章新泉关于湖州市积极争当推进基层治理现代化的先行地排头兵有关情况的汇报；听取了市农业农村局局长杨中校关于人才引领助推乡村振兴战略示范区建设行动有关情况的汇报；听取了市文化广电旅游局局长楼婷关于引进建设湖州中国美术史美术馆（暂名）项目的情况汇报。会议书面通报了2019年粮食安全责任制考核、进一步加强电梯质量安全工作实施方案等。

八届第45次常务会议于7月23日举行，会议听取了市交通运输局局长房石磊、市建设局局长戴健关于上半年水路运输周转量、商品房销售面积、公共设施管理业投资等指标全省排名落后的原因说明及下一步对策措施的汇报。集中听取了推进社会力量办体育、加快发展电子商务和楼宇经济、农村饮用水达标提标行动、招引大学生等各类人才来湖州创业就业、推进绿色工厂创建、财政收入工作6件重大事项推进情况的汇报，并进行现场打分评价和排名。听取了市财政局局长李全明关于全市政府性债务风险防范化解进展情况及下一步工作建议的汇报；听取了市邮政管理局办公室主任郑利平关于加快推进区级邮政管理机构建设有关情况的汇报；听取了市商务局局长褚连荣关于促进电子商务加快发展新十条扶持政策以及“双百”攻坚行动有关情况的汇报；听取了市自然资源和规划局局长王晓军关于开展违建别墅问题清查整治专项行动有关情况的汇报。会议书面通报了2019年以来全市消防安全形势有关情况、2019年调整退休人员基本养老金等。

八届第46次常务会议于8月5日举行，会议集中听取了全市众创空间建设、国有企业市场化转型和精细化管理、深入推进渔业绿色发展打造省级渔业转型升级先行区、深化“问难帮困稳增长”专项活动、社会信用体系建设5件重大事项推进情况的汇报，并进行现场打分评价和排名。听取了市国资委主任鲍鸿关于开展市属国企资产资源排查处置工作方案的汇报；听取了市农业农村局副局长陆杰关于进一步加强农村集体资金资产资源盘活利用有关情况的汇报；听取了市商务局局长褚连荣关于湖州市参与第二届中国国际进口博览会总体方案的汇报；听取了市教育局局长潘音关于全省教育大会精神及湖州市贯彻意见的汇报；听取了南太湖新区管委会常务副主任徐建兵关于湖州南太湖新区长东片区楼宇招商政策方案、湖州德隆置业有限公司所属梅西片02—40A地块有关遗留问题解决方案的汇报。会议书面通报了大运河（湖州）文化保护传承利用实施方案。

八届第47次常务会议于8月20日举行，会议集中听取了吴兴区东部新城商业服务业用地“标准地”改革试点、推行小微企业金融服务改革、长兴县深化省级全面创新改革试验区建设、在市场监管领域全面推行“双随机、一公开”抽查监管、新时代浙江（安吉）县域践行“两山”理念综合改革创新试验区建设等5件重大改革事项推进情况的汇报，并进行现场打分评价和排名。听取了市司法局副局长李才关于湖州市争创首批“全国法治政府建设示范市”情况的汇报；听取了市生态环境局局长宋波关于《湖州市大气污染防治规定（草案）》起草情况的汇报；听取了市产业集团董事长赵怀君关于开展低效工业用地盘活提效工作有关情况的汇报；听取了市机关事务中心主任吴巨波关于开展机关事业单位房产清查有关情况的汇报；听取了市商务局局长褚连荣关于支持外贸稳定增长若干举措的汇报；听取了市农业农村局局长杨中校关于高标准开展农村生活垃圾分类处理有关情况的汇报。会议书面通报了在市场监管领域全面推行“双随机、一公开”抽查监管的实施意见，省委常委会、全省抢险救灾和灾后重建工作视频会议精神和湖州市防御台风“利奇马”情况等。

八届第48次常务会议于9月5日举行，会议集中听取了全市生活垃圾分类、绿色智造和绿色金融标准体系建设、产业基金推进、大力筹措建设资金、打造滨湖旅游城市推动全域旅游显著提升5件重大事项推进情况的汇报，并进行现场打分评价和排名。听取了市生态环境局局长宋波关于明确生态环境保护工作责任规定、工业污水处理收费机制改革有关情况的汇报；听取了市商务局局长褚连荣关于贯彻落实国务院办公厅加快发展流通促进商业消费意见有关情况的汇报；听取了市农业农村局副局长许建红关于全国稳定生猪生产保障市场供应电视电话会议主要精神及湖州市贯彻意见有关情况的汇报；听取了市农业农村局副局长沈红星关于开展农村电商发展集中攻坚行动及促进农村电子商务发展新八条政策意见有关情况的汇报；听取了市城市集团董事长周建新关于湖州吴兴南太湖农产品有限公司股权转让有关情况的汇报。会议书面通报了湖州更进一步当好践行“两山”理念样板地模范生打造现代环境治理体系实验示范区建设实施方案，2019·湖州人大会各奖项获奖建议人选（项目），有关省集中规范工作，全市发展壮大村级集体经济、消除集体经济欠发达村工作，2018年度湖州银行经营班子工作考核激励等。

八届第49次常务会议于9月19日举行，会议集中听取了安全生产和应急管理工作、国家创新型城市建设、招商引才和项目攻坚、实施城乡人居环境大提升推动新时代美丽乡村建设、政府投资项目概算审查等5件重大事项推进情况的汇报，并进行现场打分评价和排名。听取了市委政法委副书记马依群关于庆祝新中国成立70周年维稳安保工作有关情况的汇报；听取了市发展改革委主任梅梓华关于制定出台《湖州市服务业“亩产效益”综合评价实施办法（试行）》有关情况的汇报；听取了市交通运输局局长房石磊关于市区公交运营体制改革有关情况的汇报；听取了市商务局局长褚连荣关于湖州市积极推动供应链创新与应用有关情况的汇报；听取了市金融办主任钱洪文关于湖州市促进融资担保行业健康发展实施办法有关情况的汇报。

八届第50次常务会议于9月29日举行，会议听取了市政府副秘书长龚丁关于市城市集团和市交通集团注入经营性资产有关情况的汇报、市机关事务中心主任吴巨波关于机关房产清查处置工作情况的汇报。

八届第51次常务会议于10月16日举行，会议听取了市政府副秘书长、办公室主任何元庆关于2019年第三季度评定“低效能”候选部门及排名前十位优秀部门有关情况的汇报；集中听取了创建“无证明城市”、创新企业服务模式打造一站式综合服务平台、开展现代环境治理体系建设试点、推进行政复议体制改革、防范化解政府性债务风险等5件重大改革重大事项推进情况的汇报，并进行现场打分评价和排名；听取了市发展改革委主任梅梓华关于前三季度经济运行情况的汇报；听取了市生态环境局局长宋波关于做好迎接第二轮中央生态环境保护督察工作有关情况的汇报；听取了市自然资源和规划局总规划师任立关于加快推进全域土地综合整治与生态修复工程有关情况的汇报；听取了市委宣传部常务副部长吴伟关于湖州报业集团和湖州广电集团整合迁建工作方案有关情况的汇报；听取了市供销社主任黄培林关于组建湖州供销集团有关情况的汇报。会议书面通报了调整城乡居民医保新增财政补助和大病保险政策、城市（县域）医共体基本医疗保险支付方式改革、商品有机肥推广与应用、全省重大项目暨特色小镇建设现场推进会精神及湖州市贯彻建议等。

八届第52次常务会议于11月4日举行，会议听取了市交通运输局局长房石磊、市建设局局长戴健、市商务局局长褚连荣、市农业农村局局长杨中校关于公路运输周转量、水路运输周转量、公共设施管理业投资、外贸出口、农村居民人均可支配收入等指标增速全省排名落后的原因说明及下一步对策措施的汇报；集中听取了德清县打造全国最优营商环境县、全市工业经济主要指标完成情况、铁公水综合物流园建设、绿色产品认证试点改革、长兴小浦经验推广5件重大改革重大事项推进情况的汇报，并进行现场打分评价和排名；听取了市审计局局长费林海关于2018年度市级预算执行和其他财政收支审计查明问题整改情况的汇报；听取了市建设局局长戴健关于《湖州市新时代美丽城镇建设实施方案（送审稿）》起草情况的汇报；听取了市国资委主任鲍鸿关于制定出台《湖州市国有企业采购实施办法（试行）（送审稿）》有关情况的汇报。会议书面通报了《湖州市绿色金融纠纷调解工作办法（送审稿）》《关于加快推进教育现代化实施方案（2019—2022年）（送审稿）》《湖州市实施信访信用管理办法（试行）（送审稿）》、全省部分退役士兵社保接续工作会议精神及湖州市贯彻落实建议、《关于加快推进农商银行高质量发展的六条意见（送审稿）》等。

八届第53次常务会议于11月19日举行，会议集中听取了“标准地”、一般企业投资项目审批“最多90天”改革，营商环境优化专项行动，“中心城市停车难”专项整治攻坚行动，工程建设项目审批制度改革，枢纽门户城市建设重点交通项目等5件重大改革重大事项推进情况的汇报，并进行现场打分评价和排名；听取了南太湖新区管委会常务副主任徐建兵关于湖州保税物流中心（B型）建设运营有关情况的汇报；听取了市财政局局长李全明关于2018年度全市国有资产管理、2019年度市级预算调整等事项有关情况的汇报；听取了市科技局局长王志芳关于创建国家可持续发展议程创新示范区有关情况的汇报，并进行了研究和讨论。会议书面通报了全省农村饮用水达标提标行动暨冬修水利工作现场会精神及湖州市贯彻落实建议，《湖州市关于建立健全新时代农村人居环境长效管理机制的指导意见（送审稿）》《湖州市重污染天气应急预案（送审稿）》《关于加强审计整改工作机制建设的意见（送审稿）》《湖州市领导干部自然资源资产离任审计实施办法（试行）（送审稿）》，全省深化“千万工程”、建设新时代美丽乡村现场会主要精神及湖州市贯彻落实建议，全省传统制造业改造提升现场推进会精神及湖州市贯彻落实建议等。

八届第54次常务会议于12月3日举行，会议集中听取了省法治化营商环境试点、现代智慧城市建设、努力实现信访“最多跑一次”助推基层社会治理现代化、湖州科技城建设、安吉“两库”引水项目建设5件重大改革重大事项推进情况的汇报，并进行现场打分评价和排名；听取了南太湖新区管委会主任吴智勇关于南太湖新区高质量发展相关支持政策的情况汇报；听取了市财政局局长李全明关于完善南太湖新区土地出让收入分配政策相关情况的汇报；听取了市城市集团董事长周建新关于湖州市危险固体废物综合利用项目运营模式有关情况的汇报；听取了市政府咨询委副主任、秘书长汪蚕清关于2019年咨询研究工作情况及2020年工作思路的汇报；听取了市应急管理局局长张伟林关于全市安全生产和应急管理工作有关情况的汇报，并进行了讨论和研究。会议书面通报了湖州市东西部扶贫协作工作、2019年度市级预算调整、《湖州市人民政府关于在市场体系建设中建立公平竞争审查制度的实施意见（送审稿）》、全省民政会议暨第六届浙江慈善大会主要精神及湖州市贯彻落实建议、开展职业技能提升行动、调整湖州市城乡居民基本养老保险基础养老金和缴费办法等。

【市政府全体会议】 2月28日，市政府召开第三次全体会议，市委副书记、市长钱三雄在会上强调，全市政府系统要在习近平新时代中国特色社会主义思想指引下，聚焦中央和省市各项决策部署，以时不我待、只争朝夕的精神，创造性地抓好落实，奋力开创新时代湖州高质量赶超发展新局面。钱三雄指出，贯彻落实好中央和省、市各项决策部署，不能搞上下一般粗、不能搞僵化执行、不能搞“一刀切”、不能搞打折扣和选择性落实，要在全面消化吸收上级精神的前提下，充分结合实际，努力体现特色，把工作抓实、抓好、抓出成效。钱三雄强调，要深刻把握大势，将中央精神、省里要求、市委决策和政府工作有机结合起来，进一步明方向、明目标、明举措，做到理解上更强、奋斗上更强、谋划上更强，在观大势、谋全局中精准定位、担当作为；要清醒认识短板，全面聚焦城市活力、产业动能、项目落地、质量效益、冲劲闯劲等方面的不足，努力以逆水行舟、逆境奋起、逆势赶超的勇气，全力追求突破性的成绩；要科学谋划路径，坚持用发展眼光看问题、改革思维找出路、开放姿态聚资源、市场手段搞运作、底线思维防风险，努力以非常之功、超常手段推动湖州高质量赶超发展。钱三雄强调，要精准锁定重点，围绕平台建设、产业发展、项目攻坚、要素争取、城乡发展、政策制定、环境优化、民生改善等方面，切实打牢工作基础桩、赢得发展基本面；要统筹设计载体，把重大改革和重大事项这“两张清单”落实好，把“服务企业服务群众服务基层”活动推进好，把引才、招商、合作、争取的发展之旅走实走好；要持续锤炼作风，牢固树立“四个意识”，坚定“四个自信”，做到“两个维护”，争做大抓落实的“务实行动派”、动真碰硬的“难题解决者”、雷厉风行的“高效办事员”、全心全意的“优秀店小二”、经得起倒查的“阳光透明人”，敢于负责、勇于担当，努力以优异成绩向中华人民共和国成立70周年献礼。

8月2日，市政府召开第四次全体会议，贯彻落实省政府第四次全会和市委八届七次全会精神，分析上半年工作，部署下半年任务。市委副书记、市长钱三雄强调，要坚持以习近平新时代中国特色社会主义思想为指导，大抓落实、大干实事，奋发图强、奋勇赶超，确保实现“全年红”，为发展谋机遇，为百姓谋幸福。钱三雄指出，今年以来，面对复杂严峻的外部环境，全市政府系统在市委的坚强领导下，全面贯彻落实中央和省、市决策部署，深入开展“三服务”活动，全力做好“六稳”工作，高质量赶超发展跑出了加速度、迈上了快车道，呈现出指标亮、后劲强、质效好、环境优、干劲足的良好态势。但也要始终保持清醒，将问题短板作为工作主攻方向，切实做到“知其然更知其所以然”。钱三雄强调，下半年，各级各部门要按照中央和省、市决策部署，对照“三大考核”和“两大督查激励”，锚定全年“保五争三拼第一”目标不放松，以奋斗精神、实干作风的确定性应对宏观形势的不确定性，提升“小气候”，营造“小阳春”，推动高质量赶超发展“百尺竿头更进一步”。要重点做好以下八方面工作：聚焦重大项目攻坚，力求新增动能；聚焦绿色智造引领，力求高质量；聚焦营商环境改革，力求新突破；聚焦融入长三角一体化，力求新动作；聚焦重大风险防范化解，力求可持续；聚焦城市能级提升，力求现代化；聚焦要素保障，力求高效化；聚焦民生改善和基层治理，力求获得感。钱三雄强调，全市政府系统要强化大抓落实意识，增强担当破难本领，特别是要讲究工作方法，坚持挂帅出征干、改革创新干、比学赶超干、统筹融合干、雷厉风行干、阳光透明干，切实扛起发展之责、稳定之责，确保高质量完成全年各项任务，以优异成绩庆祝新中国成立70周年。

【人大代表建议和政协提案办理工作】 市政府高度重视人大代表建议和政协提案办理工作，自觉接受人大、政协等各方面的监督，认真办理落实代表、委员提出的建议、提案，办理工作取得显著成绩。2019年，由政府系统承办的187件代表建议和313件政协提案均按期顺利办结，当年解决或基本解决率分别达到71.1%、68.1%，均创历史新高，“两案”办理工作得到了人大代表和政协委员的充分肯定。

【民生实事项目】 抓好民生实事项目，既是一项民生工程，也是一项政治任务。2019年，在市委的坚强领导和市人大的关心指导下，市政府始终坚持以人民为中心的发展思想，以“大抓落实、大干实事”的务实作风，全力以赴抓好十方面共计21个子项民生实事项目的实施推进。至年底，全部21个子项任务顺利完成，其中16个子项超额完成年度任务，超额完成率达76.2%，切实回应了百姓的民生期盼。

【市政府其他会议】 2019年，市政府召开的其他全市性会议有：全市安全生产暨消防工作电视电话会议、第三届咨询委第四次全体委员会议、全市税务工作会议、全市领导干部警示教育暨作风建设大会、全市预防和化解行政争议工作联席会议暨法治政府建设推进会、全市加快打造枢纽门户城市大会、全市规范工程建设领域招投标工作会议、全市加快打造生态样板城市大会、全市禁毒工作暨争创全国禁毒示范城市推进会、南太湖新区成立大会、全市梅雨防汛视频会议、全市金融支持民营经济高质量发展推进会、全市防御第9号台风“利奇马”视频会议、全市推进长三角一体化发展大会、全市新时代文明实践中心暨全国文明城市建设工作推进会、全市“不忘初心、牢记使命”主题教育工作会议、全市稳外贸稳外资工作推进会、全市创建首批全国法治政府建设示范市动员部署会暨市委依法治市委员会执法协调小组第一次会议等。

【市政府重要文件】 1月，市政府发出的文件：《湖州市人民政府办公室关于进一步加强行政事业单位财务管理严肃财经纪律的通知》《湖州市人民政府办公室关于认真做好2019年春运工作的通知》《湖州市人民政府办公室关于印发湖州市行政机关政策解读工作实施办法的通知》《湖州市人民政府办公室关于印发湖州市土地储备出让预算管理试点工作实施方案的通知》《湖州市人民政府办公室关于印发聚焦高质量赶超发展奋战一季度实现“开门红”的通知》《湖州市人民政府办公室关于支持农村电子商务加快发展的十条意见》《湖州市人民政府关于公布湖州市第七批非物质文化遗产代表作名录的通知》。

2月，市政府发出的文件：《湖州市人民政府办公室关于开展全市政策性粮食库存数量和质量大清查的通知》《湖州市人民政府办公室关于公布2018年湖州市政府质量奖企业等名单的通知》《湖州市人民政府办公室转发市发改委关于湖州市十三五规划纲要实施情况中期评估报告的通知》《湖州市人民政府办公室关于调整湖州市市区国有土地上住宅房屋被征收特殊生活困难家庭补助暂行规定等文件部分内容的通知》《湖州市人民政府办公室关于调整市区被征地农民基本生活保障（补助）金标准的通知》《湖州市人民政府办公室关于印发2019年度市政府重大改革和重大事项的通知》《湖州市人民政府办公室关于调整湖州市建设工程监理管理办法和湖州市工程勘察设计管理办法部分内容的通知》《湖州市人民政府办公室关于印发2019年湖州市现代渔业绿色发展实施方案的通知》《湖州市人民政府办公室关于印发2019年政府工作报告重点工作和十方面民生实事责任分解的通知》《湖州市人民政府办公室关于印发湖州市“保健”市场乱象专项整治工作实施方案的通知》《湖州市人民政府办公室关于印发湖州市市区国有土地上房屋征收年度计划管理规定的通知》《湖州市人民政府办公室关于做好湖州市第九届运动会筹备组织工作的通知》《湖州市人民政府关于公布2018年度湖州市纳税大户名单的通报》《湖州市人民政府关于调整市区高污染燃料禁燃区的通告》。

3月，市政府发出的文件：《湖州市人民政府办公室关于2019年度湖州市政府常务会议学法计划的通知》《湖州市人民政府办公室关于建立和调整市级有关临时性机构的通知》《湖州市人民政府办公室关于建立1亿元以上（含1亿元）重大项目库健全项目协调推进机制的通知》《湖州市人民政府办公室关于印发2019年全市农民增收工作方案的通知》《湖州市人民政府办公室关于印发湖州市产业创新服务综合体建设行动计划的通知》《湖州市人民政府办公室关于印发湖州市大气环境质量限期达标规划的通知》《湖州市人民政府办公室关于印发湖州市中心城区摩托车部分区域禁止通行管理办法的通知》《湖州市人民政府关于印发湖州市开展浙江省法治化营商环境试点工作方案的通知》。

4月，市政府发出的文件：《湖州市人民政府办公室关于印发湖州市打赢蓝天保卫战三年行动计划（2018—2020年）的通知》《湖州市人民政府办公室关于印发湖州市房屋建筑和市政基础设施工程施工招标投标评标办法的通知》《湖州市人民政府办公室关于印发湖州市国家绿色金融改革创新试验区建设2019年推进计划的通知》《湖州市人民政府办公室关于印发湖州市推动“降本减负稳增长”工作实施方案的通知》《湖州市人民政府办公室关于印发湖州市推进运输结构调整三年行动方案（2018—2020年）的通知》《湖州市人民政府办公室关于印发湖州中心城市“十个一”基本配置实施方案（2019—2021年）的通知》《湖州市人民政府办公室转发市发改委关于2019年湖州市国民经济和社会发展计划的通知》《湖州市人民政府关于促进就业工作的六条扶持意见》。

5月，市政府发出的文件：《湖州市人民政府办公室关于2019年第一季度全市政务公开工作有关情况的通报》《湖州市人民政府办公室关于公布2018年度区域建设用地集约利用综合评价考核结果的通知》《湖州市人民政府办公室关于推广德清县“标准地”企业投资项目信用监管模式全面深化“标准地”改革的通知》《湖州市人民政府办公室关于印发2019年度全市政务信息工作评价办法的通知》《湖州市人民政府办公室关于印发湖州市大湾区大花园大通道建设2019年重点工作任务清单的通知》《湖州市人民政府办公室关于印发湖州市入河排污口专项整治提升工作方案的通知》《湖州市人民政府办公室印发关于贯彻落实（湖州市美丽乡村建设条例工作实施方案）的通知》《湖州市人民政府关于给予平安湖州建设夺金鼎工作有功集体和个人行政奖励的决定》。

6月，市政府发出的文件：《湖州市人民政府办公室关于成立安吉两库引水项目及配套工程建设指挥部的通知》《湖州市人民政府办公室关于印发2019年度市政府重大改革和重大事项推进落实工作考核办法的通知》《湖州市人民政府办公室关于印发2019年湖州市食品安全工作要点的通知》《湖州市人民政府办公室关于印发2019年湖州市政务公开工作要点的通知》《湖州市人民政府办公室关于印发湖州市城市医疗卫生服务共同体建设实施方案的通知》《湖州市人民政府办公室关于印发湖州市处置境外经贸类纠纷和突发事件应急预案的通知》《湖州市人民政府办公室关于印发湖州市创建“无证明城市”工作方案的通知》《湖州市人民政府办公室关于印发湖州南太湖新区长东片区三年行动计划（2019—2021年）的通知》。

7月，市政府发出的文件：《湖州市人民政府办公室关于建立湖州南太湖新区权力清单制度的实施意见》《湖州市人民政府办公室关于切实做好高温天气防范应对工作的紧急通知》《湖州市人民政府办公室关于印发2019年湖州市法治政府建设工作要点的通知》《湖州市人民政府办公室关于印发湖州市促进电子商务加快发展新十条扶持政策的通知》《湖州市人民政府办公室关于印发湖州市防汛防台抗旱应急预案的通知》《湖州市人民政府办公室印发关于进一步加强电梯质量安全工作实施方案的通知》《湖州市人民政府关于给予“五水共治”工作有功集体和个人行政奖励的决定》。

8月，市政府发出的文件：《湖州市人民政府办公室关于印发第二届中国国际进口博览会总体方案的通知》《湖州市人民政府办公室关于印发湖州市人民政府及其各部门任命的国家工作人员宪法宣誓实施办法的通知》。

9月，市政府发出的文件：《湖州市人民政府办公室关于印发湖州市促进融资担保行业健康发展实施办法的通知》《湖州市人民政府关于给予何阿呼等9人记二等功的决定》《湖州市人民政府关于公布“飞英奖”“银杏奖”“湖颖奖”“百合奖”获奖名单的通知》《湖州市人民政府关于在市场监管领域全面推行“双随机、一公开”抽查监管的实施意见》。

10月，市政府发出的文件：《湖州市人民政府办公室关于开展油品质量监管和打击取缔非法加油站点专项行动的通知》《湖州市人民政府办公室关于促进农村电子商务发展的八条意见》《湖州市人民政府办公室关于攻坚四季度冲刺“全年红”的通知》《湖州市人民政府办公室关于印发做好城乡“两费”征缴工作实施方案的通知》。

11月，市政府发出的文件：《湖州市人民政府办公室关于加快推进农商银行高质量发展的六条意见》《湖州市人民政府办公室关于加快推进全域土地综合整治与生态修复工程的实施意见》《湖州市人民政府办公室关于印发湖州市深入开展消费扶贫助力对口地区脱贫攻坚实施方案的通知》《湖州市人民政府关于赋予县专利行政部门专利执法权的决定》《湖州市人民政府关于市长、副市长工作分工的通知》《湖州市人民政府关于印发湖州市“四好农村路”中长期发展规划（2019—2050年）的通知》。

12月，市政府发出的文件：《湖州市人民政府办公室关于调整市本级城镇土地使用税政策促进土地集约节约利用的补充意见》《湖州市人民政府关于在市场体系建设中建立公平竞争审查制度的实施意见》。

（周钟镜）

·政协湖州市委员会·

【政协第八届湖州市委员会第三次会议】 政协第八届湖州市委员会第三次会议，于2月21日至24日在湖州举行。全市27个界别的356名政协委员出席会议。在湖州的市政协历届主席、副主席，在湖州的十二届省政协委员，市直有关单位负责人，在湖州的省文史馆馆员，市政协之友社秘书长，各区县政协秘书长，在湖州港澳台侨投资企业代表和在外湖州商会会长共162人列席了会议。21日，市政协八届三次会议开幕，市党、政、军领导，市中级人民法院、市人民检察院和湖州师范学院、湖州职业技术学院的领导以及有关老干部代表到会祝贺。会议听取了八届市政协主席杨建新代表八届市政协常委会所作的工作报告和八届市政协副主席高东所作的提案工作情况的报告，表彰了2018年度市政协优秀委员、优秀提案、反映社情民意信息工作先进单位和先进个人。22日上午，与会人员列席了市八届人大四次会议第1次会议，听取了政府工作报告；下午，市委常委、副市长分别参加了联组讨论，听取委员们的意见和建议。23日上午，举行委员大会发言，市委、市政府有关领导和相关部门负责人到会听取委员们的发言；下午，与会人员列席了市八届人大四次会议第2次会议，听取了人大常委会工作报告、市“两院”工作报告。会议期间，委员们以饱满的政治热情和强烈的责任感，认真履行职责，深入协商议政，广泛凝聚共识，为湖州加快赶超发展，高质量建设现代化生态型滨湖大城市、高水平全面建成小康社会积极建言献策。会议期间，市政协先后举行了第二十三次主席会议和第九次常委会，分别审议通过大会有关事项。24日，举行大会选举，经过充分酝酿和讨论，以无记名投票的方式，选举李晓良、陆凤江、陈绍华、傅饶、童晓晔为政协第八届湖州市委员会常务委员。之后，举行闭幕会，会议审议通过了大会提案委员会关于八届三次会议提案收集初审情况的报告；审议通过了政协第八届湖州市委员会第三次会议决议。市委书记马晓晖和市政协主席杨建新在闭幕会上讲话。

【政协第八届湖州市委员会常务委员会第八次至第十二次会议】 政协第八届湖州市委员会常务委员会2019年举行5次会议。

市政协八届八次常委会议于1月18日在湖州召开。市委常委、常务副市长杨六顺应邀出席会议。会议听取了市政府关于2018年全市经济社会发展情况和2019年工作思路以及市政协八届二次会议以来提案办理工作情况的通报、市纪委监委关于2018年全市党风廉政建设和反腐败工作情况的通报；审议通过了《市政协全体会议工作规则》《市政协常委会工作规则》《市政协委员履行职责的若干规定》、召开市政协八届三次会议有关事宜、市政协专门委员会设置调整和有关人事事项。会议对市经济和信息化局、市公安局、原市规划局等开展提案办理民主评议，还反映了社情民意。

市政协八届九次常委会议在市政协八届三次会议期间（2月24日）召开。会议听取了市政协八届三次会议小组讨论综合情况的汇报；审议通过了市政协八届三次会议选举办法（草案）、候选人名单（草案）、选举监票人名单（草案）、总监票人名单（草案）及市政协第八届湖州市委员会提案委员会关于八届三次会议提案收集初审情况的报告（草案）和市政协第八届湖州市委员会第三次会议决议（草案）。

市政协八届十次常委会议于6月28日在湖州召开。副市长蒋伟峰应邀参加会议。会议听取了市农业农村局关于湖州市农业现代化发展情况的通报；在充分讨论的基础上，审议通过了“关于以改革为动力，推动湖州农业现代化发展水平继续走在全省前列的对策研究”常委会重点协商课题调研报告和建议案。会议决定增补王青、朱德清等9人为政协第八届湖州市委员会委员。会议决定李钰不再担任市政协副秘书长（兼）职务；沈欢良不再担任市政协教科卫体委员会副主任职务；钱树春不再担任市政协港澳台侨委员会副主任职务。会议决定任命杨伟民、顾云飞为市政协提案委员会副主任；倪跃田、姚建忆为市政协经济委员会副主任；张树明、郑永敢为市政协农业和农村委员会副主任；郭旭华、姚玉鑫、钱建莉为市政协人口资源环境委员会副主任；朱德清为市政协教科卫体委员会副主任；潘耕峰、徐育雄为市政协港澳台侨委员会副主任；王有娣为市政协文化文史和学习委员会副主任。会议还反映了社情民意。市政协主席杨建新就务实创新、担当作为，带头树立新时代人民政协新样子作了专题讲话。

市政协八届十一次常委会议于9月6日在湖州召开。市委副书记、市长钱三雄参加会议并通报了全市经济社会发展情况。会议还听取了市区域合作办关于湖州推进长三角区域一体化发展工作情况的通报。会议同意沈金才请辞政协第八届湖州市委员会常委、委员职务；同意张西廷、凌建荣请辞政协第八届湖州市委员会委员职务。会议决定任命姬海荣为市政协经济委员会主任，不再担任市政协提案委员会主任；任命杜方林为市政协提案委员会主任，不再担任市政协社会法制和民族宗教委员会主任；任命刘宏伟为市政协社会法制和民族宗教委员会主任；沈金才不再担任市政协经济委员会主任；张树明不再担任市政协农业和农村委员会副主任；张西廷不再担任市政协文化文史和学习委员会副主任；袁健不再担任市政协文化文史和学习委员会副主任。会议还反映了社情民意。市政协主席杨建新就新时代人民政协要有新样子作专题讲话。

市政协八届十二次常委会议于12月31日在湖州召开。市委常委、常务副市长杨六顺应邀参加会议。会议听取了市政府关于2019年全市经济社会发展情况和2020年工作思路以及市政协八届三次会议以来提案办理工作情况的通报，审议通过了市政协常委会工作报告、提案工作情况报告、召开市政协八届四次会议有关事宜。会议决定葛伟不再担任政协第八届湖州市委员会副主席职务，撤销葛伟政协第八届湖州市委员会委员。会议同意戎美勤、汪少华请辞政协第八届湖州市委员会常委、委员；王克林、毕崇云等10人请辞政协第八届湖州市委员会委员。会议决定增补吕期、刘宏伟等17人为政协第八届湖州市委员会委员。会议决定任命林型怀为市政协副秘书长，不再担任市政协办公室副主任职务；任命闵新华为市政协人口资源环境委员会主任；任命薛淦江为市政协文化文史和学习委员会主任，不再担任市政协副秘书长职务；任命杨健康为市政协办公室副主任，不再担任市政协研究室副主任职务；任命黄枫为市政协研究室副主任；任命沈红星为市政协提案委员会专职副主任，不再担任市政协农业和农村委员会副主任职务；汪少华不再担任市政协人口资源环境委员会主任职务；戎美勤不再担任市政协文化文史和学习委员会主任职务；王惠荣不再担任市政协提案委员会专职副主任职务；王财不再担任市政协提案委员会副主任职务；王克林不再担任市政协教科卫体委员会副主任职务。会议还对市教育局、市民政局、市交通运输局2019年提案办理工作情况进行了民主评议，并反映了社情民意。

【协商议政和民主监督】 2019年，市政协充分发挥专门协商机构作用，自觉把服务市委“一四六十”工作体系作为工作主线，不断完善“1246+X”协商议政新格局，制订实施年度协商计划，努力围绕中心大局和民生福祉发挥作用、彰显价值。精心选择“进一步优化营商环境，促进民营经济持续健康发展”和“大力推动湖州建设长三角物流中心”两个主题，分别开展市委书记、市长与政协委员“面对面”协商活动，提出完善“绿贷通”金融功能、畅通多式联运网络等14个方面、35条意见和建议，得到党委、政府的高度重视，切实推动了有关工作。围绕“以改革为动力，推动湖州农业现代化发展水平继续走在全省前列”重点调研课题，深入开展市政协常委会会议专题协商，为湖州市进一步盘活农村集体资产、增加农业建设用地指标，以及列入首批部省共建乡村振兴示范市提供决策参考。持续开展双月座谈协商，围绕加强市政公用设施管护、促进“老字号”创新发展等6件民生“关键小事”，组织政协委员、市民代表，与市委、市政府分管领导和职能部门进行协商建言，提出63条对策建议，助力问题解决，取得良好成效。围绕产业工人队伍建设、水产养殖尾水治理、少年宫服务提升等热点问题，深入开展界别协商，协商的针对性、专业性、实效性持续增强。围绕防范打击新型通信网络诈骗、完善小学校内托管服务、加强食品安全等群众关注的切身利益问题，深入调研、视察监督、为民建言。

按照省政协的统一部署，围绕“城乡生活垃圾分类处理”，联动省、市、县三级政协委员，综合运用调研建言、网络议政等方式进行明察暗访；围绕深化“最多跑一次”改革落实情况，开展专项集体民主监督，及时将监督中发现的问题向市委、市政府及有关部门反馈。创新推进委派民主监督小组工作，将2018年双月协商座谈会的协商议题转化为2019年委派民主监督小组的监督主题，分别组建9个监督小组赴相应市级部门，开展定题定点式的委派监督，串起协商议政与民主监督的履职链条，助推党政决策部署的压茬推进和民生实事的落地见效。继续开展联系监督，紧紧围绕全市打造“六个城市”、市政府50项重点工作推进、项目“双进双产”等，运用专题调研、提案办理、社情民意信息等多种形式，深入开展监督，为全市高质量赶超发展减阻力、增动力、聚合力。

【提案工作和反映社情民意工作】 2019年，共收到以提案形式提出的意见和建议395件，经审查立案342件，其中集体提案92件、委员个人提案250件。提案分别送交90家承办单位办理，已全部办复。所提建议被采纳或基本采纳的有239件，占总数的69.9%；部分采纳或列入计划采纳的有97件，占总数的28.4%；对因条件所限未能采纳或留作参考的6件提案，承办单位均认真作了说明。市政协常委会创新设立提案审查“黄灯区”，创新开展提案办理落实“三清单一成效”工作机制，继续完善市委、市政府领导领办各民主党派、工商联集体重点提案机制，着力做好重点提案遴选与督办、同类提案集中办理和提案办理民主评议等工作。《关于进一步优化营商环境，促进民营经济持续健康发展的建议》《关于加强基层社会治理的建议》《关于倡导并推进以社区为依托的“时间银行”互助养老模式的建议》《关于进一步健全人才强市相关政策的建议》《关于进一步加大全域土地综合整治与生态修复力度的建议》等一批重点、重要和专题提案得到较好的办理落实，推动了有关政策的落实和工作的改进。

2019年，市政协着力打造专题精品信息，围绕党委、政府的中心工作，聚焦经济发展、民生法治等社会热点，察民情、听民声、递民意，反映一大批高质量的社情民意信息，受到各级领导的重视和肯定。全年编发《社情民意专报》等187期，《完善基层环保税征管标准》《调整外贸企业出口退税政策》等79期被全国政协和省政协录用，其中4期得到中央政治局常委批示，2名政协委员赴京参加国家部委工作座谈会。2019年，市政协反映社情民意信息工作在全省11个市政协考核中位居第一、全国政协24个地级市联系直报点中排名第二，在全国政协信息工作座谈会上作经验交流。

【其他重要工作】 扎实开展“不忘初心、牢记使命”主题教育，结合政协工作实际，高标准抓实学习教育、抓细调查研究、抓深检视问题、抓紧整改落实，重点围绕党的政治建设、坚定理想信念等8个方面，认认真真读原著、学原文、悟原理，认真组织召开专题民主生活会，深刻检视问题，列出整改举措，切实以主题教育成果推动政协各项工作取得实效。不断加强政协系统党的建设，切实做到党的组织对党员委员的全覆盖、党的工作对政协委员的全覆盖、市区县政协机关党组设立的全覆盖。协助市委召开市委政协工作会议，制订出台《中共湖州市委关于新时代加强和改进人民政协工作的实施意见》。精心组织“新时代人民政协的新样子”专题讨论，围绕“五个如何”开展全员式研讨、“金点子”征集、主题宣讲和撰写笔谈等，进一步把握新时代人民政协的新方位、新使命，做到学思用贯通、知信行统一。

深入开展为民服务。扎实开展“三服务”活动，主席会议成员结合“十二联”工作，认真组织集中调研，全年实地走访企业、村（社区）186家次，收集有关问题70余条，领衔破难项目10个，形成专项调研报告9篇，助力解决绿茶异地分装认证、科技型企业融资、天然气门站价格调整等一批实际问题。认真组织开展“六送下乡”为民服务月活动，组织动员市、区县两级政协1500余名委员深入基层一线，服务群众6万余人次；组织专家委员深入田间地头开展一线指导，连续三年赴长兴县煤山镇开展“医疗服务进老区”定点义诊，受到当地群众的欢迎与好评。

加强理论学习研究。运用党组理论学习中心组学习会、全市政协主席读书会、党性党纪教育一刻钟等形式，认真学习习近平新时代中国特色社会主义思想和中共十九届四中全会精神，深入学习习近平总书记关于加强和改进人民政协工作的重要思想，深入学习贯彻中央和省、市委政协工作会议精神，并落实到政协履职的全过程和各方面。全年市政协党组专题学习研讨11次，各层面集中学习33次。坚持理论指导实践，广泛动员全市政协系统开展理论研究，有20余篇理论文章在各级各类媒体上刊发，9篇在全省政协理论研讨征文中获奖，其中《以协商理性引领政协专门协商机构作用发挥》一文获评一等奖，并在全国政协理论研讨会上作交流；高质量完成省政协交付的“提高政协协商能力和水平”课题任务，1个理论研究课题入选《全国政协年度论文集》。

加强界别和委员队伍建设。在全市27个界别实现“界别活动室”创建全覆盖；召开市政协“界别活动室”工作推进会，全面推行“六个一”规范要求，着力构建界别活动长效运行机制；这一做法在全国地方政协工作经验交流会上作交流探讨，被《人民政协报》在头版予以报道。市政协创设“界别活动室”和安吉县制定全国首个基层政协《协商工作规范》，均入选2019年度全省政协工作8个“创新案例”。全面实施委员学习培训五年规划和年度计划，组织优秀政协委员和界别活动组组长，赴中国人民大学等院校开展履职能力提升专题研修。坚持实施政协委员年度“履职菜单”工作机制，严格实行委员履职考评制度，使委员更好地在政协工作中履职尽责、在本职岗位上建功立业、在界别群众中示范引领。

做好常规性工作。围绕“出好书、出精品”的目标要求，编辑出版湖州文史第38辑《纪念人民政协七十华诞》，生动记录50名委员“亲历、亲见、亲闻”的履职故事，展现一届又一届政协委员忠诚履职、接续奋斗的精神风貌。举办“同心同行七十载”湖州嘉兴两地政协书画联展。加大对外宣传力度，全年在人民网、《中国政协》《人民政协报》、省政协《联谊报》等各级各类媒体刊发报道280余篇，有45篇短讯在全国政协公众号“早闻政协”栏目中刊登；《一项基层政协工作标准的诞生》《聚焦“舌尖上的安全”》入选浙江省首届“人民政协好新闻”优秀作品，助力提升湖州对外影响力和美誉度。支持和保障党外人士积极参与政协履职活动，在政协各项会议和活动中优先安排发表意见和建议，切实做到真诚相待、真心相交、真情相融。年内，各民主党派、工商联和无党派人士在全体会议上发言31位，占发言总数78.4%；提交集体提案65件，占集体提案总数的70.7%；反映社情民意信息708条，占77.9%。加强与港澳委员、异地商会的沟通联络，举办香港同乡会、台湾同乡会新春团拜活动，组织其考察湖州经济社会发展成果，为投资兴业做好牵线搭桥工作。精心组织33家侨资企业与职能部门、在湖州的银行机构开展“防风险、稳增长”恳谈会，聚集助侨发展合力。定期走访慰问民族宗教界人士，听取并及时反映意见和呼声。积极参与长三角地区九地市政协共商G60科创走廊更高质量发展活动。切实发挥市政协之友社、书画联谊会、民营经济促进会作用。进一步加强与省内外政协的沟通交流。支持派驻市政协机关纪检监察组开展工作、履行职责，高标准严要求抓好机关党风廉政建设和反腐败工作，切实筑牢廉政建设防线。

（胡清宇）

·纪检监察·

【第八届市纪委第三次全体会议】 1月22日，中国共产党湖州市第八届纪律检查委员会第三次全体会议在湖州召开。会议深入学习贯彻习近平新时代中国特色社会主义思想，全面贯彻落实党的十九大和十九届二中、三中全会精神，按照十九届中央纪委三次全会、省纪委十四届四次全会和市委八届六次全会的部署要求，回顾总结2018年工作，部署2019年任务。市委书记马晓晖出席会议并讲话，强调要认真学习习近平总书记在十九届中央纪委三次全会上重要讲话精神，切实把思想和行动统一到中央和省委的决策部署上来，坚定不移把全面从严治党引向深入，推动清廉湖州建设向纵深发展，努力为推进新时代湖州高质量赶超发展提供坚强的政治保证。市委副书记、市长钱三雄主持会议。市委常委、市纪委书记、市监委主任梁雪冬代表市纪委常委会作工作报告。副市级以上领导干部，市纪委委员，各区县、市直各单位主要负责人等参加会议。

【持续强化政治监督】 认真落实《中共中央关于加强党的政治建设的意见》，加强监督检查，坚决纠正政治意识淡化、党的领导弱化和党建工作虚化等突出问题，督促全市各级党组织和党员干部做到“两个维护”。坚持党中央决策部署到哪里、政治监督就跟进到哪里，紧紧围绕打赢“三大攻坚战”、减税降费、基层减负年、“最多跑一次”改革和市委“一四六十”工作体系等重大决策部署，有针对性地开展监督检查，确保政令畅通、令行禁止。加强东西部扶贫协作和对口支援领域监督执纪，重点围绕白茶扶贫苗捐赠项目开展专项监督，确保习近平总书记重要指示精神落到实处。严明政治纪律和政治规矩，全年查处违反政治纪律党员干部11人。认真贯彻新修订的《中国共产党问责条例》，对81名失职失责的党员干部予以问责。开展政治生态动态评估，推动各地各部门以评促改、以评促建。严把政治关、品行关、作风关和廉洁关，回复干部选拔任用党风廉政意见1033人次。坚持严管厚爱，为60名党员干部的不实反映问题集中公开澄清正名，会同市委统战部制定推行亲清新型政商关系行为指南十六条，营造激浊扬清、干事创业的良好氛围。

【扎实推进清廉湖州建设】 紧盯党委（党组）主体责任落实，协助市委推进全面从严治党具体化、清廉湖州建设项目化，层层传导压力，层层落实任务。召开清廉医院、清廉工程和清廉机关现场推进会，立标打样、严督实导，统筹推动“八大清廉单元”建设提质增效。全力推进清廉乡村建设向纵深发展，加强村级事务精细化管理，全面实行村务卡结算制度，全市所有行政村近1亿元非生产性日常开支纳入监管，全年节约资金1200余万元。着力规范村级劳务用工、工作餐、集体“三资”和小额工程管理，推行“村务e点通”等平台，加大村务公开力度，形成集体“三资”有管控、权力运行有约束、基层监督有章法、工程监管有突破、乡风文明有传承和正风反腐有震慑的清廉乡村建设“六有”模式，群众获得感、幸福感明显增强，反映农村党员干部信访举报比2017年下降37.7%，相关做法得到省委书记车俊、省纪委书记许罗德等省领导的批示肯定，《人民日报》、新华社、中央电视台、《中国纪检监察报》《浙江日报》等中央和省级媒体多次宣传报道。

【聚力开展专项治理】 紧密结合“不忘初心、牢记使命”主题教育，深入开展扶贫、民生领域不正之风和侵害群众利益问题专项整治，全年查处问题153起，处理党员干部193人。集中攻坚化解多年、多层、多头重复信访件，8件省纪委集中交办件和43件重点包案件全部办结，全年重复信访量同比下降33.4%。深入推进“打伞破网”攻坚行动，完善与政法机关涉黑涉恶问题线索双向移送机制，落实联点包案、提级管辖等5项制度，全年处置涉黑涉恶腐败和“保护伞”问题线索165件，查处黑恶势力“保护伞”和“关系网”67人，其中党纪政务处分41人，移送司法机关17人。开展“12345”政府阳光热线群众投诉突出问题专项督查，推动184个问题有效解决，问责失职失责人员14名。督促招投标管理部门出台具体办法意见，强化标后全过程监管。会同有关部门推进基层“七多”〔村（社区）职责事项多、工作台账多、机构牌子多、考核督查多、创建评比多、政务APP（微信公众号）多和上墙制度多〕问题整治，全市涉企、涉村督查检查同比下降81.5%，有效减轻基层负担。

【驰而不息正风肃纪】 持之以恒抓好“中央八项规定”精神落实，创新开展“清风行动”，坚持一月一主题专项督查、集中攻坚，组织正风肃纪检查720次，深挖细查顶风违纪、隐形变异问题。全年查处违反“中央八项规定”精神问题172起，处理党员干部213人，其中党纪政务处分150人，同比分别增长49.6%、40.1%和97.4%，形成有效震慑。开展违规收送礼品礼金、违规发放津贴补贴或奖金福利等问题专项整治，深入治理领导干部利用名贵特产特殊资源谋取私利问题，严查违规违纪行为。集中整治形式主义、官僚主义，全年查处问题147起，处理213人，其中党纪政务处分66人。加大“四风”（形式主义、官僚主义、享乐主义和奢靡之风）典型案例通报曝光力度，对81起、122人进行点名道姓通报曝光，持续释放越往后执纪越严的强烈信号。

【全面深化政治巡察】 牢牢把握巡察的政治定位，聚焦“六围绕一加强”“五个持续”的总体要求，重点加强对基层落实党中央大政方针不到位、群众身边腐败和作风问题、基层党组织软弱涣散等问题的监督，全市全年巡察党组织505个，发现问题7779个，移交问题线索157个，推动查处一批违纪违法案件，给予党纪政务处分50人。积极探索巡察上下联动的方式和途径，结合全市人防系统腐败问题专项治理开展联动巡察，对8家单位开展提级巡察，对48个乡镇（街道）、村（社区）开展扫黑除恶专项巡察，对421个村（社区）开展巡察延伸，着力构建一体化巡察工作格局。坚持发现问题和整改落实并重，对147家被巡察党组织开展整改情况质效评估和“回头看”，做深做实巡察“后半篇文章”。加强巡察工作规范化建设，出台《关于被巡察党组织准备工作的意见》《湖州市巡察工作信访件处理办法》等制度规定，选优配强巡察机构力量，充分发挥巡察熔炉作用，巡察工作质效不断提升。湖州市巡察工作得到中央巡视办主任王鸿津的充分肯定。

【深入推进体制改革】 加强党对反腐败工作的集中统一领导，一体推进党的纪律检查体制、国家监察体制和纪检监察机构“三项改革”，做实做细日常监督，全市纪检监察机关全年处置问题线索3113件，同比增长7%，运用监督执纪“四种形态”（经常开展批评和自我批评、约谈函询，让“红红脸、出出汗”成为常态；党纪轻处分、组织调整成为违纪处理的大多数；党纪重处分、重大职务调整的成为少数；严重违纪涉嫌违法立案审查的成为极少数）处理3065人次，第一至第四种形态分别占比70.5%、20.5%、5.1%和3.9%。落实对下级纪委监委“两为主一报告”、对派驻机构“三为主一报告”工作机制，强化履职质效综合考评。协助制定《市委反腐败协调小组工作规则》，出台职务犯罪案件工作衔接办法，不断完善监察机关同审判机关、检察机关和执法部门的协作制约机制。规范留置场所管理，强化专职看护队伍建设。全面完成派驻机构和高校、国企和金融企业纪检监察体制改革，落实派驻机构“六个一体化”管理机制，制定派驻机构查处党纪案件工作流程和文书规范，各级派驻机构全年处置问题线索781件次，同比增长43.3%。制定《关于深化贯通“四个全覆盖”构建有效监督大格局的实施办法》，推进纪律监督、监察监督、派驻监督和巡察监督协调衔接，探索构建流程联通、力量联动、信息联享和整改联督“四联”工作机制。出台《关于贯通融合乡镇纪检监察与基层群众监督力量健全基层公权力监督体系的指导意见》，推进乡镇（街道）监察办公室规范化建设，着力打造组织、协作和联动“三张网络”，强化主动监督、靠前监督、一线监督，全年走访群众7688户，查找并推动解决问题282个。

【坚定不移重拳反腐】 始终保持惩治腐败高压态势，突出重点削减存量，零容忍遏制增量，全市纪检监察机关全年受理信访举报2006件次，同比下降10.3%；立案908件，同比增长12.4%，其中县处级14人、乡科级100人；党纪政务处分883人，增长6.6%；移送司法机关40人；采取留置措施52人；挽回直接经济损失6378万余元。严肃查处湖州经济技术开发区原党委副书记徐惠荣、原副调研员王文龙等严重违纪违法案件，形成强有力震慑。加强和改进案件审理工作，开展案件质量和处分决定执行专项检查，持续打造“铁案工程”。严格审查调查措施使用，确保依规依纪依法、安全文明办案。坚持以案促改、查纠并举，督促发案单位、监管部门举一反三、堵塞漏洞。深化以案为鉴，召开全市领导干部警示教育暨作风建设千人大会，深入开展警示教育月“十大行动”，制作下发《湖州市党员干部和公职人员违纪违法典型案件剖析》专题警示教育片和忏悔录，组织2.4万余人次到各级警示教育基地接受教育，开展“党纪教育一刻钟”1万余场次，接受教育党员干部40余万人次。在强大震慑和政策感召下，有6名党员干部向纪检监察机关主动投案，22名党员干部主动交代本人违纪违法问题。

【加强干部队伍建设】 高标准推进“不忘初心、牢记使命”主题教育，紧扣主题主线，创设“七个一”活动载体，一体推进学习教育、调查研究、检视问题和整改落实四项重点举措，全面加强纪检监察机关党的建设。市纪委常委会以上率下、示范带动，带头作出公开承诺，先后6次开展专题集中学习研讨，深入一线走访调研，对照党章党规梳理查摆问题短板，高质量开好民主生活会，严肃开展批评与自我批评，持续抓好整改落实，不断增强守初心担使命的政治自觉。加强纪检监察干部专业能力建设，在全省率先完成全员培训，组队参加全省纪检监察系统“锻钢铸魂”大比武并荣获一等奖。统筹选派干部参与巡视巡察、审查调查和挂职锻炼，深化年轻干部“导师帮带”机制，全方位提高干部综合素质能力。开展纪检监察系统重大风险排查，制定防控措施349条。加强纪检监察干部日常监督管理，聘请21名市监委第一届特约监察员，举办“机关开放日”活动，主动接受各方面监督，坚决防止“灯下黑”。

（邱云飞）

·组织工作·

【概况】 2019年，全市组织系统深入贯彻中央和省、市委决策部署，全面践行新时代党的组织路线，努力以高质量组织工作保障高质量赶超发展。全年主题教育中难点问题化解销号率达95%以上，“80后”市管干部从机构改革前14名增加到46名，集体经济经营性年收入30万元以下欠发达村全部摘帽，8分钟党群服务圈遍布湖州中心城区，10万余名大学生落户湖州。培训援建地区村书记推动脱贫攻坚、集中整治“十大群众揪心事”、健全落实容错纠错机制、推行“红色动力贷”等10余项工作得到汪洋、车俊、黄建发等中央和省委领导批示肯定，全年湖州组织工作被中央新闻媒体报道756条次；建立“六位一体”长三角人才一体化发展工作机制，荣获2019年全国人才工作创新“最佳案例奖”。

【主题教育出成效】 全市组织系统认真履行牵头抓总职责，高质量组织开展第二批“不忘初心、牢记使命”主题教育，使主题教育不断往深里走、实里走。一是突出以上率下抓在“要”处。坚持高标准服务市委常委会主题教育，市委常委会带头点亮“七个初心”，开展初心之行、奋进之行，市委常委会“头雁”效应得到有效发挥。在全省率先制订出台农村、社区等6个分领域指导方案，做到“一把钥匙开一把锁”。组建10个巡回指导组，对各区县和市直单位进行全覆盖、全过程严督实导。二是突出入脑入心学在“深”处。把学深悟透习近平新时代中国特色社会主义思想作为首要任务，组织党员干部通读、精读中央规定书目，专门编发《习近平总书记在浙江工作期间来湖州重要讲话汇编》和《读懂“两山”理念》，各级领导班子每月开展1次集中学习研讨。在市委党校举办4期专题读书班，集中轮训960名市管领导干部。广大党员干部静心凝神读原著、学原文、悟原理，努力做到知信行统一、学思用贯通。三是突出刀刃向内查在“短”处。指导督促各级干部深化“三服务”活动，广泛开展“包乡走村”。各级党组织依托“民意直通车”

“12345政府阳光热线”“局长面对面”电视问政，广泛了解群众所思、所想、所忧、所盼。各地各单位排定一批短板问题集中攻坚破难，广大党员干部对照党章党规深查、细照找差距，各级领导班子和基层党组织高质量开好专题民主生活会和组织生活会。四是突出群众关切改在“实”处。在推动抓好中央和省委9大专项整治基础上，针对不按规定缴纳物业费、当征迁“钉子户”等失信、失范问题，专门开展党员干部违背社会公序良俗专项整治，集中破解城区停车难等“十大群众揪心事”，有效化解各类问题3.5万个，得到广大群众好评。

【服务中心大局】 紧扣贯彻市委“一四六十”工作体系，以推动中心任务落实作为检验组织工作试金石、磨刀器，努力服务中心保障大局。一是圆满完成机构改革做好“后半篇文章”。本次机关机构改革，全市共集中调整市管领导干部188名，精减市本级机构10个，减少县处级领导职数87职，整个改革平稳有序、平静安静，得到社会各界普遍好评。注重推动机构改革从“物理整合”到发生“化学反应”，组织对市直涉改部门班子运行情况的专项考察，指导各区县推动乡镇（街道）机构改革，会同相关部门全力支持组建南太湖新区。二是广泛开展“三走进”深化“三服务”。突出稳企业稳增长，全市组织系统深入开展“联企送服务”“千企千人”大走访行动。针对融资难题，在全省首创推行“红色动力信用贷”，为65家民营企业授信6.2亿元、发放贷款4.1亿元。针对人才紧缺，帮助企业引进行业紧缺人才8700余人。注重为基层松绑减负，制订出台组织系统“基层减负8条”，狠抓“七多”问题整治。会同相关部门，调整完善领导班子实绩考核内容，牵头创新实施“大党建”考核，减少党建督查考核事项15项。三是组建重点工作专班在一线攻坚破难。围绕市委、市政府重点工作任务，专门组建营商环境优化、驻外招商引才等22个工作专班，选调300余名干部（包括58名县处级退职干部）参与一线攻坚，并出台专班干部管理细则和考核办法，推动强担当比实绩。四是开展党建引领城乡人居环境大提升。针对人居环境薄弱点，自6月开始，由市委组织部、市农业农村局、市建设局牵头，强力开展城乡人居环境大排摸大提升大督查“百日攻坚行动”，累计清理垃圾20.5万吨、清理杂物17.8万吨、拆违拆旧建筑面积116.3万平方米、修复破旧道路42.9万米，实现“一个月有改观、两个月见成效、三个月大提升”目标。市委组织部还配套出台《城乡人居环境工作不担当不作为村社干部问责办法》，全年问责镇村干部289名。

【干部队伍建设】 坚持事业为上、以事择人，为市委选人、用人当好参谋、把好关口，推动干部为事业担当、组织为干部担当。一是坚持事业为上选干部配班子。坚持德才兼备、任人唯贤，年内市委选拔185名勇于担当、敢于负责、实绩突出的市管领导干部，进一步激发干部队伍生机活力。加强各级领导班子综合分析研判，了解掌握领导班子运行情况，加强科学合理调配，推进班子整体功能提升。二是精心稳妥推进公务员职务职级并行工作。认真分析干部队伍梯次配备、职级比例使用情况，在充分调研、分析摸排、反复测算的基础上，研究制定公务员职务与职级并行制度实施方案、综合管理类公务员职级晋升操作办法等，完善晋升审批操作流程。坚持严把资格条件关，稳步做好职级套转和晋升工作，全市晋升职级4732人次，及时把党对广大干部的关心激励落到实处。三是深入开展干部绩效比拼行动。按照“保五争三拼第一”要求，进一步深化实绩导向考核，推行区县党政领导班子和领导干部实绩清单。围绕项目“双进”、乡村振兴、社会治理等重点工作，着力组织好每个季度一次的乡镇（街道）党委书记工作交流会。注重发挥典型引领作用，选树表彰宣传24名省、市担当作为好干部、34名人民满意的公务员、21个人民满意的公务员集体等榜样群体，营造学先进赶先进当先进的浓厚氛围。四是大力培养选拔优秀年轻干部。全面深入开展年轻干部专题调研，针对各单位、各调研组推荐的干部到底谁最优秀、谁有潜力、谁先该用难以比较的难题，择优挑选227名优秀年轻干部，分党务群团等8大类别、20个组，由相关市领导和所有部委成员集体逐一面谈，让同类型干部同台比拼、相互比较。对部分近期可重点关注优秀人选，还专门实地核查印证日常表现和工作实绩。年内已有56名优秀年轻干部得到提拔使用，选派22名市级部门优秀年轻干部到乡镇（街道）平台实践锻炼。五是动真格推动干部能上能下。年内，全市坚决调整不适宜担任乡科级以上领导干部166名，另外，还有25名干部因在市委、市政府重点工作中表现不佳被问责处理。重抓村（社）干部队伍，推行“红黄灰”三色管理，对126名不称职村（社）干部坚决“下课”；对58名表现较差的，探索实行“歇职教育”制，较好地推动了村级班子战斗力提升。六是健全落实干部容错纠错机制。积极推动“两个担当”良性互动，研究出台健全落实容错纠错机制实施办法，在全国首创设立容错纠错裁定委员会，先后对8个事例、40余名干部予以容错认定。同时，会同相关机构对反映225名党员干部的不实问题进行澄清，努力让担当有为者不必再“一手持剑冲锋”“一手拿盾自卫”。

【基层组织建设】 坚持以提升组织力、强化政治功能为重点，统筹抓好基层党建工作，着力打造新时代基层党建高质量发展示范区。一是谋划实施“双创双全”组织力提升工程。启动实施以“组织创强、队伍创优，全域提升、全面过硬”为主要内容的“双创双全”组织力提升工程，针对农村、城市、企业、机关、学校、医院等不同领域，分别制定组织力评价标准，做到“三年一轮回、年年抓提升”。

齐头并进抓好大行业、大系统党建，深入实施国有企业“强根铸魂”六大行动，分别召开全市医院党建、文化旅游行业党建现场会，深化教育系统“杏坛先锋”建设，各领域基层党建工作呈现整体提升、全面加强的良好态势。二是坚决打赢村级集体经济“消薄”攻坚战。围绕“三年计划、两年完成”目标，全面总结推广改革活权等“强村十法”，指导帮助欠发达村找准、找好“造血”路子。2019年，全市在全省率先全面消除年经营性收入30万元以下的欠发达村，村均年经营性收入达130万元以上，村党组织为群众办事的实力更强、底气更足。三是聚力建设城市基层党建示范市。6月，市委召开建设全国城市基层党建示范市推进大会，以项目化清单式落实“1+7”文件重点任务。从解决狭小老旧社区办公用房入手，推动14个规模较小的社区撤并整合，协调17家单位的22处用房移交给街道社区使用。大力推行红色物业、红色联盟、红色驿站等“红色系列”，发动4万余名机关在职党员进村（社）“双联系双报到”，打造“8分钟党群服务圈”做法获评全国城市基层党建创新优秀案例。四是着力打造“红色动力工程”升级版。扎实开展以整园建强、整楼推进、整线突破、全面提升为主要内容的“三整一全”建设，深化“争双强、当先锋”活动，建立6902个党员先锋岗、攻坚队、责任区，组织开展各类劳动竞赛，天能集团主题党日“五个一”等经验在全省推广。启动实施“南太湖红领人才计划”，评定首批58名中级红领、10名高级红领，给予红领岗位津贴，有效激发“两新”党建活力。

【人才工作】 深化实施“南太湖”系列引才工程，全力打造人才生态最优市。湖州连续6年获得全省人才工作目标责任制考核优秀。一是大力实施“千名硕博生引才计划”。注重从源头上提高机关事业单位干部队伍素质，2019年，面向国内外知名高校招录优秀硕博毕业生706名，创历年之最。创建党政干部储备人才周转池，为工作繁重、人员短缺的市级机关招聘事业高层次人才50名，均为“双一流”A类院校硕士以上毕业生。二是大力招引10万名大学生来湖州工作。会同市人社部门，牵头组织“大学生招引直通车”国内巡回招聘，组建大学生招引工作专班，划定华东、华北、东北等全国七大区域，组织全市企事业单位和骨干企业先后赴杭州、成都、长春、哈尔滨等地重点高校，开展专场招聘300余场次。2019年，新聚引大学生等各类人才11.3万名，湖州逐步成为长三角地区青年人才最为青睐的城市之一。三是大力引进和自主培育高层次人才。坚持人才资金上不封顶、多多益善，以“千金买马骨”的诚意大力引育高层次人才。实施全球化引才战略，改进海外引才方式，牵头组团赴日本、德国、以色列、南非等地开展人才招引，组织高层次人才“月月行”系列活动，成功举办“2019湖州人大会”重大项目签约暨高层次人才峰会。2019年，新引进顶尖人才44名、领军人才196名，累计引进培育“国千”人才187名，“省千”人才240名，“国千”人才入选数列全省设区市第三；遴选资助领军型创新创业团队和人才项目279个；新建市级院士专家工作站9家，入选省级工作站3家，入选数列全省设区市第二。四是大力推动人才平台提档升级。探索人才工作专业化、市场化、集团化运营新模式，在长三角地区率先成立全生态链的湖州市人才发展集团，努力在人才引进、项目培育、创业指导等提供全链条服务。大力推进湖州科技城、莫干山高新区建设，着力提升省级“千人计划”产业园和“南太湖精英计划”产业园平台能级。成功与中国科技大学签订全面战略合作协议，引进建立浙江大学先进技术与产业研究院等11家高校院所创新平台。

【自身建设】 坚持把组织部门自身建设放在突出位置，努力建设讲政治、重公道、业务精、作风好的模范部门。一是主题教育走深走实。精心组织开展部机关“不忘初心、牢记使命”主题教育，把学习教育、调查研究、检视问题、整改落实四项重点措施贯通起来，推动部机关主题教育走在前、带好头、作示范。二是忠诚品质有效恪守。设计开展“悟初心——争当忠诚组工”等初心学堂三大主题，汇编学习《习近平关于组织工作重要讲话选编和重要论述摘编》，推动伟大思想入脑入心入行动。强化政治学习，每次部务会均开展“党性党纪教育一刻钟”，第一时间传达学习中央和省、市委的最新精神重大部署。修订完善《关于进一步加强作风建设的若干规定》等制度机制，严格落实部委主体责任和部委成员“一岗双责”，层层签订党风廉政建设责任书，全员签订廉洁自律承诺书。三是专业素质显著提升。大力弘扬“安专迷”精神，加强政策法规业务培训，推动组工干部争当“活字典”“政策通”。精准开展组织工作课题研究，梳理排定“长三角周边城市人才政策比较研究”等13个重点课题，多项调研成果被评为全省组织系统年度优秀调研报告。扎实开展党建制度改革，“完善1+X容错纠错制度体系”等16项重点改革任务有序推进。四是服务质效持续优化。研究出台市委组织部“三服务16条”措施，部委领导和部机关各处室全面领办“三服务”项目，现场问题解决率达100%。深化落实组工干部直接联系群众制度，部委领导带队深入开展调查研究、领衔破难，走访全市760余个村、社区、企业等基层单位，解决各类问题120余个。五是阳光形象全面提升。在全国组织系统率先成立市党建融媒体中心，以“南太湖先锋”为总品牌，构建“一微一网一屏一端一站一刊”的融媒传播矩阵，“南太湖先锋”融媒矩阵互动量超120万人次，浙江党建融媒体联盟发布会在湖州举行。注重提高组织工作透明度，自觉接受社会公众监督评议。加强关心关爱，组织开展谈心交心和干部家访活动，不断营造组织部门“家

文化”氛围。（樊　磊）

·宣传工作·

【概况】 2019年，湖州市宣传思想战线高举习近平新时代中国特色社会主义思想伟大旗帜，贯彻落实全国和全省宣传思想工作会议精神，以庆祝新中国成立70周年为主线，紧扣市委“一四六十”工作体系，锐意进取、狠抓落实，成效不断显现。

【强化理论武装工作】 紧密结合“不忘初心、牢记使命”主题教育，坚持用党的创新理论武装头脑，推动广大党员干部树牢“四个意识”、坚定“四个自信”、做到“两个维护”。一是理论学习深入深化。聚焦中共十九届四中全会精神等重点，以中心组学习为龙头，以“四学四强”学习活动为主载体，通过专题报告会、交流研讨会、机关学习日等形式，深入学习领会习近平新时代中国特色社会主义思想，组织市委宣讲团赴区县、部门开展全会精神宣讲。市委中心组率先垂范，全年开展集中学习22次，其中集体研讨交流7次，市委主要领导署名文章在《光明日报》《学习时报》刊登。深入推进“学习强国”学习平台建设运用，全市建立学习组织395个，学员总数突破11万人，活跃度、供稿录用率居全省前列，湖州学习平台作为全国第9家、全省第2家分平台正式上线。二是理论宣传提质提速。全面推进“153”基层百姓宣讲网络建设，结合新时代文明实践中心建设，开展全市基层理论宣讲“双千百”志愿服务，已培育基层百姓宣讲员1193名、组建百姓宣讲志愿服务队316支、开展宣讲2000余场、打造新时代基层宣讲示范点100余个。举办全市基层理论宣讲骨干志愿者培训班，培训学员200余人。1名宣讲员代表浙江省参加“时代新人说·我和祖国共成长”全国演讲比赛“绿水青山”主题赛事，荣获铜奖。安吉县“两山”宣讲团入选全国基层理论宣讲先进集体。制订落实《深化市级媒体理论宣传工作方案》，湖州理论在线网站完成改版。三是研究普及有为有力。加强对“高质量赶超发展”“打造全国绿色智造名城”等重大理论与实践课题的研究，确定2019年市社科规划立项课题114项，获省社科联社会科学研究项目33项，市社科联获评全省“2019年度理论研究优秀单位”。全年编发《社科研究要报》13期，获3位市领导批示。深化社科理论普及，举办“南太湖人文大讲堂”6场。开展社科普及周活动，推出相关项目277项。推进社科普及基地建设，入选第九批“浙江省社会科学普及基地”4家。结合“社科理论下基层”，全年组织社科界开展“三服务”活动100余次。

【开展庆祝新中国成立70周年主题宣传教育】 高站位、强联动、有声势，生动诠释新中国成立70年来的湖州故事、湖州元素、湖州担当，激励广大党员群众走好新时代改革发展征程。一是全媒展示湖州声音。统筹开展主题宣传、成就宣传，推出“壮丽70年·奋斗新时代”主题报道，各平台刊发报道340余篇，发布新媒体信息1000余条，微信阅读量近50万。推出“70年70秒瞰湖州”系列微视频、“流动的湖州”原创短视频等融媒体产品100余个。充分利用“学习强国”学习平台，策划打造湖州热点，浙江学习平台“我和我的祖国”栏目录用湖州稿件53篇。主动对接中宣部新闻局，完成“新民俗、庆生面”策划拍摄工作。成功争取央视庆祝新中国成立70周年公益广告《@中国》“落户”，湖州作为全国唯一地级市亮相央视15个频道，公益广告在国庆期间滚动播出。二是着力营造红色氛围。在中心城区广场、公园和主要路段悬挂崭新国旗8000余面。制作发放《伟大历程、辉煌成就》宣传挂图1000套，组织党政机关和企事业单位制作展板560余套，实现布展全覆盖。属地网站、两微一端开设《印象70年》等专题专栏30余个，发布《今天国庆阅兵现场，他们都来自湖州!》等原创稿件评论文章200余篇，转载中央、省级主流媒体文章2500余篇，总阅读量达200万人次，营造浓厚爱国氛围。三是精心组织群众活动。唱响文化赞歌，成功举办“礼赞新中国、奋斗新时代”庆祝新中国成立70周年文艺晚会，全景呈现70年来湖州经济社会发展巨大成就。开展“千村万企升国旗、万户家庭颂祖国”“我和国旗同框”等群众性宣传教育活动，“向国旗敬礼、做时代新人”网络文明传播活动累计参与8万余人次。全市40万未成年人齐声歌唱《我和我的祖国》，快闪视频累计播放10万余次。

【壮大正面主流舆论】 统筹内宣外宣、网上网下，集中组织正面宣传，主动开展舆论引导，汇聚正能量，唱响好声音。一是突出改革发展主旋律。围绕市委“一四六十”工作体系等省、市委重大决策部署，精心谋划，组织媒体集中开展“八八战略再深化、改革开放再出发”“打造‘六个城市’”“深化扫黑除恶”“南太湖新区成立”等一系列重大主题报道，累计推出报道1.1万余篇。1件作品获浙江新闻奖·重大主题报道策划创新奖。围绕“三服务”活动，市级媒体开设专栏专题，刊播报道1130余篇。以支持民营企业发展、降本减负为重点，加强经济形势宣传、经济政策解读和经济典型报道，推出报道910余篇，着力提振发展信心。二是跑出融合发展加速度。制订实施《推动传统媒体和新兴媒体融合向纵深发展实施方案》，市、县联动加快媒体深度融合。全力推进市级媒体整合迁建，完成市新闻传媒中心（传媒集团）班子组建、选址、挂牌等工作。县级融媒体中心挂牌实现全覆盖，发布全国首个《县级融媒体中心管理与服务规范》市级地方标准。制定出台《媒体融合项目资金考评分配实施细则（试行）》，规范媒体融合资金使用标准，启动建设自主可控的市级新媒体全效平台。加大融合传播力度，强化短视频、H5等作品创作，推出微视频100余个。湖州发布、爱湖州累计开展移动直播224场，点播量超335万。三是展现舆论引导新作为。办好民生、舆论监督类栏目，《击短》《联播调查》推出舆论监督报道近300篇，完成电视问政2期。《联播调查》问题解决率达92%，得到市委、市政府主要领导等5次批示肯定。市委宣传部《强化舆论监督功能，助力“三服务”难点问题加速破解》入选全市第三批“担当破难”典型案例。把信息发布作为关键环节，深入抓好《湖州市新闻发布管理办法》贯彻落实，加强发布机制建设，出台《湖州市新闻发布考核评估办法》，创新开展“70年喜看湖州新跨越”百场新闻发布活动。四是展示美丽湖州好形象。突出大报、大刊、大台、大网，全面展示湖州新亮点，全年在中央、省级媒体刊发湖州稿件3000余篇（条），其中头版头条200余篇（条）。成功争取湖州作为全省唯一、全国6个城市之一纳入“转型升级·一线城市调研行”采访，湖州经济工作首次纳入中宣部组织的集中报道。央视《新闻联播》头条近五分钟介绍湖州应对中美贸易摩擦经验。聚焦长三角一体化，成功举办“G60科创走廊城市媒体走进湖州”集中采访活动。探索开展城市形象塑造传播“六个一”工作，发布城市新形象片，城市英文网站上线。

【社会主义核心价值体系建设】 着眼推动社会主义核心价值观落细落小，召开全市新时代文明实践中心暨全国文明城市建设工作推进会，以文明之美丰富美丽宜居城市内涵。一是文明实践全面推进。全域推进新时代文明实践中心建设，建成市级文明实践指导中心1个、区县文明实践中心6个、乡镇（街道）文明实践所116个、行政村文明实践站1083个、文明实践基地9295个，实现省级以上试点区县全覆盖。中宣部副部长蒋建国到湖州调研并专门撰写调研报告，《光明日报》整版报道关注湖州做法，湖州作为全省唯一地市代表在全省新时代文明实践中心建设推进会上作经验交流。新时代文明实践“家园志愿服务计划”入选全省宣传思想文化工作创新项目。成立全国首家新时代文明实践学院，开通新时代文明实践中心云平台。组建6类家园志愿服务队伍8万余人，整合吸收150余家社会组织专业志愿者，开展志愿服务1.8万余次，解决各类问题4700余个。二是文明创建提质升级。以建设更高水平的文明城市为龙头，深化五大创建活动。落实“日巡查、半年测、年底评”制度，累计开展巡查1000余次，累计解决文明城市建设各类“顽疾”560个，持续提升城市品质和环境卫生，城市文明程度指数测评成绩名列全省前茅，实现省文明县（市、区）区县全覆盖。深入开展绿色出行、垃圾分类、光盘行动等主题活动，开展文明劝导9000余人次。认真抓好《湖州市文明行为促进条例》宣传贯彻，制定落实《湖州市不文明行为曝光平台信息发布工作实施细则（试行）》，开展《湖州市文明行为促进条例》宣传“六进”等系列活动，刊发报道3500篇（条）、刊播设置公益广告5万条（次）、印发宣传资料50余万册。三是公民道德成风化人。坚持典型引领，认真做好培育和向上推荐工作，1人入选全国道德模范，1人入选全国道德模范提名奖，1人入选浙江省诚实守信道德模范，1人入选2019年度“浙江骄傲”。1人入选“中国好人榜”，15人入选“浙江好人榜”。认真做好典型选树，制作道德红榜，创新推出“道德模范一条街”“最美湖州人”抖音短视频等载体，组织开展吕挺烈士先进事迹学习宣传等活动。推动“春泥计划”项目在全市所有农村文化礼堂有效落地，新建中央专项公益金支持的乡村学校少年宫2所。

【推进文化改革发展】 以改革为牵引，着力提升文化创新力、服务力、竞争力。一是文化体制改革重点任务不断推进。深化新闻出版等文化领域“最多跑一次”改革，完成办事流程等事项再造，实现部门办事事项“网上办”“掌上办”“跑零次”三个100%。有序推进文化领域投融资改革等重点改革任务，制订出台《金融支持湖州文化产业发展的指导意见》《湖州市文化企业贷款贴息实施办法（试行）》，10月—12月，湖州银行文化企业类贷款发放达2.21亿元。召开市国有文化资产管理委员会会议，健全市文资委运行机制，切实发挥管人、管事、管资产、管导向作用。深入推进文化市场综合行政执法改革，整合文化、出版、电影、旅游等领域执法职能，进一步构建统一、高效的文化市场监管体系。二是文化惠民成效不断显现。推进重大公共文化设施建设，市美术馆正式开馆。推进基层“六文”阵地建设，研究制订《湖州市农村文化礼堂建设全覆盖三年行动计划（2019—2021年）》，召开全市农村文化礼堂建设现场会，全面推行文化产品“点餐制”服务，打造基层文化活动品牌。全年新建文化礼堂108家，累计建成689家，覆盖率达70.1%，全国农家书屋数字化建设现场会在湖州市南浔区召开。各区县全部通过第一批“五个百分百”和《浙江省基本公共文化服务标准（2015—2020年）》验收。打造“城市文化系列”品牌，新建城市书房13家。全年送戏下乡2000场，送书8万册，送讲座（展览）500场，文化走亲300场，农村电影公益放映12982场。三是文艺精品力作不断涌现。加强培育，精心组织参评各类重要奖项。话剧《青青余村》，电视剧《楼外楼》《风再起时》等5件作品入选省“五个一工程”，其中2件代表省参评国家“五个一工程”。群舞《太湖人家》等4件作品获2019年省“群星奖”。召开全市文艺创作座谈会，梳理未来三年重点题材、项目，明确创作任务。完善政策保障，修订出台《湖州市优秀文艺作品扶持奖励办法》，落实文艺精品扶持奖励资金500万元。市、县联动加大配套奖励扶持力度，各区县设立“孟郊奖”“臧懋循文艺奖”“吴昌硕国际艺术奖”等奖项，推动精品创作。四是文化产业质效不断提升。加强统筹规划，研究制订《关于加快推动文化产业发展成为千亿级产业的指导意见》等政策。产业规模不断扩大，全市已有文化产业法人单位4256家，其中规模以上637家，比上年增加269家。成立湖州市文化产业促进会，太湖“龙之梦”等重大项目顺利推进。加快文旅融合步伐，推进《南太湖文旅融合发展带规划》编制，扎实推进重点文旅项目建设。以公共数字文化平台“湖上云”为支撑，搭建文旅消费服务平台，发放（使用）文旅消费券44158张，新推出全域旅游卡8500张，融合效应加速显现。

【宣传文化队伍阵地建设】 着眼新形势、新任务和新要求，着力抓好队伍、阵地建设，夯实宣传思想文化工作基础。一是干部队伍建设不断加强。把政治建设放在首位，精心组织开展“不忘初心、牢记使命”主题教育，统筹推进“三服务”活动、增强“四力”教育实践。深入实施项目比看等“十大行动”，举办培训12次。以巡察整改、正风肃纪检查为契机，深化作风建设，健全完善“一四十”干部监督制度体系，力戒形式主义、官僚主义。按照机构改革要求，协助市委选优配强宣传文化系统领导班子。压茬推进市委宣传部机关和下属事业单位机构改革，强化网信行政职能回归、力量配备。指导做好市文联、市记协换届。结合公务员职务与职级并行、机关事业单位招录等，优化干部队伍结构。二是宣传文化人才引育取得新进展。全面推进宣传文化人才引进、培育、扶持和推荐，做到真引才、引真才。开展南太湖优秀文化人才引进，加大招引力度，全年引进高端文化人才8人、优秀创新团队6个、急需紧缺人才6人。举办2019湖州——上海文化产业招商暨南太湖优秀文化人才引进推介洽谈会，迈出文化人才招引“走出去”的坚实步伐。推荐4批、19人次参加国家“四个一批”、省“万人计划”、市“1112人才工程”等各类高层次人才评选，入选2019年度市“1112人才工程”培养人选2名、后备人选2名。1人获浙江飘萍奖。三是建好、管好各类宣传文化阵地。充分发挥新闻舆论、网络、高校和文化等各类阵地作用，打好建管用育组合拳，营造良好思想舆论氛围。提升用网水平，推进网络内容建设，做大做强网上正面宣传。指导组织网络媒体开设专题专栏30余个，转载刊发相关报道5000余篇，原创稿件150余篇，累计阅读量超过300万。聚焦湖州人大会等重大活动，组织开展“网络乡贤念家乡”短视频展播等活动。强化马克思主义新闻观培训，举办新闻论坛2期，实现广电安全播出无事故。建好高校阵地，推进湖州师院、湖州职技院马克思主义讲习所建设。（俞旭东）

·机构编制·

【概况】 2019年，市委编办紧扣市委“一四六十”工作体系，以全面深化改革为主线，以强化管理创新为重点，深入开展“不忘实心、牢记使命”主题教育和“三服务”活动，着力推进机构职能体系现代化，深化机构编制规范管理，优化编制资源配置，强化“铁军”锻造，凸显新机构新作为新形象，努力为开创新时代湖州高质量赶超发展新局面提供有力的体制机制保障。

【机构改革】 一是抓实部门“三定”和人员转隶。紧盯打造“六个城市”等重点任务，统筹部门职责优化和资源配置，召开人员转隶和“三定”培训会，精心指导部门拟订“三定”草案，按照“三报三审”的程序严格审核把关，完成全部50家市级部门（单位）“三定”规定的制发工作。研究拟订《市级机构改革人员转隶工作意见》和《市级部门科级及以下人员划转方案》等，推进人员转隶顺利完成。同时，指导督促区县同步做好相关工作。二是抓深乡镇（街道）机构改革。坚持县乡统筹，加强对全市70个乡镇（街道）机构改革方案审核把关，建立差别化体制，综合设置相关机构，落实乡镇（街道）对派驻机构人员管理考核权，完善权责清单，提升基层治理能力。三是抓细机构改革后续工作。根据全市机构改革工作总体部署和全省机构改革评估督察要求，坚持问题导向、效果导向，认真做好机构改革“回头看”工作，分成2个调研组对75家市直单位和5个区县进行调研，采取“听、谈、看”的方式深入了解改革后部门（区县）的职责履行和职责调整情况，并形成总结评估报告，推动体制机制进一步优化。

【重点领域改革】 一是高效率推进南太湖新区管理体制机制建设。根据市委、市政府设立南太湖新区的决策部署和总体方案，结合市委、市政府加快新区高质量发展有关意见，研究提出新区“三定”规定草案、事业单位设置和市级有关部门派驻机构整合调整的建议方案。着眼“放足、放实、放细”，梳理排摸并推动1904项事项下放新区，出台《关于湖州南太湖新区推行权力清单制度的实施意见》，构建权责统一、简约高效履职体系。二是高质量推进各类事业单位改革。按照行政职能“还政予政”要求，统筹推进行政类事业单位改革，从市级98家涉改事业单位承担的3122项行政职能事项中，审核确认37家事业单位承担的892项还政事项。根据中央和省关于事业单位清理规范整合相关要求，形成市属事业单位清理规范整合工作方案，稳步推进公益类事业单位改革工作。深入推进生产经营类事业单位改革，牵头协调解决已批复改革方案的4家生产经营类单位有关人员安置问题，指导督促市城市集团的5家经营类事业单位起草完善改革方案。扎实推进事业单位登记管理相关工作，探索完善试点单位政策保障机制，深化各类事业单位统一登记管理试点，加快推进事业单位信用体系建设，推进统一社会信用代码制度改革。三是高要求推进综合行政执法体制改革。结合实际，做好市场监管、生态环境、文化市场、交通运输、农业五大领域和跨领域跨部门的综合执法领域体制改革相关工作。加强调研，指导起草方案；组建专班，完成审核工作；印发文件，抓好组织实施。完成市五大领域综合执法队伍挂牌工作，做好五大领域综合行政执法队伍的基本组建、编制划转等工作。

【机构编制管理】 一是推进实名制管理标准化建设。着力提升实名制管理成效。按省部署要求，及时建立主要领导亲自抓、分管领导具体抓、业务处室共同抓的实名制管理工作机制；对市级部门实名制数据进行集中审核，修改完善实名制数据3.7万余条，开展市、区县实名制数据现场集中会审，全面提升实名制数据规范性；将实名制数据与机关事业养老保险系统数据进行逐一比对，进一步提高实名制数据准确性。二是强化机构编制监督检查。对全市5个区县、市直69个单位在落实机构编制有关政策规定、规范管理机构编制等情况，包括机构设置、编制使用、领导职数配备、实名制系统维护、出入编手续办理等方面开展机构编制专项检查。根据省委编办关于做好机构编制问题对照整改工作的要求，全面梳理存在的相关问题，健全机构编制违规违纪问题清单。三是探索开展编制和职数周转使用制度。为提高机构编制使用效益，加强机构编制对重点领域改革和公共事业发展的服务保障功能，围绕高质量发展和“一四六十”工作体系等市委、市政府工作大局，打破编制和职数核定之后部门所有模式，强化机构编制资源统筹调配，在市级机关事业单位试行编制和科级领导职数周转制度。出台《湖州市级机关事业单位编制和职数周转管理试行办法》，对编制和职数周转概念、适用范围、编制和职数来源、申请条件、审批程序、日常管理等内容进行了明确，加强机构编制资源优化配置，提升整体效能。（杨泳城）

·老干部工作·

【概况】 截至2019年年底，全市离休干部总数为506人，比上年减少66人。按单位性质分：党政机关182人、事业单位145人、企业单位179人。按职级分：地市级及享受地市级待遇8人、县（处）级及享受县（处）级待遇250人、科级248人。按入伍时期分：抗战前期11人、抗战后期73人、解放战争时期422人。其中市本级（含吴兴区、南浔区）离休干部285人。按单位性质分：党政机关80人、事业单位104人、企业单位101人。按职级分：地市级及享受地市级待遇6人、县（处）级及享受县（处）级待遇142、科级137人。按入伍时期分：抗战前期7人、抗战后期40人、解放战争时期238人。此外，易地安置在市本级的离休干部9人。

【推进离退休干部“三项建设”】 积极探索实践“党建+”模式，统筹推进离退休干部政治建设、思想建设和党组织建设。一是加强思想引领。依托市委老干部党校，按照分层分类原则，针对离退休干部骨干开展各类学习培训12期。加强与市委党校“校校合作”，联合举办2期全市离退休干部“银领先锋”政治理论培训班。二是推进主题教育。进一步深化“抓书记、书记抓”的工作模式，依靠离退休干部党支部书记或支部骨干组织老干部开展主题教育。举办“70正青春”——湖州市离退休干部“初心与祖国同在”正能量活动，动员广大老干部积极参与主题教育。同时，把全市离退休干部中从事过理论宣讲或有红色故事的老干部组织起来，组建“银领初心宣讲团”，制订3大类、21讲的“宣讲菜单”，通过“老书记讲给老党员听”“老党员讲给群众听”等方式开展学习宣讲。主题教育开展过程中，“银领初心”宣讲团赴基层宣讲30余次，受教育党员群众达5000余人次。三是选拔树立典型。开展寻找“最美老干部”系列活动，寻找最美系列典型70个。其中1名个人被评为全国离退休干部先进个人，并赴北京参加表彰大会，受到习近平总书记等党和国家领导人接见。5个集体和4名个人分别被评为全省离退休干部先进集体和先进个人。

【深化老干部管理工作】 突出个性化、精细化、亲情化，提升服务保障水平。一是注重政策落实，共享改革成果。认真落实各项政策，及时发放企事业离休干部工资、已故离休干部丧葬费、抚恤金以及无固定收入离休干部遗孀生活困难补助费。二是注重个性需求，深化细化服务。深化“暖居生活、宜居生活、康居生活”服务行动，深入开展进家庭、进支部、进医院走访慰问活动，对市本级300余名离休干部开展普访。实行工作人员与市本级居家离休干部“1+N”联系结对，为老干部办实事解难事。三是加强协调联系，帮助解决实际困难。积极推进利用社区资源“四就近”服务老干部工作，打造“宜居、暖居、康居”生活服务网，开展社区签约医生与离休干部结对服务，实行清单式管理，打造“十五分钟医疗服务圈”。

【推进离退休干部正能量活动】 结合“三服务”活动，立足实际，制订实施“三服务三助力6条”，组织引导老干部及老干部工作者走进企业、走进群众、走进基层，开展各类服务活动。一是组织“银领导师团”助民营企业发展系列活动。组织市、区县的老领导、老支书深入企业宣传习近平新时代中国特色社会主义思想，宣传全市经济社会发展形势以及对民营经济的扶持政策。二是组织“银领智囊团”助力乡村振兴系列活动。组织全市相关职能部门离退休干部党支部以及志愿服务团队，开展党的理论、革命传统教育讲座以及农业、养老、就业、环保、惠农等方面的政策宣讲。动员全市农、林、水等各领域老专家，结对开展技术帮扶。三是组织“银领先锋团”助力社会治理系列活动。组织动员离退休党员、老年大学志愿者等积极参与“家园志愿服务”行动，力所能及为基层群众服务。开展“我看新中国新变化”专题调研、“湖州宣传语”征集等活动，引导广大老干部为党委、政府工作加油鼓劲、献计出力，年内全市离退休干部开展各类“三服务三助力”活动300余次，参与老干部1.5万人次。

【打造文化养老品质家园】 加强离退休干部“两个阵地”建设，提升文化养老工作质量与水平。一是高质量推进老年大学内涵发展。坚持政治性与思想性、校内实践与社会服务相结合，提升湖州老年大学办学质量。春季和秋季两个学期，市老年大学开设240门课程，招收学员6068人，参加各科学习的学员达9349人次。积极推进“家门口老年大学”建设，建立街道、乡镇和社区分校（教学点）60个。按照老年大学校务委员会会议部署，扎实推进新建老年大学基础建设、运行管理、校园文化建设等各项工作。二是提升活动中心服务管理水平。以庆祝新中国成立70周年为契机，组织老干部重点开展“四个一”活动，即开展一次走访慰问活动，向离休干部颁发纪念章；开展一场庆祝新中国成立70周年暨市老年大学建校三十周年成果汇报活动；开展一场“我看新中国70年巨变”书画、摄影作品联展活动；开展一次赠红色书籍活动。三是加强活动学习阵地党建工作。深入实施“银领党建动力工程”，全面推行“党建+”模式，加强活动学习阵地临时党组织建设，通过“党建+志愿者”“党建+社团”“党建+微信平台”“党建+红色教育十分钟”等形式，推动党建工作与阵地建设深度融合。

【加强工作队伍自身建设】 结合主题教育，努力打造内修外炼、作风务实、心态阳光的老干部工作队伍。一扎实开展主题教育。根据市委统一部署要求，认真开展“不忘初心、牢记使命”主题教育，先后组织集体学习11次，开展专题学习研讨、交流调研成果5次。结合实际开展“青领与银领的初心对话”等主题党日活动。局领导带队走访乡镇（街道）8个，企业5家，行政村（社区）11个，形成调研报告4篇。结合实际，开展“三服务”活动，协调解决问题18条次。认真开展市委巡察反馈问题整改工作，对17个问题进行分类处置，年内已完成整改17个，整改率达100%，推动解决实际问题15条次。二是推动重点工作项目化管理。夯实“银领先锋、银领乐活、银领志愿”三大品牌建设，推行重点工作项目化管理，确定全年重点工作5大项、14小项，明确分管领导和责任处室，按季公布推进情况。坚持完善“3+1+N”市、区县联动推进工作机制，着力提升全市老干部工作整体水平。三是注重信息化建设。加强“一网一号一报”信息宣传阵地建设，整合提升工作网站、微信公众号等信息平台，积极推进浙江省离退休干部服务管理系统和“银耀之江”志愿汇系统建设，整理录入离退休干部基本信息3万余条，健全完善离退休干部志愿者队伍建设，招募老干部志愿者9000余人，组织各类志愿服务活动70余次。

（严海燕）

·民主党派　工商联·

【综述】 2019年，湖州市各民主党派、工商联深入学习贯彻中共十九大精神和习近平新时代中国特色社会主义思想，以“不忘合作初心，继续携手前进”主题教育活动为抓手，以深化“三服务”为载体，紧紧围绕市委“一四六十”工作体系，切实发挥职能优势，主动服务中心大局，为湖州市加快实现高质量赶超发展贡献智慧和力量。

【凝聚思想政治共识】 紧紧围绕新中国成立70周年、多党合作制度确立70周年，以“不忘合作初心，继续携手前进”主题教育活动为抓手，通过理论学习、辅导宣讲、图片巡展和主题征文等多种形式，团结引领广大民主党派、工商联成员在重温历史中铭记合作初心，在弘扬传统中深化政治共识，进一步夯实多党合作思想政治基础。民革市委会开展“观故居·走多党合作之路”活动；民盟市委会举办“见证·初心”入盟三十年纪念活动；民建市委会举办“铭记·初心”经典诵读活动；民进市委会举办“初心·筑梦——我与祖国共成长”湖州与嘉兴两地书画联展；农工党市委会开展“我和我的祖国”书画、摄影、微视频巡展活动；九三学社市委会举办“九三楷模”大型宣讲活动；市工商联开展“初心筑梦新时代　和谐共赢勇奋进”文艺演出。

【助力高质量赶超发展】 充分发挥智力密集、人才荟萃和联系广泛的优势，为湖州市引资引智贡献力量。以“践行‘两山’理念、共建清丽湖州”为主题，牵头承办“2019·湖州人大会”，邀请1000余名海内外浙湖商到湖州共叙家乡情谊，共话家乡发展，活动取得圆满成功。会后，43个总投资218亿元的重大人才项目和重大招商项目落户湖州，掀起海内外湖州人回乡创新创业序幕。认真贯彻落实习近平总书记关于构建“亲”“清”新型政商关系讲话精神，深化开展“非公有制经济代表人士圆桌会议”品牌活动，围绕“优化营商环境”等主题举办圆桌会议3次，着力搭建政企互信、平等对话有效平台，助力非公经济企业转型升级。深入开展“五个一百”活动，通过“百名行长服务民营企业行动”，帮助解决企业融资问题2897个、融资需求221.42亿元，着力防范化解金融风险。

【履行参政党职能】 坚持落实和完善多党合作和政治协商各项制度，履行参政议政、民主监督和政治协商职能。全年市各民主党派、工商联参加市委、市政府召开的各类情况通报会、协商会9次，就市委全会重大决策、《政府工作报告》等积极建言献策。深化开展市各民主党派、工商联“金点子”“微点子”建言献策活动，全年61个“金点子”“微点子”得到市领导批示，为党委、政府科学决策提供有益参考。积极开展“365+N”专项民主监督工作，紧扣“六个城市”建设、民营经济高质量发展和“十大民生实事”等内容，成立18个民主监督小组，赴市直有关部门、区县、乡镇（街道）及一线窗口开展监督调研124次，反馈意见、建议60余条，形成专项民主监督报告18份，有力助推市委、市政府中心工作。

【打造社会服务品牌】 有效整合各民主党派、工商联优势资源，深入开展“同心·三服务”活动，全年成立同心服务团28个，开展活动400余次，服务时长累计1200小时，解决实际困难300余个。按照“发挥优势、突出重点、注重实效、持之以恒”的工作思路，各民主党派、工商联结合自身实际，广泛开展法律咨询、医疗义诊和结对帮扶等各类社会服务活动，探索形成民革“博爱基金”、民盟“烛光行动”、民建“十箱万元”精准扶贫养蜂基地、民进“开明公益”等一批有特色、叫得响、成果多和反响好的社会服务品牌，树立民主党派、工商联的良好形象。（邵　杰）

【中国国民党革命委员会湖州市委员会】 2019年，民革市委会以习近平新时代中国特色社会主义思想为指导，以开展“不忘合作初心，继续携手前进”主题教育活动为载体，积极履行参政党的各项职能，扎实稳步地开展各项工作。

一、不断加强自身建设。组织广大党员以专题辅导、撰写征文和演讲朗诵等形式开展纪念中华人民共和国成立70周年、中国人民政治协商会议成立70周年、中国共产党领导的多党合作和政治协商制度确立70周年系列活动。民革市委会赴广西壮族自治区开展“观故居·走多党合作之路”活动。主委闵云代表民革市委会在全市统一战线读书会上作题为《同心合作守初心，携手前行担使命》的交流发言。12月，民革市委会成立第一届监督委员会；湖州民革党员之家被评为全国优秀民革党员之家；吴兴区基层委员会荣获2019年度民革全省宣传思想工作先进集体；张健梅、奚真真荣获2019年度民革全省宣传思想工作先进个人。奚真真荣获民革省委会举行的“庆祝中华人民共和国成立70周年”演讲比赛一等奖；徐瑾荣获市政协系统举行的“学习新思想 树立新样子”演讲比赛一等奖。

二、有序推进组织建设。2019年，长兴县基层委三支部获评全国示范支部；市科技支部、机关支部获评省级示范支部；沈建忠荣获“2019年浙江民革骄傲人物”称号；长兴县基层委员会荣获2019年度民革全省组织工作先进集体；於丽、冯坚荣获2019年度民革全省组织工作先进个人。5月，完成市教育、经济、医卫、机关和科技支部换届，分别由方燕、朱文潮、蒋建萍、蔡永美、徐如丹担任新一届支部主委。12月，完成长兴县基层委换届工作，李江任主委。全年发展新党员30人，自然减员3人。至年末，全市有党员422人。7月，首次对30名新党员开展入党前政治理论知识测试。全年有23人次参加省、市统战部门和社会主义学院组织的学习、培训活动。周少翌辞去民革湖州市第七届委员会副主委、秘书长、委员职务；徐瑾到机关挂职，任秘书长；沈嘉任办公室副主任；录用徐予蔚为机关编外工作人员。

三、认真履行参政党职能。民革市委会在市政协八届三次会议上，提交4篇大会发言、9件集体提案，委员提交个人提案17件；3件提案被评为2018年度市政协优秀提案，1件集体提案被列为2019年市政协重点提案；徐瑾、蒋建萍被评为2018年度优秀市政协委员。全年上报“金点子”、社情民意115条次，年末，在市委统战部组织的“金点子”活动评比表彰大会上，民革市委会荣获组织一等奖；德清县基层委“水木莫干山都市农业综合体”项目荣获市委统战部“金苹果奖”。民革市委会荣获2018—2019年民革省委会参政议政先进集体三等奖，闵云被民革省委会评为2018年度民革全省社情民意信息工作先进个人。在民革省委会召开的全省参政议政工作会议和研讨会上，市委会提交的22篇材料入选，陈翔、杨锡伟分别作交流发言。5月，民革中央副主席兼秘书长李惠东为德清县民革莫干山之家——“民革书屋”揭牌，团结出版社捐书500册；9月，配合民革省委会做好民革中央、省政协在德清县举办的“助力乡村振兴——第二届莫干山会议”，全国政协副主席、民革中央常务副主席郑建邦参加会议，会上签约项目45个，总投资306.5亿元。组织党员骨干积极做好“365+N”专项民主监督活动和城乡生活垃圾分类处理三级政协联动专项集体民主监督活动，形成4篇民主监督报告书，其中《关于加快打造滨湖旅游城市民主监督建议书》得到市委书记马晓晖批示。

四、积极开展社会服务活动。德清县基层委荣获2019年度民革全省社会服务工作先进集体；陆国新、赵永辉荣获2019年度民革全省社会服务工作先进个人。湖州民革企业家联谊会积极作为，送上1万元“爱心大礼包”资助吴兴区贫困老人。6月，联谊会召开换届大会，产生新一届班子成员，冯坚任会长。7月，成立青年企业家分会，由18名80后年轻会员组成，万隆鑫任会长。11月，全省六地民革企业家联谊会在湖州召开，围绕“践行两山理念 助推绿色发展”主题开展交流。市委会同心服务团通过走访、座谈和讲解政策等形式，为党员企业开展“三服务”活动，民革市委会长兴便民桥村服务基地荣获市委统战部“同心三服务 统战在行动”2019年度先进同心服务基地；党员臧培峰荣获“同心三服务”先进个人。7月，由党员陆国新牵头的民革红十字博爱资金项目与市红十字会签约，筹集资金134.3万元，为本市0—18岁青少年低收入大病家庭提供帮助和捐助，截至年底，发放救助金额36.2万元。星汇半岛社区法律援助站点继续发挥为居民提供全方位法律援助服务的平台作用，其工作经验在《法制日报》头版、《团结报》全文刊登。民革“爱心基金”向结对吴兴区上强小学梅峰校区25位贫困生送上每人600元助学金；六一儿童节前夕，向湖州特殊教育学校捐赠价值2万元教育用品；为市环卫工人捐赠8000元慰问金。

五、把握祖国统一工作新方向。党员朱文潮获2019年度民革全省祖国统一工作先进个人。年内，在长兴县基层委的积极努力下，台湾祖国统一阵线执行长、长兴旅台同乡会会长吴神农将李鸿庆的抗战日记手稿和荣誉勋章等十几件物品全部捐赠长兴县档案馆；德清基层委接待台湾琉璃工房陈建明一行投资考察，助推莫干山——国家级“海峡两岸交流基地”争创工作发挥积极作用；吴兴区基层委接待台湾吴兴同乡会参访团会长陈复义、副会长姚鹿鸣一行回乡省亲及考察交流；民革市委会选送党员参加民革省委会组团赴台湾参访；全年民革市委会和各基层组织共接待民革各级组织和党员25批、350余人次。（奚真真）

【中国民主同盟湖州市委员会】 2019年，民盟湖州市委会高举习近平新时代中国特色社会主义思想伟大旗帜，深入学习贯彻中共十九大和十九届四次全会精神，坚定理想信念，深化政治共识，强化责任担当，加强自身建设，提升履职能力，较好地完成了全年目标任务。

一、重传承求创新，提高站位凝聚政治共识。始终坚持以思想政治建设为引领，将思想政治建设作为完成各项工作任务的前提和根本保证。深入开展“不忘合作初心，继续携手前进”主题教育活动，精心策划10余项主题教育活动重点内容。组织基层组织负责人赴江苏省常州市参加民盟中央主题教育现场活动，聆听民盟中央主席丁仲礼宣讲。举办“见证·初心”入盟三十年纪念活动，60余位老盟员与现场青年盟员共同重温入盟初心。与民盟省委会联合举办“见证·初心”湖州风采书画展。民盟市委会、同心艺术团自编、自导、自演《再见徐重庆先生》情景剧，被民盟省委会作为唯一的节目选送参加全省统一战线“风雨七十年，肝胆长相照”经典回声活动。举办第三届湖州民盟同心运动会，以寓教于乐的形式筑牢同心之基。巩固“一报一网”宣传阵地，“湖州民盟”微信公众号开通运行，全年推送信息196条。

二、聚合力引智力，主动有为助力赶超发展。充分发挥民盟智力密集、联系广泛的党派优势，为湖州经济社会发展凝心、汇智、聚力。联合民盟浙大委员会、南太湖新区管委会共同组织“湖州科技城走进浙大”活动，40余家科技企业走进浙大重点实验室，探寻全方位、深层次、宽领域合作机会。联谊民盟浙大玉泉总支盟员专家来到湖州，浙江大学新能源、新材料领域的10位专家专程赴微宏动力系统（湖州）有限公司、浙江超威集团两家企业开展“面对面”技术服务。民盟市委会多次赴引进项目——“湖州国千智能产业园”实地调研项目工地现场，就项目方遇到的实际困难，现场协调相关园区与部门共同解决。2019年，成功引进5个人才团队项目入选“南太湖精英计划”，其中国家“千人计划”项目2个、浙江省“千人计划”项目1个，这5个项目都已在湖州注册公司。

三、建机制强协同，多措并举强化参政履职。牢牢抓住“参政议政”第一要务，积极反映社情民意信息和“金点子”“微点子”，全年报送社情民意信息256件，“金点子”与微点子246件，其中被全国政协采用4篇，被民盟中央采用3篇，被民盟省委会采用77篇，获市领导批示21件次。在市“两会”上，提交政协大会发言4件，团体提案9件，盟员代表、委员个人建议提案24件。“盘活”“整合”教育、文化和科技等领域参政议政骨干盟员资源，组建8个参政议政专委会。倾力打造“民盟·议政半月谈”参政议政工作品牌，全年开展讲座、沙龙、微论坛、培训和头脑风暴等活动17次，形成调研课题报告20篇。围绕“绿色智造城市”建设情况、民营企业融资政策落实问题和“提高教育服务水平”推进落实情况三个方面开展多种形式的民主监督活动，形成高质量的专题民主监督报告。

四、树形象讲实效，持之以恒打造“同心”品牌。务求实效开展社会服务工作，深化资源统筹，强化“同心”品牌意识。湖州民盟同心艺术团成员参与盟内外文化普及公益活动达160余次。“民盟同心·名医服务站”全年开展义诊8次，专题讲座1次。组建43名“民盟同心？公益讲堂”盟员专家讲师团，全年进社区举办专题讲座12次。积极开展“同心三服务，民盟在行动”系列活动，全年开展各类“三服务”活动103场次，参与盟内外专家445人次，民盟市委会被市委统战部评为“同心·三服务”先进集体。德清支部与盟员企业浙江求是集团为“民盟求是慈善基金”捐款100万元，民盟“同心·浔溪教育奖”2019年奖励金额13.4万余元，吴兴区基层委为城南实验学校105名学生颁发“蒲公英奖学金”，长兴县基层委建立“民盟助学金”分会。

五、提素质增活力，稳步有序推进组织建设。深入学习习近平总书记关于加强和改进统一战线工作重要思想，加强自身建设，有序推进组织稳步发展。2019年发展新盟员35名，平均年龄37岁，大学以上文化程度比例为82.86%，中上层人士为54.29%，中高级职称为54.29%，重点界别领域为65.71%。稳步推进基层组织建设，经济科技二支部成立。持续加强组织阵地建设，全市新增“聚星103”等“盟员之家”4家，开展各类活动84次。完善机关内部建设，首次召开领导班子民主生活会（谈心会）。切实落实主委、副主委联系基层组织分工制度以及民盟市委会专职干部联系基层组织制度，进一步加强

民盟市委会机关的组织建设和作风建设。（钮玉婷）

【中国民主建国会湖州市委员会】

2019年，民建市委会深入学习贯彻习近平新时代中国特色社会主义思想和中共十九大和十九届二中、三中、四中全会精神，切实提高政治站位，强化使命担当，加强自身建设，提升履职能力，努力为湖州市实现高质量赶超发展贡献力量。

一、扎实开展主题教育，强化思想政治能力建设。认真贯彻落实民建中央《关于加强思想政治建设的意见》，深入推进“不忘合作初心，继续携手前进”主题教育活动。深化主题教育，以民建市委会、专委会、基层委和支部“全体参与、层层落实”的方式，全面推进政治理论学习。将主题教育活动与开展庆祝新中国成立70周年、人民政协成立70周年和多党合作制度确立70周年等重大节庆活动紧密结合，以经典诵读、主题征文和摄影展等系列活动深化政治共识。开展好主题征文活动，获得民建省委会庆祝新中国成立70周年主题征文组织三等奖，4篇会员作品入选省委会庆祝新中国成立70周年主题征文优秀作品。强化理论研究，民建市委会获省委会2019年度理论研究先进集体二等奖，1项理论课题获民建中央课题研讨活动三等奖，2项课题获民建省委会理论研究成果二等奖。拓展宣传渠道，22篇报道被民建中央刊登，150篇报道被民建省委会刊登，7篇“三服务”报道被“湖州365”公众号登载，20篇报道发布在浙江新闻客户端、浙江政协“联谊报”网、浙江政协“同心苑”公众号、湖州电视台、《湖州日报》等媒体刊登，提升外宣影响力。民建市委会获《浙江民建》会刊先进集体三等奖、浙江民建网站先进集体二等奖。

二、发挥优势助推发展，聚焦中心积极建言资政。立足自身特色优势，提高资政建言质量。围绕中心履职尽责，在省“两会”上，委员与代表分别提交2件建议案与2件提案；在市“两会”上，提交11件集体提案与2件界别提案，其中1件大会口头发言，4件大会书面发言；会员个人提交7件建议案与36件提案。3篇集体提案获得优秀提案，5名会员被评为市政协优秀委员，3名会员被评为“市人大‘双岗建功’主题实践活动表现突出代表”。全年立项课题42个，3项集体课题、2项会员个人课题被民建省委会立项，1篇课题被采用为省民建“两会”团体提案并获得参政议政优秀成果二等奖，首次实现与民建嘉兴市委会跨区域合作。积极参加“面对面”协商、专题议政会与立法协商会。全年编发社情民意信息334篇、“金点子”73篇、“微点子”45篇，其中被全国政协录用7篇，民建中央录用5篇，省政协录用5篇，省委统战部录用3篇，省委会录用45篇，市委办录用1篇，市政协录用10篇，“金点子”专刊录用8篇，“微点子”专刊录用6篇。获得市级以上领导批示15篇，其中《基层环保税实施存“四难”建议进一步完善征管标准和制度》获得中央政治局常委批示。民建市委会获得市政协反映社情民意信息工作成绩突出单位三等奖、民建省委会2019年度信息工作先进集体三等奖。围绕“枢纽门户城市”建设、促进民营经济健康发展和加强公共文体基础建设三大主题开展专项民主监督。

三、贯彻落实中央文件，优化结构抓好组织建设。认真学习贯彻《中共中央关于加强中国特色社会主义参政党建设的意见》等文件精神，扎实推进组织建设。加强会风会纪教育督导，高质量开好领导班子民主生活会，领导班子年终述职述廉并接受民主评议。优化会员发展结构，贯彻组织发展工作座谈会《纪要》和民主党派代表人士队伍建设文件精神，突出质量优先，全年发展会员44人，平均年龄36.5岁，其中经济界人士33人，大学以上学历38人，中级以上职称13人。基层组织换届工作规范有序，南浔区基层委、滨湖支部、安吉支部、凤凰支部顺利完成组织换届与届中调整，民建企业家协会完成换届交接。建成8家“民建之家”，实现“民建之家”在市本级和三县两区的全覆盖。加强内引外联，民建市委会与民建上海闵行区委会、民建延安市委会签订共建结对协议。

四、积极创建特色品牌，聚焦聚力做好社会服务。围绕党委、政府工作重点，在促进“两个健康”、精准“消薄”、同心助学、“三服务”等方面积极作为。2019年，全市会员及会员企业通过各种方式捐款捐物500万元。扶贫扶智有机结合，重点做好南太湖新区后东村“十箱万元”养蜂基地建设，投产以来，10户贫困户户均创收近万元。继续做好“民建助你上大学”品牌，近年来，累计发放爱心助学善款36.5万元，帮助73名困难学生圆了大学梦。“十箱万元”“民建助你上大学”两个品牌分别获浙江民建“思源工程”社会服务品牌优秀奖与鼓励奖，2名会员获民建脱贫攻坚奖先进个人。组织60余位浙江民建青年企业家走进湖州开展“科技生翼，创新驱动，助力长三角一体化发展”主题活动；省、市联动举办“促进‘两个健康’法律服务团湖州行”活动；组织企业家赴上海、浙江温州、安徽等地开展投资环境考察与项目对接。内引外联整合资源，民建市委会及各级基层组织全年组织开展29次“三服务”活动，400余人次参与，为9家企业、9个社区（村）、6个学校和1个文化馆等1500余人提供服务。发起建会纪念日“特殊会费”交纳活动，设置“关爱基金”专户，专项用于会内老龄会员、困难会员慰问等支出。（胡任飞）

【中国民主促进会湖州市委员会】

2019年，民进市委会坚持以习近平新时代中国特色社会主义思想为指导，以“不忘合作初心，继续携手前进”主题教育为主线，以基层组织建设年为抓手，紧紧围绕市委“一四六十”工作体系，认真履行参政党职责，各项工作取得较好成绩。民进市委会被民进省委会授予参政议政和社会服务工作先进单位，获市政协反映社情民意信息工作二等奖和市委统战部“2019年度市各民主党派机关‘双争’活动优秀集体”等荣誉，民进界别获市政协先进界别。民进市直综合支部、民进德清县基层委获民进全国先进基层组织，李红、马建琴、周文胜获全国组织建设先进个人。

一、坚持以主题教育为主线，把牢思想之舵。制订“不忘合作初心，继续携手前进”主题教育方案，召开部署推进会，组织领导班子、基层组织负责人等集中学习，邀请省、市社会主义学院专家教授作主题教育专题讲座。举办首届湖州“最美民进人”评选，“初心·筑梦——我与祖国共成长”湖州嘉兴两地民进书画联展等“十个一”系列主题教育活动40余场次，参与会员700余人次。各区县基层委和市直支部开展赴嘉兴南湖“不忘初心，重走一大路”等系列活动20余场次。组织参加理论征文活动，获民进中央录用1篇，民进省委会理论征文一等奖1篇，省政协理论征文二等奖1篇、三等奖1篇。

二、坚持以参政履职为抓手，提升工作之效。2019年，向省政协大会提交提案5件，《以大湾区建设为依托 高质量推进长三角一体化发展》被列为重点提案，由常务副省长冯飞领办，获优秀提案。向市“两会”提交提案、议案51件，集体提案11件，入选大会发言4件，其中，《做强我市农业产业链 助推“两山”农产品走出去》被列为重点提案，《关于进一步完善个人信用体系的建议》获优秀提案。社情民意信息被录用73篇次，被全国政协、民进中央录用12篇次，获省、市领导批示21篇次，获民进中央参政议政成果二等奖1篇、三等奖1篇，民进全省参政议政优秀成果一等奖2篇、二等奖1篇，组织编印2019年《开明·建言》。与市教育局联合召开教育恳谈会，分别与市司法局、民政局联合开展专题调研。围绕“生态样板城市”建设、减轻民营经济成本负担、“提升居家养老服务能力”“城乡生活垃圾分类”等领域，组织开展监督调研活动20余次，完成监督报告4篇，其中，《关于生态样板城市建设专项民主监督建议》获市委书记马晓晖批示。

三、坚持以“三服务”为宗旨，答好时代之卷。持续深化“湖州民进·开明公益”品牌。“开明公益·西部助学”捐助捐赠甘肃省白银市靖远县永新中学价值6万元的电脑、书柜等；“开明公益·情暖畲乡”为安吉县郎村中心幼儿园捐赠价值3.5万元的积木、绘本课桌椅等，并邀请幼儿园师生来湖州参观市博物馆和科技馆；“开明公益·医卫惠民”为南太湖新区凤凰街道最美家庭、困难家庭赠送10万元健康体检包，并设立陆文明专家工作室，常态化开展技术帮扶；举办10期“开明公益·健康讲坛”，受益群众1000余人次；“开明公益·春联万家”赴村社区，书写春联1100余幅、“福”字1900余个。民进中央、省、市、县四级联动同心·三服务“精准扶贫”乡村振兴贵州安龙培训班在安吉县成功举办，并写入民进中央工作报告。邀请民进省委会教工委20余名专家到湖州举办“开明讲堂”。邀请民进省委会副主委、镇海中学校长吴国平为德清高级中学作专题讲座，受益师生1800余人次。《开明而继往，聚力三服务，树立新形象》被《联谊报》《湖州日报》统战专版录用，形成的专报获市委常委、统战部长李上葵批示。

四、坚持以民进主题年为契机，筑稳发展之基。制订基层组织建设主题年工作方案，召开专题部署会，邀请民进省委会组织部部长林晓燕专题辅导。加强基层组织建设指导，市直科技经济支部增补副主委1名，市直湖师院支部增补委员1名，湖州民进企业家联谊会顺利换届。推进“开明嘉苑”建设，民进中央副主席高友东来湖州调研并为长兴县基层委开明嘉苑授牌。加强领导班子建设，届中选举陈舟艳为专职副主委兼秘书长。健全民主生活会制度，召开领导班子谈心会，开展主委班子述职民主评议和委员履职报告。加强学习交流，与苏州、无锡、常州、嘉兴四地市民进签订合作协议，组织赴民进上海虹口区委、黄浦区委、徐汇区委学习调研。加强骨干会员培养，举办界别委员和骨干参政议政培训会、新会员及骨干会员培训班。积极组织申报，12名老会员获“庆祝中华人民共和国成立70周年”纪念奖章。全年发展新会员36名，截至年底，有会员608名。（陈少锋）

【中国农工民主党湖州市委员会】

2019年，农工党湖州市委会深入学习贯彻中共十九大和十九届四中全会，农工党中央、省委会全会和中共湖州市委八届六次、七次全会精神，积极为“高举习近平新时代中国特色社会主义思想伟大旗帜，奋力当好践行‘两山’理念样板地模范生”而努力奋斗。

一、主题教育铭记初心。组织开展“不忘合作初心、继续携手前进”主题教育，举办宣传思想和信息工作培训会，主委作农工党党史讲座；积极参加农工党中央、省委会“新中国成立70周年、多党合作和政治协商制度确立70周年”系列庆祝活动，组织机关干部参加上级的教育培训和学习；举办中华人民共和国成立70周年、“我和我的祖国”书画、摄影和微视频巡展活动，在市区和各县巡展，超2000余人参观，充分展示农工党组织的特色和风采。

二、参政议政成果丰硕。农工党市委会在市政协八届三次会议上，共提交大会发言3个，集体提案10件，委员个人提案26件。在市八届人大四次会议上，党员代表递交议案、建议案3件；定期组织“菰城汇”参政议政信息沙龙，组织信息工作骨干进行培训学习、交流经验，提升参政能力；提交社情民意和“金点子”、微点子200余条，12条信息获得市领导批示，荣获2019年“金点子”组织一等奖；积极组织参与农工党省委会省级课题招标，中标并按时完成省委会立项课题9个，走在全省前列。农工党市委会获农工党全省2019年度参政议政先进集体、反映社情民意信息先进集体和宣传工作先进集体。

三、民主监督锚定目标。农工党市委会领衔安吉县城乡生活垃圾分类处理三级政协联动民主监督活动，有效地推动安吉县垃圾分类末端处理设施和厨余垃圾焚烧厂建设；围绕“美丽宜居城市”建设、全面推广“厨房革命”推进落实情况、民营经济服务保障相关政策与推动“最多跑一次”改革措施推进落实情况等方面开展民主监督调研，提出意见和建议，推动各项政策落地、落细、落实。启动“365+N”专项民主监督活动，统筹安排监督的重点内容和攻坚方向，并积极实施，按期完成目标任务。

四、社会服务继续深入。组建由200余名党员组成的“同心·前进·三服务”服务团，切实打造服务品牌。全市广大党员主动响应，开展服务活动达121次，参与党员400余人次，服务乡村、企业、社区100余个，帮助解决实际困难106条次，7次登上“湖州365公众号”，广受好评。高标准建设安吉中南百草原农工党党员之家暨“中国农工民主党乡村振兴教育实践基地”，成为全国农工党乡村振兴教育实践的示范基地；市中心医院总支“云上大诊堂”，利用平台对百姓各种病症进行会诊，深受广大群众好评；农工党市委会“三服务”暨健康吴兴服务基地、吴兴区统战部创新实践基地龙泉街道紫云社区服务点和金色水岸·农工党“同心带”健康基地，开展便民义诊，为社区居民宣教健康医疗常识。年内，形成前进系列品牌基地9个。对结对吴兴区妙西镇后沈埠村开展健康服务下乡系列帮扶活动，定期为村民送去健康义诊服务；积极参与市政协界别组下乡服务活动，惠及百姓2000余人；协助农工党中央在安吉县成功举办定点扶贫工作培训班暨大方县乡村干部培训班和省委会践行“两山”理念、助力乡村振兴研讨会，向贵州省大方县赠送乡村振兴的有关书籍教材500余册，得到高度评价和赞扬。农工党市委会及三个基层组织获2019年度农工党省委会“浙江省社会服务工作先进集体”称号。

五、组织建设拉高标杆。截至2019年年底，农工党市委会直属基层组织17个，其中区县基层组织5个，市直基层组织12个。共有党员555名，主体界别259名，占46.67%，其中新主体界别23人；具有中高级职称及中层以上职务的党员525名，占94.6%；党员平均年龄52.03岁，男性党员294人占53.06%，女性党员261人。推荐一批优秀代表人士充实到基层组织班子，为基层组织换届做好人才储备；修订出台2019版的星级支部考评细则，7个基层组织创五星级；积极推动农工党市委会届中调整，为政治交接打好基础。

六、岗位建功奋勇当先。农工党市委会党员中主持国家自然科学基金项目1项，省级3项；发表SCI、EI论文34篇，其中核心论文3篇、国家级论文8篇、省级论文23篇；获国家级发明专利5个；在省、市级各类杂志发表论文100余篇。党员创办企业获全国“关注森林活动20周年突出贡献单位”称号，1名党员获得“中华医学会心身医学分会优秀心身医学工作者”称号，1名党员的个人项目入选2018—2019年度国家优质工程奖，1名党员被中国关心下一代工作委员会评为“双带农村致富先进个人”。

（梅　红）

【九三学社湖州市委员会】　2019年，九三学社湖州市委员会以习近平新时代中国特色社会主义思想为指引，以“五大工程”建设为抓手，积极履行党派职能，先后获九三学社中央2019年度机关正规化建设交叉检查市级组织机关规范建设先进单位和工作成效奖，获评九三学社浙江省委信息工作二等奖和社会服务先进市级组织，市政协反映社情民意信息工作一等奖，市委统战部党派机关“双争”考核优秀集体、“金点子”团体一等奖和信息工作先进单位等荣誉。“五大工程”建设社务工作经验获全国人大常委会副委员长、九三学社中央主席武维华等领导的肯定。

一、加强政治教育，强化思想引领。一是加强思想政治建设。通过主委会议、市委全会、专题学习会及暑期读书会等，深入学习习近平新时代中国特色社会主义思想、中共十九届四中全会精神及湖州市委全会精神等，引导广大社员树立“四种意识”、坚定“四个自信”和做到“两个维护”。二是扎实开展主题教育。科学部署，层层落实，以党史社史课、“楷模”宣讲、主题征文、歌咏会和现场教学等形式推进“不忘合作初心，继续携手前进”主题教育活动。建立并完善主、副委联系区县基层组织制度。15幅作品入选九三学社浙江省委主题书画摄影展。九三学社湖州市委员会获社省委主题教育演讲比赛优秀组织奖。三是加强历史传统教育。各级社组织开展多种形式的革命传统和社史现场教学，积极参与市委统战部纪念多党合作70周年图片展。成功举办九三学社中央全国社史传统教育基地工作研讨会。完成俞平伯纪念馆重新布展和梁希纪念馆布展调整工作，成功协调梁希纪念馆修缮经费来源，梁希纪念馆被省委统战部评为全省多党合作传统教育基地。

二、积极履职尽责，认真建言资政。一是认真做好政治协商。积极参加党委、政府各类协商座谈会，对涉及湖州市重要报告、重要规划、重大决策等提出意见和建议。9名社员参加市委书记、市长与政协委员“面对面”活动。5名社员参加市人大立法协商和市政协双月协商。二是不断提升资政水平。中标5个省课题并顺利结项。提交政协大会发言材料5件，集体提案8件，代表、委员个人提案55件，列入年度重点提案2件，其中《关于加快打造湖州长三角区域物流枢纽的建议》作为市长与政协委员“面对面”协商课题，并列入市政府重点工作。市“两会”期间，5名代表、委员获表彰，6篇提案建议案获奖。三是积极反映社情民意。全年上报信息280条，其中被全国政协录用9条，社中央录用10条，省级录用77条，市级录用46条。获中央政治局常委批示1条、省领导批示1条、市领导批示21条次。信息工作列社省委会各地市第二名，列市政协和市委统战部各党派第一名。四是深入开展民主监督。围绕城乡生活垃圾分类、民营经济高质量发展、现代智慧城市建设及保障房建设等主题开展专项民主监督，通过明察暗访，完成监督报告4个，其中2个获市领导批示。4名社员受聘为市政协委派民主监督员。

三、发挥资源优势，真情服务社会。一是出台“三服务”工作方案。开展“三服务”活动53次，参与社员400余人次，服务对象4500余人。九三学社安吉梅园学校服务基地获市委统战部2019年度三服务先进同心服务基地，1人获2019年度“同心·三服务”先进个人。二是开展爱心助学活动。依托“九三学社爱心基金”对湖师院、湖职院26名贫困学生继续深入“一对一”结对帮扶，被《联谊报》报道。组织青年社员参与“暖冬行动”，资助22名贫困家庭小学生。联合市科协开展“科普大篷车”入校园活动。各区县基层组织持续开展扶贫助学工作。三是开展乡村振兴助力活动。长兴县基层委结对帮扶的林城镇北汤村被九三学社浙江省委评为全省首批社会服务示范基地，市农业支社和南浔区支社联合省农业支社在南浔区练市镇朱家兜村建立九三学社结对共建服务三农示范基地。各基层组织和文澜书画院深入乡村，提供文化、科技和法律服务。四是开展医疗义诊活动。组织医生社员为社区、乡村和企业举办健康知识讲座20余场。各基层组织开展义诊服务，为1000余名群众提供健康医疗帮助，“九三白大褂”广受好评。五是开展助企发展活动。深入走访了解企业在经营发展中存在的困难，并围绕民营企业公共法律服务问题开展调研，形成调研报告并获市领导批示。围绕人才智力合作，与九三学社中央、省委会和上海等地的社组织建立联系，争取支持。邀请九三学社钱丰、谭建荣院士为企业开展科技讲座。

四、坚持固本强基，抓好自身建设。一是稳妥推进基层换届。深入基层，加强沟通，规范有序完成德清县、安吉县基层委换届工作，成立南太湖新区基层委。二是加强干部队伍建设。制定出台《关于完善新社员发展程序的办法（试行）》，创新推出“六个一”程序，提高入社程序的仪式感和严肃感。全年发展社员29名，组织全市新社员培训，推荐17名社员参加省、市培训，1名社员挂职锻炼。三是扎实推进组织建设。九三学社湖州市委员会和各区县基层组织分别召开班子谈心会并有效落实整改。编印基层组织工作手册，确保基层社务工作规范有序。开展“九三读书人”沙龙、“五四”环保登山及“三八节”和重阳节主题活动，提升组织凝聚力。社组织上下互动、横向交流和跨区域合作共建更趋活跃。九三学社湖州文澜书画院被社中央书画院评为“先进集体”。四是加强机关能力建设。机关全体干部赴湖南大学参加全省机关专职干部培训。机关1人被九三学社中央评为组织工作先进个人，2人获评2018年度优秀公务员，1人被抽调服务“湖州人”大会并获市政府个人嘉奖，1人被抽调至社中央参加社史布展。顺利通过社中央正规化建设检查和社省委监督委员会内部制度检查。五是推动社员双岗建功。年内，社员获国家发明专利8项，多人获省“万人科技创新领军人才”、省“百名敢担当作为好干部”、省三八红旗手和省优秀科技特派员等荣誉，为社组织增光添彩。（徐俊丽）

【湖州市工商业联合会】 2019年，市工商联认真学习习近平新时代中国特色社会主义思想和党的十九届四中全会精神，扎实开展“不忘初心，牢记使命”主题教育，深入开展“三服务”活动，努力促进“两个健康”，服务民营企业高质量发展，不断提升工商联建设水平，为加快赶超，实现“两高”贡献力量。

一、强化引领，深化理想信念教育。深入开展“不忘初心，牢记使命”主题教育，落实集中学习8天，研讨交流3次，学深悟透，领会精神实质；紧紧围绕民营企业发展的痛点、难点问题和商会建设中碰到的难点问题为主题开展调查研究，召开调研成果交流会；采取走访调研、发放征求意见表、召开座谈会和个别谈话等形式，征求意见和建议23条；坚持边查边改，针对调研了解、企业反映强烈和“三服务”中发现的问题，协调解决问题8条。深入开展以“守法诚信经营、坚定发展信心”为主题的非公经济人士理想信念教育实践活动，认真学习习近平总书记系列重要讲话；举办新生代企业家“梧桐读书会”、创新论坛，开展红色之旅，联合市总工会开展以“初心筑梦新时代 和谐共赢勇奋进”为主题的湖州市企业职工庆祝新中国成立70周年大型文艺演出，弘扬主旋律、传播正能量，进一步引导广大非公经济人士坚定走新时代中国特色社会主义道路的信心与决心。

二、凝心聚力，服务民营企业高质量发展。持续深化“三服务”活动，着力聚焦“融资难融资贵、减税降费、降低企业成本、中美贸易摩擦对企业的影响、上规模民营企业调研”等，深入开展调查研究，形成的《湖州市关于中美经贸摩擦影响情况及应对举措的调研报告》被《浙江政务信息专报》录用，天能集团等4家企业入围中国企业500强，美欣达等9家企业入围中国民营企业制造业500强。举办“优服务、话创新、谋发展”“对话龙永图、聚焦南太湖”“让大数据创造大价值”等案例引导供给侧改革活动，邀请中国复关及入世首席谈判官龙永图、中国外汇投资研究院院长谭雅玲和北京科技大学知识产权研究中心主任徐家力等多名学者对话民企、共话发展。深入开展“百名行长服务民营企业”“百家龙头企业结对帮扶”，建立民营企业融资帮扶和民营企业金融服务评价等5项机制，开展“万企评银行”活动，全市196名行长参与走访各类企业5964家次，解决企业融资问题2897个，累计解决融资需求221.42亿元；全市26家民营龙头企业结对29家产业链小微企业，为相关困难企业提供产销供给、人才、技术和资金等服务。

三、聚焦重点，主动服务赶超发展。深入贯彻落实市委“一四六十”工作体系，认真细致做好“湖州人”大会嘉宾的邀请、汇总、报到和保障等各项工作，邀请到近千名嘉宾参会，任务完成出色，确保“湖州人”大会的圆满召开。充分发挥工商联的组织优势，继续组织开展知名非公经济企业家湖州行活动，依托在外湖州商会，主动联系对接在外企业，聚焦实体产业项目，全力服务湖州市招商引资。年内，全市工商联系统已协助引进项目25个，总投资额达63.4亿元。

四、接力培养，实施新一轮“311”领航计划。坚持以“不忘初心使命，接力改革伟业”为目标，深化推进新一轮“311”领航计划，实施教育培养、初心接力、领航示范三大工程，落实强化思想引领、完善导师制度和举办创新论坛等11项举措，重点推动17名市领导与99名新生代企业家进行结对帮带并担任导师。年内组织“师生见面会”23场，市领导走访企业100余家；已培育担任上市公司总经理职务以上的新生代企业家21名，担任“双高”企业总经理以上90名，其中担任法人代表或实际掌控企业51名，有力地推进了企业的传承接班。

五、强化措施，努力优化营商环境。联合市级相关部门出台企业家诉求表达“绿色通道”和快速反馈机制，在“12345市长热线”设立专席受理民营企业诉求；邀请在外商会优秀会长列席市“两会”，组织民营企业家参加全市经济工作会议等重要会议，参加“市委书记、市长面对面”“市人大代表问政会”、市政府“开门听建议”和“全市非公经济企业家圆桌会议”等活动，实现政企常态化沟通与帮扶系列工作机制的完善落实。联合举办“民营企业发展与司法保障”湖州论坛，与市中级人民法院共同签署《保护民营企业合法权益行动书》，联合市人民检察院召开法律服务民营经济工作座谈会，设立“服务民营经济联络站”，举办公安机关护航民营经济发展专题讲座，联合市司法局深入推进“民营企业法治体检”，全力护航民营企业健康发展。

六、加大力度，努力推进精准帮扶。积极引导企业到帮扶地区投资兴业，到帮扶地区招录工人，开展消费扶贫等。年内，引导企业到受帮扶地区投资兴业17个，实际投资6.15亿元；吸纳对口四省在当地就近就业1206人，到其他地区就业数1545人。组织16位企业家赴四川泸州市开展东西部扶贫协作考察，捐赠修路资金30万元，直接受益贫困群众450余人；组织30余位企业家赴吉林省白山市考察，开展产业扶贫，建立黑木耳生产基地，帮助结对村建立农产品深加工扶贫车间14个。全力做好与浙江丽水市薄弱村的结对帮扶工作，湖州市50家企业结对丽水市52个薄弱村，到位资金1112万元，村均达21.4万元。（刘　辉）

·工会·

【概况】 2019年，全市基层工会累计8277家，新建工会367家；会员90.7万名，新增1.2万名；实名制录入会员累计60.2万人。全市各级工会紧紧围绕中心大局，高质量开展“不忘初心、牢记使命”主题教育，全力深化“三服务”活动，以深化基层工会改革和产业工人队伍建设改革为抓手，统筹推进各项工作争先进位。市总工会获全省工会年度考核第三名。

【市总工会七届六次全委（扩大）会议】 2月15日，市总工会七届六次全委（扩大）会议召开。会议总结2018年工作，部署2019年任务，增（替）补徐晓惠、杨新初、王祎、马晓丽、戎露波、唐文忠、戴大喜、黄建东、费兴海、姜宝荣、孙军为市总工会第七届委员会委员，替补孙明霞为市总工会第七届经费审查委员会委员。会议还审议通过《湖州市总工会关于促进民营经济健康稳定发展的实施意见》。

【市总工会七届七次全委会议】 4月25日，市总工会七届七次全委会议召开。会议增（替）补王建祥为市总工会第七届委员会委员，选举王建祥为市总工会第七届委员会常委、副主席。

【认真履行工会政治责任】 一是坚定“两个维护”。把学习宣传贯彻习近平新时代中国特色社会主义思想和习近平总书记关于工人阶级和工会工作的重要论述作为首要政治任务，扎实开展“不忘初心、牢记使命”主题教育，精心组织“当一周工人、体工会初心”活动。深入开展“庆祝新中国成立70周年——劳动光荣、创造伟大”主题宣传教育系列活动，组织工会干部下车间宣讲中共十九届四中全会精神，引导广大职工听党话、跟党走。二是大力弘扬劳模精神、劳动精神、工匠精神“三种精神”。面向基层、面向一线、面向普通劳动者，选拔树立“市五一劳动奖章（状）”31个、“省劳动模范”34名。评选“湖州工匠”50名，累计19人入选“南太湖本土高层次人才特殊支持计划”。组织劳模工匠“进学校、进企业、进社区”235场次，开展主流媒体进重点建设立功竞赛项目活动。在全省率先实现将劳模的医疗补助、离退休荣誉津贴列入财政预算。三是践行“两山”理念。深化“践行‘两山’理念、为美丽湖州立新功”活动，全年组织开展节能降耗、护城护河、垃圾分类、文明劝导等系列活动600余场。联合市委宣传部开展企业新时代文明实践基地建设，全市建成示范点505家。

【以建功立业助推赶超发展】 一是激发产业工人改革活力。市委、市政府出台《关于推进新时代湖州产业工人队伍建设改革的实施方案》，成立改革协调小组，召开产业工人队伍建设改革推进会，明确20项具体改革举措和责任部门，凝聚改革合力。完善练兵、比武、培训、晋级、创新“五位一体”职工技能提升体系，全年组织开展技能比武1190场次，技术培训1188场次，晋级职工2.13万人次。二是激发民营经济发展活力。针对中美贸易摩擦，制订并落实“15项举措”，助力民营经济发展。加强下岗转岗职工再就业技能培训，开展“百名技术能手进千家企业”活动，职工技术服务队深入企业开展技术巡查780次、技术服务2305人次、技术攻关373项。三是激发职工竞赛创新活力。深化重大工程等领域立功竞赛，太湖龙之梦、杭州绕城高速西复线湖州段、吉利自动变速器基地3个项目入选省级参赛项目。围绕长三角一体化建设，组队参与G60科创走廊建设九城市职工技能大赛，举办省际职工技能交流赛。实施职工创新创业三年行动计划，搭建职工技术创新网上展示平台，开设“技能微课堂”100场。推出“工惠贷”，授信1.99亿元，发放首批劳模信用贷441.6万元，培育创新创业基地、创新驿站、职工创客140个。新增全国、省、市“工人先锋号”26家。

【以维权服务助力平安建设】 一是开展“面对面”维权。加强劳动关系预警调处，设立网上“维权直通车”，开展劳动法律监督，妥善处置各类劳动争议。开展中美贸易摩擦企业专项预警活动，全年组织法律志愿服务1839场次。加强职工劳动保护，深化“安康杯”竞赛，安全检查2396次，征集合理化建议1.02万条，慰问高温作业职工10.05万人次、金额623.36万元。二是组织“心贴心”帮扶。出台《关于进一步做好困难职工解困脱困的意见》，实施“上下联动、一户一策、统筹施策”精准化帮扶，全市76.9%的建档困难职工实现解困脱困。加强对口支援协助，落实首批“职工之家”援建资金；新开辟吉林白山市和四川广安市、广元市、青川县疗休养线路，组织1万余名职工赴对口支援协作地区疗休养。三是实施“实打实”普惠。推进职工医疗互助和重大疾病救助，参保职工67.66万人次，受益职工23561人次、金额1966.41万元。组织5.92万名职工开展本地疗休养活动。组织单身青年交友联谊活动65场次。举办第三届职工文化体育节、首届泛太湖青歌赛等职工文体活动600余场，惠及职工群众11.3万人次。市职工文化服务中心挂牌成立。

【以自身建设砥砺初心使命】 一是推进全面从严治党。认真履行管党治党政治责任，全面推进工会系统党的政治、思想、组织、作风、纪律和制度建设。全面实施工会经费收缴税务代征，开展中央和省级帮扶资金、“送温暖”资金专项审计。区县总工会经审职能单独设定，经审机构基本独立设置，专职经审干部均配备到位。全年市、区县总工会“三服务”活动走访企业累计2100家，慰问职工10.39万人次，解决各类问题77个。二是深化基层工会改革。聚焦新经济、新社会、新业态组织，开展工会组建专项行动，南太湖新区总工会成立，“司机之家”建设和房产中介机构工会组建取得新突破。落实《关于深化“双争”活动加强基层工会改革的意见》，培育20家基层改革重点单位，推动基层工会改革全面铺开。三是加快“网上工会”建设。建成“网上职工之家”，拓展“互联网+普惠”项目，全年普惠职工50万人次。在全省率先建成智慧型“工人驿站”示范点100家，着力打造集宣传服务、公共服务、商业服务于一体，线上线下同步融合的职工服务矩阵。 （蒋华杰）

·共青团·

【概况】 2019年，团市委深入学习贯彻习近平新时代中国特色社会主义思想，按照市委、市政府决策部署，紧紧围绕“一四六十”工作体系和目标任务，牢牢把握根本任务、政治责任、工作主线“三个根本性问题”，扎实开展“不忘初心、牢记使命”主题教育，认真履行引领凝聚青年、组织动员青年、联系服务青年的职责，各项工作不断取得新成效。相关工作被省级以上主流媒体报道85条次，团省委、市领导批示肯定15次，荣立集体三等功、获评突出贡献集体，荣获第九届“母亲河奖”优秀组织奖和绿色卫士奖2个大奖，全省团的基层组织规范化建设现场推进会在湖州市召开。

【坚持引领凝聚青年为先】 加强青少年思想引领。在新中国成立70周年、五四运动100周年等节点，组织开展各类主题教育活动3000余场。“青年大学习”网上主题团课覆盖青少年21万人次，累计参与率达94.6%。组建湖州青年讲师团，首批招募讲师团成员50名，推动思想引领课进企业、进乡村、进社区、进网络，累计开展各类宣讲240余场。新建融媒体中心工作室，开辟“青年说·团团与你一起学”等栏目，创新推出《这座城市，是湖州》等新媒体产品，全平台浏览量超百万人次，“团聚湖州”微信公众号影响力综合指数居全省前列。注重挖掘青少年身边先进典型，累计选拔树立“十大杰出青年”“新时代好少年”等青少年先进典型520人，让青少年在感同身受中接受教育、见贤思齐。

【坚持组织动员青年为要】 “青春建功”新时代，青年展现新作为。以“青春助企优服务”为主题开展“百团进百企”活动，切实为企业送资金、送政策、送服务。举办“5·28”青年创业贷款现场对接会，达成贷款1015笔、5.2亿元。深化“号手岗队”创建，建立青年文明号助推“最多跑一次”改革示范窗口115个，实现“最多跑一次”服务事项280项，集中开展“跑小青”上门服务活动。深化万名青年人才来湖州就业创业三年行动，举办湖州籍在外大学生大会，建立市外高校引才联络站142个、聘任湖州籍引才大使362名，新建“大学生实习见习基地”10家、共青团“众创空间”6家，对接570家单位落实实习岗位7000余个。深化新青年助力乡村振兴战略三年行动计划，成立湖州市“两山”青年“新农人”联盟，组织“新农人”培训260余人次，首批培育“物联网+”青创田园、蜂情小镇等市级五星级青创农场10家。健全“团干部+社工+青年志愿者”力量体系，深化“河小青”助力“五水共治”“路小青”服务城市管理、“分小青”引领垃圾分类、“气小宝”助力蓝天保卫等行动，打造形成助力基层治理现代化的“湖小青”群像。助力东西部扶贫协作和对口支援工作，市、县两级团委组织青联、青企协等分赴四川泸州市、吉林白山市、新疆柯坪县等地开展服务10余场，捐助金额100万余元。

【坚持联系服务青年为本】 服务青少年成长发展。结合开展“不忘初心、牢记使命”主题教育和“三服务”活动，部署开展“团情大调研、团建大提升”专项行动，全年走访企业和基层单位1064家，解决问题856个。在核心商圈开辟“青年会客厅”，建立团市委班子成员和部室负责人联系基层团组织和青年代表制度，常态化开展“开门听建议”活动。调整“青年之家”布局并推动其与四个“亲青”平台互动融合，全市依托“青年之家”组织开展各类服务活动1737场，“亲青筹”平台筹得资金30余万元，举办“亲青恋”交友活动39场，通过“亲青创”“亲青帮”平台服务创业青年、五类青少年1.2万人次。牵头开展护航青少年健康成长集中行动，安全自护教育覆盖5万余人，“希望工程·圆梦行动”发放助学金216万元，实施“你有梦想·我有行动”公益资助项目36个、300万元，重点青少年和涉罪青少年结对帮扶率均达100%。团市委赴吉林白山市开展对口合作，向当地学校捐助款物价值6万余元。安吉县3个社区被列为全国创建“双零社区”第二期试点单位，吴兴区被列为未成年人检察工作社会支持体系建设省级试点，“促进社区青少年城市融入和教育适应”入选团中央“七彩假期”优秀案例。

【坚持深化改革创新为源】 深化改革点燃团组织活力。落实团省委“三建”工作要求，巩固提升各领域团建有效覆盖，累计新建基层团组织545个。大力实施“两新”团建“百日攻坚行动”，推动新建“两新”团组织267家，街舞协会等新兴领域团组织建立得到团中央点赞。推行团干部统筹使用，年内区县级层面新选拔产生乡镇（街道）团委书记24名。深化“领办项目当团干”改革，广泛吸纳各领域优秀青年参与团工作，实现乡镇（街道）团委按9—21名委员配备全覆盖，累计配备挂（兼）职团干部353人。组织开展“智慧团建”业务培训，跟踪完善“智慧团建”系统组织树，督促落实信息录入工作，累计录入团支部5978个，团员133530名。扎实推进毕业学生团员团组织关系转接，截至年底，全市“学社衔接”率达97.5%，“升学衔接”率达99.5%。制订出台基层组织力指数分类评估实施办法，分领域开展示范创建，发挥引领带动作用，首批培育88家。深入推进“双百双提升”行动，完成销号10家。

【坚持全面从严治团为基】 推进从严治团引向深入。坚持以政治建设为统领，扎实推进全市共青团系统党的建设，高质量开展“不忘初心、牢记使命”主题教育。团市委先后制定出台涉及财务、新媒体、因私出国（境）、公务用车等一系列管理办法，推动12个团务事项全部实现“最多跑一次”和网上办事。严格团干部配备管理，加大协管力度，建立乡镇（街道）团委书记任免向团市委报备制度。市、区县两级分别举办团干部培训班，全年参训1037人次。提出“六戒”要求，组织开展“不当群众尾巴”和因私出国（境）证照等自查自纠。认真贯彻落实中央和省、市委关于防范化解重大风险的部署要求，部署开展风险隐患大排查、大整治，重点围绕宣传思想和意识形态、少年宫等实体阵地、机关内部运行管理、党风廉政建设等领域，深入排查风险点36个，逐一落实防范措施，做到“不出事、再出彩”。

（汪　晨）

·妇女联合会·

【概况】 2019年，全市妇女组织以“‘两山’女儿心向党，携手奋进新时代”为主题，聚焦“一四六十”工作体系，深入开展“三服务”活动，为湖州高质量赶超发展贡献力量。全国人大常委会副委员长、全国妇联主席沈跃跃来湖州调研指导妇联工作，全国妇联“乡村振兴美丽行动”培训班在湖州举办。市妇联荣获全国巾帼建功先进集体、市平安湖州建设“十二连冠”集体嘉奖，全省首笔“好家庭信用贷”落户湖州，全市妇女、儿童最新发展指数居全省前列。

【思想政治引领】 把深入学习宣传贯彻习近平新时代中国特色社会主义思想作为首要政治任务，分领域、多层次开展“巾帼心向党 礼赞新中国”“百千万巾帼大宣讲”等系列活动2800余场（次）。主动融入党群服务中心、幸福邻里中心、新时代文明实践中心建设，设立“新时代巾帼文明实践学堂”，组建巾帼文明实践志愿者队伍1000余支，落细落实社会主义核心价值观。充分发挥典型示范作用，建立市妇联执委履职制度，设立并实体化运作首批执委、三八红旗手（集体）工作室。把握网上引领主动权，建立以“菰娘”为轴心的新媒体集群矩阵，开展“岁月留声·我为祖国诵读”等互动活动，参与网民40余万人（次）。

【服务创业创新】 聚焦妇女创业难问题，优化创业融资扶持服务，升级新一轮妇女创业贷款、小额贴息项目，累计发放巾帼创业创新贷款5.45亿元、贴息资金82万元。加大赋能提升力度，依托复旦大学等高校培训资源，聚焦中美贸易摩擦等热点，深入实施“卓越女性创业能力提升”、女企业家“四季致远”讲座、美丽女生课堂项目，提升妇女“双创”能力。通过联合举办创业分享、人才合作洽谈、高层次人才交友联谊等活动，服务人才引聚。成功举办女企业家协会成立30周年庆祝大会，全面展示女企业家奋斗风采。

【助力乡村振兴】 围绕全市乡村振兴“六大行动”，实施“美丽庭院标准化建设”“成立巾帼民宿联盟”“发布十大亲子旅游线路”等巾帼助力乡村振兴项目。通过培育扶持基地建设、选拔培育最美民宿女主人等美丽示范典型、举办“妈妈的味道”美食巧女秀等活动载体，引领更多妇女和家庭积极参与乡村旅游、农村电商等新产业、新业态发展。围绕打造生态样板城市、美丽宜居城市，以广大妇女和家庭为重要参与力量，系统推进美丽庭院“女主人”、垃圾分类“女当家”、美丽河道“女卫士”工作品牌，在全市城乡人居环境提升百日攻坚行动、生活垃圾精准分类行动中发挥巾帼力量。

【融入社会治理】 建立和完善“大维权”工作体系，实施“1+1+N”菰城娘家人三年行动计划，探索“妇联+网格+志愿者+家庭”工作模式，建立遍布全市基层、共同参与社会治理创新的坚实维权“底座”。扎实推进“平安家庭”建设，开展“法理姐说”“法润芳华·巾帼普法进基层”等线上、线下普法宣传1053场（次），健全反家暴救护、婚姻家庭纠纷预防化解等工作机制，及时妥善应对舆情事件，全年有效处理信访1476件。全市涌现出“德清嫂”“平安大姐”等一批活跃在基层治理一线的巾帼志愿队伍，形成“家庭矛盾解决在家庭”的社会治理工作格局，有力地维护了社会和谐稳定。

【注重家庭建设】 实施“两山幸福加油站”家庭建设行动，打造全市妇联家庭工作“升级版”。常态化开展“最美家庭”等选拔培育活动，新增市级以上最美家庭、绿色家庭等各类先进家庭156户。推进家庭教育指导服务体系建设，持续打造“书香飘万家”等家庭教育工作品牌，推出首届本土家教名师目录，推广优秀家庭教育案例，满足广大家庭科学家教需求。传承“最美家风”文化，开展市直各单位主要负责人配偶廉洁学习教育、“千村万户亮家风”“给妈妈写一封信”等家风建设活动1137场（次），以良好家风促党风政风、带社风民风。推广“好家庭信用贷”项目，为全市31户家庭发放信用贷808万元，推动形成“让有德者更有得”的社会风尚。

【推动民生实事】 牵头推动妇女儿童发展“十三五”规划实施，针对重难点指标进行攻坚突破，启动推进“明眸皓齿”守护童年计划，推动市孕产妇免费产前筛查与产前诊断项目实施。重点关注“三留守”人员、困境妇女儿童和家庭，连续10余年开展关爱母亲、儿童和女大学生品牌活动，实施妇女儿童家庭公益创投项目77个、撬动公益项目资金325万元、服务对象超5万名。

【深化基层改革】 联合实施“三建三联”组织力提升工程，顺应妇女群众就业、生活、聚集方式多元化的趋势，在机关、学校、国有企事业单位建立妇联124个，在女性集中的“四新”领域建立妇联58个，在妇女集聚的村民小组、社区网格、企业车间、宗教场所等最小单元建立“妇女微家”558个，开展“全市妇女代表联系妇女群众”“百名执委联系百个妇女组织建设点”“百个巾帼文明岗联系百个行政村（社区）”行动，努力实现“哪里有妇女群众哪里就有妇联组织，怎么有利于做好妇女工作就怎么建妇联组织”。

【扩大联系联谊】 坚持开门办妇联理念，首次举办全市妇情通报会，探索群众参与评价妇联工作机制，覆盖更多妇女群众走进妇联、了解妇联。加强与各地妇女组织互访互学互促，与发展中国家、中国台湾等地区姐妹开展学习交流，加入长三角G60巾帼创新创业科创联盟，不断扩大交流联谊领域。开展对口交流协作，深化与四川广安区、青川县以及吉林白山市妇联组织合作互访，实施“美丽庭院建设”“女性创业创新”“妇女关爱帮扶”等服务项目，募集捐赠爱心款物价值50余万元。

【优化队伍作风】 扎实开展“不忘初心、牢记使命”主题教育，落实“两山女儿”初心课堂、初心实践、初心体检、初心评议，推动学在实处、干在实处、改在实处。深入开展服务企业、服务妇女、服务基层“四必送、四必访、四必到”活动，市、区县妇联组织开展走访调研1346次，有效推动解决问题240个。实施干部素质能力提升行动，实现各级妇联干部培训全覆盖。（陆闻婧）

·湖州市文学艺术界联合会·

【概况】 2019年，湖州市文学艺术界联合会（以下简称文联）以习近平新时代中国特色社会主义思想为指导，紧紧围绕庆祝新中国成立70周年主线，深入开展“不忘初心、牢记使命”主题教育和“三服务·强四力”实践活动，在强化团结引导、服务赶超发展、推动创作繁荣、培育文艺人才、深化文联改革等方面，取得了新的成绩。

【思想引领】 始终把习近平总书记关于文艺工作的重要论述作为首要政治任务，通过党组理论中心组学习会、辅导讲座、研讨交流等形式认真贯彻，同时，学习贯彻习近平总书记在看望全国政协文艺界、社科界委员时的重要讲话和致中国文联、中国作协成立70周年的贺信精神。在全省文联系统率先实施市级文艺家协会会员培训工程，全年举办习近平新时代中国特色社会主义思想培训班6期培训会员552人，输送86人参加省级文艺家协会会员培训，团结引导广大文艺工作者自觉用习近平新时代中国特色社会主义思想武装头脑，听党话、跟党走。围绕庆祝新中国成立70周年，统筹文艺资源、整合全市文艺界的力量，组织开展导向鲜明、内容丰富的系列文艺活动，在全市掀起礼赞祖国的文艺热潮。举办“歌唱新中国，逐梦新时代”湖州市庆祝新中国成立70周年主题征文、“致敬新时代——庆祝新中国成立70周年湖州美术作品展”“江山多娇 清丽湖州——庆祝新中国成立70周年浙江书法系列大展分展区·湖州市书法篆刻精品展”、印证“两山”——湖州市首届篆刻艺术作品展、“绿水青山看湖州”摄影大展、“弘扬戏曲文化、传唱红色经典”全市现代戏曲经典唱段演唱大赛等文艺展览，配合开展“同唱祖国好”青年歌唱家全省巡回演唱（湖州站）活动。各区县（行业）文联纷纷开展“爱在山水间·共筑中国梦”“我和我的祖国”“壮丽70年奋斗新时代”“大美长兴·精彩雉城摄影展”“唱响新时代 走进湖州安吉”“我与国旗同框 与祖国共奋进”“坚守为民初心 践行检察使命”等主题创作展演活动，共同唱响献礼祖国70华诞的赞歌。

【文艺活动】 主动融入赶超发展一线。全面开展“到人民中去，到实践中去”——湖州市文艺界“三服务·强四力”实践活动，扎实开展“文艺惠民强服务，齐心协力助赶超”系列活动，不断提升企业、群众、基层的获得感、幸福感和安全感。组织“与新时代同行”“知名网络作家学习践行‘两山’理念湖州行”“三服务”文学采风等活动，深入“太湖龙之梦乐园”建设现场、蓝箭航天（湖州）智能制造基地、美妆小镇企业生产车间和湖州市中心医院，全方位服务市委“一四六十”工作体系、生态文明、乡村振兴、新时代文明实践中心试点建设等中心工作，以文艺的力量为湖州高质量赶超发展鼓劲喝彩。广泛开展文艺志愿服务活动。在元旦春节期间、“5·23”文艺志愿服务日前后、各类节假日期间，发动全市文联系统开展“放歌新时代·文化进万家”“漫步长岛·与艺术家相约”等集中性、大规模主题志愿活动。全市广大文艺工作者深入基层“六文”阵地，灵活开展文艺支教、“写福送春联”“摄影进万家·温暖全家福”“送戏进农村文化礼堂”巡演、民俗闹新春等特色志愿服务项目，为基层群众送去异彩纷呈的文艺大餐。积极参与新时代文明实践中心建设和农村文化礼堂建设，市文联组建8支“新时代文明实践湖州市文艺志愿服务队”，启动全市新时代文明实践文艺志愿服务；吴兴区文联举办文艺志愿者出征仪式，南浔区文联深化完善农村文化礼堂“星期日活动”，德清县文联推出“群众按需点单、文化礼堂及新时代文明实践所站制单、志愿服务队伍领单”服务模式；作为新时代文明实践中心建设全国试点县，长兴县文联推出“文艺志愿服务营”并形成“1+12+3”常态化工作机制，安吉县文联以成立“两山宣讲团”、打造“实践家园”品牌、建好服务网格等举措讲好“两山”故事。“苕溪书法讲堂”、篆刻公益培训班、摄影公益大讲堂、色粉公益培训班、戏曲公益培训班、越剧沙龙、风筝公益培训班等基层公益辅导持续推进，全市“传统灯谜”“传统剪纸”等传统文化教育基地建立拓展，让更多的文艺成果与群众共享。市书协获得中书协“‘同心同书·祖国新春好’书法文化惠民暨2019年送万福进万家”活动先进集体称号，市摄协获得2018年度湖州市优秀志愿服务组织称号，长兴县文联“文学的力量——巡回公益讲座”志愿服务项目获得2019年湖州市新时代文明实践志愿服务项目大赛银奖，1人获得湖州市“优秀志愿者”称号。

【文艺创作】 注重从主题策划、创作引导、扶持奖励等层面发力，积极营造良好文艺生态。全面实施市委宣传部、市文联、各区县文联层层扶持奖励机制，既突出重点项目，又兼顾覆盖面，有效激发广大文艺工作者致力于精品创作的积极性和创造性，2019年，市文联奖励、扶持文艺作品61件；推荐1个团队、6个项目获得市委宣传部扶持。全市各级文联组织按照省、市精神文明建设“五个一”工程评选类别，做好文艺精品创作规划，报告文学《行走的村庄》、电视剧《风再起时》获浙江省第十四届精神文明建设“五个一工程”奖、浙江省第二十九届电视牡丹奖，报告文学《大漠高歌》《湖州之远》、儿童读物《神写国》、小说《石榴红》、纪录片《徐迟与哥德巴赫猜想》、广播剧《一路向阳》、歌曲《老家河埠头》《弄堂》《锦绣村庄》《缘相牵》《丝路绣娘》、小戏《壹圆茶馆》获湖州市第十二届精神文明建设“五个一工程”奖，南浔区文联获市第十二届“五个一工程”奖唯一的组织奖。此外，长篇纪实文学《最好的时代》在省人民大会堂召开新书发布会，大型歌舞剧《永不褪色的红军被》在湖州大剧院首演。围绕年度重要赛事，直属文艺家协会精准有效地组织创作研讨会、作品加工会，引导文艺工作者树立精品意识，实现从新品到优品再到精品的打磨。2019年，全市广大文艺工作者创作生产的文艺作品在各类文艺评奖中屡获佳绩：8人7件作品入选第十三届全国美术作品展，其中奚忠恕粉画作品《天路》获“第三届中国美术奖”银奖、李志刚的《汉风》和钱敏的《启航》为进京作品；15人入选中国美协和各专业艺委会举办的全国性画展；21件作品入选浙江省第十四届美展并获优秀奖、银奖各2件、铜奖1件。祝熹的行书作品、骆炜的草书作品、程卫忠的行书作品入展全国第十二届书法篆刻展，“浙江书法奖·沙孟海奖”第十届全浙书法篆刻大展中有16人入展、8人入选。桂国华的《玩具王国2》入选第27届中国摄影艺术展，1人作品入选“2019浙江纪实摄影大展”，5人作品分别入选2019平遥国际摄影大展、丽水摄影节、大理国际影会。舞蹈《太湖人家》获

2019年浙江省群星奖，少儿舞蹈《生日快乐》获2019年浙江省群众舞蹈大赛银奖，《唯舞独尊》获浙江省群众广场舞大赛排舞组银奖。湖州三跳书《英台担水》、越剧小戏《壹圆茶馆》入选2019国家艺术基金资助项目，小京班获第七届全国“和平杯”京剧小票友邀请赛集体节目、浙江省第四届戏曲小金桂暨全国戏曲小梅花浙江赛区选拔赛银奖，湖州三跳书《竹别林》获浙江省第十届曲艺新作大赛金奖，越剧小戏《争娘》获浙江省社会团队展演金奖。《木鼓舞》获第七届浙江民间文艺“映山红”奖“优秀民间文艺表演奖”。

【文艺队伍】　主动加强对文艺“两新”的团结引导。以“调查摸底、吸收引导、重点培育、平台推介”等举措，加强对文艺“两新”的联络服务，完成调研报告《延伸工作手臂 扩大有效覆盖 关于新文艺组织、新文艺群体的调查及对策建议》；努力增强文联组织的代表性和广泛性，在市第七次文代会代表和文联委员中，新文艺群体占比分别为26%和7%，均高于省文联改革要求。加强对新文艺组织和新文艺群体团结引领的有关做法，在2019全省文联组联干部培训暨文艺志愿服务工作现场会作典型交流发言，并入选市“不忘初心、牢记使命”主题教育“赶超破难100例”。统筹推进文艺人才培养。加强高层次人才引育，充分用好《南太湖优秀文化人才引进实施办法》，柔性引进高端文化人才1名。做好推优工作，2019年，1人入选省“新峰计划”、3人入选省“新荷计划”、5人入选省“新雨计划”、4人获第十三届“浙江省少年文学之星”奖、8人入选“南太湖本土高层次人才特殊支持计划”、1人入选全市“1112人才工程”人才培养人选、2人入选全市乡村振兴人才先进典型。加大青年人才扶持，完成南太湖文艺人才培养“新峰计划”首轮3年培养周期，遴选美术、书法、摄影、民间工艺4个门类70名有发展潜力的青年人才；通过举办成果展、出版作品集、“南太湖·新艺风”专栏推介、湖州青年文学之星和优秀青年文学作品奖评选、书者“面对面”作品名评会、“1111”专题摄影计划、名家工作室等载体，推动各文艺门类把青年文艺人才“扶起来”。关心关爱和走访看望老艺术家，授予寇丹等10位老作家“湖州市文学事业功勋奖”，支持老艺术家举办“日出东方——李大震中国画作品展”“笔墨情·祖国颂——刘祖鹏名家工作室第三届书画展”、曹寿槐捐赠百幅书法作品展、“鱼桑万代”王似锋诗书画展等展览。截至2019年年底，8个直属文艺家协会共有市级会员3271名，其中省级会员1035名、国家级会员195名。努力为各类文艺人才搭建展示平台。以市级文艺家协会会员轮训、莫干山文学周、“艺江南”——第一届长三角摄影艺术周、沪苏浙皖G60科创走廊摄影擂台赛、摄影工作坊、“吴侬曲萃·沪浙曲艺精英汇”、大师课等为载体，2019年，从全国范围邀请各文艺门类的名家名师75人次到湖州授课、讲座、点评，增强了展示、交流、推介的综合效应。以“2019·湖州人”大会为契机，邀请7名湖州籍在外知名文艺家到湖州，为当地文艺家和在外湖州籍文艺家搭建起沟通交流的桥梁。举办“弘扬‘红船精神’、践行‘两山’理念——湖州作家嘉兴采风创作活动”、中国艺坛两左——费新我·凌虚书画信札精品展、首届“吴昌硕国际艺术奖”、“美丽石淙 风情小镇”全国摄影大赛，参与第十二届中国艺术节全国优秀美术作品展、全国非遗曲艺周展演、2019之江国际青年艺术周、韩中交流音乐节等对外交流合作活动，讲好湖州故事。

【自身建设】　深入开展“不忘初心、牢记使命”主题教育。紧紧围绕主题教育的根本任务和总要求，紧密联系文艺和文联工作实际，以“红色教育寻访初心”“专题研讨感悟初心”系列学习活动做到学深悟透融会贯通，以开展专题调研、撰写调研报告、召开调研成果交流会做到对症下药攻坚破难，以召开对照党章党规找差距专题检视会议、专题民主生活会和组织生活会做到检视问题全面彻底，坚持把学习教育、调查研究、检视问题、整改落实贯穿主题教育全过程，以从严、从实、从细的作风推动主题教育有序开展。始终把全面从严治党摆在突出位置，全力支持配合市委第四巡察组，确保巡察工作顺利开展；积极支持市纪委市监委驻市委宣传部纪检监察组依法依规履职，实行每周重点工作提前通报制、纪检组列席党组会议制，自觉接受纪检组的日常派驻监督和意见建议；认真接受市委宣传部正风肃纪专项检查，针对反馈问题认真进行整改落实，保持正风肃纪高压态势。持续深入推进文联深化改革。顺利召开市第七次文代会，选举产生市文联第七届委员会和新一届领导班子，明确了未来五年的工作目标。4个区县文联已出台改革方案。积极破解难题，在市委市政府和市委宣传部领导的关心支持下，市文联下属事业单位办公用房问题得到解决。融入“最多跑一次”改革，“申请联合举办文艺活动”“申请加入或退出市文联团体会员”两个事项在市政务协同办公平台上线。开通“湖州文艺”微信公众号，与有关团体会员形成“1+N”宣传矩阵。

（黄其恕）

·社会科学界联合会·

【概况】　2019年，湖州市社科联坚持以习近平新时代中国特色社会主义思想为指导，深入学习贯彻中共十九大、十九届二中、三中、四中全会以及省、市党代会和全省、全市宣传思想工作会议精神，以群团改革为突破口，围绕推动学术研究质量和成果转化实效两个提升，突出制度机制建设、平台载体建设和基层基础建设三大重点，着力在强化政治引领和学术研究，创新完善社科工作管理体制和运行体制，培育社科工作新优势和社科普及创新项目，推进社科人才培养，提升社科普及影响力等方面下功夫，各项工作迈出新步伐，取得新成效。市社科联被省社科联评为“2019年度理论研究优秀单位”，被市“湖州人”大会组委会评为突出贡献先进集体。

【理论武装】　市社科联把高举中国特色社会主义伟大旗帜，推动习近平新时代中国特色社会主义思想学习贯彻向纵深发展作为首要政治任务。以开展“不忘初心、牢记使命”主题教育和“三服务”活动为主要抓手，在全市社科界强化理论学习，确保广大社科工作者在思想上、政治上和行动上始终同党中央保持高度一致，不断增强“四个意识”、坚定“四个自信”、做到“两个维护”。一是强化政治学习。坚持先学一步、学深一层，及时学习宣传贯彻落实中央、省、市委重大决策部署。以召开理事会议、常务理事会议和举办社科界理论学习座谈会等形式，认真学习深刻领会习近平总书记在参加全国“两会”文化艺术界和社会科学界委员界组会议时的重要讲话精神、中共十九届四中全会精神、省、市委全会精神及《中国共产党宣传工作条例》，迅速把全市广大社科工作者的思想行动统一到中央和省、市委的决策部署上来，确保在思想上、政治上和行动上与党中央始终保持高度一致。二是注重教育引导。在全市社科界深入开展“不忘初心、牢记使命”主题教育。召开动员会，深入学习贯彻习近平总书记关于开展主题教育重要讲话精神，认真贯彻落实中央、省、市委关于开展第二批主题教育部署要求。召开全市社科界工作骨干培训会，请专家作“不忘初心，牢记使命，矢志为繁荣湖州哲学社会科学事业做贡献”专题辅导。组织社科专家扎实开展“三服务”活动。调研“社科理论下基层”融入“三服务”实践探索经验，成果刊登在《江南论坛》上。开展学会、社科普及基地建设调研，落实社科活动经费资助，帮助基层解决实际困难。市社科联、市邓小平理论研究会联合，组织社科理论下基层，为基层送课179场。三是推进主题教育。下发“四力”主题教育实践活动方案。以会代训，培训社科工作骨干，提升能力。组织市、县社科联领导、部分省级社科普及基地负责人参加省社科联举办的市、县社科联负责人培训班集训，交流学习社科工作经验。举办全市社科骨干业务培训班，普及社科管理办法，激发承担社科繁荣初心的使命担当。组织市社科联、市社科院负责人前往江苏苏州、无锡、常州等市调研社科工作和智库建设经验，学习成功经验借鉴先进做法。

【社科研究】　坚持问题导向，紧紧围绕湖州经济社会发展中的重大理论与现实问题，广泛开展学术研究，为湖州市高质量赶超发展提供坚强智力支撑。一是培育省以上各类课题。及时转发省以上开展课题研究通知，组织社科界力量参与课题申报。2019年，全市获省社科联社会科学研究项目33项。4月，按照省委宣传部、省社科联要求，在全市社科界开展“浙江精神与新时代新使命”论文征集活动，收到解读阐释新时代浙江精神的论文6篇。7月，市社科联和安吉、长兴县社科联申报的3项课题均获省哲学社会科学规划市、县社科联专项课题立项。二是积极做好市社科规划课题立项工作。组织开展年度规划课题立项工作。面向社会发布年度课题指南47个，其中智库定向选题12个。课题规划突出“两山”理念转化、国家试点、重点领域改革等方向，在兼顾基础研究的基础上，侧重对“湖州高质量赶超发展”“‘两山’理念在湖州实践”等重大理论与实践课题的研究，具有鲜明的湖州特色和问题导向。截至5月底，收到课题申报206项，申报课题数量比上年有大幅提升。经专家评审，确定公布预立项课题118项。至10月底，收到预立项结题成果116项，完成率98.3%。经专家评审、主席办公会审核，市委宣传部务会议研究，确定公布2019年度市社科规划课题立项114项，其中，重点课题20项、优秀课题50项、一般课题33项；智库试点单位定向课题立项11项。三是落实年度优秀哲学社会科学项目配套扶持奖励。下发《关于申报2018年度湖州市优秀社会科学扶持奖励项目的通知》，收到申请扶持项目30项，申请奖励项目2项。经审核，确定公布2018年度配套扶持省级以上立项社科项目9个，其中，国家社科基金项目1项、省哲学社科规划课题8项。四是深入推进新型智库建设。召开新型智库建设培训会，提升智库骨干科研能力。实行智库试点单位定向课题单列，同步年度规划课题一并立项。组织召开智库定向课题成果交流会暨湖州新型智库推进会，交流智库定向课题成果，征求《湖州市新型智库认定管理办法》修改意见，在新起点上部署下一步新型智库推进工作。

【社科普及】　市社科联高度重视社会科学普及工作在塑造美好心灵、弘扬社会正气，提高人们思想道德素质、提升群众科学文化素养中的作用，按照有主题、成系列、树品牌的思路创新社科普及工作，取得良好的成效。一是打响“南太湖人文大讲堂”品牌。坚持办好“南太湖人文大讲堂”。全年完成高端讲座6场，邀请省内外知名社科专家举办《文韬武略话茅坤》《中美贸易摩擦的影响及对策》《新型智库建设的若干思考》《“不忘初心、牢记使命”，书写新时代哲学社会科学新篇章》《我是谁？我从哪里来？》《良渚与中华文明》等主题报告。内容涵盖人文历史、社会发展、政治热点，听众普及到社科工作者、机关干部、中小学生和普通市民，受到一致好评。二是举办“社科普及周”活动。上半年，组织社科普及周项目申报。收到申报项目277项。其中，市级学会和市直社科普及基地申报72项、吴兴区40项、南浔区38项、德清县55项、长兴县39项、安吉县33项。举办第十九届“湖州市社科普及周”开幕式，就活动项目落地、培育创新项目等工作进行动员部署。社科网、刊、微信等平台配合活动开展，加大宣传力度，扩大社科影响力。截至12月底，申报项目全部落地。培育并推荐“浙江省社科普及示范推介项目”5个，其中“湖城强音——湖州市社科理论下基层服务”和“社科普及进农村文化礼堂”获评浙江省社科普及创新示范推介项目，“让陈列在广阔大地上的遗产活起来”和“长兴声音日历”获评浙江省社科普及创新示范推介提名项目。三是积极创建社科普及基地。年初，对省、市、区县119家三级社科普及基地建设情况进行排摸，落实分类创建指导。组织第九批省级社科普及基地、第三批市级社科普及基地申报，和第一批、第二批市级社科普及基地复评。至6月底，推荐11家申报第九批省级社科普及基地，受理22家申报第三批市级社科普及基地。经省、市两级社科专家组考评，湖州德泰恒博物馆等4家基地获评省第九批社科普及基地。湖州瑞一历史文物博物馆等21家获评市第三批社科普及基地。外国语言文化体验中心等4家社科普及基地复评不合格，被撤销市级社科普及基地称号。四是协助拍摄人文历史电视片。与南浔区社科联、德清县社科联联合，协助浙江省社科联、浙江新闻频道，拍摄《文化浙江大讲堂》之《一丝一书的南浔故事》《古韵新市 运河明珠》电视片，宣传运河湖州有关南浔段、德清新市段历史人文故事。

【群团改革】 市社科联按照省社科联和湖州市委的统一部署，继续深入推进群团改革，不断完善和规范社科管理各项规章制度，形成较为有效的工作机制，为提升社科工作水平、繁荣社科事业提供有力保障。一是继续推进市社科联自身改革。深入贯彻落实《中共中央关于加强和改进党的群团工作的意见》精神及《浙江省群团改革总体方案》、省委群团工作会议部署要求。就市社科联有关专职、兼职副主席及秘书长进行人事调整。就落实建立基层联系点制度，主席、副主席分别联系县级社科联、高校社科联、市级学会和社科普及基地，定期赴联系点开展调研走访和“三服务”工作，密切与基层社科工作者的联系交流。二是加强社团组织管理。按照省社科联关于加强社科类社会组织建设有关工作要求，加强市级社科学会管理。在参照《浙江省社会科学界联合会社团管理办法(试行)》基础上，制定《湖州市社科联社团管理办法（试行)》，为规范社团管理提供依据。三是创新完善机制平台。围绕工作职责，创新完善马克思主义理论研究和宣传机制、决策咨询服务机制、学术研究组织机制、社团管理和建设项目机制、宣传普及机制、人才扶持培育机制和网上社科工作机制等。

（周继平）

·残疾人事业·

【概况】 2019年，湖州市残联围绕“加快推进残疾人全面小康进程”总目标，落实惠残政策，强化基本保障，完善公共服务，维护合法权益，残疾人事业发展取得较好成效。

【基本保障】 出台政策性文件，调整困难残疾人生活补贴标准、重度残疾人护理补贴范围，提高机构托养的生活完全不能自理的残疾人护理补贴标准。全市49128名残疾人全年享受到政策性补贴9110万元，基本生活和康复得到保障。继续实施残疾人意外伤害保险补贴制度，全市6.8万名持证残疾人意外伤害保险实现全覆盖。推广残疾人服务机构综合责任保险，全市办理投保单位51家，惠及残疾人993名。深化东西部对口扶贫工作，筹措扶持资金103万元，帮扶150户困难残疾人脱贫增收。

【教育就业】 认真落实残疾学生及残疾人家庭子女助学补贴政策，全市符合政策的2695人次学生享受资金补助达263万元。推动市教育康复学校、市特殊教育实验学校与市民政局共同推出残疾人集中就业“校企合作”模式，为学生创造教学实践和集中就业机会，签约企业12家。开展残疾人“互联网+职介”服务，举办招聘会12场。开展残疾人职业技能培训57场次，培训残疾人1323名。会同市组织、人力资源等部门推进机关事业单位带头招录残疾人工作，招录残疾人2名。完成73家“残疾人之家”建设，庇护智力、精神和其他重度残疾人1331人。全年全市残疾人应届高校毕业生就业率达90.62%。全市残疾人实现就业21675人，新增834人。

【公共服务】 认真实施《湖州市人民政府关于完善残疾儿童康复服务制度的实施意见》和《湖州市残疾人基本型辅助器具服务实施办法》。全市全年提供基本康复服务73822人次，投入资金2128万元。精准康复服务率达79.24%，辅具适配服务率达98.89%。制订下发《关于进一步落实〈无障碍环境建设条例〉的通知》，创建第二批省级无障碍社区8个，指导德清县、安吉县鄣吴镇、长兴县南太湖街道幸福里社区开展创建全国无障碍环境县、镇、社区工作。全市开展无障碍设施进家庭406户，投入资金186万元。全年接待处理残疾人来信、来电、来访378件次，办结率达100%。15名困难残疾人得到司法救助，落实救助金6万元。落实残疾人基本服务状况和需求信息数据动态更新工作，完成残疾人信息调查登记67942人，入户率达99.15%。服务残疾人驾考体检，组织8批次、111人完成驾考体检。

【社会参与】 组织开展湖州市最美残疾人工作者选拔树立活动，举行庆祝第二十九次全国助残日活动暨“最美”系列发布活动，选拔树立市“最美残疾人工作者”12人。利用安吉县“同行残疾人艺术团”在国际国内的影响，推行残疾人艺术走进新时代文明实践中心文化礼堂。全年举办特殊艺术进农村文化礼堂巡演73场，残疾人社区活动参与率达82.17%。各级基层残联广泛开展趣味运动会和康复体育进家庭项目。湖州市运动员在全国第十届残疾人运动会暨第七届特殊奥林匹克运动会上，获 11 金、21 银、8 铜的成绩。获评全国助残先进集体 1 个、全国体育先进个人 2 人、省助残先进集体 1 个、省自强模范 2 人、省助残先进个人 2 人、省最美残疾人工作者 1 名。

【组织建设】 认真开展“不忘初心、牢记使命”主题教育，工作成果得到市委主题教育第五指导组的肯定。建立领导班子联系 5 个残疾人专门协会、机关干部联系基层的调研制度，深入开展“三服务”活动，全市残联系统走访企业 138 家、各类残疾人服务机构 249 家、残疾人 665 人（户），收集各类问题 148 个。制订并印发《湖州市残疾人联合会改革实施方案》，改革方案既符合残联实际，又体现湖州特色。推进“清廉残联”建设，认真落实市委第四巡察组巡察反馈的 20 个（条）问题的整治，整改率达 100%。深化“最多跑一次”改革，打造助残服务“1 + 8”联办机制，残疾人社会保障、医疗康复、教育就业等助残服务事项与残疾人证申办同步受理、网上办理，实现了“只需跑一次”。（费贤萍）

·红十字会·

【概况】 2019 年，湖州市红十字会坚持以习近平新时代中国特色社会主义思想为指引，紧紧围绕党委、政府工作大局，以“保护生命、维护人的尊严”为工作主线，突出“抓基础、建机制、强基层”，聚焦主责、主业，广泛凝聚人道力量，深入开展“三服务”活动，真心关爱群众，全市红十字会开展应急救护培训、红十字青少年和基层组织建设等工作走在全省乃至全国前列。圆满承办全省红十字心理救援培训班、优秀基层红十字会会长培训班和应急救护培训进农村文化礼堂现场会。

【第六次会员代表大会】 12 月 16 日，召开湖州市红十字会第六次会员代表大会，市领导马晓晖、钱三雄、胡菁菁、杨建新、徐仲仪，省红十字会党组书记、专职副会长陶竞，群团组织代表，社会各界红十字会员代表及特邀代表等 180 余人参加。市红十字会党组书记、常务副会长徐旭萍代表第五届理事会作《秉承人道使命 汇聚博爱力量奋力谱写湖州红十字事业发展新篇章》工作报告。大会选举产生湖州市红十字会新一届理事会、监事会，闵云、李莉分别当选会长和监事长，聘请马晓晖、钱三雄担任名誉会长。审议通过《湖州市红十字会第五届理事会工作报告》和《湖州市红十字会监事会工作规则》等报告。

【党建工作进一步加强】 按照市委统一部署，扎实开展“不忘初心、牢记使命”主题教育，制订实施方案，重点推进“十项重点工作”，将学习教育、调查研究、检视问题和整改落实贯穿全过程。8 月，在全省率先出台《湖州市红十字会改革方案》《湖州市红十字会机关职能配置、内设机构和人员编制规定》。切实强化党组落实主体责任和党组书记第一责任人责任，健全落实党组领导班子成员及处室负责人“一岗双责”制度。以专题学习、参观警示教育基地、理论知识测试、专题辅导、廉政风险排查、组织生活会等“十个一”活动为抓手，开展为期一个月的警示教育活动。认真做好巡察中发现问题的整改落实工作。

【救护培训通过国际认证】 围绕健康湖州建设，推进应急救护培训提质扩面，普及全民应急救护知识和技能。年内，全市开展应急救护普及培训 13.28 万人、达到户籍人口的 4.97%，救护员培训 8908 人、达到户籍人口的 0.33%，超额完成年度目标任务。吴兴区、南浔区和长兴县分别把应急救护培训列入民生实事项目。承办全省应急救护培训进农村文化礼堂现场会。代表中国红十字会顺利通过红十字国际联合会对应急救护培训的国际认证评估。

【人道服务水平进一步提高】 全市建立红十字救援队伍 5 支，红十字心理救援队参加“同心协力——2019”中国红十字会应急救援综合演练。连续第 6 年承办全省心理应急救援培训班。全年全市红十字系统捐赠款物收入 760.51 万元，捐赠支出 913.28 万元。认真落实东西部扶贫协作，投入捐赠款物 172.12 万元，并与四川省青川县红十字会联合举办为期 6 天的应急救护师资培训班。助力浙江隆泰医疗科技股份有限公司与中国红十字基金会在创面修复项目方面的合作。全市实现造血干细胞捐献 3 例，新增造血干细胞自愿捐献登记入库 378 人份；实现人体器官捐献 9 例，遗体捐献 9 例，角膜捐献 12 对，新增器官（遗体、组织）捐献登记 2041 人。

【基层组织建设“长兴样板”】 推进“红十字强基工程”和规范会员管理两项试点扩面，全市乡镇（街道）建会率达 94.3%、村（社区）建会率 47%，学校建会率 95.4%，医院建会率 100%。在红十字基层组织建设、会员管理、基层组织建设和工作标准等方面形成“长兴样板”。以基层红十字工作者命名的“朱晓彬工作室”在长兴县虹星桥镇新时代文明实践所挂牌，为全国首创。举办全市基层红十字会专兼职干部培训班。承办全省优秀基层红十字会会长培训班。

【红十字志愿服务“湖州品牌”】 年内，6 个志愿服务项目入选红总会和省红十字会志愿服务项目培育发展计划。3 个项目分别获湖州市新时代文明实践志愿服务项目大赛金、银奖，关爱器官捐献者困难家庭项目，被红总会推荐申报“红十字会与红新月会国际联合会 2019 年志愿服务发展奖”。连续 6 年开通红十字心理健康热线和网站，累计值守热线 7000 余小时、接听热线 3000 余小时，网站总浏览量达 5.61 万人次；“监地心理咨询合作”新模式得到省、市司法系统的高度评价。分别有2名和5名志愿者获评省、市最美志愿者和最美志愿服务工作者称号。

【红十字青少年工作“湖州经验”】分别连续第11年、第4年举办全市优秀红十字青少年夏令营和暑期青少年红十字应急救护技能训练营。分别在爱心企业、德清县、长兴县等地建立面向青少年群体的生命教育体验馆（基地）。德清县积极探索学校+基地+社会“三位一体”工作模式。以吴兴高级中学“红十字德育”、湖州交通技师学院普及应急救护技能为特色的红十字青少年工作均获得好评。

【加强红十字宣传传播工作】充分利用声屏报、门户网站和微信公众号等媒体，开设（播）城市电视公益短片、“学习身边的榜样”“师资风采”“红人榜”专栏、“红十字微课”“闵华讲急救”“百姓连线讲急救” “方言讲急救”等，结合“世界红十字日”“世界急救日”等主题日开展宣传活动，着力构建多层次、多渠道、全方位的宣传矩阵。年内，有1名造血干细胞捐献者、1名遗体和角膜捐献者获“最美湖州人”“湖州好人”荣誉。“小毛豆”捐献器官事迹、救护师资闵华现场成功施救故事在《人民日报》、新华社、央视新闻等全国多家主流媒体集中报道，引发社会广泛关注。在全省红十字会公益宣传片创作大赛中，湖州市选送的4部作品荣获5个奖项。在全省红十字宣传海报创作大赛中，湖州市大（中）学生参选的11幅作品获奖。

（陈　翔）

法　治

·公安·

【概况】　2019年，湖州市公安机关认真学习贯彻习近平总书记关于新时代公安工作的重要论述，突出风险防控、强化重点整治、建设过硬队伍，持之以恒护航发展、护卫平安、护佑民生、护理警心，业务工作和队伍建设取得新成效。年内，完成新中国成立70周年、联合国世界环境日主题活动、“中国治理的世界意义”国际论坛、各级“两会”等重大会议活动期间安保和64批次警卫任务。全年全市总接警数同比下降0.73%，刑事发案总体平稳，“五类”案件、盗窃案件发案数分别下降14.68%、21.20%，现发现破命案7起，其中现发命案为历史最低点，逮捕数上升15.85%，道路交通事故发生数、死亡数分别下降12.84%、16.24%，平安湖州实现“十二连冠、夺金鼎”，平安指数单月排名8次全省第一。“防为主、防为上”理念和做法、吴兴区织里由“乱”到“治”、“2250000防诈热线”等工作得到省委书记车俊肯定，扫黑除恶工作得到中央督导组高度评价。109人次获得省级以上荣誉称号，1个集体立集体一等功，11个集体和34名个人立二等功，42个集体和176名个人立三等功。湖州市公安局获“浙江省模范集体”“2019加强和创新社会治理优秀单位”称号，德清县公安局阜溪派出所被公安部命名为全国首批“枫桥式公安派出所”，湖州市公安局出入境管理局被评为“全国移民管理系统建国70周年大庆安保维稳工作成绩突出集体”，市公安局特警支队飞鹰女子突击队被授予“全国巾帼文明岗”。《从优待警一本书》《长兴县局“四星”争创机制纪实》分别获全国公安机关“践行新使命、忠诚保大庆”实践活动创新成果展评活动一等奖、二等奖。 “萌警团”获2019中国“少年警校发展论坛”全国金奖。智能门锁项目获评全国政法智能化建设智慧警务优秀创新案例。市公安局南太湖新区分局民警马长林被评为“全国人民满意的公务员”，市公安局织里分局民警陈建如获全国公安系统二级英雄模范、“全国模范退役军人”称号。1人被省政府授予“浙江省见义勇为先进分子”。全国“警保”合作经验推广会在长兴县召开。

【完成新中国成立70周年安保】2019年，湖州市公安局以新中国成立70周年大庆安保维稳为主线，维护社会大局稳定。坚持“防为主、防为上”工作理念，总结并运用2018年联合国世界地理信息大会安保经验，开展大庆安保大排查大整治行动和18次“护卫平安”行动。落实风险隐患管控措施，整改隐患3.8万余处，并查处违规网吧14家次、非经营性上网场所17家、宾馆（民宿）639家次。

【优化企业营商环境】　1月29日，湖州市公安局出台《市公安局服务支持民营经济发展十项举措》，实施企业（项目）警官制，年内，开展7次大规模金融风险联合检查，破获涉企经济犯罪案件40起，同比上升81.82%；侵犯企业利益经济犯罪案件线索查证率达100%，侦破某公司非国家工作人员受贿案，得到副省长、公安厅厅长王双全和市委书记马晓晖等批示肯定。

【惩治涉众型经济犯罪】　2019年，湖州市公安局开展“打击涉众型经济犯罪”“云端2019”“猎狐2019”“反假币” “蓝剑2019” “百城会战”、恶意逃废债等专项行动，破获经济犯罪案件142起，抓获犯罪嫌疑人290人，挽回经济损失1.06亿元，涉众型经济犯罪发案数同比下降73.3%，其中破获长兴县全省首例擅自发行股票案、南浔区非法经营新型烟草制品案等一批大要案，全市注册在档类金融机构组织从4369家减至1411家，互联网金融平台继续保持“零爆雷”。破获恶意逃废债案件58起，挽回经济损失4739.65万元。

【抓应急处突】　2019年，湖州市公安局强化重大警情指挥处置，制定《情指联勤中心应对处置重大突发警情操作规范》在全省率先出台《110接处警全流程工作规范（试行）》，《全市公安情指联勤中心自处警规范（试行）》在全省推广。承办全省公安机关“践行新使命、忠诚保大庆”实战演练，组织全市反恐演练公安特警集结拉练及7次封控拦截测试。完善30个“135”快速反应控制圈和“城警联勤”模式，设立特警应急处突值守点。市公安局特警支队作为全国唯一展示破拆技战术单位参加全国公安特警维稳处突实战汇报演练，得到国务委员、公安部部长赵克志等领导的肯定。

【开展“扫黑除恶攻坚年”活动】 2019年，湖州市公安局落实线索排摸“四长责任制”和线索核查“三长责任制”，做好中央扫黑除恶督导组迎检准备，破获涉黑恶案件877起，抓获涉黑恶犯罪嫌疑人1683名，摧毁涉黑恶组织团伙47个，查封、冻结资金资产2.4亿元，办结中央督导组交办线索27条，实名举报线索核查率、反馈率达100%。坚持“扫黑除恶”与“打伞破网”同步发力，向同级纪检监察部门移交涉黑恶“保护伞”及关系网线索36条，41人被依法依规处理。在中央扫黑除恶第11督导组到浙江督导期间，扫黑除恶工作得到督导组较好评价。

【开展扫黄禁赌】 2019年，湖州市公安局推进无黄赌社区、区县创建，开展营利性陪侍公复娱乐场所专项整治，破获涉黄赌刑事案件353起，同比上升33.7%，其中部、省督案件10起，采取刑事强制措施907人；查处涉黄赌治安案件2476起，上升20.0%，行政拘留5126人，全市涉黄赌警情下降17.0%。严打网络招嫖、网络赌博等黄赌新领域犯罪，破获网络涉黄赌案件7起，南太湖新区分局破获全市首例利用网络直播平台组织淫秽表演案。

【开展打防电信网络诈骗】 2019年，湖州市公安局打防电信网络诈骗违法犯罪，成立刑侦、网警多部门协作联动宣防反制工作组，开展提醒拦截工作，市反诈骗中心提醒拦截已与骗子联系的刷单和办贷款人员45254名。完成6个区县反诈分中心建设，侦破电信网络诈骗案件484起，抓获犯罪嫌疑人567名，同比分别上升388.89%、208.15%，止损被骗资金580万元，返还712万元，成功侦破“德清期货诈骗案”等一批40人以上重大电信网络诈骗案件。

【推出“2250000”防诈热线】 3月21日，湖州市公安局在吴兴区试点“2250000”防诈热线。4月，省委书记车俊，副省长、公安厅长王双全，市委书记马晓晖等分别批示肯定。6月，湖州市公安局在全市范围内开通全国首条自带保险的“2250000”防诈热线，喊响“您汇款，我把关；您受骗，我赔偿”口号，制止高危诈骗800余起，挽回群众损失1000余万元。

【创全国禁毒示范城市】 2019年，湖州市公安局推进“云战”等系列行动，破获涉毒案件135起，其中部、省案件7起，抓获犯罪嫌疑人288人，缴获毒品2.7千克，查获吸毒人员1029人次，作出强制隔离戒毒273人、社区戒毒327人、社区康复320人；侦破部标“2018—711”毒品案件，抓获474人，专案组立集体一等功，青少年毒品预防工作得到副省长、公安厅长王双全等领导批示肯定。

【整治枪爆物品违法犯罪专项行动】 2019年，湖州市公安局查处涉枪涉爆案件129起，收缴各类枪支272支、子弹10040发、管制器具287把，销毁单位结余炸药8580公斤、雷管18352发、索类爆炸物品31152米、战争遗留爆炸物33个，网上废旧炮弹拆解产业链涉爆线索得到公安部领导王小洪、林锐等批示肯定。安吉县公安局破获湖州市近年来单案抓获本地涉枪人员、单次收缴整枪最多的特大网络制贩枪支案，抓获犯罪嫌疑人15人，收缴气枪14把。开展涉爆单位隐患排查整治，检查涉爆单位1025家次、民爆储存库10个、爆破作业项目75个，发现整改隐患123处，撤销爆破作业人员许可证14张。

【开展信访秩序整治】 2019年，湖州市公安局严格落实领导包案和局领导公开接访等制度，接待群众67批、99人次，省公安厅交办的30件信访积案全部办结，其中停访息诉23件，结案率和停访息诉率居全省前列。

【推进“治访”净网】 3月，湖州市公安局推进“净网2019”专项行动，严厉打击黑客攻击破坏、侵犯公民个人信息等网络违法犯罪活动，查处涉网刑事案件95起，抓获犯罪嫌疑人665名。建成互联网管理综合应用系统，举行网络应急（攻防）演练2次，全市3633家上网场所、3.1万个无线WIFI点位实现上网认证功能，网络安全隐患处置率达100%。9月，在公安部专题会上，就侦破非法出售针孔摄像头案作典型交流。德清县公安局破获全国首起“网络水军”案，得到副省长、公安厅长王双全批示肯定。

【开展“守青山、护绿水”等专项行动】 2019年，湖州市公安局开展“守青山、护绿水”“昆仑”“防风险消隐患保食安”等专项行动，配置“六大警长”985名，破获食品药品环境犯罪案件147起，抓获犯罪嫌疑人390名，同比分别上升8.89%、19.63%，破获省内使用“CFC—11”禁用物质数量最大的污染环境案。“守青山、护绿水”工作被作为践行新时代“枫桥经验”典型做法在全省推广。

【加强道路交通风险防控和安全隐患治理】 2019年，湖州市公安局开展“一创一治”“无隐患公路”创建，查处重点违法行为282.4万起，其中酒驾醉驾6008起，同比上升42.66%，查获失驾人员360人、改装车325辆，完成42处省、市级事故多发点段整治和30个路口“两化”建设，建成17条无隐患道路，全市“两客一危”及校车“三率”动态保持100%。推出重点项目（企业）交通警官制，落实“安全体检”1085次，整治隐患66处。

【抓好电动自行车专项整治】 2019年，湖州市公安局电动自行车注册登记和备案174.71余万辆，查处电动自行车违法35.5万起，同比上升42.97%，中心城区主要道路高峰期间头盔佩戴率达90%。

【推广租房“旅馆式”管理和智能门锁】 2019年，湖州市公安局推广流动人口居住出租房屋“旅馆式”管理和智能门锁项目，建立出租房屋“旅馆式”管理总台137个，覆盖出租房屋15.38万余间、流动人口43.67万余人，流动人口登记在册数同比上升10.93%，居住证发放数居全省前列。9月，出台《居住出租房屋智能门锁推广应用指导意见（试行）》等文件，安装“智能门锁”14430户、52487间，流动人口中使用者达79430人。

【强化基层所队】 9月，湖州市公安局推动市“两办”下发《创建全国“枫桥式公安派出所”工作方案》，明确“123 + X”总体框架，优选9个派出所重点培育，争取各级党委政府改造资金5.2亿元，38个基层所队新建或改造备勤休息用房，基本实现“城区一人一床、乡镇一人一房”。吴兴公安分局妙西派出所、织里公安分局织南派出所被命名为全省“枫桥式公安派出所”，受到省委、省政府通报表扬。4个交警中队被省公安厅评定为一等交警中队。

【加强基层警力配置】 2019年，湖州市公安局组织22名市局机关民警到派出所锻炼，147名新民警下到基层，全市派出所警力占比升至56%，其中城区派出所警力占比升至64.6%。职能调整、警力下沉工作得到省委常委、政法委书记王昌荣等领导批示肯定。

【强化群防群治】 2019年，湖州市公安局坚持走人民治安道路，建立“平安家园卫队”1677支，发挥“家园卫士”“家园先锋”“家园文工”“家园顾问”“家园园丁”“家园医生”6支队伍以及“快乐大姐”“蓝骑义警”“南太湖守护人”等平安志愿者队伍作用，开展各类活动16180次。评选平安志愿者“防范之星”4批次38个团队、81人，全市平安志愿者队伍人数增至37万人。

【深化精确警务改革】 2019年，湖州市公安局继续建设全息感知体系和“雪亮工程”，建成人脸抓拍11924路、人体结构化设备2675路、车辆卡口11694路，建成或接入视频监控149288路，密度居全省前列。创建智慧内保，建成物联网智慧安防小区850个，其中289个小区实现“零发案”，全市24家规模医院、618所学校、1650辆公交车视频监控安装率、覆盖率达100%，所有中小学、幼儿园全部安装访客登记系统。深化全警实战应用创新，与海康威视等企业签订战略协作协议，成立图像信息联合实验室，推广现勘在线系统，家系采集率高于全省平均水平。市公安局成为全省首批获“浙江省公共机构绿色数据中心服务认证证书”的市级单位。

【深化“最多跑一次”改革】 2019年，湖州市公安局助推“无证明城市”“无证件城市”创建，完成“颗粒化”事项294项，121项公安政务服务事项实现“一证通办”，“一窗办”“一网办”比率达100%，“即办事项”实现率达85%，承诺期限压缩比达95%，到公安办事证明全部取消，精简办事材料、各类表格达60%以上，全市109个公安便民服务窗口和17项高频社会化场景全部实现“刷脸办”，全省公共服务领域首个出入境证件便利化应用项目在湖州启用。建立数据全生命周期运维机制，共享本地社会信息4.5余亿条，落实25类内外部数据查询接口，直接受益群众达17万余人次。实施《全市公安机关窗口单位奖惩办法》等规定，推行网上驾考约考服务，建成公安智能警务站13个、“警邮”网点44个、机动车登记服务站31家，全市70家4S店“零警力”机动车注册登记服务站实现全覆盖。“无证明”“无证件”城市创建工作，得到袁家军省长充分肯定。推广吴兴区织里农村拆迁安置落户做法，为700余户解决无房产凭证拆迁安置落户2300余人。

【开展“三服务”和“惠民十大行动”】 2019年，湖州市公安局开展“服务企业服务群众服务基层”活动和第十次“惠民十大行动”。在“三服务”活动中，协调解决问题8162个，得到省委书记车俊等领导批示肯定88次，“防诈热线”、破获商业贿赂案件、全力破解电动自行车管理难题、助力打造“无证明城市”“无证件城市”、长兴智能门锁、校门口“堵点”变通途等获评湖州市十大担当破难典型案例，获奖总数列市级部门第一，其中“防诈热线”荣获全省“三服务”活动典型案例。强化市人大建议、政协提案办理，67件建议提案全部办结。

【首次开展“惠警十大行动”】 2019年，湖州市公安局首次开展“惠警十大行动”，并作为“惠民十大行动”姊妹篇，建成老干部活动中心、民警健康管理中心、民警健身训练中心，畅通省内外57家医院民警战时就医“绿色通道”，为360余人提供医疗服务和9个民警家庭解决异地分居难题，“爱警基金”帮扶慰问107人次、发放慰问金37.1万元。从优待警工作得到市委书记马晓晖等肯定。

【开展先进典型引领】 2019年，湖州市公安局设立马长林群众工作法教学实践基地8个，开展教学40余场次，参与民警1600余人次。1月，组建陈建如先进事迹报告团，开展宣讲活动7场。 （许政华）

·检察·

【概况】 2019年，全市检察机关坚持以习近平新时代中国特色社会主义思想为指导，把握“落实、稳进、提升”工作主题，紧扣“三服务”决策部署，围绕市委“一四六十”工作体系，以“三个年”活动为抓手，谋划推进“十大重点工程”，服务中心大局，加强法律监督，深化检察改革，加强队伍建设，开创了新时代湖州检察转型发展新局面，为湖州高质量赶超发展提供了更加有力的检察保障。2019年，全市检察工作多次得到最高人民检察院、省委、省人民检察院和市委领导批示肯定，7个集体和22名个人获得省级以上表彰，其中南浔区检察院章春燕获评“全国三八红旗手”，市人民检察院魏冠卿获评“全国维护妇女儿童权益先进个人”，吴兴区检察院沈璋获评“全省政法系统先进个人”“浙江省优秀检察官”，3件案件被评为全国检察机关精品案例，18件案件分别被评为全省检察机关精品、优秀案例。

【纵深推进扫黑除恶专项斗争】 积极投入“扫黑除恶攻坚年”行动，全年全市批准逮捕涉黑涉恶案件75件、193人，提起公诉53件、229人，金伟、丁雄兵等一批重大涉黑涉恶组织、团伙受到严惩。

【服务保障民营企业健康发展】 打造“检企同行365”服务品牌，努力提供精准务实有效的司法服务。依法、审慎、稳妥办理涉民营企业案件，依法解除或变更强制措施12人，不起诉24人，建议法院做缓刑处理36人。依法严厉惩治侵犯民营企业及企业家合法权益的刑事犯罪，批准逮捕86件、145人，提起公诉136件、308人。

【立足司法办案参与社会治理】 积极推进诉源治理，落实宽严相济刑事司法政策，全年全市依法不批准逮捕653人，不起诉1012人。深度参与社会综合治理，发出检察建议934份。开展“线下”+“线上”全方位普法宣传，打造检察融媒体宣传矩阵。

【努力满足群众美好生活需要】 部署开展“十大检察民生实事”。严厉惩治集资诈骗和非法吸收公众存款犯罪，捂好群众“钱袋子”。践行“两山”理念，深化生态检察，起诉破坏环境资源犯罪103人，办理环保公益诉讼案件424件，放流鱼苗100余万尾，追索生态修复费、损害赔偿金等638.65万元，相关工作经验得到最高人民检察院副检察长张雪樵批示肯定。

【积极促进未成年人司法保护】 积极挽救失足未成年人，依法作出相对不起诉85人，附条件不起诉52人，对136名不诉未成年人开展观护帮教。对涉罪未成年人宽容不纵容，提起公诉85人。以“春燕工作室”品牌建设为依托，加强未成年人权益综合司法保护。积极探索未成年人检察工作新模式，区县检察院承担4项省级、1项国家级试点任务。

【主动优化便民利民工作举措】 全年接待群众来访578批、820人次，办结刑事申诉案件59件，接受各类群众来信792件，落实“群众来信件件有回复”承诺。开展公益损害与诉讼违法举报宣传周活动。助力脱贫攻坚，出台服务保障乡村振兴战略示范区建设13条意见，开展司法救助，及时救助因案致贫42人，发放救助金62万余元。

【做优刑事检察】 全年受理审查逮捕犯罪嫌疑人3209人，批准和决定逮捕2524人，受理审查起诉7144人，提起公诉5502人。强化侦查活动监督，立案监督48件，追捕追诉59人，被判处一年有期徒刑以上刑罚89人。强化刑事审判活动监督，提出或提请刑事抗诉15件，法院采纳后改判13件。强化刑事执行监督，审查监管场所呈报减刑、假释、暂予监外执行案件2368件，督促83件财产刑案件执行。全面实行“捕诉一体”办案机制和推进认罪认罚从宽制度，推进派驻公安机关检察官办公室工作。全面推行监狱“驻+巡”检察改革，对南湖监狱和长湖监狱开展巡回检察。做好特赦案件监督工作，对符合特赦条件未报请情形发出检察建议后特赦罪犯1人，相关案例被最高人民检察院转发推广。协力推进反腐败工作，严查司法人员相关职务犯罪，依法对涉嫌玩忽职守罪的2名协警立案查处，查办的监狱民警钱某某虐待被监管人犯罪案件被《检察日报》评为年度十大法律监督案例。

【做强民事检察】 强化生效裁判监督，审查案件147件，提出或提请抗诉10件，发出再审检察建议37件；对正确的裁判，引导当事人息诉39件，共同维护法律权威。加强审判程序监督和民事执行监督，分别发出检察建议26件和21件，监督支持人民法院破解“执行难”。加大对虚假诉讼的查处力度，向侦查机关移送案件线索7批次、18人，已追究刑事责任3人；向法院发出再审检察建议34件，已审结8件，改判8件。

【做实行政检察】 积极履行生效裁判监督职能，办理的宋某某行政诉讼不予立案纠纷申请监督案，经提请省人民检察院抗诉，获得省高级法院采纳并撤销原裁定，被评为全省行政检察精品案例。加强审判程序监督，发出检察建议25件，被采纳25件。以行政非诉执行专项监督为抓手，联合相关行政部门开展行政处罚执行情况监督检查。长兴县检察院探索行政争议实质性化解工作走在全国检察机关前列。

【做好公益诉讼检察】 立案公益诉讼案件505件，发出行政公益诉讼诉前检察建议484件，回复整改率100%，提起民事公益诉讼19件，实现公益诉讼法律明确赋权的“4+1”领域全覆盖和“等”外领域零突破。对侮辱烈士吕挺的违法行为人张某某提起民事公益诉讼，市“法检两长”出庭履行职务，判决张某某在省级媒体公开道歉，受到省委书记车俊大会表扬。

【培育检察发展动能】 对市、县两级检察机关进行内设机构改革，形成“四大检察”“十大业务”格局。实行员额检察官动态管理。院领导带头办理疑难复杂案件。制定内设机构主要负责人、员额检察官、司法行政人员等考核办法，激发内生动力。加强理论研究，3篇文章获最高人民检察院表彰，有力服务检察工作创新发展。

【优化检察监督环境】 积极推动省委《进一步加强检察机关法律监督工作的若干意见》落地。与市政府召开府检联席会议，出台《关于加强公益诉讼协作共同推进行政执法规范化的意见》，会同市监委制定《办理职务犯罪案件工作衔接办法（试行）》，联合市中级人民法院出台《关于加强民事执行活动法律监督的若干意见》，会同市中级人民法院制定《关于人民检察院检察长列席人民法院审判委员会会议实施细则》，会同市公安局联合出台《重大黑恶刑事案件提前介入侦查工作的若干规定（试行）》，共同优化检察监督环境。

【提升智慧检务质效】 牵头做好“政法一体化办案”系统提质拓面，实现全市99%以上刑事案件网上流转。积极推进单轨制办案，吴兴区在全省率先开展全案单轨制试点，向刑事案件全领域、全流程无纸化办理、数字化归档迈出坚实的步伐。搭建智慧信息平台，建设湖检大数据中心、电子数据实验室、公益诉讼快检实验室，承担3个全省信息化应用试点项目。

【狠抓思想政治建设】 扎实开展“不忘初心、牢记使命”主题教育，促进干警增强“四个意识”，坚定“四个自信”，做到“两个维护”。认真贯彻落实《中国共产党政法工作条例》，切实把坚持党的领导贯穿到检察工作全过程、各方面。举办“坚守为民初心、践行检察使命”70周年主题汇报会，开展向全国模范检察官章春燕学习活动，弘扬主流意识形态。

【狠抓纪律作风建设】 落实全面从严治党、全面从严治检，接受省检察院党组以“整治形式主义、官僚主义”为主题的专项巡视，开展对长兴县检察院党组的政治巡察。严格落实党风廉政建设主体责任，切实把纪律和规矩挺在前面，坚持刀刃向内执纪问责，以“零容忍”态度正风肃纪。

【狠抓办案能力建设】 深化“公诉质造”等岗位练兵品牌建设，进一步提高专业能力。加强司法规范化建设，组织开展撤回起诉、涉黑恶案件等专项质量评查工作，联合市中级人民法院、市司法局、市律协在全省创新开展法检律庭审巡查，建立三方互评机制。深入推进检校合作，与浙江理工大学法政学院签订战略合作协议，南浔区检察院“姚建龙教授团队工作室”研究成果在全国未成年人检察工作会议上交流。 （耿锋锋）

·法院·

【概况】 2019年，全市法院受理各类案件78293件，办结77947件，同比分别下降2.09%和2.92%，法官年人均结案303件。其中，市中级人民法院新收各类案件6527件，办结6478件，同比分别上升13.95%和13.45%。主要办案质量、效率指标持续居全省前列。

【营造和谐稳定社会环境】 一是依法惩治刑事犯罪。全年全市法院新收一审刑事案件3886件，审结3860件，判处罪犯6043人。深入开展扫黑除恶专项斗争，审结一审涉黑恶案件21件、109人，安吉县法院荣获“全省扫黑除恶先进集体”称号。严惩危害群众人身财产安全的刑事犯罪，一审审结“1998·8·28”南浔区练市白马塘特大抢劫杀人案。保持反腐败高压态势，审结职务犯罪案件47件、64人，其中处级以上干部5人。稳妥做好建国七十周年特赦实施工作，严格依法裁定特赦124人。推进以审判为中心的刑事诉讼制度改革，对1725件案件精准适用认罪认罚从宽程序。市中级人民法院荣立平安湖州建设夺“金鼎”集体二等功。二是妥善审理民商纠纷。全市法院新收一审民商事案件31426件，审结31136件，诉前化解和民事可调撤率达86.07%，持续居全省前列。深化家事审判改革，对22件离婚案件探索适用冷静期，发出人身安全保护令4份，德清县法院被评为“全国维护妇女儿童权益先进集体”。稳妥开展破产审判，协同市委改革办出台办理破产便利化实施办法，审结南方通信等破产案件66件。市法院、检察院“两长”同庭履职，审结侵害烈士吕挺名誉权案，新浪微博关注点击数超1亿次，受到省委书记车俊大会表扬。三是实质化解行政争议。全市法院新收一审行政案件779件，审结699件。探索建立“1+9+6”行政争议纠纷解决体系，全市行政争议调解中心受理行政纠纷367件，实质化解187件，化解率达50.95%，行政争议实质性化解的“湖州经验”获最高法院肯定并予以推广。连续6年召开“府院”联席会议，发布全省首份行政争议调解工作白皮书，市长作为行政机关负责人出庭应诉，系全省首例，行政机关负责人出庭应诉率达92.99%，相关举措受到最高法院专委贺小荣批示肯定。

【护航经济社会发展大局】 一是服务企业优化营商环境。全市法院全年审结涉企纠纷19073件，结案标的金额131.69亿元。“府院”联合成立绿色金融纠纷调解委员会，联合市级10个部门成立全省首家“民营企业法律风险防范研究中心”，与国家法官学院共同举办“司法保障营商环境”研讨会，为企业提供纠纷协同化解、风险预警提示等服务。积极救助暂时陷入困境的优质企业，全年入选全省、全市担当破难典型案例4起，相关做法和成效得到市级以上领导批示肯定28次。二是服务群众践行司法为民。全面推行网上立案，全市法院当场登记立案率达94%，网上立案率达61.03%。探索推进繁简分流，市中级人民法院速裁团队平均审理时间仅为12天。审结侵害未成年人权益案件178件，吴兴区人民法院未成年人审判庭获“全国青少年维权岗”称号，市中院与团市委共同挂牌成立“市红领巾教育实践基地”。切实保障弱势群体诉权，全年为困难当事人缓减免诉讼费135万元，发放司法救助金580万元。加强移动微法院应用，引入率和运用率连续6个月全省排名第一，为群众提供智能化、便捷化的“掌上诉讼”服务。三是服务基层强化法治保障。积极助力南太湖新区建设，顺利揭牌运行南太湖新区法院。新设吴兴区常溪法庭、德清县地信小镇法庭和安吉县灵峰法庭，南浔区南浔法庭恢复设立，全市人民法庭数量增至24个，不断优化人民法庭布局。依法保障农民合法权益，全年审结土地承包纠纷、宅基地纠纷等涉农案件275件，维护农村社会和谐稳定。开展“站点驻村、法官联村”工程，在全市167个行政村（社区）设立法官工作室，助力法治乡村建设。

【助推市域治理现代化】 一是稳步推进诉源治理。全市基层法院民商事立案团队入驻区县社会矛盾纠纷调处化解中心，全市法院新收一审民商事案件同比下降10.4%。长兴县法院积极探索“诉调执”一体化改革，得到省委常委、政法委书记王昌荣的肯定。深化浙江ODR平台运用，在线调解案件17888件，调解成功率达91.6%。联合市金融办等部门创新打造“绿贷通”司法保障网络平台，协助银企高效、便捷、低成本化解金融纠纷94件，涉及金额8100万余元。开展惩治虚假诉讼专项行动，向公安机关移送涉案线索45条，依法立案查处11人，民间借贷纠纷收案量同比下降36.46%。二是全面强化生态保护。全省首创“四合一”集中管辖审判机制，积极探索太湖流域生态环境共保联治新路径。常态化运用“补植复绿”“增殖放流”等措施，积极探索“限期修复”“劳务代偿”等多元责任承担方式，相关工作经验得到最高人民法院副院长江必新批示肯定。办结全市首例生态环境损害赔偿司法确认案，入选长三角司法协作会议典型案例。联合市生态环境局等部门打造全国首个“生态环境司法保护一体化平台”，构建环境问题联合查办、合力化解新机制。三是持续深化执行破难。全市法院全年受理执行案件28509件，执结28620件。全市法院共审结拒执罪案件170件、171人，其中当事人提起刑事自诉138件，自诉案件数量与占比均居全省法院第一，该做法被省高院专门发文予以推广。全省率先以“标准地”条件司法拍卖工业用地21宗，面积817亩，成交率达100%。建立司法拍卖议价、询价制度，联合保险公司设置保证金保险，进一步规范司法拍卖程序。全国首创规范执行程序评估标准，助推社会诚信体系建设。南浔区法院被评为全国法院“基本解决执行难”工作先进单位。

【锤炼忠诚担当的法院队伍】 一是扎实推进主题教育。精准务实开展调查研究，全市法院参与国家级课题1项，中标最高法院课题1项、省级重点课题13项，“分调裁审”机制改革的调研被最高法院评为2019年人民法院优秀调研报告。扎实有效落实问题整改，抓实“10+3”专项整治工作，中央第二巡回督导组、省委第五巡回指导组赴市中级人民法院专题调研主题教育开展情况，并予以充分肯定。把党建工作融入主题教育全过程，积极创建“党建示范点”，市中级人民法院党建平台获评“全市机关优秀党建服务品牌”。二是着力提升办案质效。全市法院案件服判息诉率达92.55%，高于全省平均1.52%，市中级人民法院二审改判发回瑕疵率为零。开展司法质量监督大检查，抽查两级法院各类案件608件、庭审165场。确定每月第三周为“院庭长集中开庭周”，全市法院院、庭长审结案件37632件，占全部已结案件的48.41%。三是切实打造过硬队伍。推行“青蓝组合”培养模式，全市法院组织319名年轻干警与导师结对。坚持用正面教育激励人、鼓舞人，全市法院涌现出田芳、卢洁等一批先进典型，23个集体和35名个人受到省级以上表彰。制订党风廉政20项工作要点，建立员额法官廉政档案等制度，推出廉政微电影等新形式清廉教育作品，组织旁听职务犯罪典型案件庭审，筑牢干警拒腐防变思想防线。

（叶　江）

·司法行政·

【概况】 2019年是全市司法行政系统重组运行第一年，全市司法行政系统深入贯彻落实中共十九大、省第十四次党代会和市第八次党代会精神，按照“一四六十”工作体系及“保五争三拼第一”目标要求，全面落实“一个统筹、四大职能”的工作布局，以“家本故里·法治湖州”建设为工作主线，深入实施“六个年”活动，各项工作得到各级领导的肯定和关注，中央依法治国办、司法部、省政府推广行政应诉“湖州经验”，得到副省长王双全批示肯定。新时代法治乡村“余村经验”入选全国《攻坚克难案例》，成为各级党员干部主题教育教材。律师行业党建工作得到司法部副部长熊选国批示肯定。湖州市党政领导班子法治建设实绩考核和法治政府（依法行政）考核位列全省“双第一”。在市政府部门效能评比中连续三个季度为“十大优秀部门”之一，市司法局先后获评平安建设“金鼎”集体二等功、优秀县处级党委理论学习中心组示范单位、市直机关“党建工作示范单位”。“红领法务”品牌被评为全市“十佳”党建服务品牌，全系统有20个集体、55名个人获市以上表彰。

【法治湖州建设】 组建全面依法治市委员会，下设办公室及四个协调小组，并召开第一次会议，出台《委员会工作规则》《协调小组工作规则》《办公室工作细则》等制度，健全依法治市工作运行机制。召开“府院、府检”联席会议，建立行政败诉案件分析报告机制，举办专题研讨班和业务培训班，推进行政机关负责人出庭应诉工作，湖州市成为全省首个市长出庭应诉的设区市。扎实推进立法工作，完成《湖州市乡村旅游促进条例（草案）》《湖州市大气污染防治规定（草案）》2个立法项目调研、审核等环节的工作。建好市政府法律风险"防火墙"，把关论证40项重大合同、重大决定，审查市政府各项议题、文件和纪要107件。加大执法监督力度，不断促进严格规范文明公正执法。全面完成全市行政复议体制改革，实现"一级政府行政复议一个口子对外"。年内，全市行政复议机关受理行政复议案件332件，审结286件，直接纠错47件，调解、和解等结案90件，直接纠错率和综合纠错率分别达16.4%和47.9%，实现以市政府为被告的行政案件"零败诉"、经复议后的行政案件"零败诉"。

【法治政府创建】 充分发挥组织者、推动者的职能作用，积极开展首批"全国法治政府建设示范市"创建，市委常委会、市政府常务会议进行专题研究。市长钱三雄、副市长朱留沙分别牵头召开专题会议，研究部署推进全市创建首批"全国法治政府建设示范市"工作。组建工作专班，梳理总结特色亮点和成功做法，并积极做好工作对接，顺利完成省司法厅评查组实地检查验收、网上申报、资料补证和资格审查等相关工作。司法部党组书记、副部长袁曙宏作出"湖州示范创建应予以支持"的重要批示。在全市各级各部门的齐心配合下，湖州市入围全国56个综合示范候选地区之一，在接受中央依法治国办专家组实地评查中得到肯定。

【法治营商环境】 深化行政审批制度改革，完成市级行政许可事项（含子项）梳理338项，确定下放169项，实现行政许可事项"应放尽放"。推进"无证明城市"创建，公布取消没有法律规定的证明事项2526项（其中市级466项），取消比例达97.79%，湖州市被确定为全省证明事项告知承诺制试点城市之一。下发《关于优化营商法治环境促进民营经济高质量发展的实施意见》，举办全市启动仪式，开展"七大行动"。全年全市组织企业法治体检4382家，开展涉企矛盾纠纷排查1049次，受理和调解矛盾纠纷1994件，调解成功1967件。深入开展"三服务"活动，局领导深入一线开展"驻在式"调研服务，走访企业38家、基层站所152个，现场解决问题45个，收集提交问题16个，并做好跟踪落实。

【安全稳定工作】 持续深化"四四五"（四区分离即生理脱毒区、教育适应区、康复巩固区、回归指导区；四式管理即病房式管理、校园式管理、军营式管理、社区式管理；五大中心即戒毒医疗中心、教育矫正中心、心理矫治中心、康复训练中心、诊断评估中心）戒毒模式和"四联五治一拓展"（"局警联防"重"治安"——安全防控社会化，"局院联合"重"治身"——戒毒医疗社会化，"局校联手"重"治心"——教育矫治社会化，"局地联动"重"治根"——回归指导社会化，"全民防毒"重"治本"——拓展帮扶社会化）社会化戒毒体系建设，戒毒场所实现持续20年"六无"目标；出台全国首个《社会组织参与社区矫正服务规范》地方标准，社会工作者参与社区矫正招录工作全面完成，采取"滚动式排查、多元式宣传、分类式管控"等措施，社区矫正再犯罪率、脱管率均低于省控指标。深入开展扫黑除恶专项斗争攻坚年活动，出台具体实施方案，强化涉黑恶线索排摸，加强律师执业监管，全市司法行政系统排摸疑似涉黑涉恶线索34条，查实10条，协助市公安侦破案件7起，抓获犯罪嫌疑人9名，报备涉黑涉恶案件629件，代理律师385人，得到市人大、市扫黑除恶领导小组充分肯定。开展矛盾纠纷"大排查、早调解、护稳定、迎国庆"专项活动，筑牢维护社会稳定"第一道防线"。全市各级人民调解组织调处矛盾纠纷24976件，成功调解24855件，成功率达99.5%，涉及赔付金额5.76亿元。

【法律服务体系】 深入贯彻习近平总书记关于公共法律服务建设"两快""两全"重要指示，积极整合司法行政系统法律服务资源，推进三大平台互联互通，构建全业务、全时空的法律服务网络。在全市公共法律服务中心设立企业"一窗通办"窗口，建立企业法律风险在线检测平台，完成"12348"湖州法网升级改版。对全市园区小镇法律服务站点进行优化，通过律师服务团队值班坐诊、走访巡诊和E服务微诊"三诊合一"的方式，实现法律服务立体式、全域化覆盖。全市律师全年办案26779件，业务收费3.88亿元。开展法律援助"扩面、提质、强体、塑形"四大行动，建立"老兵律师"工作室，推进刑事辩护全覆盖，全市办理刑事法律援助案件5548件，同比增长26%。在全省首家出台《湖州市政府购买证明事项公证服务实施方案（试行）》，公布第一批清单5类、14项，探索"非接触性执法＋互联网公证"模式，拓展不动产登记、金融等新型业务，全市办理公证25884件，业务收费2034.28万元。拓宽仲裁受理办理渠道，在全省领先开展网上仲裁，制定《网络仲裁暂行规则》，网上仲裁案件受理12598件，结案率达100%。圆满完成2019年国家统一法律职业资格考试工作，全市报名879人，通过考试124人。

【普法依法治理】 建立重点单位普法责任清单，指导督促51个重点部门全部完成，小组成员单位实现全覆盖。加强沈家本法治文化宣传，与中国政法大学签署2020年第二届"沈家本与中国法律文化国际学术研讨会"等合作事宜，推进沈家本法治文化基地建设。率先打造覆盖30万个家庭的"法治家园"云频道，并在全省推广。组织"12·4"国家宪法日主题活动，开展"书法颂宪法""你学法我送票、清丽湖州任你行"等系列活动。加强新媒体普法，"湖州普法·懂点法"排名首次进入全国地市级城市前50名，“之江法云”排名全省第三。打响“美丽乡村、无法不美”湖州品牌，开展“市级民主法治村全覆盖”专项行动，累计创建成全国民主法治示范村12个、省级民主法治村（社区）202个、市级民主法治村（社区）基本实现全覆盖，法治乡村建设继续走在全省前列。

【党建队伍建设】 积极申报全市首批“建设清廉机关、建设模范机关”创建单位，从严治党主体责任和领导班子成员“一岗双责”全部落实。出台《关于进一步加强党委领导班子自身建设的决定》《队伍能力素质提升年活动实施方案》等制度，通过党委示范、支部引领和模范带头，健全完善“想干事、能干事、干成事”的制度体系。深入开展“不忘初心、牢记使命”主题教育，通过细读原文“精”学、集体研讨“互”学、教育培训“导”学、深入基层“讲”学、围绕课题“研”学等形式，切实做到学懂弄通，确保全体干警增强“四个意识”，坚定“四个自信”，做到“两个维护”。推动全系统各支队伍规范化高质量发展，市“两办”出台《关于深化律师制度改革促进律师业加快发展的实施办法》，加快推进律师业扶持奖励政策落地落实。先后召开第七次律师代表大会、第二次公证协会和人民调解员协会会员大会，完成换届工作。（曹义明）

军　事

·湖州军分区·

【概况】 2019年，是政治之年、大事之年、攻坚之年，也是军分区瞄准全面过硬一流目标、脚踏实地砥砺前行的一年。军分区党委坚决贯彻习近平主席和中央军委决策指示，坚持以习近平强军思想为指导，认真落实军委国防动员部、省军区党委和湖州市委部署要求，坚定举旗铸魂、聚焦备战打仗、全力攻坚克难、持续转改作风，军分区建设和国防动员工作保持了全面发展、全面进步的良好态势。

【思想政治建设】 坚持举旗铸魂，政治引领不断强化。狠抓习近平强军思想学习教育，严密组织党委中心组带机关理论学习，抓实抓好精读原文、专题辅导、研讨交流等关键环节，推动理论学习往深里走、往实里走、往心里走，进一步强化听党话跟党走的政治自觉。紧密结合实际，深化重大问题理论研究，撰写的《军地联合应急救援指挥问题研究》《赞颂伟大成就、奋斗强军实践》在省军区授课受到好评。扎实开展“传承红色基因、担当强军重任”主题教育，抓实教育动员、理论授课、讨论辨析、问题整改、小结讲评“一个过程”，紧跟形势变化和官兵思想实际搞好教育引导，有效增强教育实际效果。强化政治纪律、政治规矩，彻底肃清“郭徐房张”流毒影响，组织重大决策贯彻落实情况专项检查，开展清网行动专项整顿，确保军分区高度集中统一和纯洁巩固。

【军事训练工作】 认真贯彻习近平主席训令，始终把备战打仗作为头等大事强力推进。修订完善作战方案计划，持续深化日常战备综合整治，战备水平得到提升。坚持按纲规范首长机关训练，雷打不动组织周一晚夜训，高标准完成军地联合应急救援指挥演练，演练效果得到省军区首长及市委领导肯定。深入开展群众性岗位练兵和实战化训练，完成民兵干部骨干训练和跨区联训任务，组织全区岗位练兵比武竞赛，参加省军区第二届岗位练兵比武暨应急救援能力检验评估，获得两个团体课目第二名的好成绩。积极组织民兵参加安保执勤、抢险救灾、环境整治等急难险重任务，在防抗台风“利奇马”行动中，出动民兵3000余人次，转移安置群众近万人，处置险情100余起。

【党管武装工作】 认真落实党管武装制度，协调召开市委议军会，组织党管武装考核和区县人武部党委第一书记述职，进一步浓厚关心支持武装工作的氛围。持续深化民兵调整改革，编兵整组质量明显提升，迎检情况逐年进步。积极开展兵员征集工作，着力提高大学生和大学毕业生征集比例，“五率”考评达到优秀，南浔区连续三年实现无退兵。继续巩固湖州国防教育品牌，组织第19个全民国防教育日系列宣传活动，启动“十名主官百堂国防教育精品课”，吴兴区组织“铸魂杯”国防知识竞赛参与面广、实际效果好，各区县国防教育主题公园建设向乡镇延伸，特色鲜明。扎实推进军民融合走深走实，开展推动民营物流企业军民融合发展问题课题攻关，3个军民融合项目进入省军民融合成果展计划。协调地方落实优抚优待政策，着力解决军人后院后代问题，为湖州争创全国双拥模范城“八连冠”做出积极贡献。

【征兵工作】 坚决执行省委、省政府、省军区各项征兵工作命令，努力实现“两升、两控、两杜绝”目标，圆满完成上级赋予的征集任务，在读大学生和大学毕业生比例分别达72%、17%，均创历史新高，兵员征集质量进一步提升。春节前，协调《湖州日报》《湖州晚报》，刊发《2019年兵役登记通告》，部署展开年度兵役登记工作，2月，提前完成18周岁兵役登记任务，走在全省前列，省征兵工作简报为此转发南浔区兵役登记经验做法。全市规范设置6个征兵体检站，采用征兵体检信息化系统，落实封闭式集中上站体检。坚持集体定兵、择优定兵，落实大学生优先批准入伍，及时张榜公示已定、预备兵员名单和补入名单，公开举报投诉电话，接受群众监督。9月12日，市政府、军分区在高铁站举行2019年新兵欢送仪式，营造各级关心支持国防军队建设的良好氛围。持续加大优抚优待力度，协调落实大学生应征入伍一次性奖励金，在原来基础上提高到不低于各区县上年度居民人均可支配收入的60%，并明确在此基础上，专科毕业生再增发10%，本科毕业生增发20%，政策激励作用不断显现。

【基层基础工作】 扎实开展“条令学习月”和“百日安全”活动，狠抓机关工作规范，突出加强公务班管理，严格一日生活制度落实，加强官兵职工教育管理，完善重点要害部位技术安防设施，“四个秩序”进一步正规。定期组织财务人员集中办公，提升基层业务素质，强化法纪意识，提高经费管理使用效益。认真做好老干部服务保障工作，不等不靠、迎难而上、自主抓建，基本实现“三个不降”。着眼军分区建设安全发展，认真组织安全教育、安全检查和形势分析，严格落实帮建团单位“四项制度”，开展违规喝酒问题专题教育整顿，坚持每季度、重大敏感期组织综合检查，针对问题跟踪督办，层层压实责任，始终保持安全稳定。

【纪律作风建设】 扎实开展“不忘初心、牢记使命”主题教育，严格落实规定动作，扎实抓好集中学习，坚持把问题整改贯穿教育全过程，在解决问题中推进建设发展。及时总结梳理教育成果，研究制定《湖州军分区加强新时代党的建设的措施》。高标准做好迎接军委巡视和国防动员部巡察工作，举一反三抓好巡视巡察反馈问题整改。坚持师、团两级班子捆在一起抓，安排军分区常委对团单位挂钩帮带，每季度召开一次党委全会，分析形势查找问题，聚焦重点集智攻关。每半年组织召开一次党委民主生活会，认真开展批评和自我批评。调整全区党小组设置，专题组织党小组长培训，进一步提高党务工作能力。驰而不息抓作风纪律建设，认真落实党委书记、纪委书记讲纪律党课制度，每周一交班开展“法纪教育一刻钟”，加强作风纪律督导检查，保持正风肃纪高压态势，政治生态环境不断优化。 （韩有乐）

·人民防空·

【概况】 2019年，全市民防工作坚持以习近平新时代中国特色社会主义思想为引领，深入贯彻落实中共十九大和市委八届六次全会精神，紧紧围绕市委“一四六十”工作体系，深入开展“三服务”，不忘初心，牢记使命，坚持改革创新、融合发展，聚焦实战、强化主业，补齐短板、增强实效，全面提升人民防空备战打赢能力，各项工作取得新成效。2019年，市民防局和安吉县民防局均荣获“2019年度全省人民防空工作先进单位”称号。

【组织指挥建设】 市、区县均完成指挥部组成单位调整，对指挥部成员单位平时职责分工修订完善，制订下发指挥部工作要点，召开全市人民防空指挥部会议。市、区县和重点镇人民防空方案修订工作稳步推进，修订完善市、区县两级《人民防空方案》以及相关配套的各种保障计划，实现市、区县、镇（街道）和社区四级方案无缝对接、衔接配套。民防指挥平台建设稳步推进，融合乡镇“四个平台”建设，全市新增重点镇民防应急指挥中心2个，基本实现全市“地上、地下、机动”相配套的较为完整的指挥通信体系。10月31日，在安吉县组织开展以“守护绿水青山，保护美好家园”为主题的全市人民防空实战化演习，600余人参演。市人民防空指挥部指挥长、副市长施根宝、湖州军分区政委傅斌及指挥部35个成员单位的领导、全市5个区县人民防空指挥部指挥长、民防局局长等50余人莅临演习现场观摩指导。

【实战化演练】 结合“5·12”“9·18”防灾防空警报试鸣，先后组织吴兴区龙溪街道杨家庄村佳园小区人员紧急掩蔽演练、爱山小学教育集团仁北校区学校防空袭演练。积极参加湖州军分区组织的军地联合应急救援指挥演练，组织吴兴区龙泉街道与埭溪镇开展临战疏散对接演练。全市累计有40个社区、147所中小学校、近3.4万余人参加各类防空防灾应急演练。

【信息化建设】 完成“203工程”智能化控制系统建设并投入试运行。完成德清县数字民防科研项目。完成警报新增和数字化改造任务，圆满完成“5·12”防灾警报、“9·18”防空警报试鸣任务。完成民防综合业务网迁移和改造工作。结合机关准军事化集训，全市民防系统组织开展“市带县”移动指挥车拉练，辗转两区三县全程近300公里，对新列装的民防应急指挥车、便携式卫星通信系统和短波电台等装备进行效能试验和专项训练。

【工程建设规划】 分别与市自然资源和规划部门、南太湖新区管委会进行对接，整合规划资源，将人民防空规划要求有机融入城市规划之中，在滨湖南单元开展控制性详细规划人民防空专篇编制试点工作的基础上，确定在新挂牌成立的南太湖新区长东片区开展“多规合一”样板区建设。启动《湖州市人民防空专项规划2021—2035》专项规划编制工作。完成吴兴区角溪漾单元等8个区块民防控规的编制。

【工程项目建设】 2019年，全市新增地下停车位8750个，新增防空地下室面积同比增长17.3%，其中市本级防空地下室面积增长329%。完成西山漾停车场、苕溪公园、南浔水晶晶颐养中心、頔塘南岸、安吉第一小学5个兼顾人民防空项目、面积5.3万平方米。自建工程有序推进，年内，南浔区菱湖渔都渔业科学研究中心人民防空工程基本完工，长兴县2个自建工程项目——古城公园地下民防工程、综合执法局地块人民防空工程开工建设。积极稳妥推进人民防空产权制度改革和国有资产管理体制改革创新，德清县作为全省确定的14个试点单位之一，率先出台产权制度改革相关文件，得到省人防办主要领导的肯定。

【“最多跑一次”改革】 认真落实“五减”（减政、减费、减税、减价、减本）要求，21项涉及企业和群众到政府办事事项调整为14项，并全部纳入“最多跑一次”改革事项范围，所有办事事项均提供“一网通办”和快递送达服务；落实无证明城市清理工作，人民防空工程易地建设费减免认定函，实行市民服务中心集中代办方式进行，取消由相对人来提供认定函。

【工程质量监督】 加强对人民防空工程和民防设备企业的监督检查，确保工程战备功能的完好。组织全市人民防空工程质量监督业务培训，市区、县质监以及建设单位100余人参加培训。承办全省防空地下室质量监督导则试用人员业务培训。完成《〈防护门安装技术综合比较研究〉湖州市参研项目实施报告》的编写，参与《防护门安装技术规程》研制。

【行政执法监督】 落实“双随机一公开”监管机制，组织开展人民防空行业专项整治，对全市人民防空工程防护企业资质进行核查。联合市综合行政执法部门对早期人民防空工程安全使用和维护管理进行梳理排摸和实地检查，对2家监理企业、1家设计单位和11个早期工程、4个防空地下室进行实地抽查，对人民防空地下室违规搭建建筑物、构筑物的行为进行联合执法。

【重要经济目标防护】 联合市发改委，召开重要经济目标分类分级部署会，组织开展全市重要经济目标分级分类工作。充分发挥发改部门的牵头协调和监管作用，督促相关主管部门及目标单位依法履行防护建设义务。在2个重要目标单位组织开展应急演练。以“党建共建+”为模式，密切与重要经济目标单位联系，积极创新形式开展合作，开展重要经济目标防护试点工作，完成3个试点成果。

【专业队整组训练】 全面提升专业队伍应急保障能力，完成专业队整组工作，组织通信、运输和医疗救护专业队参加“湖州金盾—19”、临战疏散演练。德清县组建山鹰民防应急救援队，参与疏散演练和宣传活动；安吉县组建“两山”民防应急救援队，参与“金盾—19”演习；吴兴区与区团委合作组建50人组成的民防志愿者队伍，参与暑期进社区宣传活动。

【疏散体系建设】 扎实推进人口疏散体制机制创新试点，积极探索建立“组织指挥有力、多方互动参与、手段措施多样、平战功能合一”的新型人口疏散体制机制，与市应急管理局实现疏散避灾场所信息共享，吴兴区完成《人口疏散体制机制创新调研报告》。南浔区在善琏镇组织临战疏散示范性演练，并组建疏散安置引导员队伍。与乡村振兴战略相结合，合力推进疏散场所建设，德清县建成莫干疏散基地，长兴县结合民防教育基地，建设规范疏散场所设施；充分利用现代信息技术，积极融入智慧城市建设，实施人口疏散掩蔽智能查询信息系统建设，与华数公司合作，借助华数电视的网络覆盖，制作19个小区战时防空行动指南，逐步推进民防疏散示意图进万家活动；结合社区体验点建设，推进疏散查询屏进社区，为临战疏散和紧急掩蔽指引最优路线，方便居民实时查询。

【宣传教育工作】 巩固学校民防教育阵地，与市、县委党校建立互动机制，将民防教育纳入党校培训课程，联合市国防教育办公室、市教育局，在爱山小学教育集团仁北校区组织开展纪念“9·18”学校防空演练暨“十名人武部主官百堂国防教育精品课”启动仪式。全市每年征订中小学生防空防灾教材20000余册，全市100余所大中小学开展民防教育，受教育在校学生近3万人。依托湖州民防学院举办中小学防空防灾教育师资培训班2期，培训全省各地民防专（兼）职教师106名。推进民防宣传教育基地化建设，精心打造融合宣传教育、互动体验、实景展示于一体，布展面积达3500平方米的全省首个设区市民防教育馆——湖州市民防教育馆，自5月17日投入使用后，组织开展“关心国防、走进民防”等系列活动，组织市级机关70余个部门走进民防教育馆参观体验，累计接待各类参观人员近5000余人次。充分发挥湖州民防学院优势，组织大学生民防志愿者在暑期广泛开展全省“民防宣传进百县千区”活动，深入市、区县50余个社区开展人民防空法律法规宣传，普及防空防灾知识和技能。（杨郑成）

外事 侨务 台务 民族宗教

·外事·

【概况】 2019年，湖州外事工作认真贯彻落实习近平新时代中国特色社会主义思想，以习近平外交思想为遵循，深入开展“不忘初心、牢记使命”主题教育，紧紧围绕市委“一四六十”工作体系，以“三服务三助力”为抓手，务实推进对外交流合作，全面提升外事管理服务能力，为全市高质量赶超发展做出积极贡献。市外办被评为2019年度全省外事系统工作成绩突出集体。

【服务国家总体外交】 一是认真落实党管外事要求。加强党对外事工作的集中统一领导，市委外事工作委员会召开第一次会议，出台工作规则与办公室工作细则，促进领导体制制度化和规范化。切实履行市委外事工作委员会办公室的统筹协调作用，确保全市对外交往工作安全有序开展。二是积极参与重要涉外活动。与市商务、文旅、体育等部门和各区县加强协作配合，积极参与“生态+电力”示范城市建设国际论坛、“一带一路”国际智库委员会研学专家学术研讨会、国际外商直接投资峰会（湖州）、长三角一体化文旅峰会暨国际滨湖度假大会、首届中国—中东欧国家博览会暨国际消费品博览会、联合国世界环境日分会场活动、世界IT青年科学家论坛学者南浔行、第十届国际环太湖公路自行车赛和中国美妆小镇第五届化妆品行业领袖峰会等国际性活动，认真做好嘉宾邀请、翻译和礼宾礼仪等外事服务保障工作。三是热情接待来湖州的重要外宾。接待以英国共产党总书记罗伯特·格里菲斯为团长的美大北欧地区共产党干部联合考察团、俄罗斯访华记者和专家学者代表团、发展中国家促进机电和经济发展官员研修班、非洲国家及非盟公共行政管理研修班、韩国全罗南道新农村建设考察团等重要团组，充分展示湖州在“两山”理念引领下的特色产业发展、生态文明建设、美丽乡村建设和基层党建等特色工作，有力地配合了国家总体外交，宣传湖州改革开放新成就。

【融入“一带一路”倡议】 一是开展乡村振兴交流合作。市委书记马晓晖率团赴英国和法国进行乡村振兴文旅项目交流与合作洽谈取得积极成果。通过项目演示、座谈交流等形式推介湖州旅游资源，学习借鉴英国文旅融合、乡村民宿发展好做法、好经验，赴中国驻联合国教科文组织争取对湖州市乡村旅游品质提升给予支持，在英国和法国分别设立“湖州旅游推广与联络处”，为进一步打开湖州对外展示形象魅力的窗口架起增进了解、深化合作的桥梁，助推湖州旅游“走出去”奠定良好的基础。二是助推经济务实合作。接待巴西圣保罗州645个城市市长代表和南里奥格兰德州巴西——中国议员阵线访问团，举办“一带一路”湖州·巴西经贸交流座谈会。组织13家企业、单位24人赴上海参加印度驻沪总领事馆在2019上海进博会期间举办的投资推介活动，为湖州市有意向在印度投资和经商的天能集团等企业创造机会。协助湖州市商务局、莫干山高新区等团组赴南非、德国、荷兰等国执行经贸交流任务，达成承建南非金山大学学生公寓工程项目、通航小镇航空器及航空模拟器研发制造等合作意向。三是促进教育实质交流。组织法国蒙达尔纪森林中学学生代表团与韩国灵岩郡青少年交流团访问湖州，深化与友城间的青少年交流。指导全市中小学校、大专院校与友好学校开展交流合作。长兴县金陵高中与澳大利亚格陵伍德学院、湖州五中与韩国新罗初中、湖州中学与德国霍恩洛厄高级文理中学、吴兴高级中学与德国霍恩林姆柏格高级文理中学、南浔锦绣实验学校与新西兰北岛联合学校之间开展丰富的交流活动。全年校际互访55批、839人次。四是推动文化多元互动。协助日本著名书法家师村妙石在安吉县举办“师缶创新——师村妙石篆刻书法艺术展”个人画展，并举行中日书法交流座谈会，此次活动得到全国友协的肯定。协助市委宣传部在日本北九州市举办“吴昌硕国际艺术奖海外展暨湖州市绿水青山书画展”，推进两地文化交流。为湖州师院阿塞拜疆国立语言大学孔子学院、跨文化交流中心开展海外汉语推广、传播中华文化提供外事支持。

【拓展对外交流渠道】 一是服务引智扎实开展。协助市委组织部等赴以色列、南非、日本和德国开展海外引才活动，开展合作交流活动4场、举行海外院士专家恳谈会4场、专项拜访对接活动8场。全年全市招才引智团组10批、38人次。二是推进友城交流合作。全市新增国际友好城市2对，湖州市分别与爱尔兰戈尔韦市和澳大利亚郡德勒普市正式签订建立友好交流关系意向书。与戈尔韦市就开展教育、文化和经济等领域交流合作达成共识，两地企业在科特迪瓦的建筑工程外包合作项目正稳步推进。与郡德勒普市以双方签署的“三年合作框架协议”为基础，就互办“国际创新为老论坛”、推介中医进西澳等项目确立初步意向，湖州传统文化交流项目准备就绪。组团赴日本岛田市、韩国灵岩郡、清州市、法国蒙达尔纪市和克罗地亚卡尔洛瓦茨市等国际友城5批、28人次，接待友城团组7批、118人次，通过友好恳谈、经贸对接和实地考察等活动，拓展合作领域，深化两地友好关系。积极拓展友城渠道，与日本北九州市、英国斯特灵市、格拉斯哥市、埃塞克斯郡和厄瓜多尔洛斯·里约斯等建立联系并开展高层互访等活动，为今后正式结好奠定坚实基础。三是加强领馆联络交往。与德国驻沪领馆就友城结好工作进行多次对接，取得大力支持。联合市商务局、南太湖新区出席德国驻沪领馆活动，拜访德国联邦议会副议长弗里德里希及德国西门子公司等企业代表。加强与英国驻沪领馆的往来，借助其资源，有效对接“英国中部引擎计划”，拉紧双方交流合作纽带。拜访日本驻沪领馆，争取其对湖州市与北九州市建立文化友城事宜给予支持。与斯里兰卡驻上海总领事拉克士塔·若特纳亚克一行举行会谈，重点就开展教育合作进行深入交流。四是拓展港澳交流空间。组团赴港澳开展联络联谊和教育交流洽谈，拜访香港中联办和外交部驻香港特派员公署、澳门中联办和外交部驻澳门特派员公署，畅通工作联络渠道；拜访湖州旅港同乡会、澳门湖州联谊会，广泛接触旅港、旅澳乡贤；拜访澳门大学、香港公开大学等学校，为湖师院与港澳高校开展合作搭建平台。组团赴港澳开展健康养老产业项目洽谈，与粤澳中医药科技产业园开发有限公司就研发检测服务平台建设项目达成共识。全市全年团组16批、63人次赴港澳执行经贸洽谈、参加展会、校际交流和学术访问等任务。加强与香港特别行政区政府驻浙江联络处的联系联络，努力为推进湖州与香港地区在多领域的实质性交流牵线搭桥。

【强化涉外管理】 一是加强因公出国（境）管理。坚持任务导向和成效导向，紧紧围绕全市中心工作科学谋划和统筹安排因公出访团组；严格按照“有事才去、因事定人、完事即回”的原则进行审核审批；联合市财政局印发《关于加强因公出国（境）计划和经费管理的通知》，以“严格预算管理、严控出访规模、严格务实访问、严抓行前教育和严肃财经纪律”的“五严”标准，加强因公出国（境）管理作进一步明确。根据全市机关内部“最多跑一次”改革要求，优化流程，提升审核审批时效。全年全市批准出访因公出国（境）团团组207批、484人次，其中党政和参公事业人员281人次。未予批准团组2批、12人次，调整不合理团组16批。二是推进“一带一路”境外安全保障工作。协助市政府牵头召开全市“一带一路”建设境外安全保障工作协调机制全体会议，制订印发《湖州市“一带一路”境外安全保障工作协调机制》和《统筹做好出境旅游湖州籍公民境外安全工作方案》，明确协调机制成员单位职责，对加强预防性领事保护、做好出境旅游湖州籍公民境外安全等工作进行全面部署。全面开展“安全文明出境宣传月”活动，组织“领事保护伴我行”主题宣传活动，前往市民服务中心、新国际旅行社等办理涉外事项场所，设置展板、发放宣传资料，为湖州市民“走出去”提供安全保障服务。2019年，市外办获“平安湖州建设夺金鼎”集体嘉奖。三是做好“在湖外国人”服务工作。进一步完善《加强与在湖国际友人的联系联谊的工作制度》，有效推进该项工作的制度化、常态化和规范化。深入开展以“感受湖州魅力、讲好湖州故事”为主题的“老外在湖州”系列活动，其中“我家在湖州”活动选取10个在湖州外国人的个人和群体，在“澎湃新闻”“湖州发布”、湖州英文网站等媒体登载在湖州国际友人在湖州工作生活的经历，诠释湖州良好的生活环境与营商环境。结合湖州市特色文化，举办“迎中秋·爱湖州”“美在湖州——花洋女神”等活动，进一步加强与在湖州国际友人的互动，增强在湖州国际友人的融入感和归属感。深入“龙之梦”走访调研，牵线湖州师院为其开展外籍演员管理层培训，优化升级龙之梦外籍演员管理。利用“老外在湖州”微信群加强与在湖州外国人的互动交流，使在湖州国际友人放心创业、舒心生活、安心工作。全年配合市公安部门，及时妥善处置9起涉外事（案）件。

（窦　锋）

·侨务·

【概况】　2019年，市侨办、市侨联高举习近平新时代中国特色社会主义思想伟大旗帜，以习近平总书记关于侨务工作重要论述为新时代侨务、侨联工作改革创新的根本遵循，围绕市委“一四六十”工作体系，构建大侨务工作格局，凝心聚力打造“侨@南太湖”品牌，助推湖州高质量赶超发展。

【加强思想政治引领】　一是坚持政治立侨。加强政治自觉提高政治站位，将学懂弄通做实习近平新时代中国特色社会主义思想贯穿始终。机构改革后，加强党委对侨务、侨联工作领导，坚持在“大统战”工作格局下做好侨联工作，把思想政治引领放在首位，谱好侨界同心曲、做大侨界朋友圈。及时组织中共十九届四中全会精神主题宣讲及中央、省、市委重大会议精神学习贯彻，发挥侨联凝心聚力独特优势，把广大侨界人士紧紧团结在党的周围。全市侨联组织开展中共十九届四中全会专题学习会等各类专题学习、研讨交流、理论宣讲60余场次，撰写心得体会、调研报告100余篇。二是突出党建带侨。始终坚持党的领导，用好“党建带侨建”工作法宝，深入推进党建带侨建“四带五联”工作机制，把全市侨联组织建设纳入对区县、乡镇（街道）党委综合考核的总体规划，做到同部署、同推进。深入开展“在职党员进社区”“党员干部基层走亲”“联系村、乡、社区结对帮扶共建”等活动。侨联干部深入基层、重点侨村、涉侨社团和侨资、留创企业，举办“新时代引领侨联新使命”专题党课50余场次，涉及侨界群众近2000人。三是深化红色育侨。聚焦初心使命，传承“红色基因”，厚植爱国情怀，紧抓庆祝新中国成立70周年契机，开展侨心向党主题活动。组织市侨商会和归侨、侨眷开展“不忘爱国初心·牢记复兴使命”“我与祖国同心同行”主题教育学习宣传活动，进一步巩固侨界人士共同思想政治基础。组织侨联干部赴贵州遵义、上海中共一大会址、嘉兴南湖纪念馆等红色教育基地学习考察，强化政治意识。巩固侨界人士共同思想政治基础，全年开展“传承革命精神，诵读红色家书”等红色之旅品牌活动20余次。

【提升基层组织建设】　一是加强基层和基础建设。开展全市侨联“2019基层组织建设年”，实现企业侨联组织与“侨胞之家”建设“零”的突破，新建南浔区留联会、南太湖新区留联会组织。全年全市新增乡镇（街道）侨联组织17个，累计建立乡镇（街道）侨联组织43个，安吉县、南浔区先后完成乡镇（街道）基层侨联组织全覆盖，浙江泰普森实业有限公司成立浙北首家企业侨联。出台《湖州市“侨胞之家”评审管理办法》，依托党群服务中心、新时代文明实践中心、幸福邻里中心等加强实体化服务阵地建设，新命名10个市级“侨胞之家”并给予奖励。浙江中德自控科技股份有限公司新建企业“侨胞之家”，累计建成各级“侨胞之家”23个。启动区县“一域一品”建设，全年获评省级基地7个，名列全省前茅。其中培育推荐安吉国千环境与节能工程研究所、德清地信梦工场、长兴国家大学科技园、浙江中德自控科技股份有限公司入选省级“侨界创业创新基地”；培育推荐湖州桑基鱼塘研学文化交流基地、钱山漾文化交流中心、叔蘋奖学金展览馆入选省级“华侨国际文化交流基地”。育培涉侨社会组织，引导近千人规模的留学人员及家属网上联谊会落地建立“榴莲工作室”。发挥“互联网+侨联”作用，累计建有“网上侨联”平台37个，新建海外联络站6个，有效延伸侨务工作向纵深发展。启动全市新一轮基础侨情调研，实施“ 库 表”统计月报制度，建立5000名重点“海外湖州人”信息库，完善侨情基础数据库，相关工作得到省侨联主席连小敏的肯定。二是加强机制和制度建设。推动构建“大侨务”组织领导体系，以侨联改革为契机，推动建立涉侨部门联席会议制度，发挥统筹协调作用。按照中国侨联《基层侨联组织工作条例（试行）》《关于新时代加强基层侨联组织建设的指导意见》、省侨联《关于新时代加强全省侨联基层基础建设的实施意见》《湖州市侨联改革实施方案》有关要求，借改革之力，壮大基层组织和侨联干部队伍。切实加强侨联干部队伍建设，更加贴近侨界群众、贴近基层侨联、贴近发展一线。制订兼职副主席轮流值会工作制度，发挥兼职主席的自身优势，调动在侨联工作中的积极性、主动性和创造性。三是加强作风和能力建设。巩固主题教育成果，努力形成作风建设常态长效化。开展“不忘为侨初心、牢记大局使命”学习讨论，进一步提高侨联干部理论水平和政治修养。坚持党群共建共享，组织侨务志愿者参与文明城市创建、“我为七一献热血”等系列活动。定期举办各级“基层侨务干部培训班”26批，打造一支“敬业、专业、乐业”侨界干部队伍。全市侨联干部比学赶超、争当先进，涌现出优秀共产党员、优秀公务员、个人嘉奖、优秀信息员、先进处室等先进典型。

【助推高质量赶超发展】 1．搭建“侨智@南太湖”平台，实现引才引智新突破。一是完善引才机制。探索建立“联部门合力引才、联企业按需引才、联社团推介聚才、联高校协作育才、联乡贤配合觅才、联机构服务留才”六联机制，为服务全市人才工作汇聚侨界力量，相关做法获评2019年度全省侨联系统“最具影响力工作”。二是营造引才氛围。将人才工作纳入市委统战部对区县侨务工作考核，细化考核目标，量化评价指标，实现侨务引才工作统筹规划、统筹部署、统筹推进。组织开展考核辅导会、调研督促会、定期通报会等，营造比学赶超、挖潜增效良好氛围。三是丰富柔性引才平台。搭建“侨创、侨聚、智汇、海智”等系列平台，区县联动，整合资源。配合党委人才办举办“2019年全国留学人员回国创业高级研修班”“美国128科技企业协会高层次人才湖州行”“海外归来看安吉”“2019海燕助飞行动”等各类引才活动7场次。全年全市侨务系统牵线180名高层次人才对接项目，引进各类高层次人才29人，推荐申报“南太湖精英计划项目”42个，其中29个项目通过评审答辩。2．搭建“侨创@南太湖”平台，助力引商护侨优环境。一是优中选优深化合作。新建“统一战线服务长三角区域一体化发展六方合作联盟”，搭建苏浙沪六区市涉侨平台载体，举办2019“海外侨领湖州行”，邀请26个国家和地区100余名侨领侨商来湖州考察休闲旅游、战略性新兴产业发展和营商引才环境。借助省侨联“两山有情·美丽有约”平台，举办旅游投资和人才政策推介会。邀请美国樸盛投资创始人王铁飞率考察团2次到湖州对接大健康产业项目投资合作。全年开展“2019德清县招商对接会”、安吉县“两山·侨梦苑”等各类招商引资活动20余场，牵线项目30余个，协议资金13亿元。二是优化服务侨企环境。建立《市党政领导联系侨（港澳）资企业制度》，扩大深化为侨企服务功能。深化“最多跑一次”改革，为当事人“代跑”，为侨企留住人才“加速度”。创新活动载体，开展中美贸易摩擦影响情况调研，会同市政协港澳台侨委开展全市侨资企业“防风险 稳增长”恳谈会，邀请金融、涉侨企等15个市级单位现场为侨企发展解决难题。全年开展“三服务·金融助侨”等活动10余场，服务侨企40余家。三是聚焦聚力依法护侨。省侨联法顾委安吉工作站解决侨企美达皮具担保风险等问题获得省、市有关领导批示肯定。扎实推进《浙江省华侨权益保护条例》宣传普及工作，切实维护侨胞侨属合法权益。全年协助化解涉侨纠纷、解决涉侨历史遗留问题10余件次。全国人大华侨委员会委员王辉忠、中国侨联基层建设部部长张毅、省委统战部常务副部长王晓峰等领导在湖州调研期间，对湖州侨务工作给予肯定。3．搭建“侨文@南太湖”平台，扎紧联谊纽带有新成效。一是敦睦乡情强联络。做实“联谊”文章，建立重点旅外乡贤联络联谊制度，主动和湖州籍专家学者、政商名人沟通联络，组织“寻根、铸魂、圆梦”活动，全年以“三新” “四有”人士为重点，联络接待回乡侨胞300余人次。与胡瑗后裔、美国康奈尔大学终身教授王平、美籍华人国际著名地球物理学家和矿物学家费英伟、著名文学家夏衍、俞平伯等旅美后人等海外乡贤建立紧密互动。深化“侨聚南浔”等品牌效应，鼓励重点人士报效桑梓。南浔双林籍华人、阿里巴巴集团董事局执行副主席蔡崇信设立“蔡崇信公益基金会”，捐赠2600万元新建双林体育馆，捐赠4000万元新建双林乡贤名人馆及修复蔡氏旧居。南浔“四象”后裔、美籍华人刘承桓捐赠100万元设立“刘承桓·南浔慈孝教育基金”。举办叔蘋奖学金创立80周年顾乾麟先生诞辰110周年暨第87—88期湖州颁奖庆祝大会，奖学金累计惠及近万名学子。该项工作获2019年度全省侨联系统“最具影响力工作”入围奖。二是育培侨领强组织。开展“乡情、亲情、友情”主题“故乡行”活动，分别成立“澳大利亚湖州商会·同乡会”、“日本湖州同乡会”。澳大利亚湖州同乡会联合26个浙江籍侨团到湖州，通过深入县区考察对接，为两地密切合作打开通路。吴兴区侨联新建在英、美国东部和西部3个留学人员联谊会组织、南浔区侨联新建旅美、旅加同乡会，全市建立海外联络站17个，留联会组织实现全覆盖，拓展海外联谊的深度和广度。三是讲好故事强宣传。打好“社团、乡情、文化”三张侨牌，引导侨媒、侨社、侨胞讲好中国故事。打造“湖小侨”宣传金名片，扩大海外美誉度。2019年，以“湖州人大会”为契机，邀请42位旅外乡贤开展文化寻根活动。南浔“七十二金狗”之一“韩怡昌”后人王省在南浔举办“君自故乡来”海派文化专题讲座，南浔“四象”之一顾氏家族举办

《浔溪顾氏》首发式，日本湖州同乡会邀请旅日华人摄影艺术家冯学敏两次来湖州采风，推动家乡在日本的宣传和推介。湖州桑基鱼塘研学文化交流基地、钱山漾文化交流中心、叔蘋奖学金展览馆入选省级“华侨国际文化交流基地”。4．搭建“侨治@南太湖”平台，探索基层治理有新进展。一是深入开展侨法宣传。严格执行涉侨政策法规，接待侨界群众维权来电来访，审批办理华侨回国定居、“三侨生”身份确认，办结率100%。落实《浙江省华侨捐赠条例》规定，开展全市捐赠项目使用管理情况清查登记，排查捐赠教育、交通、医疗、公共设施建设等项目109个，涉及捐赠金额3724.4万元人民币。二是认真落实惠侨政策。开展“侨爱心·助医行”“侨爱心·助学行”“侨爱心·光明行”等“侨爱心工程”系列活动，“为侨服务医疗队”送医入企，联合湖州爱尔眼科医院累计为54位困难侨眷白内障患者实施免费手术。市侨商会捐资60万在湖州职业技术学院设立“湖州市侨资企业商会奖学金”，连续举办两届助学行活动共资助学生100名。开展“问侨事、进侨门、解侨忧、暖侨心”访联活动，建立健全侨务干部联系服务侨界群众机制。三是有序参与社会治理。以“侨贤122”为载体，推动网上侨联线下“榴莲工作室”落地，推广“侨贤议事室”“南丁格尔为侨服务工作站”“为侨服务法律工作站”经验做法，发挥侨贤示范表率特殊作用，引导侨界群众参与乡村振兴、环境打造、民生改善、社会治理等工作，参与社会协同、服务“三治融合”。引导侨界代表委员围绕湖州市转变经济发展方式、加强生态保护以及侨界群众关注的热点问题提交提（议）案，组织侨联界别委员开展城市生活垃圾分类及资源化利用专项民主监督等调研活动。侨联界别活动室获评“2019年度市政协先进界别活动室”。

【获得荣誉】 2019年，湖州市侨联被评为“2019·湖州人大会”工作通报表扬集体（重点工作突出贡献集体）、2人获个人行政奖励（个人嘉奖）、1人获通报表扬（重点工作突出贡献个人）；“以‘六联’新机制打造‘侨智@南太湖’品牌”被评为2019年度全省侨联系统“最具影响力工作”、“叔蘋奖学金创立80周年”获得2019年度全省侨联系统“最具影响力工作”入围奖；侨联（台联）界别活动室被评为2019年度市政协先进界别活动室。

（陈晓龙）

·台湾事务·

【概况】 2019年，市台办深入学习贯彻习近平新时代中国特色社会主义思想和中共十九大和十九届三中、四中全会精神，树牢“四个意识”，坚定“四个自信”，做到“两个维护”。按照中央和省委、市委对台工作决策部署，围绕市委“一四六十”工作体系和“三服务”工作要求，扎实开展“不忘初心、牢记使命”主题教育，深化湖台两地经济社会融合发展，为实现“加快赶超，实现两高”目标做出新贡献。2019年，市台办被省委评为“浙台经济社会融合发展突出贡献单位”。

【惠台措施落实成效显著】 以落实国台办、省台办和市惠台政策为抓手，按照“创新服务、提质增效”工作思路，稳步推进对台经贸工作。深入企业一线走访调研、上门送政策送服务和聘请常年法律顾问，年内，由主要领导带队开展入企走访调研30余次，走访调研重点企业50余家，为6名台商、台干解决参加社保问题，为3家企业解决网络安装、用水和用气等问题，调处涉台投诉求助纠纷15起，办结率达100%。针对在经济社会发展改革中出现的大棚户整治、环保和经济补偿等方面情况，认真听取台商反映，详细了解问题症结，制定“一企一策”措施。同时，开展面向台商、台企进行政策讲解5期，帮助台企解决问题，增强台商、台企的获得感、归属感。省挂牌风险化解的6家台资企业顺利完成。加大“长三角一体化”国家战略和“交通枢纽门户城市”宣传，以台引台、以商引商，紧盯台湾岛内、上海、江苏省苏州市和昆山市等台商、台企集聚区，邀请10批、170余名台商到湖州实地考察。全年新增台资企业18家，注册资金1.18亿美元，总投资1.58亿美元。邀请台湾37名青年创业者来湖州参加湖州与台湾两地青年企业家交流活动。组织台资企业为台湾青年就业提供岗位90个，并在台湾组织开展招聘活动，吸引30余名台湾青年来湖州就业。特别是在湖州师范学院任教的3名台籍青年教师，教学态度认真、教学方式新颖，深受学生欢迎。同时，为台胞办理居住证130个。

【对台交流交往实现新突破】 围绕年度重点交流工作任务，以扩大交流领域、推进互动共识为目标，深入开展湖台两地交流交往。年内，组织赴台交流团组65批、303人次。台湾同胞到湖州参访交流38批、1139人次。接待国民党前副主席蒋孝严、台湾重要人士胡为真来湖州参访。成功组织湖州市非物质文化遗产百叶龙赴台参加元宵灯会巡演，受到台湾同胞广泛欢迎。成功举办第七届湖台邻里节、“花香两岸”梅文化节、第二届海峡两岸美丽乡村论坛和药师佛文化交流等活动，邀请300余名台湾基层民众参加，台湾同胞参加活动人数创历年新高。在中国首届田园博览会中，邀请台湾农产品行销协会参展，并重视做好服务工作，受到台湾民众的高度赞扬。举办2019新春台湾湖州同乡会团拜会和中秋联谊活动，300余名台湾湖州籍同胞相聚台北，共叙乡情。为进一步扩大台湾湖籍同胞回归故乡寻根走亲，制定实施台湾湖州籍“记忆乡愁”返乡活动方案，增强台湾湖州同乡会的凝聚力、影响力和感召力。重视加强台属联谊会工作，为生活困难台属排忧解难，全年安排发放慰问金4万余元。

【教育交流工作更加有效】 为进一步加强赴台就读学生的教育管理，制定实施“网格化”管理办法，帮助赴台就读学生顺利完成学业。为吸引台湾青年到湖州就业、创业，引导高校和中小学开展研习营、训练营、创客坊和文化之旅等社会实践活动。以就业创业为导向，打造以交流推动实习、以实习引导就业和以就业促进创业的做台湾青年工作新模式，吸引台湾青年扎根湖州、融入湖州。以“寻迹湖笔文化”为主题，邀请两批台湾小学生和台湾8所高校的23名师生到湖州参访，体验传承湖笔、丝绸和茶文化，让台湾同胞在湖州看见美丽中国，体验一次美好、充实的夏令营之旅。与兄弟省、市台办联合举办“2019海峡两岸环太湖文化周”活动，两岸青年在现场长达15米的签名簿上用湖笔写下自己的姓名，留下“爱我中华、共建家园”美好愿望。

【宣传文化工作开创新局面】 以深入学习领会习近平总书记在纪念《告台湾同胞书》发表40周年的重要讲话精神为首要政治任务，切实落实意识形态工作责任制，有效开展宣传工作。弘扬中华文化是两岸共同的文化基因和精神家园，组织湖州市非物质文化遗产项目百叶龙在元宵节期间赴台湾南投县巡演。7天行程6场演出，5万余名南投当地民众赴现场观赏，100余万岛内观众通过直播、网络等方式收看演出。岛内《台湾联合报》《台湾导报》和台湾网络电视台等30余家媒体进行宣传，使湖州优秀传统文化在台湾民众心中生根发芽。重视加强与媒体合作，积极邀请《人民日报》海外版、新华社、中国新闻网、中国台湾网和央视《海峡两岸》栏目的记者参与活动，通过丰富多彩的活动感染和影响记者，重视发挥新媒体平台作用，营造良好舆论氛围，增强湖州对台工作的影响力。2019年，第七届湖台邻里节活动，央视《海峡两岸》进行时长2分42秒的报道，是湖州涉台活动视频新闻报道最长的一次。围绕两地近代史专家、学者学术交流，加强与中科院近代史研究所、华中师大、湖州史志办和湖州档案馆等院校单位合作，新增600余万字文史资料，成为众多两岸历史研究专家学者关注的焦点。在学术交流上，积极参与省孙中山研究会“同心圆梦、两岸一家亲”学术沙龙，并组织开展“寻历史足迹叙两岸情缘”学术交流活动，40余名台湾专家参加交流，进一步增强台湾同胞对“一个中国”的历史认同感。同时，促成中国社科院近代史研究所在湖州设立国情调研基地，并捐赠给湖州师院图书馆历史书籍1万册，市民国史研究院被省孙中山研究会确定为“浙江省孙中山研究会研究基地（005号）”。 （高　辉）

·民族宗教·

【概况】 2019年，全市有少数民族55个，少数民族流动人口13.7万人，少数民族户籍人口2.2万人。全市开放的宗教活动场所323处，其中佛教141处、道教65处、天主教6处和基督教111处；伊斯兰教礼拜点2处，基督教私设聚会点145处。

【民族工作】 以“石榴籽工程”为载体，切实做好新时代民族工作。一、积极推动少数民族村振兴发展。根据开展“全国民族乡村振兴示范省”创建工作的目标要求，按照“多层次结对，全方位帮扶，项目化落实”的工作机制大力推动新一轮少数民族村结对帮扶工作。一是狠抓项目落实。认真落实市委、市政府新一轮少数民族村结对帮扶工作要求，全年共落实5个重点项目，下拨中央、省、市各级民族村帮扶资金132万元。安吉县报福镇中张村、章村镇郎村村人均可支配收入分别达到3.8万元和3.62万元，村级集体经济收入分别为127万元和72万元，继续保持全省前列。二是发展特色产业。指导中张村做好产业经营，围绕水家弄国家AAA级旅游景区建设目标，成功引入“花舞江南”和高空滑翔伞等旅游项目；通过线上线下分销，扩大黄茶等产品销售收益。郎村村盘活闲置资产，收回原318文化大院项目4亩多国有出让土地可再开发利用，引入工商资本经营畲家大院；加快中草药种植园区建设，工作经验在全省民族乡村“百村论坛”作典型发言。三是打造特色村寨。做好畲族文化的挖掘、传承工作，郎村村、中张村分别成功举办“畲村过大年”和“三月三”活动，投入20余万元将郎村畲族祠堂进行提升，进一步保护非遗文化传承。拍摄少数民族题材微电影《逐梦》和《鼓舞》获省民宗委好评，郎村畲族“木鼓舞”获首届长三角地区民间文艺展演最高奖。

二、深入开展民族团结进步创建活动。聚焦“中华民族一家亲，同心共筑中国梦”的目标，实施“石榴籽工程”，促进各民族交往交流交融。一是“六进”创建深化拓展。在巩固提高原有示范单位的基础上，全年新增培育示范单位18家，新增省级重点培育单位3家，实现了“六进”全覆盖。长兴县李家巷中心小学获得全国民族团结进步模范集体、周到获全国民族团结进步模范个人称号，荣获国务院表彰。二是“四微”服务优化提升。成立少数民族联谊组织64家，推动吴兴区龙泉街道潜庄社区、安吉县递铺街道等街道成立少数民族服务小组或窗口，贯彻落实民族优扶政策，全市281名少数民族考生中考落实加分政策，办理民族成分变更3件，全年市委统战部“五联”机制慰问困难少数民族28人。三是日常管理精准有效。举办“民族团结七彩活动季”、民族政策法规知识讲座有奖问答、“民族一家亲 融乐宝贝秀”等民族文体活动，大力营造“中华民族一家亲 同心共筑中国梦”良好氛围，菱湖中学西藏班17年办班经验、长兴县“民族一家亲”儿童节特色活动分别在中央统战部信息、《中国民族报》刊载。吴兴区蒙古族老师呼格吉乐、南浔区人民医院医生杨秀智获得省级“和谐融入之星”。

【宗教工作】 全面深化宗教中国化和宗教工作法治化“两化”建设，宗教领域展现平安和谐新局面。大力推进宗教“两化”建设深化提标行动。以“一引两导三进三立”为抓手，推进宗教中国化落地生根，提升宗教工作法治化水平。一是出台“两化”建设标准。在三年实践基础上，组织起草并经过立项报批，于12月发布了浙江省湖州市地方标准（CB3305）《宗教中国化和宗教工作法治化建设指南》全国首个地市级地方标准。二是强化思想政治引领。推动各级领导与宗教界人士联谊交友、统战（民宗）干部联系服务宗教活动场所等工作制度落地生根。举办“五教同赞祖国美”湖州宗教界庆祝新中国成立70周年书画展。开展市级宗教团体班子成员到嘉兴中共一大会址和市天主教爱国会委员到西柏坡的红色之旅实践教育，在市社会主义学院举办4期宗教界人士专题培训班等，教育引导宗教界人士与党和政府同心同行。三是推动宗教中国化实践探索。以“两山”理念的发源地安吉县为样本，由安吉县委统战部牵头组织起草并正式对外发布《生态寺院建设规范》县级地方标准。成功举办2019中国·安吉生态寺院建设论坛，来自中国社科院、中国人民大学等专家学者围绕弘扬生态理念、建设生态寺院主题展开对话，中央统战部网站对此作了专门报道。市佛教界举办首届汉传佛教讲经法师培训班和第九届汉传佛教讲经交流会。出刊4期《普觉》杂志、举办6期“佛教文化大讲坛”，市道教协会举办首届道教玄门讲经交流会，市基督教“两会”举办第三届基督教中国化神学思想研讨会，推动宗教中国化文化品牌建设。四是加强宗教工作法治化建设。持续推进“十百千万”普法工程，新增长兴寿圣寺为省级宗教普法示范点、弁南基督教堂等5个场所为省级宗教法治宣传教育基地。开展平安宗教活动场所创建，湖州基督教堂、吴兴区九龙观被市委、市政府评为平安场所。市、区县民宗部门合力推进宗教活动场所“三进三立”工作，实现全市所有场所全覆盖。深化“最多跑一次”改革，简化优化行政审批事项和办事流程，全年办理行政许可事项17件，备案事项24件，努力提高依法行政水平。五是充分发挥宗教团体桥梁纽带作用。顺利完成市佛教协会和市天主教爱国会的换届工作，使领导班子结构更加合理，更有朝气和活力。加强对宗教团体领导班子的监督管理，完成对宗教团体班子集体述职评议。引导和鼓励宗教界主动服务社会，参与全市经济建设和社会发展，督促市佛教协会做好与丽水市云和县少数民族村结对帮扶工作，筹集帮扶资金30万元，全市宗教界向教内外捐资捐物450万元。

【民间信仰】 以场所安全为重点，进一步完善民间信仰管理工作机制，不断提高管理水平。1. 加强民间信仰事务管理。夯实民间信仰事务属地管理责任，通过明范围、定属性，授权限、严程序，明确各级管理责任。一是规范登记管理。全市按标准累计登记编号民间信仰场所746家，2019年，新增登记编号1家，撤销1家，申报为佛教场所1家。二是提升管理水平。对已审核编号的场所，成立乡镇（街道）民间信仰管理领导小组，制定星级考评办法，实现民间信仰场所优胜劣汰、精细化管理和精品化创建。

2. 提升民间信仰文化内涵。深入挖掘民间信仰中符合社会主义核心价值观的优秀传统文化，提升民间信仰活动场所文化影响力。一是实施“文化征集”工程。全面摸排整理全市各民间信仰活动场所中的非物质文化遗产、民俗活动及供奉神祇的历史文化内涵，并深度挖掘与社会主义核心价值观相契合的历史典故，采用“村民口述、专人采风、专家整编”的合创模式进行创作，出版《湖州民间信仰故事》一书，首版收录20余篇民间信仰优秀文化故事。二是开展民间民俗活动。在德清县防风祠等优秀民间信仰场所设立非遗展示厅、文化故事展示墙等，定期举办“防风文化节”等多彩民俗活动，充分发挥民间信仰场所作为传承优秀传统文化、弘扬道德文明新风的宣传阵地作用。 （冯 阳）

文化建设

文　化

·综　述·

【概况】 根据中共湖州市委 湖州市人民政府《关于全面推进新时代文化湖州建设的实施意见》《关于文化湖州建设工作任务分工方案》精神，2019年，全市文化建设坚持围绕“文化+”和“+文化”，以文化生态高质量可持续发展为主线，全面构建全域均享的文化服务体系、底蕴深厚的文化传承体系、绿色时尚的文化产业体系、引领社会的文化价值体系，自信大气的文化开放体系的“五大体系”，全面打响开放自信大气的“湖州文化生态新样本”品牌。湖州市成为2019年传承发展浙江优秀传统文化工作积极主动、成效明显的设区市，获得省政府督查激励。

【文化服务全域共享】 一是建成完备的公共文化服务网络。全力推进公共文化场馆的立项和建设工作，市美术馆建成开放，全年新建城市书房13家，市本级“城市书房”开展阅读推广、读者分享活动72场次。市非遗馆主体建设桩基工程和立项等准备工作均已完成。各区县全部通过第一批“五个百分百”和《省基本公共文化服务标准(2015—2020年)》验收认定。全面提升乡镇（街道）文化站和社区文化家园效能。统一乡镇（街道）综合文化站标识系统，完成省定LOGO上墙，实施《乡镇（街道）综合文化站服务规范》（省级标准），逐步建立较完备的乡镇（街道）公共文化服务绩效评估体系。输出一流的公共服务教育，积极申报13个村（社区）参评浙江省美丽乡村美育村（社区）。开展“文化专家助力乡村振兴”活动，加大对农村“文化礼堂”文艺创作、文化活动等方面的培训力度，全年开展送书、送文化活动、送展览讲座下乡30余万余册、7900余场次、790余场次。二是完善共享的公共数字文化平台。加快推进公共服务数字化建设，指导各公共场馆完善数字资源库建设，完成“文化礼堂服务菜单”上传“浙江智慧文化云”平台，全市上载项目98个，“苕霅流长”湖州市非遗数据库已录入5大类、21个项目，“城市书房”实现WIFI全覆盖。构建线上文化消费平台，发放（使用）文旅消费券44158张，新推行全域旅游卡8500张。联合中国移动集团共同举办中国移动5G+智慧文旅大数据暨“一键智游湖州”上线仪式，被中国移动集团授予的全国首个“中国移动文旅行业信息化标杆示范基地”，来自全国14个省市的230位业内专家参加会议，《人民日报》客户端对发布会活动进行现场直播，光明网、旅游卫视、《中国旅游报》等10家媒体专题报道。推进文化信息共享工程建设，发放“中国文化网络电视”机顶盒，全市69个乡镇（街道）全覆盖。三是推广多元的全民阅读形式。以文旅融合为特色，策划开展了以推介丝、笔、瓷、茶等文旅体验为主要内容的“图书馆之夜”、品读湖州、少儿研学体验等全民阅读节活动，全市以“公共图书馆”为主阵地，以“城市书房”为补充，4月至6月，集中开展了包括展览、讲座、诵读、征集、亲子、沙龙、电影、数字资源推广等135项系列活动，市图书馆开通支付宝“信阅”借书，德清县图书馆开通支付宝“刷脸”借书，长兴县开通微信借阅功能，书香湖州氛围愈发浓厚。同时，秉持“社会力量办文化”理念，积极探索与市朗诵协会、樊登读书会分会、青椒公益等社会组织团体以及湖商代表等阅读推广服务合作共建，不仅提升了阅读推广的影响力和吸引力，而且满足了社会各界参与文化建设的需求。

【文化传承体系底蕴深厚】 一是构建完善的非遗传承保护体系。完善非遗项目、基地和传承人“三位一体”保护体系，积极申报国家级文化生态保护区和国家级非遗项目，德清县下渚湖街道、长兴县李家巷镇等7地入选“浙江省民间文化艺术之乡”名单，全市拥有国家级民间文化艺术之乡1个（南浔区善琏镇），省级民间文化艺术之乡12个。加强湖州地方戏曲创新保护力度，开展濒危剧种曲目收集、唱段记录工作，扶持民营剧团排练湖剧经典折子戏，新创折子戏1个、复排折子戏3个。湖州湖剧团（湖剧传承中心）各项筹备工作有序进行，继续做好湖剧委培班“唱念做打”专业和文化课教学工作，全市开展“戏曲进校园”活动（含经典折子戏、讲座、展览等）40场次，全市累计完成40场次。二是文物保护利用成效明显。湖州文物活化利用案例作为全国唯一地市级城市在国家文物局论坛上做经验交流，文物区域评估工作走在全省前列。牵头实施《积极传承发展浙江优秀传统文化行动计划》，皕宋楼整修和活化利用、“漫南浔”水乡之旅等重点项目推进有力。持续巩固大运河（湖州段）申遗成果，积极落实省文旅厅每条诗路“十个一”的工作要求，以项目推进、“明珠”培育、活化利用和品牌推广为抓手，推进大运河文化带（湖州段）诗路建设中，梳理上报湖州市大运河诗路带重点文旅项目23个，投资总额1068.32亿元，2019年计划投资68.48亿元。德清中初鸣良渚文化制玉作坊群遗址考古发掘项目入围年度全国考古新发现二十强，安吉龙山越国贵族墓群107号墓葬考古发掘荣获“浙江十大考古发现”。太湖溇港等4处文物保护单位入列第八批全国重点文物保护单位，南浔双林镇和菱湖镇入列第七批中国历史文化名镇。《文物助推生态发展特展》获省十大精品展第一名，《湖州之远—丝瓷笔茶文化特展》入选国家推介项目。三是创新发展文化遗产文创IP。实施“优秀传统文化传承发展行动”和“文化遗产助推乡村振兴行动”，策划“中国精粹的湖州故事”丝、瓷、笔、茶特展，开展“文化与自然遗产日”宣传活动，推出“此风溇港来·南太湖文博发现之旅”，推动文博与旅游产业深度融合，推出“博物之旅、古村之旅、红色之旅、彩练之旅、禅茶之旅、漕运之旅、珍珠之旅、秦郡之旅、两山之旅”等湖州文博之旅10大精品线路，培育打造“湖州文博之旅”品牌。组团参加京杭大运河旅游博览会等活动，推出以南浔古镇、新市古镇和太湖古镇为特点的“前世今生”古镇文化游，与19个沿河城市共同推出《京杭大运河古镇地图》。拓展线上、线下多方位营销手段，力争实现营销效益最大化。

【文化产业体系绿色时尚】 一是打造南太湖文化旅游发展带。深化文旅项目“百大千亿”工程，扎实推进以龙之梦旅游综合体为龙头的160个重点文旅项目，总投入1535.01亿元。龙之梦项目已累计完成总工程量的85%，动物园、钻石酒店等子项目正式对外营业，投资104亿元的安吉海游天地度假城项目正式开工，成功引进长兴养生谷项目、安吉红石崖景区项目等1亿元以上文旅项目46个。二是培育文旅企业和文旅商品。全力做好龙之梦集团、祼心谷集团、银润集团等文旅企业上市培育。调查摸底全市1193家文旅企业，梳理55家企业重点培育单位，并制定出台“文旅行业四大建设”标准，加快培大育强推进力度，形成培大育强和支持中小微文旅企业的发展环境。实施中国传统工艺振兴计划，加大非遗技艺类项目提升力度，大力推动湖笔、羽毛扇、丝织技艺等项目与当今绿色时尚结合发展，“青花瓷”湖笔等9件商品入选首批省优秀非遗旅游商品，探索者户外装备系列等商品在2019中国特色旅游商品大赛上分获3金1银2铜。三是培育打造融合体验文旅线路。举办第七届天下湖品狂购节，以“美景、美宿、美食、美购”为重点，推出“南太湖月光之旅”“长兴茶文化之旅”“南浔古镇之旅”“吴兴菰城之旅”等特色线路，全力打造全市十大精品文旅融合IP示范线路，同时加快“环太湖十景之旅”和“大湾区五湖五景之旅”长三角一体化IP线路培育。联合湖州广电集团完成6期《菰城之旅——金牌导游带你游》12分钟电视栏目拍摄制作，联合湖州日报报业集团完成《湖州晚报》6个整版的“湖州文化旅游月月红”活动和产品宣传。南浔古镇与《人民日报》、今日头条、凤凰网合作，以专刊、线上头条、热点速发等合作，全方位扩大南浔古镇影响力，打响古镇品牌。

【价值引领文化体系】 一是重大主题创作项目推进有力。高质量举办湖州市庆祝新中国成立70周年文艺晚会，创作了一批体现当代湖州人价值观念、反映湖州人审美追求的精品佳作，其中歌曲《青山绿水南太湖》连续三次在央视音乐频道《中国音乐电视》栏目播出。湖州三跳《英台乔装》、群舞《太湖人家》、小品《两张戏票》、越剧小戏《壹元茶馆》获浙江省“群星奖”，越剧《德清嫂》、越剧小戏《壹元茶馆》、湖州三跳《英台担水》、歌曲《金石之声》获2019年度国家艺术基金立项。大型舞台话剧《青青余村》完成杭州和湖州公演，并获省“五个一工程奖”，改编B版进文化礼堂演出20场次。歌曲《绿水青山南太湖》话剧《小镇琴声》于7月在北京国家话剧院完成首演，大型歌舞剧《永不褪色的红军被》11月21日在湖州大剧院首演，原创诗歌剧《大哉吴昌硕》完成创作和联排。大型现代旅游演艺节目《梦回菰城》正在横店影视城内排练。二是打造城市文化系列品牌。高质量打造城市书房、城市客厅、城市阳台、城市街景等城市文化空间。深入开展“城市公共文化”系列活动，市美术馆开馆展“清远湖山见故乡——湖州百年书画展”与“又见白鹭飞——中国当代名家邀请展”社会反响强烈。以市图书馆、文化馆、博物馆等“城市文化客厅”为载体，举办展览、讲座65场次。依托市文化馆二楼“城市文化阳台”开展艺术沙龙、视觉展览和文艺演出共22场次。各场馆开展阅读推广、读者分享和亲子互动等活动1000余场次，各类培训班350班次。在市中心城区骆驼桥堍、衣裳街古戏台、爱山广场墨香坊等场所开展“城市文化街景”活动250场次，城市文化品质与形象力不断提升。三是加快文艺团队建设提升。湖州城市合唱团完成二团团员招募，在湖州大剧院举办2019新年合唱音乐会。组织“飞墨丝语”湖州地域特色演出专场赴四川庆元、青川开展“文化走亲”活动，非遗项目参加北京世园会“湖州日”主题展览展示活动和参展第十四届义乌文博会。出台《2019年全市文化广电旅游系统“六个一百”领军人才培养工程实施方案》，推荐南太湖特支计划人才3名、金牌导游人才4名，推荐省创新团队5个。选送优秀基层文化工作者参加省级艺术类专业培训、乡镇“三团三社”负责人培训、作品加工会等活动，举办全市乡镇（街道）综合文化站站长培训班、农村“文化礼堂”文化管理员培训班，累计培训达6500人次。

【加大文旅交流体系建设】 一是全力打造文化交流和展演平台。进一步打响文化走亲品牌。完成《“文化走亲”活动规范（征求意见稿）》并征求意见，全市完成赴四川广元等地开展“文化走亲”115场次。先后参与苏州国际旅游展、西安丝绸之路国际展、上海世界旅游展、厦门海峡旅游展等活动，对外推介湖州文化；完成承办全省第十届戏曲新作大赛，吴兴区组织承办全省第六届乡镇（街道）社会艺术团队文艺会演、举办全市“浙江智慧文化云”平台使用培训班，湖州本土文化影响力不断扩大。提升世界乡村旅游大会、湖笔文化节、国际滨湖度假大会、南太湖艺术节等文化艺术和文化旅游节日活动档次质量。引入一批国际国内一线专家评委、参赛选手等，进一步扩大影响力。二是加大文博领域对外交流与合作。湖州市博物馆引进河南省南阳唐王府博物馆蜀韵雅风：川剧脸谱艺术展、宝鸡青铜器博物院琢磨：宝鸡青铜器博物院典藏玉器展。长兴县博物馆引进河南南阳唐王府博物馆《迎新纳福——中国传统木版年画展》木版年画展；安吉县博物馆引进杭州西湖博物馆“迎春纳福——中国木板年画精品展”、萧山博物馆“陶瓷之间——古代陶瓷器精品展”、杭州工艺美术博物馆“旖旎从风——中国书·画·印折扇展”；德清县博物馆引进杭州博物馆的“瑞玉呈祥——杭州博物馆馆藏玉石器精品展”、引进浙江省美术馆“新时代新征程——全省美术馆贯彻落实中共十九大精神主题书法巡回展”、引进嘉兴南湖革命纪念馆的“开天辟地——中国共产党创建史图片展”。湖州市博物馆原创“扇舞清风——湖州博物馆馆藏扇面精品展”和“刀·木·情——赵延年版画艺术展”；德清县博物馆原创“翰墨遗珍 华彩流年——德清县博物馆藏精品书画展”；安吉县博物馆原创展“诸乐三艺术人生”；长兴县博物馆“长兴六老紫砂艺术展”持续在省内外推广。三是加强对外文化交流与合作。结合在外湖州人文化旅游交流推广统一平台作用，多频次开展文化互动和交流活动。参加国家、省组织的对外文化交流活动，特别是走出国门的文化活动，大力提升对外和对港澳台文化交流层次，安吉同行残疾人艺术团应邀参加在西班牙萨拉戈萨城举办的第28届西班牙萨拉戈萨国际民俗艺术节。组团赴台湾开展海峡文化旅游交流活动，加强与英国驻上海领事馆、联合国教科文组织的联系与对接。协助阿克苏文旅局来湖州举办文化旅游产品专题推介会，赴阿克苏开展职工疗休养（文化旅游）交流工作，开通赴吉林白山市、青海乌兰县、四川广元市、青川县的职工疗休养线路，并与广元市签订两地旅游合作交流协议。（潘　瑾）

·文物保护·

【概况】 2019年，湖州市不断强化文博基础工作，联防联控确保文物安全，深化历史文化研究，创新文物保护管理机制，推动文物安全、文物保护管理和活化利用各项工作取得显著成效。南浔古镇、小西街保护与活化利用案例作为唯一地市级城市在国家文物局首届“中国文化遗产活化利用与可持续发展论坛”上做经验交流。《湖州之远——丝瓷笔茶文化特展》入选国家“弘扬优秀传统文化、培育社会主义核心价值观”推介项目。

【文物保护与管理】 至2019年年底，湖州市共有世界文化遗产1处，全国文物保护单位28处，省级文物保护单位53处，市、县级文物保护单位324处。1月，南浔区双林镇和菱湖镇被住建部、国家文物局列入第七批中国历史文化名镇。大运河（湖州段）申遗成果进一步巩固，完成大运河（湖州段）遗产保护管理和遗产监测等工作。大遗址保护有力。《下菰城遗址保护规划》通过省文物局审核，并提请市人民政府上报省人民政府审批。配合省考古研究所建成昆山遗址考古工作站。安吉古城遗址考古保护中心外围市政工程和绿化工程完成95%工程量。新增全国重点文物保护单位4处。10月，国务院发文公布第八批全国重点文物保护单位名单，潮音桥、道场山祈年题刻、太湖溇港（含太湖溇港古桥群安乐桥、普安桥、陈溇塘桥、杨渎桥、述中桥、诸溇桥、永济塘桥、尚义桥）、安吉永安寺塔（原名灵芝塔）正式获批。完成刘氏梯号清醒书屋廊道等全国重点文物保护单位、妙济桥等省级文物保护单位修缮与保护。完成湖州市市本级第一批至第五批文物保护单位的保护范围及建设控制地带图则等保护工作。完成湖州市2019年度古桥保护性修缮工作。

【考古发掘取得新突破】 湖州市文物局配合浙江省考古研究所，先后对昆山遗址、安吉龙山107号墓（八亩墩）、德清中初鸣良渚文化制玉作坊遗址等进行考古发掘。德清考古项目入围“年度全国十大考古新发现”前20项。10月8日—12月25日，浙江省文物考古研究所和湖州市文物保护管理所联合考古队对湖州市妙西镇殿脚下窑址进行了抢救性考古发掘，本年度的发掘进一步证明昆山南部是商周时期聚落的核心区，昆山遗址区域性中心聚落的属性日益明显。3—5月，经国家文物局批准，浙江省文物考古研究所、湖州市文物保护管理所联合对吴兴区织里镇朱家潭遗址进行正式考古发掘。朱家潭遗址是一处典型的复合型遗址，广富林文化、马桥文化和周代遗存的发现，进一步丰富了浙北地区新石器——青铜时代的物质文化遗存。8—9月，经国家文物局、浙江省文物局批准，浙江省文物考古研究所、湖州市文物保护管理所联合对湖州昆山中学建设项目进行考古发掘，该项目地块位于国家文物保护单位昆山遗址东部建设控制地带内，小地名曰“南丰圩”。2019年，安吉龙山D107号古墓葬主墓室发掘基本完成，国家文物局专家论证会明确了大墓和古城是春秋晚期越国王（后）陵和越国早期都城（距今2500年），认为是继良渚遗址申遗后浙江省最重要的考古新发现，对研究中华文明多元一体格局具有突出贡献，该项目入选年度浙江考古十大新发现。

【博物馆与可移动文物保护】 一

是博物馆事业有序推进。长兴县博物馆新馆即长兴（太湖）博物馆已于1月13日正式对外开放，全市新增非国有博物馆2家。全市16家非国有博物馆11724件（套）藏品完成备案工作。成功举办文物助推生态发展成果特展，以文物保护+经济建设组团的方式，利用展览的形式庆祝改革开放40周年，得到市委书记马晓晖和省局领导肯定，成为全国行业内文物保护+经济建设组团展览展示的唯一案例。全年全市各国有博物馆举办各类临时展览21个。二是可移动文物保护形式多样。2019年湖州市各国有博物馆征集文物320件（套），其中湖州市博物馆向民间征集藏品49件（套），拍卖征集藏品23件（套）、接收个人及单位捐赠或移交43件（套）。新增藏品数量73件（套），新增参考品42件（套）。德清县博物馆征集各类文物及资料63件套，其中收购23件套，接受捐赠40件套。安吉县博物馆收录曹寿槐捐赠书法作品102件，民间捐献铜镜、石刻等文物20余件。三是可移动文物保护技术、方法及应用能力提升。完成“湖州市博物馆可移动文物预防性保护项目”。湖州市文物保护管理所委托浙江省博物馆对杨家埠明代墓葬出土木器进行科技保护。湖州市博物馆完成20件（套）共37件绢纸本书画抢救性修复，延长文物的寿命。

【学术研究】 2019年出版“亲昵自然——湖州博物馆藏花鸟画集萃”专著并推出原创展览，开展“馆藏楹联研究”项目并推出展览。文物系统工作人员在《东方博物》《华夏文明》《吴越楚文化》《大众考古》《东方博物》《文物》《湖南省博物馆馆刊》《中国南方先秦考古学术研讨会论文集》《中国文艺家》《安徽文博》《苕霅博苑》《浙江文物》等各类刊物发表专业文章数十篇，在《中国文物报》《中国文化报》上均有文章发表，张秋华出版专著《一步千寻——安吉古寺寻访记》，操声国主编并出版《心涵万象——北天目灵峰讲寺藏书画选粹》，黄卫琴主编并出版《吾心吾怀——曹寿槐书法展作品集》、应征主编并出版《长兴县博物馆古籍普查登记目录》。

【文博宣传与队伍建设】 一是主题活动形式新颖。以“5·18”国际博物馆日和“6·13”文化和自然遗产日为契机，深入推动文物保护成果共享，让博物馆“动起来”、让文物“活起来”，开展包括15个大项、20余个子项组成博物馆日主题日庆典系列活动，推出“此风溇港来·南太湖文博发现之旅”10大精品线路。整合湖州博物馆联盟资源，共同策划的“白坦白相”——把博物馆带回家文创产品精品展，11家博物馆的200余件文创产品亮相义乌文化产品交易博览会。湖州市博物馆举办“湖博美育”“菰城文化种校园”“文脉互联——美丽乡村公益活动”“博物馆奇妙周”等七大品牌教育拓展活动100余场。长兴县博物馆邀请文博志愿者开展“四送”进校园等活动，全年开展教育活动10余场。安吉县博物馆全年举办“博物馆之夏”等教育活动60余场。德清县博物馆举办“传统文化 铸梦空间”文博公益培训班，涵盖10个项目26个班，学员年龄跨度从5岁至70岁，受益群众达2000人次。二是馆校合作举办文创大赛。湖州市博物馆成功举办“首届馆藏文物文创产品设计大赛”，联合长兴、安吉、德清县博物馆特别发布50件具有文创开发潜质的馆藏文物精品提供参赛者作为设计素材，湖州师院、湖州职院、湖州艺术设计学校近百名学生参加大赛，收到作品125余件，40件优秀作品获奖。6月9日—9月28日，由德清县政府主办，德清县文化和广电旅游体育局承办，中国青瓷联盟协办的首届“瓷之源”杯青瓷文化创意大赛成功举办。10月23—31日，央视大型纪录片《中国影像方志》栏目组走进德清进行《德清卷》考古记、文化记内容的拍摄。三是文博队伍建设持续加强。通过举办培训班、组织相关人员参加上级部门业务培训等，提高文博工作人员业务水平。“2019年度浙江省文物保护实训班”第二阶段在德清县新市镇举办，来自全省各地的16名文保工作基层青年骨干参加，主要学习传统建筑测绘技能、文物残损鉴别等知识。德清县博物馆举办“传统空间”文博公益培训活动，举办两期，有443人次参与。

（潘　瑾）

·文化市场管理·

【概况】 2019年，全市文化市场管理工作以市委“一四六十”工作体系为指引，以“不忘初心，牢记使命”主题教育和“三服务”活动为抓手，紧扣全年度工作要点，实现了全市文化市场健康有序发展。

【市场监管有序推进】 一是摸清底数打基础。2019年，针对文旅融合新特点，启动企业摸底工作，基本摸清企业家底。年内，全市文旅企业共1057家（僵死企业128家），其中网吧310家（正常运营226家）、歌舞娱乐场所362家（正常运营318家）、游艺娱乐场所103家、旅行社149家、星级旅游饭店35家、特色文化主题饭店12家、绿色饭店23家（与星级饭店重复12家）、国家A级旅游景区75家。为开展文旅市场监管打下基础。二是日常监管抓规范。突出场所、演出、网络文化市场和“不合理低价游”等重点领域的监管，组织开展文旅市场“春季行动”“暑期整顿”“保健品”乱象整治和文化旅游市场整治系列检查行动，全年全市文化市场出动执法人员932人次，检查网吧、娱乐场所、演出活动1715家次，行政处罚立案16件，吊销许可证1家，罚款366500元，没收违法所得2017元，处理各类旅游投诉122起，办结率100%。三是百日整治重实效。以“守初心百日攻坚、担使命质量提升”全市文旅市场集中整治为抓手，突出国家AAAA级旅游以上景区和四星级以上旅游饭店主体，重点整治7类、23个问题，做到明确问题关键、明确问题责任、明确整改标准、明确整改期限“四个明确”，全力重构良好的旅游市场环境。

【安全监管稳步向好】 一是加快安全防范体系构建。2019年，紧紧围绕平安护航新中国成立70周年中心工作，按照“三个必须”的要求，结合文旅融合实际，第一时间梳理完善了市、区县、乡镇和企业四级联动的安全管理体系，为取得70周年大庆、9号超强台风“利奇马”防御战的胜利打下坚实基础。二是扎实开展专项整治。先后启动“今冬明春”文化旅游市场安全大检查、春季文化旅游市场安全大检查、“防风险保平安迎大庆”消防安全专项行动、“除火患、保平安”护航新中国成立70周年森林防灭火专项行动、安全生产百日行动等系列专项整治，特别是在旅游行业消防安全大宣传大培训大警示活动期间，印发消防挂图1530套、13000余张，全力确保文化市场安全。三是探索新业态的安全监管。为进一步明确旅游新兴业态项目审批、产业发展和安全监管体系，全年对5大类27种旅游新兴业态进行梳理，就如何推进旅游新业态安全管理进行探索。四是文物安全保障有力。在加大执法巡查的基础上，通过联合消防、古管委、安委会、文保所等部门着重对全国、省级文保单位进行以防火、防盗、防抢劫为重点的逐项排查，同时运用无人机拍摄、依托信息化平台建设，整合“天地一体”智能监管平台，进一步加强人防、物防和技防的深度，提升田野文物的监管水平。全年全市出动执法人员362人次，检查文物保护单位116家次，立案处罚2起。

【企业培育全面深化】 按照“六大建设”要求，全力做好龙之梦集团、裸心谷集团、银润集团等文旅企业上市培育工作。安吉山屿海旅游发展股份有限公司、长兴百叶龙文化发展股份有限公司、长兴大唐贡茶院景区已在新三板上市。围绕做大做强特色文旅企业，扎实开展各类品质创建，红木房等5家饭店成功创评金、银鼎级特色文化主题饭店，安吉浙北大酒店等2家饭店成功创评金、银树叶绿色饭店，湖州东吴开元名都酒店等6家饭店成功创评品质饭店，湖州易行旅行社等2家旅行社成功创评五星旅行社。以加快百强企业培育为重点，出台《关于加快“六大建设”推进全市文化广电旅游企业品牌建设的实施方案》，形成培大育强和支持中小微企业发展的良好环境。全市现有111家文旅融合示范企业。

【营商环境得到优化】 一是以“最多跑一次”改革为契机。简化办事事项、减少办事材料、缩短办事期限、优化办事程序，营造优质的文旅营商环境。及时调整权力事项，划出新闻出版事项23项、电影事项8项，下放南太湖新区权力事项4项；所有188个办事事项全部实现跑零次，网办、掌办、即办比率100%；实现承诺期限在法定期限基础上平均压缩60%以上。二是完成颗粒度梳理工作。认领省文旅厅、省广电局、省文物局权力事项322项，完成全部认领事项的办事指南、流程图、基本信息、法律依据、岗位配置的完善工作。三是推进“无证明城市”创建。梳理并取消16项证明事项，取消比率100%；实行“遗失声明”网络公示4项。四是开展“最多跑一次”改革向公共服务、公共场所延伸扩面活动，中国移动“5G+智慧文旅”大数据平台，参加省改革创新实践案例申报，拍摄动画短视频1部。

【文旅执法取得实效】 一是“1+3+N”综合执法体系有序推进。进一步深化“1+3+N”文旅综合执法运行机制，并列入各区县考核中，在全市国家AAAA级以上旅游景区和省级以上度假区设立25家警务室、25家消费维权分中心、25家旅游巡回审判点，优化了文化和旅游执法营商环境。二是“四项制度”成为执法常态。以规范企业经营行为、提升服务质量、营造高质量发展氛围为目标，继续完善月度随机抽查暗访报告、双月秩序专项整治报告、半年联合执法检查报告和年度全面综合环境报告的“四报告”制度，实现文化和旅游执法制度化的新突破。三是文化执法注重实效。深入开展文化和旅游市场“两节”“两会”“两考”等关键时间节点的文化市场整治，强化演出市场的检查，全年监管演出31场，其中涉外16场，涉港澳台1场。对辖区内26家从事网络出版经营活动的单位进行反复巡查，加强网络售书平台和网络书店在线巡查，规范网络出版经营行为。四是新闻出版业安全有序。围绕出版物市场监管，对辖区内出版物经营单位进行全方位、地毯式大检查，全年全市开展4次区县暗访、1次全市执法检查，检查各类市场点位150余个，直接查办或督办案件9起，落实涉及消防安全、内容违规、制度执行等隐患的整改37个，查办新闻出版类案件39起，罚没款17余万元，收缴各类非法出版物、非法印刷品12000多册（片）。

【构建诚信文明体系】 结合“最多跑一次”改革、“无证明城市”打造、法治化营商环境建设，在企业行政许可、市本级旅游专项资金申报、导游证核发等行政管理、公共服务事项中全面推行信用承诺制，对诚信主体通过信用承诺，实施“容缺办理”，助推“最多跑一次”改革。健全“红黑名单制度”和“动态退出机制”，出台《湖州市导游从业人员诚信制度》等3个制度，推进失信专项治理，对行业内企业信用评价进行梳理，取消安吉竹缘旅行社四星级旅行社资格，约谈了长兴山农、长兴山水和安吉忆江南、安吉竹缘四家旅行社，对20家企业开展了信用修复。围绕“文明旅游 为中国加分——出行有礼”主题，举办“文明旅游 为中国加分”浙江启动仪式等系列活动，开展文明旅游倡议活动，发放《文明旅游出行指南》《文明旅游十大提醒语》《信用湖州诚信宣传手册》《垃圾分类宣传手册》等资料，进一步提升全体旅游从业人员和游客的综合素质，全力打造文明旅游市

场环境。（潘　瑾）

·公共图书馆·

【概况】 2019年，全市公共图书馆围绕“书香湖州”建设，服务发展大局，强化阵地建设，创新阅读推广，积极探索“文旅融合”背景下的图书馆发展新模式，在全面提升公共文化服务效能的基础上持续引领阅读风尚。

【扎实推进基础业务】 一是不断夯实业务基础。全市公共图书馆全年到馆读者410.3万人次，外借文献271.01万册次，数字资源访问量1231.04万次，开展各类阅读推广活动1359场次，参与读者56.73万人次，市民读者对图书馆的利用率和文化获得感切实增强。二是持续优化馆藏结构。湖州市图书馆积极改进采编模式，通过“读者荐书群”“你选书我买单”、读者点书台、征求意见等方式来贴近读者需求，提高采购文献资源的契合度。长兴县图书馆通过参加馆藏图书展示会、书展活动等用心做好图书采访，开展“百万图书券”发放和新书“悦读卡”活动来增强读者自主选书的参与意识。南浔区图书馆在图书采访渠道上除现场采购、网上征订外，还密切关注出版信息，定期接受各大出版社最新出版信息数据，努力做到采购速度与出版速度同步。三是积极开展地方文献征集。湖州市图书馆加强与社会机构、团体合作，建立地方文献工作协作网、联络网、联谊网，共同推动地方特色资源建设，着力推进湖州地方报刊、方志等资源的数字化，建设《湖州之源》《湖州古桥》《网上湖笔博物馆》《湖州名人库》《湖州老照片》等地方特色数据库。德清县图书馆注意地方特色文献的收集保护与开发工作，新征集德清本土作家杨振华所著《永远的外交家》，以及《德清史志》《太阳风》《吴越风》《风铃》等各类文献200余册，同时，有效做好本地报刊中关于德清重要文献的摘要工作，继续出版馆刊《问红》，开展德清乡贤人物照片展，在微信公众号上设立“微文化”专栏，不断弘扬特色地方文化。南浔区图书馆借助“湖州人大会”契机，向参会的南浔籍嘉宾发出地方文献征集函，邀请重要嘉宾留下签名手迹，不断充实地方文献馆藏资料，继续编辑出版“浔根丛书·第6辑”，做好地方文献编研工作。

【有效提升服务效能】 一是加快新馆建设。安吉县新图书馆历时2年建设，于2019年年底正式启用运行，打造集信息智能、纸质图书、电子图书于一体的生态性城市阅读新空间。吴兴区图书馆完成场馆室内装修工程、装修改造工程监理项目、跟踪审计项目的招投标及相关后续进场施工工作。二是升级阅读环境。湖州市图书馆完成少儿阅览区域改造，开放独立的少儿阅读中心，内部设置低幼绘本区、儿童借阅区和多功能互动区，同时，对整个馆舍进行统筹协调和规划，完成报刊中心和自修室的搬迁改造，进一步完善开放窗口的管理与细节布置，统一设计指示牌和文明标语，按照反恐防暴试点单位要求，进行安防工程改造，成立安全应急指挥中心和微型消防站，打造清洁、温馨、安全的阅读环境。三是增强服务实效。德清县图书馆注重智慧图书馆建设，强化感知和信息主动服务功能，基于大数据分析及挖掘技术，建立读者个性信息推送系统，实现读者需求的精准对接和服务数据的智能化管理与统计。开展“最多提一次”和读者服务月活动，征集读者对图书馆管理服务的建议和意见，及时落实解决。长兴县图书馆开通微信小程序远程办证服务，免去读者必须到馆办证的弊端，开放“浙江智慧文化云”长兴基层服务点，全年放映免费电影250余场，全年采购云图数字有声图书馆和超星电子图书3000余种，并开通知网“中华传统文化百科库”“画说传统”等数据库平台资源试用服务。

【持续开拓服务阵地】 一是推进城市书房建设。截至2019年年底，全市建成并投入使用的城市书房达20个（其中市本级11个），打造“书房+主题街区”“书房+幸福邻里中心”“书房+党群服务中心”“书房+公园”“书房+学校（企事业单位）”“书房+特色小镇”的公共文化服务体系，实现城市书房项目的全方位、多层次覆盖，城市书房全年开展阅读推广活动300余场，累计接待读者逾23.4万人次，流通图书3万余册次。二是延伸阅读服务网络。全市结合文旅融合、乡村振兴新要求，逐步构建以市区公共图书馆为中心、城市书房为龙头、乡镇分馆为补充、社区书社和农家书屋为特色的全方位、多层次阅读服务网络。德清县图书馆继续提升已开放运行的6家特色分馆，同时，新建妇儿活动中心、雷迪森酒店、祥和社区等20个流通点作为全民阅读设施的补充。长兴县图书馆继续做好乡镇分馆及农家书屋的建设工作。积极与全县精品民宿开展合作，筹划打造民宿书屋，10月9日，正式为县内首家民宿书屋——小浦镇云栖舍授牌。安吉县图书馆加快布局“1+3+N”的最美图书馆网络，即昌硕文化中心二期图书馆新馆项目、30家“最美图书馆群”和共建N家城市书房。南浔区图书馆进一步扩大南浔银行图书分馆规模，新建检察院图书分馆，全年建成图书流通点42个。引进集图书藏、借、还为一体的自助图书终端——微型图书馆。吴兴区图书馆新建丝绸小镇歌蒂拉、妙西谷堆乡创、菰城村及杨楼村4个振兴书栈。三是展示“湖州书房”形象。湖州市图书馆把握杭州世界城市博物馆“湖州书房”建设的契机，广泛征集地方特色文献，配合图片、动态视频、文创产品、展陈装饰等，将其打造为展示湖州形象、宣传湖州城市文化的窗口和平台。

【强化推进全民阅读】 一是创新举办全民阅读节。2019年，湖州市全民阅读节延续“美好生活 阅读相伴”主题，结合文旅融合背景，在启动仪式上对荣获省级书香系列荣誉的机关、乡镇和企业进行表彰，策划以推介“丝、笔、瓷、茶”等文旅体验为主要内容的“图书馆之夜”活动，市、区县公共图书馆联合打造“全民阅读”盛宴，从4月至6月集中开展讲座、展览、诵读、亲子、数字资源推广等135项系列活动，参与读者6.5万人次，上演书香满城的“阅读季”。二是深化打造阅读推广品牌。湖州市图书馆在完善既有阅读推广品牌的基础上，新推出“思吾国学课堂”“馆长荐书”“乡里乡韵”等特色品牌，丰富知识性、趣味性、文旅融合元素。开展数字资源进社区、学校、企业、乡镇活动，将阅读服务送到百姓家门口。德清县图书馆举办新馆开放运行五周年读者服务周系列活动，做大“一座城、一个人、一本书”新书推广品牌，举办杨振华新书《永远的外婆家》、杨宏伟新书《童年与故乡》首发、签售、研讨、分享、座谈等活动，新成立“春晖朗诵团”，在全县范围内招募朗诵爱好者，开展常态化社团活动，通过进学校、走企业、进社区，为读者安装德清移动图书馆公图版APP，不断深化阅读推广。长兴县图书馆大力推进特色阅读推广项目——“静美的绘本会说话”，深入全县24个社区、乡镇文化礼堂、农家书屋，与外语机构进行合作，邀请外语老师来馆开展“维多利英语绘本阅读课”，推出全民阅读推广人招募行动，通过与各类活动相结合，招募近300名阅读推广人，以亲子阅读+图书漂流的形式推动全民阅读深入全县各个角落。南浔区图书馆结合暑期学生流量大的特点，以城市书房为阵地推出“浔图英语角”活动品牌，进一步挖掘学生读者成为全民阅读的参与者和推广者。

【加强人才队伍建设】 一是实施员工素质提升工程。湖州市图书馆聘请业内知名专家担任驻馆专家，每月开设1期培训课堂，从政治思想、业务知识、形象礼仪等方面加强业务培训，建立“馆长接待日”制度，设立读者服务监督电话，强化服务监督管理。长兴县图书馆利用“星期一夜校”加强业务学习，每月组织“馆员日”活动，通过技能竞赛、知识讲座等锻炼提升员工业务技能。二是推动“比学赶超”。湖州市图书馆开展“党员先锋示范岗”“巾帼文明岗”“岗位之星”等推荐评选活动，不断激发员工工作热情，营造创优争先的良好氛围。

（井景文）

·档案管理·

【概况】 2019年，全市档案部门围绕中心、服务大局，履职尽责、开拓创新，在服务中心大局、夯实基层基础、推进信息化建设和打造文化特色品牌等方面取得新成效。市档案馆成功创建“全省爱国主义教育基地”，荣获“全国档案系统先进集体”荣誉称号。

【机构改革落地落实】 2019年，市本级和各区县档案部门机构改革全部完成。市档案局（市档案馆）的行政职能划转给市委办公室，并设立档案管理处，对外保留市档案局牌子，市档案馆作为市委直属事业单位设置并建立党组，机构规格为正处级，其主要负责人兼任市委办副主任、市档案局局长职务；同步，各区县档案局挂牌党委办，在党委办内设档案管理科，档案馆为区县委直属事业单位。各地档案馆按照新“三定方案”调整内设机构并配置人员，做到人岗相适。机构改革完成后，档案局与档案馆分别履行档案行政监管和档案馆业务建设主要职责，双方在工作中加强沟通，坚持“一盘棋、双加强”目标，逐步构建起“上下贯通、执行有力”的档案工作机制。

【服务中心精准有力】 一是主动服务全市“不忘初心、牢记使命”主题教育。市档案馆围绕市委决策部署，高站位谋划，高效能推进，举办“不忘初心、牢记使命”主题教育大型档案文献展，被列为市委理论学习中心组主题教育第一次专题学习会的首站参观学习场所。自9月16日开展后，接待市四套班子主要领导、省委主题教育第五巡回指导组等174个参观团队，参观人数达5422人。各区县档案馆积极发挥档案元素特色作用，通过“不忘初心、牢记使命”党性教育主题展、红色记忆主题展和“初心教室”等吸引广大党员干部前来参观。二是服务政府数字化转型。市档案局、馆围绕“最多跑一次”改革，优化“全市电子文件统一管理平台”功能，实现“最多跑一次”电子文件的全流程在线归档，为以后市、区、县档案馆接收电子档案奠定基础。及时组织南太湖新区6个街道、104个便民中心工作人员进行民生事项档案查阅流程培训，各区县同步深化民生事项查档服务向基层延伸，全市基本实现群众查档不出村全覆盖目标。借助《湖州市一体化在线政务服务平台建设专班工作专报》，推动全市政务服务事项电子归档实现率达98%，居全省首位。三是扎实开展“三服务”活动。深入服务企业。为企业排忧解难，市档案馆多次到联系企业开展精准助企活动，同时，开辟“企业查档直通车”，提供企业档案规范化管理服务；长兴县档案馆在县规模以上企业推出“服务六条”活动举措，全年为49家企业解决80余个需求；安吉县档案馆指导5家企业建成规范档案室；南浔区档案馆专门梳理《南浔区档案馆服务企业清单》，向100家企业介绍可提供3大类、16项服务内容。深入服务群众。建立档案馆工作日中午不休息和节假日预约查档机制，努力实现“档案365，天天在服务”；主动服务长三角一体化发展国家战略，参与长三角城市民生档案“异地查档、跨馆服务”，全年接待查档14019人次，提供档案资料158785卷次（其中“浙江档案服务网”跨馆查档907例、“长三角地区”跨馆查档105例）。深入服务基层。组织基层档案业务培训，规范基层档案管理；助力“美丽乡村”建设，加强村落档案指导，积极推进“美丽乡村”档案数据库建设；强化对农村土地确权档案指导，提高档案归档质量，推进农村土地确权档案的移交进馆工作。

【基础业务不断强化】 一是推进档案资源建设。深入有关涉改单位和基层调研，主动提供业务指导服务，确保机构改革过程中档案不散、管理不乱；依法按期开展档案接收进馆工作，全年接收进馆档案121644卷、76467件、照片23535张（其中，涉改档案246卷、65939件）。持续抓好“三重”档案服务，做好“湖州人大会”等重大活动档案指导和移交工作，积极推进重点建设项目档案验收工作，主动服务“两山”实践创新等重点工作。二是加强档案抢救保护。市档案馆启动湖州市143个全宗抢救装盒及消毒工作，全年抢救档案28119卷、54765件；完成650余枚印章档案抢救保护清洗工作。安吉县档案馆抢救民国档案213卷、29831页，开展对馆藏188个全宗实体档案的检查修复工作；长兴县档案馆顺利完成新四军苏浙军区档案抢救与开发利用项目、国家重点档案目录基础体系建设任务等工作项目。三是加大征集进馆力度。注重对重要人物、家谱、族谱、书画、照片、研究成果、获奖证书等各类档案资料的征集，年内，全市征集到各类档案资料1990卷、5755件、照片17657张、影像18.21GB、家谱162卷、图书447册、实物185件，其中包括全国人口数量最大的姓氏总谱——《中华王氏大成总谱》、抗战时期长兴籍飞行员李鸿庆的著作《一个飞行员的抗战日记》手稿及部分抗战勋章、1972年美国总统尼克松访华照片等。

【信息化建设稳步推进】 一是加快数字档案馆（室）建设步伐。市档案馆继续巩固创建全国示范数字档案馆工作成果，提升数字档案系统功能，提高档案利用效率。南浔区档案馆成功通过国家级数字档案馆测试，吴兴区档案馆、德清县档案馆通过省级数字档案馆评估，至此，全市6家国家综合档案馆全部建成数字档案馆，提前一年完成“十三五”规划确定目标；全市新增示范数字档案室24家，规范化数字档案室26家，数字档案室2家，全市数字档案室创建完成率达92.77%，高于全省平均4.5个百分点。二是加快推进档案工作数字转型。主动与市大数据局沟通对接，确保档案管理模块嵌入新的市政务办公OA系统，为全市实现电子公文归档创造良好条件。市档案学会牵头举办“融入长三角一体化发展服务政府数字化转型”为主题的数字档案馆建设核心价值与发展方向研讨会，长三角三省一市150余位档案系统专家参加，聚集档案智慧，积极融入长三角一体化发展国家战略。三是筑牢档案安全防线。加强内部管理，扎实开展档案馆库风险点排查并及时处理安全隐患，市档案馆完成机房内不间断电源与机房设备隔离改造。在做好机关单位档案备份工作的同时，继续实施馆藏重要档案数据异地备份工作，“省备市”备份数据31.96TB，“市备县”备份数据12.66TB，与山东日照市档案馆“异地互备数据”，充分保障档案数据完整安全。2019年，全市未发生档案安全事故，在全市平安湖州建设夺金鼎工作先进评选中，市档案馆荣获“集体嘉奖”。

【宣传引领打造品牌】 一是打造宣传教育阵地。全市档案系统围绕“建国70周年”“国际档案日”等重大活动，积极推动档案陈列展建设，举办生态文明建设成果图文展、庆祝新中国成立70周年成就展、红色记忆主题展等展览，联合部门、学校等共同开展爱国主义教育活动等，年内，基地接待服务参观人数15000余人。市档案馆成功创建第十一批省级爱国主义教育基地，开放“记忆湖州”主题展厅，3D展馆上线，举办“建馆60周年”等展览。二是打造档案文化精品。深入实施档案史料开发利用工程，市档案馆借助市政协“双月协商知情明政会”平台举办《湖州老字号》首发式，启动“湖州非物质文化遗产口述档案数字记录研究”工作，编撰完成《跟着档案忆湖州》。各区县编印《记忆德清·2018》《德清进士诗钞》《长兴记忆2018》《长兴档案工作年鉴（2018）》《“心语成像”画册》《安吉县档案馆指南》《岁月留痕——南浔档案文选汇编》等文化精品。三是提升宣传工作水平。持续完成消灭国家级“一报一刊”零稿县任务，成为全省全域消灭零稿县的两个设区市之一。市档案馆自主设计档案馆形象标识和“小档”人物形象，获得省版权局颁发的作品登记证书，并依托“小档”人物形象，打造“小档说湖州”“时间在走，档案为你停留”等档案文化品牌及系列文创产品。各区县积极推出“走进德清档案”专刊、“家庭档案见证建国70周年”方言节目、“长兴声音日历”节目等宣传栏目。（蔡　益）

·党史研究·

【概况】 2019年，市委党史研究室全面完成湖州党史二卷的统稿修改和出版准备工作，统筹推进党史三卷编写、资政宣教和资料征编等工作。全年累计汇编、撰写各类党史资料230余万字，其中党史三卷书稿编写工作得到上级党史部门领导和专家的肯定。

【编印《湖州市历次党代会报告汇编》】 3月，完成《湖州市历次党代会报告汇编》编印，收录1984年至2017年间8次党代会报告，汇编15万余字。

【开展湖州解放70周年纪念活动】 4月，围绕湖州解放暨新中国成立70周年，与湖州电视台、爱湖州APP等媒体合作，邀请省委党史研究室原主任金延锋到湖州接受采访，联系部分亲历者进行访谈、搜集整理档案文献，深化解放日考证，并在《湖州史志》期刊及公众号推出专栏和专文。

【谋划启动中国共产党成立100周年纪念活动】 8月，谋划以编著一套“主打书”、拍摄一部“专题片”、举办一次“主题展”为主要内容的庆祝中国共产党成立100周年“三个一”主题活动，年内，重点推进《百年百事——中国共产党在湖州》《中国共产党百年纪事》两本书的编写工作。

【启动党史“百年百事”编辑】 8月，市委党史研究室启动《百年百事——中国共产党在湖州》编辑工作。在查阅有关文献资料、对照党史大事记的基础上，依据“六重”原则，即湖州地方党组织在各个时期作出的重大决策、召开的重要会议、实行的重要举措、举办的重大活动、取得的重要成就和在全省乃至全国有影响的重大事件，初步选定134件湖州党史大事，作为“湖州党史百年百事”的候选条目。9月20日，“湖州党史百年百事”专家论证会召开。市委党史研究室全体人员、各区县党史部门主要负责人及业务骨干参加，部分社科领域专家应邀出席，从条目设置、时段平衡、写作重点、图片征集等方面对候选条目进行研讨，对下一步修改完善提出意见和建议。

【第二次党史三卷编写工作会议】 9月，召开全市第二次党史三卷编写工作座谈会，省委党史和文献研究室副主任王祖强等领导、专家到会指导，对湖州党史三卷书稿质量、工作进度给予肯定。会前，组织全市党史三卷编写分管领导和编写人员赴嘉兴、绍兴市学习考察。全年，市本级完成第一、第二编修改稿，计25万余字；德清县完成第一编修改稿和第二编第一章初稿，完成10万字；长兴县完成全书五编初稿，完成50万字；安吉县修订纲目并分编撰写，完成12万字初稿。

【开展“四个一”活动服务主题教育】 自8月起，为配合“不忘初心、牢记使命”主题教育活动，组织开展党史服务“四个一”活动，即：参与一次主题教育档案文献展览，精心布展地方党史相关内容；编印一本主题教育专刊，定向寄送到全市县处级领导干部；准备一个主题宣传，先后到市级部门、乡镇及民主党派开展地方党史宣讲；开展一次主题调研，围绕“红色基因助推乡村振兴”主题，多次赴南浔区菱湖镇调研推动红色资源转化。

【编辑年度纪事】 按照“即时存史”要求，继续开展年度纪事编辑工作，同时，启动补遗工作。至11月，先后完成2015年、2016年和2018年《湖州纪事》编印，共计51万余字。年末，完成2019年《湖州纪事》初稿。

【湖州党史二卷通过审议】 11月，省委党史和文献研究室批复同意出版《中国共产党湖州历史》第二卷（1949年—1978年）；12月，市委常委会审议同意将书稿提交中共党史出版社公开出版。该书自2013年全面启动编写，至2019年初完成全书统稿，共4编、20章、38万字。

【期刊编辑与公众号运营】 全年，编印《湖州史志》期刊4期，刊登各类文章51篇。累计编发“湖州史志”微信公众号80余期，订阅人数和文章阅读量稳步提升。9月至11月，围绕全市“不忘初心、牢记使命”主题教育活动，编发湖州党史红色故事汇编15期，受到广泛好评。 （韦　月）

·地方志工作·

【概况】 2019年，市方志编纂室全面贯彻《全国地方志事业发展规划纲要（2015—2020年）》《浙江省关于推进地方志事业发展的实施意见》，紧紧围绕市委、市政府中心工作，扎实抓好“不忘初心 牢记使命”主题教育，切实履行存史、资政、育人职责，充分发挥“研究室、智囊团、宣传队、史料库”的职能作用，努力推进方志事业创新发展，取得了一定的成绩。圆满完成“2019·‘湖州人’大会”相关配合活动，主持评选了“湖州十大历史人物”；湖州方志馆完成“三服务”工作，全年接待参观人数逾5万人，作为全国唯一地市级方志馆受邀单位在全国方志馆建设论坛上进行交流发言，开展的研学活动被《人民日报·海外版》宣传报道，并获评市首批“中小学生研学实践教育基地”，同时入选“湖州最美窗口”行列；《湖州地方志丛书》（第一辑）和《吴兴备志》（点校本）进入印刷出版阶段，清同治《湖州府志》（1—16卷）完成点校；开展《安吉余村志》编纂工作情况的调研，撰写了调研报告；主持完成《长兴县志（1988—2012）》复审工作，长兴县史志办获评“全国地方志工作先进集体”。

【扎实开展主题教育】 “不忘初心、牢记使命”主题教育开展以来，紧紧围绕“守初心、担使命，找差距、抓落实”的总要求，立足自身实际，进一步拓展载体、丰富内容、创新形式，大力推动主题教育融入地方志事业转型升级全过程，以主题教育高标准引领地方志工作高质量发展。通过认真开展“不忘初心、牢记使命”主题教育活动，切实加强队伍建设，着力打造一支忠诚、担当、敬业、奉献的史志干部队伍。

【配合完成“2019·‘湖州人’大会”活动】 编纂完成由中华书局出版的《影响中国的湖州人》一书，并在“2019·湖州人大会”上发放。该书由市方志办统筹编纂，市委宣传部、市委统战部、市财政局、市机关事务管理局、市人大文史委、市图书馆、市水利局、湖州师范学院、县区史志部门等10余家机关企事业单位提供图文资料，全书45万字，市委书记马晓晖为该书作序。4月初启动，历时4个月，8月底由中华书局出版发行，创造了中华书局出版时间最短的纪录。9月初在“2019·湖州人大会”发放1200册，得到各界褒奖。同时，还主持完成了“2019·‘湖州人’大会”点赞家乡的“湖州十大历史人物”的筛选和评选工作。

【切实抓好方志馆运行管理】 2019年，湖州方志馆围绕中心、服务大局，以传承文明、教化育人为己任，创新探索服务举措，积极提升公共服务能力，充分发挥弘扬文化的窗口作用和教化人心的阵地作用，各项工作取得明显成效。获评市首批“中小学生研学实践教育基地”，在全国方志馆建设经验交流会上作为全国唯一地市级方志馆建设典型单位做经验交流。完成“三服务”工作，全年接待参观人数逾5万人次，接待各类团队108批，其中包括湖州市委书记马晓晖，省委主题教育第五巡回指导组组长陶时梅，市委常委、组织部长徐仲仪等；山东省委党史研究院、河南洛阳市史志办等6个史志部门，浙江省新四军历史研究会、《人民日报》人民网人民数据、全国台湾同胞投资企业联谊会等专家团队20余批，湖州中级人民法院、湖州银行、城市集团等30余家机关企事业单位；整理“初心”小故事11个，为“不忘初心，牢记使命”主题教育活动提供微党课素材17次，市委第二巡察组党支部、第三巡察组党支部、市委组织部第二支部等21个党支部在湖州方志馆开展主题教育党日活动。组织重要活动26场，其中包括开展中小学研学活动21次，重要节庆典活动5次。被《人民日报》海外版、学习强国、人民视频、新华网等国家媒体报道；被市级媒体报道10余次；“方志湖州”微信公众平台累计刊发文章66篇，关注人数持续增长。湖州方志馆入选“湖州最美窗口”行列。

【扎实推进修志编鉴工作】 始终坚持把二轮修志工作作为首要任务，在全面完成市二轮修志的基础上，加强对三县志书修编工作的服务和指导，全力推进三县二轮修志工作。按照省方志办提出的所有市、县到2020年全面完成二轮志书修编的要求，加大督促指导和推进力度，年初对各区县史志工作进行走访调研。年内，二轮修志整体进度位居全省前列，《安吉县志（1989—2012）》已送出版社出版；《长兴县志（1988—2012）》已完成终审，送出版社出版。启动新修《南浔镇志》入选《中国名镇志》有关工作的前期准备和协调沟通工作。同时，结合湖州实际推动新修《莫干山志》的编纂启动工作。《湖州地方志丛书》（第一辑）和《吴兴备志》（点校本）进入印刷出版阶段，开展“《安吉余村志》编纂工作”的调研工作，撰写调研报告，完成《中国地方志年鉴》（湖州篇）《浙江年鉴》（湖州部分）和《湖州年鉴》地方志篇内容的编辑。参加第五届全国地方志优秀成果（年鉴类）·浙江片初评推荐活动，《安吉年鉴（2017）》入围。

【充分发挥史志宣教作用】 充分发挥“一网一刊一馆”作用，借助各类新闻媒体，利用纪念日等节点，开展各类宣传活动。充分发挥志史网的平台作用，及时更新网站内容，丰富网上地情资料，确保史志网站运行安全、作用充分发挥。做好期刊《湖州史志》的供稿。完成《影响中国的湖州人》在“‘湖州人’大会”、国家部委、湖州高铁站、四星级以上宾馆、大中小学校等共计4000册的发放工作。支持乡村文化礼堂建设，年内为道场乡菰城村、南浔和孚镇荻港村、东林镇南山村和菱湖历史记忆馆等10余个乡村文化礼堂和场馆建设提供指导和服务。积极参与社科活动，参与市委宣传部、市社科联、市文化局主办的多场活动，为全市重大社科课题献计献策。

【切实加强方志队伍建设】 发展方志事业，关键在人。市方志办结合第二批“不忘初心、牢记使命”主题教育，认真组织党章党规党纪和中共十九届四中全会精神的学习，通过学习政治理论，加强作风建设；同时开展业务讲座、专题研讨、谈心谈话、上党课，组织调查研究、帮带活动等，学习方志工作政策法规和业务知识，提高政治理论和业务水平，努力建设一支素质优良的方志工作者队伍。（姚国强）

新闻出版　广播电视

·新闻报刊·

【概况】 2019年，湖州日报报业集团（以下简称湖报集团）坚持以习近平新时代中国特色社会主义思想和中共十九大精神为指导，深入贯彻落实全国、全省、全市宣传思想工作会议精神，守正创新、立破并举，切实担负起“举旗帜、聚民心、育新人、兴文化、展形象”的使命任务，全力服务市委提出的“一四六十”工作体系，打造强大舆论场，唱响强劲主旋律，扎实开展“三服务”，为湖州奋力当好践行“两山”理念样板地模范生，争当市域治理现代化先行地排头兵，不断开创湖州高质量赶超发展新局面提供更强大的思想力量、精神支撑和文化引领。

【主要工作】 一是省好新闻评选保持佳绩。全年获浙江省新闻奖12件，其中一等奖4件（含浙江省重大主题策划创新奖）、二等奖4件，从2012年起已连续7年获三个以上一等奖，湖州发布获得浙江省首届新媒体大赛“微信大发现”二等奖。二是外宣内参可圈可点。全年完成外宣稿件1798篇，其中国家级媒体发稿76篇、省级149篇，国家级网络媒体登载原创稿件16条、省级27条，“学习强国”APP发稿79篇；公开报道被上级领导批示39件，其中，国家部委领导批示1件，市委、市政府主要领导批示2件；刊发内参10篇，领导批示10件次，其中市委、市政府主要领导批示4件次。三是新中国成立70周年主题宣传深入人心。围绕“新中国成立七十周年”这一主题，精心策划，认真组织相关系列活动。据统计，各媒体平台开设“一路村色”“壮丽70年 奋斗新时代”等10余个相关专栏、专题，刊发各类平面报道近300篇，网络新媒体发布500余条。四是媒体架构全新呈现。

制订实施《湖州日报报业集团加快推进媒体融合发展方案》，加大媒体融合推进力度，打造由湖州智媒、《湖州日报》、《湖州晚报》、湖图传媒、湖商传媒、区县传媒组成的全新全媒体架构。五是产业经营稳中有升。顶住压力，攻坚克难、砥砺前行，进一步规范经营管理，不断完善“1+1、1+N”经营模式和提升文化创意项目对集团的贡献率，全年完成总收入1.94亿元，同比增长3%。六是党的建设全面加强。认真落实党建工作和党委意识形态主体责任制，各职能部门按党委要求通力合作、分工负责，层层压实责任抓好落实；出台《关于全面加强推进“学习强国”学习平台建设运用工作方案的通知》，形成广大党员“比学赶超”的学习氛围；出台《2019年湖州日报报业集团党建工作要点》，全面推进党的政治建设、思想建设、组织建设、作风建设、纪律建设，大力开展党支部标准化建设。七是主题教育高质高效。湖报集团注重开展主题教育与工作实际相结合、与履行新闻媒体工作职责相结合、与确保教育取得扎实效果相结合，深入推进“不忘初心、牢记使命”主题教育开展，采取“菜单式”的执行模式，形成领导干部率先垂范的浓厚氛围和“初心”系列的教育载体，筑牢“先行先改”的工作基础。八是队伍建设引育并重。出台高端人才引进办法，加强人才培养力度，全年新引进高端人才2人和高端人才带头创新团队1个，组织相关培训、讲座20余次，派出50余人次参加国家、省、市各种专业培训，选派1名优秀党员干部出任“村第一书记”，选派1名年轻骨干记者到市文明实践中心挂职，选派1名年轻骨干记者参与“湖州人大会”筹备工作。

【新闻宣传】 切实扛起职责使命，建好主阵地、唱响主旋律、打好主动仗，新闻宣传工作继续保持良好态势。一是重大主题报道主旋律高扬。紧紧围绕中央和省、市委的重大决策部署，认真谋划、精心组织策划一系列声势强劲、深入人心的重大主题宣传报道。以习近平新时代中国特色社会主义思想为指导，做好中央、省级网媒等重点专题专栏推送，及时转发重要文章；围绕“新中国成立七十周年”这一主题，集中推出“一路村色”“两山路上新字号”“寻找‘共和国同龄人’”“永远跟党走——寻访基层红色创业故事”“壮丽70年 奋斗新时代”等一批以小见大、形式活泼、现场感强的新栏目；开设“不忘初心、牢记使命”专栏，为“不忘初心、牢记使命”主题教育高质量开展营造良好舆论环境，凝聚强大正能量；通过各种宣传形式，全力营造学习宣传贯彻中共十九届四中全会精神的良好氛围。二是中心工作宣传贴紧强担当。紧扣市委“一四六十”工作体系，围绕市委、市政府的中心工作，精心做好各项中心工作的宣传报道。以市委“一四六十”工作体系为指引，组织精干力量，通过开设“八八战略”再深化，“改革开放再出发”“聚焦湖州十大专项行动”等栏目，大力宣传湖州各项工作动态，助力各区县、各部门以实际行动推进加快赶超，实现“两高”的奋斗目标；深入贯彻落实省委、市委指示精神，积极配合有关部门，通过开设“三服务”专栏，组织“三服务·晚报记者进社区”活动，运营湖州“三服务”官方微信公众号，做好市领导和各区县的动态报道，并加强案例报道；在长期刊登文明创建报花、公益广告的同时，结合四大“最美”系列选拔树立表彰活动、全市推进生活垃圾精准分类工作等，推出一系列全面生动反映全市开展文明创建长效工作机制各项举措和工作成效的报道；围绕典型案例、做法成效、生动实践、先进典型四个重点，推出以“题材广、篇幅大、频率高、形式全”为特点的扫黑除恶专项工作宣传报道。三是媒体融合步伐全面加快。认真学习习总书记关于媒体融合发展的系列讲话精神，贯彻市委宣传部的部署要求，积极探索符合本地特色、集团实际的科学顶层设计，加大媒体融合推进力度。《湖州日报》探索传统党报的全新转身，摆脱纸质媒介限制，推出《湖州日报》移动客户端和“壶嘴儿”微信公众号；《湖州晚报》依托“掌上湖州”微信公众号，融合创新、视觉创意两大团队，做好版面创新、融媒报道、数据新闻等；湖州发布与湖州在线合并成立湖州智媒平台，专门组建视频团队，加强短视频生产，推出“一路村色”“你好湖州人”“青年奋斗者说”系列微视频栏目，并打造“直播+”模式，扩大移动直播的影响力。四是民生服务报道亲和增暖心。紧紧围绕群众关心、关注的热点、焦点问题和群众的所思、所愿、所盼，积极做好各项民生类报道。《湖州日报》做精要闻版“击短”栏目，发挥党报的“桥梁”作用，全年刊发50期；《湖州晚报》在做好“镜鉴”栏目的基础上，联合市信访局推出《民意直通车》栏目，进一步提升“123民生工程”（即一周一心愿、两个俱乐部、三个帮帮团）的质量和实效；湖州发布微信公众号推出“身边大小事 小布帮你问”栏目，全年为市民解答1000余个问题。

【产业经营】 湖报集团始终坚持党媒自信，产业经营工作实现稳中有升。全年完成总收入1.94亿元，同比增长3%。一是广告经营结构逐步转化。各经营部门进一步固化和拓展广告市场原占有份额，开拓广告行业新兴市场，做好媒体融合的文章提升广告宣传影响力，努力推动商业广告的“媒体+”、形象宣传的“主体+”、经营实现“大众传播+”。赢家公司与晚报小记者联合推出的“两山”理念研学活动取得良好的效果，为集团探索“1+1、1+N”经营模式提供宝贵经验，也为下一步搭建教育平台、深挖经营资源打下基础。二是产业经营效益逐步优化。继续在加强下属公司国有资产运行质量上下功夫，确保国有资产的升值保值。以文创中心运行为契机，进一步完善招商及项目合作机制，形成新的文化创意发展路径，提升文化创意项目对集团和湖州市的贡献率。落户文创中心签约的项目总计13个，全年收入达1100万元。新培育及举办活动项目5个，分别为生命之堤画册印刷出版、基层红色创业故事寻访、合作共建记者书房、全国名家现场创作交流会、小镇大爱——新时代文明实践中心启动。三是经营监督力度逐步强化。进一步规范广告经营程序，细化可操作、可监管、可发展的管理体系及管理制度；进一步加强对集团直属公司、控股公司、参股公司的动能转换，进一步强化目标责任制，加强考核监督机制，落实主体责任；实行集团各经营单位及直属公司、控股公司的效率转换，强化“亩产”考核机制。（李　波）

·广播电视·

【概况】 2019年，湖州广电集团以习近平新时代中国特色社会主义思想为指引，全面贯彻中共十九大和十九届二中、三中、四中全会精神，认真贯彻落实全国和省、市宣传思想工作会议精神，坚持围绕中心、服务大局，守正创新、担当作为，着力提高主流媒体舆论引导能力、内容创作生产能力、改革创新发展能力、人才队伍支撑能力、党的建设保障能力，全力为开创新时代湖州高质量赶超发展新局面营造浓厚的舆论氛围。

【主要工作】 一是切实做强外宣工作。在国家级媒体发稿150条，在省级媒体（含上海）发稿总量达到783条，同比增长16%。央视大型纪录片《国家荣光——钱壮飞》摄制组和《中国新闻》栏目、东方卫视《中国长三角》栏目、广东电视台纪录片《中国节日》等来湖州完成拍摄任务，有效地提高了湖州对外影响力和知名度。二是扎实开展主题教育。扎实开展“不忘初心，牢记使命”主题教育活动。党委班子全年组织集体学习11次，开展专题研讨4次，上专题党课9次。召开干部员工座谈会5次，调研11次，收集意见和建议102条次，形成调研报告3篇，明确整改事项35个，完成整改28个，制定规章制度11项。三是认真落实“三服务”工作。制订《集团（总台）“三强化三服务”活动实施方案》，台领导先后赴7个联系企业和村走访帮扶8次，现场收集问题13个，实际解决问题11个。四是着力打造人才队伍。坚持注重实绩用人导向，年内新提拔9名中层干部，45周岁以下中层正职和40周岁以下中层副职人数占中层干部总人数的37%，切实推动广电干部队伍整体结构合理化、年轻化。举办播音主持、新闻外宣等培训班10期，参加人数达2500人次。

【新闻宣传】 紧紧围绕“新中国成立70周年”这条工作主线，大力宣传湖州谋划“八八战略”再深化、改革开放再出发的生动实践故事。一是主题宣传主动有为。聚焦市委“一四六十”工作体系、“两山”理念、长三角一体化、“最多跑一次”改革等重大主题，全年推出《壮丽70年·奋斗新时代》等有影响力、冲击力的系列重大主题报道52个，播发稿件8100篇，围绕庆祝新中国成立70周年主题宣传和“不忘初心、牢记使命”主题教育，先后推出《新时代新作为新篇章》等20个专栏专题系列报道，刊播发布相关重点稿件1000篇。二是舆论监督扎实有效。认真履行意识形态主体责任，严格执行《集团（总台）重大新闻宣传研判制度》，实施常态化的会商研判，全面落实敏感性公共事件、社会热点问题分析研判和应对处置工作机制，确保媒体监督有力、舆论导向正确。先后举办以“打造最优营商环境”和“聚焦民生痛点改善”为主题的2场电视问政节目，现场曝光18个大类、37个问题，有6个区县长和5个市级部门一把手接受现场考问。三是外宣工作增量进位。研究制订《2019年度外宣工作计划》和《新闻外宣“头条单条”工作实施办法》，建立新闻协作机制，加大宣传合作力度，继续保持近年来在中央广播电视总台和浙江卫视、浙江之声等中央、省级主流媒体的良好外宣势头，讲好湖州故事，展示湖州形象。四是精品创优可圈可点。认真总结中国新闻奖评选的经验，强化专业团队培养，加强现实题材创作，制作一批导向正确、主题鲜明的优秀新闻作品。广播长消息《带着总书记的殷切期望 首批安吉白茶扶贫苗今天运抵受赠地》获浙江新闻奖一等奖，新媒体作品《对不起妈妈！今天除夕，原谅我不能回家陪您吃团圆饭》入选浙江省记协新春走基层优秀作品。全年有22件作品荣获各类省级奖项，其中一等奖7件，二等奖6件，三等奖9件，其中《徐迟与〈哥德巴赫猜想〉》填补湖州广电在电视文学奖项一等奖的空白。

【媒体融合】 认真贯彻落实中央、省委、市委关于推进媒体融合向纵深发展的决策部署，按照全程媒体、全息媒体、全员媒体、全效媒体的发展方向，全力打造全新的湖州市委、市政府重要官方新媒体平台。一是提升融合创新速度。在市委宣传部的指导下，从4月起，启动制订湖州全效融媒体平台项目建设方案，突出以图文可视化资讯新闻为底色，以视音频为本色，以互动服务为特色，创新开设“新闻资讯、政务信息、便民服务、社群交互”四大板块，推出《湖州头条》《本地媒体》《政务发布》等10个子版块，使之成为集“主流舆论阵地+综合服务平台+社区信息枢纽”的现象级全效传播媒介，更好地满足受众的一体化需求。二是提升内容生产质量。加快“中央厨房”二期三年规划推进速度，制定《中央厨房（全媒体新闻集散中心）考核细则》，加大在宣传策划、内容选题、融合报道、稿件质量、传播效果等方面的考核力度。同时，积极推进融媒体宣传理念、内容、形式、方法、手段等创新，不断提升新闻宣传全媒体融合报道水平，充实新媒体平台的资讯，努力实现融媒体稿件在数量和质量上的新飞跃。通过“中央厨房”项目传统媒体向新媒体供稿4450篇，发布稿件

4100篇，录用率达92%，点击量过万以上稿件35篇。三是做强移动直播活动。策划推出“我们的节日”移动众筹系列直播，其中长达15小时“我们的节日”跨年众筹直播活动，众筹视频和图片共637条（幅），208人参与直播评论，3088人参与体验券刮刮卡抽奖、红包互动，直播点击量超过6万人次。推出“我们的节日”“我们的村晚”“湖州市第九届运动会暨首届‘全民健身节’开幕式”等移动直播126余场。

【产业经营】 在全省各设区市台经营创收均大幅下滑的状况下，2019年，湖州广电主动适应经营趋势，优化广告结构，创新产业业态，产业经营取得较好业绩。一是转化平台优势。加大力度，研究探索“广播电视+活动”的发展模式和拓展路径，强化活动策划、活动组织和宣传推广，全力开拓与政府、企业、社区联办的大型活动，真正把平台优势转化为经营优势。把打造美食联盟、少儿联盟、健康联盟三大联盟作为创新经营模式，推进融合发展的重大举措。美食联盟完成经营收入400万元；少儿联盟签订合同量210万元；健康联盟加大与公办和民办医院合作力度，推出健康体检项目，完成合同量280万元。全年广电系统年创收达1.81亿元，同比增长22.3%。二是拓展战略合作。坚持“优势互补，合作共赢，共同发展”的原则，不断拓展合作渠道，扩大合作范围，先后与市住建局、移动公司、联通公司、人保财险和华数公司等单位达成战略合作，积极推进新闻宣传、新媒体运营、移动通讯、广告业务、保险业务等多领域、全方位的经营合作，实现创收520万元。三是培育产业项目。继续做大做强电子竞技、少儿教育培训、形象片制作和网络智能化等项目，培育奇嫂购物、汽车租赁等新型产业业态，切实加快探索广电文化产业新路径。

【深化改革】 湖州广电在干部人事管理、完善竞争机制、培育骨干人才等方面下功夫，切实提高内部管理效能，不断激发广电干部员工队伍的创造力、凝聚力和战斗力。一是推行干部全员聘任。根据市委组织部、市委宣传部的要求，在2019年初启动集团中层干部全员聘任制工作，采取考核聘任、选拔任用等多种方式完成全台65名中层干部的重新考核聘任工作。二是推进改革扩面。制定出台《集团2019年度绩效改革实施办法》，将纳入绩效改革的部门从1个扩面至7个生产部门和12个综合服务保障部门。建立多维度绩效考核体系，坚持以能力、业绩和贡献为导向，打破身份界限，激发广电员工工作主动性和积极性。三是开展技能培训。实施全媒体人才素质提升工程，深化优化“首席制”考核，推广“项目制”、“领军人才工作室”，在全台范围内营造“重视专业技能、树立专业标杆、争当专业能手”的良好氛围。（李　波）

社会建设

教　育

·综　述·

【概况】 2019年，湖州市各级各类学校和幼儿园499所，在校生45.19万人，其中普通高校3所，成人高校1所，在校生4.31万人；普通高中28所，在校生4.17万人；中等职业学校13所，在校生2.81万人；技工学校1所，在校生0.14万人；初中91所，在校生7.45万人；小学128所，在校生17.28万人；特殊教育学校5所，在校生428人；幼儿园229所，在园幼儿9.0万人。全市学前三年幼儿入园率达99.48%，小学和初中入学率达100%，初升高比例达99.24%，十五年教育普及率达99.62%；18至22周岁人口接受高等教育的比例达62.31%。2019年，全市中小学校教师申报晋升中小学正高级教师13人，市高评委组织专家进行项目组、学科组量化打分、评议，最终推荐10人到省高评委，评审通过6人。全市中小学校教师申报晋升中小学高级教师531人，评审通过240人（其中中学段190人，小学段、幼儿园50人）；申报晋升中专高级讲师24人，评审通过9人（含委托嘉兴市评审的长兴卫校2人）；申报晋升中小学校教育管理副研究员16人，评审通过9人。高级职称评审通过率为46.51%。其中全市农村高中、初中、小学参评中小学高级教师分别为16人、106人、60人，评审通过8人、57人、28人，通过率为51.10%。城镇高中、初中、小学参评中小学高级教师分别为107人、62人、48人，评审通过42人、30人、22人，通过率为43.32%。达到省、市有关“农村学校高级教师的通过率原则上不低于城镇学校”的要求（农村、城镇通过率比例中不含试点学校数据）。

【政府履行教育职责评价】 10月，浙江省人民政府教育督导委员会办公室组建督查组以实地走访、查阅资料、人员座谈等形式，检查学校8所，座谈50人，走访财政、人社、编办、教育部门，通过网络评价和实地督查两种方式，对湖州市人民政府2018年度履行教育职责进行督查。湖州市人民政府2018年度履行教育职责情况为优秀，总体评价为“A”等。

【稳步推进教育现代化创建】 吴兴区通过省教育基本现代化区创建省级评估，全市实现省教育基本现代化区县创建全覆盖。做好全市义务教育优质均衡区县创建工作，督促三县两区分别出台创建工作方案，明确创建目标和举措。浙江信息工程学校、安吉县机关幼儿园和长兴县梅山成人学校纳入省现代化学校第一批试点单位（全省27个）。

【教师队伍建设】 2019年，全市有中小学和幼儿园专任教师28380人，其中普通中学10175人、小学9562人、中等职业学校2117人、特殊教育148人和幼儿园6378人。开展中小学教师专业发展全员培训和其他各种形式的继续教育，完善教师招聘考核，强化岗位竞争机制和管理，教师队伍整体素质不断提高。初中教师合格学历达99.97%，同比提高0.02个百分点；普通高中达99.48%，提高0.05个百分点；中等职业学校达98.53%，提高0.46个百分点；小学达100%，与上年持平；幼儿园合格学历为99.98%，提高0.05个百分点。专任教师高学历比例，初中97.51%，比上年提高0.42个百分点。普通高中8.92 %，提高1.49个百分点；中等职业学校8.17%，提高0.27个百分点；小学99.50%，提高0.31个百分点。幼儿园高学历比例达99.51%，提高0.58个百分点。

【民办教育】 2019年，全市有独立设置的民办普通高校1所。民办普通本专科招生为2316人，比上年增加181人，增长8.48%；在校生为7616人，比上年增加234人，增长4.59%，招生、在校生分别占全市普通本专科招生、在校生总规模的23.79%、26.41%。全市有民办普通高中9所，在校生1.44万人，占普通高中在校生总数的34.64%；民办中等职业学校3所，在校生4255人，占中等职业教育在校生总数的15.15%。民办普通初中14所，在校生1.41万人，占普通初中在校生总数的18.95%。民办普通小学9所，在校生2.06万人，占普通小学在校生总数的11.91%。民办幼儿园103所，在园学生2.7万人，占在园幼儿总数的30.01%。全市各级各类民办学校专任教师总数5740人，占专任教师总数的18.63%，其中民办幼儿园1712人；民办中小学32940人；民办中职学校275人；民办高校459人。2019年，浙江宇翔外国语专修学院顺利筹设为独立法人的民办高校。市教育局审批设立湖州中学西山漾校区，湖州市又新增了一所全日制民办高中。根据国务院办公厅《关于规范校外培训机构发展的意见》等文件要求，市本级民办非学历高中段及以上教育机构设立、分立、合并、变更、终止审批5项行政许可项目下放至各区教育行政主管部门，市批30家培训机构移交属地吴兴区教育局管理。2019年，全市对校外培训机构进行全面专项治理，全市现有证照齐全文化类中小学生校外培训机构385家。

·基础教育·

【概况】 2019年，全市有普通中学119所，在校学生11.62万人。其中初中91所，全年招生2.51万人，在校学生7.45万人；高中28所，全年招生1.41万人，在校学生4.17万人。小学128所，全年招生3.22万人，在校学生17.28万人。特殊教育学校5所，全年招生56人，在校学生428人。幼儿园229所，全年招生2.67万人，在园幼儿9万人。

【学前教育】 2019年，全市有幼儿园229所、316个园区，其中一级幼儿园48所、54个园区，二级幼儿园113所、156个园区，等级幼儿园覆盖率达100%；在园幼儿89975名，学前三年入园率达99.48%；全市幼儿园专任教师6378名，幼儿教师持证上岗率达100%，大专以上学历达99.51%。全市加快学前教育发展步伐，深入实施三轮发展学前教育行动计划，出台了一系列学前教育改革发展的政策措施，全市学前教育普及普惠步伐不断加快，保教质量明显提升。做好市人大的执法检查和市政协民主监督工作；加强城镇小区配套幼儿园治理工作；大力推广“安吉游戏”，培育17所“安吉游戏”市级实践园；举办全市第四届幼儿教师职业能力大赛，加强幼儿园园长和教师培训及教研活动，提升幼儿教师的专业能力和综合素质；全面实施幼儿园学后托管服务，提升服务能力；开展等级幼儿园的自查和评估，新增4所省一级园和13所省二级园；加强学前教育专项督导，规范各级各类幼儿园办学行为，坚决防止和杜绝“小学化”倾向，促进保教质量不断提升。

【义务教育】 2019年，全市小学入学率和巩固率均达100%，小学毕业升初中率达100%；初中入学率和巩固率均达100%。深化义务教育课程改革，坚持以生为本，因材施教，建构“以学为中心”的有效教学方式，促进学生自主学习和深度学习。出台《湖州市教育局关于做好小学一年级幼小衔接教学工作的通知》，严格执行小学“零起点”教学规定，有效防止和纠正幼儿园“小学化”倾向，切实帮助儿童更好地适应小学的学习和生活。全面推进STEAM教育改革，建立全市STEAM教育联盟，协助召开浙江省第二届中小学STEAM教育大会。出台《湖州市“互联网+义务教育”中小学校结对帮扶民生实事工作方案》，结对工作被列入2019年省民生实事项目，全市各区县全部参与，有49所学校参加，在全省率先完成年度帮扶任务。制发《关于进一步完善小学放学后校内托管服务工作的通知》，全市实施托管服务的小学117所，实现有托管需求的学校全覆盖；全市小学共组建托管班级2029个，参与管理教师7084名，惠及在校小学生62174名。中心城区31所小学全部实施托管服务，惠及小学生18765名，并实现学后托管服务工作向学前教育延伸(全省第一家)。

【普通高中教育】 系统推进普通高中质量提升工程。从源头上培育良好招生生态，抓好规范招生工作。重点监控违规招生宣传，严禁各初中学校发布中考喜报；建立市属普高学生报到预警机制，明确民办普高招生录取工作的要求，严格学籍管理，针对性开展核查工作；修订《湖州市市直普高“教育英才奖”慈善助教基金管理办法》，举行第三届市直普高“教育英才奖”颁奖活动，表彰60名优秀教师，讲好湖州教育好故事，营造潜心育人氛围。从氛围上培育潜心育人生态，抓好教师业务能力。组织开展首届市属普高年轻教师专业知识大比武，市属12所普高（含少体校、帕丁顿双语学校）764位教师参加本次活动，评选公布优胜教师名单，加强数据应用，营造比学赶超良好氛围。从机制上培育内涵发展生态，抓好办学特色亮点。落实《湖州市直普通高中创新拔尖人才培养方案》，调整和优化招生工作，着力提升优秀学生的培养质效；设立湖州中学西山漾校区（民办），成立南浔片区湖州中学合作班；深入开展全市普通高中调研工作，重点抓好高三教育教学质量，召开全市普通高中高三教学工作会议，部署决战2019年高考工作。2019年，全市普通高校招生考试报名人数17418人，其中纯普通类考生12797人，比上年增加843人。据统计，全市一段上线人数2693人，上线率21.04%，保持高位平稳。湖州中学一段率78.72%，继续保持全市第一。

【特殊教育】 提升全市特殊教育发展水平。全市有特殊教育学校5所，其中4所学校被评为省特殊教育标准化学校，达标率全省第一。建有卫星班6个，随班就读试点学校26所，送教上门示范点5个，建有74个资源教室。根据湖州市教育局等8部门关于印发《湖州市第二期特殊教育提升计划（2018—2020年)》的通知和《湖州市特殊教育“十三五”发展规划（2016—2020年)》，增强特殊教育支持保障能力，实现特殊教育学校建设双一流，融合教育优质化，特殊教育服务专业化，特殊教育管理智能化，教师专业培训系列化。全面推进全纳教育，形成布局合理、学段衔接、普特融通、医（康）教结合的特殊教育体系。

【德育工作】 加强班主任队伍建设，提升德育管理水平。省中小学班主任工作室建设稳中有升，12个省首批中小学班主任工作室全部通过复评，其中3个被评为优秀（位列总数第一)，9个被评为合格，新增4个省第二批中小学班主任工作室；开展第二批市级班主任工作室评选活动，评选出15个工作室，进一步完善骨干班主任队伍建设。组织开展全市“草根”班主任培训、研讨等活动8次，有500余人次参加。组织全市班主任能力大赛，布置相关工作，指导各区县开展选拔和培训工作，有2位老师获省中小学班主任基本功大赛二等奖，4位老师获省三等奖。德育科研水平显著提升，开展德育论文评选和班主任能力大赛试题征集评选活动。有150篇中小学德育论文获奖，有309套中小学征题比赛试题获奖。开展德育先进集体、优秀班主任、优秀德育导师评选活动，选拔树立先进典型，发挥引领示范作用。

【禁毒教育】 全力开展禁毒教育，助力示范城市创建。认真落实全市禁毒工作暨争创全国禁毒示范城市动员部署相关会议精神，组织开展“全国禁毒示范城市”禁毒宣传教育工作，联合市禁毒办实地查看吴兴区、南浔区禁毒教育开展情况，加大校园禁毒宣传力度，发放宣传画报1300余份，全面普及禁毒课程，全省禁毒平台上全市学校注册率、课时完成率均位列全省第一。将禁毒知识纳入到2019年中考内容，确保在校学生宣传教育“全覆盖、无死角”。

【中考情况】 2019年，全市初中毕业人数21649人，升入高中学校的21484人，其中升入普通高中11856人、升入中等职业技术学校9628人，升学比率达99.24%。全市中考继续实行初中毕业学业考试和综合素质评价、体育考试、科学实验操作测试，省重点普通高中定向招生分配到校的招生数从计划数的50%增加至60%。全市统一命题，统一实施文化课考试，统一实行中考网上评卷。切实加强体育考试、文化课考试等考务管理，强化考试安全工作，考试与招生工作平稳有序。市区体育考试继续深入改革，每位考生共测3项，其中必测项目1项，选测项目2项；每个项目都允许每位考生考2次；体育考试开测项目达8项，供考生选择；年内体育考试集中考点进行，开测项目全部采用电子化机测，体育考试更公平、公正。继续施行非本市户籍进城务工人员随迁子女中考报考政策，符合条件的与本地户籍考生同城待遇。首次实行中考志愿网上填报、中考成绩与录取情况短信推送获得成功。市区提前保送生招生与特长招生工作平稳有序进行，分别有3所普通高中和2所中职学校实行提前招收保送生和涉农专业提前自主招生，招生人数933人；市区有7所普通高中参与特长招生，特长招生人数25人。继续面向全市实施中职与应用型本科一体化培养试点招生，实行提前批填报志愿，提前批划线录取，本地区招生计划数大幅扩大，全市共录取105人。进一步加大“阳光招生”政策执行力，严肃招生纪律，全市各高中学校招生规范，秩序良好。

【安全工作】 2019年，市教育局紧紧围绕“安全第一、预防为主、综合治理”的方针，以平安校园创建为抓手，努力将学校打造成最安全最阳光的地方。2019年，全市学生非正常死亡10人，占比十万分之二点七，远低于省考核优秀指标十万分之四。荣获2019年度全省组织“安全生产月”活动优秀单位、2019年度全市安全生产和消防工作考核优秀单位、2019年全市平安建设先进单位、2019年度湖州市行业部门消防业务技能竞赛团体第一等殊荣，在全市平安建设夺金鼎工作中成绩突出荣立集体二等功。依托湖州市安全教育平台，建立覆盖从幼儿园到高中的安全教育课程体系，课程完成率居全省第一。推进“食安校园三年行动”行动，500人以上学校食堂中A级食堂占比由42%提高至75.6%。11月，在北京召开的“慧眼观后厨 共治促食安”活动中，长兴县第六小学食堂在网上进行展示（全国仅2所）。《湖州市吴兴区教育局实施“五个透明化”》在中国食品安全网宣传报道。

【语言文字工作】 湖州师范学院承办《中国诗词大会》（第五季）浙江赛区选拔活动，活动经过初选和面试筛选两个阶段，取得圆满成功。精心组织参加浙江省语委办组织的2019年全国中华经典诵写讲系列大赛，取得较好的成绩。开展第22届全国推广普通话宣传周活动，大力弘扬爱国主义精神，紧扣“普通话诵七十华诞，规范字书爱国情怀”这一主题，积极探索推普新形式、新方法和新举措，营造浓厚的语言文字宣传氛围。推进语言文字规范化示范校创建，经市语言文字工作委员会、市教育局组成的专家组评审认定，授予湖州市东林中学等8所学校“湖州市语言文字规范化示范校”称号。扎实开展浙江省区域推进语言文字规范化县（区）创建，2019年，经过评估认定，吴兴区、长兴县完成浙江省区域推进语言文字规范化县（区）创建工作。

【教育科研工作】 2019年，在全国、全省各级各类教学业务评审和比赛中，湖州市获得课堂教学评审全国一等奖2项；省级一等奖4项；教学研究论文省级一等奖8项，二等奖38项，三等奖63项；“一师一优课”获得部级优课16节，省级优课54节；省级课题结题23项（其中中心4项）。全国幼儿园获优秀游戏活动案例名单目录中有130篇，其中浙江省入围国家教育部优秀游戏案例16篇，湖州市幼儿园有4篇入选，占比达25%。8月22日，《国务院关于学前教育事业改革和发展情况》报告中明确指出：“‘安吉游戏’的实践探索得到国际学前教育界高度肯定，成为中国学前教育一张靓丽的国际‘名片’”。“诗乐式民族音乐教学研究”项目应邀在2019浙江省中小学音乐关键问题培训活动中做专场推广，优质课《诗情腔韵》、论文《诗乐式培养民族音乐思维的研究》、工作坊《诗乐式民族打击乐教学（第一单元）》、圆桌交流《把根留住》四项内容全部入选中国教育学会第二节音乐教育大会现场展示交流。初中数学组织参加全国初中数学优秀课展示活动，120名教师参赛，评出17名优秀选手奖，湖州教师名列其中。高中各科教研员和初中历史与社会、初中科学等在省“关键问题专题研训”等各种活动中做专家报告15余次。同时，承办教育部研讨活动4项，省级活动9项。初中语文参与省教研室编写并出版《统编教材怎么教》，小学数学编写出版《整合与拓展课例精选》二年级分册，学前教育汇编成果集《用心看见真成长》正式出版，李德雄、何振华老师《中学思政教师队伍建设之“湖州经验”》论文发表于《教学月刊·政治教学》并被人大复印资料《中学政治及其他各科教与学》全文转载。市、县两级教科研人员积极承担课题研究任务，在2019年各级课题申报人数和立项数均创历史新高。围绕精准教育、STEAM教育、课程整合等，实施重点工作项目化，项目工作成果化。2019年，省级以上立项课题达70余项。成立湖州市STEAM教育重点项目课题组，课题组围绕STEAM课程开发和实施、教学评价、师资介绍等多维度开展实践研究和经验总结，研发《湖州市STEAM教育指导手册》。黄丽君主持的《区域推进STEAM教育的策略研究》、吴俊主持的《区域文化背景下STEM+生态课程开发与实践研究》被中国教科院确立为中国STEM教育2029创新行动计划立项课题，张建权主持的《区域推进STEAM教育的路径与策略研究》等9项课题在省里立项；湖州市精准教学共同体学校聚焦信息技术与教育教学深度融合，开展课题研究，如湖州中学《利用移动学习终端促进高中生学习力提升的实践研究》、长兴中学《基于学生作业错误分析提升教师精准教学能力》、吴兴高级中学《个性化精准学情诊断的实践研究》等课题研究为课堂提质增效服务；何振华主持的哲学社会科学规划课题《情怀课堂：高中生政治认同教育研究》等，都是围绕重点，深耕教研的有价值研究。2019年，举行市首批优秀教研员评审，14人被评为市优秀教研员，6人被评为省优秀教研员，13人被评为浙江省教科研先进个人，9个单位被评为省教科研先进集体，均远高于全市教师人数占比。基于区域推进STEAM教育的“一点二线三维”工作策略，2019年，湖州市STEAM教育工作表现出“三个一”的发展势态，即形成一批有一定影响的示范单位，吴兴区被确立为浙江省STEAM教育试点区，湖师附小入选“中国STEM教育2029计划领航学校”，湖州二中、湖州五中入选“中国STEM教育2029计划种子学校”，湖州五中、湖师附小被确立为“浙江省STEAM教育种子学校”，湖州二中、南浔宏达、长兴一小被确立为“浙江省STEAM教育培育学校”。2019年，湖州市STEAM教育工作，得到省、市领导的重视和关注。协同吴兴区教育局成功承办浙江省第二届中小学STEAM教育大会，向全省展示湖州市STEAM教育的成果；浙江省教研室专程来湖调研湖州市STEAM教育工作，“区域推进STEAM教育的湖州样本”被评为浙江省2018年教研工作亮点，浙江省人民政府《每日要情》第9期以“湖州市全面推进STEAM教育成效明显”为题刊发了湖州市STEAM教育工作。编印出版《融合·创新·分享：STEAM教育实践的湖州样本》。

【心理健康教育】 心理健康教育收获社会效益。2019年，12所申报省级心理健康教育示范点学校全部创建成功，全市235所中小学全部通过省级验收，提前一年实现100%达到心理健康教育标准建设要求。举办全市中小学心育分管领导心理危机干预培训班，全市575人参加了本次培训。举办10期浙江省心理健康教育教师C级资格证书培训活动，全市1402名教师通过培训和考核。承办浙江省心理健康教育教师B级资格证的培训班、续证班，有近300名教师通过培训与考核。开展全市心理健康教育教师提高工作坊活动，开展心理老师工作坊8次。充分发挥市“心海导航”项目作用，以大学心理学教授、精神科医生、学校资深专业心理健康教师等49人为骨干力量的心理健康教育志愿者，全力服务师生与家长心理需求。打造“湖州37度心理”服务品牌（已注册），加强“三进三服务”工作，进社会活动在大众书局的大众讲堂开展心理健康公益活动11次，其中网络直播3次，现场听众达700余人次，直播观众达18000余人；在新华书店开展心理健康公益活动3次，网络直播1次，现场听众约100人次，直播观众达6000余人；在湖州市城图广场党建综合体开展心理健康公益活动1次，现场听众达约100人次，网络直播听众达10000余人。进学校活动开展30余次，分别为湖州二中、菱湖中学、湖州第五教育集团凤凰校区、南浔开发区实验学校、湖州枫叶国际学校、南浔区花林中学、练市镇国强学校、湖州市志和中学、长兴第五小学、爱山小学仁北校区等学校，指导心理健康教育工作，并为师生及家长做专题讲座、个别咨询。进企业、社区活动对接企业（寰球人才公寓），为湖州市引进人才提供心理健康服务，具体包括学业辅导、亲子关系辅导等讲座；美欣达公司管理团队的心理减压辅导，铁道部十六局技术人员减压的讲座，龙泉街道家庭教育讲座，吉山二社区老年人应对孤独辅导等。

【教学研讨活动】 2019年，市教科研中心切实履行“研究、服务、指导”职能，聚焦重点，多样发展，深化建设，圆满完成年度工作目标任务，获得2019年省教科研先进集体等多项荣誉。1．普高教研。学习、领会《浙江省人民政府关于进一步深化高考综合改革试点的若干意见》精神，积极应对。召开全市学科中心组会议，研究并调整各学科教学建议，特别是高三首次“7选3”选考和英语高考（2020年1月6号—8号）之前的科学应对方案，供学校设计个性化教学方案参考。以各科课程标准（2017版）的解读各学科举办主题研究和教研活动20余次，参加教师人数5600余人次，邀请专家讲学12人次，推动学科核心素养有效落地。2019年，各学科针对高三召开选考、高考复习教学研讨活动的专题培训达20余次；集体调研每一所市属学校至少2次，个人调研累计47次，听课指导超1500节，完成学生问卷调查

20余次，各科召开教研组、备课组研讨活动近30次。2. 义教课改。启动全市义务教育段“先进教研组”“优秀教研组长”评选活动，首批评出湖州市义务段“先进教研组”60个、“优秀教研组长”60名。召开全市义务教育段“先进教研组”、“优秀教研组长”表彰会，充分发挥先进教研组、优秀教研组长的引领示范作用。初中数学举行全市教研组建设经验交流与研讨活动，对小规模学校教研组、集团学校教研组、共同体学校教研组及“互联网+”教研活动的设计与开展作深入研究和经验交流。初中语文聚焦乡村教师教学改革叙事报告、与作业本深度融合的课堂教学展示与研讨、乡村初中学校语文教研组建设经验交流三大核心内容，举行全市乡村教师风采展示与教研组建设研训活动，着力提升教师岗位自信和教学水平。2019年，参评省优秀教研案例，获奖8个；参评省优秀教研组，16个教研组名列其中。学前教育组织全市38名市幼儿园名优教师，采取交叉分批送教下乡的形式，分别到6所乡镇幼儿园、民办幼儿园进行“送教下乡”活动，共10场下乡专题讲座、22个教学活动，近500名教师参与现场观摩。

【教师专业培训】 教师专业发展培训卓有成效。2019年，在准确把握教师专业成长的基本特点规律、教师培训的目标、要求、方式和途径，教师专业成长不同阶段面临的问题与困难的基础上，分层分类制订和实施培训方案。全年组织师干训项目40个，参训人数达6700人次。进一步创新培训模式，拓宽培训空间，让学员在真实的、不同的教育场景中观摩研讨、切实感悟。并通过创设论坛发言、同伴会诊、深度会谈和教学展示等“亮相”机会，充分调动学员参训积极性，提升培训的质效。2019年，全市教师专业发展培训完成率、参训率等各项指标均达到省教育厅绩效考核优秀。市教师继续教育中心被评为2017—2018年度省师训干训工作优秀单位。

【体育教育】 学生阳光体育比赛成果丰硕。全市中小学积极开展阳光大课间活动，按要求开齐、开足体育与健康课程，确保中小学校学生每天校内体育活动时间不少于1小时，根据《2019年湖州市中小学生阳光体育竞赛规程》安排，湖州市教育局与体育局共同举办赛事15场，涉及13个项目。选拔组队参加省级以上赛事25余场，参赛运动员3000余人，新注册运动员600余名，取得21金12银30铜的优异成绩，审核通过一级运动员29人、二级运动员45人，入选全国校园足球特色幼儿园16所、省级16所，新增全国校园足球特色8所、省级8所，8人入选省级青少年校园足球最佳阵容，1人入选全国青少年校园足球最佳阵容。

【艺术教育】 举办2019年湖州市中小学生艺术节活动，选拔声乐、器乐、美术165件优秀作品参加省中小学生艺术节，获得艺术表演类和作品类一等奖32个、二等奖63个、三等奖57个，获奖率92%，其中5个节目参加现场展演，1个节目参加闭幕式颁奖晚会的演出，4个学校（单位）获得艺术节优秀组织奖；组织参加省第六届“兰亭奖”中小学生书法大赛，其中有7人进入现场比赛，获得3个一等奖、3个二等奖、1个三等奖及组织奖的好成绩；成功举办2019年全市中小学生文艺会演，来自全市60所学校的64个节目，1500余名师生参加文艺会演。此次文艺会演为期3天，分市属学校组、中学组和小学组，按器乐、声乐、舞蹈、戏剧四大类别进行，吸引观看人数1.9万人，互动2万余人次；参加、举办市级以上艺术类培训班近20次，培训艺术教师500余人，2人荣获全国优秀教师称号；全国美展成绩创新高，其中1人作品获得“中国美术奖”银奖；1人作品入选首都画展；2人作品入选。

·职业教育·

【概况】 2019年，湖州市中职教育工作认真贯彻落实中共十九大和全国、省、市教育大会精神，聚焦市委“一四六十”工作体系，紧贴“4+3+N”现代产业体系和“中国制造2025”试点示范城市建设，围绕市委、市政府提出的“在全省率先高水平实现教育现代化”总体目标，坚持以立德树人为根本，以服务发展为宗旨，以做精专业、服务企业、做强产业、保障就业、鼓励创业为导向，以改革创新和开放合作为动力，推动产教深度融合，提高教育教学质量，完善现代职教体系，重点推进职教现代化，全力打造湖州现代职业教育升级版，为全市经济社会发展提供强有力的技术技能人才支撑。在2018年度省职业教育发展考核中，市本级获二类地区二等奖，德清县、长兴县均榜上有名，安吉县获一类地区一等奖。2019年，全市中等职业学校占地面积220.42公顷，学校产权建筑面积92.92万平方米；生均占地面积和建筑面积分别为78.49平方米和33.09平方米。实习仪器设备总价值3.87亿元，生均实习仪器设备价值1.38万元，均处全省前列。安吉县成功创建第四批国家级农村职业教育和成人教育示范县，湖州市率先实现国家级农村职成教示范县县域全覆盖。长兴县、安吉县、浙江信息工程学校、湖州艺术与设计学校、德清县职业中等专业学校5个试点单位高质量通过省首批现代学徒制试点单位验收。

【专业和基地建设】 在2019年度浙江省“中职教育质量提升行动计划”项目建设名单中，湖州市有27个项目（单位）入选，项目申报成功率达96.4%，打造中职学校的品牌与特色。认定浙江省湖州艺术与设计学校浙北童装品牌设计学校共同体等3个项目为浙江省校企合作共同体项目；浙江信息工程学校的“驼群乐学”、浙江省湖州艺术与设计学校的“架构‘133’德育新体系培育阳光中职生”2个项目为浙江省中职德育品牌项目；长兴县技工学校的“启元创客空间”等3个项目为浙江省中职创新创业教育实验室；浙江信息工程学校徐斌等3人为浙江省中职教育优秀毕业生典型。年内，全市成功创建省级中职学校立项单位6个，省中职名师及名师工作室立项建设项目9个，省中职大师及大师工作室立项建设项目10个；省中职品牌专业立项建设项目9个，省中职优势特色专业立项建设项目9个。全面实施市“中职教育现代化工程”，开展项目集中评审，全年立项建设项目35个，包括市级中职众创空间8个、中职校职业体验中心5个、学生技术工作坊1个、产业学院1个、市级精品课程13门和现代学徒制改革试点项目7个，并对前两年的立项建设项目开展绩效评价，确保项目建设的进度和质量。

【校企合作】 贯彻落实《国务院办公厅关于深化产教融合的若干意见》精神，推动相关部门落实《湖州市促进职业教育校企合作工作办法（试行）》中合作企业税收优惠政策等，进一步完善校企协作育人机制，提升企业参与职业教育的积极性。长兴县职教中心电气运行与控制专业校企合作共同体、德清县职业中专利维机械校企合作共同体、湖州艺术与设计学校浙北童装品牌校企合作共同体成功创建省级中职校企合作共同体。截至2019年年底、全市成功立项6个省级校企合作共同体，7所职业院校成功申报11张X证书制度试点。同时，重点扶持职业学校与特色小镇、工业园区、行业企业共建6个市级“产业学院”。2019年，全市中职学校不断完善校企合作规章制度，已签订长期合作协议的企业986个，其中大中型企业575个，在企业挂职锻炼2个月以上的教师406人，合作企业投入学校设备和资金70.28万元。稳步推进现代学徒制改革提质扩面，探索现代学徒制与企业新型学徒制人才培养有机衔接，进一步完善“334+N”现代学徒制实践模式，立项建设市级现代学徒制改革项目7个。现代学徒制试点经验得到《中国教育报》《浙江日报》《浙江教育报》等媒体报道。10月，湖州市二县三校高质量通过省首批现代学徒制试点验收。年内，全市13所中职学校实现现代学徒制试点全覆盖，参与试点专业24个、企业172家，新注册学徒5030名，学生就业率达100%，就业稳定率达80%以上，企业用工满意率达90%，形成了企业点赞、学生认同、家长叫好的多方共赢局面。

【教学改革】 全面深化课程改革，充分发挥教研网络的作用，逐步改善以“小组合作学习”为主导的课堂教学改革，全国职业学校小组合作课改现场会暨高峰论坛在长兴县职教中心举行，来自重庆、河北、安徽、山东、新疆及省内各地市中职学校的领导、教师、合作企业代表、学生家长代表等300余人参加，小组合作学习成果得到充分肯定。在此基础上，深入开展中职选择性课程改革，不断完善具有湖州特色的“二模二基三群”课程体系建设，优化课程设置，深入8所中职学校检查专业教学计划落实与执行情况，为下阶段更深入地推进课程改革提供依据。同时，积极鼓励通过教师团队充分利用学校专业优势、合作企业技术力量、普通高中甚至高等学校师资力量、网络课程资源等合作开发选修课程，立项建设13门市级精品课程。举办“教学工作诊断与改进”背景下中职教研员教科研能力提升研修班，多维度、系统地学习教育教学理论和中职教育教学改革方向，为今后进一步做好中职学校的教育教学研究打下基础。组织各中职学校认真填报人才培养工作状态数据，及时报送学校教学诊改方案和总结，开展市中职课改和教学诊改推进情况检查，不断提升全市中职学校的办学水平。每学期召开教学诊改工作交流会，学校通过自查和工作交流，及时发现工作中存在的问题，借鉴各校的成功经验，不断提高工作成效。2019年全市中职学校升学再创佳绩，上线2286人，上线率达94%，其中本科上线296人，继续保持高水平的上线率。

【竞赛获奖】 经过学校推荐、市级选拔，湖州市在省中职学校职业能力大赛（学生技术技能类）中，获7个一等奖、13个二等奖、24个三等奖，并取得15张全国职业院校技能大赛入场券，比上年增长36%；在全国职业院校学生技能大赛中获4金5银5铜，其中，浙江信息工程学校何锐获2019年中国技能大赛——第45届世界技能大赛全国选拔赛网络安全第二名，湖州职业技术学院、安吉高级技工学校世界技能大赛中国集训基地的杨应政获第45届世界技能大赛管道与制暖项目银牌。举办全市中职学校第二十二届技能节暨素质能力竞赛，技能类竞赛有36名学生获一等奖，60名学生获二等奖，76名学生获三等奖。同时，举行全市第三届“久立匠心”职业教育人才奖颁奖仪式，向8名学生和8名指导教师发放奖金9.8万元，鼓励大国工匠的培育，为湖州培养更多“匠人”。湖州市中职学校在第三届湖州市“南太湖计划”青少年创客大赛中，获一等奖3项，二等奖5项，三等奖7项。举行全市中职学校学生创新设计、创业计划书比赛，学生在省级中职学校创新创业比赛获奖22项。举办全市中职学校专业课教师技能竞赛，获一等奖15项，二等奖32项，三等奖43项；8月，首次举办全市中职语文、数学教师学科知识竞赛，195人参赛，7人获奖。积极组织教师参加国家级、省级中职学校职业能力大赛（教师技能教学能力赛项）、专业课教师信息化教学说课大赛，获国家级一等奖6项，二等奖3项，三等奖2项；省级一等奖4项，二等奖14项，三等奖16项，教师技能水平不断提升。先后举办公共艺术课程、汽修专业、工艺美术专业、创新创业四次教学研讨活动，聘请专家举办讲座、邀请市外教师开设展示课、教学成果分享等形式，有力地促进了教师业务水平的提高。

【社会培训】 各中职学校坚持需求导向，立足地方产业发展需求，充分利用现有的实训设备、师资等资源优势，不断创新社会培训项目和形式，积极承办各级各类企业职工技能大赛、岗位技能比武等活动，努力提升社会服务能力和质量。2019年，全市中职学校共开展高技能人才、企业职工、农民工、新型职业农民、退役士兵等各类职业培训77818人次，达到全日制在校生数的2.45倍，其中培训鉴定高技能人才5418人次，其中技师以上1665人次，高级技师290人次，为地方经济社会发展提供优质人力资源支撑。

·成人教育·

【概况】 2019年，全市成人（社区）教育工作贯彻中共十九大报告提出的“办好继续教育，加快建设学习型社区，大力提高国民素质”的重要精神，努力践行“提高全民素质，促进社会和谐、服务地方经济，满足终身学习”的工作要求和省委、省政府关于“服务企业、服务群众、服务基层”、“振兴乡镇战略”等重大举措，积极推进全市成人（社区）教育的阵地建设，增强乡镇（街道）成人（社区）学校服务区域社会、经济能力，着力推进农村社区教育发展，为全市构建高质量终身学习服务体系发挥积极作用。

【成校建设】 2019年，南浔区教育局被中国成人教育协会评估确认为“2019年全民终身学习活动周（县级）优秀组织单位”，德清县教育局获评“2019年全民终身学习活动周（县级）成功组织单位”。长兴县煤山镇成人文化技术学校被中国成人教育协会确定为全国“2019年优秀成人继续教育院校”。在浙江省“成人继续教育服务工程”的三大项目创建工作中，南浔区成功创建省级学习型城市，全市率先实现省级学习型城市全覆盖；南浔区善琏镇成人文化技术学校、吴兴区妙西镇成人文化技术学校、德清县洛舍镇成人文化技术学校、德清县雷甸镇成人文化技术学校、安吉县天荒坪区域性中心成人文化技术学校、安吉县孝丰区域性中心成人文化技术学校、长兴县水口乡成人文化技术学校7所学校被确认为浙江省现代化成人（社区）学校；吴兴区茗溪成校的茗溪流动课堂、南浔区南浔镇成技校的老年游学、安吉县递铺区域中心成校的社区消防安全培训、德清县莫干山镇成校的民宿提升培训、长兴县和平镇成校的企业“1+N+X”技能培训、长兴县李家巷成校的新居民大讲堂、安吉县天子湖中心成校的工匠型电工技能培训7所学校的培训项目被确认为省级成人教育培训品牌。

【继续教育】 2019年，全市新注册4425人参加成人“双证制”学习，年内，有3702名学员达到规定学分顺利毕业，(其中599人为德清县的新居民)。继续开展“一对一”扫盲教育培训工作。全年减少文盲人口2018人，其中劳动力文盲减少246人，户籍学历更新1973人。德清县和长兴县继续组织701名农村未升学初、高中毕业生参加6个月至1年的职业技能培训，其中685人通过技能职业资格考核。全市有55所乡镇成校组织7948人开展家政服务培训，其中女性6735人。有4736人获得技能等级证（其中高级工1177人，中级工509人，初级工3065人）。2019年，全市63所乡镇（街道）成人（社区）学校和社区学院组织开展老年教育培训活动。有23.64万人次参加社区教育活动，实现区域老年人口参与率达47.06%。其中，建有学期制班级185个项目，班级277个，学员8707人。全市投入老年教育培训经费286.65万元（其中财政经费209.6万元，学校自筹经费82.02万元）。开设学期制的老年教育项目和人数不断增加。全市对劳动力人群开展非学历教育培训达71.63万人次。其中，农民转移就业培训1.62万人，企业职工岗位培训9.58万人（含务工农民岗位培训5.13万人），新型职业农民2329人，农村实用人才1.33万人，培训后取得职业资格证书2.01万人，其他各类培58.5万余人。

【社区教育进农村文化礼堂】 2019年，依据省教育厅要求，在认真开展调查研究的基础上，湖州市教育局与中共湖州市委宣传部联合签发《湖州市推进社区教育进农村文化礼堂三年实施方案（2019—2021年)》，为积极推进社区教育进农村文化礼堂活动，及时提出工作目标与工作要求。截至2019年年底，全市乡镇成校服务农村文化礼堂的学习活动文化礼堂覆盖率95.85%；全市成校服务农村文化礼堂、举办各类学习活动次数达4.51次/礼堂。

·高等教育·

【概况】 全市有高等学校4所，即湖州师范学院、湖州师范学院求真学院、湖州职业技术学院和湖州广播电视大学。正在筹设高等学校1所，即浙江宇翔职业技术学院(筹)。2019年，全市高等教育招生15296人，在校学生43117人，毕业学生12131人，专任教师2331人。高等学校占地面积200.19公顷，建筑面积102.54万平方米。湖州师范学院、湖州师范学院求真学院和湖州职业技术学院有副高以上教师566人。

【湖州师范学院】 2019年是湖州师范学院更名大学攻坚之年，学校以习近平新时代中国特色社会主义思想为指导，深入贯彻中共十九大和十九届二中、三中、四中全会精神，全面落实全国、全省教育大会精神等，以创建高水平“湖州师范大学”为契机，拉高标杆，主动作为，推动学校内涵发展、特色发展、协同发展、和谐发展。

一、党建思政工作持续加强。扎实开展“不忘初心、牢记使命”主题教育。2个支部获评“全国党建工作样板支部”，3个基层党组织获评“全省高校党建工作标杆院系、样板支部”，3个党建特色品牌、1个党建示范群入选全省高校党建“双百示范”工程。在湖州市2019年度党建工作考核中名列第一。成立党委教师工作部，推进“课程思政”教育教学改革，课程思政覆盖率达92.82%。获教育部“三全育人”综合改革试点单位、省“三全育人”综合改革重点支持高校。关爱自闭症儿童志愿服务团被授予全国助残先进集体，团队代表受到习近平总书记接见，并获2019年大学生志愿服务社区示范项目及第六届浙江慈善奖，“通语谋兴”推普脱贫攻坚志愿实践团队被评为2019年“推普脱贫攻坚”全国大学生暑期社会实践活动优秀团队。

二、大学创建工作加速推进。全面贯彻落实教育强国、高教强省战略，市委、市政府出台《关于大力支持湖州师范学院加快建成高水平“湖州师范大学”的若干意见》，在政策和资金上给予支持。市大学生创新创业中心大楼正在建设，智能工科楼、研究生公寓二期已在规划。学校被评为湖州市教育工作突出贡献集体，在2019年上海软科中国最好大学排行榜中位居第226位，全国师范类高校排名第30位。

三、人才引育工作富有成效。贯彻落实上级各项人才新政，大力实施人才强校战略，修订《高层次人才引进实施办法》等制度，设置直聘、破格聘任等多种聘任方式，设置“浙北学者特聘教授”“校聘教授、副教授”等校内特设岗位，激发各类人才发展活力。2019年，全职引进博士及以上人才67人、高级职称人才26人，柔性聘用包括乌克兰国家科学院院士、“长江学者”、国家“杰青”等博士及以上人才38人。新增省级以上人才7人、市级以上人才31人，在湖州市人才工作考核中名列第三。

四、学科建设和研究生教育齐头并进。教育学进入上海软科2019中国最好学科前47%；数学进入上海软科2019世界一流学科榜单，国内排名44名，世界排名326名。制定学校《博士点培育十年行动计划》，出台《硕士学位点建设（2019—2021年）三年行动计划》《硕士培育点建设方案》，召开新一轮硕士点申报工作动员分析会。顺利完成6个学位点获批以来首次国内研究生录取工作，在校研究生达594人，占全校学生数5%以上。

五、人才培养质量稳中有升。制订实施本科教育“湖师方案”，学校被评为省课堂教学创新校、省高校教师教学发展示范中心，省级产教融合示范基地。临床医学专业以6年有效期的优异成绩通过教育部认证，小学教育、数学与应用数学、学前教育3个专业通过教育部二级专业认证。教师获青年教师教学竞赛等省级以上奖项12项，省第二批新形态教材建设项目6项。学生获学科竞赛（A类）国家级学科竞赛一等奖1项、二等奖5项、三等奖10项，省级一等奖及以上学科竞赛（A类）47项。省内录取一段率达36.26%，普通类本科投档分571分，超二段线75分，新增北京、青海2个招生省份。2019届毕业生就业率达96.38%，400余人考取研究生，考研升学率达12%；留湖州毕业生1129人，留湖率21.64%。

六、科学研究水平逐年提高。获教育部第八届高等学校科学研究优秀成果奖（人文社会科学）二等奖1项，教育部高等学校科研优秀成果奖（科学技术类）技术进步二等奖1项，省科学技术进步奖三等奖2项，省哲学社会科学优秀成果奖4项。“两山”理念研究院获批省新型高校智库；省乡村教育研究中心获省教育厅批准设立；“现代农业资源智慧管理与应用研究实验室”获批省重点实验室。学校获国家级项目24项，省部级52项，科研总经费超过1亿元。首个国家社科基金特别委托项目——“全国生态文明先行示范区建设理论与实践研究以湖州市为例”顺利结题。《学报》被评为全国高校文科优秀学报，“三农研究”暨“两山专栏”被评为全国高校文科学报特色栏目。

七、社会服务影响逐步扩大。高水平打造城市与大学命运共同体，与三县三区签订新一轮战略合作协议，成立区县技术转移中心，组建105支服务地方团队。承担市地校合作重点项目85项，被评为市地校合作先进集体。新签约横向科研项目191项，其中100万元以上项目12项，4项研究报告获省部级领导批示，13项研究报告获市委、市政府领导批示。吸纳首个国外高校——乌克兰敖德萨国立理工大学加入“环太湖高校联盟”。与中国矿业大学（北京）签订协议合作共建生态安全协同创新中心。附属第一医院牵头成立医疗保健集团，组建“1+1+6”三级城市医共体。

八、对外交流合作更有活力。招收国际研究生172名。邀请中国社会科学院领导及专家，阿塞拜疆、乌克兰、白俄罗斯等国专家学者、各高校从事多元文明与共同发展研究的专家学者，成功举办“多元文明与共同发展”国际学术研讨会暨跨文化研究中心2019年年会。主动走出去，联络校友、企业，争取办学资源。

九、办学条件不断优化。争取设立创建“湖州师范大学”专项资金、创新创业中心专项资金等。累计投入6810万元用于实验室建设，全年入库图书7.32万册。开展“一路一湖”美化、校园环境优化、校舍条件改善、校园安全保障、服务质效提升五大工程，建成金工实训中心，做好“垃圾分类”，推进绿色生态校园建设，获评国家级“节约型公共机构示范单位”，入选2019年度省级“平安单位”暨首批“智慧安防单位”。

十、校园文化建设富有特色。举办第七届胡瑗文化节，重点扶持12项原创性文化活动。办好胡瑗大讲堂，设立文化“白天鹅奖”，加强原创作品扶持，培育话剧《青青余村》等3个原创文化项目，赴各区县演出。建成中国首家南丁格尔教育馆、师生作品陈列馆。获评南太湖优秀文化人才2人，市优秀文化扶持项目1项，市宣传文化创新项目1项。承办首届全国师范院校新闻宣传工作研讨会、浙江新闻客户端五周年高校新闻工作研讨会，在《人民日报》《光明日报》、人民网、新华网、《中国教育报》等宣传报道410余篇次。

【湖州职业技术学院·湖州电大】 2019年，深入贯彻中共十九大、十九届二中、三中、四中全会精神和全国、全省教育大会精神，贯彻落实《中国教育现代化2035》《国家职业教育改革实施方案》、浙江省教育现代化和高教强省战略部署及市委“一四六十”工作体系，全面落实学校二次党代会确定的“一三六六五”决策部署，以“大抓落实年”为工作主题，坚定改革前进、奋力担当作为，事业获得高质量发展：入选全省首批党建工作“示范高校”培育创建单位（全省高职仅3所）、省课堂教学创新校、全国第二批“1+X”制度试点院校、省第二批现代学徒制试点单位、省高校教师教学发展示范中心，被市委、市政府评为教育工作突出贡献集体、重大中心工作（人才招引）先进集体。

专业内涵持续深化。建筑工程技术、工业过程自动化技术、旅游管理和国际贸易实务4个专业被教育部《高等职业教育创新发展行动计划（2015—2018年）》认定为骨干专业；实训基地建设量质并举。智能制造生产性实训基地被教育部认定为生产性实训基地，智能制造“双师型”教师培养培训基地被认定为“双师型”教师培养培训基地。学生全年在省级以上技能竞赛获奖126项，其中省级一等奖14项、国家三等奖以上2项、世界技能大赛银牌1项。全年师生授权专利95项，学生为第一发明人74项，授权发明专利数量排名全国高职第37位。就业率达97.62%，考入全日制本科升学率达12.67%，学生创业率达1.35%，留湖率达43.7%，毕业生跟踪调查满意度排名全省高职第8。全年列入市地校合作重点项目59项（主持47项），同比增长40.5%，建成工业自动化技术研发中心、智能电梯技术研发中心等研发和服务机构20个，专业服务地方团队13支。湖州电大全年招生1475人。举办各类培训班300余期，同比增加50余期。职业技能培训人数16000余人次，各类技能人才技能鉴定4000余人，营业总收入超1000万元。

【教育类考试】 推进高考综合改革，全力以赴确保考试平安顺利。不断深化和完善考试管理制度，主动担当、积极作为，切实维护考试公平与公正；以人为本，科学管理，依法治考，努力提升招生考试服务水平。全年组织各类考试37场，参考人数203802人次。年内学考选考时值新高考政策完善期，全年学考考试时间为4月和6月，选考于4月进行，全市44034人报考，127129科次；高考艺术类美术专业统考1119人；6月，参加高考和单独考试（含扩招）16418人。中考文化课考试报考19720人，全部实行初中毕业生体育考试，市区参测11718人次，科学实验操作测试全市20419人；成人高考、硕士研究生招生考试报考人数均创历史新高，分别为10112人、3474人。自学考试报考人数（含自学网络助学过程性上机考试）为4825人、10528课次，审核毕业生89人；非学历考试顺利进行，全年组织剑桥少儿英语、全国英语、全国计算机、大学外语、高校计算机等各类等级考试各两次，报考总人数为51661人、55059课次；组织国家教师资格考试笔试和面试各两次，报考人数为笔试11427人（报考课次23478），面试4875人；普通高校专升考试和职业技能考试报考人数分别为732人和2268人。各科类每场考试都按照要求规范操作，严格管理，实现“考前无试卷试题泄密，考中无群体性舞弊，考后答卷回收不失少”的全年平安考试的工作目标。

·办学条件·

【概况】 2019年，全市学校办学条件持续改善。小学：生均校舍建筑面积为9.41平方米；生均图书为27.9册；每百名学生拥有计算机台数小学由上年的19.45台增加到19.77台；小学体育运动场（馆）面积达标校数的比例为100%，比上年增加0.78个百分点；体育器械配备达标校数比例为100%，与上年持平；音乐器材配备达标校数比例为100%，与上年持平；美术器材配备达标校数比例为100%，与上年持平；数学自然实验仪器达标校数比例为100%，与上年持平；建立校园网的学校达100%，比上年增加0.78个百分点。初中：生均校舍建筑面积为22.39平方米，比上年减少1.37平方米；生均图书为51.38册，比上年减少1.32册；每百名学生拥有计算机台数初中由上年的36.37台减少至35.71台；体育运动场（馆）面积达标校数的比例为98.90%，下降0.05个百分点；体育器械配备达标校数比例为98.90%，下降0.05个百分点；音乐器材配备达标校数比例为98.90%，下降0.05个百分点；美术器材配备达标校数比例为98.90%，下降0.05个百分点；理科实验仪器达标校数比例为98.90%，下降0.05个百分点；建立校园网校数比例为98.90%%，减少0.05个百分点。普通高中：生均校舍建筑面积26.92平方米；生均教学仪器设备值0.6万元；生均图书45.83册。普通高中：生均校舍建筑面积31.18平方米；生均教学仪器设备值0.70万元；生均图书47.10册。普通高中体育运动场（馆）面积达标校数比例为100%；体育器械配备达标校数比例为100%；音乐器材配备达标校数比例为100%；美术器材配备达标校数比例为100%；理科实验仪器达标校数比例为100%；建立校园网学校比例为100%。中等职业教育（包括职业高中、普通中等专业学校、成人中等专业学校）：生均校舍建筑面积33.09平方米，比上年增加0.52平方米；生均图书39.7册，比上年增加3.7册；生均仪器设备值1.38万元，比上年增加0.11万元。

【教育经费】 2019年，全市教育

经费总投入112.65亿元，国家财政性教育经费总投入81.63亿元。其中地方教育经费总投入112.54亿元，比上年103.25亿元增加9.29亿元，增长8.99%。其中一般公共预算安排的教育经费（含205类及其他经费）81.27亿元，比上年74.64亿元增加6.63亿元，增长8.88%，占教育经费总投入的72.21%；政府性基金0.25亿元，比上年1.20亿元减少0.95亿元，下降79.16%，占教育经费总投入的0.22%；其他属于国家财政性教育经费及社会服务投入0.01亿元，比上年0.19亿元下降0.18亿元，下降94.74%，占教育经费总投入的0.01%；事业收入15.88亿元，比上年13.60亿元增加2.28亿元，增长16.76%，占教育经费总投入的14.11%；捐赠收入0.17亿元，比上年0.16亿元增加0.01亿元，增长6.25%，占教育经费总投入的0.15%；民办学校举办者投入0.65亿元，比上年0.62亿元增加0.03亿元，增长4.84%，占教育经费总投入的0.58%；其他14.31亿元，比上年12.84亿元增加1.47亿元，增长11.45%，占教育经费总投入的12.72%。

2019年，全市一般公共预算教育经费（205类）77.29亿元，同比增长7.81%；全市财政经常性收入为201.50亿元，增长7.37%，一般公共预算教育经费增长高于财政经常性收入增长0.44个百分点。

2019年，普通高校生均预算内教育事业费支出为21070.70元，同比增长11.37%；普通高中生均预算内教育事业费支出为28567.27元，增长7.95%；中等职业类生均预算内教育事业费支出为21086.34元，下降16.06%。原因是安吉县2018年安吉职教中心建设投资金额较大；普通初中生均预算内教育事业费支出为24886.62元，增长9.82%；普通小学生均预算内教育事业费支出为16602.56元，增长10.64%；幼儿园生均预算内教育事业费支出为9730.80元，增长29.08%。

2019年，普通高校生均预算内公用经费支出为5817.58元，同比增长74.42%；普通高中生均预算内公用经费支出为5114.30元，增长7.02%；中等职业类生均预算内公用经费支出为7604.47元，下降39.46%。原因是安吉县2018年安吉职教中心建设经费金额较大；普通初中生均预算内公用经费支出为3888.52元，增长1.31%；普通小学生均预算内公用经费支出为3920.72元，增长7.25%；幼儿园生均预算内公用经费支出为3299.48元，增长10.37%。

2019年，全市国家财政性教育经费81.63亿元，占国内生产总值比例为2.61%，比上年的国家财政性教育经费76.18亿元，占国内生产总值比例为2.80%，下降0.19个百分点。

2019年，全市一般公共预算教育经费占一般公共预算支出的比例为16.56%，比上年的18.03%，下降了1.47个百分点。

【财务后勤管理】 2019年，加强预算管理，梳理市属教育系统的“大事”清单，编制2020—2022年专项规划项目，分季度召开行政后勤管理工作推进会，有效强化预算执行管理。完善《湖州市学前教育转移支付资金考核分配管理办法》，规范学前专项资金管理办法。完善内部控制建设，提高学校（单位）主要领导和财务人员依法理财的自觉性，把法定代表人对财务工作的法律责任认真落实到位。重视资产管理，制订《教育系统低效闲置资产排查实施方案》，组织全面排查梳理，并按市政府要求做好有关资产移交工作。规范采购管理，转发一系列政府采购文件、招标投标管理文件，加强对政府投资项目的监管。

【助学工程】 健全学生资助制度，简化困难学生申请资助程序，全年全市为1258人次家庭经济困难幼儿减免保育费231.13万元；为12675人次义务教育学生补助营养餐745.35万元；为48.52万人次义务教育学生免除课本费7730.5万元；为672人次义务教育学生发放40.64万元寄宿生生活补助；为1288人次家庭经济困难普高学生免除学费和代收费224.26万元；为5.65万人次中职学生免除学费9356.2万元；为3176人次普通高中学生发放国家助学金317.6万元，为6340人次中职学生发放国家助学金633.7万元。根据财政部 教育部《关于下达2019城乡义务教育补助经费预算的通知》和省学生资助中心有关要求，从2019年秋季学期起，开始对低保家庭学生、烈士子女、孤儿、特困供养学生、残疾学生、建档立卡贫困家庭学生等家庭经济困难非寄宿生纳入生活补助范围，资助标准为小学生500元/每学年、初中生625元/学年。秋季学期为3469名义务教育学生发放92.70万元非寄宿生生活补助。

【现代教育技术装备】 加强对全市教育技术装备建设的指导，组织实施《湖州市智慧校园建设“十三五”规划（2016—2020年）》。2019年，全市普通中小学校教育技术装备投入2.16亿元，其中图书装备投入1124万元，常规实验室及功能教室仪器设备总投入12338万元，实现普通高中创新实验室或学科教室全覆盖。生均教育技术装备经费投入767.81元，至2019年年底，全市普通中小学累计生均教育技术装备金额为5052.32元。公办中小学校全部实现“千兆到校、百兆通达”所有班级；部分区县已实现“万兆到校”；教师网络空间开通比例达99%以上，校园网出口带宽达1G以上且无线网络覆盖主要教学场所学校的比例达93%。湖州市教育网实现互联网出口的“三网合一”，与省教育计算机网的5G带宽互联，积极推进互联网协议第六版（IPv6）规模部署和应用实践工作，制订《湖州市教育计算机网升级万兆技术实施方案》，指导并持续推进湖州市教育计算机专网升级“万兆工作”的全面完成。

【湖州教育网】 2019年，市教育局中心机房根据安全等级保护的相关要求完善了各项安全基础设施、设备。升级灾难备份设备，实现从关键数据备份到关键系统备份转变；新建网络存储设备，新增存储容量15T；实现云安全防护策略，结合本地IPS、WAF、VPN、上网行为管理等安全设备进一步构建多元化、多层次的安全防御体系，部署教育互联网安全探视感知系统，进一步提升了湖州教育网站的安全防护能力。

持续做好“湖州教育”门户网站建设。年内，湖州教育网根据市政府统一要求，顺利完成集约化工作，继续保持在“中国湖州”门户网站群运维实时监测排名中名列前茅的位置。湖州教育网年访问量已达2000万人次，审核信息达20738条、新增有效信息达16186条。认真做好“菰城教育”微博和“湖州教育”微信门户的技术保障和发布工作，为宣传湖州教育做出积极的贡献。为满足残疾人、老年人等特殊群体获取网站信息的需求，湖州教育网开通网站无障碍浏览服务。湖州教育网面向社会积极开展了防范电信诈骗和网络诈骗，清明网上祭英烈、新型智慧城市市民评价、国家政务服务投诉与建议等宣传活动。年内，新建“湖州研课网”教育平台，实现全市所有学校录播教室直播平台的统一，全市录播教室优质资源的共建共享，并实现与浙江省教育资源公共服务平台的互联互通。

【学校建设】 2019年，在《湖州市教育事业发展“十三五”规划》的引领下，制定了教育系统的“六重”项目清单，市教育局按照竣工投运一批、续建开工一批、前期报批一批和谋划储备一批的“四个一批”的要求，组织各区县编制全市教育系统“幸福民生建设工程”项目年度计划，完成投资32.5亿元。其中竣工投运37项、续建开工49项、前期报批40项、谋划储备45项，各项目均按计划抓紧实施。2019年，督促各区县完善教育布局规划，按规定上报省政府、省教育厅备案，并加快实施重点项目。全市民生实事实施幼儿园扩容项目14个；全市标准化学校比例达到98.63%，名列全省第二；滨湖高中、华东师大湖州实验中学开工新建；昆山中学、市北小学等新建学校项目有序推进。2019年，全市中小学基本建设在建项目建筑面积68.39万平方米，其中吴兴区8.58万平方米，南浔区13.66万平方米，德清县27.39万平方米，长兴县6.76万平方米，安吉县12.0万平方米。完成基本建设投资20.14亿元，其中吴兴区4.73亿元，南浔区4.33亿元，德清县3.2亿元，长兴县1.48亿元，安吉县6.40亿元。

（费毅诚）

社会保障　人力资源

·就业与社会保障·

【公共就业服务】 制订出台《湖州市人民政府关于促进就业工作的六条扶持意见》，大力促进就业创业。全年全市城镇新增就业15.58万人，同比增长28.76%；城镇登记失业率1.86%，下降0.46个百分点。从2月中旬至3月中旬，开展为期1个月的2019年“春风行动”系列活动。举办各类招聘服务活动60场，提供各类岗位6万余个，为农民工等各类求职人员提供免费服务4.4万人次。组织参加职业技能培训人数2000人次，免费提供劳动维权服务和法律咨询服务4000人次，发放“春风卡”等宣传资料5.4万份。召开2019年“春风行动”暨湖州市房地产产业专场招聘会，组织广东碧桂园物业服务股份有限公司湖州分公司、融创物业服务集团有限公司湖州分公司等30家房地产服务企业参会，累计提供土建工程师、安装造价师、保安、清洁等各类岗位513个，平均月薪6000元，招聘现场累计进场600余人，达成初步就业意向240余人。组织大康控股集团有限公司、浙江恒林椅业股份有限公司、华祥（中国）高纤有限公司等9家企业于2月中旬先后赴台州市仙居县、丽水市松阳县参加2019年省内人力资源余缺调剂招聘会，推出各类岗位911个，平均月薪5500元。累计有1000余人次向湖州市企业进行应聘咨询、投递简历，现场达成就业意向200余人。开展民营企业招聘周活动，全市390家企业参加招聘周活动，提供岗位10578个，帮助6000余名求职人员与用人单位达成就业意向，为求职人员提供维权服务300人次，发放就业政策等宣传材料6万份。举办2019年秋季人力资源交流大会，276家企业参会，提供各类用工岗位7630个，达成初步就业意向658人。

【重点人群就业帮扶】 以重点人群为主要服务对象，全年组织开展“就业援助月”“退役军人专场”“残疾人专场”等系列公共就业专项活动296场次，推出就业岗位28.83万个，达成初步就业意向11.53万人。全市帮扶困难人员再就业6746人。春节前，以“就业帮扶，真情相助，不让一个困难群众掉队”为主题，在全市开展为期1个月的“就业援助月”活动，各级人社基层平台组织专场招聘会5场，走访就业困难人员和零就业家庭791户，登记认定未就业困难人员359人，其中残疾就业困难人员7人、去产能职工53人，帮助440名就业困难人员实现就业，帮助892名就业困难人员享受政策。招用就业困难人员并享受扶持政策企业总数24家，企业招用的登记认定困难人员人数90人。做好拥军优属就业工作，4月27日，举办2019年部队随军家属就业专场招聘会，9月4日，举办夏秋季退役士兵招聘会，10月26日，举办退役军人就业大企业专场招聘会，累计117家企业参会，推出各类岗位超3000个，达成初步就业意向300余人。组织开展就业困难人员帮扶援助，调查摸底困难失业人员和困难企业，对340名困难失业人员及18家困难企业进行“两节”困难慰问，发放慰问金200余万元。按规定落实好就业困难人员的帮扶政策，切实缓解困难，根据安排有计划地组织开展社保补贴的申报、核查及发放等，累计落实灵活就业社保补贴5000余人次、2000余万元，向28名困难企业军转干部落实功臣模范等补助10万余元，为3万余名失业人员档案落实代管补贴90万元。

【东西部扶贫协作】 贯彻落实《湖州市发展和改革委员会湖州市财政局湖州市人力资源和社会保障局关于做好湖州市助力东西部扶贫协作地区就业脱贫工作的通知》《湖州市发展和改革委员会湖州市财政局湖州市人力资源和社会保障局关于明确就业扶贫政策执行有关问题的通知》文件精神，完善配套实施办法，着力加大交通、探亲、就业、租房等补贴力度，吸引对口地区建档立卡人员来湖州就业。全市组织334家企业在新疆柯坪、吉林靖宇等对口地区举办专场招聘会22场，达成就业意向3000余人。吸纳全国22个省、1.68万名建档立卡人员来湖州实现稳定就业，人均增收3万元。为对口地区194名建档立卡人员发放各类补助94.05万元。把“输血”与“造血”结合起来，注重提升员工就业技能，抓好源头“扶技”。结合对口地区务工人员就业能力和就业意愿，重点围绕电焊、建筑、湖羊养殖等项目，组织开展订单式培训班17期，培训3500余人。

【社保减负】 召开贯彻落实关于降低社会保险缴费工作部署会议，下发《贯彻落实降低社会保险费有关问题的通知》。全年全市社会保险费减征8.82亿元。从2月起在市区实施工伤保险费率浮动调整，工伤保险费率向下浮动的企业按规定下浮，受惠企业达29000余家，减少企业工伤保险费支出2300余万元；工伤保险费率向上浮动的企业暂不上浮，减免企业1000余家，减免企业增缴工伤保险费用630余万元。做好工伤保险费率阶段性调整。在确保工伤保险基金安全的前提下，对基金累计结余较高的市本级（工伤保险基金可支付月数超过24个月）企业实行整体减负。市本级除一类行业外，其余各类行业在现行工伤保险费率基础上下调50%，受惠企业达30300家，全年为企业减负1900余万元。根据《浙江省人力资源和社会保障厅等3部门关于阶段性降低失业保险费率有关问题的通知》《浙江省人民政府办公厅关于进一步减轻企业负担增强企业竞争力的若干意见》文件精神，继续实施失业保险费率下调政策，全市失业保险费率由1.5%临时性下调至1%，其中用人单位缴费费率由1%下降至0.5%。贯彻落实《浙江省人民政府关于做好当前和今后一个时期促进就业工作的实施意见》文件规定及全省失业保险稳就业政策落实工作专题会议精神，市人社局、发改委、经信局、财政局、商务局、税务局六部门联合出台《关于市区企业社会保险费返还有关问题的通知》，明确对象范围、落实责任分工、规范经办流程，建立6部门会审制度，为4715家符合条件企业发放社保费返还补贴3.275亿元，惠及企业职工9.33万人。继续实施援企稳岗政策，通过乡镇（街道）基层平台，对辖区内企业进行宣传指导，通过地税系统与社保系统比对，运用信息化手段严格审查程序。市本级审核稳岗补贴638家企业，金额1050.75万元，惠及职工4.3万人。根据省政府《关于完善困难群众基本生活价格补贴机制的通知》有关规定，对当月全省城镇低收入居民基本生活费用价格指数涨幅（SCPI）高于3%的失业金申领人员发放临时价格补贴，补贴标准为1440＊全省城镇低收入居民基本生活费用价格指数（SCPI）。4月起，根据省政府统一部署，4—10月，为2.5万余人次发放补贴150万元。

【养老保险】 贯彻落实《关于2019年调整退休人员基本养老金的通知》文件精神，及时调整湖州市2019年退休人员基本养老金。根据《关于建立城乡居民基本养老保险待遇确定和基础养老金正常调整机制的指导意见的通知》，调整全市城乡居民基本养老保险基础养老金和缴费办法。湖州市从1月1日起相应调整基础养老金，标准从每人每月180元提高到215元，每人每月增加35元。

【工伤保险】 出台《关于试行职业技工等学校学生在实习期间和已超过法定退休年龄人员在继续就业期间参加工伤保险办法》，引导企业积极为实习学生和超龄人员参加单项工伤保险，保障实习学生和超龄就业人员合法工伤权益。制定出台《湖州市区工伤调查劳动保障监察联动促进“无欠薪”县区建设试点办法》，建立工伤事故调查与劳动保障监察“一案双查”新模式，有效提升工伤调查效率，加大规范用工监察力度。健全劳动能力鉴定制度，在加强内控管理，优化梳理劳动能力鉴定工作流程的基础上，先后制定出台《湖州市劳动能力鉴定医疗卫生专家库管理办法》《湖州市劳动能力鉴定工作规程》，完成湖州市劳动能力鉴定医疗卫生专家库成员调整，续聘、增聘专家150名。全市完成工伤认定案9577件，完成劳动能力鉴定5581件，其中市本级完成工伤认定4200件。召开劳动能力鉴定委员会专家会议17次，完成劳动能力鉴定1927件。

【参保登记】 持续推进全民参保计划，依托全民参保登记动态管理系统，深化社会保险精准扩面，基本实现法定人群应保尽保。全市基本养老保险参保率达97.95%。

【社保经办】 深化互联网＋政务服务，打造网购式服务体验。实施智能咨询客服系统，针对人社政策咨询难和解答难等群众办事难点问题，按照“八统一”和“最小颗粒度”要求精细化梳理政策，开发精准推送智能服务导图，健全完善人社业务知识库。据统计，社保大厅窗口办事总体提速97.63%。实施人机协同联动，对标业务大厅“无人式”窗口，在市、区县人社经办大厅扩大自助办理区，配全自助服务机，配备专业引导，指导网上和自助办事。市本级网上申报单位2.5万家，日均办理业务2000余笔。深入推进“一证通办”“网上办”“掌上办”“跑零次”和压缩时限等工作，八个项目实现100%，即一证通办100%、全市通办100%、网上办100%、掌上办100%、跑零次100%、材料电子化100%、电子归档率100%、15分钟办结率100%，办事时间压缩率97.80%，事项即办率91.04%。通过深化社保“5A”经办模式，以受办分离的形式，将53个民生和重点便民服务事项下延下放到市区31个乡镇（街道）经办。扩大“社银合作”事项，将下延银行办事项由社保事项，逐步扩大到全部人力社保领域。

【基金监管】 加强基金监管，全面完善运行预警、内部稽核和外部评估机制。实施系统化风险防控，开发人社业务经办全程风险控制信息系统，建立健全人社业务经办风险管控体系，实现事前、事中、事后全过程监控，利用业务规则以及大数据分析，精准发现风险点，精准开展稽核，确保基金安全。

【创建和谐劳动关系】 积极推进和谐劳动关系建设，出台《湖州市区域性和谐劳动关系创建工程实施方案》，市、区县联动，全域整体推进。积极推进协调劳动关系三方机制建设，组织召开市协调劳动关系三方会议。启动第七批市级创建和谐劳动关系先进企业、园区评选，1家企业被授予国家级创建和谐劳动关系先进企业称号，16家企业被授予省级创建和谐劳动关系先进企业称号，2家园区被授予省级创建和谐劳动关系先进园区称号。定期研究工资集体协商要约行动、技术工人待遇提升专项行动、特殊工时审批清单式改革等，促进区域劳动关系和谐水平不断提升。完善劳动关系和谐指数测评体系，发布347个职业（工种）工资指导价位。

【无欠薪区县建设】 全面开展区县“浙江无欠薪”行动督导，健全“周研判、月分析、季通报、年考核”机制。围绕在建工程项目欠薪治理重点难点，整合《全市建筑业开展“浙江无欠薪”行动实施方案》《湖州市建筑施工领域农民工工资分账管理实施细则》，统一各区县建立在建工程项目“14+9”基础和动态管理台账，培训项目经理和劳资专管员1000余名，实现在建工程项目“六项制度”全覆盖。加强市场监管、税务、建设、人行等部门数据共享，建立农民工工资专用账户监控机制。制订《湖州市开展受中美贸易摩擦影响企业劳动保障监察执法活动实施方案》，联合市商务局重点关注1165家企业用工情况，对102家重点企业开展结对帮扶，最大程度化解用工风险和压力。组织开展互联网企业劳动用工执法服务活动，排查互联网企业3939家。组织开展根治欠薪夏季专项行动，开启“冬病夏治”模式，检查在建工程项目370个。开展春节前防欠薪百日攻坚大会战、清理整顿人力资源市场秩序、劳动保障书面审查、“我的工资有话说”工资支付调查等行动，加大监督检查和行政执法力度，检查用人单位9100家，人力服务机构95家，书面审查入库1.3万家。针对元旦、春节“两节”前讨薪高发期，组织根治欠薪冬季攻坚行动，组织全域隐患排查、强化预警监测、完善应急预案，累计排查欠薪隐患37个。加强信用建设“红”“黑”名单结果运用，推进劳动保障监察信用评价体系建设，公布欠薪失信企业“黑名单”2家、重大劳动保障违法行为2起。

【劳动人事争议仲裁】 深化纠纷多元化解体系建设，加强对派出庭、基层调解组织的培训、指导、考核、监督，提高基层调解规范化水平，在乡镇（街道）调解组织建设基础上进一步做好劳动争议预防调解示范村、社区的试点培育。5月30日，全省劳动人事争议调解仲裁制度改革创新现场会在湖州召开，湖州市在会上作经验交流发言。加强与工会、法律援助、律协工作协同，凝聚争议调处工作合力。实行繁简分流，按照应援尽援原则，依托法律援助工作站对困难群体开展法律援助，协调落实法援申请500余件，涉及劳动者1000余人。开展仲裁员分片联系督导街道（乡镇）及企业活动。创新法制宣传举措，推出“庭审课堂”等措施，邀请企业人事干部旁听案件庭审，以案说法。联合司法、工会及人力资源行业协会开展劳动法专题培训，全市累计培训29期、参训人员1600余人次。按照“属地管辖、就近化解”原则，制订《关于湖州市、区劳动人事争议仲裁管辖划分的意见》，明确市、区仲裁管辖以劳动合同履行地和用人单位所在地作为划分的唯一标准。

·人事人才·

【高层次人才引育】 大力实施“南太湖精英计划”，完善“南太湖精英计划”实施办法，增设高校院所专项，优化人才项目遴选标准，强化“人才+产业”“人才+项目”双招双引，加速引进产业层次高、带动能力强的高端人才项目。全市全年引进领军型创新创业团队和创新领军人才项目279个，其中引进外地“国千”专家34名。湖州市连续三年成为全省唯一入选人社部“海外赤子为国服务行动计划”的地级市。深度融入长三角一体化发展战略，参与G60科创走廊建设，按照《共建共享G60科创走廊人才新高地行动方案》，先后同杭州、嘉兴签订区域战略合作框架，参与组建长三角一体化城市联盟，深化区域人才共引共育合作。在上海设立湖州全球招商引才中心，全市驻点专班引进高层次人才项目232个，并同27家科研机构签订合作协议。坚持全球化布局人才飞地，通过“在湖注册、离湖孵化”的方式，面向全球、多点布局，大力引进高层次人才项目。全市累计在美国波士顿、南非比勒陀利亚、上海、杭州等城市建立人才飞地12个，面积8万平方米，入驻高端人才项目102个。组织高端人才“月月行”、院士专家湖州行活动，举办院士专家服务湖州“两山”发展论坛、首届人才智能产业发展研讨会等活动13次，引进人才项目56个。举办“2019湖州人大会”重大项目签约暨高层次人才峰会，43个重大人才项目和重大招商项目落户湖州，合计投资218亿元。举办第二届中国·湖州全球高层次人才创新创业大赛，创新“边比赛边引进边落户”模式，引进海内外高层次人才项目94个。深入实施“南太湖特支计划”。健全“南太湖本土高层次人才特殊支持计划”体系，增设乡村振兴领军人才专项，扩大本土高层次人才支持范围，遴选资助科技创新、人文社科、乡村振兴、教育、高技能、传统工艺等领域本土高层次人才121名。组织开展2019年国家“百千万”人才申报及省有突出贡献中青年专家评选。完成“钱江人才计划”C、D类项目遴选推荐。完善市“1112”人才工程实施办法，组织选拔市“1112”人才工程学术技术带头人培养人选和后备人选154人，并做好年度、中期和期满考核考评工作。抓好每万从业人员专技人员数摸底调查，研究建立人才信息动态更新机制。抓好专业技术人才继续教育工程，申报省级以上专业技术人员高级研修班20个，申报范围涉及数字经济、高端装备、乡村振兴等领域，获批省级高研班11个，获得上级资助17万元。加速发展高端人才载体建设，举办全国留学人员回国创业高级研修班，深入推进全市“1+5”模式创建省部共建国家级留学人员创业园。实施博士后人才倍增工程，组织核工业、宜可欧、精通科技、中科卫星等设站单位参加“浙江——成都人才招聘大会”博士后专场招聘活动，达成博士后进站合作意向5人。积极推进博士后引智引才平台建设，全市新建省级博士后科研工作站12家、新引进博士后科研人员13人，入选省级博士后科研项目择优资助13人，获得资助71万元。

【大学生招引】 积极应对周边大城市“虹吸效应”对全市大学生招引工作带来的挑战，相继出台《湖州市人民政府关于促进就业工作的六条扶持意见》《湖州市大学生就业创业工作联席会议关于进一步完善大学生就业创业政策的通知》等文件，加大政策激励，持续保持湖州市政策领先优势。进一步加大政策落地力度，通过进高校、进园区、进特色小镇、进企业、进社区等途径，广泛宣传大学生就业创业政策，提高政策知晓面，扎实推进大学生政策享受“最多跑一次”改革，进一步简化各项补贴政策的申报程序、申报材料，提高大学生政策兑现度。全年累计发放各类补贴1.2亿元，比上年增长32.33%。建立由市委常委、组织部长和分管副市长为召集人的领导小组，将大学生招引工作有效纳入全市人才工作体系。每半个月在全市引资引技引智会议上听取大学生招引工作成效汇报，健全“每周一报、每月例会、每季督查、每年考核”工作制度，及时通报各地各部门招引推进情况。联席会议办公室编制大学生就业创业工作简报36期，确保上下之间、横向之间信息的互通、互动。市级28个大学生就业创业工作联席会议成员单位结合本部门工作实际，协调解决大学生就业创业中遇到的婚恋交友、住房医疗、子女就学、交通出行、融资成本等问题，倾情办好大学生关心的“关键小事”，共同推动全市大学生招引工作的开展。在摸清院校和企业供求信息的基础上，由市、区县四套班子领导带队，全市各级组织、人力社保部门牵头，通过市、区县联动，大部队、小分队结合等形式，高频次、全方位外出开展以“魅力南太湖 双创湖州城”为品牌的“人才+”活动，累计赴西北、东北、西南等23个省（区、市）65个城市136所高校举办政策宣讲会、招聘会800余场，与160余所高校建立深度人才战略合作关系。举办百家高校和人力资源机构湖州行、湖州籍在外大学生交流大会、湖州市2019届高校毕业生专场招聘等活动，新建大学生实训基地400余个，5200余名大学生来湖州开展实习实践活动。全年吸引大学生和其他各类人才来湖州就业创业11.3万人，其中大学生9.2万人。《中青报》《浙江日报》等主流媒体报道宣传湖州市人才工作140余篇，持续推动“魅力南太湖，双创湖州城”大学生招引品牌影响力向全国扩散。整合提升“服务大厅、服务网络、热线平台、多媒体平台”四位一体的创业服务综合平台，深化创业帮帮团、创业导师、人才服务专员等“一站式”服务，大学生创业服务实现提档升级，全年新增大学生创业主体6700余家。全市新增市级大学生创业示范园7家，累计达34家（含省级7家），大学生就业创业的集聚度进一步提升。全市举办各级各类创业创新大赛32场，开展百佳就业创业典型评选，大学生就业创业的氛围更为浓厚。

【技能人才选拔与培训】 根据部、省职业技能提升行动工作会议精神，制订出台《关于做好湖州市职业技能提升行动（2019—2021年）工作的通知》文件，启动实施职业技能提升行动，计划三年内培训技能人才15万人次，平均每年5万人次。进一步加大对企业职工、初高中毕业生、城镇登记失业人员、退役军人、就业困难人员等群体培训补贴力度。提高技师、高级技师补贴标准，对新取得职业资格证书并符合条件的，可申领技能提升补贴（培训补贴），按初级工1000元、中级工1500元、高级工2000元、技师4000元、高级技师6000元给予补助。加大高技能领军人才选拔力度，评选产生“南太湖本土高层次人才特殊支持计划”高技能领军人才11名，并给予每人20万元的特殊培养支持。遴选浙江省“万人计划”高技能领军人才4人。大力开展省“百千万”高技能领军人才培养工程，推荐入选省拔尖技能人才11人、省优秀技能人才150人。全市新增高技能人才1.9万人。深入推广企业技能人才自主评价，全市73家重点企业开展技能人才自主评价，2500余名企业技能人才通过自主评价取得国家职业资格证书，其中高级工以上2300余人。组织电工等10个制造类工种的全国统一鉴定理论考试，全市鉴定各类考生4.6万人，发证数3.5万人，其中高级工及以上发证数1.8万人。加快各类技能载体建设，长兴技师学院和湖州交通技师学院分别获评国家级高技能人才培训基地及省级高技能人才公共实训基地。加大国家、省市技能大师工作室的建设力度，新建省级技能大师工作室3家、市级技能大师工作室18家。加快推广"企业新型学徒制"试点，推动湖州工程技师学院与星光农机、大东吴等企业合作。推动湖州市技师学院与"中铁"合作，开设"AICC中车国际青年工匠班"，开展中外联合培养模式，为中国高铁提供高素质技能人才。大力实施"金蓝领"培训项目，组织推荐机器人制造与开发等项目的5名人员参加省人社厅"金蓝领"出国培训。会同市农业农村局，开展农业技能比武，推荐优秀项目和优秀人才参加全国、全省竞赛，获得全省农业职业技能大赛种子质量检验、茶艺师、水产农业技术等项目一等奖4项、二等奖3项、三等奖6项。长兴技师学院获得全国职业院校技能大赛建筑智能化系统安装与调试项目一等奖1项，湖州交通技师学院获得汽车机电维修、现代物流综合作业等项目二等奖2项。安吉高级技工学校学生杨应政获得第45届世界技能大赛银牌。

【人才评价和服务】 深化浙江省蓄电池行业高级职称评审试点改革，聚焦新能源产业和人才培育要求，坚持重业绩、重能力评价导向，指导浙江省蓄电池行业协会完善修改职称评价标准，起草《关于做好2019年度全省蓄电池行业高级工程师评审工作的通知》，组织召开全省蓄电池行业高级职称面试评审会，22人晋升为高级工程师。突出高端装备、绿色制造和数字经济产业的人才培养要求，完善制定《湖州市企业行业人才自主评价申报办法》，新增2家市绿色环保协会和市电梯行业协会开展人才自主评价试点改革，指导监督美欣达集团、市电梯行业协会和安吉椅业行业协会等7家单位，开展人才自主评审工作，241人直接晋升为工程师。开展企业创业新型人才评审工作，突出人才贡献度、行业认同度和企业认可度，完善《湖州市企业创新型人才中级专业技术职务评价办法》，引入面试答辩和专家评议相结合的评价方式，有281名专技人才直接晋升为工程师。深化"南太湖精英计划"企业上市培育，"南太湖精英计划"创业企业销售收入突破120亿元，累计11家企业在新三板成功挂牌。着眼降低企业用人成本，出台"人才券"实施办法，共发放"人才券"2500万元。广泛开展"千企千人"大走访，通过市、区县、乡镇三级联动，共走访企业1235家、走访各类人才2346人，帮助有需求企业引进各类紧缺急需人才4700人，解决制约企业发展的共性问题52个。深化人才领域"最多跑一次"改革，开设人才服务"一件事"专窗，着力实现人才"一次办多件事"。深入破解人才住房、子女教育等"关键小事"，兑现人才住房补助4850万元，帮助105名高层次、高技能解决人才子女就学问题。优化生活休闲服务，出台"人才之家"管理办法，建成人才文化中心、人才健身中心等8家"人才之家"，有效丰富人才文化休闲资源供给。围绕吸引大学生和各类人才留湖州发展，举办读书、观影、相亲等各类活动20余场，服务人才2836人次。

【人力资源服务】 加快人力资源服务业发展。做好人才供需调查统计，按季度研究发布《湖州人才网人才供求分析报告》，调研分析全市人力资源服务发展情况和高校毕业生就业状况。做好第七届中国长三角十佳HR经理人湖州区域评选，举办市人力资源服务业企业和从业人员培训会。大力推进人力资源服务产业集聚发展，精准排摸并编制重点产业和龙头企业人力资源需求。组织重点产业企业和人力资源服务机构参加中国（浙江）人力资源博览会暨重点产业人力资源需求发布会。天坤人力资源服务公司等6家企业入围全省首批2019—2021重点培育人力资源服务企业名录。梳理全市147家人力资源服务机构基本情况，进一步规范人力资源服务机构行政许可、备案等管理工作。定期做好清理整顿人力资源市场秩序专项检查，推动人力资源服务市场的规范运行。

【人事考试】 坚持阳光考录，组织实施市级机关事业单位及编外工作人员考录等人事考试29场、13.5万人次。完成市属事业单位公开招聘和高层次人才引进421人。出台《湖州市市级机关事业单位公开招聘编外人员暂行办法》，组织编外人员招聘114人，备案招聘395人。完成定向选聘优秀应届高校毕业生和公开招聘高层次紧缺人才62人。

【人事制度改革】 会同市委组织部、市财政局印发《关于进一步深化市属事业单位人事制度改革的指导意见》，加快推进事业单位人事制度改革。制订出台事业单位专业技术三级岗位管理办法。做实岗位说明书，防止"待遇化""指标化"倾向。优化竞聘程序，打破"一聘定终身"。落实聘期考核，补齐人才生态短板。按照公布岗位信息、个人申报竞聘、单位考核推荐、评委会评审和单位聘任的程序要求，稳妥推进评聘结合改革。深化卫生高级职称自主评聘改革，会同市卫健委制定印发《关于做好湖州市2019年卫生高级职称自主评聘工作的通知》，新增南浔区人民医院、安吉县人民医院和安吉县中医院3家单位，开展高级职称自主评聘工作，全市392人晋升为高级职称。深化中小学教师职称自主评聘改革，新增湖州中学、德清县第一中学和安吉县高级中学等8所学校，开展高级职称自主评聘工作。全市260名教师晋升为高级职称，其中正高级教师有6人。推动技工院校教师职称自主评聘改革，新增湖州技师学院开展高级职称自主评聘工作，指导监督3家试点学校，做好改革工作方案起草、评审机构组建和评审标准制定等工作。

【事业单位工资改革】 深化绩效工资改革，强化岗位绩效管理，对健全岗位能上能下机制的事业单位，实施绩效工资适当上浮奖励，上浮的绩效工资用于优秀人才激励。完善公立医院薪酬制度改革，出台市级公立医院绩效工资总量核定完善办法。启动制定城市“医共体”薪酬管理办法，完成城市“医共体”所属乡镇卫生院、社区卫生服务中心收支情况、薪酬水平等基础情况摸底调研。调整完善市级机关事业单位考核奖政策办法。认真落实各项福利政策，严格执行年终一次性奖金、应休未休年休假工资报酬发放政策。完善机关事业单位年终工资福利发放办法，进一步提高机关事业单位人员待遇。调整离休人员护理费标准，人均护理费标准从777元/月提高到2150元/月。顺利开展建国70周年纪念章发放和部分人员慰问。

【评比达标表彰及创建示范】 扎实推进“三服务”推动减压松绑活基层工作，清理创建示范活动，对市级部门165个创建示范项目进行全面深入梳理，确定市级保留的创建示范项目24项、区县31项。建立健全评比达标表彰和创建示范活动管理制度，编制《关于进一步规范评比达标表彰和创建示范活动的政策口径解答》，深入规范评比达标表彰和创建示范活动工作，同步指导区县开展清理规范工作。会同开展“湖州市人民满意公务员”“突出贡献教育个人和单位”等年度表彰表扬项目，指导开展“平安金鼎”“大禹鼎”等行政奖励3项。

（郑一栋）

·医疗保险和医疗救助·

【概况】 2019年1月2日，湖州市医疗保障局挂牌成立，主要承担医疗保险、生育保险、医疗救助等医疗保障法律法规和政策规定的制定、执行；医疗保障基金的监督管理；推进医疗保障基金支付方式改革；组织制定药品、医用耗材、医疗服务项目、医疗服务设施等支付标准和收费等政策，以及医保目录准入谈判规则，建立动态调整机制；指导监督全市药品、医用耗材的招标采购、配送及结算管理及医疗保障经办管理、公共服务体系和信息化建设等职能。

【医疗保险】 2019年，湖州市户籍基本医疗保险参保人数266.7万人，参保率99.8%，基本实现全民参保。全市医保基金（职保+居保）支出67.82亿元，与上年同口径相比增长5.59%。全市职工医保基金累计结余63.19亿元，同比增长10.17%，支付能力15.35个月；全年城乡居民医保基金累计结余6.62亿元、增长14.12%，支付能力4.31个月。5月，湖州创建成为国家医疗保障基金监管方式创新试点。12月，成立全国首家医疗保障反欺诈中心。全年检查医药机构939家，覆盖全市“两定”单位总数的91.61%，其中暂停协议处理109家、解除服务协议19家、行政处罚3家、移送司法机关3家、责令整改227家，追回基金980.92万元；全市查实参保人员违法违规19人，追回基金105.71万元。会同市财政、卫健、税务部门联合印发《湖州市生育保险和职工基本医疗保险合并实施细则》，制订《湖州市基本医疗保险定点医药机构协议管理办法（试行）》，完善医保定点医药机构的分类准入、协议管理和综合考评办法，并对全市1000余家定点零售药店、定点医疗机构相关医保负责人进行政策培训。提高重特大疾病保障水平，普通群众大病保险起付线从3万元降至2万元，支付比例提高5%；贫困群众从2.5万元降至1万元，支付比例再提高10%。年内，湖州市与沪、苏、浙三地共有5171家医疗机构实现门诊双向直接结算。调整城乡居民慢性病病种，提高基层门诊慢病报销比例至60%（肺结核70%），二级医疗机构慢病药品报销比例至50%，全市314家连锁药店开通慢性病指定刷卡。推动转院转诊备案、特殊慢病备案、“3+N”报销结算联办等“一件事”向定点医院等公共领域延伸。在市级机关中率先推出经办服务“刷脸办”。全年湖州市在全省首次完成以降低高值药用药比例为重点、以日均费用为主要评审指标的抗微生物药品集中采购工作，减少患者药品支出1.04亿元。企业退休人员健康体检标准从每人150元提高至每人200元。

【医疗救助】 2019年，市医保局与民政、财政部门联合印发《进一步加强医疗救助工作实施意见》，在全省率先统一全市医疗救助政策。并在全省率先探索开展支出型贫困家庭医疗救助，此项工作得到省民政厅在全省民政系统中进行推广。提高医疗救助标准，将普通门诊费用纳入救助报销范围，支出型贫困家庭成员2万元—5万元部分救助比例提升至60%。建立健全医疗救助精准识别工作机制，定期组织开展区县异地交叉督查，同时邀请“两代表一委员”进行实地核查，全市369家联网医疗机构实现基本医保、大病保险、医疗救助“一站式”结算，实现全市所有乡镇全覆盖。全年全市资助困难人员参保56352人，资助参保金额2510万元；医疗救助结算34.29万人次，救助金额7083万元。（王兆斐）

民　　政

·社会救助·

【最低生活保障】 截至2019年12月底，全市在册低保对象2.82万人（含支出型贫困对象1756人），占全市户籍人口的1.1%，低保金累计支出2.27亿元（支出型1355.94万元），全市平均补差633元，低保边缘保障对象8834人，同比增长15.8%，为拓宽困难群众救助渠道，加强对支出型贫困人群救助力度，将因医疗、就学等刚性支出费用较大造成生活困难的家庭纳入救助，为困难群众提供更广泛、完善的救助保障，较好地缓解了困难群众的生活困难，切实保障了困难群众基本生活权益。

【特困供养对象】 为进一步健全全市特困人员救助供养制度建设，根据国务院、省政府及民政部有关文件精神，明确救助供养对象范围，认定条件、供养内容、供养标准、供养方式，以市政府名义出台《湖州市人民政府办公室关于进一步健全特困人员救助供养制度的实施意见》。截至2019年年底，全市特困供养对象1524人。

【临时救助】 结合湖州市实际，将所有遭遇突发性、紧迫性和临时性基本生活困难的家庭和个人，不论户籍、不分城乡，只要符合条件，都给予救助，使突遇不测者得到周全应急之助，因病、因灾者生存无虞。截至2019年年底，实施临时救助6709人次、金额1018万元。通过市民政局与市慈善总会联合建立的急难救助基金，2019年，救助368人次，支出资金151.80万元，用于政府各专项救助后基本生活仍有严重困难的或政府各专项救助政策覆盖不到的困难群体的补充救助。

【救助核对】 社会救助通过省建大救助系统完成社会救助审批流程，省社会救助系统主要有社会救助信息库、救助协同办理系统、经济状况核对系统、家境入户调查系统、救助需求发布系统、大救助管控系统等多个模块。家庭经济状况核对是大救助平台的重要功能，年内，省核对系统有11个部门、20类信息自动比对的信息，涉及家庭人口、收入、财产等方面信息，进一步提升了社会救助家庭经济状况核对的精准化水平。截至2019年年底，全年共核对各类申请救助对象64070人。

【救助管理】 2019年，全市救助流浪乞讨人员1884人次，其中女性450名，流浪未成年人40名，护送返乡125人，提供医疗救治816人。加强街头流浪乞讨人员巡查和救助管理工作，维护良好市区环境。开展“夏日送清凉”“寒冬送温暖”活动。开展“流浪乞讨人员救助管理主题宣传月”活动，全市救助管理机构同日开展“开放日”活动。

·养老服务工作·

【概况】 截至2019年年底，全市60周岁及以上老年人69.6万人，占户籍总人口数的26.01%，其中70周岁及以上老年人31.25万人，80周岁及以上老年人10.23万人，分别占老年人口数的44.9%和14.7%。南浔区、长兴县、吴兴区的老年人口数位列全市前三。

【养老服务机构建设】 截至2019年年底，全市有各类养老机构167家，其中，公办机构74家、民办机构93家。全市有养老机构床位数28656张，其中，公办机构床位数10058张、民办机构床位数18598张、护理型床位数15161张，分别占全市养老机构床位数的35.1%、64.9%、52.9%。此外，全市现有养老机构建设项目20个，其中养老地产项目5个。推进养老服务机构公建民营。将公建公办养老机构通过承包、委托、联合经营等方式，交由专业的企业、社会组织或个人运营。

【城乡社区居家养老服务】 全市累计建成城乡社区居家养老服务照料中心1066家，示范型养老服务中心62家，全部实现社会化运营。完善政府购买居家养老服务工作，委托专业为老服务组织，为孤寡、困难、高龄、失能老人提供助医、助餐、助洁、助行等服务，全市现有2.14万余名老人享受政府购买居家养老服务，占全市老年人口的3.07%。

【创建工作】 为建立健全全市以居家为基础、社区为依托、机构为补充、医养康养结合的多层次养老服务体系，在全面充分调研、专家论证评审的基础上，详细制定了10项重点任务和15项重点举措，形成试点方案，并成功获评全国第四批居家和社区养老服务改革试点单位，中央下拨彩票公益金1900万元支持全市改革试点。新增吴兴区织里镇为全国智慧健康养老示范乡镇。全市依托“1+5”智慧健康养老服务网络（即1个全国智慧健康养老示范基地+5个全国智慧健康养老示范街道），进一步探索和推动智慧健康养老产业发展，拓展信息技术在养老领域的运用。

【养老人才队伍建设】 从2015年开始，在全省率先开展护理（老年护理）定向培养招生工作，委托湖州师范学院定向培养养老护理人才，并出台入职奖补政策，对毕业后入职养老机构的给予学费报销。2019年，有18位毕业生入职养老机构，补助学费26万元。委托湖州市养老服务业协会开展三期专项能力职业资格（初级）培训，采取理论知识和实务操作相结合的方式，培训结束后对考试合格的198位护理员颁发职业资格证书。举办首期养老服务机构管理人员培训，通过集中授课和现场研学相结合的方式提升养老机构管理人员管理服务水平。各区县也分别围绕养老护理、老年人急救、智慧养老、消防安全、厨房革命等业务知识开展培训10次，受训人员735人次。

·社会福利·

【儿童福利】 落实儿童福利保障制度，制订印发《关于调整市区孤儿基本生活费的通知》，及时调整孤儿及困境儿童生活费补助标准。截至2019年年底，全市有孤儿114名，其中机构孤儿59人（含家庭寄养5人），散居孤儿55人。市本级散居孤儿生活费标准提高至每人每月1486元，机构养育孤儿提高至每人每月1857元。德清、长兴、安吉三县散居孤儿最高调整至每人每月1588元，机构养育孤儿最高调整至每人每月1984元。落实困境儿童生活补助，全市全年享受困境儿童生活补助人数4020人，发放基本生活费3097万余元。依托湖州市乐善儿童康复中心开展“添翼计划”养育康复工作，经过筛选评估，确定康复对象，全年举办3期，完成养育康复儿童108人次。加强农村留守儿童排查摸底工作，健全基层数据台账，实施动态管理，全市有农村留守儿童350人，积极开展社会结对帮扶。办理收养登记117件，收养登记合格率达100%。落实市培训区县、乡镇（街道）儿童督导员，区县培训村（社区）儿童督导员的制度，加强督导员队伍建设，提升督导水平。全年举办培训班17批（次），培训人员1250人（次）。依据上级关于进一步健全农村留守儿童和困境儿童关爱服务体系意见的通知，积极整合流浪未成年人救助保护中心和儿童福利院等机构的资源，完成市本级、市属两个区及三个县6家未成年人救助保护中心挂牌。

【慈善事业】 出台《湖州市民政局关于规范社区（村）旧衣物捐赠回收箱设置行为的通知》，规范慈善领域募捐行为。开展第六届“浙江慈善奖”的组织推荐工作。最终产生个人捐赠奖、机构捐赠奖、慈善项目奖、志愿服务奖8个先进个人和单位，创湖州市获奖数新高。会同市慈善总会、市文明办、团市委联合主办湖州市第五届“慈善嘉年华”活动。着力营造人人参与慈善，人人依法行善的良好氛围。2019年，全市慈善总会系统累计募集2.21亿元，救助和公益项目支出2.03亿元。

【残疾人帮扶】 协助落实残疾人集中就业税收优惠政策，推进残疾人集中就业企业平稳发展，残疾职工合法权益得到有效保障。2019年，全市残疾人集中就业企业117家，安置残疾职工4234人，残疾职工月平均工资3070元，同比增长7%，残疾职工月人均参保额1133元，增长11%。以“三服务”活动为契机，联合市教育局、残联推行残疾人集中就业“校企合作”培养模式，为特教学校残疾学生创建“毕业即就业”机制。全年发放残疾人两项补贴1.09亿元。

【福利彩票发行】 2019年，湖州福利彩票发行中心全面贯彻“民政为民、民政爱民”工作理念，坚持“扶老、助残、救孤、济困”发行宗旨，紧紧围绕省福利彩票发行中心的工作部署，以“高质量发展”为主旋律，以“变中求稳、稳中求进”为主基调，按照“强责任、练内功、强管理、保安全”的工作思路，强化“廉政建设、责任建设、品牌建设、制度建设、渠道建设、队伍建设”，攻坚克难，扎实工作，全年全市销售福利彩票10.39亿元，为国家筹集公益金2.80亿元。

·社区与社会组织管理·

【城乡社区建设】 以“健康、互助、幸福”为基点，以“幸福邻里，党群如亲”为宗旨，继续推进幸福邻里中心建设。2019年，幸福邻里中心建设被列入市政府重大改革事项，纳入市政府对区县民政工作考核责任书。截至2019年年底，新建成56家，累计建成114家，运营58家，落地社会组织（社会工作机构）25家、新增专业社会工作者岗位112个，开展服务活动3500余场（次）、协商解决问题380余个、惠及居民16万余人次。开展幸福邻里中心“五个一”系列活动，即举办一场幸福邻里主题论坛、召开一次幸福邻里服务方案评比会、打造一批幸福邻里直通车精品线路、开展一次幸福邻里中心好故事评选、拍摄一部幸福邻里中心宣传片，“幸福邻里温暖湖州”宣传片成功登上学习强国平台。全市48个农村社区成功通过第二批省级农村引领型社区评估验收。

【城乡基层治理】 助推实验区创建。吴兴区稳步推进全国街道服务管理创新实验区创建工作，《从“小联动”到“大融合”吴兴区创新“一三三”工作机制推动基层治理现代化》的经验做法得到副省长王文序批示肯定，并在全国街道服务管理创新实验工作推进会上做交流发言（全省仅杭州市下城区、湖州市吴兴区受邀参加）；安吉县全国首批农村社区治理实验区创建不断深入，围绕“提升农村社区治理和服务功能，实现共建共治共享”主题，以“清廉乡村”创建为平台，以提升村民自治为切入点，进一步筑牢夯实农村基层干部队伍建设，建立推广“五个所有”工作机制；德清县全面推进武康街道第二批省级社区治理和服务创新实验区创建（全省18家），确定以打造“社共体”为抓手，构建“五治一体”治理新格局为主要实验内容。承办全省城乡社区治理培训和省级社会工作领军人才培训，副市长施根宝在培训会上作《创新打造幸福邻里中心新平台不断提升城乡社区治理现代化水平》交流发言。推进“七多”问题专项清理和无证明村（社区）创建。根据《湖州市涉村（社区）“七多”问题清理整顿实施方案》具体要求，结合民政职能，制定下发《村（社区）职责事项清理长效巩固方案》，确定《村（社区）依法依规应当承担事务清单（12项）》《村（社区）协助市级机关部门事务清单（33项）》两张清单，梳理明确适用法律及条款。将落实基层减负作为全市民政系统“三服务”活动重要内容，有效地推进了全市减压松绑活基层工作落地落实。截至2019年年底，全市清理村（社区）机构30种7400余个、牌子19900余块、上墙制度21600余块，削减涉村（社区）的政务工作APP51个、微信公众号274个、工作台账21项、督查考核26项、创建评比141项。《扎实推进涉村（社区）“七多”问题清理 破除困扰基层的形式主义》被评为全市第三批“担当破难”典型案例。根据“最多跑一次”改革办公室通知，深入推进“减证便民”，梳理确定《湖州市村（社区）证明事项保留清单》，最大限度精简和优化各类证明材料，解决困扰企业和群众办事的不合理证明、循环证明、重复证明等问题，着力为基层减负，全力打造“无证明村（社区）”。

【社会工作】 建立完善社会工作人才队伍“三位一体”阶梯培育机制。通过聚合培训资源，对社会工作者人才提供开展有计划、大规模、系统化的专业培训，形成社会工作者考前培训、领军人才后备培养、领军人才再教育为一体的阶梯化培训体系。2019年，全市新增持证社会工作者数2139人（累计4451人），比上年增长120%，湖州市荣获2019年浙江省全国社会工作者职业水平考试最佳组织奖；继续推动“南太湖社会工作领军人才培养计划”，新增南太湖社会工作领军人才70名，总数达159名。新增专业社会工作者岗位214个，新增社会工作机构17家。专业社会工作机构在社区矫正、禁毒、养老、社会组织孵化、公益创投等领域广泛承接政府购买服务，积极推动专业社会工作者参与基层社会治理，促进社会工作专业化、职业化发展。

【社会组织管理】 依托登记信息管理系统，深化“最多跑一次”改革工作，承办浙江省社会组织业务信息化应用管理培训，同时，全面启动部门线上联合审批，进一步完善社会组织登记管理工作。截至年底，全市累计登记注册社会组织2799家，其中社会团体1422家、民办非企业单位1361家、基金会16家；直接登记307家。完成2018年度社会组织年检和2019年度社会组织评估等相关工作，年检率和参评率分别达96%和60%以上。推进全市社会服务机构登记管理自查自纠工作。完成“双随机”抽查工作，全市抽查社会组织145家，完成率达100%。加强社会组织信用体系建设，2019年，报送社会组织信用典型案例6件、违规收费案件2件。加大社会组织培育力度，完成第四届社会组织公益创投，全年资助项目61个，资助资金288万元。引进湖州市仁与组织专业团队开展专业督导，对入驻社会组织进行督导培训及个性化服务40余次。鼓励和引导社会组织积极参与国家社会工作者职业水平考试。开展湖州市品牌社会组织和品牌公益服务项目认定工作。在街道（乡镇）、城乡社区推进枢纽型、支持型社区社会组织建设。枢纽型、支持型社区社会组织覆盖100%的街道、城市社区和91.1%的乡镇、52.3%的农村社区，平安类社会组织达100%，全市备案的社区社会组织有11396家。启动社会组织承接政府职能转移职能和购买服务推荐性目录申报编制工作。部署深入打击整治非法社会组织和精神传销活动，探索建立常态化摸排、监管、打击工作长效机制。深化社会组织标准化建设工作。完成《社会组织内部治理规范》《社会组织联合工会工作规范》《社会组织综合妇联工作规范》三个市级地方标准的立项认证、立项、起草、征求意见、评审等相关工作。举办专题培训，联合市委组织部、市委“两新”工委在重庆市举办为期一周的全市社会组织党建能力提升高级研修班，有73名社会组织党组织负责人参加。深化社会组织综合党委党建工作，充分发挥党组织的引领作用。全市社会组织综合党委7名入党积极分子参加2019年度市直机关党员发展培训班。完善党建工作平台。在全市建成6个社会组织党群服务中心（党建孵化园），面积达7000余平方米。

·社会公共事务管理·

【殡葬管理】 大力推进殡葬领域“最多跑一次”改革，针对群众办理逝者身后事“材料多、事项多、跑路多”的问题，联合市跑改办、公安、卫健、社保、医保、残联、公积金、退役军人等部门，打造“一支团队、一个平台、一套标准”的“逝者身后一件事”联办湖州模式，让群众的“伤心事”能够“舒心办”，全年办理联办事项8023件。持续深化生态殡葬综合改革，将公益性骨灰堂建设作为推进节地生态安葬的重要工作载体，全市在审、在建骨灰堂的数量持续增长，全年建设完成骨灰堂9个，另有17个正在建设中。加大生态安葬奖补力度，全年节地生态安葬奖补1411人，奖励资金160万元。根据市委办、市府办《关于印发〈湖州市深化“四边三化”行动方案（2015—2020年）〉的通知》和《湖州市“四边区域”“青山白化”治理实施计划》有关要求，2019年，全市共治理“三沿五区”坟墓0.98万穴。认真做好清明期间群众祭扫活动保障工作，投入30万元，开通市区清明免费祭扫公交专线，率先在全省实现清明免费公交市域范围全覆盖。全市清明期间值勤人员达2万余人次，接待祭扫群众120.7万余人次，出动祭扫车辆17.2万余辆次，各祭扫场所未出现火灾等突发事故，祭扫活动安全有序。

【殡仪服务】 强化殡葬服务行业监管，出台《湖州市民政局 湖州市发展和改革委员会关于确定湖州市殡仪延伸服务项目的通知》和《湖州市民政局 湖州市发展和改革委员会关于确定湖州市公墓相关服务项目的通知》，进一步规范殡葬服务收费项目。认真执行各项殡葬惠民政策，全市全年减免对象18994人，减免资金1850万元，有效减轻群众丧葬负担。

【婚姻登记】 积极推进婚姻登记机关规范化建设，着力提升婚姻登记员业务能力，落实婚姻登记机关与其他服务机构“人员、场地、收费、服务”四分开，杜绝乱收费、搭车收费、强制婚检等现象，全市县级婚姻登记机关3A级场地达标率达80%。全年全市办理婚姻登记24600对（其中结婚16849对，离婚7751对），登记合格率达100%。

【地名管理】 2019年，全市完成居民点（住宅小区）、建筑物命名、更名151件，其中市本级24件；新建道路（桥梁）命名214件，其中市本级161件；编制门楼牌50258件，其中市本级22157件。做好不规范地名清理整治工作，全市公布不规范地名155条，整治144条，整改率达93 %。做好地名普查成果转化利用，编纂《浙江省地名词典》（上）湖州卷、《国家地名志》（政区·居民点）湖州卷、《湖州市地名志（吴兴卷）》等。加强地名文化建设，发布《湖州市首批地名文化遗产名录》。

【水库移民安置】 截至2019年年底，全市建成大中型水库11座。移民后期扶持人数95178人，其中直补到人数58899人、项目扶持36279人。包含富春江、新安江和三峡等水库外迁移民在内，湖州市水库移民分布在全市66个乡镇（街道）、504个村（社区）。全年发放后扶直补资金3533.94万元，投入专项资金6217.84万元，实施各类后扶项目129个。2019年，全市移民工作采取整合多方资源的方式，充分发挥移民资金的叠加作用，一方面，落实乡村振兴战略，大力加强库区和移民安置区基础设施建设，完善基础公共服务，加快推进移民美丽家园建设。另一方面，大力推广区位优势明显和产业发展较快的移民村建设标准厂房、农贸市场、购置商业店面等项目，深化一、二、三产业整合发展，助推经济薄弱村“消薄”，区域式开展移民创业培训，增强移民就业能力和致富本领。开展“千人百村”入户走访，加强与移民群众的感情联系，及时解决移民家庭的困难问题，促进全市移民和谐稳定。（高建芳）

·优抚安置与双拥工作·

【概况】 湖州市退役军人事务局于2019年1月2日挂牌成立，完成人员转隶和事业单位划转；局机关内设办公室（挂政策法规处牌子）、思想政治与权益维护处（挂就业创业处牌子）、移交安置处（挂军休服务管理处牌子）、拥军优抚处（挂褒扬纪念处牌子），机关党委另设；下设退役军人服务中心、军队离休退休干部休养所、烈士陵园管理所、军用饮食供应和供水站4个事业单位。5月中旬，全市建成1个市级退役军人服务中心，6个县级退役军人服务中心，74个乡镇（街道）和1228个村（社区）退役军人服务站，退役军人服务保障体系实现全覆盖。各区县退役军人事务局于1月份先后挂牌成立。2019年，通过全市军民共同努力，成功创建新一轮全省双拥模范城（县），再次实现市、县联创全省双拥模范城（县）“满堂红”。

【加强对退役军人事务工作的领导】 成立中共湖州市委退役军人事务工作领导小组，切实把退役军人事务工作摆上位置，落到实处，构建各司其职、齐抓共管的生动局面。8月1日，市委退役军人事务工作领导小组召开第一次全体会议，研究制定领导小组工作规则和办公室工作细则，细化成员单位职责；坚持对退役军人事务发挥抓总作用，将退役军人事务工作纳入党政综合考核，确保全市退役军人事务工作始终保持正确方向；领导小组办公室定期召开工作分析会，研究突出问题，制定措施方案，全面指导全市退役军人事务工作有效落实。

【典型选树和服务品牌成果显著】 组织开展“最美退役军人”“优秀退役军人”选树活动。2019年，全市10名“最美退役军人”、40名“优秀退役军人”获表扬，陈建如荣获“全国模范退役军人”“全省优秀退役军人”称号。协助做好退役军人党建工作，打造“老兵驿站”“老兵律师团”等退役军人服务品牌，“老兵驿站”受到省委主要领导充分肯定。新中国成立70周年前夕，向120名退役军人颁发“庆祝中华人民共和国成立70周年纪念章”。

【完成光荣牌悬挂工作】 全市全年完成85510名退役军人和其他优抚对象信息采集数据工作，为83611户优抚对象家庭悬挂光荣牌。市委、市政府主要领导亲自为退役军人悬挂光荣牌，得到退役军人事务部通报肯定。

【社会保险接续工作稳妥推进】 全市认真落实中央和省工作部署，吃透精神，按照“稳、慎、准”的要求，稳妥推进部分退役士兵社会保险接续工作。德清县完成全省部分退役士兵社会保险接续工作试点任务。全市有符合接续条件对象5993人，提交保险接续补缴申请5208人，书面承诺放弃补缴785人。

【军转安置工作高质高效】 全市军人退役“一件事”改革效果显著，退役报到“12件事”实现“一网联办”“掌上办”，办理时间压缩91.2%以上。依法安置101名军队转业干部、95名符合政府安排工作条件退役士兵和4名自主择业干部、2名随调家属。接收秋季退役士兵1014人，发放一次性经济补助金4400万余元。

【就业创业工作亮点纷呈】 全市举办10场退役军人专场招聘会，提供1.2万个岗位，5000余名退役军人参加，1496名退役军人现场达成就业意向。推动落实退役军人创业就业税收优惠政策，推出“退役军人绿色通道”“涉军服务咨询台”等税务服务。联合13家金融服务机构开展“拥军优抚金融服务”活动，推出“惠军贷”“助业贷”等服务项目，发放贷款7385万元。帮扶就业84名退役军人。完成102名军转干部适应性培训，504名退役士兵参加职业技能教育培训，201名退役士兵入学高职院校。

【双拥模范城（县）创建再获佳绩】 全市双拥工作坚持创优品牌、创新亮点，注重夯实双拥工作基础，不断加大拥军办实事力度，积极创建新一轮全省双拥模范城（县），市实现全省双拥模范城“八连冠”，长兴县实现全省双拥模范县“八连冠”，德清县实现全省双拥模范县“五连冠”，安吉县实现全省双拥模范县“二连冠”。

【拥军优属氛围不断浓厚】 8月1日，全市召开“湖州市庆祝建军92周年大会”。走访慰问驻湖部队和烈军属等重点优抚对象，帮扶困难退役军人721.5万元。“慈善暖军心”救助145户军人家庭，发放款项106万元。发放优抚补助金9600万余元，医疗补助金420万余元，义务兵家庭优待金5560万余元。成立医疗评审专家库，做好退役军人伤残评定、带病回乡认定等工作。办理60周岁及以上农村籍老兵认定、抚恤关系转移等1113人次。安排200名重点优抚对象参加短期疗休养，为100名重点优抚对象安排免费体检。

【军休服务和军供工作扎实开展】 认真落实军队离退休人员“两个待遇”，全面提升军休服务质量和管理水平，全力打造“平安军休、幸福军休、美丽军休、文化军休、数字军休”。2019年，接收军休干部1人，退休士官3人。及时调整军休干部和退休士官基本离退休金等费用，发放退休金等2783.19万元。开展“六及时、六上门”服务，为军队离退休人员上门服务500余人次。组织军队离退休干部参加门球比赛、摄影和书画活动，获得全省军队离退休干部文艺比赛三等奖，全省第六届军队离退休干部趣味运动会“套圈”比赛团体第一名。完成165名军队离退休干部系统数据核查修订工作。为52位军队离退休干部遗属工资补差40.48万元。发放无军籍职工退休金445.34万元。军供服务52批次、12725人次。

【红色教育阵地作用得到彰显】 9月30日，举办向革命烈士敬献花篮仪式。做好网上和线下祭英烈工作，服务2.6万余名群众清明祭扫烈士。发挥烈士陵园红色教育主阵地作用，接待“不忘初心、牢记使命”主题教育参观315批、1.3万人次，参观烈士事迹图片展6500人次。

【获得荣誉】 2019年，湖州市、德清县、长兴县、安吉县均获得浙江省双拥模范城（县）称号。吴兴区教育局、德清县洛舍镇、长兴县教育局、安吉县民政局均获得“浙江省爱国拥军模范单位”称号。市公安局织里分局织东派出所轧村警务站站长陈建如获“全国模范退役军人”称号。长兴县建设局房管处办事员蒋瓯、德清绿生开泰竹木工艺品有限公司董事长郑美珍、湖州东方汽车有限公司总经理张浙兴获得“浙江省爱国拥军模范”。陈建如、黄甲敏、姚培高、费荣法、严华荣、刘志国获得“浙江省首届最美退役军人”称号。 （冯　印）

卫生　体育　生活

·医疗卫生·

【概况】 2019年，湖州市卫生健康工作坚持以习近平新时代中国特色社会主义思想为指引，认真贯彻落实市委“一四六十”工作体系，以打造健康中国先行示范区为总目标，以人民健康为中心，以深化主题教育和开展“三服务”活动为契机，以重点领域攻坚为重点，以党的建设为根本，着力提升全市卫生健康服务水平，持续增进群众健康福祉，努力办好群众满意的卫生健康事业，为全市高质量赶超发展提供坚强健康保障。截至2019年年底，湖州市共有各级各类医疗卫生机构1506个，其中二级以上公立医疗机构20家（市级公立医院5家），乡镇卫生院（社区卫生服务中心）87家，民营医院48家。全市医疗卫生机构开放床位18276张，其中市级医院4344张，占总床位的23.77%；区县级医院5960张，占32.61%；乡镇卫生院（社区卫生服务中心）1275张，占6.97%；民营医院（含护理院）5696张，占31.17%。全市有执业（助理）医师9422人，同比增加575人；注册护士10989人，增加537人。常住人口每千人拥有医生数3.08人，每千人拥有注册护士数3.59人，每千人拥有床位数5.97张。2019年，湖州市医疗机构门、急诊3037.57万人次，比上年增长6.75%；出院61.12万人次，增长6.87%。其中市级医院门、急诊472.20万人次，增长1.48%，占全市门、急诊总数的15.55%；出院18.22万人次，增长5.53%，占全市出院总数的29.80%。区县级医院门、急诊820.03万人次，增长5.14%，占全市门、急诊总数的27.00%；出院30.64万人次，增长8.35%，占全市出院总数的50.13%。乡镇卫生院（社区卫生服务中心）门、急诊1110.71万人次，增长4.62%，占全市门、急诊总数的36.57%；出院1.76万人次，增长5.78%，占全市出院总数的2.88%。民营医院门、急诊203.34万人次，增长1.89%，占全市门、急诊总数的6.69%；出院9.27万人次，增长4.59%，占全市出院总数的15.17%。其他基层医疗卫生机构（门诊部、诊所、医务室）的门、急诊量376.35万人次，增长31.25%，占全市门、急诊总量的比重为12.39%。湖州市各级各类病床使用率86.58%，同比下降2.53个百分点；其中市级医院病床使用率98.30%，下降3.68个百分点；区县级医院病床使用率97.80%，下降4.14个百分点；乡镇卫生院（社区卫生服务中心）病床使用率33.93%，上升5.17个百分点；民营医院病床使用率72.34%，下降6.83个百分点。出院者平均住院日为8.5天，同比持平。湖州市人均期望寿命81.98岁，比上年提高0.09岁；其中男性80.14岁，提高0.19岁；女性84.06岁，提高0.12岁。甲乙类传染病报告发病率为135.91/10万，连续第3年全省最低。群众就医满意度不断提升。

【深化改革取得新成效】 狠抓医改重点环节，持续放大改革红利。一是全面深化公立医院综合改革。按照“控总量、腾空间、调结构、保衔接、强监管”的改革路径，进一步深化“‘三医’联动、‘六医’统筹”，努力形成改革合力，推动公立医院科学发展。全面启动住院按DRGs［（疾病）诊断相关分类］点数结合床日，门诊按人头结合家庭医生签约等形式的医保支付方式改革，切实发挥医保杠杆作用。深化公立医院薪酬制度改革，完善内部分配制度，探索全员岗位工资制，着力激发医务人员积极性。全市二级以上公立医疗机构门、急诊和住院均次费用分别为229.19元和8303.11元，分别低于省平均15.03元和2688.69元；药占比降至26.83%，比省平均低3.06个百分点；百元医疗收入消耗卫生材料降至23.49元，比省平均低4.17元。改革成效得到副省长成岳冲批示肯定。二是全面推进县域“医共体”建设。按照“一盘棋、一家人、一本账”要求，全面深化县、乡、村紧密型一体化管理，加快推进资源重组、体系重构、制度重建、服务重塑，推动县域医疗资源共享共用，着力构建优质高效的整合型医疗卫生服务新体系。全市共建成县域“医共体”8个，实现区县全覆盖。2019年，全市县域内就诊率和基层医疗机构诊疗占比分别达90.62%和71.85%，分别比健康浙江考核目标高出5.62个百分点和6.85个百分点。积极发挥“医共体”医防融合、全专联合优势，发布全国首个家庭医生签约服务地方标准，做细做实家庭医生签约服务，规范签约率达41.24%，重点人群签约覆盖率达86.33%。全市县域“医共体”建设得到省政府和国家、省卫生健康委肯定。相关经验在全国医改工作会议作交流发言，《人民日报》、新华社、中央电视台等中央媒体20余次报道湖州市改革成效。三是创新开展城市“医共体”探索。根据中心城区医疗布局和资源配置，组建以市中心医院和市第一医院牵头的两个城市医疗保健集团，围绕基层提强、效率提高、峰值提级和满意提升的要求，全面整合城市医疗服务资源，加快推动城市社区服务能力提升和分级诊疗秩序建立。两家牵头医院每周有175名专家在基层坐诊；基层就诊率、开放床位和手术台次分别增长5.54%、63.66%和40.46%；牵头医院外转市外就诊人次下降2.6个百分点。两家城市“医共体”牵头医院三、四级手术总量增长7.69%；普通门、急诊量减少4.55%，首年实现下降。副省长成岳冲和省卫生健康委主任张平分别到湖州市进行专题调研，并充分肯定湖州市试点成效。四是鼓励和促进民营医院发展。认真贯彻落实市政府《关于促进民营医院加快发展的实施意见》，突出完善政策供给、加快“放管服”改革、加强业务监管、提升专业能力四大重点，努力为社会办医创造优质发展环境。截至2019年年底，全市有民营医疗机构608家，开放床位数5797张，占全市总床位数的31.72%。全市民营医疗机构门、急诊人次和住院人次分别占全市总人次的18.94%和15.18%。湖州市优化社会办医营商环境，加快民营医院发展的有关做法得到副省长成岳冲批示肯定。

【群众健康指数获得新提升】　坚持以“最多跑一次”改革为引领，持续加强老龄、妇幼和中医药等健康服务，着力提升群众获得感。一是持续深化医疗卫生服务领域“最多跑一次”改革。紧扣让群众就医“少跑”“近跑”“不跑”的要求，结合湖州市实际，新推出基层看病更放心、检查检验更省心等十项举措。区域“影像云”覆盖全市，成为全国首个“无胶片化城市”，全年减少群众胶片费用近1亿元；“医后付”每天受益群众4000人以上；“出生一件事”多证联办实现助产机构全覆盖，累计受益3298人，5次登上市跑改办领跑榜；“用血服务不用跑”实现用血医院全直免，累计服务581人次，直免金额40万余元，无偿献血者及其亲属直免率达100%。“医后付”“影像云”和“出生一件事”多证联办分别获评全市“三服务”“担当破难”典型案例。在全省率先实现省、市、县、乡、村五级检查检验报告共享和互联网查询，成为全国首批全市域医疗健康信息互联互通标准化成熟度测评四级以上城市。二是加强老龄健康服务。结合机构改革赋予的新职能，新定位，主动协调民政等部门，突出康复医疗、老年护理等工作重点，加强上下联动，不断优化老龄健康服务内涵和服务形式。截至2019年年底，全市共建成医养结合机构34家，占养老机构总数的32%；二级以上综合医院和中医医院老年病科设置比例达95.2%，有225家医疗机构开通老年人绿色就医服务通道，135家医疗机构开设“老人优先”服务窗口，18家乡镇卫生院开展医养结合服务（建成医养结合床位377张），65岁及以上老年人健康管理率达87.2%，实现医疗机构与养老机构协作机制乡镇全覆盖。三是加强妇幼健康服务。强化出生缺陷三级预防，全面落实免费婚前医学检查和孕前优生健康检查服务，启动户籍孕产妇免费产前筛查与筛查中高危低保孕产妇免费产前诊断、先天性心脏病筛查诊治等项目，着力提高出生人口素质。2019年，全市出生缺陷发生率24.35‰。深化“两癌”免费筛查。全市开展“两癌”筛查131789人（宫颈癌65096人、乳腺癌66693人）。深入实施全面两孩政策，努力营造生育友好型社会。全市建成公共场所母婴室231家，推进女职工产前检查、计划生育医疗费用纳入医保报销范围。2019年，全市上报户籍人口出生22181人，同比减少814人，下降3.54%。其中二孩及以上出生10097人，减少777人，占比为45.52%，下降1.77个百分点；出生人口性别比为105.2，继续保持正常范围。四是优化中医药服务。坚持中西医并重，传承发展中医药事业。健全完善基层中医药服务网络，推广中医药适宜技术，提升基层中医药服务能力，顺利通过全国基层中医药工作先进市复审。年内，全市所有乡镇卫生院（社区服务中心）均建立中医馆，并开展6类以上中医药适宜技术；全市97.56%的社区卫生服务站（村卫生室）能开展4类以上中医药适宜技术。2019年，全市共推广中医药适宜技术62项，基层医疗机构中医诊疗量占比达34%。加强中医“三名”（名医、名院、名科）建设，着力提高中医医院综合服务能力。全市共建成中医药重点专科（学科）43个（其中省级以上重点专科15个，国家级“治未病”示范建设项目1个、浙江省中医药适宜技术示范基地4个）。五是生育关怀行动扎实推进。严格落实奖特扶、联系人、绿色就医通道等制度，独生子女家庭成员死亡、伤病残及困难户社保参保缴费补贴从每人每年400元提高至500元，计生特殊家庭帮扶工作持续深化。全市发放计生奖特扶资金9147.25万元；走访慰问困难计生家庭6013户，落实慰问金、慰问品价值411.4万元；生育关怀系列保险覆盖14.53万人，投保金额达1405.53万元，失独家庭住院护理补贴保险实现全覆盖，计生特殊家庭第三代意外保险探索推进，计生家庭风险抵御能力持续提高。

【医疗服务能级实现新提高】 围绕医疗救治、重大疾病防控等4个方面加强能力建设。一是加强医疗救治能力建设。积极争取省卫生健康委对湖州市工作支持，推动市政府与省卫生健康委签订共同打造湖州长三角市域医学高地合作协议。扎实推进医疗卫生服务接轨沪杭行动，5家市级医院与上海、杭州的15家知名医院、42个临床科室建立深度合作关系；深化与浙江大学市校合作，市妇幼保健院和安吉县人民医院分别成为浙大儿童医院湖州分院和浙大一院安吉分院；市中心医院与浙江大学积极谋划建设非直属附属医院。市级综合医院三、四级手术占比达32.06%，同比提高10.55个百分点，其中市中心医院疑难病诊治能力居全省25家三甲综合医院第4名。加强市、县医院等级能力建设，市中心医院通过三级甲等综合医院复评，长兴县中医院通过三级甲等中医院省级试评。加强学科建设。全市有217个项目获市级以上科技计划立项，其中被列入国家卫生健康委科学研究基金重大项目1项、省自然科学基金和公益技术应用项目21项、省医药卫生科技计划60项、省中医药科技计划9项。二是加强重大疾病防控能力建设。健全疾病预防控制体系，强化疾病及其相关健康危害因素监测、评估和预警，着力提升疫情处置能力。全市全年无甲类传染病报告，乙类传染病报告发病率为144.01/10万，丙类传染病报告发病率741.44/10万，继续保持全省最低。加强高血压、糖尿病、青少年近视等慢性病或常见病的防控，以及癌症、脑卒中等重点疾病的早期筛查、早诊早治。全市报告恶性肿瘤、糖尿病、冠心病急性事件、脑卒中发病率为1208.34/10万，同比下降4.41%；完成4000余名学生的近视现场调查任务。联合九部门加强社会心理服务体系建设，持续规范严重精神障碍患者的管理治疗。至年末，全市有在册严重精神障碍患者14732人，报告患病率4.92‰，规范管理率96.78%，规律服药率87.37%。深化爱国卫生运动，顺利通过国家卫生城市复评。三是加强卫生应急能力建设。健全完善突发事件紧急医疗救援和突发公共卫生事件应急处置机制，全年未发生重大突发公共卫生事件。圆满完成“利奇马”台风灾后防疫工作，并组织应急小分队赶赴温州市永嘉县和台州市临海市开展灾后防疫援助，得到省卫生健康委、当地党委、政府和群众的一致好评。健全院前急救网络，加快提升院前急救水平。全市新增急救站点5个，中心城区急救反应时间达11.96分钟，首次突破12分钟大关。畅通院前院内急救链条，实现“120”急救信息系统与医院抢救的实时联通、无缝对接。四是加快推进卫生重点项目建设。浙北医学中心项目完成主体工程建设；市第一医院改扩建项目，根据市政府专题会议精神完成优化调整；市中医院迁建项目调整为政府债券融资建设模式，各项工作正有序推进，即将启动全面建设；市妇保院湖东院区和吴兴区人民医院正式投入使用；南浔区中医院迁建项目正式开工；中心城区凤凰、康山、爱山朝阳3家社区服务中心全部投入使用。

【系统法治建设得到新推进】 坚持深化卫生健康领域“放管服”改革，强化行业监管，切实加强系统法治建设。一是深化卫生健康政务服务“最多跑一次”改革。全面深化“互联网+政务服务”改革，176项政务服务事项，全部开通“网上办”“掌上办”服务功能；通过推行网上办事、双向快递等方式，全部可以实现“零上门”，事项网上办结率达85%以上；办件承诺时限比法定时限压缩97.81%，即办事项比例达90.34%。积极推进“无证明城市”创建，通过直接取消、共享获取、承诺替代等方式取消证明15项，证明清理率达100%；2019年，全市完成卫生行政许可2469件，其中省级下放行政审批事项1909件，电话回访办事满意度达100%。二是加大监督执法力度。坚持有案必查、有诉必查、有事必查，狠抓大案要案查处力度。2019年，全市共作出行政处罚决定案件2371起，罚没款590万余元，申请法院强制执行10起，移送公安6起；其中立案查处无证行医案件118起，移送公安机关5人，罚没款291.88万元；处罚医疗机构违法行为351起，罚没款13.51万元；查处企业违反职业卫生规范25起，罚款60万元；应用“互联网+”实现非现场执法案件查办20余起。受理各类投诉举报110起，及时查处、反馈和满意率均为100%。全市没有非法行医致死致残事件及相关的突发公共卫生事件发生；没有行政复议、行政诉讼案件发生。推进职业健康分类分级管理，健全职业病危害联合防治，开展全市职业卫生执法专项行动。对48家违法企业实施行政处罚，罚款93.5万余元。长兴县成为全省首个职业病防治实训基地。三是加强医疗质量管理。以落实18项医疗核心制度为重点，着力提升医疗机构同质化水平，建立健全28个市级医疗质控中心。深刻吸取顺德医院新生儿院感事件和东台市人民医院血透患者感染丙肝事件惨痛教训，对全市938家医疗机构开展地毯式感控排查整顿，对存在严重问题的1家医疗机构进行停业整顿、病人分流。并联合公安、医保、市场监管等部门以健康体检、医疗美容、生殖（不孕不育）、泌尿、皮肤、妇产、眼科等社会办医活跃领域为重点，开展医疗乱象专项整治行动。检查各类医疗机构677家，作出行政处罚164家，罚款71.66万元，有效地净化了行业环境，守护了医疗质量安全底线，促进了医疗卫生行业规范有序发展，维护了人民群众健康权益。

【系统党的建设得到新加强】 坚持把加强党的建设、全面落实从严治党责任放到更加突出位置。一是全面加强医院党的建设。认真贯彻落实中央和省委《关于加强新时代公立医院党的建设工作的实施意见》，制订加强公立医院党的建设年度重点任务，成立公立医院党建工作指导委员会，召开全市医院党建工作会议，强化公立医院党委领导地位，推动党的领导和党的建设融入现代医院治理各个方面，指导公立医院完善重大事项决策机制，明确党委会议、院务会议议事规则。实施高知识群体“双培养”工程，发展“高知”党员16人，占同期发展党员数的51.6%。持续优化公立医院中层干部结构，市级医院中层干部党员比例提高至64.01%。加强民营医院党建管理。在全国率先出台《加强全市民办医疗机构党的建设工作的意见》，全市23家民营医院均建立党组织，拥有党员163名，基本实现应建尽建，应管尽管。二是切实加强基层党支部建设。以“一流党建、一流学科、一流服务”为总目标，认真实施“双创双全”组织力提升工程。改革超大支部，市级医院在职党支部由35个增至109个，由科主任担任支部书记比例达89.91%，同比提高18个百分点。市级医院全面推行党支部标准化建设，实行“B+T+N”内容体系建设，按季开展“三会一课”“走看赛”活动。推行基层党组织“堡垒指数”、党员“先锋指数”管理，深化“一单位一特色”“一支部一品牌”建设，推广网格化监督管理，探索党支部参与科室重大事项决策制度，加快构筑适应新时代要求的基层党建工作格局。支部品牌建设率达94.50%，系统党员“健康直通车”志愿服务相关做法被“健康中国”“学习强国”“湖州365”等宣传报道，并在全市“三创三服务我先行”机关党建服务品牌决赛中荣获“十佳党建服务品牌”第1名。市中心血站党支部被列为全市基层示范党支部推荐考察点，支部书记获评全市机关“铁军模范好支书”。市卫生监督所支部跻身“最强服务堡垒”之列。市中心医院沈琦斌获评全省“担当作为好支书”。三是深入推进清廉医院建设。认真贯彻清廉湖州建设要求，制定出台全省设区市首个清廉医院建设标准；从严加强关键岗位、重点环节的监督管理，建立医务人员廉洁行医档案，严格执行医德医风“一票否决”，常态化开展收受“红包”、回扣和诊疗、检查、用药“三不合理”专项整治。2019年，全市医生主动上交“红包”955个、涉及金额126.32万元，同比分别增长33.01%和24.06%；累计纠正不规范、不合理处方近8000张，对违反诊疗规范的59名医生作出调离岗位、暂停处方权、扣发1—3个月绩效奖、取消年度评优资格等处理。10家“医共体”牵头医院平均住院日同比缩短0.4天，平均住院药费下降9.47%。湖州市把清廉医院建设融入医院治理体系和治理能力现代化建设有关探索得到省纪委、省监委和省卫生健康委肯定，获新华网、《浙江日报》和浙江新闻等媒体报道。坚持运用“四种形态”强化监督执纪问责，全市累计处置231人次，其中第一种形态206人次、第二种形态21人次和第三种形态4人次。四是加强人才队伍建设。加大卫生健康人才引育力度，制定卫生健康人才引育新政，柔性引进中国工程院院士邱贵兴团队等10个国内知名专家团队。2019年，全系统共引进硕士以上高层次人才108名，其中博士3名，海外高层次人才1名，创历史新高；全市有4人入选市“南太湖本土高层次人才特殊支持计划”科技创新领军人才；4人入选自然科学领域青年拔尖人才；13人入选市“1112人才”工程培养人选和后备培养人选。其中“80后”6名、博士生1名。五是加强干部选拔任用。认真落实《党政领导干部选拔任用工作条例》《浙江省公立医院领导人员管理实施办法（试行）》和《浙江省事业单位领导人员管理暂行办法》，做到“五个坚持”“凡提四必”。在制订计划上坚持申报审批制，在市委编办核定的领导职数内经市委组织部审批后启动选拔程序；在推荐环节上坚持把群众公认度高的干部列入考察对象；在考察环节上坚持全面翔实，对考察对象的“工作圈”和“生活圈”进行同步考察；在决策环节上坚持票决制，由党委会集体研究，采取无记名投票的方式进行票决，形成任免决议，落实“三个不上会”“两个不得”“五个不准”的要求，严把干部选拔任用讨论决定关。在监督环节上坚持全程公开，驻委纪检人员全程参与，公开群众监督举报渠道，对违反《干部选拔任用条例》和党风廉政规定的，实行“一票否决制”。建立健全“一报告两评议”制度，委党委和委直属单位党组织年终考核时按规定要求报告年度干部选拔任用工作，并对当年度新提拔的干部接受单位干部职工评议。同时，对单位干部选拔任用纪实工作专项检查。全年选拔任用科级干部17人、轮岗交流7名，完成公务员职务职级晋升26人，无选人用人不正之风事件的发生。（常　乐）

·体育·

【概况】 2019年，湖州市体育工作紧密围绕市委、市政府工作大局，对标全市“一四六十”工作体系，积极倡导“三体三生”（讲体育也是讲生态，有体育才会有生机，爱体育就是爱生活）工作理念，以“体育现代化、健康大湖州”为目标，以全民健身示范、竞技体育争先、体育产业引领、品牌赛事知名、体育文化浓郁为愿景，全力推进“体育现代化，健康大湖州”建设。

【群众体育】 坚持“以人民为中心”的思想，进一步放大省运会效应、让全民共享更多、更广、更便捷的体育红利。一是全力推进体育设施建设。制定《湖州市体育设施建设专项规划》（2019—2035年），全年完成省级小康体育村提升工程100个、全民健身广场等基层便民体育设施43个。二是打响全民健身系列品牌。坚持科学快乐有效健身，推出“健身有道·跃动湖州”品牌。以“体育365天天来健身”为主题，抓好公共大型体育场馆抵免开放15600余场次（免费开放2800场次），受益市民达52万余人次。以“我能行·湖州行”“爱体育·爱生活”“我运动·我快乐”为主题，成功举办首届全民健身节，参与群众达5万人次。三是提升科学健身指导水平。开展公益大培训260场，受益市民14.7万人次；组织开展“明星社会体育指导员”评选；推进“体医融合”项目，建设1个市级、35个区县级试点单位。推动国民体质监测网络建设，已建成50个国民体质监测站点，为5100人次提供服务。在省体育局组织的年度健康浙江体育工作考核中，总评优秀，位列全省第五。四是增强体育社会组织活力。完善《市级单项体育协会年度考核》制度，评选出星级体育社团15个，对7家协会进行换届工作。全市有社会团体（体育协会）149家和民办非企业（俱乐部）77家。

【竞技体育】 遵循竞技体育成长规律，深入研究本届省运会竞技成绩，确立新周期全市竞技体育工作规划。一是成功举办市九运会。以管办分离形式，创新举办“2019奔跑吧湖州城市定向挑战赛”，以赛事的形式代替举办大型文艺演出，把开幕式变为“开赛式”，3500名民众参与其中。市运会共设29个大项，6130名运动员参加比赛，有2人5次打破5项市最高纪录和4人5次打破5项市年龄组记录，涌现出邓凯磊、唐田颛等多名优秀体育苗子。二是调整完善业训布局。积极引导社会力量办业余训练，确定新周期业余训练布局项目32个，布局人数3599人。深入研究网球、游泳、击剑、攀岩等项目布局，推进建设湖州市第二体育训练中心。三是全力备战第十七届省运会。明确第十七届省运会任务进程和量化指标，组织参加22项省青少年锦标赛和冠军赛。组队参加第二届全国青年运动会，获得5金3银5铜的成绩。在世界军人运动会上，中国队在网球项目中拿下5枚金牌，其中，湖州输送的运动员获得女子单打、女子双打、混双三项冠军。湖州籍运动员范冰冰在2019场地自行车世界青年锦标赛中获得团体竞速赛冠军，并在雅加达亚洲自行车锦标赛中再摘两金。

【体育产业】 积极参与“大花园”建设，通过体育+生态、+旅游+培训等形式，让体育产业在“绿色产业引领行动”中发挥重要作用。一是优化平台体系建设。开展市级体育产业发展资金项目库工作，申报项目9个。完成市体育产业机构名录库核查录入468家。二是打造“极限之都户外天堂”品牌。省发改委把湖州“极限之都·户外天堂”纳入大运河（浙江段）文化传承利用规划意见中，相关工作得到省有关部门重视和认可。制定《湖州市户外（极限）运动发展规划（2019—2025年）（初稿）》；整合“极限之都户外天堂”系列资源，推进品牌深化；举办第二十届全国极限运动大赛、浙江省首届户外运动大会等7场系列赛事；申报浙江省品牌体育赛事2个。三是推进体旅融合和综合体建设。拓宽产业发展路径，创建省运动休闲旅游示范基地2个、旅游精品线路1条、优秀项目3个，南太湖弁山绿道荣获浙江省十佳绿道称号。推进体育综合体打造，初步探索综合体建设模式。四是体彩销量稳步推进。全年全市累计销售体育彩票10.75亿元，为地方纳税首次突破千万元（累计1238万元）。

【体育文化】 持续弘扬“爱体育就是爱生活”理念，掀起全民运动健身热潮。一是政治建设不断加强。以开展“双优双创”（优基础、优服务，创体育强市、创体育特色）活动和“不忘初心、牢记使命”主题教育为抓手，认真开展“三服务”活动。二是信息宣传阵地不断壮大。充分发挥官方网站和微信宣传主阵地作用，相继建立局属单位及区县微信公众号9个，成立“湖州市体育宣传联盟”。打造“赛事面对面”平台建设，实现体育与媒体资源共享、互补、共赢，全年各类赛事直播及网络点击量达80余万次。三是干部队伍建设不断强化。采取创新改革调整、项目牵引实施、新老干部配对、传帮带以及组织体育干部学校培训等方式，“培养干部、培训干才、培育干劲”，努力找到需岗相适、德岗相适、能岗相适的好干部。

【体育改革】 以推动社会力量办体育为撬杆，深化体育体制机制改革。推进“最多跑一次”改革向大型体育场馆延伸，理清体育中心与体育产业公司之间的职责。充分发挥体育社会指导员队伍作用，指导体育社会组织实体化改革。鼓励社会机构开办体质测定和运动康复机构。推动社会力量办竞技，积极筹建体育幼儿园。做好“体育+”工作，推动体育与旅游、文化、健康、养老、教育等产业进一步融合，实现体育工作高质量发展。

（陈洋静思）

·居民生活·

【概况】 2019年，面对错综复杂的发展环境，湖州市积极统筹推进经济社会发展，实现居民收入持续增加，人民生活质量稳步提升。

【收入基本情况】 一是城乡居民收入增长较快，高于全省平均增速。2019年，湖州市全体居民人均可支配收入48673元，同比增长9.4%，高于全省平均0.5个百分点，增幅居全省第4位。从城乡来看，城镇常住居民人均可支配收入59028元，增长8.5%，居全省第5位；农村常住居民人均可支配收入34803元，增长9.6%，居全省第4位。二是农村居民增速快于城镇，城乡收入比持续缩小。从增速看，2019年，农村居民人均可支配收入增速高于城镇居民 1.1 个百分点；从城乡比来看，2019 年，湖州城乡居民人均可支配收入比为 1.70∶1（农民收入为 1）。三是县域间收入差距较小，各区县协调发展。湖州所辖 5 个区县的经济社会发展水平总体比较接近，收入差异较小。从绝对值来看，2019 年，各区县全体居民人均可支配收入绝对值最高的为吴兴区（52754 元），最低的为安吉县（45785 元），相差 6969 元；从增速来看，增速最高的是长兴县（增长 9.7%），最低的是南浔区（增长 9.2%），相差 0.5 个百分点。从绝对值和增速来看，全市各区县之间差距不大，收入均衡性较好。

【收入基本特点】 一是稳定就业促进工资性收入稳步增长。年内，湖州坚持把就业作为脱贫增收的关键，启动万名青年人才来湖州就业创业三年行动计划等举措，促进工资性收入增长。2019 年，湖州市全体居民人均工资性收入 28399 元，同比增长 9.1%。分城乡来看，城镇常住居民人均工资性收入 32590 元，增长 8.4%；农村常住居民人均工资性收入 22786 元，增长 9.2%。二是良好的营商环境推动经营净收入较快增长。政府相继出台企业减负政策，营造良好的营商环境，促使经济结构优化，促进企业发展。同时，年内，农产品例如生猪、家禽、春茶和淡水养殖产品等出售价格有一定的上涨，拉动农业经营净收入上涨。2019 年，居民人均经营净收入 10413 元，增长 10.0%。分城乡来看，城镇常住居民人均经营净收入 11738 元，增长 9.7%，农村常住居民人均经营净收入 8639 元，增长 9.6%。三是惠民政策促进转移净收入快速增长。随着社会保障体系的不断完善和健康医疗需求的不断增加，养老金标准逐年提高，医疗报销比例持续上升，加上个人所得税支出负担减少，拉动居民转移净收入增长。2019 年，居民人均转移净收入 6006 元，同比增长 11.0%，增幅居四大项之首。分城乡看，城镇常住居民人均转移净收入 8904 元，增长 9.2%；农村常住居民人均转移净收入 2125 元，增长 12.4%；四是理财多样化促进财产净收入增加。随着金融理财产品的多样化、居民对理财认识的不断提高，同时，随着农村居民家庭土地承包租金、集体分红收入的稳步提高，带动居民财产净收入逐步提高。2019 年，居民人均财产净收入 3854 元，同比增长 7.9%。分城乡看，2019 年，城镇常住居民人均财产净收入 5796 元，增长 5.8%；农村常住居民人均财产净收入 1254 元，增长 11.1%。

【消费支出特点】 2019 年，居民生活消费支出实现稳定增长，全市居民人均生活消费支出 29657 元，同比增长 10.0%。分城乡来看，城镇常住居民人均消费支出 34916 元，增长 9.7%；农村常住居民人均消费支出 22613 元，增长 9.1%。一是食品烟酒类支出占比逐年下降。随着居民生活水平不断提高，食品烟酒的消费占居民生活总支出的比例越来越小。2019 年，湖州全体常住居民人均食品烟酒支出 8553 元，增长 6.5%，人均食品烟酒支出占消费支出的比重为 28.8%，比上年同期下降 0.6 个百分点。分城乡看，城镇常住居民人均食品烟酒类消费支出 9756 元，增长 4.1%；农村常住居民人均食品烟酒类消费支出 6942 元，增长 10.2%。二是教育文化娱乐支出稳定快速增长。随着居民对教育重视程度越来越高，对自身精神文化娱乐方面的追求有所提高，同时，近年来文化事业的蓬勃发展、娱乐设施的不断完善促使居民在教育文化娱乐的消费逐年提高。2019 年，湖州全体常住居民人均教育文化娱乐支出 3283 元，增长 19.7%；分城乡看，城镇常住居民人均教育文化娱乐支出 4266 元，增长 22.3%；农村常住居民人均教育文化娱乐支出 1966 元，增长 10.1%。三是医疗保健支出稳定快速增长。随着物质条件的提升，人们对身体健康状况也更加关注，保健行业在这几年得到快速发展，医疗保健支出迅速增长。2019 年，湖州全体常住居民人均医疗保健支出 1735 元，增长 22.5%。分城乡看，城镇常住居民人均医疗保健支出 1985 元，增长 34.4%；农村常住居民人均医疗保健支出 1401 元，增长 4.6%。四是交通通信日益便利，增幅趋于平稳。随着居民收入的逐年提高，城镇地区汽车拥有量已经达到较高水平，因此，购车消费支出相对趋于平稳；同时，移动通信设备的普及和“提网速、降网费”的惠民措施落实到社区、村，通信领域竞争激烈，资费标准更加合理，使得通信费用相对稳定。2019 年，湖州全体常住居民人均居民交通通信支出 4991 元，增长 11.5%。分城乡看，城镇常住居民人均交通通信支出 5543 元，增长 9.7%；农村常住居民人均交通通信支出 4252 元，增长 13.8%。（高　浩）

生态文明建设

生态文明

·综　述·

【概况】　2019年，全市生态文明建设工作紧紧围绕当好践行“两山”理念样板地、模范生的总要求，深入贯彻中共十九大和十九届二中、三中、四中全会精神，按照市委“一四六十”工作体系要求，以推进绿色发展方式和绿色生活方式为主线，进一步拓展“两山”转化通道，以环境样板、经济样板、生活样板和制度样板为目标，聚力打造生态样板城市，全市生态文明建设各项工作稳步推进。

【统筹抓好环境污染治理】　湖州市始终聚焦人民群众的需求，以治水、治气、治土、治废等突出问题为突破口，坚持科学治理、全民治理和依法治理，全力开展蓝天、碧水、净土等专项行动，加快补齐短板，提升环境质量。一是高位推动抓治气，空气质量不断提升。全力抓好涉挥发性有机物重点企业治理、燃煤锅炉淘汰、车船黑烟清理、扬尘治理严管等工作，2019年，完成227台燃煤、燃生物质锅炉淘汰，完成2蒸吨以上天然气锅炉低氮改造241台；全年PM2.5平均浓度为32微克/立方米，比上年同期下降8.6%，全省降幅排名第一；空气优良率达76.7%。在全省率先开展涉挥发性有机物企业环保设施用电过程监控，完成115家重点涉VOCs企业设施安装，企业智慧化监管效能进一步提升。湖州市在全省率先制订《关于助力我市高质量绿色发展　支持引导使用低VOCs含量原料的十条意见》，鼓励使用低挥发性原料，从源头切实减少VOCs排放。二是突出重点抓治水，水环境质量稳中有升。全市水环境质量总体保持稳定，13个国控断面的水质全部达到国家“水十条”考核标准，其中Ⅲ类水质断面9个，Ⅱ类水质断面4个，省控地表水监测断面均达到或优于Ⅲ类水质、县级以上集中式饮用水水源地水质达标率均保持100%，所有入太湖断面水质连续12年稳定保持在Ⅲ类水以上。进一步抓好“污水零直排区”建设，全年排查雨污水管网3023.4公里，发现问题11600个，维修管网315.6公里，完成580个各类建设单元“污水零直排区”建设。围绕“预、拦、捞、修、联”体系建设，推进太湖蓝藻防治工作，争取到中央长江保护修复奖励资金1.22亿元，吴兴区、南太湖新区获得6000万元太湖蓝藻防治资金，实现国家对湖州市蓝藻防治资金扶持零的突破。三是查清底数抓治土，固废监管成效明显。重点抓好行业企业土壤污染状况详查，污染地块土壤修复，全年827家企业列入重点行业企业土壤污染状况详查名单，已全部完成企业用地详查任务地块的信息采集、录入和地块空间信息整合及质控工作。扎实开展耕地质量调查，全市完成1∶5万耕地质量地质调查229.78万亩，永久基本农田质量地质调查113.47万亩，农业“两区”土地质量地质调查22个、2.43万亩。湖州市固体废物综合利用处置场（黄沙山）项目年底建成。截至2019年年底，湖州危险固废综合利用项目完成建设进度的15%，并启动设备安装。确保全市危险废物、一般工业固体废物处置能力缺口基本解决。

【大力拓展“两山”转化】　湖州市始终牢记总书记的嘱托，坚定不移照着绿水青山就是金山银山这条路走下去，走出了一条生态美、产业绿、百姓富的可持续发展之路，形成了“护美绿水青山、做大金山银山、培育生态文化、构建制度体系”为主要内容和标志的“两山”湖州实践模式。一是积极打造生态产业化。强化战略引领，编制“两山”实践创新基地建设规划，明确总体战略、重点任务、转化模式和实施体系。围绕生态高效，全市建立美丽牧场101家、农牧对接的绿色循环体29家，创建市级现代渔业园区20个，美丽渔场174个，培育健康养殖示范户1534个。2019年，全市农林牧渔业增加值142.24亿元，同比增长3%，增速位居全省第一。全力做好特色旅游，安吉县余村村、长兴县顾渚村2个村入选全国乡村旅游重点村名录，成功创建省级乡村旅游产业集聚区3个、省级等级精品民宿69家，均居全省第一；推进龙之梦等160个重点文旅项目建设，成功引进长兴养生谷项目、安吉红石崖景区项目等1亿元以上文旅项目46个。依托生态优势招才引智，在上海投资10亿元购置2.1万平方米楼宇，设立湖州全球招商引才中心，并在北京、深圳设立分中心。截至2019年年底，引进大学生和其他各类人才11.3万人，其中大学生9.2万。二是着力推动产业生态化。组织国家第四批绿色制造示范企业推荐申报，全市11家绿色工厂、7家绿色供应链、1个绿色园区以及15种绿色产品获批，全市绿色制造示范数量全国领先。2019年，全市淘汰水泥、铸造、造纸、制革、印染、化工等高耗能行业企业222家，腾出用能空间26.6万吨标准煤；整治提升以喷水织机、小铸造、塑料制品、钢琴、竹木制品为主的“低散乱”企业4217家。在城市建设、产业发展、品牌培育等方面注入“两山”元素，贴上“两山”标签，进一步打响“两山”统一品牌。先后在上海、杭州、南京、苏州四大城市设立“两山农品汇”专卖店，扩大湖州市生态农产品的影响力。三是加强完善制度规范化。通过实施差异化考核评价护美绿水青山，进一步完善绿色GDP核算评价，纳入2019年市对区县的综合考核之中。区县对乡镇实施差别化考核，吴兴区妙西镇、德清县莫干山镇、长兴县水口乡、安吉县章村镇等以生态保护为主的乡镇取消了工业指标考核，实行了“考绿不考工”，促进了干部群众对生态环境的保护。

【牢固树立生态保护战略】 统筹考虑自然生态要素，进行整体保护、宏观管控，维护生态平衡。一是推进自然资源统一确权登记。长兴县通过试点探索，开展并完成了水流、森林、矿产、自然保护地等自然资源的统一确权登记，全县对40个全民所有自然资源登记单元进行了确权登记，确权登记总面积140.96平方公里，在此基础上开发建设了自然资源调查数据库和确权登记信息管理平台，为实现自然资源的数量、质量、空间一体化管理奠定了基础。二是做好自然生态保护。大力开展“一村万树”、森林系列创建、全民义务植树、茶园生态修复等行动，统筹推进国土绿化美化。2019年，全市完成平原植树造林7216亩、改造提升6550亩，实施茶园生态修复5.4万亩，完成中央财政森林抚育18433亩、木材战略储备林2903亩，新植珍贵树168.4万株，建设珍贵彩色森林8.2万亩。全市争创“省森林城镇”10个，德清县、长兴县稳步开展“国家森林城市”创建，森林城镇和城市覆盖面领跑全省。三是加强森林资源管控。加强森林资源“一张图”管理，完成2019年度森林资源年度监测。加强毁林开垦惩治力度，同比案件发生率下降75%。完成各区县建设项目涉及公益林补划调整，涉及59个项目、1527亩。做好“松材线虫病”“美国白蛾”等森林病虫害防控工作。全市5家单位、3名个人分获中国林业产业突出贡献奖、创新奖；2家单位、11名个人被省政府评为省公益林建设成绩突出集体和个人。全省首个国家级竹林生态系统观测站落户安吉县。

【积极推进生态体制改革】 湖州加快推进生态文明领域各项改革任务，扎实推进生态文明重点领域改革，自然资源产权制度、现代环境治理体系、生态文明标准化、环境资源司法保护制度等取得重要进展，全市立法、标准、体制“三位一体”制度体系进一步完善。一是完善地方法规。以《湖州市文明行为促进条例》为基础，推进“1+N”生态文明地方法规体系建设。推动实施《湖州市美丽乡村建设管理条例》《湖州市河道管理条例》《湖州市滨湖一体化建设发展条例》《湖州市垃圾分类管理条例》等列入地方性生态环保法律法规制定计划，牵头起草《湖州市大气污染防治规定》。《湖州市市容和环境卫生管理条例》正式施行，各部门联合定期开展垃圾分类专项执法。《湖州市乡村旅游促进条例》获省人大常委会批准。二是健全标准化体系。加快推进国家生态文明标准化示范区建设，优化生态文明标准体系，将4858项体系标准精简至3774项，在全国率先建立绿色智造、绿色金融专项标准体系，以绿色智造、绿色金融、生态农业、文化旅游、内河水运等领域为重点，制定发布《绿色制造标准体系编制指南》《绿色金融标准体系编制指南》《美丽航区建设规范》等生态文明领域标准25项，主导制定的《区域生态文明建设指南》国家标准获批立项，废锂电池循环利用获批省标准化战略重大试点项目。三是稳步推进制度创新。开展现代环境治理体系建设，制定出台《湖州市更进一步当好践行“两山”理念样板地模范生打造现代环境治理体系实验示范区建设实施方案》。探索建立新型生态环境服务咨询体系，委托省环科院对电机、耐火、化工等14类行业制定行业整治规范。牵头制定全国首个地方环境污染责任险标准《环境污染责任保险风险评估技术规范》，已扩展至214家企业投保。垃圾分类工作深入实施。出台环境损害赔偿磋商管理办法、鉴定评估办法、修复管理办法等“1+4”制度。完成生态环境损害赔偿磋商案件2例，其中，湖州市生态环境局与杨光等14人达成生态环境损害赔偿协议并经法院司法确认，该案入选长三角司法协作典型案例。积极推进安吉县争创践行“两山”理念综合改革创新试验区工作，各项工作有序推进。2019年完成领导干部自然资源资产离任（任中）审计项目8个。

【全面提升全民生态理念】 扎实开展生态文明宣传教育活动，深入推行绿色生活方式，加强舆论引导，着力构建全民参与的社会行动体系。一是生态文化进一步弘扬。2019年，市文广旅打造以安吉县余村生态发展为原型的舞台话剧《青青余村》，已完成首演。安吉县余村村、长兴县顾渚村2个村入选全国乡村旅游重点村名录，德清莫干山国际（洋家乐）乡村旅游产业集聚区经验做法入选全国乡村旅游发展典型案例。广电总台各宣传平台共播发生态文明（美丽湖州）建设新闻、专题宣传报道1560余篇（档），制作广播电视公益广告60余条，用新媒体手段发布生态文明建设主题报道稿件680余篇。2019年《湖州新闻联播》《湖广早（晚）新闻》专门开设《“绿”动湖州》《飞‘阅’湖州 点赞家乡》等专栏，反映湖州各地在生态文明（美丽湖州）建设上的好做法、好经验、好典型。二是绿色生活方式进一步推进。出台《关于开展绿色生活方式十大专项行动方案》，动员全市人民在“衣、食、住、行、游”等方面加快向勤俭节约、绿色低碳、文明健康的方式转变。德清县以把整个县城“装成锦绣、绘成丹青”为目标，打造绿色生活之路。长兴县在全市率先推广绿色出行试点建设，逐步加大公共交通基础设施投资，引导多种交通方式发展，打造“公交+慢行”系统为主体的交通新模式。安吉县深入践行“两山”理念，高标准推进垃圾分类工作，全力打造垃圾分类“安吉样板”。三是全民参与影响力进一步扩大。谋划举办以“绿色生活 美丽家园”为主题的第五个“湖州生态文明日”系列活动，并组织召开了第五个“湖州生态文明日”暨第四届“浙江生态音乐节”启动仪式，全市上下积极行动，开展了30项形式多样的“生态文明日”宣传实践系列活动，全民参与生态文明建设的氛围愈加浓厚。在安吉县余村村设置“6·5”世界环境日分会场，举办了2019年世界环境日·国合会年会考察活动，接待中外来宾100余人参观天荒坪镇余村和灵峰街道大竹园村，实地了解浙江“千村示范、万村整治”工程的成果。

【巩固提升生态交流合作】 着眼生态示范、绿色引领，继续加强合作交流，不断深化生态文明领域理论研究，为湖州市委、市政府生态文明建设提供理论咨询。一是合作交流持续加强。召开“生态+电力”示范城市建设国际论坛，旨在推动能源消费、供给、技术、体制革命和国际合作，分享生态文明建设和可持续发展经验，推广中国在能源领域的“两山”转化成果。召开2019中国（湖州）绿色金融论坛，旨在促进绿色金融服务经济高质量发展，共谋绿色金融发展美好未来。召开2019长三角一体化文旅峰会暨国际滨湖度假大会，旨在推动长三角区域旅游优势互补、互利共赢，打造长三角一体化文化旅游品牌，共同构建长三角文化旅游度假区产业发展生态圈。全国各地代表纷纷来湖州学习交流生态文明建设。二是理论研究不断深化。中国生态文明研究院多篇文章被列入国家、省级刊物，各项研究报告也被重点科研专报所录用，调研报告《以法治“红线”守护生态文明“绿线”——湖州市加强生态文明法治保障的实践与启示》得到最高人民检察院副院长张雪樵批示，研究成果被最高人民检察院采纳。浙江生态文明干部学院2019年申报课题95项，有37项课题得到立项。《抢抓“国家可持续发展议程创新示范区”创建机遇占领“两山”实践新高地的对策建议》等17篇咨政文章获得市领导批示，《安吉鲁家村发展对乡村振兴的启示》等30篇生态文明文章在各类刊物杂志发表。三是对外培训成效斐然。浙江生态文明干部学院全年举办以“习近平生态文明思想”“乡村振兴”“绿色发展”“基层治理”为主题的生态文明特色培训班次160余期、培训学员10000余人次。利用湖州生态文明展示馆，在对外办学和“8·15”生态文明日期间，接待各类党政学习团队、班次、面向公众开放参观40余场、1600余人次，充分展现湖州生态文明的实践成果，受到社会广泛好评。中国生态文明研究院联合其他学院举办2019“践行两山理念，宣传‘余村经验’”全国优秀大学生夏令营活动，着力提高当代大学生的社会责任感、创新精神和实践能力。 （沈一凡）

·环境保护·

【概况】 2019年，市委、市政府坚决贯彻落实党中央、国务院和省委、省政府关于生态环境保护的决策部署，创新实干，担当作为，生态环境保护工作取得积极成效，湖州市连续5年获得“五水共治”优秀市“大禹鼎”，连续7年获得美丽浙江建设考核优秀，绿色发展指数位居全省第二，以优异成绩践行了“两山”理念样板地、模范生的初心使命。

【生态环境成绩显著】 一是环境质量持续改善。2019年，列入国家“水十条”考核的13个国控断面水质100%达标，77个县控及以上地表水监测断面100%达到或优于Ⅲ类水，入太湖水质连续13年稳定保持在Ⅲ类水以上。市区PM2.5浓度下降至33微克/立方米，下降率位于全省第一，全年达到国家二级标准要求。二是生态建设走在前列。德清县、南浔区分别获得国家和省生态文明建设示范县区命名，至此，湖州市成为全省首个省级生态文明建设示范县区全覆盖的设区市。2019年，联合国世界环境日主会场活动在湖州市安吉县开展现场交流，湖州生态文明建设成效得到上级领导和嘉宾的高度评价。在第25届联合国气候变化大会上，发布《中国湖州“生态+电力”示范城市建设应对气候变化行动》白皮书，为世界提供湖州智慧、湖州样本。三是污染防治强势推进。推进重点行业整治，比国家要求提前半年完成1013家“散乱污”企业整治，在全省率先开展涉VOCs企业环保设施用电过程监控，实现445家重点涉气企业智慧化监管全覆盖。启动入太湖排污口整治部省试点。在全省率先启动渔业养殖尾水治理，完成治理面积50余万亩，实现全覆盖。完成废弃矿山生态修复2.64万亩，全市绿色矿山创建率达100%。2019年，省下达湖州市主要污染物减排任务超额完成，“十三五”规划明确的生态环保领域9项约束性指标，其中有5项已提前完成任务。四是执法监管常态从严。保持环境执法高压态势，出台《关于进一步深化生态环境领域“三服务”打造环境执法效果最优市十八条意见》，全年全市处罚环境违法行为588家、金额5327.4万元，处罚案件和金额连续三年实现“双上升”。受理各类环境信访3423件，比上年同比下降25.94%，信访满意率逐年提升。“打击黑加油点”成效显著，查获案件33起，查获非法油品670吨，抓获涉案人员50人。全市实现重大环境舆情、重大突发环境事件、因环境问题引发的群体性事件的“三个不发生”。五是改革创新持续深化。推动“两山”转化重点领域改革集成，全面启动安吉县域践行“两山”理念综合改革创新试验区建设。在全省率先启动打造现代环境治理体系实验示范区建设，被列入省委全面深化改革2019年改革试点。积极推动大气立法，《湖州市大气污染防治规定（草案）》已通过市人大常委会审议。

【聚焦污染防治攻坚】 聚焦生态环境领域短板问题，以污染防治攻坚例会为抓手，清单化、点题式推进，推动各项攻坚任务落实落细。一是攻坚治气。立足自身、主攻内因、狠抓整治，在全省率先开展涉VOCs重点企业环保设施用电过程监控安装，率先启动天然气锅炉低氮改造，率先出台治气量化问责规定。年内，重点聚焦VOCs治理，联合市级部门出台助力湖州市高质量绿色发展支持引导使用低挥发性有机物含量原料的十条意见，进一步加强源头控制，减少涉挥发性有机物排放。二是深化治水。在全省率先出台“污水零直排区”建设标准，突出抓好“污水零直排区”建设，争取实现区县全域创建；圆满完成生态环境部太湖流域入河排污口排查唯一试点地级市排查任务；聚焦太湖蓝藻治理，2019年，争取到中央水污染防治专项资金1.92亿元用于蓝藻防控、生态修复，制订蓝藻治理专项方案，着力构建“预、拦、捞、修、联”五大防治体系，全年累计出动打捞船7408艘次、人员18565人次，打捞蓝藻29.9万吨，有效缓解了城市内河蓝藻。三是强基治土。坚持将固废危废基础设施建设作为解决问题的根本，规范布点，实现固废处置设施区县全覆盖。全面推进小微企业危废收贮运一体化和一般工业固废收贮运一体化建设，实现区县全覆盖。加快实施土壤污染详查，重点行业企业土壤污染详查工作稳步推进。

【优化服务监管效果】 围绕打好污染防治攻坚战、服务社会经济发展大局要求，坚持服务与监管并重。一是提升审批服务效能。以“最多跑一次”改革为牵引，在全省编制完成长江经济带战略环评“三线一单”方案，加快推进“区域环评+环境标准”扩点拓面，环评审批效率大幅提升，改革区域环评编制时间平均缩减65%、编制费用平均降低55%。二是加强企业帮扶指导。细化落实“专家组团”现场服务、企业生态环境咨询日等8条具体举措，得到企业好评。三是提升环境执法效果。在全省率先出台《关于进一步深化生态环境领域“三服务”打造环境执法效果最优市十八条意见》，针对企业轻微环境违法行为，依法予以豁免，避免影响企业上市、退税等政策享受；针对故意恶意行为，依法从严处罚，近年来，湖州市每年保持处罚案件数、罚款额度“双上升”，与此同时涉环境投诉连续下降。

【深化环境问题整改】 坚持把配合做好第二轮中央生态环境保护督察作为一项重要政治任务、作为压倒一切的重中之重工作，全力做好督察迎检各项工作。一是持续开展环境问题“回头看”。在全市开展生态环境问题“集中检查月”活动，针对第一轮中央环保督察、饮用水水源地督查、长江经济带生态环境专项审计等发现的问题，进行全面核查，形成完成整改、出现反弹、新发现问题“三张清单”，实行清单管理、攻坚整治。二是率先开展市级生态环境保护督查。在全省率先开创市级生态环境保护督查工作机制，突出问题导向、效果导向、治本导向、责任导向，推动各级党委和政府履行生态环境保护主体责任，确保发现问题和风险隐患在第二轮督察进驻浙江之前整改到位。三是全面开展环境隐患排查见底。全面启动全市生态环境安全隐患排查见底行动，对全市3万余家排污单位进行全面现场检查，帮助企业发现隐患、解决问题。

（莫生强）

·美丽乡村建设与管理·

【概况】 2019年，全市农业农村系统以市委、市政府高质量打造实施乡村振兴战略示范区为目标，以“三走进三服务”“三联三送三落实”等活动为抓手，全力实施美丽乡村全覆盖行动，着力打造新时代全域美丽标杆。德清县被评为2019年全国村庄清洁行动先进县，长兴县被国务院评为农村人居环境整治成效明显激励县，争取到中央财政资金2000万元。

【统筹谋划抓推进】 一是加强组织领导。市委、市政府出台了《高水平建设新时代美丽乡村的实施意见》《全市城乡人居环境大排摸大提升大督查“百日攻坚行动”方案》《高标准开展农村生活垃圾分类处理工作实施方案》，统筹谋划新时代美丽乡村建设工作。市委、市政府主要领导多次就“百日攻坚行动”、农村生活垃圾分类工作进行批示并实地检查行动成果，仅“百日攻坚行动”就召开全市推进会3次。二是强化保障措施。围绕“钱、地、人”等关键要素，着力攻坚破难。围绕“地”的问题，率先推出农业经营性项目“标准地”做法，市政府出台《关于保障农业产业融合项目建设“标准地”促进乡村产业振兴的通知》，并落实200亩建设用地指标用于农业“标准地”项目，各区县政府按照1:1比例配套。围绕“人”的问题，制订出台《关于推进乡村人才振兴的实施意见》，政策上新增1000万元的奖励资金，通过实施“557”行动计划，将乡村振兴领军人才纳入“南太湖特支计划”重点专项，首批乡村振兴领军人才遴选共评选16名领军人才，并着力做好农民培育、大学生就业创业等工作。围绕“钱”的问题，继续加大财政投入力度，2019年，市、区县级用于美丽乡村建设财政投入12余亿元。全面推广“绿贷通”平台，金融机构共服务“三农”主体540家，提供授信67.79亿元；全市涉农贷款余额2672.31亿元，比年初新增448.66亿元，同比增长21.29%。三是加强业务指导。年内，市、区县召开美丽乡村建设业务培训班18次，开展工作检查、督查163次。结合《美丽乡村建设条例》积极开展美丽乡村宣传教育工作，开展专题培训321期、参训3.4万人次，组织宣传活动375次、参与12.6万人次，发放资料9.89万份。

【全域开展美丽乡村创建】 以全域美、处处美为要求，深入开展美丽乡村“五美联创”，全力打造全省“大花园”中的全域美丽标杆。一是分类开展特色创建。按照整体规划、分步实施、特色塑造的思路，着力打造“景观带、示范县、示范镇、美丽村、样本户”。至年底，全市累计创建省级美丽乡村示范县4个、省级美丽乡村示范乡镇26个、省级美丽乡村特色精品村84个，创建省新时代美丽乡村262个（其中精品村119个），建成美丽乡村示范带29条、市级美丽乡村示范乡镇38个、精品村147个，美丽庭院14万户，市级美丽乡村实现全覆盖。二是推进美丽乡村建设法制化。《湖州市美丽乡村建设条例》（以下简称《条例》）作为国内首部地方性美丽乡村建设法规的出台，湖州的美丽乡村建设正式步入有“法”可循的轨道。通过组织开展《条例》颁布实施“集中宣传周”等活动，在全市范围内迅速学习贯彻《条例》，并结合“三走进三服务”等活动，开展了形式丰富的宣传活动。三是传承优秀传统文化。以省历史文化村落保护利用项目为抓手，加强对村落格局、风貌和村庄环境的保护，深入挖掘古村落的历史文化内涵，使农村成为记得住乡愁的心灵家园。按照一年成形、二年成品、三年成景的要求，第五批3个重点村、6个一般村于上年底完成项目建设任务，在建的第六至八批7个重点村、5个一般村按时序完成进度任务。

【全面开展人居环境提升】 全市开展城乡人居环境“百日攻坚行动”，清理垃圾20.5万吨，清理杂物17.8万吨，拆违拆旧116.3万平方米，城乡人居环境面貌焕然一新。一是上下齐心抓推进。市委常委会、市政府常务会议专题研究“百日攻坚行动”，市委市政府主要领导多次批示并实地查验行动成果，组织部长和分管市长牵头部署推进、带队明察暗访、落实问题整改。市委组织部专门下发通知，动员各级基层党组织和广大党员全面投身“百日攻坚行动”。制订出台行动方案，20个部门密切配合、合力推进。坚持每周通报区县工作进展，形成了比拼亮晒、你追我赶的工作氛围。二是全力督查促提升。“百日攻坚行动”围绕“十个再”工作重点，人工巡查问题点位36.82万个，遥感排查1022个村社、排查问题点位18.47万个，整治完成率均达99.5%以上。建立人居环境提升问题清单、责任清单、整改清单“三清单”，明确整治措施、完成时限和具体责任人。建立督查、反馈、交办和责任追究机制，落实市级成员单位联系结对村制度，市级主要部门组成督查组，分两组每周开展督查，发现问题及时派发督办单、下发督查通报，同时，通过市级媒体曝光反面典型问题案例。三是健全机制管长效。按照《关于建立健全新时代农村人居环境长效管理机制的指导意见》要求，全面落实“干部包片、党员联户”制、“门前三包”责任制等十大方面农村人居环境长效管理机制，探索建立农村人居环境长效机制落实评价指数，以乡镇为单位，对所在地行政村（社区）定期评价考核，对落实不到位的，按照《湖州市党政领导干部生态环境损害责任追究办法（试行）》《湖州市城乡人居环境工作不担当不作为村（社区）干部问责办法（试行）》执行，确保农村人居环境常治长效。全年，对不作为、不担当基层干部免职6名、组织处理197名。

【全力推进农村生活垃圾分类处理】 围绕“全国生活垃圾分类工作示范市建设”目标，全力推进农村生活垃圾分类处理工作。完成分类处理建制村809个，覆盖率达81.9%、覆盖率全省第一，建成省级高标准农村垃圾分类示范村35个，市级标杆村86个。一是夯实垃圾分类工作基础。制定出台、推进实施《湖州市农村生活垃圾分类处理标杆村创建三年行动计划（2020—2022年）》《湖州市高标准开展农村生活垃圾分类处理工作实施方案》，明确责任，落实资金，建立健全工作机制，形成比学赶超的工作氛围。制定出台《进一步加强农村生活垃圾资源化处理站点设施运行维护管理办法》，全面实行市级监管主体、区县责任主体、乡镇管理主体、行政村落实主体的农村生活垃圾资源化处理站点运维管理责任体系，全面推行区县、乡镇、行政村三级“站长制”管理体系。着力解决农村生活垃圾资源化处理站点用电贵问题，在市人大的协调下，争取国家电网湖州电力公司的支持，按照浙江省销售电价表中的“居民生活用电合表电价”，执行电价为0.558元/度，全年全市农村生活垃圾资源化处理站点电费总量可节省63.7万元。二是巩固提升分类处理覆盖面。按照省“四分四定”工作要求，通过完善督查制度、加强宣传引导等方式，重点提升农户源头分类参与率和准确率。市本级开展各级培训140余场次，累计受训30000余人次。全市累计发放分类宣传资料18万余份，新增、更新宣传设施4500余处。三是提升垃圾分类处理能力。重点推进农村生活垃圾资源化处理站点建设和设施设备投放。截至年底，全市已建厨余（餐厨）垃圾处置中心（站点）127个。大力推进农村生活垃圾分类处理项目组织实施，97个省级项目村已完成建设并投入使用。四是突出体系建设，创新垃圾分类处理模式。积极推广“二次四分法”，典型模式不断涌现。如德清县的城乡生活垃圾智能化监管模式，安吉县的“农村物业管理”“垃圾不落地（天荒坪镇余村村、鄣吴镇鄣吴村）”“垃圾不出村（孝丰镇横溪坞村）”模式，长兴县的政府主导、部门牵头、全民参与“网格化管理”模式，南浔区的清运员、督导员、宣传员“三支队伍”和一周一报表、一月一例会、一季一考评“三项机制”模式，吴兴区的自主实施和社会购买相结合模式。（何新荣）

·节能·

【概况】 2019年，湖州市能源消费总量1398万吨标准煤，同比增长

4.7%；单位 GDP 能耗下降 2.9%。“十三五”规划前四年，单位 GDP 能耗累计下降 13.1%，完成目标进度的 71%；能源消费总量累计增长 18.1%。

【能源消费结构不断优化】 2019 年，全市新增太阳能光伏发电并网 153.6 兆瓦，可再生能源累计装机 1854 兆瓦，全年可再生能源发电量 23.8 亿元千瓦时，同比增长 12.5%，占全社会用电量的 7.7%。其中家庭屋顶光伏新增 0.26 万户，累计达 4.4 万户。开展 35 蒸吨/小时以下燃煤锅炉的淘汰改造工作，自我加压，将具备供热、天然气条件的生物质锅炉列入淘汰范围，全年全市淘汰锅炉 275 台，为全市大气污染防治工作做出了积极贡献。

【能源保障能力不断强化】 2019 年，全市管道天然气用量 11.3 亿方，比上年同期增长 6.4%，其中城市用户用气量 9.9 亿方，比上年同期增长 8.8%。印发《关于进一步加强能源保障管理的通知》，进一步明确能源管理的总体要求、总体目标和重点工作，增强协同性，强化能源保障管理工作。组织公安等部门开展 12 次油气管道安全生产大检查，检查第三方施工、高后果区、防汛重点部位等点位 50 个，保障油气长输管道安全。

【能源领域改革进一步深化】 4 月，全国首批增量配电业务试点长广增量配电项目，浙江省首个混合所有制增量配售电公司——湖州长广配售电有限公司在长兴县揭牌运营；深入推进售电侧改革工作，组织全市企业开展电力直接交易试点工作，全市有 2875 户参与电力直接交易，结算电量 90.82 亿千瓦时，结算电费 64.56 亿元，降低电费 2.03 亿元。组织四大行业（钢铁、煤炭、有色、建材）中年用电量 500 万千瓦时以上的 81 家企业召开电力交易培训会，帮助企业了解电力交易环境和规则，有效避免交易风险。（颜凯）

·循环经济·

【稳步推进循环经济发展】 一是完成“十三五”规划中期评估。编制印发《湖州市循环经济“十三五”发展规划中期评估报告》，在对规划的主要指标完成、主要任务进展、重点项目实施等情况进行全面评估基础上，提出规划实施的下一步建议。二是加快推进省级园区循环化改造进度。全市 7 个省级以上经济技术开发区（工业园区）全部开展园区循环化改造。截至 2019 年年底，南浔经济开发区、长兴经济技术开发区园区循环改造通过省级终期验收；吴兴工业园区、南太湖新区通过省级园区循环化改造中期评估。三是做好餐厨垃圾资源化利用试点城市管理。先后谋划实施了市本级和 3 个县的餐厨垃圾资源化综合利用和无害化处置设施建设项目，并争取 1122 万元省级专项资金用于项目建设。年内，市本级 400 吨/日、德清县 150 吨/日、长兴县 200 吨/日、安吉县 200 吨/日餐厨处置利用设施于年底建成投入试运行。做好第二批省级餐厨垃圾资源化综合利用和无害化处置试点城市管理工作。组织德清县和长兴县两个省级餐厨垃圾资源化综合利用和无害化处置试点城市通过省级中期评估，餐厨垃圾试点成效明显。四是推动省级资源循环利用示范城市（基地）建设。积极推动湖州市省级资源循环利用示范城市（基地）建设，组织各区县对照《浙江省资源循环利用示范基地、示范城市建设指南（试行）》和《关于开展 2019 省级资源循环利用示范城市（基地）试点申报》文件要求，认真组织实施。通过争取，德清、长兴、安吉三县入选省级资源循环利用示范城市（基地）试点名单，试点覆盖面居全省前列。其中，德清县资源循环利用示范城市由培育类升级为创建类试点；安吉县被列入第二批省级资源循环利用示范基地创建类试点；长兴县被列入第二批省级资源循环利用示范城市培育类试点。五是抓好生活垃圾资源化利用及源头减量。发挥生活垃圾源头减量牵头职责，会同市建设、商务等部门编制印发《湖州市生活垃圾分类和资源回收利用中长期发展规划》，指导推动三县同步完成《德清县生活垃圾分类和资源回收利用中长期发展规划》《长兴县生活垃圾分类和资源回收利用中长期发展规划》《安吉县生活垃圾分类和资源回收利用中长期发展规划》，着力从中、远期分别谋划提出目标任务和主要举措。六是做好中央及省级专项资金项目申报。组织开展中央生态文明、省级循环经济专项资金项目排查梳理，督促项目实施业主按时序进度做好项目实施。做好中央生态文明领域专项资金申报工作。吴兴区污泥无害化处置及利用改扩建项目和南浔区旧馆污水处理厂新建工程 2 个项目被列入 2019 年度生态文明专项中央预算内投资计划，并分别获得 715 万元和 480 万元资金补助；做好省循环经济“991”行动 2019 年重点实施计划申报。总投资额 39.45 亿元的 20 个项目（其中德清县 5 个、长兴县 4 个、安吉县 1 个、湖州市 10 个）被列入省循环经济“991”行动 2019 年重点实施计划。完成 2018 年度中央预算内资金项目绩效评估工作。七是组织推动绿色生活方式改革。推动科技部固废专项重点项目“产品全生命周期识别、评估体系及集成示范应用”在湖州开展系统集成应用示范，北京大学、清华苏州研究院等院校机构来湖州开展课题调研对接。承办全省节能环保产业推进会议暨节能环保产业联盟筹备会在湖州召开。会同市委生态文明办印发《关于开展绿色生活方式十大专项行动方案》，开展节约型机关、绿色家庭、绿色学校等试点创建。

【全面推进大花园建设实施】 一是健全大花园工作体系。强化组织领导。市政府将大花园建设作为全年 50 件重大事项之一，领导领衔抓好推进。成立由书记和市长任双组长，相关副市长任副组长的“四大”建设工作领导小组，并专门设立大花园建设办公室，负责对全市大花园建设的综合谋划、统筹协调和日常推进。强化部署推进，市委常委会议，市政府常务会议专题研究部署大花园建设年度重点工作。先后召开打造滨湖旅游城市、美丽宜居城市、生态样板城市等全市性大会，部署重点领域大花园建设。二是抓好平台项目建设。重点平台加速建设。确立以省级重点平台为引领的“1+9”大花园重点平台建设格局，制订出台平台建设方案、年度推进计划和重点支撑项目清单。重点项目全面推进。梳理排定总投资1890.5亿元的101个大花园年度重点实施项目，建立动态化的指导跟踪推进机制。谋划全市大花园建设“1+9”重点平台、“十大美丽示范”和百个大花园重点项目等重点载体，17个项目被列入省级大花园重点项目库的重点项目，完成年度投资154.5亿元。三是探索创新机制体制。“两山”综合改革试点全面启动。探索建立更加高效的“两山”转化通道，市政府举行“开门听建议”第二十二场座谈会专题研究“两山”综合改革工作，听取专家、学者和基层代表建议。大力推进安吉县域“两山”综合改革试验区创建，经过积极争取，《新时代浙江（安吉）县域践行“两山”理念综合改革创新试验区总体方案》通过省深改委审议，省委召开试验区建设推进大会，24个省级部门出台指导支持意见，试验区建设全面启动。2019年1月，安吉县被列入全省首批大花园建设典型示范建设单位，10月上旬，安吉县被列入省级县域生态系统生产总值（GEP）核算试点单位。安吉县通过构筑全域美丽载体、带动全域旅游示范、提升全域环境品质，成功获评2019年全省大花园典型示范建设唯一优秀单位。四是浓厚共建共享氛围。举办系列重要活动。先后举办首届国际田园博览会、国际滨湖旅游大会、“湖州人大会”、“生态+电力”示范城市建设国际论坛等系列重要会议，组织开展联合国2019年世界环境日现场考察活动、环太湖国际自行车赛（湖州站）系列重大活动，邀请国内外嘉宾来湖州考察交流，同时，积极推介湖州市大花园建设成果，进一步打响了湖州大花园建设的知名度和影响力。强化各级媒体宣传。央视《新闻联播》头条聚焦湖州推动转型升级，实现高质量发展的做法启示。《浙江日报》、浙江经视对安吉县大花园典型示范建设进行专题宣传。在《湖州日报》、湖州电视台、湖州发布等市级媒体开设“打造美丽宜居城市”专栏，展示大花园建设方面的典型案例和经验做法。6月20日、8月15日在《湖州日报》主版刊发两个大花园建设整版，在市电视台制作大花园建设专题电视节目，全面烘托共享共建的浓厚氛围。积极倡导全民参与。以“绿色生活美丽家园”为主题，持续开展为期1个月的第5个湖州市生态文明日系列活动，市级相关部门、各区县组织开展绿色出行、绿色消费、绿色旅游等30余场分活动。组织评选湖州最具影响力的“十大历史人物、十大著名诗词、十大民间故事、十大风景名胜、十大名优特产、十大湖味名菜”，增强市民的认同感、归属感和自豪感。举办首届全民健身节，开展体育旅游日等系列主题活动。

【参与推动长江经济带发展】 一是推进长江经济带生态环境问题整改。先后组织开展长江经济带生态环境问题大排查、问题整改“回头看”、长江经济带生态环境突出问题大排查、大整改行动等系列活动，推动一批生态环境问题得到有效整改。在长江经济带生态环境排查上报以及省生态环境警示片中移交的18个问题，已经完成整改17个问题（按期完成整改11个，提前完成整改6个），并通过市级销号验收，报省销号。湖州市成为长江经济带污染治理主体平台四个先行先试地区之一，在4月国家长江办召开的工作推进会上，湖州市作经验交流发言。二是深化污染防治政企合作机制。加快推动中节能污染治理主体平台先行先试工作，湖州开发区、湖州城市集团与中节能实业公司签署《建设绿色智造生态科技城共抓长江大保护三方合作协议》，推动城市集团与中节能实业发展有限公司共同出资组建湖州科技城投资建设有限公司，合力实施绿色智造生态科技城项目，启动首批12个项目建设，完成投资5亿元。（潘志良）

·气象·

【气象监测预报预警与服务】 2019年，气象部门在冬季连阴雨、春季强对流、梅雨期集中强降雨、“利奇马”“玲玲”台风、秋季干旱等重大气象服务中切实发挥职能作用。完善部门合作机制，联合多部门会商60余次，发布气象衍生灾害预警55次。完善气象——水利和智慧旅游等数据共享平台。利用“湖州气象预警”微信公众服务号、“湖州掌上通”、“浙政钉”、网格员综治平台等多种渠道及时发布预警信号282次、预警短信2250余条，受众达1000万余人次。市委、市政府和省气象局高度重视气象事业发展，年内，市委、市政府领导专题听取汇报9次，气象工作得到市领导批示14次。市气象局被市委、市政府授予“平安金鼎”集体嘉奖，市气象台被市总工会授予“五一劳动奖状”、被浙江省气象局给予“集体记功”奖励。在年度全省气象部门目标考核中获“优秀单位”称号，总分位列全省第三。

【“三服务”活动】 2019年，气象部门坚持以人民为中心的发展思想，常态化、长效化、制度化开展“三服务”活动。深入走访农村、企业、基层开展服务需求调研，收集梳理、现场答复、协调处理和研究80条。通过“12345”政务咨询平台为民办实事34件，创历史新高。组织开展志愿服务1500余小时，发布公益短信200余条，受众达8600余万人次。长兴“智慧气象”成功入选2019年县十大民生实事。

【气象现代化建设】 加快推进气象事业发展“十三五”规划实施，

全面落实规划任务。进一步优化站网布局，新建改建区域站20个，特种站2套、雪深站8个。推进湖州国家基本气象站迁建工作。开展智能网格本地化订正技术研究并逐步推出网格化服务产品。加快推进德清X波段局地天气雷达开始建设。

【基层防灾减灾体制建设】 安吉县气象局完成全国首个《美丽乡村气象防灾减灾指南》国家标准。德清县气象局起草的《乡村旅游气象灾害应急处置规范》通过初审。梳理更新市、县协理员、信息员、联络员、安全员“四员”队伍名单，将安全网格员全面纳入气象信息传播队伍，实现乡镇气象工作站全覆盖。全年建成省级气象防灾减灾标准化村（社区）55个。加强防灾减灾科普宣传，利用世界气象日、防灾减灾日等主题活动，接待社会各界团队30余批、1万余人次，开展科普讲座70余场，播放电影数90余场。

【生态气象服务】 充分发挥气象趋利避害作用，助力全市推进生态样板城市建设。做好太湖蓝藻监测预警和加密服务，全年编发专题服务材料187期。开展太湖蓝藻特点及气候特征分析。推进臭氧浓度预报技术研究。联合相关部门推出重污染天气预报预警服务。深挖地域生态气候资源潜力，推出体感指数、雨雾观赏指数等13个特色旅游气象指数，开展生态旅游适宜度预报和生态旅游精细化预报研究。深化安吉县美丽乡村生态气象服务模式。安吉浙北大峡谷、德清莫干山国际旅游度假区等四地入选全省首批夏季避暑气候胜地。常态化开展火箭弹、烟炉、新型燃气炮等多形式人影作业36次。开展燃气炮增雨作业实验效益评估获市领导批示肯定。

【为农气象服务】 继续完善农业气象服务和农村气象灾害防御两个体系，助力全市打造乡村振兴示范区建设。农村气象灾害监测、预警信息发布能力显著增强，惠及310万余人次。更新完善全市农业龙头企业、专业合作社、家庭农场等各类新型农业主体名单，分门别类纳入市、县为农服务对象，横向到边、纵向到底的农村气象灾害防御体系基本建立。推动农业增效、农民增收、农村增绿，茶叶、杨梅等农业气象指数保险承保面积达3.5万余亩，承担风险保障金额6463.45万余元。

【气象事业改革】 主动扎实推进气象安全体制、业务技术体制、专业气象服务等各项改革落地生效。安全技术中心正式运作并开展灾害监测评估业务。各县及南浔区气象灾害防御、防雷安全监管等全面纳入乡镇“三定方案”。长兴县气象局建立防雷安全属地化监管平台。按照浙江省气象局统一部署，推进地面观测自动化改革，开展全市气象观测质量管理体系建设。防雷公司改革顺利完成。

【气象安全监管】 创新监管方式，狠抓管理落实，不断提升服务针对性和有效性，持续助力优化营商环境。全面梳理完善政务服务事项，“网上办”“掌上办”和“跑零次”等政务服务事项核心指标率先实现100%。取消保险行业理赔事项气象证明。气象资料便民服务延伸到所有乡镇，持续推进“无证明城市”创建。安吉县气象局创新推出气象政务事项审批文书“上门送达”“微信送达”等方式。成立专班，主动对接，配合做好“标准地+区域评估”工作，12个省以上平台区域雷评率先实现全覆盖，省级以下平台区域雷评稳步推进。建立完善气象灾害防御重点单位信息库，全面推行“双随机、一公开”监管工作模式，组织734人次检查易燃易爆危化企业332家，及时排查整改隐患181处。

【科技人才队伍建设】 健全“选、育、管、用”全链条机制，坚持强化人才科技创新活力。大力加强高层次人才和在职人员培养，组织参加各层级各类干部培训38次、120余人次，组织开展培训班12个、300余人次。成立灾害性天气研究和行业气象服务两个创新团队，提高气象科技创新能力和业务水平。3人分别入选市青年科技英才、“1112人才”工程培养人选和后备人选，2人新获高工资格。《湖州市全域旅游智慧气象服务保障系统研究》项目获省气象科技研究开发成果转化三等奖。积极争取省、市级科研项目，5项市厅级项目立项。5篇论文发表于核心期刊。（王晨珏）

区 县

·吴兴区·

【概况】 2019年年末，吴兴区下辖1个高新区、6个乡（镇）和13个街道（其中6个街道委托南太湖新区管理），总面积862.7平方公里，户籍人口63.3万人。全年实现地区生产总值726.9亿元（不含南太湖新区），同比增长7.8%；财政总收入76.5亿元，其中地方财政收入45.5亿元，分别增长13.8%和11.2%；城镇、农村居民人均可支配收入分别达60768元和35742元，分别增长8.5%和9.3%。高质量发展指标评价全市第一，“365指数”连续3次排名全市第一，“三服务”工作年度综合考核全市第一。“中国治理的世界意义”国际论坛成功举办。连续6年获得市对区县综合考核一等奖，连续2年入围全国综合实力、绿色发展、投资潜力、科技创新、新型城镇化质量百强区。由区人大代表票决产生的十方面民生实事全面完成。

【经济发展质效持续向好】 项目攻坚成果丰硕。千方百计抓项目，引进安力电子、浙江中控等项目185个，计划总投资780.9亿元，其中10亿元以上项目20个、50亿元以上项目3个；新认定市“大好高”项目48个，其中工业“大好高”项目35个。列入省重大产业项目18个，连续3年居全省各县（区）第一；入围省服务业重大项目9个，连续2年居全省各县（区）第一。实施投资新政，固定资产投资增长14.6%，列全市第一，8个省、市、县（区）长项目全部开工，万邦德、新凤鸣2个100亿元级项目顺利推进，列全省扩大有效投资第五，获省政府督查激励。独立选址工业项目工程规划许可、施工许可、竣工备案发证面积均领跑全市。高新区和吴兴经济开发区“双万亩大平台”加快推进，带动全区拓展提升平台面积8069亩，大项目承载能力进一步增强。转型升级步伐加快。大力推进产业质效提升，规模以上工业增加值增长10.3%，列全市第一。改造升级传统产业，国家级绿色园区和绿色工厂数量均列全市第一，童装产业创新服务综合体被列入省级创建名单，获评省“腾笼换鸟”先进县（区），成为全省18个制造业高质量发展示范区创建单位之一。“两化”融合发展指数和信息化发展水平连续3年全市第一，上云标杆企业9家、居全省第一，被列入省产业数字化转型20强县（区）。大力发展全域旅游，世界乡村旅游大会永久会址落户推进，长三角乡村文旅创客大会成功举办，世界乡村旅游小镇入选省级创建名单，丝绸小镇通过国家AAAA级旅游景区验收，妙西镇获评省旅游风情小镇，全年全区旅游总收入达253亿元、增长19.7%。高质量完成第四次全国经济普查，核增经济规模121.7亿元，人均地区生产总值达119667元，居全市第一，获评国家级先进集体。民营经济稳健增长。坚持用心、用情服务企业，创新部门与民营企业“面对面”交流机制，有效化解土地、金融、环保等各类问题，全面落实各项减税降费政策，惠及企业32万户次，全年为企业减轻各类负担22.3亿元。坚定不移培大育强，“金象金牛”企业达4家，德马科技科创板上市取得突破，新增股份制企业30家、挂牌23家，各类市场主体总量连续三年全市第一。推进质量标准品牌建设，参与制定国家标准15项，新增“浙江制造”标准9项，顺利通过省“浙江制造”品牌培育试点区验收。加快信用体系建设，全区企业公共信用评价优良率持续提升。创新创业形成热潮。以“千金买马骨”的诚意，大力集聚创新要素，引进顶尖人才8名、领军人才39名，自主培育国家特聘专家6名、省特聘专家5名，列入“南太湖精英计划”项目50个。全市入选的2个省领军型创新创业团队均在吴兴区，居全省前列。新招引大学生及各类人才2.58万人，创历史新高。新增国家高新技术企业24家、省科技型中小企业111家。发明专利拥有量达2310件，增长10.7%，高新技术产业增加值增幅、企业R&D（研究与试验发展经费）支出占主营业务收入比、新认定市级众创空间数量均列全市第一，获评全市唯一省创造力十强县（区）。织里童装产业园成为国家级创业创新示范基地。政产学研合作、地校合作不断深化，创新动力持续增强。

【改革开放红利加速释放】 “最多跑一次”改革全面深化。坚持发展出题目、改革做文章，加快推进“网上办、掌上办、一证办、自助办”，“跑零次”可办事项比例达99%，真正实现“让数据多跑路，让企业和群众少跑腿”。工业、商业服务业“标准地”改革顺利推进，一般企业投资项目实现竣工验收前审批“最多90天”，部门间90%以上事项实现“最多跑一次”。制订实施营商环境优化和“一件事”66项行动细则，在全市率先实现企业常态化开办“4小时办结”，工程项目建设、用水用电用气等便利度进一步提高。小微企业园“标准房”制度改革走在前列，获评全省“小微企业三年成长计划”工作优秀区。资源要素配置效率显著提升。坚持“亩均论英雄”改革，规模以上工业亩均税收比上一年增长

35.8%。深化“五未”土地处置，累计消化“批而未供”土地10384亩、“供而未用”土地1529亩，盘活低效工业用地5062亩，新增建设用地指标3216亩，保障了162个项目落地。积极推进东林镇、高新区、道场乡全域土地综合整治试点，全年完成复垦建设用地2382亩，建成高标准农田10620亩，土地开发新增耕地3181亩。全力推进融资畅通工程，创新“绿色园区贷”“产业供应链金融”等模式，民营企业贷款余额261.8亿元、增长31.2%，新增直接融资198亿元；政府产业引导基金投资项目17个，总投资6.63亿元。开放融入持续扩大。切实加强对内对外开放，设立上海、深圳、北京招商中心，被成功列入全省长三角一体化示范区协作区，高新区成为G60科创走廊产业合作示范园区，务实推进重点领域合作和重大项目落地，全方位承接各类高端要素转移。全力稳外贸、稳外资，加快打造高质量外资集聚先行区，全年完成外贸出口总额94.7亿元，增长9.2%，实现合同外资8.39亿美元、实到外资3.62亿美元。服务贸易总额达24亿元，增长38.8%。

【三大攻坚战成效明显】 一是重大风险有效防控。加快处置企业资金链、担保链和上市公司股权质押风险，着力化解部分民营企业流动性风险。创新应用“天罗地网”监测防控系统，坚决惩治各类非法金融活动，银行不良贷款率降至0.76%。有效遏制政府隐性债务增量，妥善化解存量，政府债务率处于95%以下的绿色安全区内。二是污染防治有力推进。全力打好蓝天、碧水、净土、清废“四大战役”，生态环境质量持续向好，获评美丽浙江建设工作考核优秀区。全年PM2.5平均浓度每立方米32微克，下降8.6%；空气优良率77.2%，比上年提高5.6个百分点。大力推进“污水零直排区”创建，完成渔业养殖尾水全域治理任务，14个区控以上断面达到或优于三类水质。污染地块和受污染耕地安全利用率均达92%以上。列入省“三年行动计划”的6家废弃矿山全部完成复绿治理，6家在产矿山均纳入全国绿色矿山名录库。三是精准脱贫主动有为。坚持把就业作为脱贫增收的关键举措，全年城镇新增就业5.06万人，帮扶1953名就业困难人员实现再就业。扎实做好支出型贫困人员帮扶工作。全面消除年集体经营性收入30万元以下欠发达村，低收入农户人均可支配收入增长12.1%。高质量做好东西部扶贫协作、对口支援和对口合作等工作，协助四川省青川县实现整县脱贫，两地协作连续2年获得四川省考核第一等次。

【城乡发展水平稳步提升】 一是城市品质有新进步。东部新城城市形态日趋完善，出让经营性土地625亩，销售房屋115.5万平方米，丝绸小镇产业园等42个重点项目加快推进。织里镇国家新型城镇化综合试点保持全省领先，连续7年获省小城市培育试点考核优秀等次，连续6年入围全国百强镇。八里店镇首次入围全国百强镇。16个小城镇环境综合整治点全部通过省级验收，6个获评省级样板。中心城区提质增效，实施城中村改造拆迁71.6万平方米，友谊西区、朝阳新村、环城南路、环城北路4个区块老旧小区整治改造全部完成，培育龙鼎、泰合2幢税收“亿元楼”。网格化、路长制、门前“三包”、志愿者服务等组合拳进一步形成，停车难整治、餐饮油烟治理和犬类规范管理等工作有力有效，城市精细化和“美丽城镇”长效管理水平保持前列，文明城市考核排名全市第一。二是乡村振兴有新面貌。深入推进乡村振兴战略五年行动，新引进市级农业“大好高”项目6个，启动农业“标准地”项目22个。“吴上兴鲜”区域公用品牌影响进一步扩大，农业现代化评价指数居全省第十一位。市级美丽乡村宜创村实现全覆盖，建成省级示范乡镇1个、特色精品村4个。城乡人居环境整治百日攻坚行动卓有成效，全面完成“大棚房”、违建别墅整治，拆违总面积达216.7万平方米，获评全省生活垃圾分类工作考核优秀县（区）。农村饮用水达标提标工程基本实现“三年任务两年完成”。织里镇成为全国乡村治理示范乡镇。农村集体资金、资产、资源盘活利用全面加强。三是基础建设有新进展。加快枢纽门户城市建设，90个交通项目完成投资39.8亿元。高铁湖州东站正式获批，湖杭高铁开工建设，沪苏湖高铁审批加速，申嘉湖高速公路西延实现通车，商合杭高铁、杭宁高速拓宽、104国道改线等工程稳步推进。实施“四好农村路”建设37.8公里，创成省美丽经济交通走廊达标县（区）。高速公路ETC发展应用工作扎实推进。在全市率先启动5G基站建设。

【民生社会福祉切实改善】 社会事业全面协调发展。小学生校内托管服务全覆盖，中心城区中小学新生报名实现“跑零次”，成功创建省教育基本现代化区。城市医共体建设加快推进，区人民医院投入使用，获评健康浙江考核、省公立医院综合改革优秀县（区）和省无偿献血先进县（区）。文化体育服务不断加强，新建城市书房2家、农村文化礼堂10个，建成基层便民体育设施29个。成功举办首届全国SUP桨板锦标赛，太湖溇港文化展示馆入选国家水情教育基地，中国童装学院加快建设，吴兴融媒体中心挂牌成立。退役军人服务有序开展，助力实现省级双拥模范城“八连冠”，国防动员、外事侨务、档案史志、人民防空、民族宗教等事业取得新进步。社会保障水平稳步提高。深入实施全民参保计划，全区法定户籍人员基本养老保险参保率和基本医疗保险参保率分别达96.5%和99.6%。新建幸福邻里中心15个，创新“中央食堂+微孝餐吧”模式，进一步打造老年人“5分钟就餐圈”。老年人意外伤害险实现政府购买全覆盖，织里镇列入国家智慧健康养老应用试点示范乡镇。妇女、儿童、红十字、慈善和残疾人等事业加快发展。社会治理体系日益完善。全国首创“防诈热线”，成立南太湖社会治理研究院，织南和妙西入选全省首批“枫桥式公安派出所”。扎实开展扫黑除恶专项斗争，摧毁涉黑涉恶犯罪团伙42个。开展安全生产、食品药品、交通等专项治理，有效处置各类突发事件，生产安全、火灾事故起数分别下降21.7%和14%。成功防御超强台风“利奇马”。创成省食品安全区和省“无欠薪区”，获评省构建和谐劳动关系先进集体。平安指数始终保持在全省第一方阵，平安吴兴建设实现“八连冠”。

（李鑫洁）

·南浔区·

【概况】 南浔区下辖9个镇和1个省级经济开发区。区域面积702平方千米。截至2019年年末，常住人口62.5万人，户籍人口49.03万人。年内，全区紧紧围绕打造湖州“开放东大门、创业新高地”的发展定位和“聚力大赶超、实现新跨越”的奋斗目标，大力实施赶超跨越“六大行动”，较好地完成了区四届人大三次会议确定的主要目标任务。实现地区生产总值458亿元，同比增长7.3%；实现财政总收入63.74亿元，其中一般预算收入37.93亿元，分别增长5.2%和7.9%；城镇和农村居民人均可支配收入分别增长8.9%和9.3%，社会消费品零售总额增长8.6%，综合实力得到进一步增强。

【产业质效显著提高】 全年全区规模以上工业增加值增长7.9%、产值达895亿元。持续开展传统行业改造提升行动，整治淘汰“低散乱”企业685家，家具及竹木制品制造业成功列入省第三批传统制造业改造提升分行业省级试点。提升制造业信息化、智能化水平，新增省级工业设计中心3家、市级以上数字化车间和智能工厂9家，创建国家级绿色工厂3家。实施“千名干部服务千企冲刺千亿”专项行动，排摸解决实际问题800个，为企业减负22.5亿元。实施企业梯度培育行动，完成“个转企”354家、“企升规”155家，新增股改企业38家、挂牌企业20家。推进质量标准品牌建设，新增“浙江制造”标准10个、“品字标”品牌企业13家。培育发展旅游休闲、电子商务、建筑业、物流业等优势产业，新增限上服务业企业56家，增加值增长7.6%。启动实施全域旅游发展三年行动，善琏镇获评省AAAA级旅游景区镇、和孚镇入选省级旅游风情小镇，创建省级产业融合示范基地7个，省级景区村庄覆盖率达82%，全区游客接待量、旅游总收入分别增长15%和16%。电子商务快速发展，新增省级电商专业村6个，旧馆镇入选省级电商镇，网络零售额增长38%，居全市第一。全面落实建筑、物流业扶持政策，引进建筑业企业4家，实现总产值38.79亿元，物流业增加值增长8%。

【发展后劲显著增强】 坚持招商引资“一号工程”，成立驻外招商五大片区、23个招商局。举办融沪接苏协同发展（上海）推进会、“2019湖州人大会”南浔篇等活动，签约1亿元以上产业项目147个，总投资669.2亿元。百亿级项目招引取得重大突破，成功招引总投资290亿元的合丰泰玻璃基板项目，成为第五届世界浙商大会签约的最大产业项目。新认定市“大好高”项目46个，入选省重大产业项目3个、省重点建设项目16个，被列入省、市、县长项目工程5个。加快打造“万亩千亿产业园”，开发区万亩大平台新拓展面积3000亩，腾出北部园区发展空间1200亩，完成南浔大道、外环西路等8条道路改造提升。南浔智能机电高新技术产业园升格为省级高新区。推进双林、和孚、菱湖、旧馆镇等工业平台整合提升，新增可利用面积3812亩。持续推进小微企业园建设，完成主体工程15个，投入运营3个。实施重大项目“三率”评估、“三长”领办机制，75个亿元以上项目开工入库，亨通光网、约顿气膜等40个项目竣工，工业投资增长29.5%。全力推进交通、水利等基础设施建设，“三高”连接线一期、南浔大桥建成通车，湖山大道、吴兴至临安公路南浔段等项目加快推进，杭嘉湖北排通道后续工程获省发改委批复，太嘉河后续工程开工建设。

【改革开放显著加快】 全面深化“最多跑一次”改革，政务服务整体提速30%以上，15分钟内办结率达60%以上。在全省率先推行综合测绘、企业“一日开办零成本”和工程建设项目审批“多证合一”等改革，实现50天内完成项目开工前审批。在全市率先完成“无证明区”创建。纵深推进“亩均论英雄”改革，完成4788家工业企业亩均效益评价，处置消化“五未”土地4245亩，新批工业用地全部实现“标准地”出让。农业水价综合改革试点县绩效评价全省第一。实施供地“五个一律”标准，全年保障各类建设用地8896亩，其中工业用地5236亩，均创历史新高。实施省级全域土地综合整治试点项目4个，盘活存量农村宅基地2206户，土地复垦6909亩。深化绿色金融改革，银行存贷款余额首次突破千亿元，新增“绿贷通”平台注册企业1955家，制造业贷款增长14.2%。全年向上争取用地指标945亩，各类资金17.54亿元。公共资产网络竞争平台在阿里巴巴上线运行。实施规模以上企业科技创新“三个全覆盖”行动，高新技术产业增加值增长8.1%，全社会研究与试验发展经费支出占地区生产总值比重达2.9%。新增高新技术企业28家、省科技型中小企业111家。成功创建智能电梯、绿色家居两个省级产业创新服务综合体，入选省级可持续发展创新示范区。成立上海科学技术交流中心南浔工作站，新增市级以上“众创空间”16家，新建省级博士科研工作站2家、院士专家工作站3家。引进省级以上“千人计划”“万人计划”专家8人、省级海外工程师9人，入选“南太湖精英计划”领军项目41个。新引进大学生及各类人才16081名，培育选拔树立各类技能人才1759名。启动实施融沪接苏“1152”工程，谋划建设长三角绿色智造联动发展南浔青浦合作园。加快高质量外资集聚先行区建设，完成合同外资及港澳台资7.86亿美元，实到外资及港澳台资1.22亿美元。积极应对中美贸易摩擦，215家重点企业纳入“订单＋清单”监测预警系统，完成出口总额85.5亿元；新增出口实绩企业58家、境外投资项目7个。健全东西部扶贫协作、对口合作等工作机制，南浔·广安东西部扶贫协作产业园首批项目开工建设，入选国务院扶贫办全国“携手奔小康”典型案例。

【城乡环境显著改善】 启动中心城区城市建设管理三年行动，实施城建项目92个，完成投资132.3亿元。广弘华美达酒店、城市规划展示中心投入使用。頔塘社区成为全市唯一、全省首批未来社区，28幢高层住宅完成结顶。褚家漾区块改造顺利推进，引进新城吾悦广场城市综合体项目。南林公园对外开放，新增绿地68公顷、绿道27公里。加大古镇保护利用，征收房屋2万平方米，丝绸码头、非遗展示馆、古镇夜游灯光秀等项目完工。狠抓交通治堵，实施机动车停放服务分类收费，完成外联道路建设8.8公里，新增公交线路3条、公共停车位1225个。完成4个园区和93个单元“污水零直排区”建设，扎实推进“河长制”，建成美丽河道90公里、美丽湖漾5个，治理渔业尾水18万亩。提标改造污水处理厂3家，新改建雨污管网92公里。整治关停危化品、印染等涉污企业52家，市控及以上地表水监测断面水质达标率100%。创新开展“两区两边”无裸露土专项治理和道路清洁化工程，93家重点涉挥发性有机物企业启用“环保用电智能监管系统”，八大行业企业环保管理标准化实现全覆盖，空气优良率达80.9%，PM2.5平均浓度下降至34微克/立方米，两项指标变化率均居全市第一。加强土壤污染源头管控，建成工业固废管理中心12家。生活垃圾精准分类全面推开，创建省级高标准生活垃圾分类示范小区4个、示范村3个。开展城乡人居环境大排摸、大督查、大提升“百日攻坚”行动，整治问题点位近万个，完成“两改”123万平方米、拆除违法建筑260万平方米。

【乡村振兴走在前列】 深化农业“两区”建设，农业现代化发展水平综合评价升至全省第12位，农业增加值增长3.5%。累计推广稻虾综合种养4.8万亩、“红美人”柑橘基地3180亩、“跑道鱼”养殖跑道334条。新培育家庭农场104家、市级以上农业龙头企业6家，“桑基塘鱼”被认定为国家农产品地理标志，和孚镇成功创建省级农业强镇。启动实施数字渔业发展“八个一”工程，西部渔业园区列入省级现代农业园区创建名单，菱湖镇被授予“中国淡水渔都”。获评全国县域数字农业农村发展水平评价先进区、省级农业绿色发展先行区。高质量完成村级集体经济三年强村计划，建成村级物业项目15个，年经营性收入30万元以下的欠发达村全部“摘帽”。全面完成21个小城镇环境综合整治，省级样板率达52%，居全市第一、全省第二，获评小城镇环境综合整治省级优秀区。建成美丽乡村景观线2条、美丽乡村小镇5个、美丽乡村精品村4个，举办农事节庆活动12次。旧馆镇获评省级美丽乡村示范镇、石淙镇获评省园林城镇。2019年，乡村振兴个性化指标比拼晾晒排名全市第二。

【民生福祉显著提升】 全力补齐民生事业、生态环境短板，全年民生支出39.43亿元，低收入群众奔小康工程三年任务两年完成，帮助困难群众实现有效脱困，小城镇环境综合整治、美丽乡村全覆盖、500公里农村公路三大战役圆满收官，百姓的获得感、幸福感进一步增强。全力以赴稳就业，新增就业2.4万人，帮扶失业人员再就业6845人，城镇登记失业率1.79%。完善因病致贫返贫防控机制，新设1000万元以上专项医疗救助资金。基本养老和医疗保险参保精准扩面，发行新一代市民卡，开展医保支付方式改革。完善社会养老服务体系，建成示范型居家养老服务中心4家、219家居家养老照料中心实现社会化运行。中心城区7个安置小区开工建设，建成各类保障房12464套，完成农村危房治理295户，新增住房公积金缴存16812人。高等院校招引取得历史性突破，与浙江水利水电学院、浙江同济科技职业学院签订战略框架协议，为南浔区高质量赶超发展注入强劲动力。教育质量稳步提升，重点中学上线率首次突破50%。重兆幼儿园、镇西幼儿园等8所新建幼儿园工程完成结顶，小学和幼儿园校内托管服务实现全覆盖。设立全省首个全民健康日，出台全国首个健康村镇地方标准。成立南浔医疗集团，区域内就诊率提升至92%。区中医院开工建设，菱湖人民医院竣工。区图书馆新馆开工建设，新建文化礼堂50个，开展基层文体活动600余场，顺利通过省基本公共文化服务标准化建设认定。组建区融媒体中心，南浔城市形象宣传片登录央视。区档案馆被评为国家级数字档案馆。推进基层治理“四平台一中心一网格”提升工程，配备专职网格员420人，建成幸福邻里中心8家。扎实开展扫黑除恶攻坚年活动，捣毁黑恶势力犯罪团伙38个，抓获犯罪嫌疑人787名。“厨房革命”全面推进，1291家餐饮单位纳入智慧监管，成功创建省食品安全区。政府隐性债务年度化债任务有序完成，企业“两链”风险得到有效处置。启动“四个秩序”专项整治，开展安全生产“无隐患”管理企业、“无隐患”美丽公路创建，推行特种设备“安全顾问”制度，安全生产事故、火灾事故起数分别下降36%和59.1%，道路交通事故死亡人数下降22.8%。重大活动安保任务顺利完成，实现“平安南浔”十五连冠、勇夺全省首批一星“平安金鼎”。 （张齐峰）

·德清县·

【概况】 2019年，德清县坚持以习近平新时代中国特色社会主义思想为指导，坚持稳中求进工作总基调，全面落实县委“一五六”工作体系，有效应对国内外风险挑战明显上升的复杂局面，以“三进三服务”推动经济稳中求进、稳中提质。全年实现地区生产总值537亿元、同比增长8.3%；财政总收入113.1亿元、增长12.2%，其中地方财政收入65.7亿元、增长11%；规模以上工业增加值增长8.5%；服务业增加值增长9.8%；固定资产投资增长14.3%；城镇、农村居民人均可支配收入分别提高至59431元、36013元，分别增长8.3%、10.1%。全年新登记商事主体8900余家，引进大学生和各类人才2万余名。作为全国唯一的县域，获批国家新一代人工智能创新发展试验区；以全国第一的成绩荣获县域数字农业农村发展水平评价先进县；联合国世界地理信息大会被列入《长江三角洲区域一体化发展规划纲要》，4个案例入选践行联合国2030年可持续发展议程典范案例；财政工作获国务院督查激励，4项重点工作获省政府督查激励、数量为全省县域最多，全年争取到市级以上财政奖补资金25.9亿元；成功入围省级制造业高质量发展示范县创建名单；“五水共治”五夺“大禹鼎”，平安德清夺得“十五连冠”、获得省首批一星“平安金鼎”。市对县综合考核实现“六连冠”，高质量赶超发展的态势越来越好。圆满举办首届美丽中国田园博览会，向全国人民展现了“田园德清·博览中国”的美丽图景；浙江工业大学莫干山校区开园启用，德清人有了第一所家门口的大学；杭德城际铁路项目前期工作顺利启动，德清正式迈向“轻轨时代”；高质量完成年度民生实事，兑现了向全县人民的庄严承诺，特别是“空调进教室”惠及全县2.7万名中小学生，新增2.5万个停车位，有效地缓解了“停车难”，群众的获得感幸福感越来越强。

【经济运行稳中有进】 一是民营企业健康发展。坚持用心用情服务企业，创新开展书记、县长与企业“面对面”恳谈会，多部门聚合资源、政策、数据等推进“组团式服务”，推出土地、金融、人才、环保、质量五大特色管家，收集解决问题11570个，问题化解率、服务对象满意率分别达96%、98%。落实降本减负“28条”，全年为企业减负39.4亿元。推动市场主体做优做强，天马轴承成为工信部制造业单项冠军示范企业，我武生物等4家企业成为省、市“隐形冠军”，德华集团入选省首批“雄鹰”培育企业名单，升华集团、鼎力机械等7家企业被认定为“双金”企业，新增境外上市过会企业1家，完成“小升规”“新进规”“个转企”企业371家，规模以上工业企业利润总额同比增长21%。推进质量标准品牌建设，7个产品获全国绿色产品认证，新增“品字标”产品18个、“浙江制造”标准19项，参与制订国际国家标准33项。二是外贸外资稳中有增。面对贸易摩擦的影响，坚持以政策举措的精准性对冲外部环境的不确定性，出台落实稳外贸“新十条”，支持企业参加各类展会，用好“订单+清单”监测系统，扎实打好“三转”组合拳，外贸出口逆势上扬，全年完成进出口总额190.4亿元、增长12%，其中出口169亿元、增长13.5%。拓展外贸企业跨境电商营销渠道，跨境电商交易额增长78.2%。抢抓湖州打造高质量外资集聚先行区契机，实到外资3.6余亿美元，德清保税物流中心（B型）提速建设。积极参与“一带一路”建设，引导优势企业加强海外布局，对外投资完成年度目标232%。三是金融生态保持稳定。实施融资畅通工程，开展小微信贷“增氧”行动，成立全省首个引入券商服务的区域资本市场，发行上交所全国首笔创投公司可交换债，全年新增直接融资187亿元，人民币存贷款余额达1692亿元、增长18.4%，“红色信用贷体系”获省委书记车俊批示肯定。深入推进预防打击涉众型经济犯罪专项行动，开展民间借贷综合治理与P2P网贷机构良性清退，完善风险企业跟踪监测评估机制，有效化解企业“两链”风险，银行不良贷款率控制在0.23%。超额完成年度隐性债务化解任务，政府债务率降至全市最低。

【新旧动能迭代升级】 一是传统产业加快转型。深入推进智能工业“十百千”工程，完成82个智能化技改重点项目，新增国家级绿色工厂2家、省首批数字化车间智能工厂项目5个、省级工业互联网平台3个，上云企业突破3000家，“两化”融合指数进入全省第一梯队，规模以上工业新产品产值390.8亿元、同比增长11.8%。深化“低散乱”企业整治，完成整治提升1238家，盘活闲置和低效用地5382亩，腾出用能空间5.3万吨标准煤，亩均税收3万元以下低效企业全部出清。二是新兴经济蓬勃发展。大力实施数字经济“一号工程”，战略性新兴产业和数字经济核心产业增加值分别增长9.8%、14.1%。地理信息和人工智能产业加速崛起，地理信息小镇新增全国百强地信企业14家，营业收入、税收连续六年翻番增长，分别达201亿元、16亿元，进入省级特色小镇“亩均效益”领跑者名单；加速推进全省唯一的全域城市级自动驾驶与智慧出行示范区建设，在全国首创并发布支持开展自动驾驶测试服务七条意见，建成启用德清智能网联汽车测试场，国家级车联网先导区创建取得实质性进展。通航小镇引进通航企业13家，莫干山机场成为全国首个拥有三字代码的通用机场，省内首批低空通勤航线顺利开通。“会展经济+城市经济”实现破题，圆满举办全球未来出行大会、国际区块链大会等10余场超千人规模大会，会展经济营业收入突破3500万元；开元森泊等重大旅游项目开业，地信小镇、通航小镇分别创成国家AAAA、AAA级旅游景区，新市镇成为国家AAAA级旅游景区镇，全县全年接待游客2210万人次，实现旅游总收入315亿元；社会消费品零售总额增长11.2%、网络零售额增长24.5%。三是创新势能更加强劲。研究与试验发展经费支出占GDP比重达3.01%、居全省县域第三，每万人发明专利拥有量40件以上。“研究院+人才+基金+孵化平台”创新链条持续优化，清华大学首个与县域共建的产业研究院落户德清县，浙江大学——德清先进技术与产业研究院开园运营，浙江省涡轮机械与推进系统研究院获省政府批复设立，高端研究院总数达23家。新增国家高新技术企业58家、省科技型企业145家，新增省级企业研究院、高企研发中心21家。海外人才产业园获评国家级科技企业孵化器。成功创建全市唯一的省首批“浙江院士之家”试点、国家引才引智示范基地，培育国家级人才12名、省级人才16名，引进顶尖领军人才66名，三项指标实现翻番、数量占全市一半。

【赶超后劲持续增强】 一是招大引强取得突破。优化整合驻点招商布局，持续深化重点产业精准招商，成功举办德洽会暨上海活动周、游子文化节。严格落实“345+1.5”项目准入标准，在全省率先建立大数据精准招商系统，推行“一季一小签、半年一大签”，顺利签约如意航空、长三角一体化数据中心、IMG中国主题乐园等100亿元级大项目，全年累计签约产业项目306个，其中5亿元以上项目55个，市认定“大好高”项目50个。二是项目推进提速增效。深化重大项目专班推进、每月项目“双进”例会、双月现场推进会、季度集中开竣工等工作机制，中车启航新能源汽车、正大青春宝等65个重大项目实现开、竣工，1亿元以上工业项目新开工134个、竣工投产85个。列入省、市、县长项目8个，新增省重点建设项目10个、省特别重大产业项目2个。全年完成投资251.6亿元，工业投资、民间投资、交通投资、高新技术产业投资、生态环境和公共设施投资分别增长30%、23.5%、90.7%、61.8%、18.1%。三是平台能级显著提升。湖州莫干山高新区主平台影响力、创新力、竞争力持续增强，综合排名上升10位、至全国第73位，获评中国国际化营商环境建设十佳产业园区。中国第一个联合国直属专门机构——联合国全球地理信息知识和创新中心落地工作加快推进；2030科创中心提升改造全面启动，通航智造、生物医药产业创新服务综合体列入省创建与培育名单；砂村平台开发利用取得实质性突破。莫干山国际旅游度假区通过省级评审，并积极争创国家级。德清经济开发区获批省级经济开发区。国有企业平台不断发展壮大，经开集团挂牌成立，建发、高新集团获AA+主体信用评级。扎实开展国土空间规划编制试点，完成全域土地综合整治项目31个、腾挪用地空间900亩，消化批而未供土地5331亩、处置供而未用土地2088亩，新增工业用地4353亩。

【发展活力不断进发】 一是改革品牌越打越响。新争取到全国水系连通及农村水系综合整治、宅基地“三权分置”登记等省级以上改革试点11项。“标准地”获评省“最多跑一次”改革地方最佳实践案例，全省首宗“标准地”建成投产。农业供给侧结构性改革集成示范试点全面完成，形成6个方面、20条经验。“三块地”改革5条创新举措被新的《中华人民共和国土地管理法》吸收，“首宗农地入市”入选庆祝中华人民共和国成立70周年大型成就展。新型城镇化综合试点3项经验向全国推广。“系统化改革的攻坚之路”创新案例入选全省县域高质量发展优秀案例，“停不下来”的德清改革经验在中央改革办督查汇报会上交流。二是开放步伐越走越快。全面实施融入长三角更高质量一体化三年行动，与上海市金山区、安徽省黄山市黟县等建立战略合作，27家本地企业与施特劳斯钢琴、凤凰自行车等上海老字号品牌成功联姻；莫干智谷“上海飞地”开园运营，成立上海——德清科技成果转移转化中心，推出全省首张跨区域科技成果转移转化服务上海创新券。湖杭高铁德清段正式开工，杭州绕城高速西复线湖州段、104国道改建工程高架段等加速推进，京杭运河“四改三整治”工程竣工。与芬兰列克萨市建立国际友城常态化合作机制。高标准做好东西部扶贫协作、对口支援和山海协作工作，木里酒店、缙云小微产业园等19个援建项目顺利推进。三是营商环境越来越好。发布全省首个对标世界银行标准的县域营商环境评价指数。“无证明城市”基本建成，465项证明事项基本取消。政务服务事项实现100%网上办，“掌上办”、“跑零次”、民生事项“一证通办”实现率均达90%以上。深化企业投资项目承诺制改革，创新推行项目经理制，常态化企业开办实现“一日办结”，一般企业投资项目审批“最多90天”实现率达100%；实施企业投资项目“联测联验”，测绘报告时限缩短近80%，验收时限从平均65天缩短至5天；建立施工审查分类管理模式，负面清单外项目全部取消施工图审查。创新建立系统性信用监管体系，加强公共信息应用联动，实现“守信联合激励、失信联合惩戒”。

【城乡能级提档跃升】 一是生态环境向好向优。成功获评国家生态文明建设示范县，全县PM2.5平均浓度保持在每立方米35微克以内，首次达到环境空气质量二级标准，空气优良率上升7.2个百分点、达82.5%。高标准完成96个“污水零直排区”创建单元，河湖健康体检相关经验在全省推广，钟管蠡山漾成为全省唯一入选的全国首批示范河湖。资源再利用基地加快建设，建立固废无害化收集转运处置体系，启用危废收贮运一体化中心，一般污泥处置项目投运，工业固废处置初步达到县域平衡。垃圾分类全面铺开，出台全省首个县级生活垃圾分类地方标准，“桶管家”等智能监管系统投入使用，城乡垃圾分类收集覆盖面、无害化处理率、厨余垃圾收运桶电子芯片安装率均达100%，易腐垃圾日处理量从30吨提升至120吨。扎实开展绿色生活方式“十大专项行动”，“生态绿币”机制在全市推广。二是城市建设做精做细。全国文明城市创建成效明显，城市软实力显著提升。狮子山隧道、舞阳街东延、莫舞路等建成通车，城东邻里中心、城东公交首末站基本完工，凤栖商业综合体正式开工。城乡公交一票制、公交纯电动化和移动支付实现全覆盖。完成2033家餐饮单位“厨房革命”建设。“无违建县”建设深入推进，私营城整治提升全面完成，毛竹市场顺利关停，城西五期启动征迁，完成城中村改造15个、老旧小区改造提升12个。阿里云ET城市大脑成为全省唯一县级试点，城市出行数据中心加快建设，智慧城管、智慧交通、智慧旅游等应用场景不断升级。小城镇环境综合整治转入长效管理。三是乡村振兴领跑领先。农业现代化发展水平综合评价连续5年位列全省首位，成为首批部省共建乡村振兴示范省先行创建县、省首批乡村振兴产业发展示范建设单位。农村基础设施不断完善，打通农村“断头路”20.5公里，实施农村公路大中修80公里，西部山区农村饮用水达标提质惠及2.3万人，在全省率先建成县镇村三级农村快递物流配送体系。探索推行“数字乡村一张图”，乡村治理数字化平台实现县域乡村全覆盖，被省委副书记、省长袁家军称为“全省的典范”。在全市率先开展农村人居环境整治“百日攻坚行动”，建成精致小村3个、精品示范村6个、A AA级景区村庄7个，80%的村成为A级以上景区村庄。大力推动产村融合发展，东衡村、五四村分别成为首批国家农村产业融合发展示范园、省级田园综合体，全县乡村旅游营业收入超30亿元，经营性收入30万元以下村全部消薄。圆满举办民革中央助力乡村振兴第二届莫干山会议、全国水产养殖业绿色发展现场会等全国性会议。

【社会大局和谐稳定】 一是社会保障坚实有力。积极落实稳就业政策，新增就业2.7万人，城镇登记失业率控制在1.87%。加快社保精准扩面，户籍人口养老保险、医疗保险参保率分别达97.96%、99.6%。推动医保支付方式改革，基金使用绩效显著提升。深化大救助体系建设，发放各类救助、补助资金7245万元。新增幸福邻里中心10家，建成示范型居家养老服务中心5家，残疾人托养中心正式启用。竣工保障性住房2407套，房地产市场平稳健康发展。实现县镇村三级退役军人服务体系建设全覆盖，圆满完成部分退役士兵社保接续省级试点任务，连续五次获评省级“双拥”模范县。公积金缴存覆盖面不断扩大，缴存活跃职工达8.1万人。二是社会事业全面进步。教育现代化水平持续提升，德清新高中、莫干山世界外国语中学等加快建设，上海世外教育附属秋山中心学校挂牌成立，新建、改扩建幼儿园5所，清溪小学获全国教育系统先进集体。深化公立医院综合改革，全面推进“医共体”建设，县人民医院二期主体工程基本完工，县中西医结合医院迁建工程主体完工并与杭州师范大学确立托管合作，重点人群家庭医生签约覆盖率达87.9%。成为新时代文明实践中心全国试点县，潘美儿获评全国道德模范。话剧《小镇琴声》在国家话剧院首演，中初鸣良渚文化制玉作坊遗址群入选年度中国重要考古发现，德清淡水珍珠传统养殖与利用系统入选中国全球重要农业文化遗产预备名单，文化礼堂建设获评全省先进。开展“德清人免费游德清”，免费接待7.6万人次。成功举办皮艇球亚洲杯赛、省首届户外运动大会，TNF100越野赛、凯乐石莫干山跑山赛等入围省品牌赛事。对外影响持续扩大，国内外主流媒体刊播报道近2000篇，其中央视《新闻联播》播出18条。全面完成第四次全国经济普查工作。人民武装、国防动员、人防、民族宗教、港澳台侨、广电、邮政、通信、保险、气象、老干部、关心下一代、慈善、红十字、老年体协、档案、史志等工作取得新进步。三是平安建设扎实推进。深化“五治融合”基层治理模式，“德清嫂”区域品牌助力基层治理项目获评2019中国民生示范工程，出台全国首个乡贤参事会地方标准，建成县社会矛盾纠纷调处化解中心，全县矛盾纠纷调处成功率达99.9%。深化重点领域安全隐患整治，完成252家危化品企业治理提升，电动自行车守法率达85%以上，安全生产、道路交通事故起数和死亡人数实现“双下降”。深入开展扫黑除恶专项斗争，统筹抓好反恐防暴、社会治安、食品药品安全等工作，圆满完成新中国成立70周年大庆等重大活动安保任务，获评“全国法治宣传教育先进县”，成功创建省级“无欠薪”县，信访工作获全国“三无”县区称号，阜溪派出所成为全国首批100个“枫桥式公安派出所”。

（陈　驰）

·长兴县·

【概况】 至2019年年末，全县辖9个镇、2个乡和4个街道。户籍总人口63.73万人，其中男性31.82万人，女性31.91万人，全年出生人口5649人，死亡人口4093人，人口自然增长率2.44‰。面对国内外风险挑战明显上升和区域赶超竞争空前激烈的复杂局面，坚持“一二六十”（“一”即围绕“环太湖发展高地、长三角经济强县”这一目标；“二”即突出“聚焦效益品质、聚力改革创新”两大追求；“六”即加快“省制造业高质量发展示范县、全国营商环境最优县、全国首批创新型县、全国践行‘两山’理念样板县、全国乡村振兴先行示范县、全国新时代文明实践中心建设试点县”等六大建设；“十”即推进新一轮十大攻坚行动）工作体系，深化开展“双提十攻坚”（高质量项目招引攻坚、优质项目落地攻坚、企业人才引进和用工保障攻坚、金融支持实体和国有企业降本增效攻坚、全域土地综合整治和用地保障攻坚、“低散乱”企业整治攻坚、全面创新改革攻坚、乡村振兴攻坚、生态环境治理保护攻坚、平安创建及新时代文明实践中心建设攻坚）行动，大力发扬长兴精神，实字当头、一干到底，全面推进高质量赶超发展取得新业绩。全年地区生产总值693.3亿元，比上年增长8.2%；财政总收入114.38亿元，增长11.4%，其中地方财政收入65.83亿元，增长10.9%；规模以上工业增加值增长8.5%；固定资产投资增长11%；金融机构存款余额923.87亿元，增长11.1%，贷款余额853.37亿元，增长22.2%；城乡居民人均可支配收入分别达到59400元和34850元，分别增长8%和8.5%。入选全国县域经济竞争力百强县第41位、全国投资潜力百强县第19位、中国创新百强县第23位、中国营商环境百强县第65位。工业领域，入围省制造业高质量发展示范县创建名单，新能源小镇正式命名为省级特色小镇；农业领域，获评全国县域数字农业农村发展水平评价先进县，农业现代化发展水平综合评价升至全省第五位，吕山乡获批创建国家级农业产业强镇；服务业领域，获评中国最佳全域旅游创建示范城市、全省首批全域旅游示范县、全省电商创新发展试点优秀县、全省批发零售业改造提升督查激励试点县。

【实体振兴】 全力推进项目“双进双产”，全年固定资产投资297.1亿元，同比增长11.2%，其中工业性投入122.8亿元，增长24.4%。高质量举办长洽会等活动，红星美凯龙、欧盛腾等项目成功落户，3个项目列入省大湾区建设标志性工程。市认定“大好高”项目108个，增长111.8%，创历史最多。全天候推进项目建设，昊杨科技、集迈科等项目竣工投产，吉利、爱康科技等项目进展顺利。民间投资占比提高至86.1%。平台能级全面提升，获评省小微企业园建设提升重点县，绿色制造产业园获评国家级绿色园区。新能源首位产业加快壮大，规模以上企业营业收入增长16.5%。规模以上数字经济核心产业制造业、装备制造业、战略性新兴产业增加值分别增长16.8%、12.7%、12.4%。加快产业绿色化、数字化转型，完成南方水泥减量置换优化工程，夹浦地区纺织行业集聚织机7105台，创建五星级绿色工厂1家；诺力建成省首个5G应用智慧工厂，新增省级数字化车间4家，实现机联网1.2万台。天能、超威入选省雄鹰行动培育企业，新增上市企业1家。服务业增加值增长8.9%。“铁公水”码头开港运营，入选省无车承运试点企业2家，物流成本下降5%，物流业增加值占全市比重首超三分之一。入选省供应链创新与应用试点城市。网络零售额增长49.3%，居全市第一，省电商创新发展试点绩效考核优秀。太湖龙之梦乐园部分营业、小浦镇被认定为省级乡村旅游产业集聚区，水口乡创成省级旅游风情小镇，全县游客接待量、旅游总收入分别增长25.1%、25.9%。新增金融机构2家，金融机构本外币存贷款余额分别达923.9亿元、853.4亿元，分别增长11.1%、22.2%；新增直接融资209亿元。房地产业平稳发展，商品房销售面积增长12.5%。农业现代化发展水平综合评价升至全省第五，获评省农业绿色发展先行县。新发展和改造提升农业七大特色产业1400公顷，提标改造粮食生产功能区1067公顷，吕山乡创成省特色农业强镇。新增市级以上农业龙头企业4家，组建湖羊、杨梅特色产业“农合联”。“长兴鲜”农产品区域公用品牌正式发布，“胥仓雪藕”通过国家农产品地理标志登记保护认定。农产品网络零售额12.5亿元，实现翻番，获评全国县域数字农业农村发展水平评价先进县。

【改革创新】 “最多跑一次”改革向公共领域延伸，企业、群众“一件事”联办得到落实，政务服务事项跑零次可办率达100%，省定事项100%“网上办”“掌上办”，在全省率先推行G60科创走廊“一网通办”、图审备案制改革，“最多跑一次”改革满意度居全市第一。深化“亩均论英雄”改革，关停腾退工业低效企业281家，处置“五未”土地800公顷，规模以上企业亩均税收提升至22万元，同比增长18.3%。推进国资国企改革，国企转型发展初显成效，政府债务率进入绿色安全区域。企业“软投入”季度监测统计、企业内部技术创新体系建设等全面创新改革走出“长兴路径”，获评省科技特派员先进县。新认定国家高新技术企业45家、省科技型中小企业146家，引进科技型中小微项目107个。新增省级科技企业孵化器1家、众创空间5家。实施产学研合作项目131个。高新技术产业增加值增长10.9%，新产品产值率45.5%。参与制修订国家、行业标准20项，新增“品字标”企业7家。杭州知识产权法庭巡回审判庭在长兴县设立运行，连续两年入选中国知识产权最具影响力县域榜单50强。新引进顶尖领军人才46名。纺织产业获批省产业集群跨境电子商务试点，新增出口实绩企业121家、境外投资项目11个，进出口总值193.9亿元，其中出口171亿元、增长9.2%。完成合同外资10.3亿美元，实到外资3.6亿美元。天能与帅福得在中法元首见证下签约成立合资公司。制定实施《长兴县推进长三角区域一体化发展行动计划》，签订苏浙皖省际毗邻地区旅游文化一体化发展战略合作协议。新增军民融合企业5家、项目17个。实施东西部扶贫协作、对口支援、对口协作、山海协作等扶贫项目15个，到位资金4838万元。

【“两山”理念践行】 扎实推进蓝藻防治和黑臭水体防反弹工作，完成119个建设单元“污水零直排区”建设、6家污水处理厂清洁提标改造，新建改造城镇雨污管网66公里，市控以上断面功能区达标率、县控以上断面Ⅲ类水质达标率、集中式饮用水源地水质达标率均为100%，连续四年获评省农村生活污水治理长效运维工作先进县，被列为省河湖标准化创建试点县。强化工地扬尘、餐饮油烟、车船尾气管控，完成旗滨玻璃等废气深度治理，整治提升涉挥发性有机物排放重点企业50家，淘汰和提标改造35蒸吨以下锅炉184台，PM2.5浓度均值34微克/立方米，空气优良率86.1%，提前三年实现空气质量六因子浓度全面达标。浙能、诚泽污泥处置项目建成投运。绿色矿山实现全覆盖，全面完成重点区域废弃矿山治理，休产矿山3家，关闭1家。小城镇环境综合整治对象全部通过省级验收。六大乡村振兴示范带加快建设，新打造和平镇“茶映南山”精品线，煤山镇仰峰村列入中国传统村落名录，创成省级美丽乡村示范乡镇1个、特色精品村2个。创成省“基本无违建县”。获评省农村危房治理改造绩效评价优秀县。城镇生活垃圾分类统一收运（转运）实现全覆盖，创成省级高标准示范小区7个。农村生活垃圾处理国家级示范基地落户林城镇北汤村，建成省级高标准农村生活垃圾分类示范村4个。国土空间规划编制工作稳步开展。湖长二通道、画溪大道南延、申嘉湖高速公路西延等工程建成通车，获评省“万里美丽经济交通走廊”示范县。苕溪清水入湖长兴段如期完工。新建改造供水管网34公里，农村饮用水达标提标行动新增受益人口1.9万人。新建燃气管道75.8公里。推进智慧城市建设，在全市率先实现县域公交车纯电动、一票制、移动支付全覆盖。

【民生改善】 扎实开展“双扶”工作，村均集体经济经营性收入144.8万元，同比增长89.1%，1679户、3981名结对帮扶低收入农户人均增收1.12万元。新增城镇就业2.9万人，帮扶失业人员再就业8680人，城镇登记失业率2.05%。乡镇社会福利中心全部实现“公建民营”，居家养老服务中心乡镇全覆盖。基本养老、医疗保险参保精准扩面，医保监管进一步加强。残疾人“两项补贴”提标扩面，县儿童康复中心启用。新增各类保障性住房（含货币补贴）832套，发放住房保障补贴793.3万元。建立县乡村三级退役军人服务保障体系，省双拥模范县实现“八连冠”。深化教育集团化改革，华盛达睿达等社会办学项目成功落户，长兴六小扩建等工程竣工投用，小学和幼儿园校内托管服务全覆盖，民办幼儿园、校外教育培训机构整治提升有力有效，高考一段上线人数和上线率再创新高，国家级职业技能大赛夺得3金。持续推进综合医改和“健康长兴”行动，成功组建两大医共体集团，被中组部列入主题教育攻坚克难典型案例，省卫生村实现全覆盖。深入开展新时代文明实践中心建设试点，推进诚信村建设和移风易俗工作，创新全媒体家庭教育宣传指导模式，建成农村文化礼堂29家，举办群众文化活动7282场，“文明殡葬”品牌获评全国殡葬改革优秀案例，创成省基本公共文化服务标准化县、档案开放服务示范区。获得全国首张县级融媒体中心互联网新闻信息服务许可证。完成徐阶墓考古发掘和修缮保护。《长兴县政府志》出版发行，地方志工作被评为全国先进。全国围甲联赛、太湖图影国际马拉松赛等成功举办，获全国青运会历史最好成绩。生产安全事故控制性指标持续下降，“警保合作”长兴经验在全国推广。率先开展“食安通”融合省级试点应用。完成地质灾害“除险安居”三年行动计划。虹星桥镇港口村获评全国乡村治理示范村。实现县乡村三级乡贤联谊会全覆盖。“七五”普法有序实施。“基层治理四平台”建设项目成为全省试点示范。“诉调执一体化”模式全省推广，信访积案有效化解。扫黑除恶专项斗争、禁毒工作、“雪亮工程”向纵深推进，“智能门锁项目”获评全国政法智能化建设智慧警务优秀创新案例。新中国成立70周年大庆等安保任务顺利完成。获评省县域社会治理十佳县。

【长兴“河长制”入选“新中国的第一”】 9月9日，中央电视台《新闻联播》在纪念新中国成立70周年专栏《新中国的第一》中，以《湖州长兴县：率先实施“河长制”》为题介绍了长兴县的首创经验。

长兴“河长制”始于2003年。是年3月，县政府决定按照“河畅、水清、岸绿、景美”的总体目标，启动千里河道整治工程，对县域内河道全面开展清淤和保洁工作，并将之列为当年政府为民办实事十二项工程之一。10月，县委办、县政府办印发《关于调整城区环境卫生责任区和路长地段、建立里弄长制和河长制并进一步明确工作职责的通知》，决定借鉴“路长制”管理经验，首次建立“河长制”，对长兴港、黄土桥港、护城河、长水港等城区的主要河道实行“河长制”保洁管理，分别由县水利局主要负责人和县城建局分管负责人担任“河长”。2005年，借鉴城区“河长制”工作经验，开始尝试对乡镇级河道、村级河道实行河长制管理。是年5月，水口乡政府印发《关于任命包漾河上游水口港河道河长的通知》，明确对包漾湖上游水口港实行河长制管理，由水口乡乡长担任河长，负责做好水面保洁、清淤疏浚、河岸绿化、沿线工业污染治理等的监督、协调、推进和跟踪工作。7月，县水利局印发《关于落实包漾河支流河道河长制管理的通知》，明确对包漾湖3条支流河道实行河长制管理，其中七百亩（土斗）港由后漾村村主任担任河长、渚山港由渚山村村书记担任河长、夹山港由渚山村村主任担任河长。2005年、2007年，长兴两次被评为全省河道保洁长效管理一等奖。2008年开始，实施县级河长制管理。是年8月，围绕太湖流域水环境综合治理“清水入湖行动”，明确县政府4名副县长分别担任合溪新港、长兴港、杨家浦港、夹浦港4条入太湖的主要河道的“河长”。是年起，开始在全县推广“河长制”管理，明确各乡镇除乡镇党委书记外，其余党委、政府领导均分别担任所辖区域内各河道的“河长”。有147名乡镇领导担任147条河道的“河长”，各河道所属行政村负责人任协管员，并在河道显要位置设立告示牌，接受群众监督。由此，县、乡镇、村三级“河长制”管理体系在长兴县初步形成。2012年，共有191条河道（总计801公里、面积2726.67公顷）实行“河长制”管理，占全县河道总数的34.7%。是年，长兴县获省河道保洁管理先进单位。2013年9月，县委、县政府印发《长兴县全面实行“河长制”实施方案》，明确按照“建立管理机构、明确工作目标、落实管理责任、严格管理考核”的要求，在年底前，对全县河道实现“河长制”管理全覆盖。其中，由县四套班子主要领导和县有关副职领导分别担任主要河道的“河长”；由乡镇（街道、园区）主要领导及分管领导分别担任辖区内主要河道的“河长”；由乡镇（街道、园区）班子成员担任辖区内跨村河道的“河长”；由村书记或村主任担任行政村内河道的“河长”。2014年4月，县“河长制”领导小组办公室制发《长兴县河长制工作制度》，建立健全“河长制”长效管理10项制度。2016年8月，县委办、县政府办印发《关于全面深化落实“河长制”工作的十条实施意见》，从优化组织体系、细化职责分工、深化信息公开、固化定期巡查等十个方面进一步完善长效管理机制。

2008年起，长兴县“河长制”管理的创新经验开始被关注和推广。是年8月，省水利厅主要负责人带队，专程到长兴县考察河道保洁和长效管理工作，并就完善河道长效保洁机制在长兴县水口乡政府召开民主恳谈会。同时，省内湖州、衢州、嘉兴、温州等地陆续开始试点推行“河长制”管理。2013年11月，省委、省政府出台《关于全面实施“河长制”进一步加强水环境治理工作的意见》，并印发《浙江省“河长制”实施方案》，要求建立省、市、县、乡（镇）级河长体系，各级河长是包干河道的第一责任人，承担河道的“管、治、保”职责，并要求于年底实现“河长制”管理全覆盖。2016年11月，中共中央办公厅、国务院办公厅印发《〈关于全面推行河长制的意见〉的通知》，要求在全国江河湖泊全面推行河长制，建立省、市、县、乡四级河长体系。2017年元旦，习近平总书记在新年贺词中发出“每条河流要有‘河长’了”的号令。同年6月，河长制被写入《中华人民共和国水污染防治法》。至2018年6月底，全国31个省（自治区、直辖市）全部建立“河长制”。至此，肇始于长兴县的“河长制”，走出湖州、走出浙江，走向全国。同年6月7日，全国第一个河长制展示馆在长兴县开馆。水利部部长鄂竟平、副省长彭佳学等为“长兴县河长制展示馆”揭牌。该馆于1月10日开始动工建设，5月完工，投资500万元左右，展馆面积630平方米，分7个展示区。集历史演变、工作成效、信息化管理等为一体，集中体现长兴首创河长制以来实现“水秀、景美、业兴、民富”的社会意义，确立长兴县作为全国河长制发源地、示范地的领先地位。

【天能帅福得能源股份有限公司成功签约】 11月6日，北京人民大会堂，天能集团旗下的天能电池集团股份有限公司和法国道达尔集团旗下的帅福得电池有限公司正式签约。双方共同决定成立一家合资公司天能帅福得能源股份有限公司。此次签约得到国家主席习近平和法国总统马克龙共同见证。有9家中方企业参加签约，两国元首共同见证多项合作文件的签署，涉及航空航天、核能、应急管理、文化遗产、农业、工业、自然保护、金融、三方合作等领域，其中8家企业是央企和大型地方国资企业，天能集团是浙江省唯一的民营企业。天能集团和道达尔集团同属能源行业，都有着扎实的业务基础、丰富的管理经验和强大的品牌实力，天能帅福得能源股份有限公司的成立是两家公司强强联合的结果。从2017年首次会面以来，双方经过多次交流和磋商，最终决定成立合资公司，在电动车辆、储能系统锂电解决方案和集成系统领域展开合作。合资公司的成立，是天能集团与道达尔集团实现资源共享、优势互补、互利共赢、共同发展的重大举措，也标志着双方合作取得了阶段性成果。天能帅福得能源股份有限公司生产基地的潜在产能为5.5千兆瓦时。帅福得拥有其40%的股份，天能集团旗下的天能能源科技股份有限公司持有60%股份。

【全国首批创新型县建设】 1月，国家科技部发布全国首批52个创新型县（市）建设名单。长兴县以“科技支撑产业发展”为建设主题成为全国首批52个创新型县（市）之一。入选创新型县（市）后，可得到创新驱动发展的政策扶持，通过技术创新引导专项（基金）、人才支持计划等，支持县域开展科技创新活动。近年来，长兴县获得省全面创新改革试验区等省级以上科技创新试点示范荣誉近十项，创造全省科技（知识产权）工作“七个第一”，并入围县域知识产权最具影响力榜单50强。

【“长兴模式”电动车警保合作经验推广全国】 5月28日，“长兴模式”电动车警保合作经验推广全国现场会在长兴县举行。来自全国各省市、自治区的公安单位、国内各人保财险公司的负责人200余人参加。2018年，长兴县交警大队联合长兴保险行业协会各家财保公司开展警保合作。对“追尾、逆行、倒车、溜车、开关车门、违反信号灯通行、未按规定让行”7种情况下发生轻微交通事故的，由原来的全责方承担赔偿损失，其余均不划分责任，变更为按互碰自赔处理，双方找各自车辆的承保公司理赔。自轻微事故快处机制启动以来，截至2019年5月20日，已快处17000余起事故，平均每起事故减少群众跑腿5次，缩短事故认定时间10个工作日，节省事故认定时间218万小时，各财保公司共计理赔款到位1.5亿元，同时，小额快处理赔周期从8.9天缩短为7.38天，快处速度提升近20%。此次电动车警保合作的“长兴模式”向全国推广，意味着长兴县的这一做法得到业界肯定，也是新时代下长兴县在基层社会治理方面为全国提供长兴样本，展现长兴担当。

【纳尼亚集团上市】 2月26日，纳尼亚集团在香港联交所上市。股票代码“8607.HK”，此次发行股票2亿股，发行价为0.4元每股。纳尼亚集团是湖州市第33家、长兴县第5家上市企业，也是长兴县继天能、超威和长安仁恒之后，第4家在香港上市的企业。全县已有境内外上市企业5家，新三板挂牌企业38家，新三板企业家数在全国县域名列前茅。作为全县现代纺织行业的龙头企业之一，纳尼亚曾于2016年挂牌新三板。湖州纳尼亚实业有限公司（前身是浙江恒鑫纺织印染有限公司）是一家集纺织、印染、面料研发、加工、生产、销售为一体的纺织科技型企业。纳尼亚集团公司在“十二五”规划的开局之年，实行从“末端治理”向“源头控制”的现代化技改项目，淘汰全部现有印染设备，分三年更新为当前国际一流和国内先进的染整设备。引进2台国际先进的德国门富士定型机，14台香港三技UFH染色机，12台德国博森HKM卷染机和意大利COLOR SERVICE自动称料系统。（郭玲玲）

·安吉县·

【概况】 2019年，安吉县全面落实市委“一四六十”工作体系，扛起争当践行“两山”理念样板地模范生标杆县、推进县域治理现代化先行地排头兵的重大使命，深入推进“一零三六”改革发展工作部署，扎实开展“三服务”，全力推进“三个年”行动，经济社会发展呈现稳中有进、稳中向好的良好势头。地区生产总值达469.6亿元，增长7.8%；完成财政总收入90.09亿元，同比增长12.5%，其中地方财政收入53.6亿元，增长14.2%，增幅居全市第一；城乡居民人均可支配收入分别达到56954元、33488元，分别增长8.2%、9.6%。

【产业质效不断提升】 工业经济加速动能转换。规模以上工业增加值同比增长7.3%，其中战略性新兴产业、高新技术产业、装备制造业增加值分别增长6.5%、8.1%和12.2%，绿色家居产业成功入选国家新型工业化示范基地。整治提升“低散乱”企业（作坊）485家，家具及竹木制品行业居全省分行业改造提升试点第一。现代服务业加速融合，第三产业增加值增长9.7%，成功入选全国县域旅游竞争力、旅游综合实力百强县，获省服务业发展综合评价Ⅲ类地区第一名，成功创建全国首批全域旅游示范区、浙江旅游十佳县，全年接待国内外游客、旅游总收入分别增长12.1%、19.6%。实现社会消费品零售总额186.5亿元，内河集装箱吞吐量达29.88万标准箱，绿色信贷余额占比全市第一，银行不良贷款控制率居全市第二。生态农业加速提升，农业现代化发展水平居全省第八，世界园艺博览会“安吉日”在京成功举办，安吉白茶成为全省首个获得国家三大地理标志认定的茶叶品牌。提标改造粮食生产功能区7429亩，生猪稳产保供扎实有力。

【项目“双进双产”有效推进】 成功入选全国投资潜力百强县。固定资产投资同比增长13.1%，其中工业投资同比增长31.2%，增幅居全市第一。集聚招商力量，设立上海、北京、苏南、深圳、浙江五大分局，新引进1亿元以上项目85个。1亿元以上项目开工入库65个、竣工47个。新增省重大产业项目5个、市定“大好高”项目38个，国动云数据基地、远洋数据中心和扬子江安吉生物医药产业园等重大项目成功签约，长龙山电站、商合杭高铁等项目快速推进。工业平台投入6.9亿元，新建园区道路16.9公里，开发区成为全省首批美丽园区示范园区，示范区监地融合拓展空间2392亩。

【实体实业加速壮大】 扎实开展“三服务”活动，大力推进降本减负，全年为企业减税降费12.9亿元，办理出口退税24.4亿元，规模以上企业利税、“百强”企业销售收入分别增长7%、9.4%。新增小微企业贷款62亿元。推进市场主体升级，“金象”企业实现零突破，“双金”企业达到3家次，培育“瞪羚”企业30家，完成股改35家、“个转企”442家、“小升规”49家，东方基因成为全市首家科创板上市过会企业，恒林股份成功收购欧洲高端办公家具品牌。加强质量品牌建设，新增“品字标”企业6家、国家绿色产品认证企业4家。

【重点改革持续深化】 成功获批新时代浙江（安吉）县域践行“两山”理念综合改革创新试验区，全面启动实施“3363”主体内容，圆满完成81项年度工作任务。成功入选全国绿色发展百强县，绿色发展指数全省第十、全市第一，成为省大花园示范县创建唯一优秀县，美丽乡村、美丽县域做法分别入选全国十大改革案例、全省改革创新最佳实践特别贡献案例。“最多跑一次”改革深入推进，在全市率先完成中介联合体、“无证明县”创建，“无差别全科受理”实现乡镇（街道）全覆盖。发布全国首个《县域营商环境评价准则》，成功入选全国营商环境百强县。“一证通办”网上办、掌上办均达100%，一般企业投资项目开工前审批用时全市最短。深化“亩均论英雄”改革，出清低效企业868家，盘活土地6444.5亩，处置“五未”土地3573亩，规模以上工业企业亩均税收达18.3万元。省级以上工业平台100%实现“标准地”出让。

【创新动能快速集聚】 加快建设国家创新型县，全社会研究与试验发展经费支出增长27.4%，增幅居全市第一，成功入选全国创新百强县。落实人才强县“1＋N”新政，引育海内外顶尖和领军人才36名，入选“南太湖精英计划”项目43个，招引大学生及各类人才2.01万人，安吉县选手获得世界技能大赛银牌。新增国家高新技术企业32家，获批省级博士后工作站3家、企业研究院6家、企业研发中心19家，惠嘉生物获国家科技进步二等奖，永艺股份入选国家级工业设计中心，丰虹新材料获评国家级专精特新“小巨人”企业。

【开放合作稳步推进】 区域交流合作步伐加快，世界环境日现场交流会、杭州都市圈第十次市长联席会议在安吉县成功召开。外贸贸易逆势上扬，成功承办全省稳外贸稳外资工作现场会，“订单＋清单”工作得到省长袁家军肯定。完成自营出口265.2亿元，占省、市场份额分别达到11.7‰、32%，完成合同外资及港澳台资5.6亿美元、实到外资及港澳台资3.1亿美元。申嘉湖高速鹿山至孝源段建成通车、孝源至唐舍岭段快速推进，长湖申航道等项目提质提速，S306椅子塔至王家庄段完成“四改六”。东西部扶贫协作成效明显，“白叶一号”茶苗捐种扩至三省五县。

【城市品质不断提升】 加快推进“优雅竹城”五年行动，2000年以来建成区征迁遗留问题全面清零，新建绿道网40公里，凤凰路、递铺路、齐云路等7条道路完成改造，乌象坝、石马港、灵溪等滨水公园建成开放。中医院2号住院楼投入使用，新图书馆建成开馆，浙江自然博物院成为新网红。全国文明城市创建成效明显，73个无物业小区基本完成整治，生活垃圾分类精准扩面，新时代文明实践中心实现全覆盖。小城镇环境综合整治圆满收官，省级样板点位数量居全省第一。

【乡村振兴加速深化】 获评国家电子商务进农村综合示范县、省数字乡村试点示范县、省级乡村振兴产业发展示范县。成立全市首个县级乡村振兴公司，新增“飞地抱团”村90个、乡村经营示范村10个、“两山”转化教学基地10个，在全市率先消除集体经济薄弱村。整治城乡人居环境问题点位9.2万个，创成省级美丽乡村特色精品村2个，农村饮用水达标提标行动新惠及群众4.5万人。农村综合产权流转与公共资源交易实现整合。加快推进“511”行动，新改建农村公路146公里，2个乡镇成为“四好农村路”省级示范。

【生态环境稳步提升】 蓝天、碧水、净土、清废四大行动深入推进。PM2.5浓度均值33微克/立方米，空气优良率达86.5%，居全市第一。建成“污水零直排区”64个，新改建污水管网50公里，地表水环境功能区、饮用水水源地、出境交接断面水质达标率保持“三个100%”。成为全国县域秸秆全量化利用试点县、省级山水林田湖草生态保护修复试点，静脉产业园被列为省级资源循环利用示范基地。完成建设用地复垦1600亩、废弃矿山生态修复141亩，新增珍贵彩色森林2.9万亩。县级自然资源资产负债表编制全国试点全面完成。

【公共事业加速发展】 启动民生改善PPP项目。新三小、五小、少体校、安高综合楼投入使用，六小主体建成，“安吉游戏”写入国务院报告，浙江宇翔职业技术学院正式去筹设立，高考一段上线数实现“六连增”，幼儿园小学段放学后托管服务实现全覆盖。医疗改革深入推进，公立医院综合改革和县域“医共体”建设获全省优秀。首届吴昌硕国际艺术奖评选活动成功举办，媒体智慧化融合获评全国典型案例。退役军人服务体系健全完善，实现省“双拥”模范县“二连冠”。民宗、台侨、外事、史志、档案、邮政、关心下一代等工作进一步加强，红十字、慈善等社会事业提质发展。

【社会保障提质扩面】 全力稳就业，城镇登记失业率控制在2.05%以内。基本养老、医疗保险参保率分别达到98.7%、99.5%，在全省率先实现与沪苏医疗机构双向刷卡就医。发放困难群众救助资金5100万元，保障困难家庭住房457户，新增住房公积金缴存2.5万人，重点人群家庭医生签约服务率86.6%，示范型居家养老服务中心实现全覆盖，免费为5.89万名60岁以上老年人接种流感疫苗。赋石、老石坎水厂建成运营。新增停车位8100个，28个城区机关企事业单位停车场对外开放，公交“两元一票制”、纯电动、移动支付全面完成。

【社会治理创新开展】 圆满完成新中国成立70周年维稳安保任务，扫黑除恶专项斗争深入推进，矛盾纠纷调解创新开展，社会大局保持稳定，平安建设实现“十五连冠”，获全省首批一星平安金鼎。扎实开展“七五”普法，成为全国首批乡村治理体系建设试点县，创成全国乡村治理示范村2个，新增省级善治示范村16个、民主法治村15个，乡村治理“余村经验”全市推广。食品安全提标扩面，教育养老机构可视厨房实现全覆盖。应急管理体系不断完善，安全生产、火灾、交通事故分别下降21.3%、42.1%和13.3%，成功抗击超强台风“利奇马”。

（俞显俊）

人　物

·先进人物·

潘美儿　女，1976年6月出生，中共党员，现任浙江省皮肤病防治研究所（德清）上柏住院部麻风病区护士长。第十三届全国人大代表。曾获第42届“南丁格尔奖”、浙江省“五一劳动奖章”“中国好人”“中国十大职业女性榜样”等称号。其所在的上柏住院部医疗团队曾获得中宣部颁发的“时代楷模”和被中华全国总工会授予“全国工人先锋号”等称号。

1996年，潘美儿从湖州卫校毕业后，被分配到省皮肤病防治研究所麻风住院部的德清县山沟。20余年来，以过人的勇气和无私的爱心，带领病区的全体护理人员，为促进麻风病人这一弱势群体的健康及麻风护理科学的发展做出了突出的贡献。潘美儿凭借精湛的护理技术护理着每个麻风病人，除了对麻风病人进行精心的医疗护理和耐心的生活护理外，还经常开导病人和带头为有困难的麻风病人捐款捐物。多年间，奋斗在临床护理最前线的潘美儿对自己的职责有了更深的理解，并为此倾注了更多的心血。很多麻风病人受到歧视后很容易悲观绝望，甚至厌世，潘美儿从心底里把麻风病人当亲人，用实际行动温暖病人的心。特殊的临床实践，让其掌握了许多第一手资料，其主持撰写的《麻风病人的心理研究》《麻风溃疡综合治疗》等多篇高质量论文在国内外麻风病权威杂志上发表。2019年，获“全国道德模范”称号。　（陆林宝）

张天任　男，1962年10月生，浙江长兴人，中共党员，高级经济师，浙江大学工商管理硕士研究生，美国加州国际大学荣誉博士，浙江理工大学兼职教授，现任天能动力国际集团董事局主席、总裁、全国工商联第十二届执行委员会委员、浙江工商联副主席。曾获“全国优秀企业家”“浙江省优秀共产党员”“浙江省劳动模”“第十一届世界杰出华人”“浙江省杰出领袖企业家”等称号。

1988年，张天任接手经营濒临倒闭的村办电池厂，开始了创业之路。到20世纪90年代末，张天任带领团队转型研发攻关动力电池，并成功研发出“电动助力车专用蓄电池”。作为中国新能源电池领军企业天能集团的创始人，张天任积极投身改革开放事业，大力发展非公有制经济，成为推动经济社会发展的重要力量。30余年来，张天任带领的天能集团深耕主业、不忘初心、砥砺奋进，忠实践行“绿水青山就是金山银山”的发展理念，将“绿色环保”置于优秀发展的地位，在行业内率先导入“生态设计”，率先研发出高性能绿色环保电池，为打赢蓝天保卫战做出了积极贡献。天能集团现已成为一家以电动车环保动力电池制造为主、集锂离子电池、风能太阳能储能电池以及再生铅资源回收、循环利用等新能源的研发、生产、销售为一体的大型实业集团。2019年，获“中国生态文明奖先进个人”称号。

（陆林宝）

陈建如　男，1973年2月出生，中共党员，河南固始人，1991年12月入伍，服役期间，曾参加汶川抗震救灾并赴西藏、新疆等地工作。2010年10月，从部队转业参加公安工作，现任湖州市公安局织里分局织东派出所轧村警务站站长。曾获“全省优秀人民警察”“全省最美警察”等称号，先后荣立三等功4次，受到嘉奖11次。

2010年转业时，陈建如有30余个职业可选择，其毫不犹豫地选择了当警察。从边境的高原荒漠来到太湖畔的江南小镇，陈建如面对的是一个全新的“战场”——辖区内有童装企业50余家，流动人口多，安全隐患多。作为一名优秀军转社区民警，始终牢记习近平总书记提出的“对党忠诚、服务人民、执法公正、纪律严明”总要求，忠实践行“防为主、防为上”工作方针，坚持和发展新时代“枫桥经验”，默默耕耘在基层一线，有力地维护了辖区的安全与稳定，以实际行动诠释了一名“老兵警长”的光辉形象。陈建如是战友眼中的“老班长”、服务群众的“勤务兵”、守护平安的“警卫员”、干净担当的“排头兵”，人民群众热情地称呼他为“军转哥”“热心哥”“实在哥”，其先进事迹先后得到省、市领导批示肯定。陈建如在平凡的岗位上用责任与担当诠释了一名共产党人的坚定信仰。2019年，获“全国模范退役军人”称号。（吴振振）

周　到　男，1962年3月出生，壮族，中共党员，江苏丰县人，现任湖州康正健康管理有限公司董事长、湖州市吴兴区民族团结进步促进会会长。

周到凭着对民族团结进步事业的强烈责任感，尽责尽力，把自己对民促会的热爱默默地熔铸于自己从事的日常工作中。凭着对民族团结的一腔热血，认真贯彻执行党的民族政策和国家民族法律法规，致力于民族团结进步事业各项工作，用自身言行诠释着共产党员全心全意为人民服务的宗旨。2014年以来，周到发动区、乡镇（街道）民促会分会主动参与属地统战工作，积极献言献策，参与建立了龙泉街道潜庄社区少数民族工作站、朝阳街道都市家园社区“帮帮忙”工作室、大东吴集团少数民族职工之家等10余个民族活动阵地，实现了阵地建设有特色、活动载体多样化的目标。在周到的带领下，区民促会连续举办五届全区少数民族文艺汇演，坚持在每年重阳节、春节等传统节日期间，组织发动少数民族代表开展“爱老敬老”等活动，极大地增强了大家的民族感情。从1981年开始，周到一直坚持每年无偿献血至少一次，共计献血8000毫升，并发动身边亲朋好友参与献血，积极传递社会正能量。2019年，获“全国民族团结进步模范个人”称号。（吴振振）

徐应林 男，1963年11月生，中共党员，大专学历，德华兔宝宝装饰新材股份有限公司生产技术总顾问。曾荣获“湖州市劳动模范”“浙江省民企党员百名闪光典型”等称号。

徐应林刻苦钻研，先后攻克了无醛级环保板材、板材胶粘强度与甲醛释放矛盾、科技木单板渗透染色等9项重大生产技术难题。其主持的“仿真珍贵木工艺开发及产品”，弥补国内行业空白，荣获省、市科技进步奖；科技木、阻燃装饰板、环保无醛级装饰板3项技术获得国家发明和实用新型专利证书。徐应林负责生产管理，注重提升自身管理水平，经常深入生产一线督查和指导，近年来，公司安全事故大幅度下降，企业发展蒸蒸日上，市场份额不断拓展。徐应林作为行业内的顶尖专家，先后为上海世博会世博中心、杭州G20国际峰会会场、首届世界地理信息大会宴会厅和会场等装饰工程现场做技术指导和质量把关。2019年，获全国五一劳动奖章。

钱敏才 男，1964年10月生，中共党员，本科学历，湖州市第三人民医院主任医师、院党委书记、院长，湖州市第八次党代会代表。曾荣获“湖州市创新创业杰出人才”“湖州市劳动模范”“浙江省医疗卫生系统优秀共产党员”“全国百姓放心示范医院优秀管理者”等称号，2016年获国务院特殊津贴。

钱敏才作为一名医生，三十余年来，只要是抢救病人，无论是节假日还是深夜，钱敏才总是随叫随到，毫无怨言。担任院长后，钱敏才坚持管理、看病“两手抓、两手硬”，每周开设一次专家门诊，等待救治的病人络绎不绝。同时，其着力推动清廉医院建设、“最多跑一次”改革、学科发展、服务提升、全市精神病防治等方面改革创新，使医院学科水平和服务能力在市域内走在前列。“5·12”汶川大地震期间，钱敏才担任浙江省医疗救援队心理危机干预队队长，带领队员们克服余震、狂风和暴雨等种种困难，对灾区群众实施心理援助，提供医疗咨询和医疗服务。其主持的7项科研项目先后获省、市级科技进步奖；承担了6个国家级继续教育项目，2个省级继续医学教育项目，发表了包括SCI在内的学术论文70余篇，多项研究成果在全省医疗机构或政府部门推广应用，为精神病患者的医疗保障、精神卫生投入、单病种管理等提供了理论依据和现实基础。2019年，获全国五一劳动奖章。（蒋华杰）

程学琴 女，1964年10月出生，中共党员，本科学历，湖州安吉人。“安吉游戏”及“安吉游戏”公益组织创始人，世界真游戏联盟发起人，真游戏基金会联合主席。现任安吉县幼儿教育研究中心主任。曾获“全国教育系统先进个人”“浙江省三八红旗手”“2012浙江教育年度新闻人物”“浙江省巾帼建功标兵”“南太湖巾帼先锋先进个人”“湖州市十大杰出女性提名奖”“安吉县劳动模范”等称号。

程学琴立足中国传统文化，扎根本土实践，几十年如一日，潜心研究儿童教育，带领团队研发了100余件享誉世界的安吉游戏玩具。2005年，其研究的课题《农村学前教育管理模式和发展策略的探索》获得浙江省基础教育科研优秀成果一等奖；2014年，研究课题《“安吉游戏”模式的实践与探索》获新中国成立以来首届基础教育国家级教学成果一等奖。在连续20年的实践中逐渐形成并完善“安吉游戏”课程走出国门。2019年8月，“安吉游戏”被写入国务院关于学前教育事业改革和发展情况的报告。2019年，获“全国教育系统先进工作者”称号。

叶　军 男，1971年10月生，本科学历，中共党员，中小学高级教师。现任教于安吉县杭垓小学。曾获教育部新课程例评选二等奖、一师一优课“优课奖”，浙江省春蚕奖、科学体质课一等奖等荣誉称号。

叶军从教30余年来，始终坚持在教学一线。承担了省、市、县公开课50余节，撰写的论文、课题多次获市级以上奖项，其个人教学专著《从实践走向研究——基于课堂的小学科学教学思考》被中国教育科学研究院小学科学教育研究中心录用并被聘为教科版小学《科学》教材培训专家。2016年，叶军成立了安吉县小学科学名师工作室，培养的教师中有3人被评上中小学高级教师，20余人被评上省、市、县教坛新秀、学科带头人，10余人获得国家、省、市优质课一、二等奖。在教学上，叶军提出“吸引学生、关注学生、研究学生、促进学生”的16字教学管理口诀和学生“作业过程学习化、学习过程活动化、活动过程思维化、思维过程具体化”的教学策略，帮助、促进青年教师快速成长。叶军还积极参与名师志愿者西部行活动，先后到贵州镇远县、四川芦山县、湖北襄阳市、湖南茶陵县等地，无偿为西部地区的小学科学教师培训并送去示范课和专题讲座。2019年，获“全国模范教师”称号。

戴泽华 男，1982年1月生，本科学历，中共党员，现任教于湖州市安吉县高禹中学，担任美术教师，中学高级教师。曾获“全国优秀教师”“湖州市教学能手”“湖州市教育工作突出贡献个人”“安吉县文化领军人才”“安吉县优秀共产党员”“安吉县最美教师”等称号。

戴泽华大学毕业后，主动来到安吉县最偏远的山区学校——鄣吴中学任教，10余年来，其一直躬耕在安吉县农村美术教育第一线，为了提升能力，戴泽华拜名师、立目标，勤学习，了解艺术教育新课程等发展方向，曾获得湖州市美术优质课一等奖，湖州市一师一优课一等奖、市写字课一等奖，浙江省美术优质课二等奖等。撰写的10余篇论文和作品在《中国美术教育》《美术报》等核心杂志、报刊上发表和获奖。以国家美术学业质量监测专家身份参与国家艺术监测，多次参与人美版、浙美版教参编写。戴泽华深入研究中国传统绘画艺术，开发了《千里江山图》《清明上河图》《寒江独钓图》《溪山行旅图》等中国传统经典名画课程，多次受邀作为国培专家为全国、省、市级教师培训进行示范展示。2019年，获“全国优秀教师”称号。

沈跃群 女，1971年3月生，本科学历，现任湖州市南浔区南浔锦绣实验学校小学担任科学教师，中小学正高级教师。曾获“全国优秀教师”“浙江省特级教师”“湖州市教学明星”“湖州市教学能手”“南太湖教育领军人才”等称号。

沈跃群从教30余年来，一直坚持站在教育教学第一线，力求日常教学出精品，致力于教学改革，积极探索课堂教学、学生学业评价改革之路。2011年，其主持的教育工作室被区教育局聘为首批6个名师工作室导师之一，2017年，被聘为“浙江省沈跃群名师网络工作室”导师。多年来，沈跃群把教好学生、带好年轻教师、做好公益活动作为自己的本职工作。作为名师志愿者，每年积极参与北京桂馨慈善基金会组织的公益培训活动，助推小学科学在中国中西部的发展。曾赴青海西宁市、四川雅安市、山东泰安市、湖南长沙市、江西南昌市、云南楚雄市、江苏苏州市、湖北襄阳市、贵州贵阳市等地及省内多地作课、讲座。还多次受浙江师范大学、苏州大学、泉州师范学院、楚雄师范学院等高校相邀，作学术讲座。2019年，获“全国优秀教师”称号。

张　玲 女，1977年5月生，本科学历，中共党员，现任上海世外教育附属秋山中心学校党支部书记、副校长，正高级教师。曾获“全国新课程改革优秀教师”“浙江省教学能手”“浙江省教坛新秀”“长三角地区教科研先进个人”“湖州市优秀教师”“湖州市教学明星”等称号。

张玲进入德清县乾元镇清溪小学任教来，一直从事小学语文教学工作，先后担任班主任、大队辅导员、教务主任、副校长、党支部书记等职务。其爱校如家、爱生如子、兢兢业业、乐于奉献，深受学生和家长喜爱，教书育人事迹“巧当孩子王”广为流传。其在小学语文低年级教学和幼小衔接研究方面取得重要成果，是多家语文教育期刊封面人物，并出版专著《小学语文名师说课》。2013年8月，张玲主动交流到德清县三合中心学校工作，在教学管理、教师培养、书香校园建设等方面发挥名师的示范引领作用。自2015年9月至今，先后担任德清县、湖州市、浙江省小学语文名师工作室领衔人，培养农村学校低年级语文骨干教师100余名。让农村孩子从“有书读”到“读好书”，用实际行动成就优质、均衡的教育梦想。2019年，获“全国优秀教师”称号。

张雁南 女，1980年7月生，本科学历，中共党员，现任湖州市织里实验小学教育集团教师发展中心主任，高级教师。曾获“全国知心老师”“浙江省优秀少先队辅导员”“湖州市1112人才工程培养人选”“湖州市教学明星”“湖州市教坛新秀”“吴兴区学校、家庭、社会三满意教师”等称号。

张雁南在小学音乐教学领域有较高的造诣，曾多次参加全国、省、市、区优质课评比获一等奖，并应邀在“千课万人”“浙派名师”等全国性研讨观摩会上展示。近年来，其主持研究市级以上课题6项，科研成果及论文获奖30余项，深受同行赞誉。作为“张雁南名师工作室”的领衔人，多位农村青年教师和区内骨干教师成为工作室成员，已培养市教坛新秀1人、区教坛新秀5人。张雁南克服各种困难，怀揣着对农村教育的理想，坚持留在农村任教，在农村这片天地里，带领学校艺术团队组建校园剧、合唱、舞蹈、打击乐等一系列艺术社团，开展丰富的教育活动，努力提升农村孩子的艺术素养。2018年，其领衔的学校艺术团队被评为“区师德先进群体”。2019年，其带领的团队在吴兴区艺术节比赛中，获得曲艺、器乐、声乐等多项一等奖。同年，其所在的音乐教研组被评为“市先进教研组”，学校被评为“吴兴区艺术教育实验学校”。2019年，获“全国优秀教师”称号。（肖　亮）

·逝世人物·

吕挺 男，1990年5月出生，中共党员，浙江东阳人。2012年12月加入消防救援队伍，生前任市消防救援支队安吉中队中队长，三级指挥员消防救援衔。曾先后获个人嘉奖3次，被评为全省消防救援队伍“优秀警官”2次，优秀士兵3次和2019年度“浙江骄傲”人物。

2019年8月14日17时59分，湖州市消防救援支队安吉大队接到群众报警，称该县鹤鹿溪村西苕溪水域2名群众落水。接警后，由中队长吕挺带队前往救援。18时31分，中队救援人员到达现场，发现2名被困者位于长约87米河面滚水坝正中区域的漩涡中，因上游水库泄洪，情况十分危急。在尝试抛投救生圈及抛投架设横渡绳索均未成功的前提下，吕挺和队友在做好安全防护后顺流而下，迅速展开救援行动。经过努力，成功救起一名落水群众。吕挺在营救另一名落水群众时，因水流湍急，被河水冲走，不幸英勇牺牲，年仅29岁。8月17日，应急管理部政治部批准吕挺为烈士。（吴振振）

统计资料

·统 计 表·

2019年湖州市经济社会主要指标一览表

表4

	单位	2019年	±%或百分点
年末常住总人口	万人	306.0	1.1
年末户籍总户数	万户	87.5	0.4
年末户籍总人口	万人	267.6	0.2
#城镇人口	万人	124.9	5.9
生产总值（GDP）	亿元	3122.4	7.9
#第一产业	亿元	133.8	2.8
第二产业	亿元	1595.4	7.6
#工业	亿元	1422.1	8.5
第三产业	亿元	1393.2	8.7
人均GDP（按户籍人口）	元	116807	7.6
人均GDP（按户籍人口、美元）	美元	16932	
人均GDP（按常住人口）	元	102593	6.7
人均GDP（按常住人口、美元）	美元	14872	
规模以上工业增加值	亿元	888.7	8.4
#战略性新兴产业	亿元	268.7	10.7
高新技术产业	亿元	494.4	10.4
装备制造业（省口径）	亿元	240.1	12.6
规模以上工业营业收入	亿元	4916.9	5.3
规模以上工业利税总额	亿元	445.1	7.7
#利润	亿元	299.3	13.6
农林牧渔业总产值	亿元	226.6	2.7
财政总收入	亿元	540.6	10.2
#地方财政收入	亿元	316.1	10.1
#地方财政税收收入	亿元	270.7	12.4
地方财政支出	亿元	466.9	17.4
城镇居民人均可支配收入	元	59028	8.5
农村居民人均可支配收入	元	34803	9.6
金融机构本外币存款余额	亿元	5229.4	13.9
#住户存款	亿元	2454.9	15.2
金融机构本外币贷款余额	亿元	4840.2	24.5

续表 4

	单位	2019年	±%或百分点
金融机构年末本外币不良贷款余额	亿元	14.5	-48.0
金融机构本外币不良贷款比例	%	0.51	
规模以上工业能源消费量	万吨标准煤	882.6	6.0
单位工业增加值能耗降低率	%	2.2	
全社会用电量	亿千瓦时	261.5	7.4
#工业	亿千瓦时	215.5	5.9
#制造业	亿千瓦时	194.8	5.7
服务业	亿千瓦时	37.3	14.9
居民生活	亿千瓦时	33.5	6.8
固定资产投资	亿元		11.4
#工业	亿元		24.3
服务业	亿元		7.2
#房地产	亿元		12.0
商品房销售面积	万平方米	823.8	1.8
社会消费品零售总额	亿元	1429.3	10.2
#限额以上	亿元	435.2	12.5
新批利用外资项目个数	个	295	35.3
合同外资	亿美元	48.3	42.1
实到外资	亿美元	19.0	118.1
进出口总额	亿元	940.2	6.3
#出口	亿元	838.6	8.8
进口	亿元	101.6	-10.7
客运周转量	亿人公里	19.3	4.5
货运周转量	亿吨公里	199.5	6.9
内河港口货物吞吐量	万吨	11621	10.8
集装箱吞吐量	标箱	526680	10.1
年末民用汽车保有量	万辆	88.7	9.2
#私人汽车	万辆	80.4	8.9
#轿 车	万辆	76.3	8.5
机动车上牌量	万辆	12.2	8.9
#小型汽车	万辆	10.4	1.0
城市居民消费价格总指数	%	103.0	3.0
工业生产者出厂价格指数	%	99.2	-0.8
工业生产者购进价格指数	%	94.5	-5.5
国内旅游人数	万人次	11815.8	
入境旅游人数	万人次	25.9	
旅游总收入	亿元	1529.1	
#旅游外汇收入	万美元	14984.3	
主要景点门票收入	亿元	3.9	
保险业务收入	亿元	114.4	9.5

续表 4

	单位	2019 年	±%或百分点
#财险	亿元	44.5	7.2
寿险	亿元	69.9	11.0
保险赔款和给付支出	亿元	39.1	3.4
#财险	亿元	27.3	7.2
寿险	亿元	11.8	-4.5
年末个人证券资金账户	个	609584	9.0
股票交易额	亿元	5938.8	32.8
#代理 A 股成交额	亿元	5902.1	33.4
电信业务收入	亿元	38.3	5.0
移动电话用户数	万户	463.3	-4.0
#4G 移动电话用户	万户	315.4	8.7
固定电话用户数	万户	73.0	-4.3
宽带用户数	万户	204.2	5.8
年末上市公司数	家	33	增 1
全年出版各类报纸	万份	13.8	
#湖州日报	万份	4.5	
湖州晚报	万份	6.2	
湖州广电报	万份	3.1	
全年专利申请量	件	23359	
全年专利授权量	件	16419	
#发明专利	件	1256	
驰名商标	件	41	增 1
高等教育毛入学率	%	62.31	1.19
十五年教育毛入学率	%	99.62	0.03
医院、卫生院床位数	张	16925	9.0
卫生技术人员	人	25830	4.7
#医生	人	9422	9.5
城镇基本养老保险参保人数	万人	161.7	6.5
#离退休人员	万人	49.8	6.9
年末城镇职工基本医疗保险参保人数	万人	144.8	7.1
年末城乡居民基本医疗保险参保人数	万人	133.0	-4.7
年末工伤保险参保人数	万人	112.7	18.4
年末生育保险参保人数	万人	80.1	5.8
年末失业保险参保人数	万人	82.7	7.2
结婚登记	对	16849	-8.8
离婚登记	对	7751	2.9
城镇登记失业率	%	1.86	-0.46

说明：表中“#”表示其中项

2019年湖州市地区生产总值一览表

表5　　　　　　　　　　　　　　　　　　　　　　　　　　单位：亿元

	2019年	±%
地区生产总值（GDP）	3122.4	7.9
吴兴区	726.9	7.8
南浔区	458.0	7.3
德清县	537.0	8.3
长兴县	693.3	8.2
安吉县	469.6	7.8
南太湖新区	237.7	7.5
△市区	1422.6	7.6
第一产业	133.8	2.8
第二产业	1595.4	7.6
#工　业	1422.1	8.5
吴兴区	295.3	10.0
南浔区	255.5	8.0
德清县	284.5	8.5
长兴县	318.9	9.0
安吉县	193.1	7.3
南太湖新区	74.9	8.5
△市区	625.6	8.6
第三产业	1393.2	8.7
吴兴区	365.8	7.1
南浔区	160.6	7.6
德清县	203.4	9.8
长兴县	302.6	8.9
安吉县	230.0	9.7
南太湖新区	130.8	8.7
△市区	657.2	8.0
#交通运输、仓储和邮政业	96.2	4.3
批发和零售业	384.2	5.3
住宿和餐饮业	75.3	5.2
金融业	231.6	13.8
房地产业	161.5	9.5
其他服务业	435.5	10.8

说明：表中“△市区”包括吴兴区、南浔区

2019 年湖州市人口、婚姻及计划生育一览表

表 6

	单位	2019 年	±%或千（百）分点
总户数	户	874904	0.4
#吴兴区	户	213308	0.9
南浔区	户	142377	0.2
德清县	户	134922	0.1
长兴县	户	229723	0.3
安吉县	户	154574	0.4
△市区	户	355685	0.6
总人口数	人	2675698	0.2
#吴兴区	人	632730	0.5
南浔区	人	490408	-0.2
德清县	人	443083	0.2
长兴县	人	637302	0.1
安吉县	人	472175	0.3
△市区	人	1123138	0.2
#乡村人口	人	1460423	-2.1
城镇人口	人	1215275	3.1
#男	人	1319543	0.1
女	人	1356155	0.3
#18 岁以下	人	383368	0.9
18-35 岁	人	539977	-0.7
35-60 岁	人	1058510	-0.8
60 岁以上	人	693843	2.0
出生人口	人	23066	-7.7
人口出生率	‰	8.63	-0.74
死亡人口	人	18528	-7.2
人口死亡率	‰	6.93	-0.56
自然增长人口	人	4538	-9.5
人口自然增长率	‰	1.70	-0.18
迁入人口	人	13526	-15.8
省内迁入	人	3802	-17.3
省外迁入	人	9724	-15.1
迁出人口	人	12493	7.7
迁往省内	人	7177	-9.7
迁往省外	人	5316	45.6
结婚	对	16849	-8.8
离婚	对	7751	2.9
计划生育率	%	98.69	-0.09
已婚育龄妇女独生子女领证率	%	25.74	-1.49

说明：表中吴兴区数据为大吴兴数据，包含南太湖新区数据

2019年湖州市农林牧渔业总产值及播种面积一览表

表7

	单位	2019年	±%
一、农林牧渔业总产值	亿元	226.61	2.7
#吴兴区	亿元	37.26	2.4
南浔区	亿元	43.22	3.2
德清县	亿元	41.74	2.7
长兴县	亿元	62.57	2.9
安吉县	亿元	41.81	2.0
1. 农业产值	亿元	102.07	1.8
#粮食产值	亿元		
油料产值	亿元	1.25	11.0
蔬菜产值	亿元	27.51	0.8
2. 林业产值	亿元	22.53	-0.2
3. 牧业产值	亿元	20.29	-7.1
#蚕茧产值	亿元	1.14	-1.8
4. 渔业产值	亿元	69.11	7.0
5. 农林牧渔服务业	亿元	12.60	6.2
二、农作物播种面积	公顷		
1. 粮食播种面积	公顷		
#晚稻	公顷		
2. 经济作物播种面积	公顷	80310	3.3
#蔬菜面积	公顷	38459	1.4
油菜籽面积	公顷	10254	
花卉苗木面积	公顷	23596	2.2

2019年湖州市主要农产品产量一览表

表8

	单位	2019年	±%
粮食总产量	吨		
#吴兴区	吨		
南浔区	吨		
德清县	吨		
长兴县	吨		
安吉县	吨		
△市区	吨		
#晚稻	吨		
油菜籽产量	吨	24172	
园林水果产量	吨	140104	2.9
蔬菜产量	吨	932494	2.0
茶叶产量	吨	10787	1.1
蚕茧饲养张数	万张	9.0	-10.7
蚕茧产量	吨	4862	-7.5
奶类产量	吨	6345	8.6
水产品产量	吨	524649	12.8
肉类产量	吨	67352	-6.7
禽蛋产量	吨	25657	-11.4
生猪年末存栏数	万头	16.5	-13.2
生猪全年出栏数	万头	32.4	-9.2
羊年末存栏数	万只	39.3	17.5
羊全年出栏数	万只	39.8	-2.4
家禽年末存栏数	万只	828.1	13.0
家禽全年出栏数	万只	2511.5	0.1
家兔年末存栏数	万只	14.9	-21.7
牛年末存栏数	头	1961	-4.9

2019年湖州市规模以上工业增加值一览表

表9　　　　单位：亿元　%

一、规模以上工业增加值	888.7	8.4
#吴兴区	110.4	10.3
南浔区	152.5	7.9
德清县	171.1	8.5
长兴县	239.2	9.2
安吉县	145.6	7.3
南太湖新区	56.2	8.5
#大型企业	139.6	11.2
中型企业	238.7	5.0
小型企业	510.5	9.6
#轻工业	352.4	8.0
重工业	536.3	8.7
1．分登记注册类型		
国有企业	27.8	7.3
有限责任公司	201.2	4.3
股份制企业	79.6	6.6
私营企业	418.8	11.5
港澳台投资企业	74.4	6.6
外商投资企业	86.8	8.8
2．分行业大类		
非金属矿采选业	20.7	10.0
农副食品加工业	9.1	-5.6
食品制造业	10.7	7.3
酒、饮料和精制茶制造业	13.4	16.0
纺织业	79.9	5.6
纺织服装、服饰业	11.0	-9.9
皮革、毛皮、羽毛及其制品和制鞋业	1.6	-35.6
木材加工和木、竹、藤、棕、草制品业	39.3	4.6
家具制造业	64.8	10.5
造纸和纸制品业	8.5	14.0
印刷业和记录媒介复制业	2.8	7.0
文教、工美、体育和娱乐用品制造业	14.2	-1.1
石油、煤炭及其他燃料加工业	0.3	-25.7
化学原料和化学制品制造业	43.9	8.2
医药制造业	17.1	6.7
化学纤维制造业	48.8	16.6
橡胶和塑料制品业	23.9	10.8
非金属矿物制品业	110.0	12.6
黑色金属冶炼和压延加工业	31.9	7.3

续表 9

有色金属冶炼和压延加工业	12.4	8.1
金属制品业	17.7	7.7
通用设备制造业	77.6	12.7
专用设备制造业	25.1	20.3
汽车制造业	21.7	3.8
铁路、船舶、航空航天和其他运输设备制造业	1.0	－18.5
电气机械和器材制造业	72.1	18.6
计算机、通信和其他电子设备制造业	20.5	4.7
仪器仪表制造业	4.0	83.0
其他制造业	2.6	6.5
废弃资源综合利用业	5.6	5.7
电力、热力的生产和供应业	64.8	－2.5
燃气生产和供应业	7.4	14.7
水的生产和供应业	3.8	22.4
3．战略、高新技术和装备制造业		
# 战略性新兴产业	268.7	10.7
# 吴兴区	46.6	12.2
南浔区	43.2	5.7
德清县	65.6	9.8
长兴县	70.5	12.4
安吉县	25.8	6.5
南太湖新区	17.0	10.7
# 高新技术产业	494.4	10.4
# 吴兴区	80.5	12.5
南浔区	83.2	8.1
德清县	102.9	11.3
长兴县	120.6	10.9
安吉县	80.3	8.1
南太湖新区	35.6	8.3
# 装备制造业	240.1	12.6
# 吴兴区	34.4	13.0
南浔区	53.7	10.4
德清县	52.3	12.0
长兴县	56.9	12.7
安吉县	21.6	12.2
南太湖新区	22.1	12.1

2019年湖州市规模以上工业经济效益一览表（一）

表10 单位：亿元

	2019	±%
单位数（个）	3564	
#亏损企业	449	15.4
营业收入	4916.9	5.3
#主营业务收入	4440.4	3.6
营业成本	4176.8	4.8
#主营业务成本	3726.6	2.6
四项费用合计	465.9	6.9
销售费用	151.4	2.7
管理费用	171.8	3.8
研发费用	95.7	20.4
财务费用	47.0	8.7
#利息费用	49.6	4.9
利税总额	445.1	7.7
利润总额	299.3	13.6
#亏损企业亏损额	21.1	-4.0
税金总额	189.9	5.0
#应交增值税	117.3	-1.9
应收账款	1014.3	12.6
存货	560.8	8.5
#产成品存货	249.6	8.5
银行贷款余额	658.7	14.9
资产总计	4623.3	8.6
流动资产合计	2715.2	11.6
负债总计	2630.8	10.0
全部从业人员平均数（人）	377466	0.8
应付职工薪酬	268.2	14.8

2019年湖州市规模以上工业经济效益一览表（二）

表11

单位：亿元

	单位数（个）	主营业务收入		利税总额		#利润	
		2019年	±%	2019年	±%	2019年	±%
总　计	3564	4916.9	5.3	445.1	7.7	299.3	13.6
#吴兴区	345	669.2	15.6	51.2	10.1	36.3	13.2
南浔区	1057	905.7	3.5	71.9	4.0	44.7	3.5
德清县	781	866.9	-1.7	101.2	12.3	70.5	21.0
长兴县	777	1600.0	9.1	123.2	5.5	81.8	16.5
安吉县	453	600.9	2.9	71.7	7.0	47.0	12.4
南太湖新区	150	274.2	1.4	25.9	11.2	18.9	9.3
△市区	1553	1849.1	6.3	148.9	6.8	100.0	7.3
#大型企业	28	1135.3	14.4	85.8	15.2	61.9	20.1
中型企业	208	1201.7	-1.4	132.6	7.6	91.4	13.4
小型企业	3328	2579.9	4.9	226.7	5.2	146.0	11.2
#轻工业	1738	2347.0	5.6	156.7	2.0	95.0	6.3
重工业	1826	2570.0	5.0	288.4	11.0	204.3	17.3
1. 分登记注册类型							
国有企业	4	86.9	4.8	3.4	28.5	1.3	99.0
有限责任公司	490	1439.3	7.5	102.3	-1.2	68.0	4.0
股份制企业	110	418.5	1.5	68.3	14.6	53.9	18.0
私营企业	2607	2157.8	6.2	191.6	9.0	122.7	14.0
港澳台投资企业	181	386.6	-4.0	40.9	9.7	28.0	18.0
外商投资企业	172	427.9	6.2	38.6	11.7	25.5	24.2
2. 分行业大类							
非金属矿采选业	23	55.4	23.8	18.7	50.2	14.3	63.0
农副食品加工业	60	64.1	1.4	3.1	-9.9	2.2	-11.6
食品制造业	36	45.3	6.8	5.9	28.7	3.7	32.2
酒、饮料和精制茶制造业	23	65.5	19.6	7.7	8.2	5.4	-7.4
纺织业	652	465.4	10.5	24.1	-1.8	12	-0.5
纺织服装、鞋、帽制造业	118	55.8	-11.9	4.3	…	1.6	3.2
皮革、毛皮、羽毛（绒）及其制品业	26	9.9	-14.8	0.3	-45.0	…	△
木材加工及木、竹、藤、棕、草制品业	420	191.6	-1.5	22.1	7.8	14.9	12.9
家具制造业	299	278.8	3.7	33.2	20.2	19.8	33.9
造纸及纸制品业	62	57.1	-2.2	3.3	-18.7	1.1	-5.9
印刷业和记录媒介的复制	24	14.6	4.5	0.8	4.1	0.5	28.9
文教体育用品制造业	79	75.5	-13.9	5.7	-20.8	3.0	-29.1
石油加工、炼焦及核燃料加工业	8	3.8	-60.8	…	-88.4	…	△
化学原料及化学制品制造业	191	225.4	2.9	26.3	8.3	19.8	16.5

续表 11

	单位数（个）	主营业务收入		利税总额		# 利润	
		2019 年	±%	2019 年	±%	2019 年	±%
医药制造业	42	48.9	10.0	11.5	24.0	8.6	22.9
化学纤维制造业	26	356.7	2.9	20.9	-4.6	15.0	4.5
橡胶和塑料制品业	123	94.0	-4.5	5.9	-3.0	3.3	-8.6
非金属矿物制品业	288	472.2	12.5	68.8	7.8	47.4	14.4
黑色金属冶炼及压延加工业	56	208.9	1.5	22.9	29.3	16.4	35.4
有色金属冶炼及压延加工业	53	90.7	5.1	4.0	-18.4	2.5	-11.2
金属制品业	151	170.1	-0.9	7.6	15.4	4.4	38.1
通用设备制造业	236	328.9	10.0	44.3	26.1	33.0	33.0
专用设备制造业	94	120.8	23.2	13.7	30.4	10.5	35.0
汽车制造业	74	90.2	0.2	8.2	8.9	5.3	14.8
铁路、船舶	9	5.0	-20.1	0.2	-20.4	…	-18.7
电气机械及器材制造业	221	917.7	9.0	36.1	-14.7	22.5	-14.7
通信设备、计算机及其他电子设备制造业	61	75.7	…	4.7	-51.7	2.8	-62.8
仪器仪表及文化、办公用机械制造	14	14.4	-2.6	2.0	13.1	1.3	15.9
其他制造业	7	11.6	-8.6	1.6	27.2	1.0	43.0
废弃资源综合利用	26	48.4	-3.7	5.3	-2.4	3.0	4.0
电力、热力的生产和供应业	43	202.0	-5.7	24.7	17.3	17.5	36.9
燃气生产和供应业	8	42.1	26.3	4.9	11.6	4.3	6.3
水的生产和供应业	10	10.4	14.3	2.2	7.9	1.7	15.3
3. 特色、战略和高新技术产业							
# 战略性新兴产业（省口径）		1893.2	7.3	147.4	4.2	106.9	8.3
# 吴兴区		306.3	10.3	19.7	-8.5	13.9	-10.1
南浔区		309.2	-2.9	19.1	-3.1	13.4	-3.9
德清县		266.6	1.4	43.9	19.6	34.1	25.9
长兴县		801.2	17.6	43.1	1.5	29.8	11.2
安吉县		107.6	5.6	11.9	6.7	8.1	2.8
南太湖新区		102.4	-5.6	9.7	4.2	7.5	7.5
△市区		717.9	-0.1	48.5	-5.2	34.9	-5.6
# 高新技术产业	1179	2972.7	6.1	282.4	9.1	197.7	14.0
# 吴兴区	120	451.5	9.6	38.9	6.9	28.4	9.5
南浔区	212	493.2	2.1	44.9	6.6	28.2	4.6
德清县	303	474.7	-1.8	69.6	13.8	52.8	21.0
长兴县	291	1045.3	15.6	68.1	4.8	46.2	12.7
安吉县	170	341.9	4.7	46.3	17.5	31.3	24.1
南太湖新区	82	166.2	-6.5	14.5	3.1	10.7	6.6
△市区	415	1110.8	2.2	98.3	5.5	67.4	6.1

说明：表中"…"表示数据不足该表最小单位数，"△"表式该数据本期或同期为负，无法计算

2019年湖州市交通运输一览表

表12

	单位	2019年	2018年	±%
公路通车里程（含村道）	公里	8065	8079	
#不含村道	公里	3984	3988	
#高速公路	公里	368	319	
客运量	万人	5645	5340	5.7
#公路	万人	5522	5242	5.7
内河	万人	123	98	24.9
客运周转量	万人公里	193159	184768	4.5
#△市区	万人公里	95704	93422	2.4
德清县	万人公里	30779	27377	12.4
长兴县	万人公里	25977	24728	5.0
安吉县	万人公里	40700	39241	3.7
#公路	万人公里	192389	184204	4.4
内河	万人公里	770	564	36.5
货运量	万吨	21002	18783	11.8
#△市区	万吨	5751	5375	7.0
德清县	万吨	2053	1912	7.3
长兴县	万吨	9368	8002	17.1
安吉县	万吨	3831	3493	9.7
#公路	万吨	13183	11504	14.6
内河	万吨	7819	7279	7.4
货运周转量	亿吨公里	199.5	186.6	6.9
#△市区	亿吨公里	43.3	44.0	-1.6
德清县	亿吨公里	15.7	14.9	4.9
长兴县	亿吨公里	102.0	89.6	13.8
安吉县	亿吨公里	38.6	38.0	1.5
#公路	亿吨公里	89.6	84.1	6.6
内河	亿吨公里	109.9	102.5	7.3
内河港口货物吞吐量	万吨	11621	10486	10.8
#出港	万吨	6436	5935	8.4
进港	万吨	5185	4551	13.9
集装箱吞吐量	标箱	526680	478543	10.1
年末民用汽车拥有量	辆	886936	812440	9.2
#△市区	辆	415342	376356	10.4
德清县	辆	141977	131904	7.6
长兴县	辆	175608	162020	8.4
安吉县	辆	154009	142160	8.3
#私人汽车	辆	804104	738242	8.9
#△市区	辆	372851	340720	9.4
德清县	辆	129712	119855	8.2
长兴县	辆	158062	145609	8.6
安吉县	辆	143479	132058	8.6
#轿车	辆	762580	702778	8.5
#△市区	辆	355945	326186	9.1
德清县	辆	124848	115887	7.7
长兴县	辆	148638	137997	7.7
安吉县	辆	133149	122708	8.5
年末拥有载客汽车	辆	820519	755332	8.6
年末拥有挂车	辆	3582	3100	15.5
本年机动车上牌量	辆	122277	112281	8.9
#小型汽车	辆	104070	103012	1.0
年末摩托车拥有量	辆	197759	217545	-9.1
#私人摩托车	辆	196818	216915	-9.3

2019年湖州市全社会用电量一览表

表13 单位：亿千瓦时

	2019年	±%
总　　计	295.0	7.4
#吴兴区	68.0	6.9
南浔区	50.1	4.5
德清县	51.0	8.7
长兴县	87.6	9.1
安吉县	35.9	6.9
△市区	120.6	5.7
一、全行业用电	261.5	7.4
1. 第一产业	3.1	0.3
2. 第二产业	221.1	6.4
工　业	215.5	5.9
#吴兴区	42.2	5.6
南浔区	38.8	4.2
德清县	36.7	4.5
长兴县	72.9	8.8
安吉县	22.6	4.7
△市区	83.3	4.5
#制造业	194.8	5.7
#吴兴区	38.3	7.5
南浔区	35.4	0.9
德清县	33.0	5.0
长兴县	68.6	8.7
安吉县	20.1	5.6
△市区	73.1	3.4
#纺织业	52.5	4.1
非金属矿物制品业	27.7	4.6
3. 第三产业	37.3	14.9
#吴兴区	14.1	9.0
南浔区	4.1	7.3
德清县	6.5	35.5
长兴县	6.5	15.8
安吉县	5.8	11.1
△市区	18.4	9.9
#批发和零售	9.1	7.6
住宿和餐饮	4.4	6.6
二、城乡居民生活用电	33.5	6.8
城镇居民	18.3	7.6
乡村居民	15.2	5.7

2019年湖州市规模以上工业企业能源消费量一览表

表14　　单位：万吨标准煤

	等价能耗	增长±%
总　　计	882.6	6.0
#吴兴区	95.0	14.0
南浔区	137.9	1.0
德清县	145.0	1.6
长兴县	361.7	11.2
安吉县	90.0	-5.9
南太湖新区	37.2	5.0
#八大高耗能行业	673.6	6.2
#非金属矿采选业	8.1	8.3
农副食品加工业	6.3	-4.2
食品制造业	3.5	-8.9
酒、饮料和精制茶制造业	3.1	2.6
纺织业	138.7	5.6
纺织服装、服饰业	3.3	3.0
皮革、毛皮、羽毛及其制品和制鞋业	1.1	-8.8
木材加工和木、竹、藤、棕、草制品业	25.7	4.4
家具制造业	9.0	11.5
造纸和纸制品业	19.9	4.7
印刷和记录媒介复制业	1.5	-0.9
文教、工美、体育和娱乐用品制造业	12.1	16.5
石油加工、炼焦和核燃料加工业	0.2	24.2
化学原料和化学制品制造业	35.7	2.7
医药制造业	5.3	-5.8
化学纤维制造业	85.5	17.0
橡胶和塑料制品业	16.0	8.7
非金属矿物制品业	257.6	10.5
黑色金属冶炼和压延加工业	29.5	-4.3
有色金属冶炼和压延加工业	15.8	1.9
金属制品业	16.6	-2.8
通用设备制造业	19.4	5.4
专用设备制造业	8.3	14.6
汽车制造业	8.8	1.3
铁路、船舶、航空航天和其他运输设备制造业	0.3	-24.6
电气机械和器材制造业	43.6	9.0
计算机、通信和其他电子设备制造业	10.0	-2.9
仪器仪表制造业	0.3	6.6
其他制造业	0.2	-14.9
废弃资源综合利用业	2.9	31.4
电力、热力生产和供应业	90.8	-6.0
燃气生产和供应业	0.1	-1.0
水的生产和供应业	3.1	23.7

2019年湖州市固定资产投资一览表

表15　　　　单位：亿元、万平方米

	2019年	±%
一、固定资产投资总额		11.4
#民间投资		9.9
交通投资		20.0
高新技术产业投资		48.1
生态环境和公共设施投资		14.9
1. 按县区分		
#吴兴区		14.6
南浔区		13.5
德清县		14.3
长兴县		11.2
安吉县		13.1
南太湖新区		13.1
△市区		10.0
2. 按产业分		
第一产业		-47.9
第二产业		24.2
#工业		24.3
#吴兴区		30.7
南浔区		29.5
德清县		30.0
长兴县		24.4
安吉县		31.2
南太湖新区		-22.2
△市区		19.0
第三产业		7.2
#吴兴区		10.4
南浔区		8.1
德清县		9.1
长兴县		4.2
安吉县		6.8
南太湖新区		19.0
△市区		7.7

续表 15

单位：亿元、万平方米

	2019 年	± %
# 房地产		12.0
# 住 宅		22.4
# 吴兴区		18.8
南浔区		－12.5
德清县		15.2
长兴县		14.6
安吉县		2.7
南太湖新区		24.1
△市区		12.8
二、房地产开发		
商品房施工面积	3680.0	34.2
# 住宅	2742.1	36.5
# 新开工面积	1113.2	4.0
# 住宅	856.6	5.0
商品房销售面积	823.8	1.8
# 住宅	760.6	5.2
# 吴兴区	159.6	－16.4
南浔区	106.6	－9.7
德清县	114.8	16.9
长兴县	152.6	12.5
安吉县	124.0	－4.1
南太湖新区	166.3	21.3
△市区	432.5	－3.0

2019年湖州市预算内财政收入一览表

表16　　　　单位：亿元

	2019年	±%
财政总收入合计	540.6	10.2
#吴兴区	76.5	13.8
南浔区	63.7	5.2
德清县	113.1	12.2
长兴县	114.4	11.4
安吉县	90.1	12.5
南太湖新区	51.9	5.3
△市区	223.0	7.6
一、上划中央收入合计	224.5	10.2
1. 上划中央增值税	108.9	3.1
2. 消费税	11.3	-9.6
3. 企业所得税（60%部分）	70.9	33.3
4. 个人所得税（60%部分）	33.4	4.9
二、地方财政收入合计	316.1	10.1
#吴兴区	45.5	11.2
南浔区	37.9	7.9
德清县	65.7	11.0
长兴县	65.8	10.9
安吉县	53.6	14.2
南太湖新区	31.4	8.0
△市区	131.0	7.7
（一）税收收入	270.7	12.4
#吴兴区	40.3	13.8
南浔区	34.6	12.8
德清县	55.4	13.4
长兴县	55.9	11.5
安吉县	47.3	14.8
南太湖新区	27.8	8.9
△市区	112.2	11.4
1. 增值税	108.9	3.1
2. 营业税	…	-93.8
3. 企业所得税（40%部分）	47.2	33.3
4. 个人所得税（40%部分）	22.3	4.9
5. 城市维护建设税	14.0	0.7
6. 其他地方各税	40.3	-12.7
7. 耕地占用税	8.6	313.2
8. 契税	29.4	83.9
（二）非税收入	45.4	-1.9
#专项收入	25.2	-8.4
行政事业性收费收入	5.0	13.9
罚没收入	8.4	18.1

2019年湖州市预算内财政支出一览表

表17　　　　单位：亿元

	2019年	±%
预算内财政支出总计	466.9	17.4
#吴兴区	47.5	22.3
南浔区	49.0	21.9
德清县	83.7	24.5
长兴县	81.1	13.3
安吉县	87.6	17.8
△市区	214.5	16.3
#一般公共服务	47.0	16.7
#吴兴区	4.3	21.4
南浔区	5.1	36.0
德清县	9.3	33.7
长兴县	8.1	17.2
安吉县	9.1	14.0
△市区	20.5	11.3
公共安全	32.0	7.5
教育	76.8	9.9
科学技术	18.7	18.6
文化旅游体育与传媒支出	8.5	18.5
社会保障和就业	46.3	20.6
卫生健康支出	41.4	25.7
节能环保	24.5	17.2
城乡社区	48.9	80.0
农林水	41.3	1.4
交通运输	26.9	14.4
资源勘探信息等	14.5	8.9
商业服务业等	4.1	-29.6
金融	2.4	21.2
援助其他地区	0.8	7.5
自然资源海洋气象等	4.2	32.4
住房保障	5.0	-13.6
粮油物资储备	1.0	142.7
灾害防治及应急管理	2.7	
债务付息	17.1	7.2
债务发行费用	0.1	
其他支出	2.6	-31.0
#民生改善支出	343.3	19.0
#吴兴区	38.0	24.1
南浔区	39.4	20.9
德清县	58.8	20.2
长兴县	62.6	18.3
安吉县	71.9	21.6
△市区	150.1	17.7

2019年湖州市金融机构信贷收支一览表（一）

表18　　　　单位：亿元

	2019年	±%
年末本外币存款余额	5229.4	13.9
#德清县	884.8	14.5
长兴县	923.9	11.1
安吉县	678.4	11.3
△市区	2742.4	15.4
#住户存款	2454.9	15.2
#德清县	415.9	14.5
长兴县	429.7	12.8
安吉县	328.3	11.1
△市区	1280.9	17.3
年末本外币贷款余额	4840.2	24.5
#德清县	836.0	21.0
长兴县	853.4	22.2
安吉县	761.8	20.5
△市区	2389.0	28.1

2019年湖州市金融机构信贷收支一览表（二）

表19　　单位：亿元

	2019年	±%
金融机构本外币存款余额	5229.4	13.9
#住户存款	2454.9	15.2
非金融企业存款	1798.6	18.4
广义政府存款	911.5	1.3
金融机构人民币存款余额	5163.7	14.4
#住户存款	2445.0	15.3
非金融企业存款	1744.3	19.8
广义政府存款	911.4	1.3
金融机构本外币贷款余额	4840.2	24.5
金融机构人民币贷款余额	4818.5	24.5
#住户贷款	2004.2	28.3
#短期贷款	595.3	21.2
消费贷款	139.1	20.1
经营贷款	456.2	21.6
中长期贷款	1408.9	31.6
消费贷款	1064.7	33.0
经营贷款	344.2	27.4
#非金融企业及机关团体贷款	2811.2	21.8
#短期贷款	1050.4	17.9
中长期贷款	1650.1	21.9
票据融资	109.5	78.8

2019年湖州市对外贸易一览表

表20 亿元

	2019年	±%
进出口总额	940.2	6.3
#吴兴区	117.4	3.2
南浔区	98.8	4.4
德清县	190.3	12.0
长兴县	193.9	1.9
安吉县	274.8	8.0
南太湖新区	64.9	9.3
△市区	281.1	4.1
#出口	838.6	8.8
#吴兴区	94.7	9.2
南浔区	85.5	5.3
开发区	169.0	13.5
德清县	171.0	9.2
长兴县	268.4	8.4
安吉县	50.1	5.1
△市区	230.3	5.7
进口	101.6	-10.7
1. 出口按贸易方式分		
#一般贸易	796.8	8.8
加工贸易	35.3	-8.1
其他贸易	6.5	109.7倍
2. 出口按企业性质分		
#生产企业	561.8	5.6
流通企业	135.1	36.3
外资企业	141.7	1.2
3. 出口按地区分		
#亚洲	263.3	20.8
#日本	30.5	22.2
印度	26.6	8.3
非洲	52.8	25.3
欧洲	211.2	11.0
拉丁美洲	66.9	9.1
北美洲	222.4	-6.5
#美国	202.8	-7.3
加拿大	19.6	2.2
大洋洲	21.9	3.0
#澳大利亚	19.5	2.8
#一带一路	248.4	18.2
4. 出口按产品分		
#机电产品	291.4	12.5
纺织原料及纺织制品	242.1	8.5
#纺织品	193.6	9.4
纺织服装	48.5	5.2
农副产品	33.1	-14.5
化工产品	103.5	5.2
高新技术产品	33.5	38.7

2019年湖州市利用外资一览表

表21　　　　单位：个、亿美元

	2019年	±%
新批准及增减资项目	295	35.3
#新批外商投资企业	191	40.4
批准增资项目	67	31.4
减资项目	16	-20.0
#总投资千万美元以上项目	134	25.2
外资项目总投资	69.8	26.6
外资项目注册资本	52.7	52.1
合同外资	48.3	142.1
#新批外商投资企业	38.6	49.1
批准增资项目	9.6	56.4
#总投资千万美元以上项目	44.6	51.6
#第一产业	0.1	-41.4
第二产业	20.9	49.6
第三产业	27.3	37.5
#吴兴区	8.4	149.7
南浔区	7.9	141.0
德清县	8.7	154.9
长兴县	10.3	184.3
安吉县	5.6	100.8
南太湖新区	7.4	123.3
△市区		
实际外资	19.0	118.1
#吴兴区	3.6	144.9
南浔区	1.2	48.6
德清县	3.6	145.8
长兴县	3.6	145.8
安吉县	3.1	124.2
南太湖新区	2.7	100.2
△市区		
#第一产业	0.1	112.3
第二产业	7.7	12.1
第三产业	11.2	92.8
#香港	12.5	66.5
投资性公司及其他	3.0	65.3
美国	0.3	93.4

说明：表内实到外资，合同外资分县区数据为完成进度

地方文件选编

中共湖州市委　湖州市人民政府关于全面推广“余村经验”大力提升乡村治理现代化水平的实施意见

湖委发〔2019〕1号　（2019年3月18日）

为贯彻落实党的十九大精神和《中共中央国务院关于坚持农业农村优先发展做好“三农”工作的若干意见》，按照党中央、国务院和省委、省政府的决策部署，在全市范围内全面推广乡村治理“余村经验”，着力抓好自治、法治、德治“三治结合”，健全完善支部带村、发展强村、民主管村、依法治村、道德润村、生态美村、平安护村、清廉正村“八个村”建设，大力提升全市乡村治理现代化水平，提出如下实施意见。

一、总体要求

（一）总体思路

高举习近平新时代中国特色社会主义思想伟大旗帜，全面贯彻落实党的十九大精神，深刻学习领会习近平总书记对乡村治理“余村经验”的重要指示精神，坚定不移践行“绿水青山就是金山银山”理念，以农业农村优先发展为总方针，以率先实现农业农村现代化为总目标，以打造实施乡村振兴战略示范区为总抓手，不断丰富完善和深化细化“余村经验”，大力加强和创新“三治结合”为基础、“八个村”建设为主要内容的乡村治理体系，推动乡村治理体系和治理能力现代化水平持续提升，努力走出一条符合上级要求、具有时代特征、彰显湖州特色的乡村善治之路，为奋力开创新时代高质量赶超发展新局面奠定坚实基础。

（二）主要目标

到2020年，在“余村经验”推广运用全覆盖的基础上，乡村治理体系进一步健全完善，广大农民安居乐业、农村社会安定有序，建成市级乡村治理示范村300个以上、覆盖率达到30%以上，高质量完成省级善治示范村创建任务，乡村治理在理念创新、实践探索上持续走在全省全国前列，助推全市高水平全面建成小康社会。

到2022年，“余村经验”的内涵和外延不断创新丰富、影响力持续扩大，各地在推广运用“余村经验”过程中的好做法、新亮点不断涌现，自治、法治、德治水平显著提高、结合程度更加紧密，具有湖州特色的“八个村”建设乡村治理体系更加完善，形成党委领导、政府负责、社会协同、公众参与、法治保障的乡村治理新局面，建成市级乡村治理示范村500个以上、覆盖率达到50%以上，建成省级善治示范村300个以上、覆盖率达到30%以上，社会治理与生态文明同步推进、善治乡村与美丽乡村一体建设，在全省全国率先建成乡村治理现代化样板区。

到2035年，“三治结合”为基础、“八个村”建设为主要内容的乡村治理体系基本成熟，乡村治理体系和治理能力现代化基本实现，形成较高水平的共建共治共享社会治理格局，乡村社会治理有效、和谐有序、充满活力。

二、重点任务

（一）坚持党建引领，全力实施“支部带村”

1. 加强党对乡村治理的领导。以“组织创强、队伍创优，全域提升、全面过硬”为主要内容，突出“带领乡村振兴、带动强村富民”，扎实开展农村基层党建“双创双带”活动，全力打造基层党建工作高质量发展先行示范区。加强党组织对村民委员会、村务监督委员会、股份经济合作社以及各类经济组织、社会组织的全面领导，充分发挥基层党组织在乡村治理中的领导核心作用。持续抓好两新组织“两个覆盖”，推动党的组织和工作延伸到镇村区域内所有组织。创新党组织设置，以大村带小村、强村带弱村、村企联合等形式，探索推进镇村区域党建联盟和农村新社区党建工作。推进村党组织书记通过法定程序担任村民委员会主任和村股份经济合作社董事长，做到能兼则兼，其中1000人以下的村原则上实行村党组织书记、村民委员会主任“一肩挑”，到2022年，“一肩挑”比例达到50%。健全县级党委抓乡促村责任制，全面落实乡镇党委抓乡村治理的直接责任。

2. 强化农村基层党组织建设。贯彻落实《中国共产党支部工作条例（试行）》，积极推行党支部“B（标准）+T（特色）+N（若干任务）”内容体系建设，着力将农村党支部打造成坚强战斗堡垒。贯彻落实《中国共产党农村基层组织工作条例》，深化基层党建“整乡推进、整县提升”，实施新一轮“百村示范、千村晋位”专项行动，到2022年，市级整乡推进示范乡镇（街道）党委比例达到1/3以上，市级先锋示范村党组织比例达到1/3以上。增加先进支部、提升中间支部、整顿后进支部，每年按照不低于5%的比例倒排一批相对后进村党组织，通过组团帮扶、第一书记选派全覆盖等方式，深化整顿转化工作。严格落实“三会一课”、党性体检、主题党日、民主评议等党内政治生活制度。

3. 提升党员干部队伍建设。深化“头雁集群锻造行动”，培养选拔政治强、能带富、善治理的村党组织带头人，推选100名左右“兴村治社名师”，到2022年，村党组织书记大专以上学历比例超过50%。全面落实村党组织书记县级党委备案管理制度。大力推进“红色新青年领航计划”，认真落实发展党员政治审查工作，加大从青年农民等重点人群中发展党员力度。实施农村优秀人才“雏雁计划”，全面建立村级后备力量库。深化“新锋潮”党员志愿服务，深入开展“践行‘两山’理念、争当‘最美先锋’行动”。

（二）坚持民生改善，全力实施“发展强村”

1. 壮大村级集体经济。依托优良自然生态，深化产村融合，不断提升美丽乡村经营水平，大力发展农村电商、乡村旅游、高端民宿、文化创意、养生养老、运动健康等美丽经济，全方位打开绿水青山向金山银山转化通道。深入实施村级集体经济三年强村计划（2018—2020年），坚持“输血”与“造血”相结合，通过发展物业经济等多种途径，提前一年全面消除年经营性收入30万元以下的欠发达村。大力推广“飞地”抱团发展模式，有效盘活闲置、低效的集体存量土地资源，促进村级集体经济持续较快发展。积极推动各路人才、各种资金“上山下乡”，不折不扣落实好村级建设留用地政策，为集体经济发展强化要素保障。到2022年，全市村均集体经济经营性收入达到120万元以上，年收入200万元以上的村达到50%以上。

2. 促进农民持续增收。聚焦改革创新促增收，深化农村土地制度和集体产权制度改革，持续推动资源变资产、资金变股金、农民变股东；加快“三位一体”农合联社会化为农服务体系建设，增强小农户、合作社市场交易能力；加大新型职业农民、农村实用人才和“乡创客”培育力度。聚焦产业兴旺促增收，大力发展高效生态现代农业，深化现代生态循环农业发展，推动农村一二三产业深度融合，壮大农村新产业新业态，让生态优势源源不断地转化为农民致富增收的红利和福利。聚焦精准帮扶促增收，坚决打好精准脱贫攻坚战，实施促进低收入农户全面发展行动，确保低收入农户收入增幅快于面上农民。全市农村居民人均可支配收入年均增长8．5%左右。到2022年，城乡居民收入比缩小至1．68:1。

3. 推动资源管理服务下移。深入推进“最多跑一次”改革向乡村延伸，创新基层管理体制机制，整合优化公共服务和行政审批职责，加强村级便民服务中心建设，打造“一门式办理”“一站式服务”的综合服务平台，让农民群众得到更多实惠。优化提升乡村公共服务和管理水平，以义务教育、医疗卫生、文化体育、就业服务、社会保障等为重点，加快城乡公共资源均衡配置，推动乡村治理重心下移。建立完善乡村公共服务诉求、回应、监管机制，以群众需求为导向，再造政府服务流程，保障乡村公共服务供给和管理健康发展。

（三）坚持自治为基，全力实施“民主管村”

1. 强化村级自治组织作用。坚持和完善村党组织领导下充满活力的村民自治制度，尊重和维护村民委员会法律地位，强化村集体经济组织依法履行职能，加强村务监督委员会建设，提高农村基层依法自治水平。发挥村规民约效能，以法律法规为依据制定修订村规民约，善用舆论和道德力量来强化村规民约执行力，推动自治、法治、德治有效对接。以遵守《中华人民共和国村民委员会组织法》为前提，探索开展以村民小组（自然村）为自治单元的“微自治”，划小村民自治单元，激活乡村治理的“神经末梢”。注重发挥村级妇联、民兵连、团支部等组织在参与民主管理和民主监督中的作用。

2. 丰富基层民主自治实现形式。全面构建村民委员会和村集体经济组织为执行主体、村务监督委员会为制约机构、社会组织为补充力量的村民自治组织体系。依托村民会议、村民代表会议、村民议事会、村民理事会、村民监事会等，切实保障农民群众的知情权、参与权、表达权、监督权，形成民事民议、民事民办、民事民管的多层次基层协商格局。完善提升“三重两轮票决制”“五议两公开”和村级民主恳谈会，不断丰富基层民主协商实现形式。大力推广“五个所有”“两山议事会”“和谐共建会”等经验做法，推进以民主议事为形式，集科学决策、合力干事和效果评估于一体的基层民主管理方式。

3. 支持社会组织参与乡村治理。积极培育服务性、公益性、互助性农村社会组织，支持各类社会组织共同参与乡村建设和治理。开展乡贤统战工作，大力推动“乡贤参事会”村（社区）全覆盖，全面建立以乡镇（街道）为单位的乡贤人才库，鼓励发展区县层面的“乡贤联谊会”，通过搭建工作载体、规范建设标准、试点稳步推进，引导乡贤在乡村治理中发挥积极作用，推广“乡贤＋乡村”“六老六大员”“名誉村主任”等经验做法。通过政府购买服务的社会化运作方式，统筹推进和整体运作社区建设、社会组织建设和社会工作，促进基层自治与政府治理、社会调节良性互动，全面推广德清县幸福邻里中心特色做法。到2022年，全市建成幸福邻里中心150家以上，并全部实现专业化、社会化运营，逐步形成服务型治理的示范效应。

（四）坚持法治为本，全力实施“依法治村”

1．开展民主法治村建设。全面实施美丽乡村民主法治标准化建设工程，大力实施全国首个民主法治村创建市级地方标准《美丽乡村民主法治建设规范》，建成一批市级“美丽乡村民主法治建设标准化示范村”，打造美丽乡村民主法治建设样板，擦亮湖州市“美丽乡村无法不美”品牌。落实《湖州市民主法治村建设三年行动计划（2018—2020）》，按照“有标识、有阵地、有人才、有服务”的“四有”要求，实施亮牌提升、阵地建设、队伍建设、法治服务四大工程。到2022年，建成全国民主法治示范村15个，省级民主法治村200个，市级民主法治村达标率85%以上。

2．强化公共法律服务供给。推进公共法律服务实体平台、热线平台、网络平台“三大平台”建设。加强乡村公共法律服务站点规范化建设，全面推动法律服务乡村全覆盖，加快推进村（社区）法律顾问“e服务微信群”建设全覆盖，实现线下、线上服务有机融合。充分依托公共法律服务站点、“一村一法律顾问”制度等载体，推广“水哥法官工作室”站点驻村、法官联村等创新模式，下沉公共法律服务资源，推动法律服务延伸至末梢，让农民群众不出门就能解决法律问题。乡镇党委政府要全面建立法律顾问制度，充分发挥好公职律师的作用。

3．引导农民群众依法办事依法维权。强化法律在维护农民权益、化解农村社会矛盾等方面的权威地位。充分发挥人大职能作用，加强地方立法工作，建立健全相关法规制度，推动农村基层民主法治建设，建好用好“五星级”人大代表联络站。积极引导农民群众在法治轨道上定纷止争，结合法治湖州和信用湖州建设，完善守法诚信褒奖机制和违法失信行为惩戒机制；坚持开展法治教育，培育一批以村干部为重点的“法治带头人”，使尊法守法成为农民群众的共同追求和自觉行动。加大宣传普及法律法规力度，开展“法治宣传村村行”专项行动，建好村村需“裸晒”、户户能点播的“法治家园”数字电视云频道，提升农民群众法治观念和法律素养，推动形成办事依法、遇事找法、解决问题用法、化解矛盾靠法的良好环境。

（五）坚持德治为先，全力实施“道德润村”

1．推进农村群众性精神文明创建。围绕“生态引领、全域创建、乡风文明、文化兴盛、和谐发展”的要求，全力打造农村精神文明建设“湖州模式”，努力实现“乡风民风美起来、文化生活美起来、人居环境美起来”。抓好新时代文明实践中心建设，深入推进“一七百千万”实践中心体系建设，常态化开展文明实践走亲“最后一公里”系列活动。全面推广实施《农村精神文明建设规范》湖州地方标准，开展文明示范村镇选树，到2022年，县级以上文明村建成率达到95%以上，打造农村文明示范带。深化文明家庭建设，组织“最美家庭”“星级文明户”“绿色家庭”等选树，开展“传家训、立家规、扬家风”主题活动。发挥“一约四会”制度作用，广泛开展乡风评议活动。着力推进移风易俗，抵制封建迷信活动，常态化开展“垃圾不落地、出行讲秩序、办酒不铺张、邻里讲和谐”等活动。

2．提升思想道德建设。积极推动社会主义核心价值观在农村落细落小落实。强化农民社会责任意识、规则意识、集体意识、主人翁意识，并充分融入规章制度、村规民约、家规家训中，维护农村公序良俗，有效促进村民自治。选树宣传“最美人物”“湖州好人”等道德模范，培育宣传一批助力乡村振兴的先进典型，健全激励褒扬机制，弘扬善行义举，实现治理效能与道德提升相互促进。结合各地道德文化特点，加强区域道德品牌建设，生动开展社会公德、职业道德、家庭美德、个人品德教育。强化农村未成年人思想道德建设，深入实施“春泥计划”“乡村学校少年宫”建设。

3．深化农村文化建设。以全省实施万家文化礼堂引领工程为契机，大力推进农村文化礼堂“建、管、用、育”一体化，到2022年，实现文化礼堂建设行政村全覆盖。以农村文化礼堂为主阵地，进一步整合农村宣传文化、科普教育、体育健身等各类公共服务资源，推进基层“六文”阵地建设，构建农村公共文化服务网络。常态化开展“文化走亲”“送文化”“种文化”“育文化”等活动，健全公共文化产品配送和送文化下乡长效机制。实施传承发展优秀传统文化行动计划，组建基层文艺团队，以团队带活动，丰富农民业余文化生活，提升农民文化素养。

（六）坚持“两山”理念，全力实施“生态美村”

1．高质量打造生态宜居环境。乡村治理不仅要实现人与人关系的和谐，也要实现人与自然关系的和谐。以绿色发展引领乡村治理，坚定不移推进治水治气治矿治土治固废等环境治理，努力促进生态环境持续改善。深入实施生态文明示范建设行动，全面落实烟花爆竹全域“双禁”等措施，持续打造一批生态文明建设与“两山”实践创新示范点。到2020年，高标准打赢污染防治攻坚战，PM2．5年均浓度控制在35微克/立方米以内，空气优良率达到85%以上；到2022年，环境治理水平持续提升，主要生态环境指标处于全省全国前列。

2．高质量开展美丽乡村建设。贯彻落实《湖州市美丽乡村建设条例》，着力打造“百村示范、千村整治”工程升级版，持续推进美丽乡村建设“四级联创”。强化乡村规划引领，通盘考虑土地利用、产业发展、居民点建设、生态保护、历史文化等，注重保持乡土风貌，编制多规合一的实用性村庄规划。开展美丽乡村全域建设，联动推进精品村、示范镇、示范带、示范区县建设，高水平推进农村人居环境提升三年行动，到2022年，在市级美丽乡村全覆盖的基础上，力争在全省率先实现省级美丽乡村示范县创建全覆盖，建成3A级景区村庄120个以上。

3．高质量实施长效化治理。大力推动农村生活垃圾分类处理，垃圾源头分类的村实现全覆盖，推广“垃圾不落地”等经验做法。健全完善城乡生活污水治理长效机制，积极推广“一把扫帚扫到底”“一家企业管到底”等环卫管理模式，切实打造更干净、更整洁、更美观的农村人居环境。深化完善河长制、湖长制、林长制等长效管理机制，着力构建迅速反应、快速处置、覆盖全面的环境综合监管体系。巩固提升卫生县城和卫生村镇建设成果，深入推进“厕所革命”，推进农贸市场改造升级、背街小巷及乡村结合部环境卫生治理。

（七）坚持综合治理，全力实施“平安护村”

1．强化农村社会治安综合治理。大力构建“防控人网＋数据智网＋全科地网＋监控天网”的立体化、信息化、智能化农村社会治安防控体系。落实社会治安综合治理领导责任制。加强基层综治组织建设和队伍建设，保障人员稳定、落实相应政策。深化“基层治理四平台”建设，强化乡镇内设机构与部门派驻机构的工作统筹，全面提升综治工作、市场监管、综合执法、便民服务等平台的运行效能；加强社会治安综合治理中心建设，配齐配强分管领导和政法委员。深入实施农村“雪亮工程”，建立健全乡村户三级联网联控的视频监控网络。深入开展扫黑除恶专项斗争，严厉打击农村黑恶势力、宗族恶势力，严厉打击黄赌毒盗拐骗等违法犯罪。依法加大对农村非法宗教活动和境外渗透活动打击力度，依法制止利用宗教干预农村公共事务。

2．完善矛盾纠纷多元化解机制。巩固和加强基层人民调解组织队伍建设，不断健全社会矛盾风险防范化解体系，发挥基层人民调解委员会在化解矛盾纠纷中的“第一道防线”作用，努力做到“小事不出村、大事不出镇、矛盾不上交、纠纷早化解”。深入排查各类矛盾纠纷，全面开展重大事项社会稳定风险评估。加快推动法院跨域立案系统、检务办事标准指引、公安“一窗受理、集成服务”延伸至农村，提高响应群众诉求和为民服务能力水平。大力开展自防自治，积极推广“平安家园卫队”的有益经验，不断壮大护村队、护厂队、“平安大姐”等群防群治队伍，分级分类培育打造一批社会治理样板乡镇（街道）、村（社区）等。

3．全面加强全科网格建设。健全完善“网格化管理、组团式服务”体系，推行“多网合一、一员多能”，提升网格管理精细化水平。建设专职为主、兼职为辅的“全科网格员”队伍，发挥其在协助做好基础信息收集、社会治安巡防、问题隐患排查、矛盾纠纷化解、政策法规宣传等方面的作用。深化“支部建在网格上”，依托网格建立党支部或党小组，推动党员干部就近就亲就熟联系服务群众，把党的工作延伸覆盖到每个全科网格。推动政府管理、村级自治和群众团体、社会组织、志愿者服务等融入网格化管理，做实做强党建统领的基层共治基本单元。

（八）坚持标本兼治，全力实施“清廉正村”

1．规范农村基层公权力运行。按照于法周全、于事简便的原则，明确每项权力的法规依据、运行范围、执行主体、程序步骤，扎紧权力运行笼子。推进清廉乡村建设，围绕人、财、物管理等关键环节和重点领域，编制村级事务精细化管理清单及流程规范，构建决策权、执行权、监督权相互制约相互协调的村级权力运行体系。制定村庄建设项目简易审批办法，规范和缩小招投标适用范围。充分发挥村务监督委员会作用，细化工作机制和程序，厘清监督重点和职责边界，实施有效监督。完善村干部勤廉“双述双评”、民主听证、民主评议等制度。持续深化提升清廉乡村示范村、示范带、示范群建设，塑造具有鲜明湖州特色的清廉乡村建设品牌。

2．推动村级事务阳光公开。编制完善村级“三务”公开目录，进一步规范和细化公开的程序、内容、形式、场所、时限和监督考核等要素，确保农民群众见得到、看得明、能监督、易参与。推进村级“三务”信息公开平台建设，深化阳光村务指数评价，探索推行党员村民“点题公开”“疑问反馈”、公开到户等制度。完善“村财民理乡管”模式，全面推行村级非生产性开支村务卡结算制度，重视加强村组财务监管，规范村级财务预决算、开支联审会签、定期审计等制度，推行村级集体资金竞争性存放，全面实行村级行政事务零招待和村级财务逐笔公开。扩大乡镇党务公开覆盖面，推进乡镇政务公开标准化规范化建设，健全监督保障和便民措施。

3．加大对基层“微腐败”惩处力度。加强乡镇监察办公室规范化建设，推动监察工作向乡镇（街道）、村居基层延伸，强化对基层公权力运行情况的监督。深化扶贫领域腐败和作风问题专项治理，严肃查处发生在民生资金、“三资”管理、征地拆迁、教育医疗、工程项目建设、生态文明建设等领域的严重违纪违法行为。把惩治“蝇贪”同扫黑除恶结合起来，严厉打击“村霸”、宗族恶势力和黄赌毒背后的腐败行为及其“保护伞”。把村（社区）党组织纳入区县党委巡察范围，推动巡察利剑直插基层，打通全面从严治党“最后一公里”。

三、组织保障

（一）完善领导体制和工作机制。各级党委、政府要把全面推广“余村经验”、加强和创新乡村治理体系建设摆在重要位置，作为打造实施乡村振兴战略示范区的重中之重加以推进。健全完善党委领导、政府负责、农业农村部门统筹协调、相关部门各司其职的工作体制，市委、市政府成立市加强和创新乡村治理工作领导小组（名单见附件），领导小组办公室设在市农业农村局；各区县成立相应的领导小组，建立健全协调机制。各级领导小组要强化工作统筹，明确推进计划，全面细化落实，狠抓督查考核。制定市级乡村治理示范村认定办法，建立健全乡村治理考评机制。加强对区县党政领导班子和领导干部推进乡村治理的实绩考核，纳入打造实施乡村振兴战略示范区工作考核和综合考核内容。

（二）明确职责分工。切实加强各级农业农村部门建设，发挥好加强和创新乡村治理工作总牵头总协调作用。纪检监察机关负责督促抓好“清廉正村”，大力推进清廉乡村建设。组织部门牵头负责“支部带村”，以党建引领推动乡村治理。宣传部门牵头负责“道德润村”，加强农村精神文明、农村文化和道德建设。政法部门牵头负责“平安护村”，强化农村社会治安综合治理。民政部门牵头负责“民主管村”，指导完善村民自治制度、创新民主协商形式载体。司法行政部门牵头负责“依法治村”，全面提升乡村法治水平。农业农村部门牵头负责“发展强村”“生态美村”，指导美丽乡村建设、村级集体经济发展和农民增收致富。统战部门要做好乡贤统战、农村宗教等工作。财政部门要健全对乡村治理的投入保障机制。工青妇、农合联等组织要发挥好各自联系群体的作用。其他相关部门要按照各自职责做好相应的指导和推进工作，加强协调配合，形成工作合力。

（三）加强要素保障。优先保障“三农”资金投入，坚持把农业农村作为财政优先保障领域和金融优先服务领域，探索通过政府购买服务和财政补贴、奖励等多种形式提高乡村治理能力。加强“三农”工作干部队伍的培养、配备、管理和使用，优化乡镇（街道）干部队伍结构，集聚乡村治理人才骨干力量；制定实施乡村治理专题干部培训计划，开展好全科网格员、社会工作者等乡村治理人员培训。发挥各级各类智库作用，及时总结提炼各地创新做法和有益经验，举办与乡村治理密切相关的各领域交流合作活动。加大宣传力度，创新宣传方式，充分利用全媒体的传播优势，多形式、多渠道宣传乡村治理的做法和成效，营造共建共治共享的浓厚氛围，凝聚全社会共同推动乡村治理的磅礴力量。

中共湖州市委　湖州市人民政府
关于加快湖州南太湖新区高质量发展的意见

湖委发〔2019〕23号　（2019年6月1日）

根据省委、省政府决策部署和省政府《关于同意设立湖州南太湖新区的批复》精神，为加快推进湖州南太湖新区（以下简称新区）高质量发展，特制定如下意见。

一、指导思想

高举习近平新时代中国特色社会主义思想伟大旗帜，深入践行“绿水青山就是金山银山”理念，全面贯彻落实习近平总书记“一定要把南太湖建设好”重要指示精神，牢牢把握长三角更高质量一体化发展和浙江省大湾区建设重大机遇，以生态优先为根本，以绿色发展为主线，以改革创新为驱动，以产城融合为核心，创新高效体制机制，集聚国际高端要素，构筑绿色产业体系，建设现代智慧设施，优化宜居宜业环境，全力打造高能级战略发展平台。

二、主要目标

充分发挥区位、生态、体制、成本等组合优势，通过若干年不懈努力，新区现代绿色产业体系初步建立，数字经济、绿色智造等高端产业加快集聚，智慧城市功能日趋完备，创新驱动能级切实提升，生态化、国际化、高端化特质全面彰显，综合实力显著增强，高质量发展主力军作用充分发挥，成为全国践行“两山”理念示范区、长三角区域发展重要增长极、浙北高端产业集聚地、南太湖地区美丽宜居新城区。

三、区域范围

新区总面积约225平方公里，空间范围包括原湖州南太湖产业集聚区核心区，湖州经济技术开发区、湖州太湖旅游度假区全部区域，吴兴区环渚街道部分区域，以及长兴县境内的部分弁山山体。具体四至范围为：东至人钱港和原湖州经济技术开发区东边界；西至原湖州太湖旅游度假区西边界、弁山西麓和原湖州经济技术开发区西边界；南至三环北路和原湖州经济技术开发区南边界；北至太湖南岸线和弁山北麓。

新区托管管理范围：在保持吴兴区行政区划不变的原则下，新区受吴兴区委托，管理原湖州南太湖产业集聚区核心区、湖州经济技术开发区、湖州太湖旅游度假区规划控制范围。同时，在保持长兴县行政区划不变的前提下，新区受长兴县委托，管理长兴县境内的部分弁山山体。

新区规划管理范围：新区对沿太湖65公里岸线区域和300平方公里拥有开发使用权的太湖水域加强管控，实施“统一组织领导、统一规划编制、统一生态保护、统一重大建设、统一政策体系，分别实施管理、分别招商引资、分别财政收支”的管理。

四、管理体制

（一）党的领导和行政管理体制

1．职责权限。新区党工委、管委会作为市委、市政府的派出机构，托管区域范围内的吴兴区凤凰街道、康山街道、龙溪街道、杨家埠街道、仁皇山街道、滨湖街道的党工委、办事处。新区党工委、管委会在新区区域贯彻执行省市党委、政府的各项决策和工作部署，履行经济、政治、文化、社会、生态文明建设和党的建设等市委明确的各项管理职能，负责区域内市及以上各派出机构、分支机构的协调管理。新区继续享受省级产业集聚区的各项政策但不再保留“湖州南太湖产业集聚区”牌子，继续保留并管理湖州经济技术开发区、湖州太湖旅游度假区，撤销省级以下其他产业平台。

吴兴区人大、政协、人武部继续按照行政区划范围行使相关职权。支持湖州南太湖新区法院依法行使职权。

2．机构设置。按照“大部门、扁平化、高效率”管理要求，遵循精干高效、服从功能、服务发展原则，设置新区党工委、管委会内设工作机构和事业单位及市级部门派出机构，具体“三定”规定由新区党工委、管委会研究提出，报市委编委审核批准。设立新区纪检监察工委，作为市纪委、市监委的派出机构；机关党委和工、青、妇等群团组织按相关规定设置，并实行统筹管理。税务、海关等垂直管理部门可在新区设立派出机构或分支机构。

（二）干部人事管理体制

1．干部管理。新区党工委、管委会领导班子成员由市委管理、任免，其中省管干部的职务任免按有关规定执行。新区内设工作机构、事业单位和托管街道的领导班子成员，由新区党工委管理、任免；南太湖新区法院和公安分局干部的管理、任免按有关规定执行；新区纪检监察工委干部管理、任免按照纪检监察体制改革有关规定执行；其他市级部门派出机构由新区党工委和市级部门党组（党委）共同管理并以新区党工委管理为主，人财物由新区负责，领导班子成员任免由新区党工委提名，报市级主管部门按相关规定履行程序。

2．编制管理。原湖州南太湖产业集聚区（湖州经济技术开发区）和湖州太湖旅游度假区核定的编制全部划转给新区，具体由市委编办负责。新区的人员招考、考察、录用等日常工作原则上由新区党工委、管委会按相关规定实施。

3．考核监督。市委、市政府对新区实施同区县差别化综合考核。新区党工委、管委会内设工作机构、事业单位、托管街道及其工作人员的考核、监督、奖惩工作由新区党工委、管委会实施；南太湖新区法院和公安分局及其工作人员的考核、监督、奖惩工作按有关规定执行；新区纪检监察工委及其工作人员的考核、监督、奖惩工作按照纪检监察体制改革有关规定执行；其他市级部门派出机构及其工作人员的考核、监督、奖惩工作，原则上由新区党工委、管委会负责并会同相关市级部门共同实施，并按相关规定核定优秀名额。

（三）财税收支及国资、债务管理体制

1．统一财政体制

（1）新区实行分税制财政管理体制。建立相对独立的一级财政预算体制，实行统一征收、统一入库、统一结算、统一反映。新区范围内（原湖州经济技术开发区和原太湖旅游度假区范围）税费，除市级收入外，按规定由新区税务机关负责征收。

（2）新区独立编制财政收支预决算并接受市人大及其常委会的监督。新区管委会按照“突出重点、规范透明、绩效导向”的原则，加快构建“集中财力办大事”的财政政策体系，对财政资金进行合理分配。

（3）明确一般公共预算收入市级分成返还政策。以2017年、2018年税收收入平均数确定市对新区的分成基数。在原区级财政分成的基础上，2019年至2021年三年内新区财政增收部分中的原市级分成部分全部返还新区，用于支持新区平台等建设。其余上下划基数，以2018年为基期年确定。

（4）按照“支出责任和财政事权相适应”的原则，合理划分市级与新区、吴兴区与新区之间的支出保障责任。原则上，由新区按规定行使的各项经济和社会管理职能，支出保障责任同步下放新区，切实发挥好新区履职能力。

（5）政府性基金收入返还政策。2019年至2021年三年内新区的政府性基金收入，除按有关文件政策需计提、分成外，其余全额返还新区（其中，土地出让收入分配政策另行规定）。相关收支纳入新区政府性基金预算管理。具体土地出让收入征收工作由市自然资源和规划局新区分局负责。

（6）积极争取地方政府专项债券支持新区建设。

2．国有资产和政府性债务管理。原湖州南太湖产业集聚区（湖州经济技术开发区）和湖州太湖旅游度假区及托管街道的国有资产和债权、债务，统一转归新区。新区政府性债务接受市人大及其常委会监督。市城市集团与原湖州太湖旅游度假区管委会的债权债务及相关事宜按原协议执行。

（四）规划及自然资源管理体制

1．统一规划管理体制。新区发展战略规划由新区管委会会同市发展改革委编制，共同报请市政府审批；新区国土空间规划、控制性详细规划，由新区管委会组织编制，依照法定程序上报审批。

2. 统一土地管理体制。新区区域土地的收储、交易、出让等工作，委托或授权新区管委会统一组织实施。新区区域的经营性用地出让和收储计划由新区管委会组织编制，纳入市区经营性用地出让和收储计划。加快建立完善新区区域统一的征地拆迁政策和以货币为主的安置政策。

3. 强化土地要素保障。积极开展永久基本农田储备库建设，结合国土空间规划编制，在资源环境承载能力和开发适宜性评价基础上，优化调整永久基本农田红线、生态保护红线、城市开发边界，预留新区合理用地空间。支持新区区域建设项目用地实施直报省制度，在重大产业项目用地、耕地占补平衡指标等方面予以重点倾斜。支持新区实施土地利用改革创新试点，积极争取国家、省支持核减新区基本农田保有量，新区土地整治后新增耕地占补平衡指标，全额留用于新区。

（五）城市基础设施建设管理体制。新区区域内城市基础设施由新区管委会按照规划统一标准、统一建设、统一管理。跨区域的城市交通、重大水利设施等项目，由市政府协调或市级主管部门会同新区管委会和相关区县政府共同研究决定。为支持新区加快长东片区的基础设施、公共服务设施及其他重大项目建设，由市城市集团作为主平台，参与长东片区建设。

（六）行政审批和执法管理体制。依法充分赋予新区管委会相当于县级的经济、社会行政管理职能和审批、执法权限，给予独立的审批（管理）系统端口、账号、编码。新区区域内实行大范围的跨部门、跨领域综合执法，探索相对集中行政许可权改革。按照“办事不出新区”原则，市级行政管理部门依法委托或授权新区管委会和相关派出机构行使与市级相同的行政审批管理和执法权限。新区管委会若需省级有关部门下放行政审批（管理）权限，由市政府审核后向省政府提出申请。

（七）社会建设管理体制和公共服务体系。新区教育、城乡居民社会养老保险和医疗保险、卫生、文化、广电、体育等社会管理职能继续委托吴兴区管理。新区与吴兴区要建立完善的工作对接机制和经费分摊机制，待条件成熟后，社会管理职能逐步由新区直接管理。农业农村、水利、交通运输、民政、退役军人事务、社会保障等部门工作职能原则上下放到新区，要求做到“人随事走、编随人走”。市级相关部门和吴兴区要支持优质资源向新区倾斜，提升新区公共服务水平。

（八）统计管理体制。新区区域的经济社会数据由新区管委会统计汇总，新区经济数据同步纳入吴兴区反映（仅供吴兴区对外使用，不纳入市委、市政府对吴兴区综合考评统计范围）。国家级经济技术开发区、旅游度假区根据上级有关部门的规定进行统计上报。

五、重点任务

（一）加快构建绿色产业体系。以“两山”理念为指引，坚持生态化、高端化、引领性，积极构建以数字经济、新能源汽车、生物医药、休闲旅游等为主的现代绿色产业体系，加快推进一批标志性重点项目建设，在长三角区域中彰显湖州产业特色和区域竞争力，形成具有国际影响、全国知名、引领未来的现代产业集群和滨湖休闲度假产业高地。

（二）积极构筑开放合作高地。牢牢抓住长三角一体化发展上升为国家战略的历史机遇，深度融入长三角区域更高质量一体化发展，全面推动新区接轨沪杭，加快打造沪湖绿色智造廊道，积极参与 G60 科创走廊和宁杭生态经济带建设，突出系列创新性开放合作举措，开创性搭建环太湖区域重大合作平台，构筑开放大格局。

（三）着力提升科技创新能力。全力支持新区创新招才引智政策，鼓励各类高精尖、高技能人才在新区创新创业，打造青年人才集聚高地。依托湖州科技城，积极引进知名高校院所，加快建设一批极具影响力的创新平台和众创空间，招引一批高端创新创业团队和领军人才，营造一流的创新服务环境，全力打造人才生态和营商环境最优区。

（四）大力建设现代基础设施。加速推进信息化设施和信息化平台建设，加快智慧新区建设，打造现代智慧城市样板区。着力构筑内通外畅、便捷高效的交通网络体系，推进智慧化交通管理。加快推进现代城市“十个一”基本配置建设，着力完善新区基础设施配套。按照“五个优先”原则，高质量加快长东片区开发建设，着力打造引领湖州未来发展的主平台。

（五）全力打造生态宜居典范。依托完整山水林田湖漾生态系统，加大环境保护和治理力度，加快构筑生态绿心绿廊。强化 65 公里太湖岸线区域管控，充分发挥滨湖特质，精心设计城市景观。加快配置品质型教育、医疗、养老、文体、旅游等公共服务设施。统筹地上和地下空间，合理规划生活配套项目，打造全省未来社区建设标杆，满足人民群众高质量生活需要。

（六）全面提高城市治理能力。以“最多跑一次”改革为引领，加快推进政府数字化转型，着力构建更有效率的政务环境。整合多部门治理信息，建立网格化城市协同治理平台。以城市精细化管理为抓手，以综合行政执法改革为契机，探索建立一支队伍相对集中执法的体系。加快推进基层治理创新，切实增强街道社区公共服务和城市治理能力。

（七）不断提升党建工作质量。全面加强新区基层党建，大力推动组织创优、队伍创强，切实发挥战斗堡垒和先锋模范作用。加强新区领导班子建设，优化干部队伍素质，大力培养优秀专业化干部，打造适应高质量发展过硬铁军。严明纪律要求，强化执纪监督，规范权力运行，建设“清廉新区”。

六、组织保障

（一）加强组织领导。成立新区高质量发展领导小组，定期研究重大事项。全面加强党对新区高质量发展的领导，着力营造团结协作、务实奋进、争创一流的干事氛围。

（二）落实主体责任。新区党工委、管委会要切实履行主体责任，细化目标任务，倒排工作计划，确保工作落实。

（三）强化合力推进。各级各部门要主动服务，积极支持，举全市之力为新区高质量发展提供保障。

原涉及湖州南太湖产业集聚区、湖州经济技术开发区、湖州太湖旅游度假区的相关政策意见与本意见不一致的，以本意见为准。

中共湖州市委　湖州市人民政府关于全面深化新时代教师队伍建设改革的实施意见

湖委发〔2019〕30号　（2019年8月30日）

为深入贯彻落实中共中央、国务院《关于全面深化新时代教师队伍建设改革的意见》和省委、省政府《实施意见》精神，建设新时代党和人民更加满意的高素质专业化教师队伍，为实现教育现代化提供人才保证，结合我市实际，现就全面深化新时代教师队伍建设改革提出如下实施意见。

一、指导思想

以习近平新时代中国特色社会主义思想为指导，全面贯彻落实党的十九大和全国、全省教育大会精神，紧紧围绕市委“一四六十”工作体系，切实履行立德树人根本任务，加强师德师风建设，倡导全社会尊师重教，打造新时代高素质专业化教师队伍，为加快推动湖州高质量赶超发展做出新的贡献。

二、总体目标

到2022年，初步建成一支理想信念坚定、师德师风高尚、专业水平突出的高素质专业化教师队伍，培养一批省内外具有影响力的本土“领军型”教育人才，广大教师充分拥有从业幸福感、成就感、荣誉感，尊师重教蔚然成风，教师成为令人羡慕的职业。到2035年，全市教师的政治素质、业务能力、育人水平和终身发展力、核心竞争力、服务保障力显著提升，高水平实现教师队伍治理体系和治理能力现代化。

三、主要任务

（一）全面强化师德师风建设

1．提升队伍思想政治素质。用习近平新时代中国特色社会主义思想武装教师头脑，开展“不忘初心、牢记使命”主题教育，组织形式多样、寓教于乐的文化活动，引导全市教师坚定从教信念、规范教育行为。按照“政治强、情怀深、思维新、视野广、自律严、人格正”六个标准深化教师思想政治建设，把社会主义核心价值观融入教书育人和人才培养的全过程，使广大教师成为传播知识、传播思想、传播真理的使者，全力培养德智体美劳全面发展的社会主义合格建设者和可靠接班人。

2．落实全面从严治党要求。以“杏坛先锋”品牌建设为引领，加强教育系统党建工作。实现“两学一做”学习教育、“支部主题党日活动”和“党性党纪教育一刻钟”常态化制度化。层层落实全面从严治党主体责任，党组织书记履行第一责任人职责，将全面从严治党要求落实到每个党支部和党员教师。探索党组织领导下的校长负责制工作，选优配强党支部书记。实施高知群体发展党员计划，健全把骨干教师培养成党员、把党员教师培养成教学管理骨干的“双培养”机制。加强“杏坛先锋+”党支部品牌群和党支部标准化建设，打造100所市级党建示范校和“清廉学校”示范校。

3．强化新时代师德师风建设。在全市教育系统进一步开展“树核心价值观、做‘四有’好老师”师德主题教育活动，引导全市教师全心全意做学生锤炼品格、学习知识、创新思维、奉献祖国的引路人。全面贯彻落实“新时代教师职业行为十项准则”，把师德作为评价教师素质的第一标准。坚决杜绝在职教师从事有偿家教活动，严格落实师德一票否决制。完善新教师入职宣誓制度，每年8月为“师德主题教育月”，组织开展全市师德主题教育活动。

（二）切实提高教师队伍专业化水平

4．加大中小学校长和名师培养力度。实施“管理干部—新任校长—骨干校长—名校长培养人选—名校长”的五层级中小学名校长梯队培养工程，加强年轻校长培养，优化校长队伍结构，培育一批具有先进教育思想和理念的教育家型校长。实施“优秀教师—教坛新秀—教学能手—教学明星—省特级教师”的五层级名师梯队培养工程，建成50个市级名师工作室，造就一批本土“领军型”教学名师。认真落实《南太湖教育领军人才引进实施办法》等引才政策，创造条件吸引更多优秀高校毕业生、学科金牌教练等到本市中小学校任教。深入开展“南太湖本土高层次人才特殊支持计划”，积极发挥本市在长三角地区的区位优势，推进校际、地校等学习共同体建设，提升本土教育领军人才的综合素养。

5．建设高素质基础教育教师队伍。广泛开展中小学教师教学能力提升培训，深化中国教育学会湖州教师专业发展实验区建设，形成市、区县、学校三级教师专业发展培训体系。建成50所市级以上教师发展示范基地校，为师范生实习、教师跟岗研修提供平台。实施基础教育教师分层分类培养，坚持领军人才培育和梯队培养相结合，提高教师专业发展水平，提升育人能力。加强中小学校长队伍建设，努力造就一支政治过硬、品德高尚、业务精湛、治校有方的校长队伍。扩大“安吉游戏”影响力，建设“善保教”高素质幼儿园教师队伍。深化我市国家特殊教育改革实验区成果，注重医教结合，造就高素质复合型特殊教育教师队伍。

6．打造双师型职业院校教师队伍。突出职业院校服务社会职能，提高职业院校教师专业能力和行业实践能力，助推我市“中国制造2025”试点示范城市建设。建立专业教师企业实践制度，专业教师每5年必须到行业企业完成一定期限的实践任务，并把学习实践情况与教师职称晋升、评优评奖等挂钩。实施新任专业教师入职培训合格后持证上岗制度，完善双师型教师认定标准和考核认定办法。建立职业院校教师与企业工程技术人员、高技能人才双向聘用制度。

7．培育双过硬高等学校教师队伍。完善高校全员育人、全程育人、全方位育人“三全育人”体系，实现高校教师思想政治素质和业务能力“双过硬”。健全教师国外访学进修、国内访问学者、产学研践习等制度，引导高校教师积极运用微课、慕课、云课堂等新型教学模式，优化教学方法和教学评价体系，争当创新型、学者型名师。依托“环太湖高校联盟”等平台，实施“南太湖精英计划”和湖州高校海外引才集聚计划，大力支持湖州师范学院、湖州职业技术学院引进海内外具有影响力的学科领军人才和青年学术英才，培育一批“千人计划”“万人计划”等顶尖人才。

8．构建高质量师范教育体系。围绕建设高水平“湖州师范大学”目标，强化教师教育学科建设，依托湖州师范学院教育学科学位点，实施教师教育攀登计划。提高师范教育保障，适时增加师范生生均拨款标准，健全师范生培养和教育实践经费保障机制。按照现代教师职业要求重构教师教育课程、创新培养方式、强化教育实践、推进“人工智能+教师教育”改革。强化教师教育师资队伍建设，在领军人才培养与引进、职称晋升、出国进修和岗位聘任等方面予以倾斜支持。

（三）着力深化教师队伍管理机制改革

9．优化中小学教师编制岗位管理。教育行政部门要加强对中小学教师编制的统筹，推进教职工编制“削峰填谷”，实行跨学校、跨学段统筹使用，通过职称评聘、收入分配等措施，吸引专任教师在教学一线任教、任班主任。机构编制部门要加强对各类事业编制的统筹，盘活事业编制存量，优先保障教育发展需要，严禁有编不补。按规定清理各种形式挤占、挪用、截留的中小学教师编制。创新编制管理，按照省级统筹、市域调剂、以区县为主、动态调配的原则，积极探索制定事业编制跨区域调整办法。积极创造条件，核定公办幼儿园教职工编制。合理核定成人教育编制，配备专兼职教师。全面实施中小学教师资格5年一个周期的定期注册制度。人力社保部门要积极统筹，适度提高中小学校中级、高级教师岗位比例，畅通教师职业发展通道。在地理位置特别偏远、条件特别艰苦的学校任教满30年的教师，表现优秀且仍在农村任教的可单列评聘高级职称，不占所在学校高级专业技术岗位比例。

10．推进中小学教师管理综合改革。扩大用人自主权，完善中小学教师公开招聘办法，遴选更多优秀人才进入教师队伍。提高新教师入职学历标准和硕士研究生以上学历（学位）毕业生到中小学任教的比例。全面深化“县管校聘”管理改革，深入推进县域内义务教育学校教师、校长交流轮岗，推动城镇优秀教师、校长向农村学校、薄弱学校流动，促进师资均衡配置。建立中小学校临时性短缺学科教师库，试点学区（乡镇）内走教制度。制定中小学校领导人员管理暂行办法，探索中小学校长职级制改革，以及相应的校长收入分配办法，打造专业化校长队伍。建立科学有效的中小学教师评价指标体系和激励机制，突出师德水平、教学中心地位和工作实绩。完善职称分类评价标准，发挥职称评审的导向作用，逐步把更多的职称评聘权下放给学校。

11．健全职业院校和高校教师管理制度。完善职业院校教师职称考核评价指标体系，专业课教师和实训指导教师考核评价要充分体现技能水平和实践教学能力。支持职业院校将专兼职教师总数的30%左右用于聘用兼职技能教师，吸引具有创新实践经验的企业家、高科技人才、高技能人才等兼职任教。推进高校教师聘任制度和考核评价制度改革，突出教育教学业绩和师德考核。扩大高校收入分配自主权，完善与绩效考核结果相挂钩的绩效工资水平动态调整机制，允许学校按政策规定自主申报绩效工资总量，经核准后自主分配。进一步扩大高校用人自主权和岗位聘任权，允许学校在核定的岗位总量内，自主确定管理岗位、专业技术岗位、工勤技能岗位等三类岗位的总量结构比例。

（四）真正让教师成为令人羡慕的职业

12．完善教师待遇保障机制。确立公办中小学教师作为国家公职人员特殊的法律地位，确保中小学教师平均工资收入水平不低于或高于本市公务员平均工资收入水平。在出台我市公务员奖金政策时，必须同时间、同幅度考虑中小学教师。进一步完善教师收入分配激励机制，有效体现教师工作量和工作绩效，绩效工资分配向班主任以及一线骨干教师倾斜。强化“越是艰苦、越是偏远、待遇越高”的政策导向，结合实际制定农村学校和特殊教育学校教师绩效工资倾斜政策，增量部分纳入绩效工资单列管理。依法保障幼儿园劳动合同制教师人均年收入不低于本市全社会单位在岗职工年平均工资。在符合规划的前提下，积极创造条件，多渠道解决教师临时住房困难。

13．维护民办学校教师权益。全面实施民办学校教师人事代理制度，民办学校教师享有与公办学校教师同等的法律地位，在资格认定、职称评聘、进修培训、科研课题申报、评优评先、国际交流、教龄和工龄计算等方面享有与公办学校教师同等权利。民办学校要按合同约定按时足额支付教师工资，依法组织教职工参加养老、医疗、工伤、失业、生育和大病保险，按规定足额缴纳社会保险费和住房公积金。

14．营造尊师重教社会氛围。大力宣传新时代教师教书育人、无私奉献、服务社会的先进事迹，弘扬尊重知识、尊重教育、尊重教师的社会风气。在基层教师队伍和青年教师中扩大“杏坛先锋”优秀党员、教坛新秀、优秀班主任等评选名额，强化激励带动作用。组织开展全市“我最喜爱的老师”选树、教师节庆祝大会等活动，提高从教获得感和幸福感。实施中小学“双名双特”培育工程，积极遴选一批浙派名师名校长和省特级教师、省特级校长培养对象，提升教师职业荣誉感。建立教师荣休仪式制度，保障任教满30年教师在市内享受更多公共服务方面权益。

四、保障措施

（一）加强组织领导。各级党委、政府要从战略和全局高度充分认识教师工作的极端重要性，把全面加强教师队伍建设作为重大政治任务和民生工程，切实加强领导，完善政策措施。市委常委会每年至少研究一次教师队伍建设工作。健全部门沟通协调机制，及时研究解决教师队伍建设中的突出矛盾和重大问题。积极发挥市委教育工作领导小组职能，教育行政、机构编制、财政、人力社保等部门要各司其职、密切配合，形成联动机制和工作合力，促进教师队伍持续健康发展。

（二）落实经费保障。各级政府要将教师队伍建设作为教育投入重点予以优先保障，完善支出结构，确保教师队伍建设重大决策部署落实到位。优化经费投入结构，优先支持教师队伍建设最薄弱、最紧迫的领域，重点用于按规定提高教师待遇保障、提升教师专业素质能力。健全以政府投入为主、多渠道筹集教育经费的体制，充分调动社会力量支持教师队伍建设的积极性。实施中小学教师海外研修计划，鼓励各级政府、高校设立教师出国交流和研训专项经费。

（三）强化督查问责。各级党委、政府要加强对教师队伍建设工作的督查督导，并将教师队伍建设改革工作列入对市、区县相关部门履行教育职责评价的重要内容，确保各项政策措施全面落实到位、真正取得实效。因政策落实不到位影响教育事业发展和教师队伍稳定的，要追究相关部门和人员的责任。

中共湖州市委关于开展“不忘初心、牢记使命”主题教育的实施意见

湖委发〔2019〕33号　（2019年9月10日）

根据中央《关于在全党开展“不忘初心、牢记使命”主题教育的意见》（中发〔2019〕19号）《关于开展第二批“不忘初心、牢记使命”主题教育的指导意见》（教组发〔2019〕24号）和省委部署安排，市委决定，以县处级以上领导干部为重点，在全市党员中开展“不忘初心、牢记使命”主题教育。现提出如下实施意见。

一、明确目标要求

开展“不忘初心、牢记使命”主题教育，要把学习贯彻习近平新时代中国特色社会主义思想作为根本任务，全面把握守初心、担使命，找差距、抓落实的总要求，坚持抓思想认识到位、抓检视问题到位、抓

整改落实到位、抓组织领导到位，把主题教育与着力解决党员干部自身存在的问题特别是思想根子问题结合起来，与着力解决群众最关心最直接最现实的利益问题结合起来，与庆祝新中国成立70周年结合起来，引导广大党员干部不忘历史、不忘初心，始终保持奋斗精神和革命精神，敢于斗争、善于斗争，勇于战胜各种艰难险阻、风险挑战，扎实推进“八八战略”再深化、改革开放再出发在湖州的生动实践，为当好践行“两山”理念样板地模范生、争当推进基层治理现代化先行地排头兵，不断开创新时代湖州高质量赶超发展新局面共同奋斗。

这次主题教育从2019年9月开始，11月底基本结束，具体到每个单位集中教育时间不少于3个月。要努力达到以下目标。

1. 理论学习有收获、政治能力再提高。教育引导广大党员干部在原有学习的基础上取得新进步，加深对习近平新时代中国特色社会主义思想和党中央大政方针的理解，学深悟透、融会贯通，增强贯彻落实的自觉性和坚定性，提高运用党的创新理论指导实践、推动工作的能力。

2. 思想政治受洗礼、信仰信念再坚定。教育引导广大党员干部坚定对马克思主义的信仰、对中国特色社会主义的信念，传承红色基因，增强“四个意识”、坚定“四个自信”、做到“两个维护”，自觉在思想上政治上行动上同党中央保持高度一致，始终忠诚于党、忠诚于人民、忠诚于马克思主义。

3. 干事创业敢担当、奋力赶超再加速。教育引导广大党员干部以强烈的政治责任感和历史使命感，保持只争朝夕、奋发有为的奋斗姿态和越是艰险越向前的斗争精神，以钉钉子精神贯彻落实党的十九大精神以及中央和省、市委各项决策部署，全面推进“一四六十”工作体系，努力创造经得起实践、人民、历史检验的实绩。

4. 为民服务解难题、党群关系再密切。教育引导广大党员干部坚守人民立场，树立以人民为中心的发展理念，增进同人民群众的感情，自觉同人民想在一起、干在一起，着力解决群众的操心事、烦心事，以为民谋利、为民尽责的实际成效打响“湖州365，天天在服务”品牌，不断提升人民群众的获得感、幸福感、安全感。

5. 清正廉洁作表率、政治生态再优化。教育引导广大党员干部始终保持为民务实清廉的政治本色，知敬畏、存戒惧、守底线，公私分明、亲清分开，清白做人、干净干事，坚持公正用权、依法用权、为民用权、廉洁用权，高质量建设清廉湖州，不断优化风清气正的政治生态。

二、突出抓好县处级以上领导班子和领导干部主题教育

市委常委会带头深入开展“不忘初心、牢记使命”主题教育，市人大常委会党组、市政府党组、市政协党组以及市直各单位、区县等领导班子结合各自实际开展。区县直各单位、乡镇（街道）等领导班子参照实施。

这次主题教育不划阶段、不分环节，要聚焦主题主线，把学习教育、调查研究、检视问题、整改落实贯穿主题教育全过程。

1. 抓实学习教育。要把学懂弄通做实习近平新时代中国特色社会主义思想作为重中之重，认认真真读原著、学原文、悟原理，把学习成效体现到增强党性、提高能力、改进作风、推动工作上来。

突出“深里走”全面系统学。党员领导干部要以自学为主，通读《习近平关于“不忘初心、牢记使命”重要论述选编》，认真学习党章、《习近平新时代中国特色社会主义思想学习纲要》，深入学习习近平总书记在“不忘初心、牢记使命”主题教育工作会议、中央政治局第十五次集体学习、中央和国家机关党的建设工作会议和在内蒙古考察并指导开展主题教育时的重要讲话，学习习近平总书记关于湖州工作的重要指示批示精神，认真学习党史、新中国史，跟进学习习近平总书记最新重要讲话文章，理解其核心要义和实践要求，自觉对表对标、及时校准偏差。

突出“心里走”深入思考学。各级领导班子要在抓好个人自学和集中自学基础上，采取党委（党组）理论学习中心组学习、举办读书班等形式，聚焦学习贯彻习近平总书记关于“不忘初心、牢记使命”的重要论述，分专题进行研讨交流。集中学习研讨既可以连续安排，也可以按专题分段进行，总的时间不少于5天。学习研讨要同研究解决本地本单位本行业系统改革发展稳定的突出问题和党的建设面临的紧迫问题结合起来，同防范化解重大风险结合起来，同个人的思想实际和工作实际结合起来。市委举办专题读书班，分4批对市管县处级领导干部开展为期3天的集中轮训。

突出“实里走”对标先进学。注重学习运用攻坚克难的典型案例，大力宣传“担当作为好干部”“人民满意的公务员”以及抗台抢险中涌现出来的先进典型等模范群体，通过编发典型案例、开展巡回宣讲等方式，以干部讲给干部听、书记讲给书记听、党员讲给党员听的方式，推动全体党员干部见贤思齐。深入学习贯彻习近平总书记关于推动长三角更高质量一体化发展的重要指示精神，认真借鉴长三角先进城市的创新理念和工作方法，进一步提高站位、认清使命。用好“两山”理念诞生地、新四军苏浙军区纪念馆、钱壮飞纪念馆等红色资源，广泛开展革命传统教育、形势政策教育。同时，深刻剖析反面典型，加强警示教育，引导党员干部对照自省。

2. 抓细调查研究。聚焦贯彻落实党中央决策部署和习近平总书记重要指示批示精神，聚焦打好三大攻坚战、应对和化解各种风险挑战，聚焦深化落实市委“一四六十”工作体系和群众反映强烈的热点难点问题，积极推动党员干部深入基层、调查研究、破解难题。

百家单位深调研，抓实“三走进”推进“三服务”。以走进企业发展堵点、走进群众民生痛点、走进基层矛盾难点“三走进”深化“三服务”活动，把“湖州365，天天在服务”品牌擦得更亮。每个领导班子都要围绕企业发展的堵点、群众关切的痛点、基层治理的难点，确定1—2个主题进行集中调研。市、区县党委班子成员要到联系乡镇（街道）、村（社区）或下属基层单位等进行蹲点调研、解剖麻雀。党委（党组）书记要领衔破题，班子成员要合力解题，调研结束后领导班子要进行专题研究，交流调研情况，做好调研成果的转化运用。调研工作要强化统筹，不搞层层陪同，不搞扎堆调研，不增加基层负担。

千堂党课进基层，抓实“三结合”上好“一堂课”。党员领导干部在学习调研、充分研究总结基础上，紧密结合新时代党的建设总要求，紧密结合湖州经济社会发展实际，紧密结合本地本单位党员干部思想状况，认真上好一堂专题党课。党委（党组）书记要带头讲，其他班子成员到分管领域或基层单位讲。创新拓展党课形式内容，坚持用身边事教育身边人，重点讲学习的体会收获，讲运用习近平新时代中国特色社会主义思想指导实践、推动工作存在的差距和改进工作的思路措施。

万名干部访民情，抓实“三清单”落细“双报到”。党员领导干部要把“双联系双报到”制度作为走进群众、服务群众的重要载体，推动所在单位党组织与村（社区）共同组建“红色联盟”，建立健全需求清单、资源清单、项目清单，开展双向认领、双向服务。党员领导干部要到联系村（社区）或居住地、出生地、成长地开展返乡走亲，多维度、深层次进行民情体验，收集民生期盼、民情反馈、民意诉求，实打实帮助解决实际困难和问题。

3．抓深检视问题。按照习近平总书记关于“四个对照”“四个找一找”的要求，把自己摆进去、把职责摆进去、把工作摆进去，通过自己找、群众提、集体议、上级点等方式查摆自身不足，查找工作短板，深刻检视剖析。

广开言路听意见。坚持问政于民，通过座谈访谈、书面征求、媒体问政等形式，拓展民情民意收集渠道。坚持问需于民，依托“12345政府阳光热线”“社情民意直通车”等平台，广泛排摸群众所思所想所忧所盼，特别是企业营商环境、群众关键小事、基层松绑减负等方面的需求。坚持问效于民，通过“百姓考场”“联播调查”等方式，让企业、群众代表和党委政府部门“面对面”“零距离”沟通交流，督促工作落实。

对表对标找差距。对照习近平新时代中国特色社会主义思想和党中央决策部署，对照党章党规，对照人民群众新期待，对照先进典型、身边榜样，坚持高标准、严要求，找一找在增强“四个意识”、坚定“四个自信”、做到“两个维护”方面存在哪些差距，找一找在知敬畏、存戒惧、守底线方面存在哪些差距，找一找在群众观点、群众立场、群众感情、服务群众方面存在哪些差距，找一找在思想觉悟、能力素质、道德修养、作风形象方面存在哪些差距。同时，还要深入查摆在贯彻落实市委“一四六十”工作体系和“保五争三拼第一”工作要求等方面存在的差距。各级领导班子要召开对照党章党规找差距专题会议。

深刻检视挖根源。党员领导干部要以刀刃向内的自我革命精神，联系思想工作实际，实事求是检视自身差距；领导班子要聚焦党的政治建设、思想建设、作风建设存在的突出问题进行检视反思。检视剖析要一条一条列出问题，对巡视巡查和专项督查中反馈的、长期信访积案中存在的、群众反映强烈的、组织谈心谈话指出的问题进行逐一回应。各级领导班子要高质量召开专题民主生活会，党委（党组）主要负责同志要示范带头开展批评与自我批评。巡回指导组要严格把关，市委常委和党员副市长参加指导部分单位专题民主生活会。

4．抓紧整改落实。坚持把“改”字贯穿主题教育始终，边学边查边改，对主题教育中查找、发现、剖析出的问题，及时列出清单，逐项进行整改。

大力推进十大专项整治。不折不扣落实中央和省委部署，结合我市实际，开展以下十大专项整治：一是重点整治贯彻落实习近平新时代中国特色社会主义思想和党中央决策部署置若罔闻、应付了事、弄虚作假、阳奉阴违的问题；二是重点整治干部不担当不作为的问题；三是重点整治违反中央八项规定精神和省市办法的问题；四是重点整治形式主义、官僚主义，层层加重基层负担，文山会海突出，督查检查考核过多过频的问题；五是重点整治领导干部配偶、子女及其配偶违规经商办企业，甚至利用职权或职务影响为其经商办企业谋取非法利益的问题；六是重点整治基层选人用人和干部因私出国（境）违规违纪的问题；七是重点整治基层党建突出问题；八是重点整治扶贫、民生领域不正之风和侵害群众利益的问题；九是重点整治对黄赌毒和黑恶势力听之任之、失职失责、包庇纵容充当保护伞的问题；十是重点整治机关和企事业单位党员干部违背社会公序良俗、当群众“尾巴”，如不按规定缴纳物业费、当征迁“钉子户”等失信失范问题。同时，还要对领导干部利用名贵特产、特殊资源谋取私利问题进行专项整治。各地各单位各行业系统要结合实际，有针对性地列出需要整治的突出问题，进行集中治理。对需要市县联动整治的问题，要前后衔接、上下贯通，整体推进问题解决。专项整治情况要以适当方式向党员干部群众进行通报。对专项整治中发现的违纪违法问题，要严肃查处。

全力开展赶超破难行动。各地各单位紧紧围绕推动新时代湖州高质量赶超发展，紧密结合实际，排出“三个一批”难点问题集中攻坚破解，以重点突破带动面上工作整体提升。一是聚焦本地本单位全年目标任务排出一批工作短板项目攻坚破难。自觉对照“保五争三拼第一”的要求，逐项找差距、查不足，逐一补短板、促达标，确保高质量实现“全年红”。二是聚焦发展堵点、民生痛点、治理难点排出一批为民解忧问题攻坚破难。针对老百姓身边的“操心事”“烦心事”“揪心事”，结合自身职能抓好破解，用“关键小事”让群众看到变化。全市面上将排出“十大群众揪心事”列入“三服务”民生痛点整治攻坚。三是聚焦发达地区先进理念排出一批改革创新清单攻坚破难。结合新一年工作谋划，对标长三角先发地区，打破思想禁锢，创新发展理念，创造性推动本地本单位工作提升。

三、做实基层党支部学习教育和检视整改

除县处级以上领导干部和参照实施的领导班子之外的党员参加主题教育，要以党支部为单位，结合“两学一做”学习教育常态化制度化，依托“三会一课”、主题党日等进行。

1. 抓好学习教育。组织党员以个人自学为主，原原本本通读《习近平关于“不忘初心、牢记使命”论述摘编》等，领悟初心使命，增强党的意识，坚定理想信念。依托各级党校、党员干部教育培训基地等，对党支部书记进行1次轮训，重点组织学习习近平新时代中国特色社会主义思想和党中央关于开展“不忘初心、牢记使命”主题教育的部署要求。结合支部主题党日，交流学习体会，相互启发提高。基层党支部书记要讲1次专题党课，或者向所在支部党员报告一次个人学习体会。要通过学习教育，使党员不断有新进步新领悟，不断增强党性、提高素质。

2. 认真检视整改。组织党员对照党章规定的党员条件和义务权利，对照《中国共产党廉洁自律准则》《关于新形势下党内政治生活的若干准则》《中国共产党纪律处分条例》，对照群众提出的意见建议等，查找党员意识、担当作为、服务群众、遵守纪律、作用发挥等方面的差距和不足，一条一条列出问题，一项一项整改到位。同时，要结合专项整治，整顿后进党支部，为开展主题教育打牢组织基础。主题教育结束前，党支部要以“不忘初心、牢记使命”为主题召开一次专题组织生活会，开展民主评议党员。

3. 争当时代先锋。各领域党组织要结合实际，深入推进“双创双全”组织力提升工程，通过党员先锋岗、党员责任区和“一句话承诺”等组织党员立足岗位履职尽责，教育引导党员自觉向中心聚焦、为大局聚力，在服务群众、助推发展中勇担当、争先锋。通过到村（社区）报到、“点亮微心愿”等方式，组织党员至少参加1次志愿服务，为身边群众至少办1件实事好事，推动党员以实际行动践行初心和使命。

四、加强组织领导

全市“不忘初心、牢记使命”主题教育在市委领导下开展。市委成立“不忘初心、牢记使命”主题教育领导小组，领导小组下设办公室，负责日常工作。充分发挥领导小组成员单位职能作用，形成齐抓共管合力。

1. 层层压实责任。各级党委（党组）要高度重视、精心组织，成立相应的领导机构和工作机构。坚持“书记抓、抓书记”，各级党委（党组）书记要切实履行第一责任人职责。领导机关、领导干部首先要抓好自身的教育，做好示范表率。行业系统主管部门要发挥对本行业本系统的指导作用。要把开展主题教育与推进“两学一做”学习教育常态化制度化结合起来，与有效推动中心工作结合起来，防止“两张皮”。市委派出巡回指导组，对各地各单位进行督促指导。区县和行业主管部门指导组选派由各地各单位自行确定。坚持开门搞教育，注意听取群众评价，把过程评估与结果评估结合起来，开展定量定性评估，以群众口碑检验主题教育成效。

2. 加强分类指导。市、区县机关及其直属单位要聚焦精神不振、能力不足、作风不实等问题检视整改。乡镇（街道）要重点解决贯彻落实中央决策部署、省市委要求和服务群众“最后一公里”问题。国有企业要把贯彻新发展理念、推动转型升级、加强党的建设等作为主题教育着力点。村和社区要聚焦乡村振兴、基层治理、服务群众等找差距、抓落实。非公有制经济组织和社会组织要围绕健康持续发展，下大力气把党员组织起来、把职工群众凝聚起来，推动“党建强、发展强”。

3. 紧密结合实际。注重借鉴运用第一批主题教育的经验做法，用好浙江“三个地”和湖州“两山”理念诞生地政治资源，深刻体悟习近平新时代中国特色社会主义思想萌发历程和生动实践，自觉践行习近平总书记赋予湖州的新期望和省委赋予湖州的新使命。把主题教育与打好三大攻坚战、积极应对中美经贸摩擦、实施长三角一体化发展国家战略紧密结合起来，与深化“最多跑一次”改革、加强基层治理等重点任务紧密结合起来，与完成本地本单位全年工作任务和当前正在做的事紧密结合起来，把党员干部在主题教育中激发的干事热情和进取精神转化为推进湖州高质量赶超发展的强大动能。

4. 力戒形式主义。以好的作风开展主题教育，学习教育不对读书笔记、心得体会等提出硬性要求；调查研究要轻车简从，不搞“作秀式”“盆景式”调研和不解决实际问题的调研；检视问题不能大而化之、隔靴搔痒，不避重就轻、避实就虚，不以工作业务问题代替思想政治问题；整改落实不空喊口号、蜻蜓点水，不虎头蛇尾、久拖不决。对主题教育中可能出现的各种问题，要提前预判、有效防范，坚决防止各类“低级红”“高级黑”。对搞形式、走过场的，要严肃批评，通报曝光，促其改正。

5. 强化宣传引导。加强正面宣传和舆论引导，充分运用新闻报道、言论评论、典型宣传等形式，深入宣传习近平总书记关于主题教育重要讲话和重要批示指示精神，深入宣传中央和省、市委部署要求，及时反映主题教育的进展成效。注重总结提炼鲜活经验，推广主题教育中形成的好经验好做法好典型，营造开展主题教育的良好氛围。同时，还要注重运用“学习强国”学习平台等党员教育管理载体平台，针对不同群体党员实际，采取生动鲜活、喜闻乐见的方式，用好案例教育、微信公众号、微视频等，增强主题教育的吸引力和感染力。

湖州市人民政府关于促进就业工作的六条扶持意见

湖政发〔2019〕3号　（2019年4月12日）

各区县人民政府，市府各部门，市直各单位：

为全面落实党中央、国务院和省委、省政府关于稳就业工作的决策部署，大力促进就业创业，确保就业局势持续稳定，根据《国务院关于做好当前和今后一个时期促进就业工作的若干意见》（国发〔2018〕39号）和《浙江省人民政府关于做好当前和今后一个时期促进就业工作的实施意见》（浙政发〔2018〕50号）文件精神，结合我市实际，现就促进就业提出如下意见：

一、加大稳岗支持力度。对不裁员或少裁员的参保企业，可返还其上年度实际缴纳失业保险费的50%。2019年1月1日至12月31日，对面临暂时性生产经营困难且恢复有望、坚持不裁员或少裁员符合条件的参保企业，返还标准可按6个月的企业及其职工实际缴纳社会保险费的50%确定。上述资金在失业保险基金中列支，两项政策不重复享受。具体操作办法由市人力社保局会同市级有关部门另行制定。（市人力社保局牵头，市发改委、市经信局、市财政局、市商务局、市医保局、市税务局配合）

二、加大大学生就业扶持力度。2019年1月1日以后事业单位（不含参公事业）新招聘来我市的全日制博士研究生，缴纳社会保险半年以上（须与用人单位签订3年以上聘用合同），在我市首次购房的，给予35万元购房补贴，分3年兑现。离校2年内未就业高校毕业生和16—24周岁登记失业青年在我市见习期间，给予每月1000元见习补贴。（市人力社保局牵头，市委人才办、市财政局、市建设局配合）

三、加大金融支持力度。加大小微企业信贷投放力度，政府性融资担保基金应优先为符合条件的小微企业提供低费率的担保支持。自主创业人员及其配偶除有助学贷款、扶贫贷款、住房贷款、购车贷款、5万元以下小额消费贷款（含信用卡消费）记录外没有其他贷款的，可同时申请创业担保贷款。对创业担保贷款工作成效突出的经办银行，按当年新发放创业担保贷款总额的1%给予奖补。（市人行、市人力社保局、市财政局、市金融办、市银保监局按职责分工负责）

四、加大企业职工技能培养扶持力度。2019年1月1日至2020年12月31日，将技能提升补贴申领条件从企业职工参加失业保险3年以上调整至1年以上，技能提升补贴标准为：初级工1000元、中级工1500元、高级工2000元、技师2500元、高级技师3000元；对城乡失业人员及参加失业保险不满1年的企业职工，可按初级工800元、中级工900元、高级工1000元、技师1200元、高级技师1500元标准给予技能提升补贴。（市人力社保局牵头，市财政局配合）

五、加大就业援助力度。2019年1月1日至2020年12月31日，对就业困难人员和零就业家庭成员，在参加职业培训期间按每人每天40元发放生活费补贴，最高不超过当地最低生活保障标准，生活费补贴每人每年只享受一次，且不可同时领取失业保险金。生活困难的失业人员，没有享受失业保险金待遇的，按当地最低生活保障标准给予不超过6个月的临时生活补助。（市人力社保局牵头，市教育局、市财政局配合）

六、加大基层就业创业服务补贴力度。对2018年1月1日以后获得国家级、省级、市级高质量就业社区（村）或充分就业社区（村）等称号的，由当地财政分别给予20000元、10000元、5000元的奖励。对帮扶就业困难人员就业取得突出成效的社区就业服务组织，每年给予6000元的补贴。对依法参加失业保险的社区工作者取得劳动关系协调员相应技能等级的，从2018年1月1日起参照企业职工给予技能提升补贴。（市人力社保局牵头，市民政局、市财政局配合）

各级各部门要把促进就业放在更加突出的位置，形成人力社保部门统筹协调、相关部门齐抓共管的工作格局，要加大政策意见宣传力度，确保政策意见落到实处，共同做好稳定和促进就业工作。

上述各项补贴所需资金，除本意见或其他政策已明确的，均在就业专项资金中列支。

《湖州市人民政府关于支持大众创业促进就业的

实施意见》（湖政发〔2015〕30号）有关社区就业服务组织补贴规定，《湖州市人民政府办公室关于进一步扶持大学生就业创业新十条政策（试行）的通知》（湖政办发〔2017〕108号）有关事业单位博士购房补贴规定等已有规定与本意见不一致的，按本意见执行，《湖州市区高技能人才培训补贴实施办法》（湖人社发〔2013〕306号）不再执行。

各区县可根据当地实际，制定相关实施办法。

本意见从2019年5月12日起施行，由湖州市人力资源和社会保障局负责解释。

中共湖州市委办公室　湖州市人民政府办公室关于进一步促进民营经济高质量发展的实施意见

湖委办〔2019〕17号　（2019年4月1日）

为贯彻落实《中共浙江省委办公厅浙江省人民政府办公厅关于进一步促进民营经济高质量发展的实施意见》（浙委办发〔2018〕83号）以及省、市委“三服务”工作要求，促进我市民营经济高质量发展，现提出如下实施意见。

一、进一步引导民营经济转型升级

（一）支持民营企业创新载体建设。以国家创新型城市建设为引领，支持建设各级产业创新服务综合体，提升发展各类众创空间、科技企业孵化器等，对新认定的国家级、省级、市级众创空间一次性分别给予100万元、50万元、10万元奖励，对新认定的省级科技企业孵化器，给予100万元一次性奖励（市、区各按50%比例分担），新认定为国家级的，再给予100万元奖励（市、区各按50%比例分担）。支持民营企业建设高水平研发机构，经考核为优秀的省级企业研究院（企业技术中心、研发中心、工程中心等），给予50万元奖励。（责任单位：市科技局、市经信局、市财政局）

（二）大力培育科技型民营企业。对当年新认定的市工业“双高”企业，每家企业给予高管团队10万元补助，对首次认定为国家重点扶持的高新技术企业，给予30万元奖励（市、区各按50%比例分担）。引导民营企业加大科技研发投入，落实提高研究开发费用税前加计扣除比例相关政策，加大科技计划专项资金的投入力度，深化完善普惠制科技创新券制度，2019年新增创新券发放1亿元。进一步加大科技项目支持力度，对企业承担的重点研发项目，单个项目最高可资助50万元。发挥政府采购支持创新作用，全市年度采购项目预算总额中专门面向中小微企业的比例不低于30%，其中预留给小微企业的比例不低于60%，同等条件下鼓励优先采购科技型中小微企业的产品和服务。鼓励首台（套）产品研发，对新认定的市级首台（套）产品实现销售后，一次性给予30万元的奖励，对新认定为国内、省内首台（套）产品，分别给予生产企业100万元、50万元的奖励。（责任单位：市科技局、市经信局、市财政局、市税务局）

（三）支持民营企业绿色智能化转型。深化“中国制造2025”试点示范城市建设，支持绿色制造体系建设，对列入国家、省绿色园区、绿色工厂、绿色供应链管理企业、绿色设计产品示范名单的，分别按相关政策给予1000万元以下不等的奖励。对为主制修订“绿色制造”国家标准的企业，一次性奖励主要贡献者40万元。鼓励民营企业实施数字化、智能化改造，引导支持有条件的企业实施“机器换人”“两化融合”“企业上云”等升级项目，对符合条件的以“机器换人”为主的技术改造项目实行分类补助，对获得国家、省认定的两化融合示范企业，分别给予50万元、30万元奖励。到2021年建成工业互联网平台20个，智能工厂和数字化车间150家，新增上云企业9000家，对建成的智能工厂和数字化车间给予一定的奖励。（责任单位：市经信局、市财政局）

（四）推进民营企业质效提升。扎实推进“亩均论英雄”改革，强化资源节约集约利用，落实财政、融资、排污、用地用水用能等差别化政策，促进企业“亩产效益”提档升级。开展民营企业梯度培育，深入落实“金象金牛”大企业培育计划，对首次认定为“金象”和“金牛”企业的，一次性分别给予企业董事长或公司董事会指定的企业主要负责人100万元和50万元奖励。大力实施小微企业三年成长计划，持续深化“个转企、小升规、规改股、股上市”工作，鼓励小微企业“专精特新”发展，对当年新认定为省、市“隐形冠军”的企业，分别给予企业高管团队

20万元、10万元奖励，已享受过市“隐形冠军”奖励并被评为省“隐形冠军”的企业，给予补差奖励。大力培育扶持小微企业园，对经批准的小微园建设项目，取得不动产证后，三层及以上的建筑面积给予100元/平方米的补助，最高限额200万元。（责任单位：市经信局、市财政局、市市场监管局）

二、进一步解决民营经济融资问题

（五）加大民营企业融资支持力度。畅通货币与信贷引导机制，着力破解民营企业尤其是小微企业融资难、融资贵问题，每年安排支小再贷款、再贴现额度10亿元专项用于支持民营和小微企业。健全以政策性担保机构为主，保险保证、风险补偿为辅的融资担保体系，到2020年，政策性融资担保机构和小额贷款保证保险业务累计实现承保金额超过20亿元。组建10亿元以上规模上市公司纾困和稳健发展基金，以股债结合的方式化解优质上市公司股权质押流动性风险。（责任单位：市金融办、市人行、市银保监局、市财政局、市产业集团、市城市集团）

（六）实施小微企业信贷“增氧”计划。各银行机构要优先保障民营和小微企业贷款规模，三年全市银行机构新增300亿元小微企业贷款，其中法人银行机构确保单户授信总额1000万元及以下小微企业贷款同比增速高于各项贷款同比增速，贷款户数高于上年同期水平；分支银行机构要确保完成上级行小微贷款增量控制目标。深入开展“银税互动”合作，优化“实名+信用+容缺”服务机制，助推小微企业将纳税信用转化为融资资本。提高小微企业贷款在MPA“信贷政策执行”中的权重，对小微企业信贷投放力度大的金融机构，在MPA相关参数上给予激励。（责任单位：市人行、市银保监局、市税务局）

（七）拓宽民营企业融资渠道。积极支持民营企业股改上市和直接融资，对在主板、中小板、创业板和境外证券市场成功上市的企业，一次性奖励企业高管团队200万元。落实“民营企业债券融资工具”政策，积极支持市场前景好、技术竞争力强的民营企业参与债券融资。深入实施“小微企业应收账款融资专项行动”，盘活存量资产，丰富融资渠道。进一步加大创投、风投基金引进力度，鼓励民间资本参与投资，促进资本市场良性循环。（责任单位：市金融办、市人行、市发展改革委）

（八）优化民营企业融资服务。全面贯彻关于金融服务实体经济的部署要求，对有市场前景和救助价值的企业，不简单抽贷、压贷。深化国家绿色金融改革创新试验区建设，扩大绿色金融投贷联动业务试点覆盖面，安排15亿元投贷联动资金，引导金融资源向绿色类、科技类等企业倾斜。打造全国领先的绿色金融服务平台，每年通过“绿贷通”“绿融通”平台帮助3000家以上中小微企业和100家以上科创型企业实现资本对接。鼓励金融机构深化抵质押品创新，大力发展股权、收益权、专利权、排污权等权利质押融资模式。对长周期、稳定运行的民营工业企业建立融资窗口指导制度，对信用良好的民营企业深化无还款续贷服务。利用“市金融风险防控平台”常态做好金融风险预警监测，引导资金安全流动。（责任单位：市金融办、市人行、市银保监局、市财政局、市产业集团、市公安局）

三、进一步加强民营经济服务保障

（九）优化涉企政务服务。着力深化“最多跑一次”改革，为民营经济发展打造最优营商环境。进一步深化企业投资项目承诺制改革，优化承诺制标准流程，进一步优化企业投资项目发改委“一窗服务”，确保一般企业投资项目从备案到竣工验收审批时间最多90天，中小型工业企业最多30天。为重点民营企业高管、民营企业雇聘的高端人才等提供便捷的出入境审批服务。全面推广涉企证照市场监管通办改革和承诺准营制，确保常态化企业开办1个工作日内办结。加快建设湖州数字大脑，加强“一窗受理平台”和“在线审批2.0平台”与省市部门办事系统的对接，构建“一网通办”的政务服务体系。（责任单位：市政务办、市发展改革委、市公安局、市市场监管局、市大数据局）

（十）强化用人需求保障。深入推进落实“1+N人才新政”，市本级财政每年安排人才和科技专项资金5亿元，优先保障人才政策兑现和人才工程实施的经费需求。实施“南太湖精英计划”3.0版，对入选的领军型创新创业团队按相关政策给予100万元—600万元资助，到2021年“南太湖精英计划”领军型创新创业团队累计达到1200个。每年新引进大学生和其他各类人才7万人。深入实施“金蓝领”高技能人才引进培养政策，落实相关奖励和补贴政策，积极推广高技能人才企业自主评价，加快培养集聚企业紧缺急需人才。落实企业职工职业技能提升补贴政策，对取得职业资格证书和职业技能等级证书的，按等级给予不超过3000元的补贴。推进产教深度融合，支持行业、园区、特色小镇、企业与学校联合设立产业学院等符合用工需求的教学实体。（责任单位：市委人才办、市人力社保局、市财政局、市教育局）

（十一）强化用地需求保障。统筹当年新增建设用地、“五未”土地处置腾退低效用地、土地综合整治和“三改一拆”盘活土地优先用于园区建设，多渠道保障民营企业用地需求，其中腾出或盘活的工业用地原则上仍用于工业项目。扎实推进省级深化“标准地”改革试点，全市范围内新增工业用地项目（除负面清单外）100%实施标准地出让并逐步向非工业领域拓展。将纳入“4+4”实体经济体系和“亩均效益评价A类B类”民营企业纳入国土资源保障绿色通道，保障用地时序优先、审批程序简化。（责任单位：市自然资源和规划局、市发展改革委）

四、进一步减轻民营经济成本负担

（十二）减轻民营企业税费负担。高效落实中央和省、市关于降本减负的一揽子政策，进一步出台细化政策措施，2019年减轻企业各类负担100亿元以上。落实增值税改革措施，符合条件的实行增值税即征即退政策；落实出口退税政策及简化税制；落实小微企业税费优惠政策和支持创新创业税费优惠政策；自2018年1月1日起至2019年12月31日，提高A类、B类企业的城镇土地使用税差别化减免幅度，A类、B类企业分别减免100%和80%。依法依规对符合产业政策、发展前景好、一时遇到困难的民营企业实施税费缓缴政策。（责任单位：市税务局、市减负办）

（十三）降低民营企业社保负担。着力落实国家、省社保费减负政策，以及失业、工伤等单位缴费费率阶段性下调政策，确保企业社保缴费负担有实质性下降。在社保费征管机制改革中，对民营企业以前年度欠费，不开展大规模集中清缴，对民营企业历史形成的社保费征缴参差不齐等问题，不进行回溯式清算。（责任单位：市税务局、市财政局、市人力社保局）

（十四）降低民营企业资源要素成本。鼓励工业类项目采取长期租赁、先租后让、租让结合等出让方式，对“零土地”技改增加厂房容积率的民营企业，不再增收土地价款，切实降低用地成本。贯彻落实降低一般工商业用电价格，进一步推进电力直接交易试点工作，扩大交易电量规模，钢铁、煤炭、有色、建材四类行业全电量参与售电市场交易，符合条件的A类企业优先安排作为第一类用户参与普通直接交易；加强管道燃气配气价格监管，完善管道燃气定价机制，切实降低企业用能成本。（责任单位：市自然资源和规划局、湖州电力局、市发展改革委）

（十五）降低民营企业制度性交易成本。以企业需求为导向，搭建全市统一的中介服务网上交易和信用管理平台。进一步规范涉企中介服务收费，明示收费项目和收费标准，没有法定依据的，不得要求企业提供中介服务评估评审报告。清理规范一批涉企经营服务性收费项目，降低一批涉企经营服务性收费标准，严格查处强制服务收费行为。（责任单位：市政务办、市市场监管局、市发展改革委）

五、进一步优化民营经济法治环境

（十六）切实保护民营经济合法权益。以法治政府建设为重点，深化法治化营商环境试点，着力为企业打造安居乐业、安心发展的良好环境。依法严厉打击侵害民营企业家人身安全和民营企业财产安全的违法犯罪行为，对涉企违法犯罪线索一律做到100%核查。深入开展扫黑除恶专项斗争，严厉打击欺行霸市、强迫交易、敲诈勒索、暴力讨债等违法犯罪行为。依法办理扰乱市场秩序的经济犯罪，严厉打击串通投标、商业贿赂、非法经营、恶意逃废债等违法犯罪行为。严厉惩治妨碍民营经济发展的违纪违法行为，坚决整治形式主义官僚主义问题。持续开展打击侵犯知识产权违法犯罪专项行动，完善查处知识产权侵权行为的快速反应机制，深化知识产权审判“三合一”改革，加大与杭州知识产权法庭协作力度，探索建立知识产权惩罚性赔偿制度，提高赔偿标准。（责任单位：市委政法委、市公安局、市法院、市检察院、市纪委（市监委）、市司法局、市市场监管局）

（十七）实施宽严相济的执法方式。对于无主观恶意、社会影响小、主动及时改正或终止违法行为后消除社会影响的轻微违法行为，依法从轻减轻处罚，最大程度维护企业生产经营秩序。严格区分民营企业合法财产与违法所得、正当融资与非法集资、经济纠纷与经济犯罪等界限，坚决防止刑事执法介入经济纠纷。对涉嫌犯罪但没有现实社会危害的企业负责人，依法审慎适用限制人身、财产权利的强制性措施。建立差别化处理机制，避免在相关执法过程中“一刀切”，给民营企业稳定的市场预期。（责任单位：市法院、市检察院、市公安局、市司法局）

（十八）大力促进民营经济公平竞争。全面落实公平竞争审查制度，清理和废止妨碍统一市场和公平竞争的各种规定和做法，对滥用行政权力排除、限制民营企业公平竞争的行为实行“零容忍”。对重点民营企业实施反垄断辅导机制。着力打破各类“卷帘门”“玻璃门”“旋转门”，在招投标、审批许可、经营管理、军民融合等领域保障民营企业平等竞争。在基础设施和公共事业等重点领域全面落实民间资本准入平等待遇，加快放开自然垄断行业竞争性业务，积极推动民营资本参与政府和社会资本合作PPP项目。推动民间资本参与国企混合所有制改革，推动国有企业和民营企业融合发展。（责任单位：市市场监管局、市发展改革委、市财政局、市国资委）

（十九）加强信用监管体系建设。以国家社会信用体系建设示范城市创建为引领，加快打造信用企业、信用产品、信用商标。着力推进“五位一体”信用建设，整合财政、司法、税务、行业协会商会等部门和领域的企业和企业家信息，定期向社会发布红黑名单和守信、失信案例。全面实施守信联合激励和失信联合惩戒，到2019年底，信用联合奖惩领域覆盖率达到50%以上，2021年底达到70%以上。推进行政管理、公共服务事项中信用信息查询应用，2019年达到80%以上，2021年达到100%。对已经履行相关义务的，依法依规从严重失信名单中移除，保护民营企业正常生产经营活动。鼓励失信主体自我纠错、主动自新，通过信用修复培训、约谈、签订承诺书等形式开展信用修复，到2019年底，信用修复覆盖率达到60%以上，2021年底达到70%以上。（责任单位：市发展改革委）

六、进一步完善民营企业退出机制

（二十）提高民营企业依法破产效率。鼓励依法采用破产预重整制度，先形成重整方案再进入司法程序，提高重整效率。大力推进破产案件繁简分流，对无产可破、产能落后、资产债务清晰的企业破产，尽量使用快速审理机制，提高简易审理的适用率，2019年达到30%，2021年达到50%。对“僵尸企业”“空壳企业”等，加大司法执行力度，符合破产条件的，及时移送破产。对破产的民营企业进行精准识别、分级评估、分类处置，坚持“多兼并重组，少破产清算”原则，综合运用重整、和解手段，促进有价值的危困企业再生。（责任单位：市法院、市经信局）

（二十一）协调完善破产配套制度。深化企业破产府院协调处置工作机制，统筹推进破产程序中的费用保障、业务协调、信息提供、信用修复、税收减免、登记注销、维护稳定等工作，妥善处理职工安置和利益保障问题。实施民营企业重整的税费特殊征管措施，在符合税法规定的条件下，允许破产清算程序中实施税费优惠和破产重整中债务豁免部分所得税特殊性处理。落实破产援助资金保障，解决无产可破状态下破产费用来源及管理人报酬等问题，缩短破产处置时间。依据法院相关文书简化办理破产企业工商、税务登记注销等事项，对未按期办理注销手续的破产企业，根据法院协助要求依法予以注销。（责任单位：市法院、市财政局、市市场监管局、市税务局）

（二十二）完善破产重整企业信用修复机制。法院、银行业金融机构和税务系统要对重整企业及时开展信用修复，对经确认修复的企业不良信用信息予以标注，保障重整企业正常经营和后续健康发展。（责任单位：市法院、市人行、市税务局）

七、进一步提升民营经济开放水平

（二十三）稳定民营企业外贸出口。帮助企业积极应对国际贸易摩擦，对涉案企业所发生的应对费用按不高于省补助的 50% 给予资助，单个案件资助金额不超过 40 万元，对利用出口信用保险工具投保的企业给予资助。支持企业做好展会展览、境外宣传等贸易促进活动，对统一参加市年度展会目录中的重点组织类展会给予展位费 100% 资助，目录内其他展会给予展位费 70% 资助。对首次获评省级出口名牌的企业，给予一次性资助 20 万元。简化外贸税收优惠事项办理，为大型重点出口民营企业提供绿色办税通道，优先办理出口退税。（责任单位：市商务局、市财政局、市税务局）

（二十四）支持民营企业对外整合资源。支持有条件的民营企业积极开展海外并购，获取境外先进技术、品牌和高端人才。加强企业“走出去”融资产品创新，建立完善境外投资保险体系和境外投资风险补偿机制，降低企业对外投资风险。完善建立民营企业赴海外投资全程指导服务机制。（责任单位：市商务局、市金融办）

（二十五）重点聚焦“一带一路”建设。组织企业参加中东欧、东南亚、迪拜等“一带一路”沿线节点市场展会，加大企业赴“一带一路”等境外市场、境外经贸合作区考察力度，加强与沿线国家经贸投资交流。鼓励有条件企业赴沿线国家设立研发机构和生产基地，引导优势块状产业积极稳妥有序地向沿线国家集聚。引导民营企业积极参与沿线国家基础设施建设，牵线搭桥与央企联合开拓国际市场。对参与“一带一路”国际产能合作和开展境外承包工程的企业，按照我市加快开放型经济发展的有关规定给予相应的政策扶持。（责任单位：市商务局、市财政局）

八、进一步畅通政企沟通渠道

（二十六）构建亲清新型政商关系。大力落实湖州市亲清新型政商关系行为指南，促进政商关系良性互动，推行公安服务民营经济十项举措，坚守亲清新型警商关系。领导干部面对民营企业的各项诉求应当积极作为、靠前服务，帮助其解决实际困难，将领导干部支持推进民营经济发展的相关工作情况纳入监督检查、追责问责范围，严肃查处以权谋私、贪污贿赂、利益输送等腐败问题。鼓励企业家在法律框架内同党委政府多沟通、多谏言，推进清廉民营企业建设，促进企业光明正大搞经营、守法诚信谋发展。（责任单位：市纪委（市监委）、市委统战部、市公安局、市工商联）

（二十七）强化政企沟通互动机制。建立健全企业家诉求表达“绿色通道”和快速反馈机制。落实党政负责人与非公经济人士联系沟通制度，完善圆桌会议机制，深入开展新一轮新生代企业家“311”领航计划。建立民营企业家参与决策机制，各级党委、政府在编制涉及民营经济发展的相关政策和规划过程中，必须听取民营企业的意见。有计划地选派民营企业家、企业经营管理人员到政府部门进行“挂职锻炼”，拓宽政企交流渠道。（责任单位：市委统战部、市委组织部、市工商联、市经信局、市信访局）

（二十八）建立服务民营企业长效机制。持续深化“三服务”活动，扎实推进“365”工作举措，动员全市广大党员干部进企业“问难帮困稳增长”，鼓励各部门发挥各自优势帮助民营企业切实解决问题。积极落实省委、省政府服务民营企业“五个一百”活动部署，及时为民营企业提供各类服务。深化“争双强、当先锋”，发挥企业党组织战斗堡垒和党员先锋模范作用。大力弘扬企业家精神，加大对优秀民营企业和企业家的宣传力度，积极推广先进典型、成功经验，在全社会形成支持民营企业、尊重民营企业家的良好氛围。（责任单位：市“三服务”办、市委统战部、市委组织部、市委宣传部、市工商联、市经信局）

各地各部门要切实加强组织领导，按照本实施意见精神出台支持民营经济发展的相关政策举措，加强各类惠企政策宣传解读，确保企业充分知悉和享受政策，进一步完善协调、推进、督查机制，把支持民营经济高质量发展的各项政策举措落到实处。

中共湖州市委办公室　湖州市人民政府办公室关于印发《湖州市践行“两山”理念打造生态样板城市实施方案》的通知

湖委办〔2019〕19号　（2019年4月28日）

各区（县）委、区（县）人民政府，市直属各单位：

《湖州市践行“两山”理念打造生态样板城市实施方案》已经市委、市政府同意，现印发给你们，请结合实际认真贯彻落实。

湖州市践行“两山”理念打造生态样板城市实施方案

为深入践行“绿水青山就是金山银山”理念，当好践行“两山”理念样板地、模范生，打造具有示范意义的生态样板城市，为全国提供“湖州样本”，特制定本实施方案。

一、指导思想

全面贯彻落实党的十九大精神，以习近平生态文明思想为指导，深入践行“绿水青山就是金山银山”理念，紧紧围绕“五位一体”总体布局和“四个全面”战略布局，按照市委“一四六十”工作体系，实行最严格的生态环境保护制度，统筹推进山水林田湖草系统治理，全面搭建生态文明制度“四梁八柱”，把湖州建设成为具有示范意义的生态样板，更好地当好践行“两山”理念样板地、模范生。

二、基本原则

——坚持生态优先、绿色发展。深化生态立市优先战略，全面落实绿色发展新理念，打通“两山”转化通道，率先实现经济社会高质量发展，率先实现生态环境根本好转，全力构建湖州全域美丽大花园。

——坚持以人为本、共建共享。坚持以人民为中心，围绕关乎人民群众切身利益的资源环境问题，倡导全民参与和监督生态文明建设，共享生态红利和绿色福利。

——坚持对标国际、走在前列。更高定位、更高标准推进生态环境保护，经济发展与环境保护向国际先进水平看齐，环境质量向发达国家或地区看齐，探索形成立足当前、着眼长远的生态文明建设湖州方案和湖州样本。

——坚持改革创新、示范推动。注重改革引领和创新驱动，持续探索环境保护新机制、新政策，全面推行各类生态文明试点建设，全方位开展生态文明体制改革创新试验，切实提高生态环境保护整体效能。

三、主要目标

到2022年，“绿水青山就是金山银山”理念深入人心，绿色发展方式和绿色生活方式牢固建立，生态环境质量实现根本性改观，人与自然和谐发展的现代化建设新格局更加凸显，人民获得感、幸福感、安全感更加充实、更有保障、更可持续，全面建设成为全国践行“两山”理念样板地、模范生。到2030年，生态文明建设成为全省乃至全国示范，制度体系基本完善，治理能力不断增强，人居环境明显改善，实现“天更蓝、地更净、水更清、空气更清新、城乡更美丽”，打造成为基本实现社会主义现代化的生态文明样板城市，成为美丽中国示范区。

——美丽中国样板区。按照全域美丽建设导向，全力建设“美丽繁华新江南”，打造美丽湖州新高地。到2022年，环境治理体系和治理能力不断增强，山水林田湖草系统治理成效日趋显著，生态环境质量持续改善，县控以上地表水断面达到或优于Ⅲ类水质比例达到100%，水环境功能区达标率100%，PM2.5年平均浓度优于国家二级标准，空气优良率达到85%以上。

——绿色发展示范区。以智能化、绿色化、服务化、高端化为导向，以绿色智造、绿色金融、全域旅游等为重点，构建现代化生态经济体系，打造现代经济新高地。到2022年，“两山”转化通道更趋多元，以“4+4”为主体的绿色低碳产业体系更加健全，资源利用效率加快提升，单位生产总值能耗、水耗等明显下降，资源环境绩效达到国际先进水平。

——绿色生活模范区。深入推行简约适度、绿色低碳的生活方式，加速形成人人、事事、时时、处处崇尚生态文明的社会新风尚，打造幸福民生新高地。到2022年，节能节水效率显著提升，绿色出行比例达到80%以上，新能源公交车占比达到100%，人均公园绿地面积达到17.5平方米，人民群众更有获得感、幸福感，社会更加和谐稳定。

——制度创新试验区。以立法、标准、体制“三位一体”生态文明制度体系为基础，建立健全主体功能区建设、资源环境管理、生态考核评价等制度并纳入法治化轨道，打造生态制度新高地。开展安吉县域“两山”转化综合改革试验区建设，积极扩大试验区影响力和带动效应。到2022年，在推进生态文明领域治理体系和治理能力现代化方面走在全国前列。

——生态文化先行区。深化开放合作，积极参与“一带一路”、长江经济带、宁杭生态经济发展带以及大湾区大花园大通道大都市区等建设，加强国际国内经济和文化交流，大力宣传推广“两山”理念，全力建设“两山”理念的研究中心、文化传播中心和国际交流窗口，打造生态文化新高地。到2022年，“两山”理念深入人心，湖州“两山”转化的经验推广至全国。

四、重点任务

（一）以绿水青山为本底，构建山清水秀的生态环境体系

1．优化空间布局。严格落实主体功能区划和“三线一单”环境管控体系，对各类功能区严格实施分类引导管控和差别化管理。高质量推进湖州市国土空间规划编制工作。强化自然生态空间用途管控，建立健全节约集约用地制度。

2．培育示范典型。继续深化国家生态文明建设示范市和“两山”实践创新基地建设，持续打造一批生态文明建设与“两山”实践创新示范点，积极探索形成生态文明建设的“湖州经验”“湖州方案”“湖州样本”。

3．防范环境风险。完善环境风险源、敏感目标、安全系统、环境应急能力及应急预案等数据库，健全市、区县联动的环境事件应急网络，推动环境应急与安全生产、消防安全一体化管理。强化预警，有效防控突发环境事件风险，有力保障环境安全。加大生态环境保护公众参与力度，有效化解涉环保“邻避”问题，切实维护环境安全和社会稳定。

（二）以做大金山银山为目标，构建低碳循环的生态经济体系

1．构建生态经济体系。抓好“中国制造2025”试点示范城市、国家绿色金融改革创新试验区、国家全域旅游示范区、全国内河水运转型发展示范区等国家级试点示范建设，加快规划建设南太湖新区，着力打造沪湖绿色智造廊道。重点打造信息经济、高端装备、健康产业、休闲旅游四大千亿级主导产业，大力培育新兴产业，形成绿色发展新增长点，全面构建“4+4”现代生态产业体系。

2．推动绿色产业发展。大力发展高效生态现代农业，做强林下经济、森林旅游等林产业。大力发展节能环保产业，推动节能环保技术、装备和服务水平显著提升。支持合同能源管理、合同节水管理、资源循环利用服务、环境综合治理服务托管、环境污染第三方治理等节能环保绿色服务业发展。

3．推进传统产业转型。加快传统产业绿色化、智能化改造，以水泥、化纤、印染、化工、制革、砖瓦等行业为重点，加快淘汰高耗能重污染行业落后产能。深化“腾笼换鸟”，加快城市主城区内重污染企业搬迁改造，推动传统产业向园区集聚集约发展。强化源头治理，大力整治“散乱污”企业，大幅降低单位GDP能耗水平，切实提高经济发展质量。深化“标准地”“亩均论英雄”等改革，推进“五未”土地处置，严抓能源“双控”。全面开展“散乱污”“低小散”企业整治。实施新一轮循环经济“991”行动计划，重点在构建循环型产业体系、提高资源循环利用水平、创新体制机制等方面实现突破。

（三）以全域美丽为要求，构建繁华宜居的城乡建设体系

1．高品质打造美丽城市。持续优化城市空间布局，合理确定城市开发边界，加速推进滨湖一体化进程，抓好背街小巷、城中村、老居住区等重点区域改造提升。完善生态景观体系，推进城市“显山”和“露水”工程。注重城市历史人文底蕴挖掘，进一步彰显江南水乡、清丽湖州特色。按照海绵城市、智慧城市、生态园林城市建设要求，提高城市供水、防涝、雨水收集利用等基础设施建设水平。深入推进城中村改造攻坚行动，改善城市居住环境。

2．高标准建设美丽城镇。加快推进小城市培育试点建设，提升小城市功能和服务水平。着力打造丝绸小镇、美妆小镇、新能源小镇等一批标杆特色小镇，加快形成产业发展新平台、人口集聚新空间、旅游体验新景点、特色展示新窗口。实施小城镇环境综合整治，完善小城镇基础设施和功能。

3．高水平建设美丽乡村。实施乡村振兴战略“六大行动”，打造美丽乡村升级版，美丽乡村品牌持续唱响全国。坚持“三治”结合，加强乡村治理，积极打造“全国样板”。深化农业供给侧结构性改革，保持农业现代化发展水平全国领先地位。持续推进美丽乡村建设“四级联创”，到2022年，建成乡村振兴精品村100个，余村“两山”示范区成功创建为国家5A级景区，实现县域A级景区全覆盖。深入实施农村社区服务中心提升工程，加快“路、水、电、通

信”等为重点的城乡一体化基础设施网络建设，努力打造一批生态社区、智慧社区。加强传统村落和历史文化村落保护利用，延续文脉，留住乡愁。

（四）以传承塑造为根基，构建底蕴深厚的生态文化体系

1. 弘扬生态文化。发挥国家历史文化名城品牌优势，推进“名山、名湖、名镇、名人、名品”工程建设。深入推进大运河文化带建设，推进运河沿线历史遗存和非物质文化遗产的保护传承。大力挖掘、保护太湖溇港、桑基鱼塘、丝织茗茶、诗书耕读等传统地域文化。加快建设毗山考古遗址公园、钱山漾文化公园。进一步推进水生态文明城市建设，积极弘扬特色水文化。

2. 打响绿色品牌。积极举办与“两山”理念密切相关的各领域高层次交流合作活动，传播和推广“两山”理念。支持湖州成为“两山”论坛峰会永久会址，加快建设联合国全球地理信息管理高层论坛永久会址、国际乡村旅游大会永久会址。充分发挥丝绸文化、茶文化、湖笔文化、瓷文化等品牌引领作用，推进与丝绸之路沿线国家的文化交流、文化传播和文化贸易，建设更具内涵魅力的文化湖州。

3. 深化“两山”研究。依托浙江生态文明干部学院、中国生态文明研究院，联合国际国内知名研究机构，系统开展“两山”研究，丰富“两山”内涵，打造“两山”理念前沿高地。高标准建设以余村为核心的“两山”特色小镇，打造成为宣传“两山”理念的重要阵地。

（五）以共建共享为指引，构建文明和谐的绿色生活体系

1. 引导公众绿色生活。加强生态文明宣传教育，严格执行烟花爆竹“双禁”规定，倡导简约适度、绿色低碳的生活方式。积极推广河道警长制的成功做法，充分发挥“8·15”湖州生态文明日等载体作用，大力宣传普及生态文明知识。积极培育绿色公益组织、绿色环保生活代言人，培养一批生态文化使者。

2. 增加绿色产品供给。推进全国新能源汽车推广应用示范城市建设，完善充电设施网络，加快新能源公交推广应用。加强城乡低碳化建设和管理，大力推广绿色建筑，鼓励使用可再生能源、绿色照明、屋顶墙体绿化等低碳技术。推行绿色消费，出台快递业、共享经济等新业态的规范标准，推广环境标志产品、有机产品等绿色产品。

3. 释放生态红利福利。大力推进“生态+”旅游，创新洋家乐、农事体验、民俗旅游、民宿经济等富民新业态。大力推进“生态+”健康，创新发展新型养生养老休闲新业态、新模式，拓展生态富民新经济。大力推进“生态+”农业，打造一批田园综合体、现代生态农庄。

（六）以改革创新为路径，构建系统完善的制度保障体系

1. 构建地方法治保障体系。贯彻落实国家生态文明法律法规，推进“1+X”生态文明地方法规体系建设，加快建立绿色生产和绿色生活的法律制度。研究制定大气污染防治、生态河道管理、河（湖）长制等地方性法规，发挥法治保障作用。健全环境保护行政执法与刑事司法衔接工作机制，构建高效严密执法体系。严格执行环境从严执法九项铁规，充实基层执法力量，依法坚决制止和惩处破坏生态环境行为。

2. 健全生态文明标准体系。围绕高水平建设美丽湖州，在空间布局、城乡融合、产业发展、资源利用、环境保护、生态文化、机制建设等领域，制定发布一批支撑湖州生态文明建设的关键性标准，并推动上升为国家标准。力争到2020年，湖州生态文明建设标准体系基本建立。

3. 深化生态文明体制改革。探索自然资源资产产权制度改革，建立统一的确权登记系统和权责明确的自然资源产权体系。深化生态产品市场化改革，推行用能权、排污权、水权、碳排放权交易制度。深化自然资源资产负债表编制和自然资源资产保护与利用绩效评价考核，实行党委和政府领导成员生态文明建设一岗双责制，深化领导干部自然资源资产离任审计，实行生态环境损害责任终身追究制。建立健全环境保护公益诉讼制度、生态环境损害赔偿制度、环保督察制度、国有森林资源有偿使用等制度机制。

五、十大工程

（一）深入推进绿色发展工程。以“绿色标准、绿色产品、绿色工厂、绿色企业、绿色园区”为抓手，制订印染、新墙材、蓄电池等行业的绿色制造标准，开展绿色产品培育认证试点，率先分类试点建设一批绿色示范工厂。在金属新材、现代纺织、水泥建材等传统行业内选择重点企业，实施循环经济试点。率先在长兴经济技术开发区、南浔经济开发区开展绿色园区建设。实行最严格的耕地保护、节约用地和水资源管理制度。到2022年，电力在终端能源消费中的占比不低于33%，全市用水总量控制在19.7亿立方米以内。（牵头单位：市发改委，配合单位：市经信局、市生态环境局）

（二）深入推进蓝天保卫工程。坚决“关停淘汰一批、提升改造一批、错峰限产一批”水泥、玻璃、化纤等高能耗行业。持续深入开展涉挥发性有机物重点企业深化整治提升，加大燃煤锅炉淘汰力度，加快推进老旧车船淘汰，建立健全施工场地扬尘管理机制。2019年6月底前，全面完成“散乱污”企业清理整顿；2019年年底前，完成全部35蒸吨及以上高污染燃料锅炉节能和超低排放改造；2020年年底前，热负荷100蒸吨/小时以上的工业园区全部实现集中供热；到2022年，全市重点行业VOC_s排放量下降30%以上。（牵头单位：市生态环境局，配合单位：市经信局、市交通运输局、市建设局、市综合执法局）

（三）深入推进碧水提升工程。开展城镇污水处理厂清洁排放技术改造，加快推进“污水零直排区”和污水再生水利用，全面推进水产养殖尾水生态化治

理，深入推进农村生活污水治理。2019年年底前，全面完成养殖尾水治理任务，农村生活污水日处理能力30吨以上的处理设施基本实现标准化运维；到2020年，全市县级以上城市建成区和城镇（包括街道和建制镇）污水截污纳管和污水处理设施全覆盖，全面建成“污水零直排区”；到2022年，中心城市再生水利用率达到18%，畜禽粪污综合利用率达到98%以上。（牵头单位：市生态环境局，配合单位：市建设局、市农业农村局、市交通运输局）

（四）深入推进净土清废工程。加快推进土壤污染状况详查，建立覆盖全市的土壤环境监测网络，划定全市优先保护、安全利用和严格管控等三类耕地范围，组织实施一批重点污染地块修复工程，开展长兴县土壤污染综合防治先行区建设。加快固废危废处置能力建设，提升风险防范水平，2019年基本实现固废危废处置“自我平衡、略有富余”。到2022年年底，全面掌握污染地块分布及其环境风险情况。（牵头单位：市生态环境局，配合单位：市农业农村局、市自然资源和规划局、市建设局）

（五）深入推进生态空间优化工程。加快推进长江经济带战略环评“三线一单”编制试点工作，完成生态保护红线勘界定标，建立健全生态保护红线管控制度。加强自然保护区规范化建设和管理，长兴扬子鳄省级自然保护区达到国家级自然保护区规范化建设要求，继续推进长兴地质遗迹国家级自然保护区、安吉小鲵国家级自然保护区保护。（牵头单位：市自然资源和规划局，配合单位：市生态环境局）

（六）深入推进生态系统守护工程。推进森林湖州建设，加强湿地保护与修复，到2022年，力争平原林木绿化率达到20%以上，单位森林面积蓄积量达到60立方米/公顷，确保全市森林保有量420万亩，活立木蓄积量860万立方米，重点公益林面积稳定在120万亩以上，完成珍贵彩色健康森林建设19万亩，争取国家森林城市三县全覆盖；实施湿地生态修复面积10万亩，建成省级以上湿地公园8个。强化生物多样性保护，完成全市主要生物物种资源调查、编目及数据库建设。（牵头单位：市自然资源和规划局，配合单位：市生态环境局、市水利局）

（七）深入推进生态示范建设工程。深化国家生态文明建设示范市和“两山”实践创新基地建设，加快培育形成一批可复制可推广的示范典型，持续打造一批生态文明建设（“两山”实践创新）示范点。广泛开展绿色家庭示范点、绿色社区、绿色学校、绿色机关、绿色商场等系列建设活动。（牵头单位：市生态环境局，配合单位：市自然资源和规划局、市建设局、市交通运输局、市水利局、市教育局、市商务局、市妇联）

（八）深入推进绿色生活工程。发挥共青团、少先队、妇联、工会等组织作用，引导社会各界积极参与生活方式绿色化行动。积极推进绿色产品认证试点，引导绿色生产和消费。完善居民用电、用水、用气阶梯价格政策，运用价格杠杆提高全社会节约意识。研究出台支持绿色建筑、新能源与可再生能源产品、设施等绿色消费信贷的激励政策，促进金融机构加大绿色信贷支持力度。（牵头单位：市委宣传部，配合单位：市发改委、市生态环境局、市建设局、市教育局、市文化广电旅游局、市总工会、市妇联）

（九）深入推进绿色文化工程。依托浙江生态文明干部学院，联合国际国内知名研究机构，系统开展“两山”研究，打造“两山”理念前沿高地。高标准建设以余村为核心的“两山”特色小镇。组织文艺骨干进行采风活动，挖掘丝绸文化、溇港文化、桑基鱼塘文化等传统生态文化。开展“文化走亲”“农民艺术节”等演出活动，鼓励和支持社会组织和大学生社团开展各项环保公益活动。（牵头单位：市委生态文明办，配合单位：市委组织部、市委宣传部、市教育局、团市委）

（十）深入推进绿色制度创新工程。抓好《湖州市生态文明先行示范区建设条例》《湖州市文明行为促进条例》《湖州市美丽乡村建设条例》贯彻执行。推进国家生态文明标准化示范区建设，构建绿色制造、绿色金融和内河水运转型发展标准体系。改革生态环境监管体制，全面构建政府主导、企业主体、社会组织和公众共同参与的现代环境治理体系。全面推广余村“党建+生态”五步法，谋划建立“生态法庭”。（牵头单位：市委生态文明办，配合单位：市市场监管局、市财政局、市法院、市检察院）

六、保障措施

（一）强化组织领导。全面落实生态环境保护“党政同责、一岗双责”，成立以市委、市政府主要领导为组长的市生态文明建设领导小组，强化对生态样板城市建设的宏观指导、统筹规划、政策保障、综合协调和向上对接。领导小组下设办公室，承担和负责生态文明样板城市建设的组织协调、任务分解、督促检查、项目推进和评估考核，推动生态文明建设蓝图逐步成为现实。

（二）强化机制保障。建立工作推进机制，按照职责分工，细化明确时间表、任务书和路线图，形成齐抓共管、密切协作的工作合力。建立健全部门协调联动机制，定期召开部门联席会议，及时研究解决重大事项和难点问题。建立督查考核和实绩评估机制，将生态样板城市建设工作纳入综合考核内容，列入市委、市政府年度重点督查专题，每年对实施意见的目标任务落实情况进行及时评估总结，确保各项工作落深落细落实。

（三）强化政策支撑。把环境保护作为公共财政支出的重点领域，重点保障环境污染治理、环境风险管控、生态修复、环保基础能力建设和环境治理体系建设等工作。完善多元化的环保投入机制，积极创新各类环保投融资方式，大力推进污染治理市场化。强化科技支撑，深化与高等院校的产学研合作，引进集聚行业高层次人才，积极推进环保科研服务平台和技术创新基地，加速科技成果转化。

（四）强化宣传引导。充分发挥主流媒体作用，多渠道、多角度、多方式宣传践行“两山”理念、打造生态样板城市工作，形成党委政府引导、部门协作配合、社会共同参与的良好氛围。充分发挥环保志愿者、公众和新闻媒体等社会力量的监督作用，建立公众反馈和监督机制。紧抓“一带一路”等战略契机，广泛通过国际交流合作平台，在更高层面积极传播推广“两山”理念。

中共湖州市委办公室　湖州市人民政府办公室关于印发《湖州市新时代美丽城镇建设实施方案》的通知

湖委办〔2019〕33号　（2019年12月3日）

各区（县）委、区（县）人民政府，市直属各单位：

《湖州市新时代美丽城镇建设实施方案》已经市委、市政府同意，现印发给你们，请结合实际认真贯彻落实。

湖州市新时代美丽城镇建设实施方案

为深入实施省“百镇样板、千镇美丽”工程，根据省委、省政府关于高水平推进美丽城镇建设的部署要求，现就我市开展新时代美丽城镇建设制定本实施方案。

一、指导思想

以习近平新时代中国特色社会主义思想为指导，深入践行“两山”理念，围绕市委“一四六十”工作体系，协调推进乡村振兴战略和新型城镇化战略，按照以人为本、融合发展、统筹兼顾、彰显特色、改革统领、久久为功的原则，着眼高质量发展、竞争力提升、现代化建设，努力建设城乡协调形态美、功能便民环境美、共享乐民生活美、兴业富民产业美、魅力亲民人文美、善治为民治理美的美丽城镇，走出湖州小城镇“两山”理念转化的探索实践之路。

二、工作目标

以全市44个建制镇（不含城关镇）、乡、独立于城区的街道为主要对象，以建成区为重点，兼顾辖区全域，统筹推进城、镇、村三级联动发展、一二三产深度融合、政府社会群众三方共建共治共享，全面推进新时代美丽城镇建设。2019年，所有对象全面铺开美丽城镇建设工作，按照先创市级、择优创省的要求，到2020年，每个区县不少于1个小城镇创建省级美丽城镇；到2022年，每个区县不少于3个小城镇创建省级美丽城镇；其他小城镇达到美丽城镇基本要求；到2035年，全市小城镇高质量全面建成美丽城镇。

三、主要任务

（一）美丽城镇建设基本要求。主要以“十个一”为标志：一条快速便捷的对外交通通道、一条串珠成链的美丽生态绿道，一张健全的雨污分流收集处理网、一张完善的垃圾分类收集处置网，一个功能复合的商贸场所（便利店、连锁超市、综合市场、商贸综合体或商贸特色街等）、一个开放共享的文体场所（图书馆、体育场馆、全民健身中心或文体中心等），一个优质均衡的学前教育和义务教育体系、一个覆盖城乡的基本医疗卫生和养老服务体系、一个现代化的基层社会治理体系和一个高品质的镇村生活圈体系。

（二）美丽城镇建设具体要求。主要包括“六个美”.

1. 实施规划引领行动，实现城乡协调形态美。突出规划引领，明确各城镇在市、县国土空间总体规划中的地位、作用与职能，加快建立国土空间规划体系，推进城镇功能布局和空间形态优化。积极开展总体设计，重要街区、主干道沿线等重要地段和节点的城市设计应实现全覆盖。实施全程服务，探索建立区县层面首席设计师制度，构建全方位、全过程、全周期的美丽城镇技术专家服务机制，在项目前期、规划设计、建设实施等各个环节提供技术服务，并建立第三方考核专家库，全程监督实施成效。

2. 实施设施提升行动，实现功能便民环境美。深化环境综合整治，加大保护生态格局力度，建设美丽民居、美丽庭院、美丽社区、美丽河湖、美丽街道、美丽公园、美丽家园等载体。构建现代化交通网络，推进区域交通一体化模式，形成“外联内畅、便捷有序”的交通体系，完善路网、公共停车、交通安全等设施建设。加快建设“四好农村路”和美丽公路，因地制宜发展水运交通；推进市政设施网络建设，加强地下空间开发利用，统筹各类市政管线敷设，加快建制镇雨污分流改造和建成区“污水零直排区”建设，完善生活垃圾分类处置、污水处理体系，加强公共厕所建设管护；提升城镇数字化建设，充分实现网络设施数字化迭代，提升电力通信设施，加强城镇管理数字化平台建设，推进“城市大脑”向小城镇延伸，推进智慧广电、“雪亮工程”、平安乡村、智安小区建设等。

3. 实施服务提升行动，实现共享乐民生活美。提升住房建设水平，进一步加强农房建设管控，有序开展镇中村、镇郊村改造，打造浙派民居。提升住房市场供给品质，促进住房供需平衡，加强建筑科技创新与应用，节约使用土地。加大优质商贸文体设施供给，不断优化城镇商贸服务功能和设施建设，提升发展专业市场。加强文体设施建设，开展群众性文体活动，建设特色载体。提升医疗健康服务水平，全面推进县域医共体建设，积极创建健康乡镇。促进城乡教育优质均衡发展，全面完善城乡义务教育和学前教育体系。引进优质资源，提高民办学校办学质量，提高教育信息化应用水平。加大优质养老服务供给，优化机构布局、发展智慧养老服务、推进医养结合，引导养老服务资源向乡村、社区延伸，大力发展旅居养老服务。

4. 实施产业提升行动，实现兴业富民产业美。整治提升“低散乱”，强化市场倒逼，引导农村地区的企业或作坊区域集聚化、生产清洁化、管理规范化。搭建主平台，持续深化“亩均论英雄”改革，推进镇域产业集聚，打造集群化和规模化的产业发展平台；加大文化产业园区、特色农业乡镇建设力度，高质量推进特色小镇建设。培育新业态，不断强化产镇融合，优化营商环境，加快提升传统产业、提高现代农业、发展现代服务业和建设现代物流体系。

5. 实施品质提升行动，实现魅力亲民人文美。彰显人文特色，注重文明传承、文化延续，保护好城镇格局、街巷肌理和建筑风貌，保护和传承非物质文化遗产，打造一批非物质文化遗产体验项目，培育一批乡土工匠，全面提升公共文化服务。推进有机更新，建设城乡绿网，提升园林绿化水平，塑造特色风貌，打造蓝绿交织、水城共融的优美环境。推进老旧小区改造，完善配套设施。引导建设邻里中心，加快构建舒适便捷、全域覆盖、层级叠加的镇村生活圈体系，支持有条件的地方开展未来社区试点。强化文旅融合，完善文化旅游配套服务体系建设，推动宾馆酒店提档升级，建设旅游集散中心。注重镇景融合，积极打造景区镇村，鼓励建设旅游风情镇村。

6. 实施治理提升行动，实现善治为民治理美。建立健全长效机制，制定实施小城镇环境风貌长效管控标准。加强县域统筹，建立城乡基础设施一体化规划、建设、管护机制。全面提升公民素养，推进新时代文明实践中心试点工作，建立乡镇新时代文明实践所，加强社会工作人才队伍建设。加强社会治理体系和治理能力建设，以“最多跑一次”改革为统领，深化“基层治理四平台”建设，推进基层综合行政执法改革，加强基层站所建设。发挥城镇服务带动乡村作用和基层群众自治组织作用，构建共建共治共享的社会治理格局。

四、职责分工

各区县是美丽城镇建设的责任主体，要加强组织领导，科学谋划建设方案，明确各乡镇特色定位，合理确定建设时序，全面负责政策支持、要素保障、技术指导，全力推进美丽城镇建设。

充分发挥各部门优势，既要推动全市面上美丽城镇建设，也要根据各乡镇特色优势，创新开展“美丽城镇＋”行动，牵头打造产业、文旅、人文、教育、医疗、康养、智慧等一批极具湖州特色的专项示范城镇。各部门要根据任务分解，将相关工作纳入部门年度工作计划，开展专题摸底调研，编制专项实施方案，出台专项扶持政策。相关责任部门要创新服务机制，提升服务效能，打造1—2个专项建设对象，帮助乡镇（街道）把政策、资源、资金用好用足、落实到位，高质量做好各类型“美丽城镇＋”的后半篇特色文章。

市委组织部：负责开展小城镇党建和基层组织建设，抓好美丽城镇建设人才保障，牵头负责红色示范城镇建设。

市委宣传部：负责推进新时代文明实践中心试点工作，建设乡镇新时代文明实践所。

市委政法委：负责小城镇“基层治理四平台”“雪亮工程”在乡镇层级的建设，不断深化基层治理和平安建设等方面工作，牵头负责基层治理示范城镇建设。

市发展改革委：负责小城市和特色小镇培育、产业发展、未来社区、能源利用等方面工作，牵头负责都市节点型和县域副中心型美丽城镇建设。

市经信局：负责小城镇在现代产业培育、传统产业集聚转型、平台建设、“低散乱”整治、通讯设施建设等方面工作，牵头负责工业特色型美丽城镇建设。

市教育局：负责小城镇在教育资源配置、模式创新、扩面提质等方面工作，牵头负责教育示范城镇建设。

市民政局：负责小城镇在居家养老服务等方面工作，牵头负责养老示范城镇建设。

市司法局：负责推动基层依法治理，落实“谁执法谁普法”普法责任制，开展全方位法治宣传，夯实美丽城镇法治基础，牵头开展法治示范城镇建设。

市财政局：统筹现有财政专项补助政策，负责制定实施美丽城镇建设市级资金奖补政策和实施办法。

市自然资源和规划局：负责小城镇国土空间规划编制、空间布局和城市设计优化、地下空间利用、农房建设管控、国土空间支持等方面工作，牵头负责全域土地综合整治与生态修复示范城镇建设。

市建设局：负责小城镇供水供气、雨污分流、垃圾分类处置、污水污泥处理、公共配套、危房治理、物业提质、建筑科技、历史文化、风貌塑造等方面工作，牵头负责城乡一体化、垃圾分类、特色风貌等示范城镇建设。

市交通运输局：负责小城镇交通圈建设、路网结构、交通组织、城乡客运体系、公共交通、水运交通等方面工作，牵头负责畅行示范城镇建设。

市农业农村局：负责小城镇在农村特色产业、农村环境治理等方面工作，牵头负责农业特色型美丽城镇建设。

市商务局：负责小城镇在商贸配套服务、现代商贸培育、营商环境等方面工作，牵头负责商贸特色型美丽城镇建设。

市文化广电旅游局：负责小城镇在旅游体系、文旅产业、文化保护传承、文体服务配套、文化普及等方面工作，牵头负责文旅特色型美丽城镇（旅游风情小镇、景镇融合发展示范镇等）建设。

市卫生健康委：负责小城镇在医疗健康服务、公共卫生设施配置等方面工作，牵头负责健康示范城镇建设。

市体育局：负责小城镇在体育设施、健身活动、运动氛围营造等方面工作，牵头特色运动示范城镇建设。

市综合执法局：负责小城镇在环境长效管理等方面工作，牵头负责长效管理示范城镇建设。

市大数据局：负责小城镇在智慧管理、信息技术应用等方面工作，牵头负责智慧管理示范城镇建设。

其他责任部门要按照任务分工开展工作，抓好各专项政策和措施落地，共同推动美丽城镇建设。

五、保障措施

（一）加强组织领导。原市小城镇环境综合整治行动领导小组与原市“三改一拆”工作领导小组合并为市城乡环境整治工作领导小组，统筹协调推进美丽城镇建设工作，下设市美丽城镇建设办公室，负责做好任务分解、督促考评等具体工作。各有关单位尤其是牵头单位，要按照任务分工，主动作为、积极推进，做好小城镇特色优势打造的文章。各区县要加强组织领导、政策供给和宣传发动。乡镇（街道）要主动担当作为，狠抓工作落实，确保各项任务落地落细落准。

（二）加强改革创新。以“最多跑一次”改革为统领，全面深化改革，加强美丽城镇建设要素保障，切实解决“人、地、钱”等要素瓶颈。对美丽城镇建设项目库严格把关，合理安排创建节奏。各级财政要结合本地实际情况，根据有关要求研究奖补机制，争取各方专项资金，加强支持保障。依法创新美丽城镇金融服务，用好专项债，广开社会资本参与渠道，构建多元可持续的投资保障机制。省下达的年度城镇建设用地指标优先保障美丽城镇建设用地。探索建立与亩均挂钩的用地指标差异化分配机制，全面落实与吸纳农业转移人口落户数量挂钩的财政政策和用地政策，促进资源要素集聚。

（三）激发基层活力。把美丽城镇建设作为培养选拔干部的载体、基层干部践行初心使命的平台，充分调动和发挥干部主动性、积极性、创造性。各级组织要健全容错纠错机制，鼓励干部敢于担当、勇于创新，确保工作落实到基层，组织关爱传递到基层，让干事者有平台，让干部有干劲，让美丽城镇建设更有质量、更有力度。

（四）健全考核机制。将美丽城镇建设工作列入区县、乡镇年度工作目标责任制考核，市美丽城镇建设办公室要对区县及乡镇的实施方案、行动计划、建设方案等严格把关，科学开展考核验收。市、区县两级美丽城镇建设办公室要加大对有关部门的考核力度，明确任务、细化指标，在全省现场会召开、样板示范创建、政策机制完善、对镇服务成效等方面提高权重，营造亮晒比拼氛围。

（五）强化公众参与。坚持群众主体地位，发挥社会舆论的引导和监督作用，充分利用各类媒体广泛宣传，营造全民认同、共建共享的氛围。把问需于民、问计于民、问效于民贯穿全过程，通过多种方式引导群众建言献策，鼓励志愿者、民间公益组织对美丽城镇建设进行助推、监督和评价，做到人人尽责、人人享有。

附件：湖州市新时代美丽城镇建设名单附件

附件

湖州市新时代美丽城镇建设名单

一、吴兴区（4个）

建制镇（4个）：织里镇、妙西镇、埭溪镇、东林镇。

二、南浔区（8个）

建制镇（8个）：菱湖镇、练市镇、双林镇、和孚镇、旧馆镇、善琏镇、千金镇、石淙镇。

三、德清县（9个）

建制镇（8个）：新市镇、乾元镇、钟管镇、洛舍镇、禹越镇、新安镇、雷甸镇、莫干山镇。

独立于城区的街道（1个）：下渚湖街道。

四、长兴县（12个）

建制镇（9个）：泗安镇、和平镇、煤山镇、虹星桥镇、李家巷镇、林城镇、夹浦镇、洪桥镇、小浦镇。

乡（2个）：水口乡、吕山乡。

独立于城区的街道（1个）：画溪街道。

五、安吉县（11个）

建制镇（8个）：孝丰镇、梅溪镇、天子湖镇、天荒坪镇、报福镇、鄣吴镇、杭垓镇、章村镇。

乡（3个）：上墅乡、山川乡、溪龙乡。

湖州市人民政府办公室关于印发湖州市促进电子商务加快发展新十条扶持政策的通知

湖政办发〔2019〕27号　（2019年7月30日）

各区县人民政府，市府各部门，市直各单位：

《湖州市促进电子商务加快发展新十条扶持政策》已经市政府同意，现印发给你们，请认真贯彻执行。

湖州市促进电子商务加快发展新十条扶持政策

为认真贯彻落实《国务院关于大力发展电子商务加快培育经济新动力的意见》（国发〔2015〕24号）、《国务院办公厅关于促进跨境电子商务健康快速发展的指导意见》（国办发〔2015〕46号）、《浙江省人民政府关于大力发展电子商务加快培育经济新动力的实施意见》（浙政发〔2015〕49号）、《浙江省数字经济发展领导小组关于印发＜浙江省新型贸易中心建设行动方案＞的通知》（浙数发〔2019〕2号）等文件精神，围绕省、市对外开放战略部署和数字经济“一号工程”建设要求，加快推进“电商换市”工程，进一步优化我市电子商务产业发展环境，助推经济转型提升，现结合我市实际，制定以下新十条扶持政策。

一、培育壮大电商主体队伍

（一）鼓励企业拓展国内电商业务。借助第三方平台开展网络零售业务的企业，年度网络零售额首次达到3000万元的，给予一次性奖励10万元；每提高1000万元，再追加一次性奖励5万元，单个企业累计奖励最高100万元。借助第三方平台开展湖笔、丝绸等历史文化产业产品网络零售的企业，年度网络零售额达到300万元的，给予一次性奖励10万元；每提高100万元，再追加一次性奖励5万元，单个企业累计奖励最高100万元。

（二）鼓励企业开展跨境电商业务。在第三方知名跨境电商平台新开设店铺且有网络交易实绩的企业，给予每个店铺一次性奖励2万元，单个企业每年最高奖励3个店铺。企业年跨境电商交易额首次达到200万美元的，给予一次性奖励10万元；每提高100万美元，再追加一次性奖励5万元，单个企业累计奖励最高100万元。对跨境电商出口企业当年度境外商标注册费用给予50%的补助，单个企业每年最高不超过20万元。对开展跨境电商保税进口的企业，当年度跨境电商保税进口额达到100万美元以上的，每销售1美元货物给予企业0.1元的奖励，最高不超过300万元。

（三）鼓励本地电子商务平台建设。对企业自建电商平台（包括自建跨境电商平台、网红推广平台等）且正式运营满一年的，给予一次性补助10万元；对年度平台网络交易额首次达到3000万元的，给予一次性奖励30万元；每提高1000万元，再追加一次性奖励10万元，单个平台累计奖励最高100万元。每年安排不超过200万元，用于对经授权在国内知名电子商务平台上建设湖州名特优产品集合店或者自主建设区域性电商平台运营主体的年度考核奖励。

（四）引进市外优质电商项目和服务商。对国内外知名企业、平台在湖州市本级投资设立的电子商务企业，年度市内净入库税收（增值税和企业所得税）首次达到1000万元的，给予一次性奖励50万元；每提高1000万元，再追加一次性奖励20万元，单个企业累计奖励最高200万元。积极引进全球知名电商平台服务商，对引进的全球知名电商平台授权的第三方服务企业，当年度新增服务本地有电子商务交易实绩企业超过100家的，给予奖励30万元；每增加100家，再追加奖励30万元，单个企业每年不超过150万元。

二、加快推动电商产业集聚

（五）培育跨境电商特色产业集群。鼓励本地特色优势产业抱团开展跨境电子商务，重点支持开展B2B2C业务。对经省新认定的跨境电商特色产业集群，给予一次性奖励100万元；对已经省认定的跨境电商特色产业集群，年度考核A级的给予奖励50万元；对列入市级培育的跨境电商特色产业集群，给予一次性奖励30万元。

（六）支持电子商务产业园区建设。入驻并正常经营的电子商务企业首次达到50家的电子商务产业园区（基地、楼宇），给予建设运营主体一次性奖励20万元，每增加50家，再追加一次性奖励20万元。入驻并正常经营的电子商务企业首次达到50家的跨境电商产业园区（基地、楼宇），给予建设运营主体一次性奖励30万元，每增加50家，再追加一次性奖励30万元。

三、支持示范创建和模式创新

（七）鼓励电子商务模式创新。每年安排不超过200万元用于支持企业电子商务模式创新和应用，鼓励企业发展新零售、新业态等。对成功创建国家级、省级电子商务创新试点并通过验收的，分别给予申报主体一次性奖励40万元和20万元。

（八）推动电子商务示范创建。对获得国家级、省级、市级电子商务荣誉称号的示范单位，分别给予一次性奖励50万元、20万元和10万元。当年度被认定为浙江省电子商务企业或产业基地等级评定4A级的，给予一次性奖励10万元；当年度被认定为5A级的，再追加一次性奖励10万元。

四、完善电商公共服务体系

（九）加快跨境电商公共海外仓建设。鼓励企业在境外投资设立或租用跨境电商公共海外仓，对当年度被认定为省级跨境电商公共海外仓的项目主体，给予一次性奖励50万元；对当年度被认定为市级跨境电商公共海外仓的项目主体，给予一次性奖励30万元。对租用跨境电商公共海外仓开展电子商务的企业，给予当年度租金最高50%的补助，单个企业每年最高不超过20万元。

（十）创新优化电子商务公共服务。每年安排不超过200万元用于组织电子商务展会、创业大赛、资源对接会、人才招聘会等活动，以及支持电子商务人才培训和实践、电子商务大数据服务、信用体系建设、咨询审计服务、“湖州电商”系列网络新媒体平台的运营维护等。支持企业运用“绿贷通”“绿信通”“续贷通”以及绿色企业（项目）系列贷、绿色贷款保证保险（绿贷险）、跨境电商出口信保等金融产品。

五、附则

市政府每年安排财政专项资金用于支持市本级电子商务发展；若申报奖励总额超出当年度专项资金安排的，则第一至九条按比例实行奖励补助。本政策适用于市本级各区（含南太湖新区）、乡镇（街道）、村（社区），以及在市本级依法设立，具有独立法人资格且在本地依法申报纳税的电子商务企业、组织或机构。同一项目涉及多项奖励的，实行从高原则，不重复享受。当年度发生违法行为或列入失信黑名单的企业不得享受本政策。

本政策中可享受奖励补助应达到的有关标准的统计从2019年度开始计算。

本政策自公布之日起施行。《湖州市人民政府办公室关于印发湖州市促进电子商务加快发展十条扶持政策的通知》（湖政办发〔2016〕52号）同时废止，三县可参照执行。

湖州市人民政府办公室关于高质量加快推进未来社区试点建设工作的意见

湖政办发〔2019〕35号　（2019年12月31日）

各区县人民政府，市府各部门，市直各单位：

为进一步贯彻落实《浙江省人民政府关于印发浙江省未来社区建设试点工作方案的通知》（浙政发〔2019〕8号）、《浙江省人民政府办公厅关于高质量加快推进未来社区试点建设工作的意见》（浙政办发〔2019〕60号）要求，高质量加快推进我市未来社区试点建设工作，经市政府同意，现提出如下意见：

一、以群众满意为导向，科学统筹实施

（一）突出群众满意导向。始终把人民满意度作为最终评判标准，广泛征求群众意愿，充分吸纳群众诉求，确保群众搬得进、住得起、过得好。积极引入重大课题研究、共性技术攻关和重大科技成果示范应用，着力提升群众获得感、幸福感、安全感。（责任单位：市发展改革委、市科技局、市自然资源和规划局、市建设局、各区县政府。列第一位的为牵头单位，下同）

（二）坚持分类统筹实施。以改造更新类为主，适当兼顾规划新建类，注重分类推进、精准施策，到2021年底，每个区县至少创建1个省级试点；到2022年底，实现未来社区试点建设全面复制推广。存在多孔预制楼板等安全隐患的老旧小区，鼓励实行全拆重建或插花式改建，不留安全后遗症。（责任单位：市发展改革委、市建设局、各区县政府）

（三）注重科学规划引领。完善国土空间总体规划、专项规划、详细规划，科学优化详细规划调整程序，按照“5、10、30分钟出行圈”要求，健全社区公共服务与基础设施配套。按照先易后难、滚动实施原则，建立未来社区建设项目储备库。试点实施主体要高质量创新项目规划设计方案，打造高标准规划样板。（责任单位：市发展改革委、市自然资源和规划局、市建设局、各区县政府）

二、以创新集约为路径，集成要素保障

（四）集约高效利用土地。按照公共交通导向（TOD）理念，进行疏密有致、功能复合开发。加大存量用地盘活利用力度，打破一刀切模式，科学合理确定地块容积率、建筑限高、绿地率等规划技术指标。允许试点项目公共立体绿化合理计入绿地率，鼓励和扶持建立社区农业等立体绿化综合利用机制，推行绿色建筑。支持试点项目合理确定防灾安全通道、架空空间和公共开敞空间不计入容积率。支持试点项目空中花园阳台的绿化部分不计入住宅建筑面积和容积率。对符合条件的土地高效复合利用试点项目，纳入存量盘活挂钩机制管理，按规定配比新增建设用地计划指标。允许依法采用邀请招标方式、通过评定分离办法选择方案设计、咨询单位。实施方案中的容积率、绿地率、建筑限高等相关规划技术指标由规委会审定同意后，可以“带方案”进行土地公开出让。（责任单位：市自然资源和规划局、市发展改革委、市建设局、市政务办、各区县政府）

（五）加大资金保障力度。积极争取相关国家补助资金、省未来社区建设投资基金有关专项资金补助和费用减免政策优先向未来社区项目倾斜。邻里集市中的农产品批发市场、农贸市场相关房产税和城镇土地使用税，依据《财政部税务总局关于继续实行农产品批发市场农贸市场房产税城镇土地使用税优惠政策的通知》（财税〔2019〕12号）执行。除法律法规另有规定外，改造更新类试点项目对应土地出让收益的地方留存部分，全部用于支持试点项目建设；纳入省级试点创建名单的项目，土地出让后地方留存部分予以返还。（责任单位：市财政局、市税务局、市发展改革委、市建设局、各区县政府）

（六）畅通金融支持渠道。引导银行业金融机构加大信贷支持，鼓励提供优惠利率。积极引入政策性金融机构资金，参与未来社区试点建设前期投资。引导基金、保险资金、上市公司资金及其他社会资金按一定比例纳入社区运营资金。鼓励给予试点社区实施主体房屋预售、按揭贷款等政策支持。（责任单位：市金融办、市财政局、市人行、市建设局、各区县政府）

（七）加强人才创业支持。支持未来社区试点项目人才公寓租购同权。积极探索以房引才，按照分层分类原则，对试点项目新引进的人才，按市人才新政给予住房激励、购房优惠、房租补贴等各项支持。鼓励试点项目入驻人才利用居所、共享办公空间等开展

自主创业，参照市相关创业政策给予税费减免、创业补贴等支持。（责任单位：市委人才办、市财政局、市人力社保局、各区县政府）

三、以转型治理为抓手，创新管理模式

（八）创新服务集成供给。创新试点项目社区业态和生活服务供给，通过预留规划布点、推动模式革新、促进资源下沉等方式优先配置文化教育等优质公共服务资源，配置3岁以下养育托管点，积极推进幼托一体，落实幼小资源对接。完善社区居民24小时生活服务供给，按每百户不少于80平方米标准落实社区配套用房面积比例，鼓励邻里中心一站式集约配置服务空间。支持成立或引进连锁机构进行社区相关服务标准化管理，优化运营机制，有关公共设施可通过产权移交、授权委托等方式，由政府部门和专业机构统一维护管理。鼓励采取特许经营权等方式，借助省未来社区产业联盟，积极引进社区综合能源资源供应商，创新应用装配式超低能耗建筑，探索可持续建设运营模式。（责任单位：市发展改革委、市教育局、市公安局、市民政局、市商务局、市文化广电旅游局、市卫生健康委、市市场监管局、市体育局、市人防办、各区县政府）

（九）深化社区治理模式。构建党建引领的科学高效社区治理架构，大力培育发展社区社会组织，争当基层治理现代化的排头兵。以社区有场地、公益出服务模式，动员专业化公益组织等社会力量参与社区治理，提供登记注册、业务申请和项目推进等服务便利，鼓励建立“一平台、一窗、一人”的全科社区工作者服务模式。推行居民互助自治，建立积分换服务、服务换积分机制，鼓励通过社区基金会等公益性组织，对社区居民自治和公益性活动予以支持。（责任单位：市民政局、市财政局、市市场监管局、各区县政府）

（十）大力促进数字转型。将未来社区作为数字经济“一号工程”和智慧城市创新落地单元，优先推动第五代移动通信技术（5G）应用。落实未来社区实体建设和数字建设孪生理念，加快推广应用社区信息模型（CIM）平台，集成数字化规划、设计、征迁、施工管理，提升试点项目建设质量和效率。加快建设应用社区智慧服务平台，探索社区居民依托平台集体选择有关配套服务，探索“时间银行”养老模式，推广“平台+管家”物业服务模式，鼓励共享停车模式，推进社区智慧安防建设。在保证数据安全、做好风险管控前提下，大力推进未来社区数字标准化工作，所有场景应用的数据基于省公共数据平台通过社区数字化操作系统共享。（责任单位：市发展改革委、市经信局、市公安局、市民政局、市建设局、市大数据局、各区县政府）

四、以深化改革为支撑，营造良好氛围

（十一）不断深化改革探索。深入落实“最多跑一次”改革要求，加快建立试点项目绿色通道，集成土地收储、控规调整、用地出让、审批许可等工作，进一步减流程、减环节、减事项，确保试点项目按照时间节点和计划要求规范有序推进。切实落实项目化管理要求，实施试点项目动态评价监测体系，落实工程建设审计监督制度，确保试点目标任务全面达成。强化支持政策期权激励，试点项目正式命名公布后，予以兑现相关支持政策。（责任单位：市发展改革委、市自然资源和规划局、市财政局、市建设局、市政务办、各区县政府）

（十二）营造良好舆论氛围。充分发挥各类媒体的宣传引导作用，着力普及未来社区建设初心和理念，生动展现未来社区建设亮点和先进，及时总结推广成功经验和典型做法，鼓励各区县比学赶超，广泛调动社会各界参与未来社区建设的积极性和能动性，积极营造共谋共建共享未来社区的良好氛围。（责任单位：市委宣传部、市发展改革委、各区县政府）

（十三）健全机制加强考核。建立市领导牵头的市未来社区建设联席工作制度，下设工作专班。健全市级协调、县级主抓的工作体系。未来社区试点工作纳入市扩大有效投资考核及激励。市级有关部门加强未来社区建设工作指导，各区县发扬首创精神，真抓实干，积极推动试点建设各项工作落到实处、取得实效。（责任单位：市级有关部门、各区县政府）

本意见自2020年2月10日起施行。

名　录

·光荣榜·

连续三年被评为“金象金牛”的企业

金象：

天能集团
永兴特种材料科技股份有限公司
超威集团
升华集团控股有限公司
美欣达集团有限公司
久立集团股份有限公司
浙江泰普森实业集团有限公司
德华集团控股股份有限公司
桐昆集团浙江恒腾差别化纤维有限公司
浙江大东吴集团有限公司
新凤鸣集团湖州中石科技有限公司

金牛：

佐力控股集团有限公司
浙江欧诗漫集团有限公司
华祥（中国）高纤有限公司

2019 年度湖州市纳税大户名单

天能控股集团有限公司
上海南方水泥有限公司湖州运营中心
湖州市城市投资发展集团有限公司
永兴特种材料科技股份有限公司
升华集团控股有限公司
超威集团
美欣达集团有限公司
久立集团股份有限公司
浙江天振竹木开发有限公司
浙江泰普森实业集团有限公司
德华集团控股股份有限公司
浙江五龙新材股份有限公司
柯锐世（长兴）电气有限公司
诺力智能装备股份有限公司
浙江尤夫高新纤维股份有限公司
巨人通力电梯有限公司
佐力控股集团有限公司
浙江鼎力机械股份有限公司
桐昆集团浙江恒腾差别化纤维有限公司
香飘飘食品股份有限公司
浙江富钢金属制品有限公司
珀莱雅化妆品股份有限公司湖州分公司
恒林家居股份有限公司
浙江大东吴集团有限公司
永艺家具股份有限公司
浙江金洲管道科技股份有限公司
浙江伊卡新能源汽车有限公司
湖州市交通投资集团有限公司
浙江振兴阿祥集团有限公司
浙江三一装备有限公司
恒达富士电梯有限公司
长兴旗滨玻璃有限公司
安吉南方水泥有限公司

2019 年度“金象金牛”企业

（一）2019 年度“金象”企业（12 家）

天能控股集团有限公司
永兴特种材料科技股份有限公司
超威集团
升华集团控股有限公司
美欣达集团有限公司
久立集团股份有限公司
浙江天振竹木开发有限公司
浙江泰普森实业集团有限公司
德华集团控股股份有限公司
桐昆集团浙江恒腾差别化纤维有限公司
浙江大东吴集团有限公司
新凤鸣集团湖州中石科技有限公司

（二）2019 年度“金牛”企业（8 家）

浙江五龙新材股份有限公司
柯锐世（长兴）电气有限公司
巨人通力电梯有限公司
浙江鼎力机械股份有限公司
佐力控股集团有限公司
浙江长城电子科技集团有限公司
浙江欧诗漫集团有限公司
华祥（中国）高纤有限公司

2019 年湖州市政府质量奖

湖州新天外绿包印刷有限公司
湖州安达汽车配件有限公司
浙江汇隆新材料股份有限公司
浙江洪波科技股份有限公司
莱美科技股份有限公司
浙江依蕾毛纺织有限公司
新凤鸣集团湖州中石科技有限公司
浙江世佳科技股份有限公司
浙江德马科技股份有限公司

2019 年度区县考核结果

（一）区县考核结果

一等：

德清县
长兴县
吴兴区

二等：

安吉县
南浔区

（二）南太湖新区考核结果

二等：

南太湖新区

2019 年度“三服务”活动优秀奖名单

（一）“三服务”活动优秀区县

吴兴区

（二）“三服务”活动优秀部门

市公安局
市经信局
市金融办

·光荣榜·

2019 年度高质量赶超发展先进集体和先进个人

一、“六个城市”建设

（一）生态样板城市建设

先进集体（5 个）

市生态环境局南浔分局
市生态环境局德清分局
市委宣传部
市发展规划研究院
市农业农村局

先进个人（15 名）

金天红　市生态环境局吴兴分局
王晴晴　长兴县综合执法局
黄　强　安吉县综合执法局

施海峰　南太湖新区龙溪街道
杨华国　市委办公室
石　杨　市经信局
钟辰天　市公安局食药环支队
潘登宇　市财政局
黄　玲　市自然资源和规划局
顾鑫昀　市生态环境局
蒋忠华　市文化广电旅游局
王忠海　市市场监管局
汪炜红　市金融办
周晓强　市统计局
彭伟伟　市法院

（二）绿色智造城市建设

先进集体（5个）

莫干山高新区经发局
安吉县经信局
市委人才办
市经信局
市金融办

先进个人（15名）

顾冶平　吴兴区发改经信局
袁梦华　南浔区发改经信局
施剑锋　德清县经信局
夏永明　德清县雷甸镇
姚建忠　长兴县经信局
邵永杰　长兴县煤山镇
张　咏　安吉县发改局
陶婧婷　安吉县经信局
杨志杰　南太湖新区经发局
卢晨迪　市委组织部
沈梦蔚　市经信局
袁雄健　市科技局
杨　丹　市人力社保局
慎佳泓　市生态环境局
吕　凡　市金融办

（三）滨湖旅游城市建设

先进集体（6个）

市委宣传部
市发展改革委服务业发展处
市财政局
市自然资源和规划局国土空间规划处
市商务局
市文化广电旅游局

先进个人（20名）

徐光鹏　市委组织部
吕银银　市新闻传媒中心
沈惠东　市经信局
徐小军　市教育局
吴永星　市公安局
黄建章　市人力社保局
刘秀珍　市生态环境局
姚启航　市建设局
章　睿　市交通运输局
王旭强　市水利局
吴建荣　市农业农村局
浦玉合　市市场监管局
张静华　市体育局
王　熠　市统计局
朱立旸　市综合执法局
陈玮萍　市大数据局
周志强　市区域合作办
徐银银　市法院
王锡荣　市总工会
邱　琴　市产业集团

（四）现代智慧城市建设

先进集体（6个）

德清县大数据局
市公安局
市中心医院
市金融办
市大数据局
市城市集团

先进个人（20名）

梅　勇　吴兴区大数据局
杨宇波　南浔区大数据局
赵方正　德清县大数据局
邹翔峰　长兴县大数据局
张建勇　安吉县大数据局
陈　理　市委编办
李立荣　市发展改革委
陈富荣　市经信局
王　飞　市公安局
赵明明　市财政局
吴　盈　市自然资源和规划局
韦云波　市生态环境局
张默晗　市交通运输局
杨旭成　市卫生健康委
施新兵　市市场监管局
李苑峰　市金融办
朱学芳　市大数据局
王　莉　市政务办
马　麟　市城市集团
张武斌　市交通集团

（五）枢纽门户城市建设

先进集体（6个）

南浔区交通局
市发展改革委固定资产投资处
市财政局经济建设处
市自然资源和规划局
市交通运输局
市区域合作办

先进个人（20名）

顾昶辉　吴兴区交通局
陈子龙　吴兴区埭溪镇
顾月洪　南浔区交通局
董海辉　南浔区长三角一体化办公室
杨剑炜　德清县交通运输局
姜德虎　德清县交通运输局
钱宝明　长兴县交通运输局
徐建华　长兴县交通运输局
朱　楠　安吉县交通运输局
朱越峰　安吉县梅溪镇
林世全　市发展改革委
朱程遥　市公安局交警支队
陈国强　市财政局
李　东　市自然资源和规划局
胡佐平　湖州南太湖建设投资管理有限公司
沈　云　市交通运输局
俞中奇　市港航管理局
尹如飞　市交通建设管理局
齐　源　湖州湖皖高速公路有限公司
汝洪博　市区域合作办

（六）美丽宜居城市建设

先进集体（6个）

吴兴区道场乡政府
南浔区水利局
德清县建设局
中建设工程质量监督站南太湖新区分站
市“三改一拆”办
市综合执法局

先进个人（20名）

代　旻　吴兴区朝阳街道
费　梁　市生态环境局南浔分局
张燕飞　长兴县建设局
施振鸿　安吉县城投集团
伍永生　南太湖新区建设局
金　奇　市委办公室
施　玮　市政府办公室
王　晨　市委组织部
王　滢　市委宣传部
郑雪峰　市委政法委
陈　正　市中小企业服务中心
刘　莉　市教育局
李梦蕾　市科技局
符　俊　市司法局
项江鸿　市自然资源和规划局
钦　锋　市生态环境局
李玲芳　市交通规划设计院

李　环　市农业农村局
裘　钢　市文化馆
杜晓刚　市卫生监督所

二、十大专项行动

（一）城市能级提升行动

先进集体（6个）

市发展改革委发展规划处
市自然资源和规划局
市建设局
市道路运输管理局
市大数据局
市城市集团

先进个人（20名）

韩　翔　吴兴区建设局
孙钟良　南浔区建设局
施　韬　南太湖新区建设局
姚　骅　市发展改革委
朱建平　市教育局
徐　榧　市民政局
李耿翀　市人力社保局
陆慧敏　市自然资源和规划局
刘倩俊　市生态环境局
郭旭华　市建设局
孙昊琳　市建设局
沈庆松　市交通运输局
周　燕　市水利局
邱妤怡　市商务局
沈鸿霞　市文化广电旅游局
沈霞萍　市卫生健康委
潘国强　市大数据局
费子明　市城市集团
章国荣　市交通集团
凌永福　市产业集团

（二）产业质效突破行动

先进集体（5个）

吴兴区发改经信局
长兴县经信局
市财政局
市规划院
市统计局

先进个人（15名）

倪海潮　吴兴区发改经信局
周洪伟　吴兴区发改经信局
刘晓芬　南浔开发区管委会
许惠芳　南浔区发改经信局
许哲锋　德清县新市镇
沈强南　长兴县夹浦镇
邹　巍　安吉县发改局
周焱彬　南太湖新区经发局
胡　畅　市发展改革委
陈宝良　市财政局
马重远　市自然资源和规划局
宗　荔　市商务局
徐　艾　市统计局
盛丽芳　市人行
陆宗锴　市银保监局

（三）环境治理攻坚行动

先进集体（5个）

市生态环境局长兴分局
市生态环境局南太湖新区分局
市生态环境局
市建设局质监站
市水利局

先进个人（15名）

沈中伟　吴兴区织里镇
谈利强　市生态环境局南浔分局
朱晨涛　德清县新市镇
赵　俊　市生态环境局安吉分局
居世宾　市政府办公室
章志虎　市经信局
陆建强　市公安局交警支队
倪东明　市财政局
张　珑　市自然资源和规划局
徐　晶　市生态环境局
段致刚　市建设局
陈　杰　市交通运输局
朱振华　市水利局水文站
徐红兵　市农业农村局水产技术推广站
潘峰强　市综合执法局

（四）重大战略融入行动

先进集体（6个）

南浔区长三角办
德清县经合中心
市发展改革委
市交通运输局
市商务局
市区域合作办

先进个人（20名）

费　菲　吴兴区发改经信局（区域合作办）
陈雪峰　长兴县发改局（区域合作办）
余明华　安吉县发改局（区域合作办）
郁　峰　南太湖新区经发局
谢少泽　市委办公室
周　煜　市人大常委会办公室
周钟镜　市政府办公室
黄　枫　市政协办公室
温利强　市委组织部
陆孙杰　市委宣传部
沈慧萍　市委政研室
蔡建明　市经信局
刘　明　市科技局
卢丙成　市人力社保局
朱振杰　市自然资源和规划局
岑沁远　市建设局
李　元　市文化广电旅游局
周联文　市金融办
刘海兵　市政府驻上海联络处
赵敏祥　市工商联

（五）科技创新加速行动

先进集体（6个）

吴兴区科技局
德清县科技局
长兴县科技局
莫干山高新区科技局
市委人才办
市科技局

先进个人（20名）

施迎梅　浙江佳成科技创业园有限公司
孙玮洁　南浔区科技局
李小科　湖州衡鼎产品检测中心
朱　强　浙江大学人工智能研究所德清研究院
吴志广　浙江德清加州农业股份有限公司
郭营军　湖州昆仑动力电池材料有限公司
朱清清　安吉县科技局
陈林泉　安吉县笔架山农业高新技术产业园区管委会
杨迎华　市南太湖科创中心
郑　涛　中国科学院广州能源研究所湖州中心
康　晔　见田（湖州）众创空间管理有限公司
董　璐　市经信局
楼　斌　市科技局
赵京文　市科技创业服务中心
朱　堃　市财政局
俞　强　市人力社保局
王大伟　市统计局
郑　巍　市税务局
朱　健　市社科院
周继军　湖州杭州电子科技大学技术转移中心

（六）营商环境优化行动

先进集体（6个）

安吉县政务办
市发展改革委

市建设局
市市场监管局
市政务办
市税务局纳税服务科

先进个人（20 名）

黄　菊　吴兴区政务办
邵晓红　南浔区市场监管局
沈红芳　南浔区政务办
沈肖玲　德清县发改局
姚曙红　长兴县发改局
金　琳　安吉县政务办
彭之楠　市市场监管局南太湖新区分局
胡鸣青　南太湖新区投资促进局
余佳能　市发展改革委
陈小琴　市经信局工业行业管理服务中心
孙　耀　市不动产登记服务中心
金忠伟　市建设局
高　俊　市市场监管局
潘　磊　市政务办
冯建峰　市政务办
杨林法　市法院
王　敏　国家统计局湖州调查队
徐淦荣　湖州电力局
谭金章　市水务集团
丁　娇　市通发办

（七）乡村振兴示范行动

先进集体（6 个）

吴兴区织里镇农业农村办公室
南浔区农业农村局
德清县农业农村局
长兴县农业农村局
安吉县天了湖镇政府
市委组织部

先进个人（20 名）

潘卫华　吴兴区道场乡
施益忠　吴兴区妙西镇龙山村
李小斌　吴兴区湖州弘鑫生态农业科技有限公司
卫　良　南浔区农业农村局
钮桂香　南浔区双林镇公共事业服务中心
徐国平　南浔区旧馆镇
嵇月红　德清县财政局
郑贾whether　德清县农业农村局
费贵洪　清县禹越镇
黄玉安　长兴县农业农村局
宋荣荣　长兴县供销社
王一珏　长兴县和平镇
曾莉莉　安吉县农业农村局
卜建平　安吉县递铺街道银湾村
翟金坚　安吉县孝丰镇
陈明生　市财政局
李　颖　市自然资源和规划局
邰宝春　市供销社
卢　峰　湖州电力局
沈建忠　省农信联社湖州办事处

（八）平安示范先行行动

先进集体（6 个）

吴兴区委政法委
南浔区练市镇
长兴县委政法委
安吉县鄣吴镇平安家园卫队
市公安局
市市场监管局

先进个人（20 名）

王远德　吴兴区织里镇
沈洪亮　南浔区委政法委
潘新林　德清县委政法委
盛国权　德清县乾元镇
许　康　长兴县太湖街道
厉海荣　安吉县消防救援大队
严红辉　南太湖新区党工委政法委
张　健　市委办公室
卢　涛　市委政法委
胡目军　市信访局
崔燕荣　市教育局
沈国庆　市公安局
蔡勇勇　市司法局
闵群荣　市自然资源和规划局
邱益刚　市生态环境局
徐　鹏　市交通运输局
邱志强　市应急管理局
沈　杰　市法院
陆峰美　市检察院
孙露军　市消防救援支队

（九）民生福祉改善行动

先进集体（6 个）

市教育局
市民政局
市文化广电旅游局
市卫生健康委
市体育局
市医保局

先进个人（20 名）

张月欢　市纪委（市监委）
杨培江　市人大常委会教科文卫工委
陈吉广　市政府办公室
庄丽勤　市教育局
蔡小生　市教育局
俞作为　吴兴高级中学
朱宝娜　市民政局
翁光杰　市民政局
肖　岚　市民政局
茅秀琳　市财政局
钱靓靓　市人力资源和社会保障信息中心
张　珏　市不动产登记服务中心
陆敏敏　市文化广电旅游局
翁艳艳　市卫生健康委
胡旭强　市市级公立医院发展中心
范晓晨　市市级公立医院发展中心
杨伟鑫　市体育局
沈振纠　市医保局
方瀚达　市红十字会
陈瑞华　市城建集团

（十）干部绩效比拼行动

先进集体（6 个）

吴兴区织里镇
南浔开发区
德清县综合执法局
长兴县经信局
安吉县发改局
市委组织部

先进个人（20 名）

谈　波　吴兴区商务局
毕　欢　吴兴高新区公共资源交易分中心
朱建章　南浔区水利局
翟海峰　南浔区旧馆镇
姚建强　德清县农业农村局
肖新方　德清县阜溪街道
陈剑峰　长兴县发改局
葛铭松　长兴县财政局
杨忠义　安吉县农业农村局
章熙翔　安吉县综合执法局
沈柏松　南太湖新区党群工作部
李英传　市纪委（市监委）
卢晓宏　市委组织部
何健丙　市委宣传部
刘慧敏　市直机关工委
郜世通　市委党校
于　侃　市公安局
施　丹　市人力社保局
傅自强　市自然资源和规划局
金　振　市道路运输管理局

·光荣榜·

2019 年度全市重点工作突出贡献集体和个人

一、庆祝新中国成立70周年维稳安保工作（含互联网大会、进博会等）

突出贡献集体（25个）

吴兴区信访局
吴兴区检察院
南浔区委政法委
南浔区消防救援大队
南浔区双林镇
德清县委政法委
德清县应急管理局
长兴县信访局
长兴县公安局城东派出所
安吉县信访局
安吉县昌硕街道办事处
南太湖新区滨湖街道办事处
市互联网信息办公室
市直机关工委
市教育局
市公安局情指联勤中心
市公安局治安支队
市安全局
市建设局
市交通运输局
市应急管理局
市金融办
市法院立案庭
市检察院第一检察部
市邮政管理局

突出贡献个人（50名）

王国良　吴兴区司法局
孙一兵　吴兴区人力社保局
钱　敏　吴兴区八里店镇
莘根荣　市公安局南浔区分局南浔派出所
沈晓强　南浔开发区管委会
宋锦荣　南浔区千金镇
朱晓华　德清县委宣传部
朱建廷　德清县公安局新市派出所
葛　兵　德清县建设局
吴伟琪　长兴县公安局雉城派出所
陈利堂　长兴县应急管理局
熊太平　长兴县市场监管局
陈吉康　长兴县法院
张　超　安吉县委宣传部
杜　京　安吉县人力社保局
曾红星　安吉县孝丰镇
黄　彦　南太湖新区党工委政法委
项　健　南太湖新区龙溪街道
井　波　市委办公室
王敏健　市政府办公室
杨　斌　市委组织部
石胜祥　市委统战部
孙谢辉　市委政法委
钟卫平　市信访局
袁国忠　市信访局
唐悦诚　市公安局
沈豪杰　市公安局
杨晓辉　市公安局
许洪文　市公安局
卢建浩　市公安局
冯育嵘　市公安局
宋成伟　市安全局
方　冲　市民政局
姚　华　市民政局
孙国平　市司法局
宋华清　市财政局
魏　磊　市人力社保局
岳言龙　市自然资源和规划局
朱宝军　市生态环境局
费颖倩　市商务局
常　乐　市卫生健康委
韩德佳　市退役军人事务局
何　健　市退役军人事务局
从明明　市应急管理局
窦　锋　市外办
翁伯强　市市场监管局
杨晓琴　团市委
朱骁帆　湖州军分区
金信明　市武警支队
方盛荣　市消防救援支队

二、“三服务”活动

突出贡献集体（25个）

吴兴区发改经信局
吴兴区织里镇政府
南浔区市场监管局
南浔区石淙镇政府
德清县农业农村局
德清县舞阳街道办事处
长兴县委办公室
长兴县龙山街道办事处
安吉县文体旅游局
安吉县昌硕街道办事处
南太湖新区仁皇山街道办事处
市委办公室
市政府办公室
市委宣传部
市委两新工委
市新闻传媒中心广播中心
市教育局
市自然资源和规划局
市建设局物业专班
市农业农村局
市商务局
市卫生健康委
市市场监管局
市综合执法局
市大数据局

突出贡献个人（50名）

潘永锋　吴兴区委
陆继龙　吴兴区委办公室
陈鸿斌　市公安局吴兴区分局
娄亚龙　吴兴区法院
杨　斌　吴兴区八里店镇
吴群英　南浔区委办公室
陈泽育　南浔区委组织部
陈　宇　南浔区农业农村局
凌　晨　南浔区和孚镇
费海峰　南浔区旧馆镇
沈　莹　德清县自然资源和规划局
康娌娜　德清县新闻中心（县广播电视台）
房红良　德清县武康街道
宣坚锋　德清县钟管镇
甘崇宾　长兴县经信局
许云峰　长兴县人力社保局
钱学良　长兴县水利局
王　敏　长兴县林城镇
程龙川　安吉县公安局
沈晓燕　安吉县自然资源和规划局
胡红斌　市生态环境局安吉分局
胡婉茜　安吉县商务局
费逸晗　南太湖新区管委会办公室
曹莉敏　南太湖新区政务服务中心
王明峰　南太湖新区康山街道沙家浜村
徐　运　市委办公室
邓兆洲　市人大常委会办公室
陶鹏程　市政府办公室
胡清宇　市政协办公室
顾兰兰　市委统战部
郭燕华　市委政法委
周国亮　市直机关工委
杨　骏　市新闻传媒中心
刘庆国　市发展改革委
杨鑫盛　市经信局
费天怿　市科技局
周昕晴　市民政局
辅利刚　市人力社保局
周　均　市生态环境局
钮敏杰　市交通运输局
潘　瑾　市文化广电旅游局
许跃平　市统计局

孙登峰　市医保局
刘　芸　市政务办
张毓岑　市检察院
翟　青　市总工会
王文国　市税务局
胡　伟　湖州海关
孙　益　湖州电力局
赵　刚　市消防救援支队

三、2019·湖州人大会工作

突出贡献集体（15个）

南太湖新区党群工作部
市政府办公室秘书处
市政府地方志编纂室
市新闻传媒中心
市发展改革委
市经信局
市财政局
湖州大剧院管理中心
市供销社
团市委
市社科联
市侨联
湖州文化场馆经营有限公司
市诗词与楹联学会
市餐饮商会

突出贡献个人（78名）

黄红梅　吴兴区委统战部
温绿琴　吴兴区织里镇
冯旭康　南浔区委统战部
吴书谊　南浔区委统战部
俞芳英　南浔区商务局
李　强　德清县工商联
孙　冰　德清县钟管镇
林爱雪　长兴县驻上海商会
黄加鸣　长兴县水口乡人武部
周翊娴　安吉县委组织部
万一娟　安吉县工商联
李军奎　南太湖新区宣传中心
顾　熹　市公安局南太湖新区分局
王　秦　市委办公室
张志勇　市委办公室
金　欣　市委办公室
岳海东　市政府发展研究中心
朱　婧　市政协办公室
刘自林　市委组织部高层次人才服务中心
徐　灏　市委组织部人才发展研究中心
宋依文　市互联网新闻舆情中心
沈　华　市精神文明建设指导中心
姬诚诚　市委统战部
陈晓龙　市委统战部
沈美萍　市台办
张方俊　市信访局
庄　甄　市委老干部局
沈永明　市档案馆
魏　新　市新闻传媒中心
慎　寒　市新闻传媒中心
朱国俊　市新闻传媒中心
孙　玮　浙江赢家文化发展有限公司
周　煜　市人大民宗侨外委
张　潮　市发展改革委
赵卫明　市经信局
沈惠东　市工业行业管理服务中心
吕娇龙　市教育局
左　航　市科技信息研究院
王明礼　市公安局交警支队
孔群群　市财政局
俞　强　市人力社保局
孙逾越　市治水办
邱　原　市公用事业管理中心
邱　芬　市经济作物技术推广站
沈威楠　市商务局
臧建志　市文化广电旅游局
陈　恺　市文化市场行政执法支队
金媛媛　市博物馆
范红屹　市卫生健康委
严培芳　市急救中心
梅　懿　市退役军人事务局
吴　波　市审计局
林　昱　市国资委
吴燕燕　市市场监管局
徐　超　市市场监管局
吕　凡　市金融办
佘建军　市体育局
杨爱华　市综合执法局
潘丰华　市区域合作办
傅宇晨　市供销社
朱韵菲　市供销社
高寅超　市农合联资产经营有限公司
张　静　市机关事务中心
蒋文亮　市机关公务用车服务中心
俞文忠　市总工会
高　婷　团市委（挂职）
汪方华　市妇联
陈焕元　市科协
沈　勤　市文联
周继平　市社科联
许伟祥　市残联
袁新社　市工商联
周　巍　市工商联非公经济服务中心
董　轶　市工商联非公经济服务中心
沈　嘉　民革湖州市委
倪　琰　湖州文化场馆经营有限公司
卢明龙　市诗词与楹联学会
曹小萍　市餐饮商会

四、机构改革

突出贡献集体（10个）

吴兴区委编办
南浔区委编办
德清县委编办
长兴县委编办
安吉县委组织部
市委办公室
市政府办公室
市委组织部
市委编办
市社会保险事业管理中心

突出贡献个人（20名）

胡卫东　吴兴区委组织部
张学民　吴兴区八里店镇
陈　晨　南浔区委组织部
仰国红　南浔区练市镇
沈　华　德清县委编办
王国良　德清县武康街道
刘　彬　长兴县委编办
钱　毅　长兴县和平镇
张凯文　安吉县委组织部
余　卫　安吉县梅溪镇
周　誉　南太湖新区党群工作部
王宗明　市纪委（市监委）
鲁有铭　市委组织部
施立斌　市委组织部
沈　莉　市委编办
范学良　市委编办
邵正九　市委编办
慎悦蕊　市委编办
沈　梅　市财政局
程　树　市机关事务中心

五、重大项目建设攻坚

突出贡献集体（25个）

吴兴区发改经信局
吴兴高新区管委会
吴兴区织里镇政府
南浔区发改经信局
南浔区交通集团
南浔开发区管委会
德清县发改局

莫干山高新区通航局
启航汽车有限公司
长兴县发改局
长兴县自然资源和规划局
长兴开发区管委会
安吉县发改局
省际承接产业转移示范区安吉分区管委会
安吉县山川乡政府
市自然资源和规划局南太湖新区分局
南太湖新区长东片区建设指挥部办公室
湖州唯品会物流有限公司
市沪苏湖与湖杭铁路建设指挥部
市房屋征收补偿管理中心
市交通运输局
市太湖建管中心
市总工会
市城建集团
市交通集团

突出贡献个人（40名）

杨元江　吴兴区发改经信局
陈　力　吴兴区发改经信局
何俊奇　南浔区发改经信局
董海辉　南浔区商务局
朱哲飞　南浔区城市集团
朱升旗　南太湖新区企业发展中心
陆小军　南太湖新区建设局
徐一丹　南太湖新区投资促进局
章洪春　德清县发改局
王明江　德清县乾元镇
唐　亮　长兴县发改局
陈　炜　长兴新能源装备高新区党工委
殷　英　安吉县发改局
章海东　安吉县经信局
李俊杰　市委办公室
赵　翔　市政府办公室
徐恒飞　市政府办公室
黄　珺　市新闻传媒中心
郑　重　市新闻传媒中心
丁　捷　市发展改革委
童云芳　市重点办
郭亚军　中铁十七局集团第一工程有限公司
周雅丽　市中小企业服务中心
陈洪全　市财政局
张　翔　市财政局
王勋东　市自然资源和规划局
顾马玮珏　市自然资源和规划局
林　兰　市环境监察支队
刘德柱　市环境卫生管理处
徐晓亮　市交通工程质量安全监督站
吴海燕　市水利局
程　笑　市商务局
俞　敏　市审计局
赵青刚　市国资委
邱国欣　市统计局
丁　亮　市水务集团
王　璟　湖州房总地产开发集团有限公司
万　勇　浙江吉宁高速公路有限公司
浦振豪　申嘉湖高速公路安吉孝源至唐舍段项目建设指挥部
丁　瀚　湖州电力局

六、生活垃圾精准分类

突出贡献集体（25个）

吴兴区建设局
吴兴区龙泉街道学士府社区
吴兴区织里镇政府
南浔区建设局
南浔区综合执法局
南浔区和孚镇政府
德清县综合执法局
德清县阜溪街道办事处
德清县莫干山镇政府
长兴县建设局
长兴县农业农村局
长兴县雉城街道办事处
安吉县综合执法局
安吉县机关事务中心
安吉县昌硕街道办事处
南太湖新区公用事业管理中心
南太湖新区仁皇山街道办事处
南太湖新区凤凰街道办事处
市发展改革委资源节约处
市第一中学
市房地产物业管理服务中心
市农业农村局
市再生资源回收利用体系建设领导小组办公室
市综合执法局执法指导一处
市机关服务中心

突出贡献个人（40名）

张　睿　吴兴区建设局
何丹妮　吴兴区农业农村局
袁榴红　南浔区建设局
范洁涛　南浔区农业农村局
虞菊萍　德清县综合执法局
陈海平　德清县舞阳街道
候海明　德清县武康街道
朱建清　长兴县建设局
沈树成　长兴县商务局
徐一杰　长兴县和平镇
梅本炜　安吉县建设局
程双双　安吉县综合执法局
程　飞　安吉县灵峰街道
马长春　南太湖新区公用事业管理中心
沈海湾　南太湖新区龙溪街道
沈慧烨　市委办公室
陈婷婷　市人大城建环资工委
陈建果　市政府办公室
孙　雯　市政协办公室
朱　媛　市委组织部
陆　翔　市委宣传部（市文明办）
潘志良　市发展改革委
马桂芳　市财政局
刘忠涛　市经信局
戴德亮　市教育局
吴锦芳　市生态环境局
沈百勤　市建设局
卢彬斌　市垃圾分类办
郑　晖　市垃圾分类办
邢　斌　市农业农村局
袁　梅　市商务局
高　霄　市文化广电旅游局
蔡建良　市市场监管局
劳敏敏　市综合执法局
汪守东　市机关事务中心
蔡利亚　市总工会
耿春强　团市委
蔡伟丽　市妇联
郑利平　市邮政管理局
包　怿　市城市集团

七、“最多跑一次”改革

突出贡献集体（15个）

吴兴区委政研室（区委改革办）
吴兴区政务办
南浔区政务办
德清县大数据局
长兴县跑改办
安吉县政务办政务服务管理科
市委编办
市经信局
市公安局
市民政局派驻市政务服务大厅窗口
市财政局政策法规处（政务服务管理处）
市人力社保局

市自然资源和规划局
市大数据局
湖州电力局
突出贡献个人（30名）
蔡　昕　吴兴区政务办
宋美琴　南浔区政务办
沈建勇　德清县政务办
史　媛　长兴县人力社保局
濮永辉　长兴县政务办
高　峰　安吉县委办公室
肖学良　南太湖新区政务服务中心
陈　爱　市委办公室
章振麒　市政府办公室
李永超　市委组织部
徐思远　市委政研室
陈明刚　市机构编制电子政务中心
严芳英　市12345政府阳光热线中心
鲁丽莉　市发展改革委
施伟红　市双林中学
黄意峰　市公安局交警支队
吴建军　市公安局拘留所
章　豪　市司法局
汪卫强　市司法局
沈玉凤　市生态环境局
孙悦韬　市建设局
韩利波　市商务局
任　思　市卫生健康委
潘春晖　市金融办
朱　凯　市金融办
柴俊杰　市大数据局
何剑雨　市政务办
朱　瑛　市公共资源交易中心
顾嘉虹　市机关事务中心
潘小强　市公积金管理中心
八、重大主题宣传
突出贡献集体（10个）
吴兴区委宣传部
南浔区政府新闻办
德清县委宣传部
长兴县委宣传部
安吉县委宣传部
市委宣传部
市新闻传媒中心
市国际经济贸易发展中心
市卫生健康委
市金融办综合处
突出贡献个人（20名）
徐周飞　吴兴区委宣传部
徐根红　南浔区委宣传部
梁建红　德清县委宣传部
刘柏平　长兴县委宣传部
陆健斌　安吉县委宣传部
陈旭妍　南太湖新区宣传中心
朱国华　市纪委（市监委）
张守刚　市委办公室
姚　健　市人大常委会办公室
吴青华　市政府办公室
胡晓艳　市委组织部
徐　良　市委宣传部
陈　倩　市委宣传部
孙春华　市委生态文明办
邹银惺　市新闻传媒中心
徐斌姬　市新闻传媒中心
吕　浩　市新闻传媒中心
闵冰星　市新闻传媒中心
马　俊　市公安局
朱晨龙　市财政局
九、城市精细化管理
突出贡献集体（10个）
吴兴区爱山街道办事处
南浔区南浔镇政府
德清县武康街道办事处
长兴县雉城街道办事处
安吉县昌硕街道办事处
南太湖新区仁皇山街道办事处
市公安局
市公用事业管理中心
市综合执法局
市城市集团
突出贡献个人（20个）
顾　明　吴兴区综合执法局
吴红新　吴兴区环渚街道
陈风平　南浔区南浔古镇度假区管委会
赵　寅　南浔开发区管委会
朱丽佳　德清县综合执法局
余利锋　德清县莫干山镇
冯春丽　长兴县委宣传部
程玉兰　长兴县太湖街道
阚华丽　安吉县综合执法局
俞军政　安吉县孝丰镇
许刚辉　南太湖新区综合执法局
徐晓霞　市委办公室
李　宁　市政府办公室
芮菁蔚　市委组织部
江建斌　市委宣传部
施国良　市人力社保局
杨琳杰　市市场监管局
丁　磊　市综合执法局
计晓怡　湖州电力局
羊建民　工行湖州分行
十、国家卫生城市复评
突出贡献集体（10个）
吴兴区卫生健康局
吴兴区龙泉街道办事处
南浔区卫生健康局
南浔区南浔镇政府
南太湖新区凤凰街道办事处
市政府办公室三处
市环境卫生管理处
市卫生健康委健康处
市综合执法支队直属大队
市市场发展有限公司
突出贡献个人（30名）
李晓明　吴兴区政府办公室
王旭明　吴兴区卫生健康局
宋佳佳　吴兴区市场监督管理局
徐　瑜　吴兴区综合执法局爱山中队
徐渭恺　吴兴区月河街道
孙钟良　南浔区建设局
金　艳　南浔区卫生健康局
温国荣　南浔区综合执法局
施东东　南浔市场发展有限公司
陆琴芳　南浔开发区管委会
杨　芳　南太湖新区社会发展服务中心
钮玉婷　南太湖新区滨湖街道
徐　滔　南太湖新区仁皇山街道
张建平　南太湖新区龙溪街道
孙青青　南太湖新区康山街道
宋　涛　市政府办公室
潘亚宾　市委宣传部
包毅强　市公安局交警支队
杨柱荣　市财政局
莫生强　市生态环境局
周继姣　市环境卫生管理处
邱丽婷　市房地产物业管理服务中心
邱　岭　市中房置业有限公司
戴玖德　市卫生健康委
俞梅华　市疾病预防控制中心
华　欢　市卫生监督所
姚世敏　市市场监管局
李立嘉　市综合执法局
孟　斌　市综合执法局
林佳斐　市交通集团
十一、国防动员（国防教育）和征兵工作
（一）国防动员（国防教育）工作
突出贡献集体（12个）
吴兴区卫生健康局

吴兴区应急管理局
南浔区卫生健康局
市公安局南浔区分局
德清县发改局
德清县人防办
长兴县发改局
长兴县经信局
安吉县交通局
安吉县人防办
市发展改革委军民融合发展处
市工业行业管理服务中心

突出贡献个人（27 名）

李　丽　吴兴区卫生健康局
赵永需　吴兴区应急管理局
叶江华　吴兴区八里店镇人武部
王朝阳　吴兴区埭溪镇人武部
严奇峰　南浔区政府办公室
文　涛　南浔区建设局
季泉兴　南浔区交通运输局
唐黎明　南浔民安公益应急救援队
王　辉　湖州东方汽车有限公司
敖煜新　德清县政府
陈亦平　德清县政府
徐　畅　德清县政府办公室
朱鑫波　德清县人武部
朱胜平　德清县下渚湖街道人武部
史晶晶　长兴县政府办公室
张巨富　长兴县人武部
孙连斌　长兴县洪桥镇人武部
钱政彪　长兴县虹星桥镇人武部
沈　华　长兴县煤山镇人武部
王　卿　安吉县人武部
丁　坤　安吉县人武部
张　侠　安吉县发改局
童升明　安吉县财政局
黄岳峰　安吉县递铺街道人武部
王健哲　南太湖新区杨家埠街道人武部
王华荣　市交通运输局
肖天桥　湖州电力局

（二）2018 年度征兵工作

突出贡献集体（14 个）

吴兴区飞英街道办事处
吴兴区织里镇政府
南浔区练市镇政府
南浔区千金镇政府
德清县卫生健康局
德清县新市镇政府
长兴县画溪街道人武部
长兴县雉城街道人武部
长兴县煤山镇人武部
安吉县递铺街道人武部
安吉县梅溪镇人武部
南太湖新区杨家埠街道办事处
市道路运输管理局
市第一人民医院

突出贡献个人（33 名）

马文杰　吴兴区人武部
陈永明　市公安局吴兴区分局
卢　锋　吴兴高新区人武部
邹易非　吴兴区环渚龙泉街道社区卫生服务中心
彭鼎顺　吴兴区龙泉街道人武部
陆国强　南浔区教育局
章锋利　南浔区卫生健康局
杨占桩　南浔开发区人武部
汪震东　南浔区南浔镇人武部
徐　浩　南浔区千金镇人武部
陈　洪　德清县公安局
黄方宴　德清县阜溪街道人武部
杨清宇　德清县武康街道人武部
季忠华　德清县雷甸镇人武部
华　金　德清县钟管镇人武部
张　勇　长兴县龙山街道人武部
汪上兴　长兴县夹浦镇人武部
卢　杰　长兴县林城镇人武部
张大志　安吉县人武部
卢跃忠　长兴县人民医院
祝接兵　安吉县递铺街道人武部
郑贤锋　安吉县昌硕街道人武部
叶贤林　安吉县梅溪镇人武部
丁　兵　安吉县报福镇人武部
张　贤　安吉县溪龙乡人武部
周华俊　安吉县人民医院
谈黎锋　南太湖新区康山街道人武部
汤怡玥　市新闻传媒中心
郑　艳　市新闻传媒中心
李　诚　市埭溪中学
陆　骞　市中心医院
褚敏芬　市医保局
吴诗渊　湖州军分区

十二、招商引资

突出贡献集体（15 个）

吴兴区织里镇政府
吴兴美妆小镇
南浔开发区管委会
德清县钟管镇政府
莫干山高新区管委会
长兴开发区管委会
长兴县和平镇政府
安吉开发区管委会
安吉县投资促进中心
南太湖新区招商服务中心
市委人才办
湖州市企业投资服务中心
市经信局投资处
市商务局
湖州驻上海全球招商引才中心

突出贡献个人（30 名）

谈　波　吴兴区商务局
李　颖　吴兴区卫生健康局
陈玉峰　吴兴高新区管委会
沈德明　南浔区发改经信局
王新光　南浔开发区管委会
沈吴勇　南浔科技新城管委会
邱文辉　德清县发改局
王先进　德清县商务局
归永伟　德清县阜溪街道
李小良　长兴县政府办公室
王明明　长兴县泗安镇政府
张　永　南太湖产业集聚区长兴分区管委
叶超群　安吉县广播电视台
泮剑锋　省际承接产业转移示范区安吉分区管委会
王　伟　南太湖新区招商服务中心
潘海建　南太湖新区招商服务中心
蔡湄吉　市委办公室
章伟杰　市政府办公室
王　博　市委组织部（市委人才办）
劳　动　市发展改革委
胡丕国　市经信局
费　骅　市科技局
郎　昕　市人力社保局
杨　静　市自然资源和规划局
陈　欢　市商务局
吴晓琴　市中心医院
韦　立　市外办
姚友良　市统计局
姚学平　市区域合作办
刘春晓　市城市集团

十三、“中国制造 2025”试点示范城市建设

突出贡献集体（10 个）

南浔区发改经信局
南太湖新区龙溪街道办事处
市发展改革委产业发展处
市科技局
市人力社保局职业能力建设处
市生态环境局
市投资促进局

市法院
市人行
市银保监局
突出贡献个人（20名）
朱　滨　吴兴高新区发改局
张佩方　吴兴区东林镇
朱　华　南浔区善琏镇
张国强　南浔区菱湖镇
陈兴江　德清县乾元镇
叶敏华　德清县钟管镇
刘纪汉　长兴县政府办公室
潘桂英　长兴县经信局
李　玲　安吉县经信局
张周婷　安吉县经信局
沈佳莹　市生态环境局南太湖新区分局
韩明丽　市农业农村局
罗　斌　市应急管理局
李泽良　市国资委
谢阿凯　市市场监管局
雷　唤　市大数据局
沈　端　市区域合作办
杨华林　市政务办
韩　玥　市产业集团
应建国　湖州银行
十四、国家绿色金融改革试点工作
突出贡献集体（10个）
长兴县金融办
市建设局
市数据服务中心
市法院
市人行
市银保监局
农行湖州分行
华夏银行湖州分行
湖州银行
安吉农商银行
突出贡献个人（20名）
陶　静　吴兴区金融办
刘一闻　南太湖新区管委会
沈　威　市委办公室
钦　峰　市政府办公室
顾董栋　市委组织部（市委人才办）
王孟天　市委宣传部
陈　荫　市经信局
胡　城　市公安局
鲁　健　市财政局
童丽华　市生态环境局
茅智慧　市商务局
黄丁伟　市金融办
贾　莹　市税务局
孙　巍　市人行
缪得志　市银保监局
金　悠　交行湖州分行
沈懿斌　吴兴农商银行
沈　良　南浔农商银行
刘　青　德清农商银行
王　盈　长兴农商银行
十五、人才招引
突出贡献集体（10个）
吴兴区科技局
南浔区委组织部
德清县委组织部
长兴县委组织部
安吉县产业集团
南太湖科技创新中心
市委人才办
市科技局
市人力社保局
市人才发展集团
突出贡献个人（20名）
朱剑梁　吴兴区委组织部
郭士忠　吴兴区人力社保局
陆利斌　南浔区发改经信局
石增中　南浔区人力社保局
黄菊芬　德清县科技局
毕长征　莫干山高新区管委会
王　飞　长兴县人力社保局
阮强志　长兴县技师学院
王　康　安吉县科技局
陈　峰　省际承接产业转移示范区安吉分区管委会
胡治刚　南太湖新区人才发展服务中心
费　月　市高层次人才服务中心
沈良彪　市经信局
丁　宏　市科技咨询中心
俞　静　市人才资源开发管理中心
王海弘　市就业管理服务中心
王笔辉　市大学生招引专班
蔡惠琴　市卫生健康委
叶永连　市国有企业党建服务中心
何　清　市少年宫
十六、稳外贸工作
突出贡献集体（10个）
吴兴区商务局
莫干山高新区经发局
长兴县商务局
安吉县商务局
市稳外贸专班
市经信局经济运行处
市财政局企业处
市就业管理服务中心
市金融办
湖州海关
突出贡献个人（20名）
陆　敏　吴兴区东林镇
屠明华　南浔区商务局
姜庆华　德清县商务局
吴建平　长兴县商务局
钱方圆　安吉县商务局
严祎红　南太湖新区经发局
商李蕾　市委办公室
魏佳腾　市政府办公室
孙　瑗　市发展改革委
王　辉　市经信局
杨　悦　市科技局
沈雪君　市财政局
俞红莲　市人力社保局
张丛益　市商务局
王兴锋　市金融办
王　仑　市贸促会
胡纳欣　市税务局
张海滨　湖州海关
郎玉泉　市人行
沈　莺　中信保湖州营业部
十七、服务业发展工作
突出贡献集体（10个）
德清县发改局
长兴县发改局
市委宣传部文化发展改革处
市发展改革委
市财政局经济建设处
市国际经济贸易发展中心
市文化广电旅游局
市市场监管局
市金融办金融保障处
市统计局
突出贡献个人（20名）
沈婧莹　吴兴区发改经信局
章陈辉　吴兴区织里镇
刘春燕　南浔区发改经信局
王　斌　南浔区南浔镇
姚亮亮　德清县发改局
俞新明　德清县统计局
佘金龙　长兴县委宣传部
周　蓓　长兴县发改局
唐　胜　长兴县交通运输局
王欢丽　安吉县发改局
金　盈　安吉县昌硕街道
王海强　市发展改革委
陈国强　市财政局

张　峰　市财政局
宋　旭　市建设局
窦云飞　市交通运输局
陶建国　市商务局
吕　晶　市统计局
凌　敏　市统计局
孔众众　市税务局

十八、犬类管理

突出贡献集体（30个）

吴兴区综合执法局
吴兴区朝阳街道办事处
吴兴区织里镇政府
吴兴高新区管委会
南浔区综合执法局
南浔区旧馆镇政府
南浔区练市镇政府
南浔区和孚镇政府
德清县公安局
德清县农业农村局
德清县综合执法局
德清县新市镇政府
长兴县农业农村局
长兴县综合执法局
长兴县综合执法局小浦中队
长兴县太湖图影度假区管委会
安吉县农业农村局
安吉县综合执法局
安吉县鄣吴镇政府
安吉县上墅乡政府
南太湖新区综合执法局
南太湖新区杨家埠街道办事处
市政协办公室
市委组织部
市文明办
市人大城建环资委
市公安局治安机动支队
市财政局
市畜牧兽医局
市综合执法局城管协调处

突出贡献个人（35名）

慎元芳　吴兴区综合执法局
吴　勇　吴兴区月河街道
屠征峰　吴兴区龙泉街道
李　俊　吴兴区八里店镇
沈史锋　吴兴区东林镇
许雁飞　市公安局南浔区分局
严小冬　南浔区旧馆镇综合执法中队
慎莲君　南浔区石淙镇综合执法中队
梁勇勇　南浔区千金镇朝阳村
陆雪松　南浔区善琏镇含山村
钱八虎　德清县农业农村局
武少刚　德清县武康街道
张庆云　德清县舞阳街道
陆海良　德清县钟管镇
范建强　德清县洛舍镇
张旭东　长兴县公安局特警大队
陈建六　长兴县综合执法局
羊　勇　长兴县综合执法局画溪中队
姚汉琛　长兴县综合执法局和平中队
徐红枫　长兴县煤山镇
姚　军　安吉县公安局
成　璐　安吉县综合执法局
夏建强　安吉县昌硕街道递铺社区
金献强　安吉县梅溪镇独山头村
江　明　安吉县报福镇石岭村
周飞航　市公安局南太湖新区分局仁皇山派出所
李　建　南太湖新区综合执法局康山中队
张志玲　南太湖新区凤凰街道一社区
王正杰　南太湖新区龙溪街道严家坟村
周斌强　市公安局
刘志光　市公安局
王林荣　市农业农村局
沈文伟　市农业农村局
潘伟荣　市综合执法局
王加春　市综合执法局

十九、防汛防台救灾

突出贡献集体（10个）

吴兴区应急管理局
南浔区应急管理局
德清县水利局
长兴县交通运输局
安吉县应急管理局
南太湖新区杨家埠街道办事处
浙江信息工程学校
市地质环境监测站
市水利局
市武警支队执勤一大队机动中队

突出贡献个人（20名）

姚连华　吴兴区水利局
黎朋红　南浔区水利局
赵一磊　德清县应急管理局
李苏鹏　长兴县应急管理局
吴越枫　安吉县水利局
周　辉　南太湖新区应急管理局
沈柳江　市经信局
唐　斌　市公安局
王晓贺　市建设局
罗建华　市交通运输局
明　明　市农业农村局
倪晓明　市商务局
巢建红　市文化广电旅游局
蒋兴泉　市应急管理局
董伟兵　市体育局
周之栩　市气象局
罗　杰　市交通集团
周　俊　湖州电力局
朱　翔　湖州军分区
樊燕青　市消防救援支队

·光荣榜·

2019年湖州市流通领域食品安全三项规范化建设“十佳”单位

根据《湖州市流通领域食品安全“三项规范化建设”实施方案》，2019年在全市开展了大型超市、校园食品、农贸市场食品安全规范化建设。经前期企业自查、基层监管部门复查、第三方公开评价、整改自律和评价回访，目前全市大型超市、校园品牌超市和农贸市场的食品安全规范化建设暨综合评价结果已揭晓，现将前十名情况予以公布。

希望获得“十佳”称号的单位发挥示范引领作用，进一步规范食品经营行为，完善食品安全管理制度，有效落实食品安全主体责任，以点带面推动全市食品安全水平提升。

2019年大型超市食品安全规范化建设暨综合评价十佳名单

（含并列）

长兴浙北大厦超市有限公司水木花都店
湖州织里浙北大厦超市有限公司
沃尔玛（浙江）百货有限公司德清永安街分店
长兴联客商业管理有限公司
安吉孝丰浙北购物有限公司
杭州联华华商集团有限公司德清中兴路世纪联华超市
湖州欧尚超市有限公司
长兴浙北大厦购物广场有限公司
华润万家生活超市（浙江）有限公

司湖州南浔购物中心
湖州浙北大厦超市有限公司米兰店
湖州浙北大厦超市有限公司

2019年校园品牌超市食品安全规范化建设暨综合评价十佳名单

长兴虹盛食品有限公司浙江省湖州中学分公司
浙江新宇贸易有限公司湖州分公司
长兴虹盛食品有限公司浙江省德清县职业中等专业学校店
长兴虹盛食品有限公司德清县第四中学店
长兴虹盛食品有限公司浙江省湖州艺术与设计学校分公司
浙江新宇贸易有限公司新市职高店
长兴虹盛食品有限公司小浦中学分公司
长兴虹盛食品有限公司德清县高级中学店
长兴浙北大厦购物广场有限公司紫金路分公司
浙江新宇贸易有限公司湖州二中店

2019年农贸市场食品安全规范化建设暨综合评价十佳名单

(按首批实施规范化建设农贸市场排名)

湖州仁皇山农贸市场
德清县洛舍丰晟农贸市场
长兴洪桥农贸市场
湖州市善琏农贸市场
安吉康山农贸市场
湖州市南浔农贸市场
湖州新华农贸市场
德清县三桥综合市场
湖州市杨家埠街道塘口农贸市场
长兴中心农贸市场

2019年消费维权分中心、消费监督联络站先进单位、优秀消费教育基地、消费维权绿色通道企业先进单位、实施先行赔付制度企业先进单位

为充分调动基层开展消费维权工作的积极性和自觉性，经考核验收，决定对2019年度认真落实湖州放心消费三年行动计划，积极开展消费维权机制建设的消费维权分中心、消费监督联络站、消费教育基地、消费维权绿色通道企业、实施先行赔付制度企业予以通报表彰。

希望受表彰的单位珍惜荣誉，再创新绩。各消费维权分中心、消费监督联络站、消费教育基地、消费维权绿色通道企业、实施先行赔付制度企业要以先进单位为榜样，主动履行职责，完善工作机制，积极解决争议，成为消费维权的重要力量，为全市营造安全放心的消费环境做出积极贡献。

2019年消费维权分中心、消费监督联络站先进单位名单

湖州市房地产经纪行业协会消费维权分中心
浙北大厦集团有限公司浙北购物中心消费监督联络站
德清世纪联华超市消费监督联络站
湖州市汽车流通行业消费维权分中心
青岛润泰事业有限公司湖州分公司消费监督联络站
长兴居然之家消费监督联络站
湖州华数广电网络有限公司消费监督联络站
南浔浙北大厦购物中心消费监督联络站
安吉田园嘉乐比景区消费维权分中心
湖州联通分公司消费监督联络站

2019年优秀消费教育基地名单

湖州银行塘口社区支行消费教育基地
德清生态消费教育基地
长兴新消费教育基地
德泰恒保健品消费教育基地
德清县东方灯饰有限公司生态消费体验基地
安吉农村商业银行股份有限公司消费教育基地
南浔区老年消费教育基地
长兴意蜂科技蜂产品消费教育基地
安吉祖名豆制食品有限公司消费教育基地
南浔银行金融消费教育基地

2019年消费维权绿色通道企业先进单位

吴兴区湖州银佳百货有限公司
德清县浙江湖州东方建设集团有限公司
安吉县安吉曼龙家居用品有限公司
南浔区湖州南浔浙北大厦购物中心有限公司
长兴县浙北二手车交易市场有限公司
南太湖新区青岛润泰事业有限公司湖州分公司（大润发）

2019年实施先行赔付制度企业先进单位

吴兴区湖州星火百货有限公司
德清县德清世外桃源生态业有限公司
安吉县安吉都尚商贸有限公司
南浔区华润万家生活超市（浙江）有限公司湖州南浔购物中心
长兴县长兴居然之家（长兴居然之家商业管理有限公司）
南太湖新区浙江奥特莱斯置业有限公司

·光荣榜·

湖州市第十三届消费者信得过单位

为深化“凝聚你我力量”消费维权年主题活动，增强经营者诚实守信意识，切实维护消费者合法权益，打造“放心消费在湖州”品牌，根据《中华人民共和国消费者权益保护法》和《浙江省实施〈中华人民共和国消费者权益保护法〉办法》等法律法规规定，确定下列133家单位为湖州市第十三届消费者信得过单位。

希望被表彰的单位珍惜荣誉，再接再厉，继续发挥表率作用，为“放心消费在湖州”创建再做贡献。希望全市经营者以优秀单位为榜样，进一步强化内部管理，规范经营行为，全面提升全市消费服务质量，合力建成放心消费标杆城市。

浙北大厦集团有限公司
安利（中国）日用品有限公司湖州吴兴分公司
湖州星火百货有限公司
湖州银东购物中心有限公司
湖州观凤商城发展有限公司
湖州浙北大厦家电有限公司
湖州市水务集团有限公司
湖州银佳百货有限公司
中国人寿保险股份有限公司湖州分公司
湖州市丁莲芳千张包子食品开发有限公司千张包子店
湖州王一品斋笔庄有限责任公司
湖州德泰恒大药房连锁有限公司

吴兴天韵绸庄
湖州吴兴新小绍兴酒家
湖州鲜绿多健康农产品产业发展有限公司
湖州吴兴富城眼镜店
浙江老有所依网络科技有限公司
湖州浙北医馆综合诊部
湖州韵达快递有限公司
湖州天瑞快递有限公司
湖州申通快递有限公司
湖州圆彤速递有限公司
湖州众乐速递有限公司
湖州丰盛湾食品有限公司
湖州惠客隆超市有限公司
湖州金海岸超市有限公司
湖州奥通汽车有限公司
湖州康宏汽车有限公司
湖州众腾汽车销售服务有限公司
湖州元通中田汽车销售服务有限公司
中国移动通信集团浙江有限公司湖州分公司
中国移动通信集团浙江有限公司吴兴分公司
湖州华数广电网络有限公司
湖州鹿山机动车驾驶培训有限公司
湖州万朋汽车有限公司
浙江万国汽车有限公司湖州分公司
湖州锦尚饰家装饰有限公司
湖州骏宝行汽车销售服务有限公司
中国平安人寿保险股份有限公司湖州中心支公司
新华人寿保险股份有限公司湖州中心支公司
湖州市安帮害虫防治技术服务有限公司
湖州元通信达丰田
兴昌食品有限公司
湖州德星汽车销售有限公司
香飘飘股份有限公司
东昌雷克萨斯
湖州力众汽车销售有限公司
湖州滨湖街道王国荣饭店
湖州南太湖游船有限公司
湖州仁皇山街道花缘大酒店
杭州爵派尔服饰发展有限公司
杭州宇振体育用品有限公司
浙江徐缘餐饮有限公司
湖州南浔浙北大厦家电有限公司
湖州南浔浙北大厦超市有限公司
湖州南浔浙北大厦购物中心有限公司
湖州南浔时代通讯商贸有限公司
湖州市南浔人寿永药店
湖州六和神鱼餐饮管理有限公司
中国人寿保险股份有限公司湖州市南浔区支公司
中国移动通信集团浙江有限公司南浔分公司
浙江康辉木业有限公司
浙江格尔森木业有限公司
湖州南浔申达包装有限公司
南浔联华超市马腰加盟店
湖州南浔双林百心大药房有限公司
浙江上臣家居科技有限公司
湖州练市平佳药品超市
南浔练市沈月美口腔科诊所
湖州练市新亚汽车维修服务有限公司
浙江华盛惠业家具有限公司
浙江雪尔登服饰有限公司
湖州荻港徐缘生态旅游开发有限公司
湖州华麟商贸有限公司
南浔练市新金桥汽车维修服务站
浙江富明伟尔泰家具有限公司
湖州练市贝因美加盟店
南浔练市茶徕奶茶店
湖州凯乐国际旅行社有限公司
湖州南浔奕美装饰材料有限公司
湖州南浔勇利家用电器有限公司
湖州益翔木业有限公司
中策杭缆电缆有限公司
德清县龙申力饲料有限公司
德清县世外桃源生态农业有限公司
德清县老百姓大药房有限公司武康兴康路店
德清旺旺食品配送有限责任公司
德清县老百姓大药房有限公司武康云岫店
浙江德悦食品科技有限公司
浙江湖州东方建设集团有限公司
德清下渚湖街道上杨胡梅嫂三道茶坊
德清科中杰生物科技有限公司
德清县海纳木业有限公司
德清金龙珠珠宝有限公司
浙江德清湖商村镇银行股份有限公司
浙江五味和食品有限公司
德清民间融资规范管理服务中心有限公司
德清李博建筑装饰工程有限公司
中国人寿保险股份有限公司德清县支公司
浙江圣博康药业有限公司
德清秋水果汁有限公司
德清县上柏酒厂
浙江美丽健乳业有限公司
浙江奇异鸟生物科技有限公司
浙江大姆山食品有限公司
德清唯信食品有限公司
浙江莫干山芦花荡饭店
德清蓝祥机械有限公司
德清莫干山莫梵度假酒店有限公司
浙江美居宜佳环境科技工程有限公司
德清县武康汇众汽车维修服务站
欧诗漫生物股份有限公司
湖州红图文化传播有限公司
长兴县第一百货商店有限责任公司
长兴利时商业管理有限公司
长兴虹盛食品有限公司
长兴浙北大厦购物广场有限公司
长兴意蜂蜂业科技有限公司
中国人寿保险股份有限公司长兴县支公司
长兴国盛装饰工程有限公司
长兴大昌家具有限公司
长兴佳源保洁有限公司
长兴大唐贡茶院文化发展股份有限公司
长兴县浙北建材市场有限公司
长兴七彩北汤旅游发展有限公司
长兴汇和绿鑫商业管理有限公司
长兴县浙北家用电器有限公司
长兴杏福文化旅游发展有限公司
长兴金通汽修厂
长兴杏梦文化传播有限公司
中国电信股份有限公司安吉县分公司
安吉银海家电有限公司
安吉山水灵峰休闲农业发展有限公司（田园加勒比景区）

4月3日，省委书记车俊（左三）赴吴兴区织里镇轧村“老兵驿站”调研

1月23日，省委常委、组织部部长黄建发（右三）带队赴吴兴区走访慰问

2 月 19 日，省委常委、宣传部部长朱国贤（左二）赴吴兴区织里镇调研王金法广播

3 月 14 日，副省长王文序（右二）在吴兴区八里店镇退役军人服务站调研退役军人保障体系建设工作

1 月 2 日，市委书记马晓晖（左二）赴吴兴区织里镇开展“三服务”活动

12 月 13 日，吴兴区委书记吴炳芳在浙江大学“中国县域治理大讲堂”作主题演讲

1 月 12 日,吴兴区召开全区机构改革动员大会

9 月 27 日,吴兴区召开 2019 年吴兴经贸科技人才洽谈会

7 月 26 日，长三角“两化”融合发展大会在吴兴区召开

11 月 17 日，南太湖社会治理研究院在吴兴区织里镇揭牌成立

6月27日，美妆小镇2019年重点项目集中开工暨娇兰佳人化妆品华东运营中心项目开工仪式在吴兴区举行

11月22日，2019首届织里童装时尚周主题晚会在吴兴区织里镇举办

12 月 26 日，省委宣传部副部长、省文明办主任卢春中（前排右二）赴南浔区调研“最美家风+”建设工作

9 月 6 日，G8.5 超薄玻璃基板深加工项目签约仪式在南浔区举行

8月21日，浙江水利水电学院与南浔区人民政府战略合作框架协议签约仪式在南浔区举行

7月1日,南浔区获批国家知识产权强县工程示范区

6 月 27 日,“我的书屋·我的梦”2019 年全国农村少年儿童阅读实践活动在南浔区启动

9 月 5 日,湖州市中小学生“开学第一课”活动在南浔区举办

12月,南浔区"桑基塘鱼"被认定为国家农产品地理标志

12月31日,南浔区创建成国家级渔业健康养殖示范区

10 月，南浔区获评省级生态文明建设示范区

南浔区获评 2019 年度省新时代美丽乡村示范区

10 月 25 日,2019 全球未来出行大会在德清国际展览中心开幕

6 月 1 日,首条城际“浙江低空快线”首航仪式在德清县莫干山机场举行

5月10日，德清县人民政府与安徽黟县人民政府战略合作签约仪式在德清县举行

6月20日，德清县举行重大项目集中开(竣)工活动暨浙江省涡轮机械与推进系统研究院项目开工仪式

9 月 5 日,德清县"最美护士"潘美儿获第七届"全国道德模范"称号

2019 年德清县民生实事项目——实施"空调进教室"行动,公办中小学配备全覆盖

1 月 27 日,德清话剧《小镇琴声》在国家话剧院首演

5 月 5 日，在 2019 中国大运河国际钢琴艺术节德清分会场,70 架钢琴奏响《我爱中国》,迎接祖国 70 周年华诞

10 月 24 日至 27 日，2019 皮艇球亚洲杯在德清县凤栖湖举行

12 月 18 日，首届赵孟頫、管道昇艺术节暨开馆仪式在德清县洛舍镇举行

3月27日，市委书记马晓晖（二排中）在长兴县龙山街道新时代文明实践所调研“健康长兴”志愿服务工作

12月15日，市委副书记、市长钱三雄（前排右二）赴长兴县泗安镇调研工业项目

9月9日,中央电视台在专栏《新中国的第一》中,以《湖州长兴县:率先实施“河长制”》为题介绍长兴县的首创经验

3月27日,长兴县全面铺开G60科创走廊长三角城市“一网通办”

4 月 27 日，长兴县举办“红心向党·歌唱祖国”——长兴县解放日集中升国旗仪式暨同唱《歌唱祖国》活动

10 月 21 日，长兴县举行“铁公水”多式联运中心整体启动暨港口项目开港仪式

1月30日，全省首个实体化股权运营机构——浙江省股权交易太湖运营中心启动仪式在长兴县举行

2月26日，纳尼亚(香港)集团有限公司在香港联交所上市

7月28日，长兴县水口乡顾渚村成功入选首批全国乡村旅游重点村

11月29日，长兴县牛头山矿区交接签约仪式在安徽广德市举行

8月6日，长兴县雉城街道举办“少年强则国强”启蒙礼活动

11月，在长兴县八都岕古银杏文化节期间，观光小火车满载着游客穿行在千亩花海中

9 月 18 日，构建以人为本的整合型医疗卫生服务体系国际研讨会在安吉县召开

11 月 27 日，杭州都市圈第十次市长联席会议在安吉县召开

5月30日,安吉县召开国家创新型县建设推进大会。图为安吉科技最具影响力事件和人物颁奖现场

8月3日,安吉县召开2019年度创建全国文明城市推进大会

9月20日，首场“致敬新时代英雄——吕挺烈士先进事迹报告会”在安吉县举行

11月16日，2019新时代“绿水青山就是金山银山”试验区·安吉县第十二届投资贸易人才洽谈会开幕式在安吉县举行

3月1日,安吉椅业品牌专列首发仪式在上海虹桥高铁站举行

8月15日,以践行“绿水青山就是金山银山”理念,建设最美县域为主题的“安吉日”主题活动在北京“世园会”举办

6 月 4 日，参加世界环境日·中国环境与发展国际合作委员会年会的中外嘉宾来到安吉县，参观美丽乡村建设

12 月 17 日，第十二届“安洽会”重点项目集中开(竣)工活动暨格力安吉智能制造产业园项目开工仪式在安吉县举行

2月18日，浙江大学医学院附属第一医院安吉分院揭牌仪式在安吉县人民医院举行

9月30日，安吉县举办庆祝新中国成立70周年主题晚会